药品价格形成机制研究

主　编　史录文

中国协和医科大学出版社

图书在版编目（CIP）数据

药品价格形成机制研究/史录文主编．—北京：中国协和医科大学出版社，2017.5
ISBN 978－7－5679－0821－5

Ⅰ.①药…　Ⅱ.①史…　Ⅲ.①药品－价格－研究－中国　Ⅳ.①F724.73

中国版本图书馆 CIP 数据核字（2017）第 075250 号

药品价格形成机制研究

主　　编：史录文
责任编辑：许进力　高淑英
策划编辑：刘　雪　林丽开

出版发行：**中国协和医科大学出版社**
（北京东单三条九号　邮编 100730　电话 65260431）
网　　址：www.pumcp.com
经　　销：新华书店总店北京发行所
印　　刷：北京盛通印刷股份有限公司

开　　本：787×1092　1/16 开
印　　张：28.75
字　　数：690 千字
版　　次：2017 年 6 月第 1 版
印　　次：2017 年 6 月第 1 次印刷
定　　价：114.00 元

ISBN 978－7－5679－0821－5

《药品价格形成机制研究》编委会

编写指导委员会委员（按姓氏笔画排序）

王国华　杨志广　赵振东

主　编　史录文

副主编　韩　晟　管晓东　陈　敬

编　委（按姓氏笔画排序）

于晓婷　马莉莉　王　宽　刘　洋
刘　妍　许立平　邹武捷　林　威
赵　亮　桑晓冬　蔚博晨

序 言

药品直接关系到人们的生命健康和生活质量水平，药品市场的规范发展在国民经济和社会发展中起着重要作用，而合理的价格形成机制是药品市场健康发展的关键保证。药品的特殊属性决定了其与一般商品的区别，简单放任自由竞争并不能实现资源的有效配置，因此，全世界各国政府都在不同程度上对药品价格进行规制。

但是，正如简单放任会出现“市场失灵”一样，僵化和刻板的政府规制也有可能出现“政府失灵”，不仅不能反映市场真实供求关系的虚高或虚低定价，也会导致资源浪费和供给不足的出现。如何充分发挥市场机制和政府调节的积极作用，协调消除不利影响就成为药品市场和药品价格形成机制中的核心问题。

我国在改革开放初期曾经尝试放开药品价格规制，之后在20世纪90年代中期又重新对部分重点药品出台了价格管理办法，经过近二十年的价格管理，通过多批次的价格干预，有效遏制了药品价格连续攀升的势头，药品价格水平逐步回落。但由于机制体制的矛盾和改革的不配套，药价“虚高”的现象依然不同程度地存在，深化药品价格改革势在必行。在当前形势下，加强对药品价格的研究工作，为完善药品价格管理体系和形成机制提供参考具有重要意义。

北京大学药学院史录文教授的研究团队，多年来致力于药品价格问题的研究，对于药品的价格形成规律、政府定价方法、价格分析技术等方面都有大量的研究工作积累。由他们编撰这样一部药品价格方面的专著，既是对相关研究结果积淀的展示，也是对之前近二十年药品价格管理实践工作的总结，更为未来新的药品价格形成机制的形成和完善提供了有益的参考。

本书主要包括了两大部分——理论与研究。在理论部分，本书梳理了药品价格的基本理论和药品价格管理理论，并总结了国际上药品价格管理的各种模式。在理论部分的这些梳理和总结有助于读者认识药品价格形成的一般规律。

在研究部分，本书总结了方法学研究、政策评价、定价技术和费用分析四个方面，这些内容都是结合了真实数据和实际案例的研究，其研究思路设计和执行方法可以为开展相关研究的学者提供有价值的参考，其研究结论也能为感兴趣的读者更深入地认识药品价格问题提供有意义的思考素材。

衷心希望本书的编撰和出版能为读者的工作和学习带来帮助，也希望北京大学史录文教授的团队为药品价格领域带来更多更好的研究。

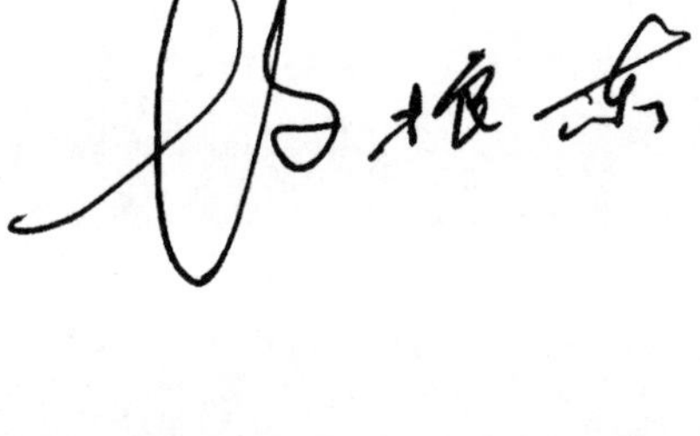

前 言

经过近两年的编撰，《药品价格形成机制研究》这本书终于完成了。在此，我们首先要对为本书提供了指导和帮助的各位领导及专家表示衷心的感谢，各位的关心和支持对本书的出版是不可或缺的。此外，本书中汇集了大量药品价格领域的研究成果，这些研究多来自于各级主管部门和企业伙伴的委托与支持，在此一并表示感谢。我们对这些成果的汇编出版，旨在整合提供药品价格研究领域的成果和进展，为该领域研究的不断深入提供素材和参考。

药品价格形成机制是医药管理领域重要的问题，在中国新医改的历程中长期扮演重要角色。从2009年新医改元年起，国家深化医改的意见和实施方案就提出了“建立科学合理的医药价格形成机制”“理顺医药价格体系，改革和完善药品价格形成机制”。之后在历年的医改文件中，都对“改革和完善药品价格形成机制”“完善药品价格管理政策”“创新政府定价形式和方法”等方面提出了要求。对药品价格形成机制的研究，不仅仅是对价格形成规律的理论探索，更具有支持和指导政策实践的重要现实意义。

本书从内容上分为了不同的主题，每个主题独立成篇。第一篇综述了药品价格形成机制研究的相关基本理论和研究方法，界定了本书后文中所涉及相关内容的基本概念，梳理了价格研究中常用的基本理论，并以价格指数为代表，介绍了价格研究中常用的定量研究方法。第二篇到第四篇都是研究汇编，根据不同的研究类型分为了三个部分。第二篇的着眼点在于政策，包括药品价格管理改革的政策设计与效果评价的研究；第三篇的重点是价格管理中涉及的具体技术问题，汇总的研究旨在探索解决药品价格管理中一些关键问题的技术路径；第四篇主要聚焦在价格与费用的关系上，包括讨论药品价格与费用关系的相关研究。

本书付梓之时，已经是2017年。与书中内容所回顾到的2015年相比，药品价格形成机制又面临了很多新的形势。在价格的管理和规制中如何平衡政府和市场的位置，合理使用“看不见的手”和“看得见的手”处理“政府失灵”和“市场失灵”成为了新的关注焦点。在这一大背景下，政府最高零售限价的淡出，医保支付标准的建立，价格谈判机制的完善都需要新的研究来指导新的实践。从本书对于经典药品价格形成机制问题研究的内容出发，未来的研究者和管理者应当能在研究和实践中总结出更多新的经验，凝练出更多新的观点，探索出更多新的知识。

本书虽然名为《药品价格形成机制研究》，但远远没有达到对这个领域提纲挈领的高度，对于这一快速发展的研究领域，还需要更多的研究添砖加瓦来真正构建出研究体系。本书的各个章节分别由不同的作者编写，错漏之处难免，敬请广大读者批评指正。

史录文

2017年1月

目 录

第一篇 理论与方法

第一章 药品价格理论 ……………………………………………………………………………… (3)
第一节 药品基本概念 ……………………………………………………………………… (3)
第二节 药品价格的基本理论 ……………………………………………………………… (4)
第三节 中国药品价格形成机制的理论分析 ……………………………………………… (10)
第四节 创新药品价格政策的理论分析 …………………………………………………… (14)
第二章 中国药品价格管理概述 ……………………………………………………………… (23)
第一节 中国医药价格管理历史沿革 ……………………………………………………… (23)
第二节 中国医药价格管理面临的挑战 …………………………………………………… (29)
第三节 中国医药价格改革趋势 …………………………………………………………… (32)
第三章 国际药品价格管理模式 ……………………………………………………………… (34)
第一节 德国 ………………………………………………………………………………… (34)
第二节 法国 ………………………………………………………………………………… (37)
第三节 日本 ………………………………………………………………………………… (41)
第四节 中国台湾地区 ……………………………………………………………………… (44)
第五节 英国 ………………………………………………………………………………… (46)
第六节 澳大利亚 …………………………………………………………………………… (49)
第七节 加拿大 ……………………………………………………………………………… (52)
第八节 韩国 ………………………………………………………………………………… (56)
第九节 美国 ………………………………………………………………………………… (58)
第十节 总结 ………………………………………………………………………………… (60)
第四章 药品价格研究方法 …………………………………………………………………… (63)
第一节 衡量药品总体价格水平的方法概述 ……………………………………………… (63)
第二节 药品价格指数 ……………………………………………………………………… (64)
第三节 影响药品费用增长成因的方法探讨 ……………………………………………… (76)
第四节 国际药品价格比较方法 …………………………………………………………… (82)

第二篇 药品价格管理改革政策与评价研究

第五章 北京医改形势下药品价格管理策略研究 ……………………………………………… (97)
第一节 数据来源 …………………………………………………………………………… (98)

第二节 研究方法 …… (98)
第三节 研究结果 …… (98)
第四节 结论与政策建议 …… (105)
第六章 广东五年医药价格改革实践影响研究 …… (111)
第一节 数据来源 …… (112)
第二节 研究方法 …… (112)
第三节 研究结果 …… (113)
第四节 结论与政策建议 …… (123)
第七章 中国原研药品与仿制药品价格差异与市场份额现状研究 …… (125)
第一节 数据来源 …… (126)
第二节 研究方法 …… (126)
第三节 研究结果 …… (127)
第四节 讨论与结论 …… (140)

第三篇 药品政府定价技术研究

第八章 西药复方制剂价格制定方法研究 …… (145)
第一节 复方制剂的相关概念 …… (146)
第二节 我国西药复方制剂价格管理现状 …… (151)
第三节 《药品目录》中复方制剂品种及价格分析 …… (154)
第四节 西药复方制剂价格实证案例分析 …… (161)
第九章 药物经济性评价方法研究 …… (169)
第一节 药物经济性影响因素及其评价指标分析 …… (169)
第二节 药物经济性评价方法建立 …… (182)
第三节 药物经济性定价评价模型和实证研究 …… (187)
第十章 专利药品价格政策研究 …… (203)
第一节 调研对象及内容 …… (203)
第二节 调研结果与分析 …… (204)
第十一章 药品价格形成中专利药品的认定问题研究 …… (208)
第一节 基于临床价值的专利药品认定 …… (209)
第二节 基于药品专利的专利药品认定 …… (215)
第十二章 公立医院药品销售差别差率模式设计与测算 …… (253)
第一节 差别差率加价模式的设计 …… (253)
第二节 差别差率加价模式的测算方法 …… (256)
第三节 实施差别差率设计的不同方案 …… (258)
第十三章 药品流通环节加价率管理和取消医院药品加成问题研究 …… (264)
第一节 中国药品流通环节加价率数据实证分析 …… (265)
第二节 中国医院收入现状及取消药品加成可行性研究 …… (271)

第四篇 药品费用增长相关研究

第十四章 北京样本医院 1996～2005 年全身用抗菌药物的实证分析 …………………… (293)
第一节 数据分析 …………………………………………………………………………… (293)
第二节 研究方法 …………………………………………………………………………… (294)
第三节 研究结果 …………………………………………………………………………… (295)
第四节 实证研究结果的可靠性验证及合理性探讨 ………………………………………… (300)
第十五章 对医疗机构药品费用的指数分析 ……………………………………………… (308)
第一节 数据分析 …………………………………………………………………………… (309)
第二节 研究过程及结果 …………………………………………………………………… (311)
第三节 研究结论 …………………………………………………………………………… (325)
第十六章 中国医院用药费用增长的总体趋势分析 ……………………………………… (328)
第一节 研究方法 …………………………………………………………………………… (328)
第二节 结果与分析 ………………………………………………………………………… (331)
第三节 小结与讨论 ………………………………………………………………………… (349)
第十七章 中国医院用药费用结构分析 …………………………………………………… (352)
第一节 数据来源与分析方法 ……………………………………………………………… (352)
第二节 样本医院样本药品总体费用结构分析 …………………………………………… (355)
第三节 不同治疗类别药品费用结构分析 ………………………………………………… (360)
第四节 小结与讨论 ………………………………………………………………………… (375)
第十八章 药品费用增长与用药结构变化关系研究 ……………………………………… (377)
第一节 药品费用增长用量结构因素分析方法的创建 …………………………………… (377)
第二节 各治疗类别药品费用增长的用药结构因素分析 ………………………………… (384)
第三节 小结与讨论 ………………………………………………………………………… (396)
第十九章 广东省医疗机构用药结构与药品费用关系的指数体系分析 ………………… (399)
第 节 数据收集与处理 …………………………………………………………………… (400)
第二节 研究方法与技术路线 ……………………………………………………………… (404)
第三节 研究过程及结果 …………………………………………………………………… (406)
第四节 研究结论及建议 …………………………………………………………………… (437)
参考文献 …………………………………………………………………………………… (442)

第一篇

理论与方法

第一章　药品价格理论

第一节　药品基本概念

根据《中华人民共和国药品管理法》第一百零二条关于药品的定义：药品是指用于预防、治疗、诊断人的疾病，有目的地调节人的生理功能并规定有适应证或者功能主治、用法和用量的物质，包括中药材、中药饮片、中成药、化学原料药及其制剂、抗生素、生化药品、放射性药品、血清、疫苗、血液制品和诊断药品等。

在中国的药品价格规制过程中，涉及“专利药品”“原研药品”和“仿制药品”三个重要的分类概念。

一、专利药品

专利药品和药品专利是不同的概念。药品专利可以是应用于药品生产的所有专利，如药品化合物专利、组合物专利、剂型专利、制备方法及工艺专利、适应证专利、实用新型专利及外观设计专利等。它以国家知识产权局颁发的批准文件为准。专利药品是国家价格主管部门依据国家知识产权局认定的药品化合物和组合物专利实施药品价格分类管理的称谓，其前提是必须有国家知识产权局批准颁发的专利证书，同时还需要符合《药品政府定价办法》规定的有关条件，方可纳入专利药品进行管理，解释权归国家价格主管部门。

国家价格主管部门所称的专利药品，是指中国国家知识产权部门和国家药品监督管理部门授予的专利保护期及行政保护期内的化合物实体专利、药物有效成分组合物专利、生物制品应用专利的药品。其中，有效成分的组合物专利仅指两种及以上有效成分（不包括配比的改变）的全新组合。

二、原研药品

国际上没有原研药品的概念，一般称为品牌药品。中国的“原研药品”是国家价格主管部门实施药品价格分类管理的一种称谓，它是指已经过了国家知识产权部门和国家药品监督管理部门授予的专利和行政保护期的原专利药品，包括由原专利权人生产或者由原专利权人授权委托他人生产的药品。

三、仿制药品

仿制药品是指专利药品或原研药品在依法保护专利期满后，由非创制厂商按药品注册审批有关规定获准生产的具有同样活性成分和给药途径的药品。

专利药品、原研药品和仿制药品的定义及特点见表 1-1。

表 1-1 专利药品、原研药品和仿制药品的定义及特点

药品价格管理分类	定义	特点	价格管理原则
专利药品	所用有效成分处于专利保护期及行政保护期内的药品	1. 创新药物，处于专利期或行政保护期内 2. 生产厂家唯一 3. 巨额的研发成本	鼓励创新 区别定价
原研药品	已经过了中华人民共和国知识产权局授予的发明专利保护期和中国的行政保护期的原专利药品	1. 已过专利期或行政保护期 2. 药品所有权人为专利权人 3. 生产企业一般比较单一，也有可能委托生产 4. 研发成本基本收回	区别定价
仿制药品	创新性药品在专利期满后，由非创制厂商生产的具有同样活性药成分和给药途径的药品	1. 生产企业不是专利权人 2. 生产厂家多，竞争激烈 3. 研发成本较低，生产成本是药品成本的主要组成部分	统一定价和按质单独定价

第二节 药品价格的基本理论

一、价值与价格理论

价格是在商品经济漫长的发展过程中，随着价值形式的发展及货币的产生而产生的，它是商品价值的货币表现，是价值的表现形式。正如马克思所说：“价格是对象化在商品内的劳动的货币名称”。因此，价值是决定价格的依据，是形成价格的基础，价格是价值的表现形式，价格与价值是形式与内容、现象与本质的关系。

经济学家对价格理论的研究首先起始于价值及价格与价值的关系的探讨。下面对主流的价格理论做简要介绍。

（一）中世纪的公平价格论

在系统的古典经济学产生以前，价格理论的研究成果主要体现在中世纪形成的“公平价格”论上。那时候，价格由封建权威机关决定，于是产生了官定价格的公平性问题。

托马斯·阿奎那对“公平价格”理论做了较详尽的论述，可归纳为三点：①“公平价格”应反映商品生产所耗费的劳动量；②同一商品由不同等级的人出售时应有高低不同的价格；③“公平价格”应反映商品的供求关系。

公平价格论是最早出现的价格理论，它混淆了价格和价值的区别。但是，该理论将价格与生产商品所耗费的劳动量及供求关系联系起来，对后续价格理论的发展有较强的启蒙作用。

（二）古典学派的劳动价值论

在 17 世纪中叶到 19 世纪初，英、法等国形成了古典经济学派，最主要的代表人物是亚当·斯密和大卫·李嘉图。

古典学派的价格理论以劳动价值论为基础，其观点有：①价值是价格的基础，价格是价值的货币表现，价格受供求关系影响围绕价值上下波动，但长期看来，价格和价值必然相等；②初步阐述了劳动价值论：生产商品所消耗的劳动是价值的源泉，劳动量可通过劳动时间的长短来衡量；③在相同劳动时间内，复杂劳动创造的价值高于简单劳动。

古典学派是对公平价格论的发展，建立了比较系统、完善的价值 - 价格理论，同时也为马克思主义科学的价值和价格理论的产生奠定了理论基础。

（三）马歇尔的均衡价值论

马歇尔在《经济学原理》（1890）一书中，试对之前各种理论进行了折中，构成一个新的价格理论体系：均衡价格论。

均衡价格论认为，价值是由需求和供给达到均衡时所决定的价格，供与求就像剪刀上的两个柄，在解释价格时缺一不可。在马歇尔看来，古典学派仅从供给（劳动和生产成本）方面探讨价值问题，故而比较片面；边际效用学派仅从需求（边际效用）方面研究价值问题，因此也不科学；供求价格论没有说明供给和需求本身的决定因素，因而不够完善。他认为，应该用生产费用解释供给、用边际效用解释需求，供与求共同作用使价格达到供求均衡点的价格水平。

马歇尔均衡价格论的产生，标志着西方价值理论基本定型。虽然其后价值理论仍有进一步发展，但马歇尔的价值理论始终是资产阶级经济学正统的、得到普遍接受的理论。从某种意义上说，马歇尔的均衡价格理论，反映了商品经济条件下价格运动的一般规律。

（四）现代垄断价格理论

现代价格理论主要是就市场经济条件下商品价格形成与演变的经济规律进行研究，代表人物有张伯伦和罗宾逊等。由于现代经济生活中垄断是普遍现象，张伯伦和罗宾逊在对这一现象进行深入研究后，分别出版了《垄断竞争理论》《不完全竞争经济学》，在书中分析了垄断竞争情况下的价格决定机制，因此他们的价格理论就是“垄断价格理论”。

由于垄断价格理论分析的市场与真正的市场结构较为接近，因此指导作用很强，是一个全新的价格理论。

（五）小结与启示

从上述主流的关于价格与价值的理论观点来看，在不同的历史时期，经济发展水平不 ，对价格与价值关系的认识也不一致。但是总的来说，商品的价格离不开其价值，并且受到市场供求关系的制约，随着商品经济的发展和产品异质化程度的提高，市场结构表现形式会发生变化。

二、价格形成机制理论

（一）市场价格的形成机制

根据现代微观经济学理论，在竞争性市场中，价格水平是由供需状况所决定，而价格的变动又会对供需状况产生影响。当产品或服务的价格显著偏离均衡状态时，就会出现一种力量使之趋于平衡，即产品或服务的价格自发存在着向均衡价格方向变动和调整的趋势。在供求价格机制的作用过程中，提供者之间展开对消费者的竞争。通常消费者希望购买到价低质高的产品或服务，提供者只有提供满足消费者要求的产品或服务，才能够出售更多的产品或服务。这促使提供者加强管理、不断改进技术和生产及有效利用资源，以提高产品或服务质量，并降低成本。其中，成本低的产品或服务有更大的降价空间，可在市场竞争中占有有利地位或可以获得更高的利润。

在此过程中，竞争起到了降低价格、提高产品或服务质量的作用。一方面，作为买方，希望尽可能少花钱，在同样质量的同类产品或服务中，倾向于选择价格低的产品或服务。另一方面，作为卖方，希望获得更多的利润。虽然提高价格是获得更高单位产品或服务利润的一种手段，但是，由于价格的提高会带来需求量的减少，总利润未必增加。因此，卖方为了占有更多的市场份额，常常采用低价策略吸引更多的买者，同时尽可能降低产品或服务的成本，以获得最大的利润。正是由于买卖双方的利益不一致，因而可以通过消费者的选择，形成买方对产品或服务价格上升的约束，即竞争可以起到约束价格上升的作用。

但是，实现上述过程需要一定的条件。除了市场结构应该是完全竞争市场外，从需求的角度来看，一是消费者能够判断什么是低价优质服务；二是如果所提供的产品或服务不满足消费者的要求，消费者可以退出市场，即产品或服务对消费者来说是非必需品或有替代品；三是消费者对该物品或服务的需求总量有限，提供者只能通过竞争的途径获得这有限的需求，而别无他路。此时，谁提供的产品或服务更符合消费者的要求（低价优质），谁就能够出售更多的产品或服务。

在不同的市场结构下，提供者之间价格竞争的有效性有所不同。在完全竞争市场，有众多的提供者，产品完全无差异，通过竞争可达到低价优质的结果，尤其是在供给大于需求的情况下。在垄断竞争市场，市场中存在大量的提供者，同种产品或服务之间存在一定的差异。虽然提供者可通过制造产品或服务的差别来提高价格，但毕竟是同种产品或服务，某产品或服务与其他同类产品或服务之间的差别对消费者的吸引力有限，因而产品或服务的价格不可能被提到很高。否则，随着价格的升高，会使越来越多消费者在权衡支出与效用后放弃对该产品或服务差异性的追逐，转向购买其他提供者的低价同类产品或服务。在寡头垄断市场，由于提供者不多，单个提供者的规模大到足以影响市场的价格。虽然可以通过竞争使产品或服务的价格降低，但提供者为了自身的利益，也常常会进行价格联盟，或达成“分配”市场份额的“协议”，结果难以形成有效的价格竞争。在垄断市场，由于是“只此一家，别无分店”，消费者别无选择，提供者可以控制产品或服务的价格。一般而言，垄断程度越高，价格竞争的有效性就越低。

此外，还有一些影响价格竞争有效性的因素。一是平等竞争、通过竞争实现优胜劣汰等是保证竞争有效的前提条件；二是如果产品或服务的需求价格弹性较低，提供者提高价格对需求量的影响不大，此时，价格竞争的效果将大打折扣。

（二）政府管制价格

政府管制价格是指政府根据需要和目标运用行政手段规定并强制执行的某些产品或服务价格的政策。政府之所以要对产品或服务的价格采取管制措施，是因为在市场机制作用下的价格不仅没有起到促进有效管理、不断改进技术和生产及资源有效配置和利用的作用，反而出现消费者利益受到损害、社会资源配置和利用效率不高等问题（市场失灵），即市场机制配置资源并不总是有效率的，而且效率也并不是资源配置的唯一目标。这就决定了一些产品或服务的价格不能够完全由提供者根据市场状况和提供成本自主定价，而需要政府通过价格管制来干预价格水平。

政府干预价格的手段有多种。一是直接干预价格，包括政府制定产品或服务的价格和指导价格［如最低限价和（或）最高限价、参考价格、利润率控制等］。前者是指政府对某种产品或服务直接规定一种价格，提供者必须严格遵循这种价格，既不能够提高价格，也不能够降低价格。后者是指政府制定的价格为指导价格，产品或服务的实际价格可在政府规定的范围内变化。例如，政府规定产品或服务价格的上限（或下限），产品或服务的实际提供价格只能在此价格以下（上）变动，但不能高（低）于这个价格。二是采用税收、补贴、生产数量控制等手段间接影响价格。前者是政府管制价格，对价格水平形成直接的干预；后者仍然为市场价格，但是是在政府影响下的市场价格。

政府管制价格也会带来一些问题。一是政府往往根据社会平均成本定价，如果不能够掌握全面的成本信息，则制定的价格往往偏离实际成本。二是政府在定价时难以考虑到各个提供者所处的市场环境及不同企业内部的运行状况、管理状况和产品或服务的成本，因而政府对价格的干预影响到微观经济主体的决策效率。三是政府定价导致价格难以随市场供求状况的变化而变化（价格信号失灵），使得市场经济主体难以根据价格信号调整自己的行为，结果常常会导致资源配置和利用的低效率，产品或服务难以满足市场的需求（供给过剩或不足）。四是政府定价还会带来较高的管理成本，并可能会带来权力寻租等问题。此外，政府本身决策的低效率也是不得不考虑的一个影响因素。因此，能够通过市场定价的产品或服务，应尽可能少地采用政府干预。政府干预产品或服务价格应该是一种不得已而为之的手段。

三、药品价格的形成机制

（一）药品价格的形成机制及其影响因素

药品与一般商品存在一定差异。在中国，大多数药品并不是消费者直接到市场中购买药品，而是通过医院和医师提供的服务决定“买什么药”及“买多少药”。因此，对于药品，形成了一个在“药品生产－药品流通－医院和医师－患者”中存在着的多个供需关系的链条。即使患者的需求对药品价格产生影响，通常也不是直接的，而是通过医院和医师而起作用。这也就决定了药品价格不仅受到药品市场（要素市场）供求状况的影响，也受到医疗服务特殊性及医疗服务市场供求状况的影响。

按照一般经济学理论，通常患者出于自身利益的考虑，希望得到低价优质的药品，而医院为了吸引更多的患者，也应该提供满足患者要求的服务，即低价优质的药品。从提供者的角度，低价优质意味着医院需要尽可能降低成本才能够拥有更大的降价空间，并有可能获得更多的利润。通常，医院控制成本的途径有二：一是合理配置和利用资源，二是尽可能以较低的价格购买提供医疗服务所需要的生产要素。因此，控制成本、吸引患者的动机促使医院尽可能购买同一种药品中价格较低的产品，这将迫使流通企业、进而迫使生产企业不得不为医院提供低价优质的药品。在此过程中，可以引发流通企业和生产企业的竞争，通过提供价格低、质量优的药品来赢得市场份额，进而促使药品生产企业通过不断加强管理、改进技术和生产，来降低成本、改善质量。

那么，药品市场的竞争是否可以得到上述结果？药品市场的有效竞争需要一定的条件。除了与药品市场结构及医疗服务市场结构有关外，还包括：一是患者能够判定什么是低价优质的药品，而且如果低价优质药品的要求得不到满足，患者可以退出市场，同时患者对某种药品的需求总量是有限的；二是医院和医师能够从（向药企）购买和（向患者）“出售”低价优质的药品中受益；三是医药企业除了向医院和医师提供低价优质的药品外，别无他路。但是，医疗服务的特殊性决定了在医疗领域并不具备第一个条件，因而药品市场中有效的价格竞争受到影响。

一是医疗服务是具有高专业性和高技术性的服务，且需求具有不确定性，患者很难掌握复杂的医疗信息，结果导致信息不对称。患者在利用服务种类、数量、质量、效果及价格等方面存在着明显的信息缺乏，尤其是对于疑难重症的诊治服务和高技术服务，患者没有足够的信息做出自己理性的医疗消费选择。这使得患者通常难以判定什么是低价优质的药品，在药品的种类、数量、质量和价格等方面的选择性相对较小，而常常需要由掌握专业知识和技能的医师代替患者进行选择。此外，患者到医疗机构诊治是为了减轻痛苦、恢复健康，甚至是为了挽救生命，往往带有求助心理，对医师形成一种“依赖”，希望通过医师所提供的服务来维护和增进健康，因而医疗服务供需双方存在着“救援与被救援”的关系，这是患者对于医师的选择（药品的种类、数量、质量和价格）依从性很强的又一重要原因。当然，医疗服务的高专业性和高技术性及必需性也决定了缺乏替代产品或服务，即使是医师的选择并不一定符合患者的要求（如价格很高的药品），患者也无法退出市场，否则，可能会以健康甚至生命为代价。这也成为患者对于医师的选择依从性很强的另一重要原因。

二是由于患者信息缺乏及对医师带有求助心理，再加上医疗保险的存在（医疗服务的消费者与支付者分离）导致患者不再按照实际的医疗服务价格支付费用，从而降低了患者对医疗服务价格的敏感性，因而在医疗服务的选择上通常医师拥有主权地位，他们作为患者的代理人为患者选择医疗服务，如决定了患者购买药品的种类、数量、质量和价格。因此，医师的决策成为能否合理选择药品项目、数量、质量和价格的关键。但如果多提供药品服务或提供某类药品可以增加利润，而医师又是利润提高的直接受益者，则在缺乏有效约束的情况下，他们有可能会在经济利益的驱动下，利用其自然的主导地位诱导患者的需求，如为患者多提供药品服务、提供高价格的药品服务，甚至提供不必要的药品服务。在传统的供求模型中，需求决定物品或服务提供的种类与数量，供需状况决定了物品或服务的价格。但在医疗领域与此不同。由于医疗需求在很大程度上受提供者的影响，一方面市场力量不足以约束医疗服务的价格（如药品的价格），有效的价格竞争在不同程度上受到影响；另一方面市场力量也难以限制医疗服务的提供，提供者可以将医疗服务的需求总量做大，即可以通过制造出来的医疗需求来获利，而不是只能通过低价优质的医疗服务来获利。此时，竞争的有效性大打折扣。

此外，在不同的市场结构下竞争程度和竞争内容不同，因而提供者之间价格竞争的程度和有效性也有所不同：①以通用药、仿制药品等药品为主体的垄断竞争市场，同种药品有多家生产，且产品的差异性不大，因而竞争通常相对激烈，市场力量应该对药品价格上升有足够的约束力度；②以专利药品为主体的寡头垄断市场，只有少数几家厂家生产，可在较大程度上控制价格；③以新原研药品和部分专利药品为主体的垄断市场。在相同的疗效下，垄断程度越高，价格竞争的有效性就越低。

"药品生产－药品流通－医院和医师－患者"的供需关系链条决定了药品价格竞争的有效性不仅受到药品市场结构的影响，还受到医疗服务市场结构的影响。根据医疗服务提供的特点，医疗（药品）服务市场可以分为一般性疾病诊治服务的垄断竞争市场、疑难重症诊治服务及高技术服务的寡头竞争市场，以及提供尖端技术服务的垄断市场或地区性垄断市场。在垄断竞争市场，通常有多家医疗机构可以提供一般性疾病的诊治服务，既存在同级医院之间的横向竞争，也存在不同级别医院和基层卫生机构之间的纵向竞争。而且对于一般性疾病，患者的信息缺乏程度相对较低，需求的价格弹性相对较大，且很多药品具有替代产品，因此，在垄断竞争的市场结构下，竞争可以对药品价格的上升起到较大的约束作用。在寡头竞争市场，由于患者信息严重缺乏，需求的价格弹性较低，且供需双方存在着较强的"救援与被救援"关系，患者退出市场的代价很大，再加上医疗服务因人因时而异，效果具有不确定性和难以比较性，即使有数家医院存在，竞争对药品价格的约束力度不大，医院和医师可以控制药品的价格。

由于药品竞争价格受到药品市场结构和医疗服务市场结构的双重影响，即使医疗服务市场结构为垄断竞争市场，但如果药品市场结构为寡头竞争市场或垄断市场，医院难以购进低价药品，则药品市场中的竞争对药品价格的约束作用将被大大弱化，甚至不再有效。同理，如果医疗服务市场为寡头竞争市场或垄断市场，即使药品市场为垄断竞争市场，虽然药品市场的竞争可以降低进入到医院的药品价格，但是由于服务市场缺乏约束药品价格上升的力量，最终也很难通过竞争来约束药品价格。

（二）药品的政府价格管制

由于医疗服务的特殊性及药品市场结构和医疗服务市场结构的双重影响弱化了药品价格竞争的有效性，决定了药品市场和医疗服务市场存在着市场失灵，因此，对于一些种类的药品需要政府进行价格管制。同时，从保证基本药物公平可及的角度出发，也需要政府对药品价格采取一定的管制措施。

如前所述，药品价格管制的形式主要包括政府定价和政府指导价。前者是指政府对某种药品直接规定一种价格，提供者必须严格遵循这种价格，既不能够提高价格也不能够降低价格。后者是指政府规定药品价格的上限（或下限）、利润率或给出参考价格等，药品实际提供价格只能在政府规定的范围内变化。不同的定价形式价格变化的空间或自由度不同，反映了政府对药品价格管制强度的不同。

政府所采用的药品定价方式通常包括：①成本加成，指在已知生产成本的基础上，根据目标利润率确定药品的价格；②国际比较定价，或称外部参考定价，是指政府在制定药品价格时，通过与其他国家的药品价格比较来确定本国的药品价格；③参考定价，或称内部参考定价，是指在同类药品（有同种成分或在治疗上有同等作用）中选择一种药品（一般是价格较低的药品）作为参考药品，以其价格或上浮一定水平的价格作为报销标准；④利润控制，是指政府不直接指定药品价格，而是限制药品的利润率，表现为对药品生产企业利润率的控制或对药品流通环节差价率的控制等形式。

通常政府定价的本意是使药品价格低于市场价格，目的是控制"过高的"市场价格。但是，政府定价客观上破坏了药品市场和医疗服务市场中药品价格随供求状况而进行调整的功能，药品价格信号失灵，进而影响到相关资源的配置和利用效率。此外，市场中如此众多的药品生产和流通企业，政府很难准确地掌握平均成本信息，再加上政府本身决策的低效率，很可能政府制定的药品价格偏离成本。如果政府制定的管制价格不合理，不仅不能达到政府药品价格管制的目标，还会带来药品供需状况失调和资源配置效率低下等问题。例如，政府定价过低，生产某些药品利润过低甚至没有利润，往往提供者不愿意生产而造成该种药品的市场短缺，药品的低价格还会影响到制药公司从事研究开发的积极性；政府定价过高，不仅会损害患者的利益，也会激励药品企业和医师为追逐高利润而过度提供高利润的药品，甚至出现寻租行为。

第三节　中国药品价格形成机制的理论分析

一、中国药品市场价格形成的影响因素

如前所述，药品价格的有效竞争需要一定的条件。除了与药品市场结构及医疗服务市场结构有关外，还包括：一是患者能够判定什么是低价优质的药品，而且如果低价优质药品的要求得不到满足，患者可以退出市场，同时患者对某种药品的需求总量是有限的；二是医院和医师能够从（向药企）购买和（向患者）“出售”低价优质的药品中受益；三是药品供应商除了向医院和医师提供低价优质的药品外，别无他路。

除了医疗服务的特殊性决定了在医药领域并不具备第一个条件（影响到药品价格竞争的有效性，见前面相关部分的分析），以及药品竞争价格受到药品市场结构和医疗服务市场结构的双重影响而致使药品价格竞争的有效性低于同样市场结构下的一般商品或服务外，在中国，后两个条件也不具备。

一方面，现行医疗服务价格政策导致医疗机构的人员劳务价格明显低于成本，而政府对于政策性亏损的财政补助严重不足，主要采用交叉补贴政策鼓励医疗机构通过提供药品和检查等服务的利润补偿人员及其他服务的政策性亏损。其中，对于药品采用了顺加作价的政策（图1-1）。政府对医疗机构的这种补偿政策和价格政策激励医院和医师多提供药品和检查服务，并通过药品的“高进高出”获得更高的利润。即医院和医师并没有从出售低价优质的药品中受益，反而药品的价格越高医院和医师等人员受益越多（顺加作价政策），而医疗服务的特殊性又使得患者并没有因此而减少，需方力量并没有对药品价格上升产生很大的约束作用。

另一方面，对于药品生产企业和流通企业来说，“低价优质”是一条“痛苦”之路，尤其是在中国药品生产企业和流通企业数量众多、竞争十分激烈的情况下。如果有其他途径可以销售出更多的药品，则不走“低价优质”的竞争之路也就成为药品生产企业和流通企业很自然的选择了。药品供应商通过给予回扣等途径推销药品当前已成为市场主流之一，也是医院及包括医师在内的诸多相关从业者获利的重要途径。通过竞争降低价格、改善质量的良性机制遭到破坏，反而出现相似治疗效果的高价药品替代低价药品，疗效不确切的辅助治疗药物大量占领市场等逆向淘汰现象。

总之，医疗服务特殊性是天然具有的，因而带来的问题难以避免。但是，并非在所有的医

疗服务子市场中都会发生药品价格竞争的完全失效，而且通过医疗保险预付制的支付方式、政府总量控制、特殊药品的政府定价和改变药品加成定价方式等适当管制措施，也可以减少和控制医疗服务特殊性所带来的问题。在中国，目前药品问题的关键是药品领域的寻租行为带来的负向激励，进而导致垄断竞争市场结构下的药品价格竞争失效。如果寻租问题可以得到解决，则医疗服务特殊性仅在部分子市场中影响药品价格竞争的有效性，对于多数药品“正常”市场价格的形成影响不大。

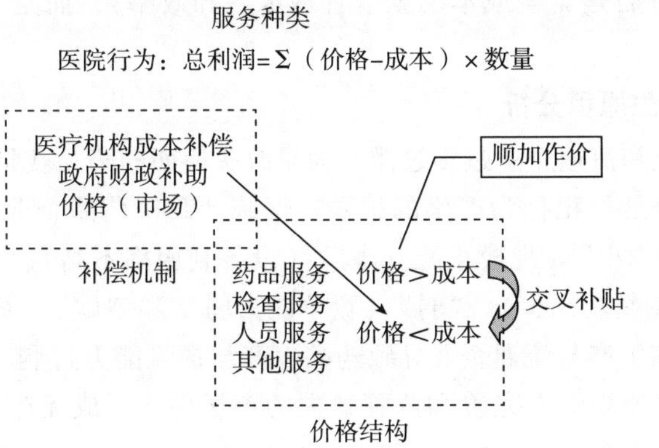

图 1-1　医疗机构的补偿政策与价格政策

二、医药领域的寻租行为及其产生原因分析

（一）医药领域中的寻租行为

在中国，医药代表的日常工作是拜访医师和药师，向他们介绍新药知识，这一职责与国外并无差异。但是在中国医药代表肩负了较高的销售指标，为了推销出自己的产品，采取了一些“促销”行为。20 世纪 90 年初还都是企业或集体行为，主要是给定货的医院一定优惠，如药品的特殊包装，从饭盒、高压锅到电冰箱和摩托车，但以后发展为多种形式的促销，并逐渐渗透到个人，包括院长、医院药事委员会成员、药房主任、采购员、医师及其他相关人员。“促销”形式主要包括产品上市会，提供午餐和发送纪念品的学术讲座、赞助会议或一些大型活动，在五星级酒店举办培训，给医院购买汽车、高级办公设备等，以后发展到资助个体参加会议、资助孩子上学、资助旅游和国外考察，甚至“带金”销售（“回扣”），得到“好处”的医院和个人就会多提供相应的药品服务。

这种通过非经营性活动而获利的行为是典型的寻租行为。在寻租过程中，一方是希望通过寻租活动获得比开展经营性活动更多利益的个人或企业，另一方是被作为寻租对象的拥有权力的个人或机构。寻租活动实质上就是一种“钱权交易”。在医药领域中，医院和医师是否使用某种药品关系到生产企业和流通企业的经济利益，因此，出现了药品生产、经营企业争相向拥有购买和使用药品权力的医院相关人员“寻租”，出现了“拿回扣”等行为。

医院除了通过药品批零差价获得收入（是医院的正常收入）外，在药品方面的寻租活动可以给医院带来另一方面的收入：“租金”。医师及医院的其他相关人员除了提供药品服务获得收入（工资、奖金等）外，也可以通过“租金”作价收入。因此，租金成为医院或医师额外的收入渠道之一，从而刺激了医院和医师多提供可以给他们带来更高租金的药品服务，导致部分药品的非“正常”使用，包括品种上的不合理选择及数量上的过度提供，成为推动药品费用上涨的重要原因。

最终，“租金”被非生产性用途所耗散，药企及其医药代表等相关人员与医院及医院中的医师等相关人员瓜分了“租金”。其结果为药品生产者丧失了通过提高效率获得更多利益的动力，带来的成本（不合理药品费用）由社会中的其他人来承担。药品市场竞争的结果，不是竞争价格、竞争质量（背后是竞争成本、竞争管理水平和效率），而是“回扣”的竞争。自然，药品价格竞争难以奏效。

（二）寻租行为产生原因分析

一是药品生产企业和流通企业过多过滥、大量改头换面的药品获批（滥批）及在监管缺失的市场中形成恶性竞争是寻租行为产生的根源。据统计我国药品企业有6000多家，流通企业13000多家。且存在着“小”（规模小）、“剩”（设备利用率不高）、“低”（技术水平落后）、“少”（研发投入少、创新药品少）、“弱”（竞争能力弱）和“缺”（研发人才和优质管理人才缺乏）等特点。过多的生产与流通企业导致药品生产与提供能力过剩，低水平重复生产和产品趋于同质化，在目前市场规则不完善和监管缺失的市场中，形成无序竞争，甚至是恶性竞争，“回扣战”成为竞争主要形式。此外，大量改头换面的药品获批，导致通过竞争或招标所致的低价药品退出市场，代之以改头换面的高价同类药品出现在市场，结果使得市场竞争对药品价格控制的作用失效，通过“回扣”销售出更多的药品成为几乎别无选择的路径。出现了药品提供量越多、竞争越激烈，反而价格越高、质量越低的奇怪现象，严重违反了经济学规律。

二是药品虚高定价是产生回扣的经济基础。一些药品的价格偏离成本，高出成本几倍、几十倍，甚至更高，这使得企业有足够的利润空间进行寻租活动。一方面流通环节过多，以及寻租竞争增加了药品推销的成本，企业最终不得不提高药品价格，以覆盖这些成本。由于“回扣”导致药品市场价格竞争失效，只要在“回扣”竞争中能够“打动”医院和医师，即使药品价格较高，也能够卖得出自己的产品，因而导致药品的市场价格明显高于正常的竞争价格。另一方面，对于政府定价的药品，则采用虚报成本的方法，而政府又无力核查真实成本，再加上地方保护主义下的政府定价，导致很多药品的政府定价也明显高于成本。最终成为寻租行为猖獗的经济基础，并形成恶性循环。

三是医疗机构的补偿政策、药品的价格政策及医疗保险按项目付费的支付方式是寻租行为产生的推动力。医务人员技术劳务价格很低，不能够弥补去除政府经常性补助后的服务成本，而药品和检查服务的价格却高出成本，医院只能通过提供药品服务和大型设备的诊治服务来解决补偿不足问题。这种交叉补贴政策激励医疗机构多提供药品和检查等服务，以补偿人员及其他服务的政策性亏损。同时，对于药品采用顺加作价的政策，激励医院和医师提供高价格的药品。而医疗保险采用的是按项目付费的支付方式，使得医院多提供药品服务和提供高价格药品服务的行为没有受到任何约束。这种原本只是为解决医院补偿不足以维持医院简单再生产和一定程度扩大再生产的初衷，却为关心自身利益的提供者们所扭曲，变为不加约束的追求经济利益的行为，结果不适当地推动了有利可图的服务项目的发展。对寻租活动起到了推波助澜的作用，为寻租行为的存在创造了供方条件。

由此可见，在我国从“头”到“尾”（药品生产、流通和服务提供）的政策共同促成了寻租行为的频繁出现，并带来了医药领域的诸多问题。这是今日中国医药竞争日趋恶化的深层次原因。

三、中国药品政府管制价格的形成及其影响因素

根据国家发改委关于印发《国家发展改革委定价药品目录》的通知，列入《国家基本医疗保险和工伤保险药品目录》的药品、《目录》以外的麻醉药、一类精神药品、按国家指令性计划生产并由国家统一收购的避孕药具和计划免疫药品、血液制品和处于中国药品物质专利保护期内的药品，均纳入政府定价范围，其余药品价格为市场价格。

在我国主要采用按成本定价的定价方式，成本测算和目标利润率是决定价格的主要因素，其中成本是影响价格的关键。对于一般仿制药品，政府主要采取社会平均成本定价方式，目的在于鼓励竞争，提高效率，降低成本。对于一些新药，则采取单独定价，以鼓励创新。对于一些特殊药品（如麻醉药、一类精神药品等），政府定价的目的是控制价格。

政府定价程序主要包括：①成本核审，即对企业上报药品所用原材料、设备成本折旧及管理费用等评估审查；②市场价格调查，以此作为制定价格的参比价；③地区协调，由于各地区经济发展水平不同，药品价格存在差异，协调原则一般是以高就低；④专家评审，价格初定后邀请药学及经济学专家对价格制定环节的加价进行评审；⑤价格公示，向社会公布药品价格，由发改委指定的7家媒体定期发布价格信息。

但是，由于我国药品生产企业众多，各地区经济发展极不平衡，不同地区之间生产要素价格，尤其是土地和劳动力价格差异非常悬殊，再加上各企业之间管理水平和效率上的差异，以及难以获得准确财务数据等因素，测算“社会平均成本”相当困难。政府部门在定价过程中，一方面负责药品价格制定的行政管理人员很少，另一方面药品价格制定需要很多精确的数据，但物价部门没有能力对全国数千家生产企业和十多万种药品进行调查以获取准确的成本数据，只能通过企业申报的方式获取成本数据。结果一些药品价格定得过高，为寻租行为提供了经济基础；而一些药品价格定得过低，导致一些市场需要的药品没有企业愿意生产而被淘汰。

此外，在相当长的一段时间内，药品生产企业很容易通过更改名称、更改剂型、更改规格、更改包装、改变盐基或酸根、专利创新等方式将老药变为“新药”，并获取国家药监局的新药批号，然后采取新药定价程序，这成为药品生产企业逃避药品降价的有效途径。由于单独定价的基础是成本，只要成本高就可以获得高价格，这为“新药”的高价格提供了条件。而企业为了获得高价格，在政府成本审核和监管不力的情况下，虚报成本，最终导致药品价格的虚高。这些改头换面的药品堂而皇之地变为高价格的新药，成为药品价格升高的重要原因之一。

综上所述，医疗服务的特殊性及药品市场结构和医疗服务市场结构的双重影响弱化了药品竞争价格的有效性，但政府并没有采取有效措施消除或缓解市场失灵。政府定价也因多种原因致使很多药品的价格并没有比市场定价更“合理”，反而带来了诸多问题。而药品领域的寻租行为既导致药品价格竞争失效，也成为政府定价不合理的原因之一。

第四节 创新药品价格政策的理论分析

一、创新产品价格演变理论与创新药品价格演变机制分析

（一）熊彼特的创新产品价格演变理论

理论界对创新产品价格问题的研究始于经济学家熊彼特。在其著作《经济发展理论》中，他对创新产品价格演变问题进行了初步探讨。熊彼特认为："企业家通过实现生产要素的新组合创新出一种新的产品。在产品诞生之初，企业家没有竞争对手，新产品的价格完全（或者在一定程度上）按照垄断价格的原则制定，因此企业家获得了超额垄断利润，在利润的刺激之下，新的企业进入，产量增加，竞争日益激烈，最后导致市场上形成了新的均衡"。

可以看出，熊彼特的创新产品价格逻辑是：企业是没有利润的，企业通过研发或购买创新产品形成垄断，因而获得创新产品的高额垄断价格，进而获得超额垄断利润。但是其他企业会看到这一利润机会，会竞相仿制，导致垄断削弱，竞争加剧，因此创新产品价格逐步下降。

（二）新熊彼特主义的创新产品价格演变理论

20 世纪 70 年代以来，门施、弗里曼、克拉克等用现代统计方法验证了熊彼特的观点，并进一步发展创新理论，被称为"新熊彼特主义"和"泛熊彼特主义"。

新熊彼特主义的代表克拉克认为，先锋企业的产品创新与其竞争企业的模仿和追随是一种动态的竞争过程，前者能获得垄断价格和超额利润，后者则通过仿制加剧竞争使价格降低。克拉克在有效竞争理论中指出，有效竞争是由"突进行动"和"追踪反应"两个阶段构成的动态过程的竞争，在"突进行动"阶段，先锋企业首先进行创新，运用新技术、推出新产品、开发新市场、实行新的生产组织形式，从而获得"优先利润"，在竞争中占据市场优势地位（垄断）。在"追踪反应"阶段，先锋企业的竞争企业开始模仿和追随先锋企业，以求分得一份优先利润或避免利润下降。这两个阶段是连续不断地交替进行的。

（三）我国学者的创新产品价格演变理论

我国学者在 20 世纪 90 年代开始技术创新，也有一些对创新产品价格问题的讨论。张风等认为，创新产生暂时性垄断，会在特定时间段给创新者带来垄断创新利润，而创新垄断利润将大大刺激企业的创新活动，同时也会吸引大量的模仿者。当模仿者大量出现后，创新者的垄断地位将逐步瓦解，创新产品的稀缺性逐步降低，价格降低，创新利润下降。

（四）创新药品的价格演变机制

从上述关于创新产品价格的研究来看，创新产品价格的演变机制是遵循这一逻辑路线的：产品创新 - 完全垄断（垄断高价）- 模仿出现 - 垄断削弱（价格下降）。那么结合前述关于创新市场结构的分析，将此逻辑用到创新药品上来，则一般的创新药品也会遵循"专利药品 - 完全垄断（垄断高价）- 专利到期，出现仿制 - 垄断削弱（价格下降）- 仿制加剧（价格进一步下降）"的价格演变路线，但是对单个创新药品而言，根据仿制的难易程度，其市场结构和价格

演变路线较为复杂。

由于研发的投入巨大，因此创新药品的研发和生产企业都带有一定程度的垄断性。在专利期内，创新药品（专利药品）不可仿制，其市场结构接近完全垄断市场，因而是价格的决定者；专利到期后，创新药品（原研药品）出现仿制，创新药品企业仍然有一定的价格决定权，但是在市场需求的同时也要考虑仿制药品的产量。

如图1-2、图1-3，创新药品的需求曲线随时间移动，在 t_0、t_1、t_2时，创新药品的需求曲线由于仿制药品的出现逐步下移，分别为 D_0、D_1、D_2。在 t_0、t_1、t_2时刻随时间而增加的产量分别为0、$Q*_1$、$Q*_2$（图1-3 所示），创新药品的生产企业在 t_1、t_2时刻分别由 D_1、D_2移至 D'_1、D'_2，平移量分别为 $Q*_1$、$Q*_2$。

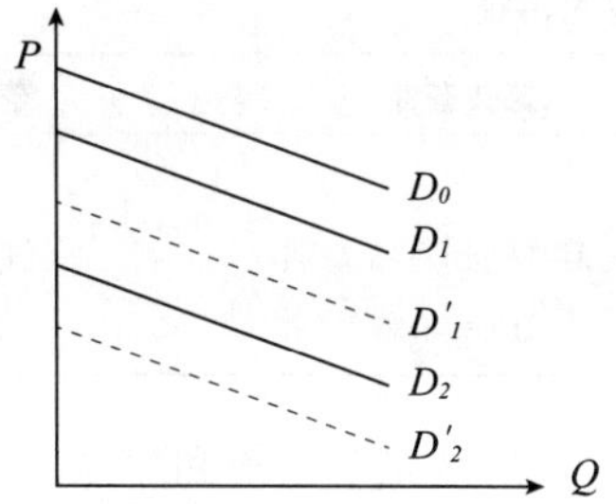

图1-2 创新药品企业的需求曲线图

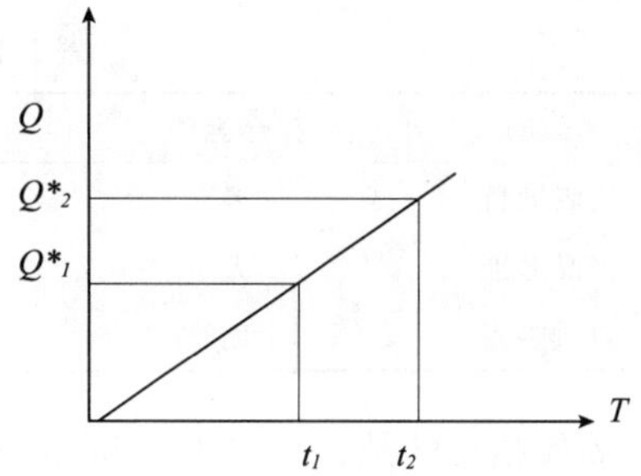

图1-3 仿制药品的时间－产量曲线

因此，创新药品生产企业的需求曲线在 t_0、t_1、t_2时刻分别为 D_0、D'_1、D'_2，边际收益曲线为 MR_0、MR_1、MR_2，如图1-2 和图1-4 所示。产品的边际成本 MC 不变，创新药品企业按照边际收益等于边际成本的利润最大化原则决定产品的价格和销量，在 t_0、t_1、t_2时刻的价格与销量的均衡点分别为 E_0（P_0，Q_0）、E_1（P_1，Q_1）、E_2（P_2，Q_2），将这些点连接起来，就形成了创新产品的均衡价格曲线，即图1-4 中的 L 线，因此，这是一条随时间价格递减的均衡曲线。也就是說，创新药品专利到期后，其价格随着仿制药品的逐步进入会逐步降低。

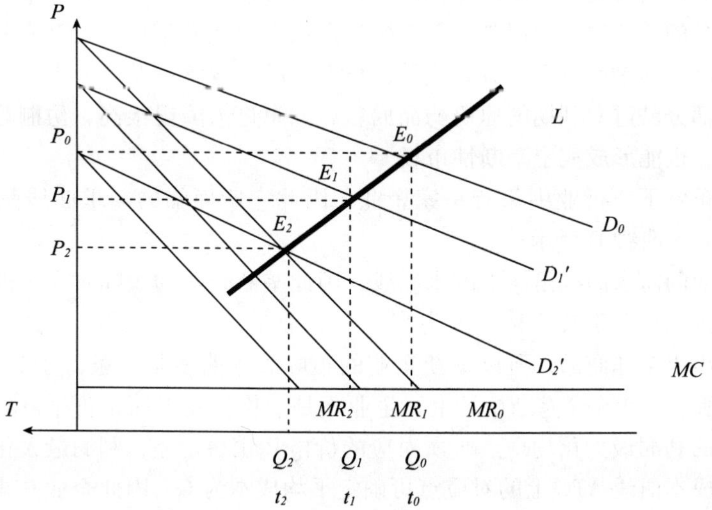

图1-4 创新药品的均衡价格曲线图

二、创新药品的市场结构与价格形成机制分析

市场结构是指买方和卖方的数量及规模分布、产品差别的程度和新企业进入某个行业的难易程度，也可以说，是指某种产品和服务的竞争状况和竞争程度。更具体地说，是指提供某种产品或服务的行业的组织模式，尤其是指行业内部企业之间的竞争关系。价格水平与竞争状况紧密相连，市场竞争是价值规律正常运行的基本条件。价格规律通过竞争得以实现，通过竞争，价格才能围绕价值上下波动，既反映价值，又反映供求关系，从而形成合理的价格体系。

根据市场上卖者的数目、产品的差别情况和进入障碍三个因素，经济学家把市场结构分为四种类型：完全竞争、完全垄断、寡头垄断和垄断竞争。表 1-2 能直观地表示四类市场类型所具有的特征。

表 1-2　各种不同市场结构的特征

因素	完全竞争	完全垄断	寡头垄断	垄断竞争
卖者数目	多	一个	少	多
产品差别	无	无	从无差别到有些差别	细微差别
进入障碍	无	强	从弱到强	弱

需要指出的是，上述四种市场结构都只是理论模型，尤其是完全竞争和完全垄断，在现实中很难找到。对于创新药品来说，根据其产品特点、竞争产品情况及创新药品的生命周期，完全垄断、寡头垄断和垄断竞争三种市场结构较为常见，其价格也随药品的生命周期和知识产权保护状况发生变化，随市场结构呈现出不同的特点。

（一）完全垄断与创新药品的价格形成机制

完全垄断是指市场上只有唯一供应者的情况。在完全垄断条件下，一个企业面临着整个市场的需求，其产品的消费者没有直接的替代品可选用，因而没有直接的竞争者。形成垄断的原因主要有：技术优势和专利、对某项原材料的单一所有权、自然垄断和法令垄断。

创新药品之所以会有完全垄断的结构形式，是因为技术优势和专利制度的存在，尤其是专利赋予了创新药品的垄断地位。但是，创新药品形成完全垄断市场，光有专利是不够的，还需要市场上无替代品。如果市场上已有替代品，根据药品的竞争情况，可表现为垄断竞争和寡头垄断的形式。对部分已过专利期的原研药品而言，如果进入障碍很高，仿制难度较大，同时又无相近的替代品，也能形成完全垄断性市场。

在完全垄断条件下，行业中只有一家企业，因此它所面临的需求曲线是向下倾斜的水平线，如图 1-5 的需求曲线 D 所示。

由于垄断企业的需求曲线是向下的水平线，因此垄断企业的边际收入，即销量增加一个单位后总收入的减少量会低于其价格。因为当一个企业生产多个产品时，它必须相应地降低价格，并以此价格出售全部商品，所以垄断企业的边际收入曲线是一条低于其需求曲线的曲线，如图 1-5 的 MR 所示。在完全垄断市场上，企业不是价格接受者而是价格制定者，会以边际收益等于边际成本的利润最大化均衡点 E 所对应的价格 P_0 销售产品，利润最大化的产量为 Q_0，这一产量在平均总成本曲线 ATC 上的对应点可确定平均成本为 C，因此企业获得的超额利润总额就是长方形 $ABCP_0$ 的面积。

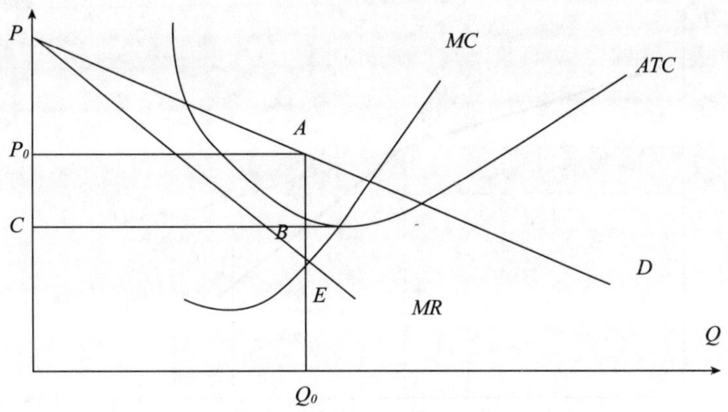

图 1-5 完全垄断市场的价格机制

从上述分析中可看出，在完全垄断市场中，垄断企业药品的价格较高，而向市场供应的产品数量较少。企业为了获得超额利润，把价格定在边际成本之上，对供给量进行限制。但是，这并不意味着垄断企业会随意提价，一般来说，如果药品的需求弹性小，垄断企业可制定较高的价格，如果需求弹性大，价格提高后需求量降幅更大，甚至有可能因为销量的减少而导致利润额的降低，则制定的价格可能稍低一些。边际收益价格和价格弹性的相互关系如公式：

$$MR = P\ (1 + 1/E)$$

其中 E 为需求价格弹性（不取绝对值）。

因为：

$$R = P \times Q$$

$$MR = \frac{dR}{dQ} = P \times \frac{dQ}{dQ} + Q \times \frac{dP}{dQ}$$

$$= P \times \left(\frac{dQ}{dQ} + \frac{Q}{P} \times \frac{dP}{dQ}\right) = P \times \left(1 + \frac{1}{E}\right)$$

因此，理性的完全垄断企业在定价时，应充分考虑创新药品的价格弹性。而对政府规制者来说，可根据影响药品的需求弹性的因素，如药品已经享受的专利保护期的长短、相近替代品的可获得性情况对专利药品进行价格规制。

（二）寡头垄断与创新药品的价格形成机制

寡头垄断是介于完全垄断与垄断竞争之间的市场结构，与垄断竞争的主要区别在于商品供应者较少。形成寡头垄断的药品市场的条件有：①少数几家生产者供应着市场上绝大部分的产品；②大生产者之间存在相互制约、相互影响的密切关系。

由于寡头垄断市场的特点，每个生产者面临的需求曲线与该生产者的产量规模形成一种特殊关系：一定产量之内，需求曲线具有较大弹性；超出产量之后，需求曲线的弹性较小。两者综合形成一条弯曲的需求曲线。如图 1-6 所示。

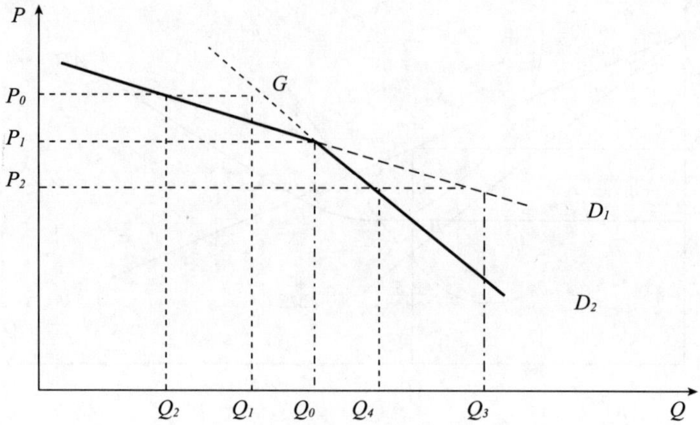

图1-6 寡头垄断市场的价格机制

假设一个药品生产者的需求曲线转折点产量为 Q_0，对应于价格 P_0。如果该生产者将价格由 P_0 提高至 P_1 以增加总收益，因竞争对手可能未同时提价，结果用户需求迅速转向竞争对手，导致提价者销量锐减，由 Q_0 降至 Q_2 而不是 Q_1。需求曲线在产量 Q_0 左边一段 D_1 代表着一段富有弹性的曲线，即小幅度提价会导致需求量的大幅下降，从而大幅减少收益。如果该生产者将价格由 P_1 降至 P_2，谋求扩大销售量，因竞争对手为维持原有市场份额也会跟着下降，结果该生产者的降价只吸引了少量新顾客，销量增加有限，仅从 Q_0 降至 Q_4，而不是 Q_3。在产量 Q_0 右边，寡头垄断者面临的是一条缺乏弹性的需求曲线 D_2，因此降价会使总收益减少。最终，寡头垄断者之间只能维持价格不动，形成了价格刚性，产品价格不易改变。这也是创新药品市场上部分寡头垄断性质的药品价格能长时间维持不变的原因。

寡头生产者面临的弯折形的需求曲线，决定其边际收益曲线 MR 是简短的。在产量 Q_0 处有缺口 EF（图1-7）。生产者依然根据 MR = MC 的利润最大化原则决定价格和产量。

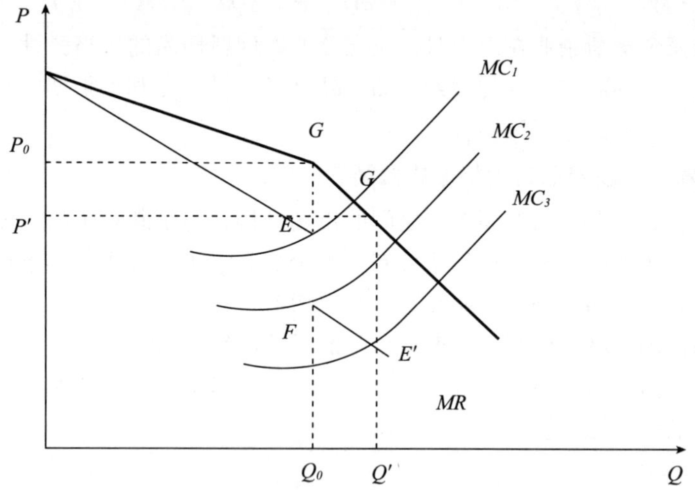

图1-7 寡头垄断生产者的弯折形需求曲线

若 MR 曲线与 MC 曲线的交点在产量 Q_0上，MR 曲线缺口 EF 之内，则不论交点在何处，利润最大化的价格与产量组合是（P_0，Q_0），如 MC_1和 MC_2相交的情况。

若 MR 曲线与 MC 曲线的交点在产量 Q_0两侧，则利润最大化的价格与产量组合不是（P_0，Q_0），如 MC_3与 MR 曲线的交点 E'，最佳价格与常量组合是（P′，Q′）。

边际成本曲线 MC 的高低反映了生产者的技术先进性，在缺口 EF 之内，生产者可因技术进步使 MC 移至 MC_2，从而获得更多的利润，在 EF 右边，若使 MC_1移至 MC_2或者 MC_3，价格降低，消费者受益。因此，药品价格管制者可通过对寡头垄断性药品成本的调查，根据市场竞争情况适时调整价格。

（三）垄断竞争与创新药品的价格形成机制

垄断竞争描述的是与完全竞争较为相似的市场情况，垄断竞争行业必须满足三个条件：①行业内有差别的产品是由大量企业生产出来的，各产品之间互为相近的替代品；②行业内企业是数目较多，每个企业的行为都不为对手所注意，也不会受到来自对手的报复；③所有企业的需求曲线和成本曲线都是相同的。

同一通用名药品间存在差异是垄断竞争形成的基础。药品间存在差异的因素主要有品牌、包装、广告、产品的实际差别（质量、疗效、稳定性差别）等。

在垄断竞争的药品市场中，企业有一定的定价自由。在一定限度内，如果企业提高价格，销售量不会大幅减少，因此企业的需求曲线是向下倾斜的，而不是一条水平线，从而企业的边际收益曲线也在需求曲线之下，而短期的总成本曲线和边际成本曲线仍为 U 形，垄断竞争企业在边际收益等于边际成本的条件下的价格和产量使其利润最大化。从价格水平来看，垄断竞争市场的价格低于完全垄断市场的价格，但高于完全竞争市场的价格。

部分企业通过剂型创新、工艺创新等技术手段对市场上竞争非常激烈的品种进行有效改进，从而形成了产品间的差别，价格主管部门在定价时可给予略高的价格以反映市场竞争情况。

三、创新药品价格管制的理论依据

对药品价格进行规制是各国的通行做法，但对于创新药品价格的规制依然面临很多探讨。笔者认为，对创新药品进行价格规制的做法具有法理学和经济学层面的理论依据。

（一）法理学依据

本文所指的创新药品，是知识产权概念上的药品。因此，创新药品要么在专利期内，要么已过专利期，不管怎样，都涉及专利权与健康权协调和平衡的问题，这也是对创新药品进行价格管制的法理基础。

WTO 框架下的 TRIPs 协议明确规定知识产权是私权的一种，而药品专利权作为知识产权的重要形式，同其他私权一样，专利权人享有一定期限内的排他性、独占性的专有权。从法理上来说，药品的专利权人享有充分自由使用和处分自己的医药专利权，不仅可以自己实施专利，也可以授权他人实施专利。

1948 年《世界人权宣言》宣布：“人人有权享受为维持他本人和家属的健康和福利所需的

生活水准，包括食物、衣着、住房、医疗和必要的社会服务”。可见，健康权是一种基本的人权，是每个国家都应承担的国际法义务，是人权的重要组成部分，预防和治疗疾病及使用基本药物的权利是人权的具体内容。

药品是承载着伦理价值的产品，直接关系到人类健康和生命安全。随着生态环境的恶化，新的疾病不断出现，因此，从健康权的角度来看，需要保证持续的创新药品的研发。而创新药品的研发投入高、风险大，因此需要法律以专利的形式对其知识产权进行保护。药品专利权的功能就是激励创新，从法律的制度层面给予创新药品一定时期的独占权和垄断权以保证药品专利权人有效收回投资的同时，激励专利权人开展后续的创新药品研发工作以确保患者对药品的可及性，保障人们的健康权。

药品可及性是指获得支付得起的、维持自身健康所必需的药品的能力。但是，由于经济人的逐利性，制药企业往往会凭借其专利权的垄断地位来控制药品的供应量，提高创新药品的价格以获取超额利润，例如，在阿根廷和印度进行药品专利保护后，相关药品的价格最高的上升了2倍，而平均价格则上升30%左右。但是，药品与人类公共健康的维持及生命的延续休戚相关，是实现健康权的核心组成部分，具有重要的社会作用。尤其是无有效替代品的创新药品，必须保证其可及性。如果药品价格过高，患者对药品的可及性就成了“可望而不可即”，必然会影响到健康权的实现。但是，如果因为强调健康权而放弃对创新药品专利权的保护，虽然这样药物的价格较低所带来的消费者剩余的短期收益相当大，但是废除专利不利于创新而使未来获得的药物减少，这种长期损失要大得多，约为收益的3倍。因此，在强调对创新药品专利权的保护的同时，也需考虑社会公众的利益，既要限制私权的过度膨胀，又不能损害产生创新的源泉和充分发挥创新的动力。

因此，鉴于专利权与药品可及性和健康权之间的深层次矛盾，相关管理部门有必要采取价格规制或其他行政干预手段来平衡药品专利权与健康权的关系。

（二）经济学依据

1. 福利经济学——垄断造成社会福利的损失与低效率 如前文所述，由于拥有专利，制药企业被赋予了生产创新药品的唯一权利从而成为垄断者。在垄断条件下制药企业出于自身利润最大化的要求，总是试图使价格高于边际成本，这会造成社会福利的损失。因此，对于政府来说，就必须对垄断企业的定价行为进行管制。

垄断带来的低效率已是人所共知的事实。垄断的效率损失主要来自两个方面。首先是垄断企业利润最大化的企图。在完全竞争市场中，任何一个企业只是一个价格接受者，无法影响市场价格。它面临的需求曲线是一条水平线，利润最大化在企业的边际成本与市场价格相等（$P=MC$）处达到。但是，垄断企业面临的是一条向下倾斜的需求曲线。利润最大化动机驱使它在边际收益等于边际成本处定价。这个价格高于完全竞争时的价格，产量则低于完全竞争时的产量（图1-8）。

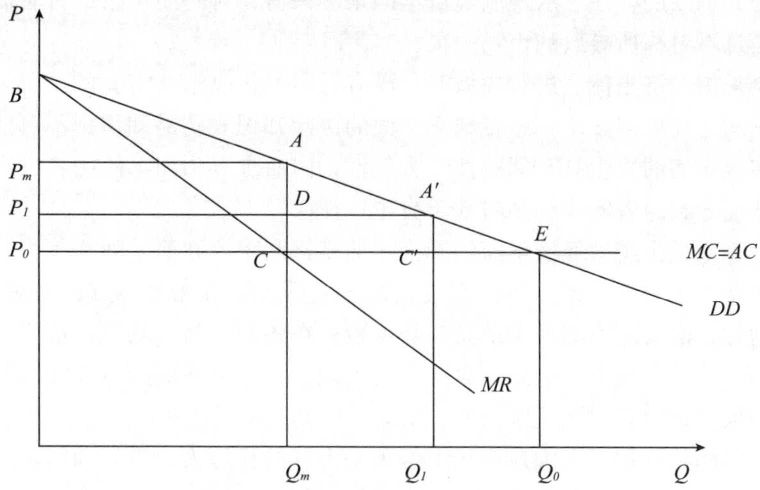

图 1-8　垄断的福利损失与管制

图1-8中横轴表示产量，纵轴表示价格。曲线DD和MR分别为该企业的需求曲线和边际收益曲线。为简单起见，假定平均成本和边际成本相等且固定不变，它们由图中水平线AC和MC表示。垄断企业的利润最大化在A点实现，其价格和产量分别为P_m、Q_m。显然这时的价格高于边际成本（$P_m > MC$）。而完全竞争均衡在E点实现，此时的价格为P_0，产量为Q_0。从图1-8可以明显看到，垄断企业通过提高价格、减少产量（这意味着一部分本应得到满足的消费者得不到满足），使消费者的福利从E P_0B下降到AP_mB。显然，消费者的福利损失AP_m P_0 E大于企业的福利增加AC P_0P_m。这两者之间的差额——以AEC的面积表示的福利因垄断而白白损失了，这被称作社会无谓损失。可见，垄断造成了福利损失，并导致资源配置的低效率。此外，垄断利润是企业从消费者处摄取的福利转移，也被看成是不公平的。更需要强调的是，在关乎百姓生命健康的药品领域，其需求的刚性结构使得垄断企业的价格操纵力更强。

其次，缺乏竞争所导致的内部非效率。在竞争性市场中，企业相对的低成本可以形成竞争优势，有效地抵御市场中五种力量的威胁，赚取更高的利润；而较高成本的企业则可能出于竞争劣势，导致亏损。因而在竞争压力下，每个企业都必然努力降低成本，使手中的有限资源发挥最大效率。但是，垄断企业可以进一步提高价格，将高成本转嫁到消费者身上，这会使无谓损失增大。生产过程中的低效率成为垄断造成的另外一部分社会福利损失。

垄断造成的低效率和不公平感为政府管制提供了理由。最显而易见的管制方法就是强行限制垄断企业的定价，使其低于垄断价格P_m。如将价格定为P_1，这时，追求利润最大化的垄断企业会将产量提高到Q_1。管制的结果是垄断企业的一部分垄断利润转移给消费者以增加消费者福利；与垄断情形相比，消费者享受到较低的价格和较高的供给量；社会净福利损失也从AEC下降到A′EC′。净福利损失的减少一部分增加了消费者福利，另一部分弥补了垄断企业的利润损失。由此可见，价格规制既可以改善资源配置无效率，又可以增加公平感。

2. 规制经济学——市场失灵　市场失灵是指通过市场价值规律这个看不见的手无法实现资源最佳配置、效率最高的情况。一般认为市场失灵的原因有四点：市场垄断、非对称信息、商品的外部性和公共物品的存在。从规制经济学的角度来看，对药品价格进行管制的原因在于信息的不完全和信息不对称所导致的市场失灵。

信息不完全是指经济主体在进行决策时，没有做出最优决策所需要的全部信息。药品市场上的信息不完全的主要原因在于：患者缺乏全面的医疗知识和药品知识，不可能冒生命危险自行选择药品；多数疾病的发生具有偶然性、突发性，因而难以预测，使患者没有足够的时间进行信息搜集，从而导致患者购买药品时缺乏自主选择权。

信息不对称理论是由美国经济学家约瑟夫·斯蒂格利茨、乔治·阿克尔洛夫和迈克尔·斯彭斯提出的，是指市场交易的各方所拥有的信息不对等，一方比另一方占有更多的相关信息，处于信息优势地位，而另一方则处于信息劣势地位。在各种交易市场上，都不同程度地存在着信息不对称问题。药品市场上的信息不对称主要表现在：医师在医疗专业知识与信息方面拥有天然优势，而绝大多数患者对相关医药知识匮乏，因此造成了严重的医患信息不对称。

由于药品消费的特殊性，在医疗市场上医师是患者的代理人，患者和医师之间是委托-代理关系。如果医师完全从患者的利益出发，则市场功能不会被破坏，但是通常来说，医师作为委托-代理关系中的代理方同时也是药品和医疗服务的供应方，往往会利用自己的力量制造需求，导致药品需求曲线的人为上移而出现了市场失灵。

此外，药品的消费具有外部性。因为有些疾病，尤其是传染性疾病，如果不进行相应的药物治疗，传染给他人，就会形成负的外部性；如果进行治疗，则既可以减少疾病传染给他人的机会，又能减轻患者及其家人的负担，此时就形成一种正的外部性。

正因为药品市场的信息不完全和不对称导致市场失灵及药品消费外部性的存在，包括市场经济高度发达的美国在内，各国政府都会介入药品市场进行管制。从定价来看，创新药品的生产企业往往比政府掌握更多、更完全的信息，这造成了企业与政府之间严重的信息不对称。一方面，政府搜集信息需要成本，但由于受到人才和行政管理成本等因素的制约，往往不能掌握全面的药品价格信息；另一方面，企业从自身利益出发，不会真实披露药品的研发成本和生产成本，以期获取更高价格。因此，药品的生产企业在药品定价中处于信息优势地位。由于创新药品企业具有一定的垄断地位，逐利行为驱使其降低生产量从而抬高药品价格，导致药品的市场价格高于其真正价值。如果任由市场这只“无形的手”通过价格杠杆进行自发调节，而没有政府“有形的手”介入价格管制，既会造成社会总体福利的损失，也会影响药品的可及性和可负担性。

（三）小结

综上所述，对创新药品的价格进行政府管制兼具法理依据和经济依据。药品价格规制是国家对药品价格形成和运动进行的干预和控制，它是政府的一种经济行为，这种行为在形式上表现为政府机构对药品价格形成和运动的干预和控制，其实质是国家对药品价格所反映的各种经济利益关系的协调。

第二章　中国药品价格管理概述

第一节　中国医药价格管理历史沿革

一、中国医疗服务价格管理历史沿革

医疗服务价格是指在医疗服务市场中，政府有关部门和医院根据成本投入、收益指标等对医疗服务项目所制定的收费价格。它是医疗机构利用自己的人力、专业技术、仪器设备和器皿等手段，为患者提供医疗服务所收取的费用标准，是医疗费用的一个组成部分。

新中国成立以来，我国医疗服务一直实行按项目收费，医疗服务项目和价格均由省级或市（地级）卫生或价格主管部门制订。截至2000年，全国既无统一规范的服务收费项目，也无科学的成本测算办法。由于各地项目名称和数量差异较大，客观上导致乱收费现象的存在，也给医疗服务价格行为监管带来难度，因此，政府统一规范医疗服务收费项目便应运而生。我国医疗服务价格管理在不同历史时期都有着鲜明的特点，根据相关政策及文献，我国医疗服务机构管理可以分为三个阶段：第一阶段，即计划经济时期，政府对医疗服务价格进行全过程管理；第二阶段，即转型时期，国家经济体制向社会主义市场经济转变，医疗服务价格管理处于转型时期；第三阶段，即完善医疗服务价格管理时期，政府通过出台多项政策，规范医疗服务收费项目。以下对三个阶段进行详细阐述。

（一）1978年以前，计划经济时期

1978年以前，我国实行单一的计划经济，政府对医疗服务价格进行全过程管理。政府按照隶属关系和行政区域划分，建立起了条块分割与垂直一体化相结合的医疗服务规制体系。各级医疗机构全部都是由政府和集体独办的，并且形成了以行政区域为主，垂直管理的城乡三级医疗预防保健网。中国的医疗服务定价实行的是统一定价，药品加成收入留用的政策。这一时期可分为两个阶段。

第一阶段（从新中国成立到1958年）：医疗服务价格低标准且财政足额补贴阶段。20世纪50年代初期，在计划经济体制下，我国将医疗卫生事业作为一种单纯的社会福利事业来举办，医疗机构定位为非营利性质，运转经费主要靠财政拨款，当时政府对医疗机构经费实行“全额管理，差额补助”的管理办法。这一阶段政府对所有医疗服务实行政府定价，虽然医院收费标准很低，低于医疗服务成本，但由于有国家补助这一重要筹资来源，且享受免交税利等优惠政策，基本能够实现收支平衡，维持其正常运转，故而广大人民群众在不同程度上享受到价格低廉的基本医疗卫生服务的福利。

第二阶段（1958～1978年）：医疗服务价格大幅降低但财政补贴不足阶段。因为过度强调

医疗卫生事业的福利性，国家在 1958、1960、1972 年先后 3 次调低医疗服务收费标准。当时医疗服务收费标准明显低于成本，而国家对医院的投入有限，未能补足差额，因此，医疗机构处于补助不足的状态，收不抵支，难以满足人民群众日益增长的医疗服务需求，严重影响了医疗卫生事业的健康发展。医疗服务收费既不反映成本，也不适应医疗服务供求关系的变化。

（二）1978～2000 年，转型时期

1978 年改革开放之后，国家经济体制向社会主义市场经济体制转变，政府对医疗服务价格的管理也处于转型时期。1980 年国家开始实行“全额管理、定额补助、结余留用”的财政补偿政策，政府投入逐年减少，政府逐步依据社会平均成本制定医疗服务价格，但由于要兼顾群众承受力、社会发展状况等因素，大部分医疗服务项目价格仍然不能合理补偿成本。与此同时，改革开放促使国家开始对医药领域进行改革。在一系列的改革措施推动下，医疗收费制度改革取得了一定进展，医疗收费标准有了不同程度的调整。

1981 年 2 月，国务院批复卫生部《关于解决医院赔本问题的报告》。报告指出，由于长期以来片面强调医院的社会主义福利事业性，以为收费越低，越能体现社会主义制度的优越性，同时由于商品提价，医疗开支增加，致使医院长期赔本，连简单再生也难以维持。但由于国家在经济上还面临着困难，又不能增加人民群众负担，因此，政府实施两种收费制度，即对公费医疗、劳保医疗实行按不含工资的成本收费；另外，不提高城镇居民和农民的收费标准。这一决策，迈出了医疗价格改革的至关重要的步伐。

1985 年 4 月，为进一步解决医疗机构成本补偿问题，在医疗服务价格不能全面大幅度调整的情况下，卫生部在《关于卫生工作若干政策问题的报告》中提出，适当提高改建、扩建后医疗卫生条件明显改善的医疗单位收费标准；按成本原则制定部分运用新仪器、新设备和新开展的医疗服务项目收费标准；病房可以分等级，实行不同的收费标准，允许实行挂牌和特约门诊，允许实行不同的收费标准。

1988 年国家物价局明确将卫生系统的挂号费、检查费、住院费、手术费、预防接种费等列入了行政事业性收费管理范围。行政事业收费是一种不以营利为目的、实行收支相抵、保本微利或差额财政补助的收费管理政策，收费收入作为政府预算外管理。

1989 年 10 月，国务院批复卫生部《关于扩大医疗卫生服务有关问题的意见》，允许可按照不同的设施条件、医疗技术水平适当拉开医疗服务收费档次。但由于医疗服务收费调整滞后于物价上涨，总体上看，医院通过更多地提供新开展的检查、化验和诊疗项目，更多地靠卖药、卖贵药，以求补偿。医疗机构“以药养医”越来越严重，国家、企事业单位和个人负担也越来越重。由于医疗成本补偿机制不合理，导致我国医疗卫生事业处于资源相对不足和浪费并存的状况。

1994 年 7 月，继上海之后，全国各省市及部分大中城市先后实施或准备实施“总量控制、结构调整”的政策，在控制医疗总费用增长幅度的前提下，控制或降低药品收入比例，通过调整医疗服务收费标准，提高医疗服务收入在医院收入中的比例，促使医疗服务和卫生事业的发展逐步走向良性循环。医疗服务收费调整的重点是进行结构性调整，体现医务人员技术劳务价值的医疗服务项目收费标准得到充分的提高，大型检查设备检查收费标准明显降低。

1996 年国家计委联合卫生、财政等部门印发了《关于加强和改进医疗服务收费管理的通知》，明确提出了医疗服务收费管理和调整的基本原则：一是在新的医疗机构补偿机制建立前，医疗服务收费标准按冲抵财政补助和药品（含制剂）销售纯收入后的医疗服务成本制定；二是调整医疗服务收费要在严格控制物价总水平上涨幅度、充分考虑各方面承受能力的前提下，审时适度，统筹安排，分步实施，逐年解决；三是医疗服务收费的调整有升有降，适当提高门诊、手术、住院等收费标准，将大型医用设备检查治疗收费标准适当降低；四是根据不同的医疗机构服务内容和质量拉开差价，促进患者的合理分流；五是规范医疗机构医疗服务收费行为，要求各地严格防止利用设新增医疗服务项目之名，重复收费、分解收费；六是引导好特需服务，要求医疗机构结合医疗资源和医疗需求情况，在保证基本医疗服务的前提下，有组织地适当开展特需服务，不得将特需服务转变为强制服务；七是合理调整收费标准与治理乱收费结合起来；八是要求实行医疗收费明码标价制度。

1997 年年初，《中共中央、国务院关于卫生改革与发展的决定》提出，要完善政府对卫生服务价格的管理，区别卫生服务性质，实行不同的作价原则。

（三）2000～2015 年，完善医疗服务价格管理时期

2000 年，根据国务院办公厅转发国务院体改办等部门《关于城镇医药卫生体制改革的指导意见》（国办发［2000］16 号）精神，国家计划委员会、卫生部制定了《关于改革医疗服务价格管理的意见》（计价格［2000］962 号），确定中央管项目、地方订价格的原则。该《意见》明确我国医疗服务价格试行统一领导、分级管理的模式，根据不同的性质医疗机构，对非营利性医疗机构和营利性医疗机构医疗服务价格分别执行政府指导价、市场调节价。国家价格主管部门会同卫生行政部门的主要职责：一是制定医疗服务价格管理的方针政策、作价原则；二是规范全国统一的医疗服务价格项目名称、编码、服务内涵等细则；三是制定医疗服务成本核算办法；四是指导各地的医疗服务价格工作。按照国家医疗服务价格的方针政策和作价原则，省级价格主管部门会同同级卫生行政部门具体负责开展测算本地区的医疗服务成本工作，科学、合理地制定本地区的医疗服务价格。

2001 年，国家计划委员会、卫生部、国家中医药管理局联合印发了《全国医疗服务价格项目规范（试行）2001 年版》。为适应新技术的发展，2007 年 9 月上述部门又印发了《全国医疗服务价格项目规范新增和修订项目（2007 版）》。各地依据《全国医疗服务价格项目规范》，经过项目归并、成本测算、价格论证、价格听证、政府审批等程序纷纷出台了本省医疗服务价格手册。这标志着在全国范围内首次统一了医疗服务项目名称、内涵、除外内容及计价单位等。通过规范与调整，一定程度上理顺了我国医疗服务价格体系，规范了医疗服务价格行为，优化了医药费用结构。

2001 年 8 月，为保证《全国医疗服务价格项目规范（试行）2001 年版》的顺利实行，合理调整医疗服务价格，理顺医疗服务比价关系，国家计划委员会和卫生部联合印发《医疗服务项目成本分摊测算办法（试行）》。

为贯彻落实《中共中央、国务院关于深化医药卫生体制改革的意见》（中发［2009］6 号）和《国务院关于印发医药卫生体制改革近期重点实施方案（2009～2011 年）的通知》（国发［2009］12 号）的精神，2009 年国家发展改革委、卫生部和人力资源社会保障部三部委就改革药品和医疗服务价格形成机制提出意见，联合印发了《改革药品和医疗服务价格形成机制的意见》。该《意见》对改革医疗服务价格管理提出了具体、客观、合理的建议。

为进一步完善医疗服务价格体系，理顺医疗服务比价关系，加强医疗服务价格行为管理，经过4年的努力，在全面修订2001年版项目规范的基础上，2012年5月4日，国家发展改革委、卫生部、国家中医药管理局联合印发了《全国医疗服务价格项目规范（2012年版）》。

二、中国药品价格管理历史沿革

药品市场是具有特殊性的市场，由于特殊的三方市场结构、供需双方信息不对称、市场垄断、供方诱导需求等因素导致市场失灵，使得社会资源配置和利用效率不高，因此政府管制价格便显得尤为重要。我国的药品价格管理在不同历史时期都有着鲜明的特点，主要分为三个阶段：第一阶段，即药品计划经济时期，政府对药品各个环节管制极其严格；第二阶段，市场经济时期，政府放开对药品市场的管制，该时期药品价格疯涨，导致了“药价虚高”现象出现；第三阶段，即政府加强对药品价格的管理时期，政府通过出台多种降价政策，迫使药价回归合理水平。以下分为三个阶段进行详细阐述。

（一）1990年以前，药品计划经济时期

在计划经济体制下，国家实行药品“统购统销”，对药品的价格审批控制极其严格。这一时期国家对药品价格实行政府定价，并严格限制药品各个环节的价格和利润，包括出厂价、批发价、零售价及生产、流通、销售等环节的利润率。比如：在1990年以前，国家规定药品出厂价在成本价上加5%，批发价在出厂价上加5%，零售价在批发价上加价15%。在这一时期，我国市场开放程度低，医药企业少，药品品种少，药品价格处于普通老百姓可以接受的水平，因此不存在药价虚高之说。1984年，我国首次颁布《药品管理法》，以法律形式对药品研发、生产、流通、使用和监督管理等各方面的行为做出明确的规定。

（二）1990~1996年，市场经济时期

改革开放后，我国市场化改革进程逐步加快。1992年，党的十四大提出建立社会主义市场经济体制，促使药品市场逐步形成市场化体制。在该时期，政府降低市场准入标准，逐步放开对药品的价格管制，许多药品价格由市场调节。到20世纪90年代初期，除极少数基本药品和中药材，其他绝大部分药品价格都由企业根据市场竞争情况自主确定。随着价格的放开和经济的快速发展，医药生产经营企业数量迅速增加，包括中外合资企业、外资企业、民营企业、国有企业。据有关统计，到20世纪90年代中后期，全国仅药品生产企业数量就达到6700多家，药品批发企业17000多家，而制药行业最发达的美国只有200家左右制药企业，几家经营企业。与此同时，药品品种数量也随之急剧增加，这些药品大多是外资企业拥有专利权的专利药品和曾经拥有专利权的原研药品。外资企业的专利垄断导致药品价格不菲，逐步带动了国内仿制药品市场价格的走高。随着国内药品生产经营企业数量的迅速增加，药品生产流通领域出现了严重的低水平重复建设，导致生产流通环节竞争异常激烈，药品市场价格不规范行为越来越多，市场价格秩序比较混乱。药品“高定价、高折扣、大回扣”的现象相当普遍，导致药品零售价格上涨过快过猛，这加重了国家财政、企业和患者的负担，社会反响十分强烈。

针对以上问题，1994年9月《国务院关于进一步加强药品管理工作的紧急通知》（国发〔1994〕53号）提出三项重要任务：整顿和规范药品的生产、经营企业和个体工商户；整顿和规范药品生产经营秩序；整顿和规范中药材专业市场，重点是打击制售假劣药品的犯罪活动。

（三）1996～2015 年，政府严格管理药品价格时期

1. 1996～2000 年，全面整顿和管理阶段 针对当时鱼龙混杂的医药市场以及“看病贵”“看病难”的现象，政府开始严厉调控药品价格。1996 年，《国务院办公厅关于继续整顿和规范药品生产经营秩序加强药品管理工作的通知》（国办发［1996］14 号），在整顿药品流通领域秩序方面，整顿和规范了 17 个中药材专业市场，关闭和取缔了一大批以各种名义开办的药材市场和药品集贸市场，取得了显著成绩。1996 年 8 月国家计委出台了《药品价格管理暂行办法》，将少数临床应用“面广量大”的基本治疗药品、生产经营具有垄断性的药品纳入了政府药品价格管理范围，并根据具体规定分别实行政府定价和政府指导价。该时期的药品价格管理体制是少数药品价格由政府管制，大多数药品价格仍由企业自主制定。

1997 年，国家计划委员会又下发了《药品价格管理暂行办法的补充规定》，对政府价格管理范围的药品，允许生产经营企业在不超过国家规定的出厂、批发和零售价格的前提下，根据市场情况确定具体价格。实际上，这相当于政府制定的出厂、批发和零售价格都是最高限价。

1998 年底，国家计划委员会出台了《关于完善药品价格政策改进药品价格管理的通知》，适当放宽了新药、专利药品和 GMP 药品的利润率控制水平。对部分普通药品，根据按质论价原则，实行优质优价政策；对药品销售费用的比例及企业销售药品的折扣率做出了相应的限制。如此一来，进一步规范了药品出厂价格和销售中的折扣行为。

1999 年，为了贯彻国务院办公厅转发国务院纠正行业不正之风办公室等部门《关于纠正医药购销中不正之风工作实施意见的通知》精神，国家计划委员会发出通知，规定从 1999 年 10 月起，对列入中央和省级政府定价目录的药品，不再公布药品的出厂价和批发价，不再实行按实际进价加规定流通差率作价的规定。也就是说，定价方式从出厂、批发、零售三个环节调整为只管零售一个环节，取消流通差价率控制。

2. 2000～2004 年，药品价格改革阶段 2000 年是我国深入医疗体制改革的一年，国务院在上海召开了全国城镇职工基本医疗保险制度和医药卫生体制改革工作会议。根据这次会议上国务院对城镇医疗保险、医疗卫生和药品生产流通体制“三项改革”和纠正医药购销不正之风工作的统一部署，国家计划委员会对药品价格管理方式进行了重大改革，对药品政府定价范围、原则、形式等进行了重大调整。

2000 年 7 月，经国务院同意，国家计划委员会正式印发了《关于改革药品价格管理的意见》。此《意见》主要内容包括：调整药品政府定价范围，改进政府定价方法；在药品价格管理中进一步扩大市场调节作用，对企业自主定价药品不再规定作价办法，取消了流通差率控制；除麻醉等特殊药品，其他由政府制定价格的药品，只规定最高零售价格；在政府定价中进一步下放价格管理权限，建立政府价格调整的灵敏反应机制；引入市场竞争机制，通过实行优质优价，促进企业调整产品价格，提高技术含量；在药品价格制定过程中实行专家评审制度，进一步提高政府价格决策的科学性和透明度。政府定价药品调整为全部《基本医疗保险药品目录》中的药品，少数垄断性的特殊药品（包括麻醉药品、精神药品、免疫类药品和计划生育药品）。当时出台的《医保目录》中政府管理的药品有 1500 种，分甲类、乙类。中央政府管理 900 种，地方政府管理 600 种。

2000 年 11 月，国家计划委员会下发了《国家计委定价药品目录》《药品政府定价办法》

《药品政府定价申报审批办法》等5个配套文件，基本建立了药品价格管理新体制，明确界定了政府和企业的定价权限。

为了体现药品定价的优质优价原则，2001年1月国家计划委员会于下发了《关于单独定价药品价格制定有关问题的通知》。依据药品政府定价要体现药品质量和疗效差异的原则，实行药品单独定价和区分产品定价，即区分是否按GMP标准生产，是原研药品还是仿制药品，是名优药品还是普通药品，以及其他情况造成的药品质量疗效之间的差异。这项政策主要是针对我国同种药品生产企业数量众多，不同企业间生产条件差异大，产品质量差异较大，市场实际价格的差距也较大的问题。

2004年4月国家发改委又下发了《关于进一步改进药品单独定价政策的通知》，对单独定价的申请、审核和监督等提出具体实施细则以进一步提高药品单独定价的科学性和合理性。

3. 2005～2015年，重新拟定定价规则阶段 2005年1月，国家发展改革委制定了《药品差比价规则（试行）》。此规则执行后价格主管部门在制定和调整药品价格，以及医疗机构在制定中标药品（政府定价和政府指导价）的零售价格时，必须以此规定的差比价为依据。该规则是针对目前厂家采用换包装、剂量重新申报新药这种行为的限制。该规则的出台将推动企业采用更加正规和合理的手段来进行市场竞争，而不是在药品规格上玩花样，这将有利于净化药品市场环境。在药品价格改革的总体框架下，为进一步控制药品费用过快增长，国家还陆续出台了一系列“减轻患者负担，解决药价虚高问题”的措施和规定，其中最重要的两大药品价格控制措施是——强制降低部分药品最高零售价和药品集中招标采购。

2006年，经国务院同意，多部委于2006年5月19日联合下发了《关于进一步整顿药品和医疗服务市场价格秩序的意见的通知》。《通知》对我国目前和下一阶段的药品价格管理提出了指导意见：①全面调整政府定价范围的药品价格，降低偏高的药品价格，适当提高临床有需求、企业没有生产积极性的廉价药品价格；②进一步改进药品定价方法，选择部分政府定价药品从出厂环节控制价格，通过限制流通环节差价率，降低最终零售价格；③对实行市场调节价的药品，推行由生产企业在药品零售外包装上标示建议零售价格的制度，以增加价格透明度；④调整药品政府定价目录，逐步将实行市场调节价的处方药纳入政府定价范围。从通知的主要内容来看，我国政府将进一步加大政府药品价格规制的范围和力度。

2008年10月发布的“新医改方案征求意见稿”中指出了合理调整政府定价范围，改进药品定价方法，利用价格杠杆鼓励企业自主创新，促进国家基本药物的生产和使用。此外，该征求意见稿还指出对新药和专利药品逐步实行上市前药物经济性评价制度；对仿制药品实行从低定价制度，抑制低水平重复建设；推行在药品外包装上标示价格制度；严格控制药品流通环节差价率；对医院销售药品开展差别加价、收取药事服务费等试点，引导医院合理用药等措施。

2009年，中共中央和国务院印发《关于深化医药卫生体制改革的意见》，标志着新一轮医改拉开序幕，其中提到“改革药品价格形成机制。合理调整政府定价范围，改进定价方法，提高透明度，利用价格杠杆鼓励企业自主创新，促进国家基本药物的生产和使用。对新药和专利药品逐步实行定价前药物经济性评价制度。对仿制药品实行后上市价格从低定价制度，抑制低水平重复建设。严格控制药品流通环节差价率。对医院销售药品开展差别加价、收取药事服务费等试点，引导医院合理用药。加强医用耗材及植（介）入类医疗器械流通和使用环节价格的控制和管理。健全医药价格监测体系，规范企业自主定价行为。”接着，《医药卫生体制改革近期重点实施方案（2009～2011年）》发布，提出五项重点改革。

2012年3月，国务院印发《“十二五”期间深化医药卫生体制改革规划暨实施方案》，其中提到“改革药品价格形成机制，选取临床使用量较大的药品，依据主导企业成本，参考药品集中采购价格和零售药店销售价等市场交易价格制定最高零售指导价格，并根据市场交易价格变化等因素适时调整。完善进口药品、高值医用耗材的价格管理。加强药品价格信息采集、分析和披露。”

第二节　中国医药价格管理面临的挑战

一、中国医疗服务价格管理面临的挑战

中国现行医疗服务价格管理过程中面临诸多挑战，通过对文献、政策等的梳理，归纳总结为如下几点。

（一）按项目收费难以抑制医疗费用增长

按医疗服务项目收费曾经被世界上许多国家广泛应用作为医疗服务收费方式，但目前已经被部分发达国家抛弃。我国非营利性医院都采用按医疗服务项目收费，而医疗服务价格则遵循政府指导价，即指针对每项医疗服务项目制定具体的最高收费价，医疗机构提供医疗服务时按提供服务的项目逐项计价收费。物价部门只制定医疗服务价格，并不规定医疗服务项目提供的数量。医疗服务项目提供的数量合适与否则属于卫生部门管理。也就是说，医疗服务价格和医疗服务提供数量是相分离的事项。医疗服务价格调整只能针对单位价格，但并不能限制医生使用项目的数量和组成。由于医师与患者之间存在严重的信息不对称，医疗的“消费”主导权由医生掌控。当价格主管部门为了降低医疗费用而下调某些项目的服务价格时，医院和医师会通过诱导患者增加医疗消费数量来规避价格下调所带来的收入损失；当价格主管部门为了合理提高医疗费用而上调某些项目的服务价格时，医院同样会采用诱导服务的方式最大限度地获得更大收益，从而推动医疗费用不合理飞涨，使价格调整的目标发生偏离。虽然《全国医疗服务价格项目规范（2012年版）》中对项目内涵进行了较为详细的描述，对项目进行相关打包，但是若不制定其他配套的管制措施，大处方将难以避免，价格调整目标将难以实现，甚至背离政策出台的初衷。

（二）价格调整缺乏动态机制

以广东省为例，2000年统一医疗服务项目以来，广东的医疗服务价格在2006年调整过一次，严格来说还不算调整。当时是由于国家对医疗服务项目进行了修订补充，将原来的1000多个项目细分至3000多项，广东在全面核定新项目价格时一并对个别项目价格进行了调整。2006年制定的医疗服务价格一直执行至2013年，期间未曾做过相应的调整。直至《全国医疗服务价格项目规范（2012年版）》的出台，医疗服务价格才再次进行调整。医疗

机构要提高收费水平，都是通过核定新项目的形式取得试行价格。多年以来，物价上涨快速，医院购进的耗材、水、电、人员工资等支出都已快速上涨，医院的运行成本成倍上涨，但医疗服务价格却从未相应调整。因此，医疗服务价格管理一直被各方谴责。医院埋怨医疗服务价格不能体现医务人员的劳动价值，不合理的价格造成医院运营成本难以得到补偿，只能扩大服务数量来弥补。患者又因医院大处方、大检查造成医疗费用高而埋怨看病贵，认为医疗服务价格过高的同时加剧医患关系的紧张。可以说，没有建立定期评估机制，没有建立依据社会经济发展、医疗技术水平变化而定期相应调整的合理的动态调整机制，是医疗服务价格管理的严重弊端。

（三）价格调整方法有待进一步改进

医疗服务价格调整方法理念虽然不断进步，价格制定逐步按合理补偿社会平均成本的原则执行，调整价格时也需要进行成本审核。但由于医院普遍实行的会计制度，并没有核算到具体的每个服务项目或病种，只能反映和核算整个医院的资金和运用，每个项目的具体成本难以真实核算和审核，而且不同性质的医院、不同规模的医院成本千差万别。医疗服务项目几千多项，要对每个项目成本进行核算，成本高、难度大、耗时长。同时，在制定价格调整政策时，价格主管部门会更多地考虑社会的承受力，群众对“医疗费用涨”疑虑等影响因素，因此，价格调整一般是在现行价格的基础上横向、纵向比较后按一定幅度上调或下调。这种调整方法并不能反映服务的真实成本，医疗服务价格畸高和畸低并存的现状难以得到解决。

（四）价格调整和其他配套政策缺乏联动机制

医疗服务价格在医疗服务过程中能产生两个作用，一是影响医疗费用的发生，另一方面是影响服务提供方的医疗利润发生。医疗费用是医疗利润的来源，费用高则利润高。而医疗费用的高低由服务价格和服务数量两个因素决定。服务价格由政府限定，但服务数量则掌握在医师手中。因此，一个疾病的医疗费用并不单纯由价格调节。为此，要合理控制医疗费用，单靠价格调整是实现不了的，必须要有其他配套措施控制医师服务数量的提供，才能使价格调整政策取得应有的效果。但由于部门存在职能分工，部门之间也习惯于只管自家业务，不会过多干预其他部门，业务交叉的地方也存在不同利益差异，因此，价格调整政策和其他部门政策一样，往往都是单项行动，缺乏联动机制，在部门权限内制定政策，并不考虑其他部门政策的衔接性，往往让政策实施效果大打折扣，甚至出现有悖于政策初衷的结果。

（五）部分医疗技术劳务项目定价与价值相背离

在医疗卫生行业中，出现了严重的“重设备、轻技术”的现象，医务人员技术劳务价值和知识价值在医疗服务价格行程中得不到充分的体现，价格严重偏离价值。虽然，多年来政府部门对医疗服务价格进行结构性调整一直朝着提高体现医务人员劳务价格的项目价格，但目前仍未从根本上解决这个问题。医院内不同学科的手术难度、风险程度差距较大，但收费价格区别不明显。如果剔除医院的大型设备检查收入和药品加成收入，医院单靠劳务技术收入来维持运作，那么医疗卫生全行业将呈现严重的亏损状态，因此，医疗技术劳动收入显然支撑不了医院的正常运转。最明显的就是体现在诊金收费上，就广州而言，当前除享受政府津贴的专家或省级名老、名中医专家诊金每次50元外，其他主任医师、副主任医师、普通门诊每次诊金标准分别为8、6、3元，远不如一次理发的价格，目前该标准显然未能充分体现医师的技术劳务价值。此外，一些手术治疗价格也明显偏低，因此医师便采取诱导治疗，通过多开治疗项目、大处方，使用高价药品和医用耗材等方式弥补手术成本，这也是政府部门价格监督检查过程中很难界定是否属于违规收费的一个盲区，只要医院收费标准正确、流通环节加价不超过标准、未发现超乎常理的开展项目，一般难以界定是否属于过度治疗。

二、中国药品价格管理面临的挑战

中国药品价格管理过程中面临诸多挑战，通过对文献、政策等的梳理，归纳总结为如下几点。

（一）价格监测与评审未能适应药价管理工作需要

药品价格评审以监测数据为基础，同时需要兼顾药品质量疗效、品牌价值、研发投入、患者的经济承受能力等因素。近年，纳入政府列管药品种类、数量逐年增加，药品市场购销主体日益多元化，流通环节日益复杂化，药品价格监测的难度不断加大，加上目前药品价格监测手段单一、监测面相对狭窄、信息收集时限相对滞后等原因，药品价格监测数据的客观性、真实性、统一性受到了很大的影响。药品价格评审工作只处于起步阶段，评审的方式、方法正在逐步规范，评审制度体系和技术体系正在建设当中，评审对价格决策的参考优势还未充分发挥。及时了解和掌握药品价格动态变化情况，做好药品价格的监测和预警，积极发挥价格评审的参考作用，为药品定价提供强而有力的数据支撑，对减轻患者医药费用负担、促进医药行业健康发展具有深远意义。因此，亟须建立全面科学的药品价格监测和评审指标体系，促进药品价格监测和评审的客观、科学、合理。

（二）药品价格的监督管理成本过高

我国目前有药品生产企业4000多家，批发企业1.6万多家，零售药店40多万家，加上药品名称混乱，一药多名，药品名称达几十万种。有些企业也为了生存或者牟取更多利益，利用政府和企业之间的信息不对称，虚报药品的组成成分，虚增产量，虚报材料价格；再有就是利用单独定价的弹性空间，改变包装、剂型、规格申报新药，此类情况如果监管部门一一去核对成本、对账，其计量和监督成本过高。而且目前政府定价和差率作价并存也使同一药品在同一地方价格差异较大，在一定范围内，同时存在区（县）级以上和以下的医疗机构，以及多家零售药店对不同的经营主体、药品价格定价方式不一致，可能造成同一药品在同一地方出现多个不同的零售价格。价格管理部门也很难对各个具体药品每个时点的价格进行监管，往往是只对熟悉的、常用的品种进行抽样检查。对于那些不常用或者价格不清的品种，监管难度非常大，效率十分低。

（三）政策未能有效衔接，影响价格决策的科学性

药品价格是一项复杂的系统工程，它与药品招标、医保、质量监管等密切相关，价格决策应注重保持与相关政策的相互衔接，避免因政策之间衔接失灵，影响价格决策的科学性和可操作性。例如，药品定价与质量监管权限分属不同部门，药品差别定价、优质优价的评判标准，需要相关政策的相互衔接，建立可操作性的评审指标体系。又如各省药品招标普遍规定中标价格原则上不高于同质量层次同规格产品上一次中标价的平均值，这就影响部分中标价在药品定

价中的参考价值。

（四）药品定价的依据有待进一步科学化

影响药品成本的因素有很多，除原料费用之外，不仅有设备与厂房的折旧、人力资源的成本、管理与财务费用、销售费用、利息与税收支出、重组与兼并的费用、研究与开发的投入、社会成本（如治理污染等）等许多可量化的费用，还包括新产品研制风险和市场风险等不可量化的因素。根据对世界最大15家制药企业的年报分析，制造费用（含设备的折旧、生产工人的工资、原料支出等）约占销售额的31.51%，销售、管理与财务费用占31.09%，研发投入占13.44%。《财富》杂志对各产业进行调查后得出一个结论，医药产业之所以长期被人看好，其根本原因是医药产业在研发方面的重金投入。在我国，企业仅硬件部分就须花费3000万元左右，才能达到中等生产规模的GMP要求。可见，药品生产决非人们通常认为的“低成本”，仅仅用药品生产的原料成本来折算药品的价格是不够科学的。医药行业是技术密集型的产业，新药开发风险大、周期长、耗费资金多。发达国家制药企业每年平均将药品销售额的16%作为研究开发费，如此巨额的投入，如果不能很快地收回，任何一个企业都不能承担。因此，国外允许企业将开发新药的投入按一定比例打入成本，对新药的定价有特殊政策。而我国的药品作价办法，虽然从宽掌握新药的利润率，但偏重物质成本，未重点考虑药品的技术附加值，企业开发新药的财力和积极性受到一定制约，这样不利于引导企业走技术进步之路，不适应医药从仿制到创新的过渡。

（五）缺乏系统的药品价格检查监督体系

一是由于政府列管药品种类繁多，药品价格监督检查信息化建设落后，价格监督检查手段单一，导致检查部门对药品价格执行情况的监督实施困难，尤其是对民营医疗药店等终端销售面广的单位，销售方法和手段复杂多样，分散监管困难。二是缺乏健全的价格监督反馈机制。针对药品价格监督检查中的价格违法行为，以及药品最高零售价格与出厂价格、市场实际销售价格差异较大等异常情况，亟须健全价格执行反馈机制。

第三节　中国医药价格改革趋势

一、医疗服务价格改革趋势

在2015年10月12日，中共中央、国务院发布了《关于推进价格机制改革的若干意见》。其中，对医疗服务价格的改革提出“总量控制、结构调整、有升有降、逐步到位”原则。强调强化价格、医保等相关政策衔接，确保医疗机构发展可持续、医保基金可承受、群众负担不增加。建立以成本和收入结构变化为基础的价格动态调整机制，到2020年基本理顺医疗服务比价关系。落实非公立医疗机构医疗服务市场调节价政策。公立医疗机构医疗服务项目价格实行分类管理，对市场竞争比较充分、个性化需求比较强的医疗服务项目价格实行市场调节价，其中医保基金支付的服务项目由医保经办机构与医疗机构谈判合理确定支付标准。

从《关于推进价格机制改革的若干意见》中，可以看出，医疗服务价格的改革需要同时考虑到医疗机构、医保基金和群众的利益。从当前已经公开的资料看，更多利用市场机制和强调医保支付的作用将是医疗服务价格形成机制改革在未来的趋势。

二、药品价格改革趋势

2015 年 5 月 4 日，国家发改委发布了《关于印发推进药品价格改革意见的通知》，自 2015 年 6 月 1 日起，除麻醉药品和第一类精神药品外，取消原政府制定的药品价格。同时，国家发改委发布了《公布废止的药品价格文件目录》，废止了 1996～2014 年间共 166 个药品价格文件。

新的药品价格形成机制要求除麻醉药品和第一类精神药品外，取消药品政府定价，完善药品采购机制，发挥医保控费作用，药品实际交易价格主要由市场竞争形成。其中：①医保基金支付的药品，由医保部门会同有关部门拟定医保药品支付标准制定的程序、依据、方法等规则，探索建立引导药品价格合理形成的机制；②专利药品、独家生产药品，建立公开透明、多方参与的谈判机制形成价格；③医保目录外的血液制品、国家统一采购的预防免疫药品、国家免费艾滋病抗病毒治疗药品和避孕药具，通过招标采购或谈判形成价格；④麻醉药品和第一类精神药品，仍暂时实行最高出厂价格和最高零售价格管理；⑤其他药品，由生产经营者依据生产经营成本和市场供求情况，自主制定价格。

从 2015 年 6 月 1 日起，绝大部分药品的价格主要依靠市场机制形成，主要包括四个方面的机制引导形成合理的药品价格：①完善药品采购机制；②强化医保控费作用；③强化医疗行为监管；④强化价格行为监管。

综合来看，药品价格形成机制改革的思路是，一般药品通过市场竞争形成价格，医保目录药品由医保部门制定支付标准结合支付制度改革来控制费用。政府部门减少通过行政命令直接干预市场，而是改为对不合理行为的干预与管理。

中国对药品价格的管理，经历了严格管制—改革放开—再次收回管理—再次改革放开的历程。但是，这并不是历史简单的重复轮回。只有意识到市场机制的巨大作用，才有了改革开放的价格放开；也只有在市场环境下充分暴露了“市场失灵”的局限性，才有了 20 世纪 90 年代中后期开始的价格管制；而药品价格管制的近 20 年，矛盾的暴露和经验的积累使得监管者和研究者更加明确了政府管制与市场的合理边界，找到适当的管制范围。在未来，随着药品市场环境的不断发展变化，政府的管制策略也将不断演进。在变革的大背景下，及时深入的政策评估与研究将显得尤为重要，这也是医药政策研究者的使命与责任。

第三章 国际药品价格管理模式

药品价格管制并非中国所独有的政策，对药品价格进行一定程度的规制是世界主要国家通行的做法。而各国（地区）由于经济发展、医疗体系不同等原因，药品价格管理模式也各不相同，本部分内容通过介绍德国、法国、日本、中国台湾地区、英国、澳大利亚、加拿大、韩国和美国等9个国家（地区）的药品价格制定及调整方法政策，归纳国际药品价格管理的规律，以期为我国药品价格管理提供参考。

第一节 德 国

一、管理机构

德国是世界第四大经济体和欧盟地区最大的经济体，其药品的监督管理也有其独特性。德国联邦和各州药品管理部门对药品的生产和流通实行联合监管。联邦与各州药品管理部门各有分工，职责明确。联邦药品管理部门包括联邦卫生与社会保障部、联邦药物与医疗器械所（Bundesinstitut für Arzneimittel und Medizinprodukte，BfArM）、联邦血清与疫苗管理局（Paul-Ehrlich-Institut，PEI）及联邦消费者健康保护与兽医学研究所。这些机构主要职责有：受理药品注册申请，颁发药品上市许可证；对血清、疫苗和实验性过敏原进行检测；编写药典；对怀疑有损害健康副作用的药品颁发召回指令。各州药品主管部门核心任务是：颁发药品生产、药品进口、药剂师开业许可证；对药厂进行定期视察监督；对市场上的药品进行抽检；监督药品临床试验和药品广告等。

在德国，联邦联合委员会（Federal Joint Committee，G-BA）负责药品医保目录的修订和收录工作，卫生领域质量和经济研究所（Institute for Quality and Efficiency in Health Care，IQWiG）负责评估医疗服务的质量及效益，疾病基金会的联邦协会（Federal Associations of Sickness Funds）负责药品支付价格制定。

（一）联邦联合委员会

G-BA是德国最有权力的自治机构，其职责如下：①判定药品的创新性，将非创新（non-innovative）药品归类到参考定价的药品组群，以供疾病基金联邦协会定价；②在法规架构下，颁布与医疗护理有关的政策；③依据IQWiG对药品的临床效益评估（clinical effectiveness assessment）结果，决定该药品是否被非报销目录收录。

（二）卫生领域质量和经济研究所

IQWiG成立于2004年，是一个独立机构，主要负责评估医疗服务的质量及效益。IQWiG并不建立药品使用规范，也不决定药品支付，而是提供药品的实证评估（evidence-based assessment）结果，协助相关利害团体做决策。

IQWiG 通常由 G-BA 或是卫生部委托执行评估，并针对药品的临床效果评估提供支撑建议。2004 年，IQWiG 的任务只负责提供临床效益评估，于 2007 年起，IQWiG 的任务范围扩大，规定 IQWiG 也需要提供药品的成本效益评估，即第一步骤为针对药品进行临床效益评估，若新药带来的效益高于现有治疗的效益，则需要进一步做成本效益评估（cost-effectiveness analysis）。

（三）疾病基金联邦协会

疾病基金会联邦协会是由八个疾病基金会组成，主要负责制定每个参考药品价格组群的参考价格，即药品支付价格的上限价格，并规范医师开立药品费用的上限。

二、药品收录及支付价格制定流程

在德国，除了缺乏疗效的药品或非处方药品会被列入非报销目录之中，通常获得上市许可的药品均可被医疗保险支付。药品在欧洲药品审评署（European Agency for the Evaluation of Medicinal Products，EMEA）或是 BfArM 获得上市许可之后，G-BA 即可决定该药品是否被纳入支付，决定支付的药品收录至医疗保险报销目录中。

自 2007 年起，IQWiG 对药品实施成本效果评估，并向 G-BA 提供该药品创新程度的建议。创新性药品的价格由厂商自行决定，无任何支付限制；若为非创新性药品，则药品受到参考药品价格制度规范，其支付价格由疾病基金会联邦协会订定，具体流程见图 3-1。

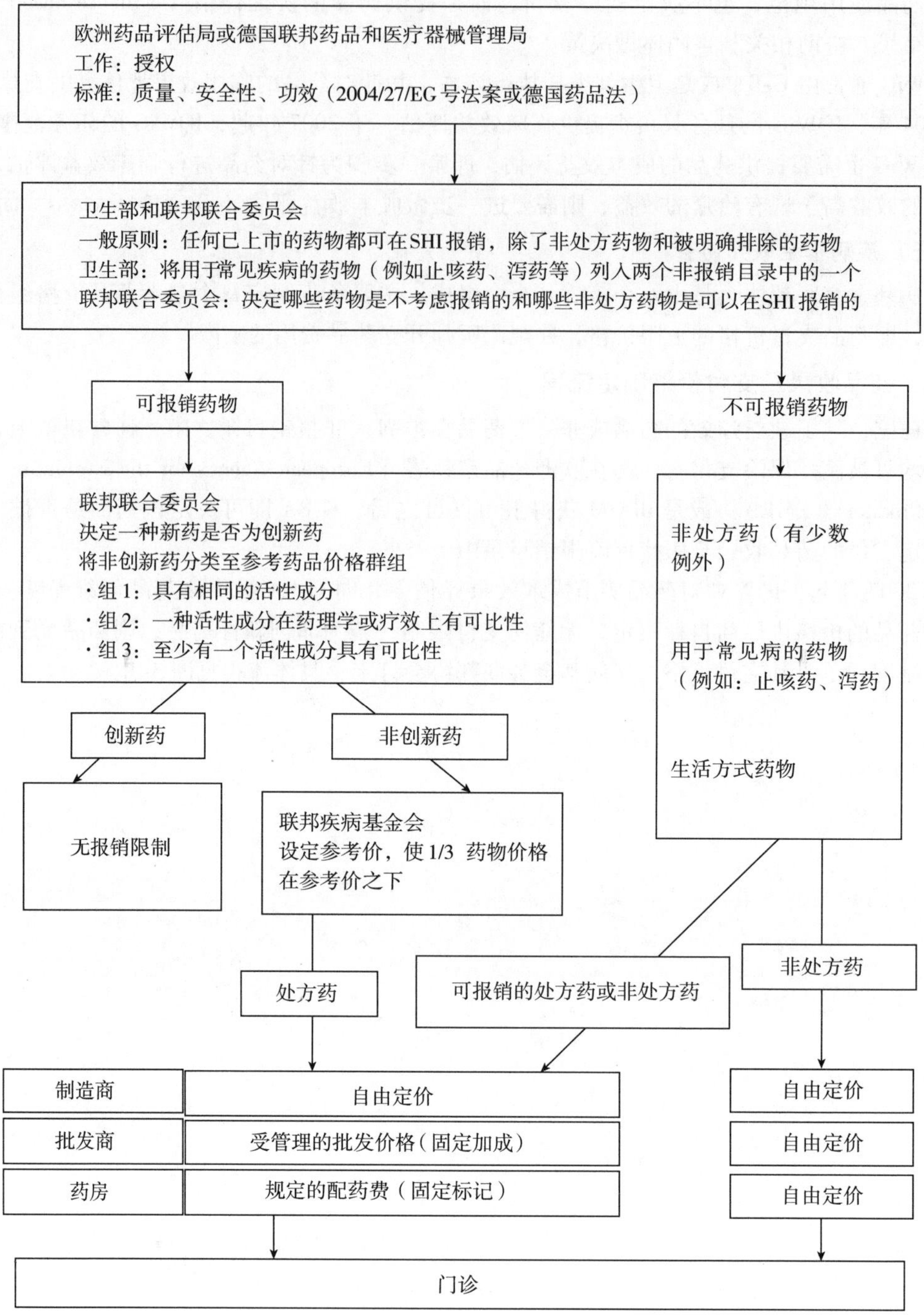

图 3-1 德国药品收录及支付价格制定流程

三、药品支付价格定价原则

自1989年，德国首先引进参考药品价格制度来制定药品支付价格。参考药品价格制度是将相同或相似成分及疗效类似的药品分成一组，在每一组药品中制定一个支付价格，即参考药品价格，作为疾病基金会支付位于相同组别的药品其支付价格的上限价格。

在参考药品价格制度下，厂商仍可自由制定药品价格，若销售价格超过其支付价格，患者需要另行负担之间的差额。1990年初期实施参考药品价格制度之后，德国的药品价格有下降趋势，德国公共药费支出亦有减少，然而随着药品使用量的增加及其他药品不受到参考药品价格制度规范下，药品支出减少的情形只短暂出现。

在德国，药品支付价格的制定是否采取参考药品价格制度则视药品创新性而定。G-BA按照临床和治疗价值将新药分为创新性药品及非创新性药品。创新性药品为具有疗效改善的药品，药物机制不同或副作用少的药品皆可被视为具有创新性。若新药属于创新性药品，其支付价格为药品的市场价格，即由厂商自由订定，不受参考药品价格制度规范。若新药属于非创新性药品，其支付价格则受到参考药品价格制度规范。G-BA将非创新性药品分为以下三大类：①专利过期的药品；②同药理类别的药品；③同治疗类别的药品。药品分类分组后，疾病基金的联邦协会为同组药品订定一个参考价格，此价格为保险方支付此组药品的上限价格。每组参考价格的订定采用回归方程式，并参考现有产品价格、药品剂量、包装大小来计算。一般而言，约有1/3的药品销售价格等于或小于参考价格，用以确保每一组药品中，皆有部分药品是病人不需要另外负担差额即能购买。依市场变化条件，参考价格每年审查并调整。

德国药品价格的形成：生产企业自主确定出厂价格。厂家对专利期内的药品出厂价格一般定得较高，对于市场竞争激烈的仿制药品，生产厂家会经常根据市场情况调整价格，采取降价、回扣、优惠价格等办法吸引用户；批发商根据《药品定价条例》，在出厂价格基础上，可以加不超过15%的加价率，价格高的药品和价格低的药品允许加的差率不同，加价率递增递减规定十分详细；零售药店在批发价格基础上可以加价平均42%的加价率，同上述一样，价格高的药品和价格低的药品允许加的差率不同，其中包括了15%的税率和给医疗保险部门5%的回报。

在德国，由于药品从出产到使用的各个环节，均有着不同的价格水平，这导致药品价格信息查询渠道纷杂而散乱。为了方便查询使用，一般采用由德国制药工业协会出版的红色目录*Rote Liste*的药品价格信息。

第二节 法 国

一、管理机构

法国的医药监管由国家健康制品卫生安全局（L' Agence Fran&ccedilaise de Sécurité sanitaire des produits de santé，AFSSPS）全权负责。其主要职责为管理与健康相关的所有产品，其中包括药物、制药材料、生物制品及美容产品等，并加强了对所有健康制品安全性的监管。

法国直接负责药品价格管理的机构是法国卫生最高委员会（French National Authority for Health，HAS）和卫生产品经济委员会（Economic Committee for Health Products，CEPS）。

（一）法国卫生最高委员会

依据2004年8月13日生效的《全民健康保险修正法案》，法国设立了一个独立的、具有科学基础、咨询性质的非政府机构，即HAS。HAS内设透明度委员会（Transparency Committee，TC），TC主要负责药品评估事宜，包括对厂商申请纳入报销支付的药品进行临床效益分析，并对于药品是否应收录于报销目录提出建议。2008年起，HAS也负责对上市后药品进行药物经济评估。

根据HAS进行的药品评估报告，TC判定药品的临床效益状况（Service médical rendu，SMR）、药品与现行治疗方式比较疗效改善程度（Amélioration du service médical rendu，ASMR）分类、预估使用人数。SMR是国家医保机构联合会（National Union of Sickness Insurance Funds，UNCAM）决定支付比率的依据，ASMR分类作为CEPS决定药品出厂价格的依据，预估使用人数是CEPS与厂商在进行价量协议谈判时的衡量因素。

（二）卫生产品经济委员会

CEPS主要任务是根据TC建议的ASMR分类订定药品出厂价格，对某些专利药品组群设定参考价，负责与药业工会代表签署药品架构协议，并就个别药品与相应厂商议价及签订量价协议。

（三）国家医保机构联合会

UNCAM由法国三大社会保险机构组成。依《法国社会保障法》，自2004年起，UNCAM根据TC提供的SMR评估报告及疾病严重程度，决定药品支付比率。

二、药品收录及支付价格制定流程

（一）一般药品定价

药品核准上市之后，厂商须向HAS提出纳入医疗保险支付的申请，并由TC提供药品评估报告，报告内容包括SMR、ASMR及预估使用人数。CEPS将药品ASMR及预估使用人数作为制定药品价格的衡量标准，并由UNCAM决定药品支付比率，最后由卫生部发布官方公报公告列入医保支付的品规，以及价格和支付比率。

依据欧盟1988年12月31日89/102/CEE法令规定，药品厂商提出纳入医疗保险支付申请到公布结果的时程上限为180天。根据2007年统计资料，厂商向HAS提出申请至正式纳入医保支付目录并公告约需146天，其中仿制药品平均需114天，原研药品平均需256天，而申请价格登记系统（fast-track price notification system）的药品平均约需76天。

（二）创新药品快速定价

自2003年起，根据CEPS与厂商工会代表签订的2003～2006年药品架构协议，属于ASMR Ⅰ至ASMR Ⅲ的创新药品可使用“价格登记系统”，由厂商自由定价，以加速创新药品纳入医保支付的流程。

在快速定价上，厂商可直接将预申请交至CEPS和TC，并向CEPS提出建议出厂价，而TC

在对药品评估之后，再对 CEPS 提供建议，使 CEPS 于 75 天之内能完成该药品价格的制定。若 CEPS 于 15 天内未提出反对，该价格即被接受，并可获得 5 年的价格保障；若 CEPS 反对该价格，则与厂商进行协商。

快速药品定价适用于 ASMR 为 Ⅰ 至 Ⅳ 的药品，针对个别药品，厂商需与 CEPS 签订价量协议。若药品在纳入医保支付开始的 4 年内销售量超过预期，除非厂商能证明此情况主要因为改善患者健康，否则厂商需要偿还超出预期部分的收入。具体流程见图 3-2。

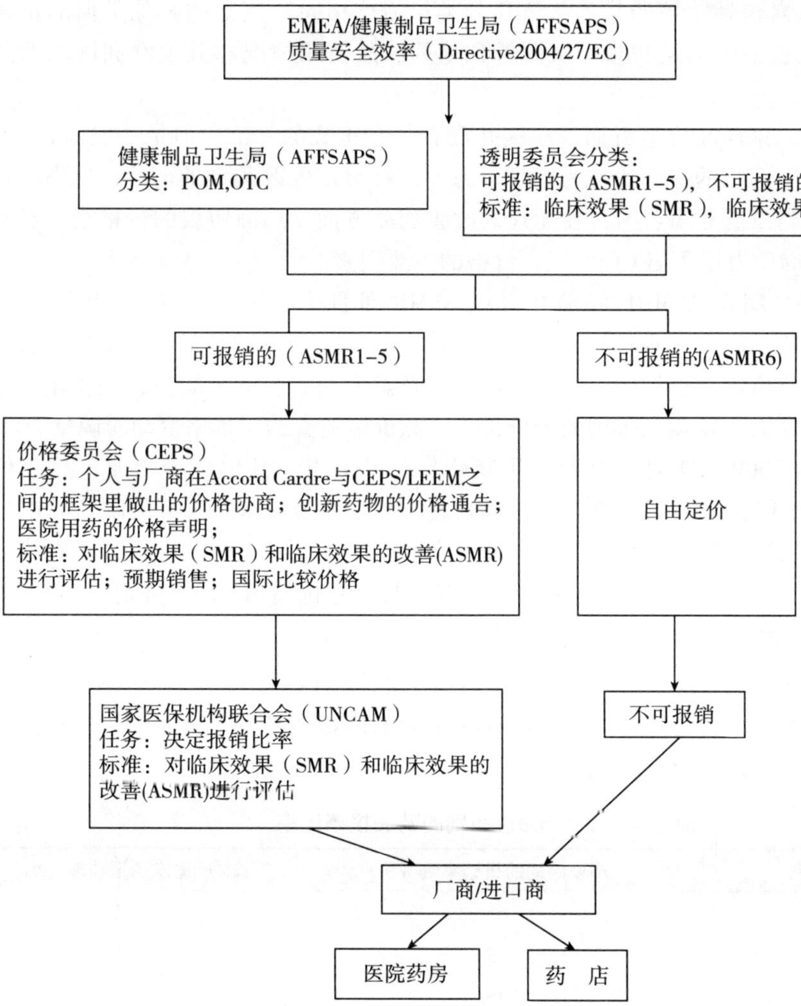

图 3-2　法国药品收录及支付价格制定流程

三、药品支付价格定价原则

法国对纳入保险报销的药品价格采取直接价格控制，由 CEPS 与厂商协商决定药品的出厂价格，并由 UNCAM 根据药品的主要适应证决定的药品报销比率，计算药品最终的支付价格。

法国对列入报销目录的药品实行流通差率控制，批发环节差率规定为不超过 11%，市场实际流通差率仅有 5%，零售药店实际流通差率一般在 25% 左右。列入报销目录的药品按照其价格高低不同实行差别差率控制，低于5法郎的药品，批发差率最高可加90%，30~70法郎的药品，批发差率只能低于12.5%。而对于OTC药品，药品价格不仅允许自由定价，流通差率也是不受管制的。

（一）药品出厂价

1. 一般专利药品 根据CEPS与LEEM签订的三年协议，支付药品的出厂价格由CEPS与厂商协商价格，如果无法达成共识，则由CEPS决定价格，否则此药品不被纳入报销目录。药品价格协议参考因素包括：该药品的ASMR分类；治疗相同适应证的其他类似品价格和每日疗程剂量；实际或预估药品销售量；实际或预期的药品使用情况和其他欧洲国家的药品价格等。

在参考其他欧洲国家药品价格方面，法国并没有一套正式的标准，但是一般而言CEPS以药品价格不得高于欧洲国家的平均价格为标准。另外，针对疗效改善大的药品，厂商可谈判到较高的价格，尤其是当没有竞争者时；在无疗效改善药品方面，厂商协议的价格会比已有的药品价格低。因此，ASMR为厂商与CEPS谈判价格的主要因素。

2. 创新专利药品 属于ASMRI、ASMR Ⅱ或ASMR Ⅲ且第三年预期销售量皆不超过4000万欧元的创新药品，或是属于ASMR Ⅳ且每日治疗成本少于类似品的药品，药品出厂价可允许厂商自由定价，但是价格需要以德国、英国、西班牙及意大利等国的平均价格为上限，且不得低于德国、西班牙、意大利及英国等国的最低价格，此价格随着四国价格变动而调整。

3. 仿制药品 自2009年1月1日起，仿制药品一旦上市，其出厂价为原厂药品价格的45%。另外，从2003年起，法国实施参考药品价格制度，主要针对23组仿制药品市场占有率介于10%~45%的仿制药品群组，设定其参考价格，作为保险支付的标准。具有相同药品代码ATC、相同含量及包装的仿制药品为同一群组，其参考价格由CEPS订定。

（二）药品报销比率

药品报销比率由UNCAM决定，每四年评估1次。依据HAS提供的药品SMR及疾病严重度，UNCAM将药品分列至0、35%、65%及100%4种不同报销比率，并有上下5%的调整范围。依SMR分级，药品报销率如表3-1。

表3-1 不同SMR级别的药品报销比率

依SMR分级报销类别	严重疾病的报销率（%）	非严重疾病报销率（%）
主要（Major）	65	35
中等（Moderate）	35	35
弱（Weak）	35	35
不充分（Insufficient）	0	0

法国没有官方统一的药品价格查询渠道。对于法国药品价格信息，通常采用OVP维德出版公司的《药品价格目录》，其在欧洲具备相当的权威性和重要性，得到欧洲各机构的认可。

第三节　日　本

一、管理机构

在日本，管理药物、医疗保险用药和药品报销价格制定的机构是厚生劳动省。药品的上市，由厚生劳动省专门的委员会来核定。医疗保险药品目录由厚生劳动省制定。药品价格自由定价，但厚生劳动省制定了医疗保险报销的价格，这实际上是该药物的最高价格限度。该价格也由厚生劳动省根据价格评估结果进行调整。主要依据药品有无类似品、类似品选取的适宜性、药品成本评估及药品加成的必要性等因素来核定药品价格。

在日本，只有国家医疗保险药品价格目录中的处方药才允许用于国家医疗保险系统。目前，这类药物共有约 16 000 种。在国家医疗保险系统中，患者所付药费是按其规定的药品价格计算的，但通常在该系统中患者所付的药费，是国家医疗保险药品价格与处方费、配药费的总和的自付部分。国家医疗保险药品价格目录具有两方面的意义，它既是国家医疗保险系统规定的基本药物品种目录，又是表示特定药品法定价格的价格表。

该目录规定了国家医疗保险系统对医院、个体诊所及其他医疗机构支付药品费用的价格标准，这个价格同时也是理论上的医院和个体诊所的药品最高买入价。

二、药品收录及支付价格制定流程

新药一旦获得上市许可，生产厂商可向厚生劳动省医政局下的医疗经济科提出药品收录及定价的申请，申请资料包括药品基本资料、期望药品价格及计算方式、类似药品比较资料、国际药品价格、市场规模预测、药品成本评估等。之后由经济科听取生产厂商定价意见，并依据定价原则，如有无类似药品、类似品选取的适宜性、加成必要性及成本评估等方式，研究拟定药品价格计算方案，最后将药品价格计算方案提交到厚生劳动省下设的“药品价格计算组织”讨论，该组织成员则依上述资料及定价原则，进行考虑，采取多数意见决定药品价格。

待第一次药品价格结果裁定之后，厚生劳动省会通知厂商裁定结果，厂商若不服裁定结果，可以填写《药品价格裁定不服意见书》提出申请复议，同时可申请出席表达意见，“药品价格计算组织”直接听取厂商意见后，再次讨论并裁定药品价格，同时将裁定结果再次通知厂商，申请复议以一次为限。通知厂商后，若没有不服意见，则将裁定结果向厚生劳动省进行报告，随后将裁定结果通知申请厂商，通知内容包括药品名、规格单位、药品价格、收录日期及保险适用范围。整体收录时间以 60 天为原则，最长不超过 90 天，新药定价及收录工作每年进行 4 次。具体流程如图 3-3。

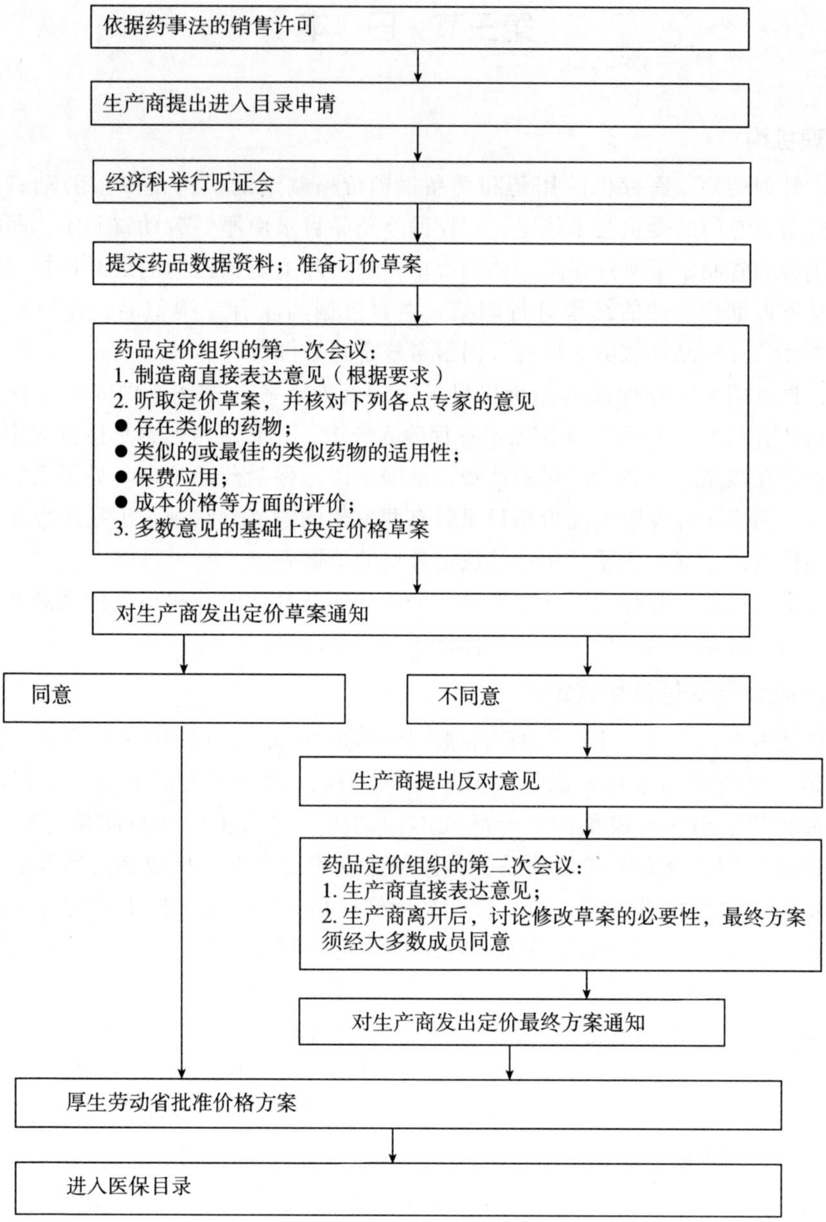

图 3-3　日本药品收录及支付价格制定流程

三、药品支付价格定价原则

1950年，日本开始实施《药品价格基准》。主要内容分为两大部分，第一部分是指新药纳入药品价格基准品规收录的价格，第二部分是针对已上市药品进行药品价格调整后的药品价格。为确保药品价格制定透明化，日本于2003年3月公开药品定价原则。

（一）专利药品价格

依据新药是否有类似品及新药与类似品的比较结果，分别以下列三种方式计算药品价格。

1. 与类似品比较方法一　新药药品价格计算方式以类似品（参考品规）的每日药费为基准来计算药品价格，每日药费指的是药品一日通常最大使用单位的费用，其说明如表3-2。

表3-2　新药药品价格计算方式一

类似品	新药	配合一日药品价格
1锭=50日元	1锭=X日元	50日元×3锭=X日元×2锭
一日3锭	1日2锭	X=75日元

类似品指的是与新药的治疗效果、药理作用机制、化学成分、剂型或给药途径相似者。原则上以10年内收录于《药品价格基准》中且尚无仿制药品存在者作为类似品。药品价格计算确定后，再参考新药的创新性（innovation）、有用性（usefulness）及市场性（marketability）等给予加成。

（1）创新性加成：同时符合下列三点条件时，给予加成70%～120%。新药具有临床上有用的新的药理作用机制；有客观证据显示，新药与类似品比较后具有较佳的有效性及安全性；有客观证据证实，新药能够改善疾病治疗的方法。

（2）有用性加成：新药若符合上述创新性原则当中的两项，则给予有用性加成35%～60%；新药若符合以下条件之一项者，则给予有用性加成5%～30%。

（3）市场性加成：新药为根据药事法规定的治疗罕见疾病的药品，且其类似品不适用于市场性加成时，新药可给予市场性加成10%～20%；新药的主要适应证市场规模较小，且其类似品不适用于市场性加成时，新药可给予市场性加成5%。

（4）小儿加成：小儿剂量经许可使用，用法用量明确说明，且其类似品不适用于小儿加成时，新药可给予小儿加成5%～20%。

2. 与类似品比较方法二　适用于符合下列所有条件的新药：新药具有可供比较的类似品且不具有加成条件；在类似药品当中，最早上市的药品已超过3年；新药为同治疗类别中第3个上市者。

药品价格计算方式原则上有以下两种，并取其较低价格：过去10年所收录类似品的单日药品价格的平均价格；近6年间所收录类似药品的最低单日药品价格。若上述的较低价格仍超过根据“与类似品比较方法一”计算的金额，则药品价格计算方式再以15年间所收录的类似品单日药品价格的平均价格，或是近10年间类似品最低价格来计算，并取此三者中的最低值。

3. 新药若没有可供比较的类似品　药品价格计算方式依据厂商的意见，以制造成本、销售费用、研发费用、营业利益、流通费用及消费税作为核算药品价格基础，详细内容见表 3-3。

表 3-3 没有类似品的新药品价格计算方式

序号	项目	内容
①	原材料费	成分、添加剂、容器
②	劳务费	=4264（劳务费单价）×劳动时间
③	制造经费	=劳务费×1.719（劳动经费率）
④	商品制造原价	=①+②+③
⑤	销售费、研究费等	=（④+⑤+⑥）×0.377（贩卖费及管理费率）
⑥	营业利益	=（④+⑤+⑥）×0.192（营业利率）
⑦	流通费用	=（④+⑤+⑥+⑦）×0.076（流通经费率）
⑧	消费税	5%
	合计	药品价格

第四节 中国台湾地区

一、管理机构

“台湾卫生署”负责中国台湾地区的医疗保健服务，其中的“药政处”和“全民健康保险局”（National Health Insurance，NHI）主要负责药品的管理。“药政处”负责与药品相关的所有法律法规和行政事务。NHI 负责制定健康保险的药品目录和支付价格。“卫生署”集药品的审评、监管、筹资、定价和报销于一体。

新药的上市由“卫生署食品药品管理局”决定，自 1998 年起由财团法人医药品查验中心从技术上对新药进行评估，包括品质、安全性和疗效。新药是否报销，则由“卫生署”的 NHI，根据比较效果研究、预算影响分析、药物经济学的成本效用分析或成本效果分析及伦理、法律、社会、政治的影响因素决定。

二、药品收录及支付价格制定流程

当新药获得许可证之后，生产厂商可向“健保局”申请新药收录并同时提出健保药品价格申请。厂商申请资料包括药品基本资料、十大参考国药品价格、已上市类似品药品价格、对健保财务影响评估、期刊文献或药物经济学研究报告等。针对突破创新新药，根据 2009 年 9 月 22 日修订的《药品价格基准》，持有药品许可证的厂商需提出与现行最佳常用药品的药品与药品直接比较（head-to-head comparison）或临床试验文献间接比较（indirect comparison）。

接着，“健保局”将申请案件转送至医药品查验中心的医药科技评估组，进行药品相对疗效、成本效益及预算冲击等评估。评估报告整合汇总后送至健保局药事小组，由2~3位主审委员先做参考，并作为药事小组会议的参考资料。另外，“健保局”也会先进行国际药品价格和类似品药品价格试算，再提至药事小组会议讨论审查。

最后，药事小组会议达成建议药品是否收录、计算药品价格、制定药品支付规范，或要求生产厂商进行药物经济学研究，或与厂商签订量价协议等，审核结果将以会议记录形式上报，由健保局局长做最后核定。药事小组会议以1个月1次为原则，平均药品价格审核时间为6个月。药品价格于当月15日前核定者，于当月生效，若于16日后核定者，于次月生效，具体流程如图3-4。

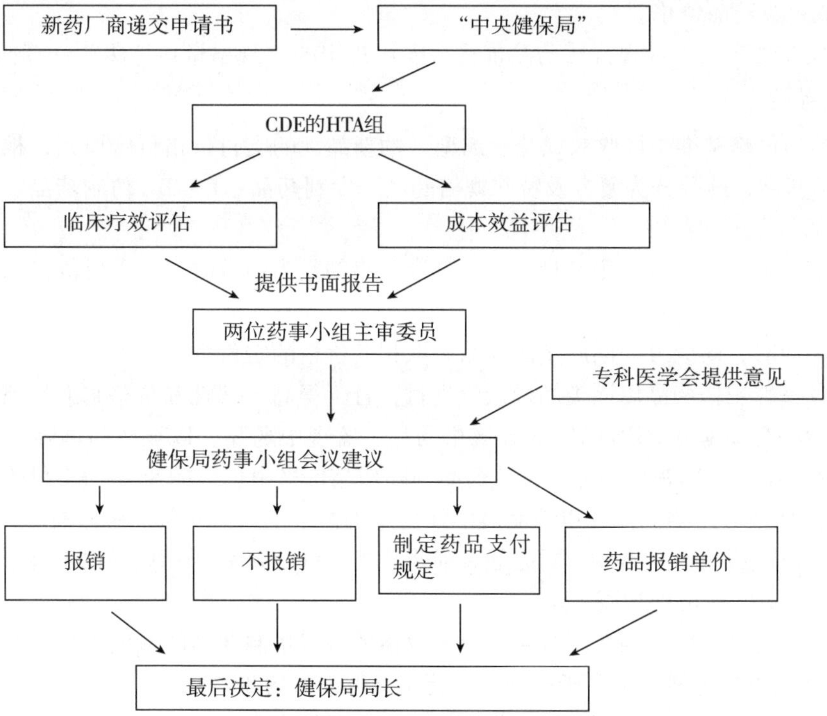

图3-4 中国台湾地区药品收录及支付价格制定流程

三、药品支付价格定价原则

药品价格的制定依《全民健康保险药品价格基准》的药品支付价格制定原则，将新申请收录的药品分为两大类，一类为新药，指“药品价格基准中属于新成分、新剂型、新给药途径及新疗效复方”的新品规；另一类为“药品价格基准中已收录成分、剂型”的新品规。

根据2009年9月22日修订的《药品价格基准》，新药的报销价格制定由保险方邀请医、药专家审议核定。对于新药显示临床疗效有明显改善者，以10个国家药品价格的中位数核价。对于致力于国内种族特异性疗效及安全性研发，在国内实施临床试验达一定规模的药品，依相关原则定价后加成10%。新药经医、药专家审议认定有临床价值者，依选取参考品的同成分规格的专利药品为计算基准。

（一）新药定价

药事小组按照小组共识将新药分为三类定价，分别是突破性新药（breakthrough drugs）、疗效类似新药（me-too drugs）及新药延伸性产品（line extension drugs）。

1. 突破性新药　参考国际药品价格，以国际药品价格中位数为支付价格上限。国际价格为英国、德国、日本、瑞士、美国、比利时、澳洲、法国、瑞典、加拿大等10个国家的药品价格。

2. 疗效类似新药　按照核价参考品规，采用疗程剂量比例法及药品价格比例法核算药品价格，并且不得高于新药的国际药品价格中位数；采用疗程剂量比例法的新药，需要依据加成原则，予以加成计算药品价格。

3. 新药延伸性产品　依现行《药品价格基准》规定的"规格量换算法"计算药品价格。

（二）新品规定价

依照"药品价格基准中已收录成分、剂型"的新品规的支付价格订定原则，根据全民健康保险药品价格基准，药品分为复方及特殊规格药品、专利药品、BA/BE仿制药品、一般仿制药品四大类定价。

1. 同一成分剂型药品以常用剂量为计算基准，当剂量为倍数时，其支付价格以不超过倍数的九成为原则。

2. 规格相同时，同成分、同质量的药品采取相同价格的定价方式。

3. 复方及特殊规格药品以同类品最低价支付，且不得高于《药品价格基准》所列的价格。

4. 专利药品有实施BA/BE的同成分规格药品：监视中药品，以该药品国际药品价格中位数为支付价格上限；非监视中药品，以该药品国际药品价格中位数的85%为支付价格上限。未实施BA/BE的同成分规格药品，以该品规国际药品价格中位数为支付价格上限。

5. BA/BE仿制药品：以不高于同成分专利药品支付价的80%为原则；以不高于已收录的同成分规格药品的最低支付价为原则。

6. 一般仿制药品：以不高于已收录同成分规格的一般仿制药品的最低支付价为原则；不高于BA/BE药品的支付价格；不高于原开发厂药品支付价格的80%。

根据2009年9月22日修正的《药品价格基准》，若支付的药品费用超出中国台湾地区全体居民健康保险费用裁定委员会裁定的药品费用总额时，依照该超出的比例，于下一年度调整《药品价格基准》。

中国台湾地区的药品价格信息由"中央健保局"定期公布，并可以直接查询《全民健康保险药品价格明细表》。

第五节　英　国

一、管理机构

英国药品支付价格由英国卫生部决定，是依据由卫生部与药业团体签署的协议来规范。依据1999年《英国国家卫生法》的第33条内容规定，卫生部可与医药厂商签署一份自由参加的协议（voluntary scheme），来规范药品价格及厂商销售药品所得的利润。英国有两个自愿性协议，分别为药品价格管制计划（Pharmaceutical Price Regulation Scheme，PPRS）和Scheme M。在这样的机制下，医药厂商可自行选择加入voluntary scheme，而不加入的厂商，其药品价格则依statutory scheme来规范。目前statutory scheme已不适用，因此大部分厂商均加入voluntary scheme。

（一）药品价格管制计划

PPRS是英国卫生部与英国制药行业协会（The Association of the British Pharmaceutical Industry，ABPI）之间的协议。这是为了规范专利药品价格及厂商售药给英国国家医疗服务体系（National Health Service，NHS）所获得的利润。

PPRS最早可溯及至1957年的Voluntary Price Regulation Scheme，主要内容为五年协议1次，每年会有一些更新，其主要目的是确保厂商能向NHS以合理的价格提供安全且有效的药品，同时确保药品市场的稳定性和鼓励药品的创新及研发。PPRS内容由以下两大部分组成。

1. 利润控制 卫生部制定医药厂商售药给NHS所获得利润的上限及下限范围。该利润范围是依据厂商过去的投资金额来计算目标报酬率（target rate of return），目前该利润范围为21%的投资报酬率（return on capital）和6%的销售利润（return on sales）。每家公司的利润上限为140%的投资报酬率（目标值加上40%的边际上限margin of tolerance），即29.4%的投资报酬率或8.4%的销售利润；每家公司的利润下限为40%的投资报酬率（目标值减去60%的边际上限），即8.4%的投资报酬率或2.4%的销售利润。若利润超过上限，医药厂商必须将超过的部分归还给卫生部或是将药品价格下降；若利润低于下限，厂商能够上调药品价格。

2. 价格控制 卫生部允许厂商能够自由订定创新药品的原始价格，同时也限制其未来调整价格的权利。卫生部也针对药品价格实施砍价措施，也同意厂商可实施价格调配，即能自行调配不同产品间的利润组合。

（二）Scheme M

仿制药品支付价格每个月公布于*Drug Tariff*，根据*Drug Tariff*的Part Ⅷ，仿制药品定价有不同方式。其中，90%的仿制药品归属于catcgory M，而category M的定价则以Scheme M为标准。Scheme M于2005年开始实施，是英国卫生部与英国仿制药品生产商协会之间的协议，旨在确保NHS能以合理价格得到安全且有效的仿制药品，同时生产厂商也能获得合理的报酬。

在Scheme M的制度下，厂商分别于每年的3月31日、6月30日、9月30日和12月31日，提供给卫生部以下信息：①每一仿制药品的净收入；②每一仿制药品的销售量；③与产品无相关但仍影响近一季销售量的折扣及折让；④最新的交易价格。

卫生部依厂商提供的信息，对价格进行量价加权平均计算，以决定药品支付价格的上调或者下降。上市新仿制药品的生产厂商则可自由定价，并在药品上市后的头两季，每个月提供药品市场的交易信息。

二、药品收录及支付价格制定流程

药品从欧洲药物评审组织或英国药物和保健产品监管署（Medicines andHealthcare Products Regulatory Agency，MHRA）得到市场许可之后，由 MHRA 决定药品为处方药或非处方药。如果是非处方药，则不纳入支付范围；如果是处方药，则由卫生部委托国家卫生与临床优化研究所（the National Institute of Health and Clinical Excellence，NICE）进行药物经济学评估，以便卫生部决定其是否纳入支付范围。

新药如果获得创新药品上市许可，则厂商需要在上市前，至少提前 4 周通知卫生部，并提供有关药品的各项信息，包括 NHS 的公告价格及产品特性等。卫生部收到相关资料后会告知厂商，并向核发上市许可的机构确认药品是否具有上市许可条件。一旦卫生部得到确认之后，将发函给厂商并批准厂商拥有自由定价的权利。若新药不符合创新药品上市核准的条件，其价格则由厂商与卫生部商定。具体流程如图 3-5。

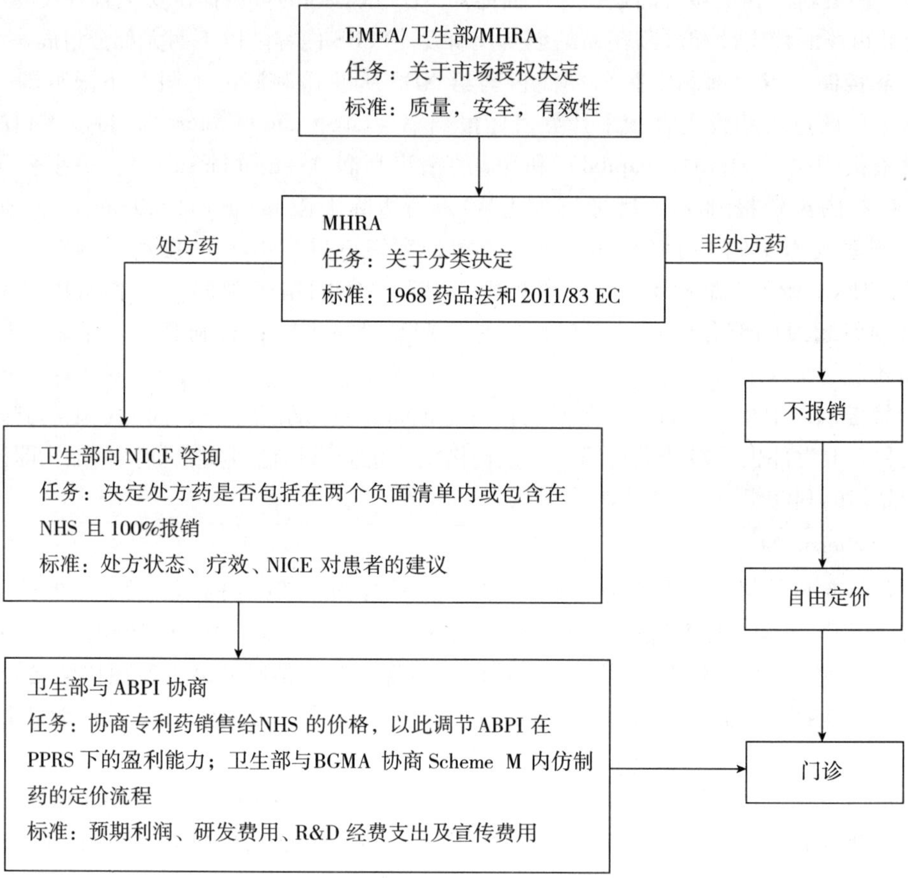

图 3-5　英国药品收录及支付价格制定流程

三、药品支付价格定价原则

英国药品支付价格定价方式，有以下两种情况。①专利药品：NHS 以原厂公告价格减掉折让回收的部分支付；②仿制药品：NHS 以《Drug Tariff》目录的公告价格减掉折让回收的部分支付。

（一）专利药品公告价

在 PPRS 价格控制制度下，新药公告价格制定可分为下列三大类。

1. 经欧盟或英国给予创新药品上市许可的新药　PPRS 不存在任何限制，医药厂商可自由制定药品出厂价格。

2. 现有药品含量规格增加的药品　价格不能高于现有药品。

3. 没有经过 EMEA 或 MHRA 创新药品上市许可的新药（包括复方药、治疗新适应证或同成分不同含量、规格的药等）　医药厂商必须获得卫生部对药品价格的同意。

（二）仿制药品公告价

在《Drug Tariff》的 Part Ⅷ下，仿制药品主要分为三大类，分别为 Category M、Category A 和 Category C，其支付价格定价如下。

1. Category M　每个季度卫生部通过调查生产厂商、批发商及药店之间的交易情况，将同成分的仿制药品分为一组，并以打折后销售给药店的价格，依量价加权平均的方式来计算下一季药品的支付价，此支付价类似于参考价格。如果是新上市的仿制药品，卫生部允许生产厂商自由定价，然而其价格不能高于专利药品价格。

2. Category A　该类别是较易获得的药品，其价格由卫生部下的 NHS 商务服务管理局，依据四家生产厂商（AAH、Alliance Healthcare Ltd、Teva UK 和 Actavis）每个月的加权平均价（未计算折扣）来决定。在加权方面，AAH 和 Alliance Healthcare Ltd 的价格权重为 2，另外两个供货商的价格权重为 1。

3. Category C　该类别是不易获得的药品，其价格由卫生部依据特定品牌或厂商提供的价格来决定。

（三）折让回收制度（Claw Back）

在英国，每个地区实施折让回收制度的方式及比例各不相同。通常情况，药店在公告价格的 10.5% 折扣下购买药品，而折让回收平均为 9.24%，所以生产厂商仍可获得 1.26% 的利润。由此可见，折让回收制度可以使药店和生产厂商分享因以较低价格购买药品所获得的利润。

第六节　澳大利亚

一、管理机构

（一）医药福利咨询委员会（The Pharmaceutical Benefits Advisory Committee，PBAC）

PBAC 是依据 1953 年《国家卫生法》而设立的一个法定且独立的机构，主要任务是建议政府何种药品及制剂可列入药品福利计划（Pharmaceutical Benefits Scheme，PBS）。自 1993 年起，

PBAC 必须对所有新药进行完整的成本效益评估，评估包括药品纳入支付的适宜性，何种价格下药品可被视为是具成本效益的，以及药品使用的限制条件等。

PBAC 成员包括家庭医师、执业医师、药师及消费者代表，共有 14 位委员。底下有两个次委员会，一个是经济小组委员会，其职责为审核药品的经济分析资料并向 PBAC 提供建议，另一个是药物利用小组委员会，负责评估药品的需求及提供药品的正当使用的相关信息。

PBAC 每年开 3 次会，分别在每年的 3 月、7 月及 11 月。

（二）药品补贴定价管理局（the Pharmaceutical Benefits Pricing Authority，PBPA）

PBPA 是在 1988 年由国会决定成立的一个独立且非法定的团体，其目的是确保以合理的价格向纳税人及使用者提供药品，同时维持澳大利亚药品行业的可持续性，其主要职责有以下两点。

1. 审核列入 PBS 的药品价格。
2. 对将列入 PBS 的新品规给出建议价格。

PBPA 成员包括一位主席、药业团体代表、患者团体代表、卫生部代表和创新工业科学研究部代表。

PBPA 每年开会 3 次，配合 PBAC 的会期，以及 PBS 的出刊日期。PBPA 开会时间与 PBAC 开会时间间隔 5 ~ 6 周，即每年的 4 月、8 月及 12 月。PBS 的出刊定在 8 月、12 月及次年 4 月。

二、药品收录及支付价格制定流程

药品纳入 PBS 及定价的过程中，由 PBAC 向卫生部提供药品纳入 PBS 的适宜性，由 PBPA 建议卫生部药品收录的支付价格。

生产厂商在向 PBAC 申请药品收录之前，需先向治疗物品管理局（Therapeutic Goods Administration，TGA）申请注册及核准上市，同时向澳大利亚治疗物品注册局（Australian Register of Therapeutic Goods，ARTG）登记药品适应证。

PBAC 依据生产厂商的申请资料，综合药品疗效及成本比较来做出建议。如果没有可比较的相似药品，PBAC 会与标准医疗照护比较，或做新药产品的疗效与投入治疗成本之间的比较。PBAC 也会同时规范药品单次调剂最大剂量、重复调剂次数及药品限制使用条件等。

建议被列入 PBS 之后，PBAC 会提供 PBPA 有关此新药与其他治疗方法间的比较，或者是其成本效益分析的结果。同时，由 PBPA 的秘书处在开会前与生产厂商联系并提供相关资料，包括建议价格和国际药品价格、已列入 PBS 的类似药品和其价格、预期 PBS 的支出、药品成本、药品价格计算等。PBPA 根据以上信息建议药品支付价格，并由 PBPA 的秘书处代表卫生部与生产厂商协议，若达成一致，则向卫生部建议，并由卫生部审核进入；若未达成一致，则药品将不列入 PBS，并可向 PBPA 或 PBAC 申请复议。整个流程约为 9 个月，其具体流程如图 3-6 所示。

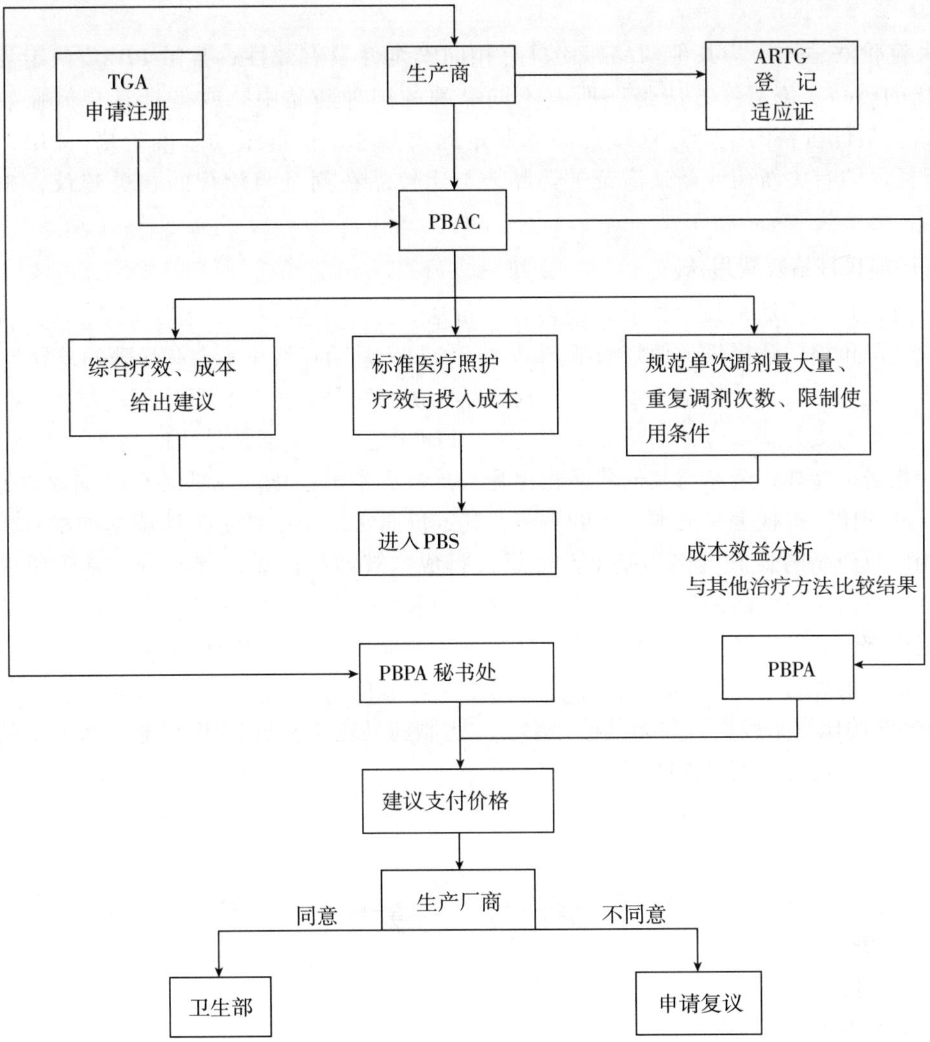

图 3-6　澳大利亚药品收录及支付价格制定流程

三、药品支付价格定价原则

PBPA 常使用的定价方法有成本加成法、参考定价法、加权月治疗费用法等，具体如下。

（一）成本加成法

成本加成法主要用于具有成本效益却无可比较的药品定价，或为疗效群组制定一个基准价格。此方法的毛利润是依据生产厂商的成本制订，包括运输、包装、材料、质量、制造等方面的成本，而 30% 的毛利润通常被视为合理，不过销售量低的产品通常给予较高的毛利润，尤其是每年带给 PBS 的成本少于 $ 50 000 的产品。

（二）参考定价法

参考定价法适用于与其他药品相比具有相同安全性及有效性，且被 PBAC 认定为具有成本最小化的药品。该定价方法是在所有不同品牌的同种药品中，或是具有相似疗效的药品中，以具有最低价格的生产厂商或药品来制定此类参考定价群组的基准价格。PBPA 会依据 PBAC 所提供的有关新药或新适应证的药品，与比较品在剂量与疗程的相关建议，来决定药品价格。

（三）加权月治疗费用法

加权月治疗费用法是另一种形式的参考定价法，适用于被视为具有类似疗效的药品群组，旨在调整药品价格，让提供类似疗效的药品之间的每个月治疗费用不会有显著的差异。

澳大利亚药品支付价格定价可分为专利药品和仿制药品两大类，具体原则如下：①专利药品定价。在新药或是新适应证的药品定价方面，PBPA 定价方式通常是依据 PBAC 对药品经济学评估上的报告，譬如该药品与其他药品相比是否具有成本最小化，或是具有成本效益等。如果与其他药品相比，被视为是成本最小的新药，其定价通常采用参考定价法或是加权月治疗费用法，以相比较药品的最低价格为基准。如果是具成本效益的药品，其定价通常采用成本加成法，价格则依据生产厂商的制造成本及 30% 的毛利率来制定。在现有药物含量增加的新药方面，其定价方式则以规格换算法来计算。具有 50% 含量的药品价格为 100% 含量的药品价格的 66% ~70% 。相对的，2 倍含量的药品价格为原来药品的价格的 166% 。目前，澳大利亚仅以 66% 及 166% 的比率来换算，并无其他比率。②仿制药品定价。自 2005 年起，新上市的仿制药品价格不得高于现有药品价格的 87. 5% 。

第七节 加拿大

一、管理机构

（一）加拿大卫生技术局（Canadian Agency for Drugs and Technologies in Health，CADTH）

CADTH 的前身为加拿大卫生技术评估协调办公室（Canadian Coordination Office of Health Technology Assessment，CCOHTA）。CCOHTA 是在 1989 年由加拿大各省、特区的卫生部副部长共同创设的一个独立的非营利机构。

2006 年 4 月 3 日因业务扩增，CCOHTA 正式改名为 CADTH，其主要业务包括药品、医疗器械及医疗照护系统的卫生技术评估、新药的临床和成本效益审查，以及药品处方和使用的执行规范等。CADTH 组织结构上包括 HTA、CDR、COMPUS 及 SCKE 与 CS 等五个主要部门，凭借整合药品、医疗器械和健康照护系统的相关文献资料，为健康照护的决策者提供可信的、具实证基础的信息，使医疗技术得以合理使用。

（二）药物评估部门（Common Drug Review，CDR）

CDR 成立于 2002 年 3 月，旨在促进加拿大药物审查的质量和持续性。其主要业务是审核生产厂商提出新药临床效益和成本效益，以及预算影响的分析，并通过系统评估，审查临床实证资料。CDR 的成立使加拿大各省的公立药物计划由原先的各自审核整合为一。目前，除了魁北克省外，其他各省皆参考 CDR 的审核结果来做决定。

（三）加拿大专家药物咨询委员会（Canadian Expert Drug Advisory Committee，CEDAC）

CEDAC 是 CADTH 下的委员会之一，是一个独立的咨询机构，旨在运用 CDR 提供的新药临床效益与经济效益评估的审查报告，为公立药物计划提出药物是否收录进入处方集、药物支付范围和支付规定等建议。CEDAC 在提供建议时，参考因素包括药品有效性及安全性评估的临床报告，新药与目前治疗方式相比的优势与劣势，新药与目前治疗方式相比的成本效益等。

（四）专利药品价格审查委员会（the Patented Medicine Prices Review Board，PMPRB）

加拿大专利药品出厂价格受到联邦政府规范，其价格规范机构为 PMPRB，于 1987 年依专利法设立，为一个独立的准司法裁决机构。PMPRB 成立的目的有两方面：一是规范，确保所有在加拿大申请专利并销售的专利药品的出厂价格不至过高；二是报告，为政策决策者提供所有药品的使用趋势及专利药品厂的研发费用以便做参考。PMPRB 仅规范并审核所有专利药品的出厂价，即制造厂商售给批发商、医院或药店的价格，对于批发商或零售商的销售无管辖权。一旦专利药品厂申请的专利在网站上公布，其专利药品的价格立即受到 PMPRB 的监控，直到所有的专利期满为止。专利药品包括成分专利、制备过程专利、剂型或适应证专利等。

二、药品收录及支付价格制定流程

（一）药品收录流程

为使新药可以收录至公立药物计划的处方集中，生产厂商在新药核准上市之后，需向 CDR 提出药品审核的申请，申请资料包括药品临床效益和成本效益报告，以及预算冲击的分析。随后，CDR 成立该药的审查小组，并由审查小组以系统性评估的方式搜集临床证据、药物经济学参数及数据。审查小组评估药物送审文件及文献回顾等相关资料准备审查报告，并将报告先送给生产厂商，之后再针对厂商的反馈给予回复。完成初审报告后送交至 CEDAC 开会审查，CEDAC 每个月召开一次会议，依据送审文件及 CDR 审查小组的意见，提出初步收录建议及理由，并于会议后 1 周将决议寄给生产厂商及参加的各省药物保险单位。整个流程如图 3-7 所示。

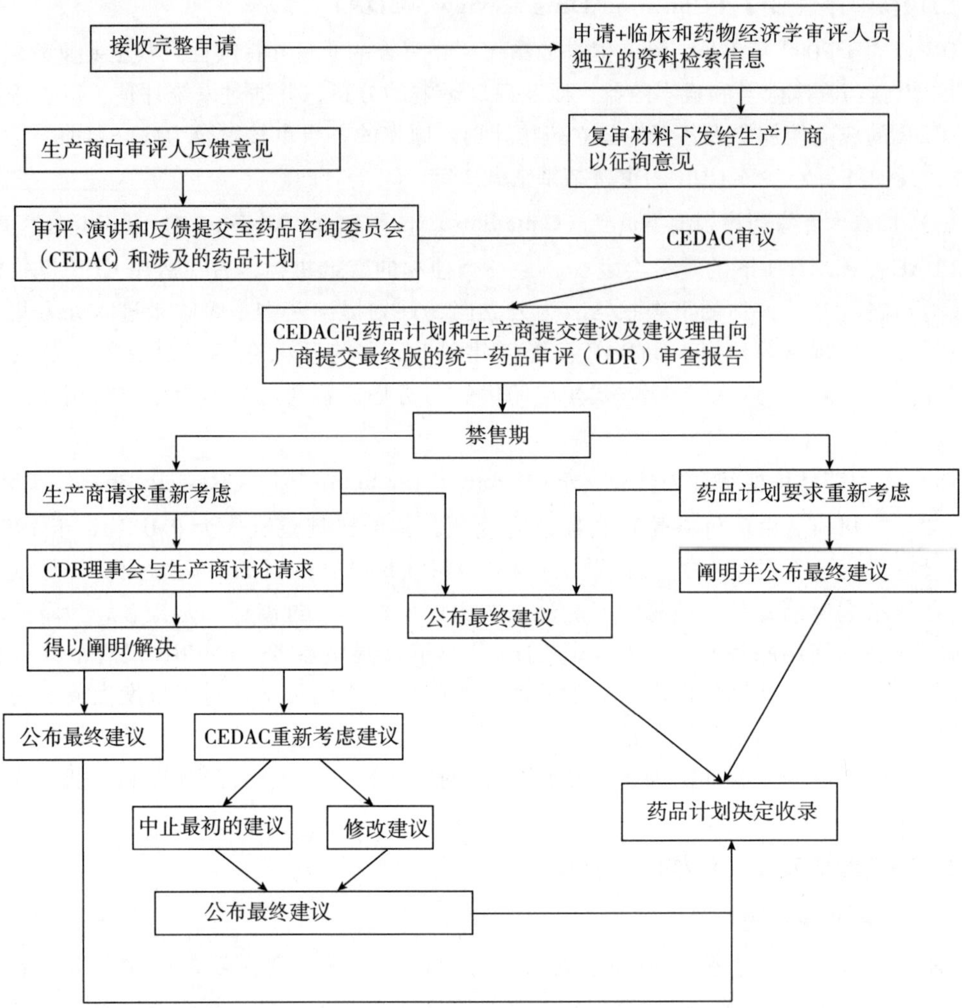

图 3-7 加拿大药品收录流程

（二）药品价格制定流程

当专利药品核准上市之后，专利药品厂需向 PMPRB 报告其专利药品的销售价格（出厂价）及预计开始销售的日期，并提供 7 个国家的国际药品价格资料，这七国分别为法国、德国、意大利、瑞典、瑞士、英国及美国。另依据 1994 年颁布的《专利药品规范》，专利药品厂需要在药品上市销售 7 天之内上报医学鉴定表，30 天内上报该新专利药品上市后的销售价格和数量。此后在该药品专利期内，每半年需向 PMPRB 报告详细的专利药品量价信息。PMPRB 根据 Excessive Price Guidelines，每年将定期审核该药价信息，以确保专利药品厂制定的药价符合规定。若属新专利药品，PMPRB 会先做科学性审查以决定其主要适应证、所属类别及有无类似疗效对照品，并将药品分类。

在现行制度下，PMPRB 将药品分为延伸性新药、突破性/显著疗效改善新药和疗效类似性新药三类，其定义如下。

1. 延伸性新药　已存在药物既有剂型延展的新药品，如新含量，或与既有剂型可比较之其他剂型而给予新 DIN（drug identification number）的药品。

2. 突破性新药　与既存药品剂型剂量无可比较（non-comparable dosage form）的新的 DIN，或首个新化学成分的 DIN，可再区分为具突破性疗效及具显著疗效改善两类。其中，具突破性疗效新药为有效地治疗特定疾病或适应证的首个在加拿大贩卖的药品；具显著疗效改善新药则指相对于其他在加拿大销售的药物，具有显著改善的治疗效果或能提供显著的成本节省的新药。

3. 疗效类似性新药　与既存药品剂型剂量无可比较的新的 DIN，或首个新化学成分的 DIN，但这些 DINs 与同类药物相较，疗效仅中度或少许优于同类药物，甚至未优于同类药物。

接着员工做 excessive price test，依照类别做不同的疗效类似品价格或国际价格比较，并制定上限价，然后检验该药品是否符合价格指南的规定；若是已存在的专利药品，先计算 CPI 调整价格，其价格不得超过 7 国最高价，之后再检验是否符合价格指南。

当 PMPRB 审核发现专利药品价格高于价格指南，且符合 PMPRB 调查的标准时，PMPRB 将进行调查以弄清楚事实。调查的标准如下。

1. 新药　新药价格超过上限价的 5% 以上，或超过的收益大于 25 000 元加币。

2. 已存在药品　出厂价格超过上限价的 5% 以上，且在 1992 年之后开始的专利期间累积超过收益大于 25 000 元加币，或于 1992 年之后开始的专利期间累积收益大于 5 万元或有重大证据的检举等。经过 PMPRB 调查确认价格过高后，可以下列两种方式处理：①厂商可采取自愿顺从，以书面方式承诺会降低药价，并偿还超过的收益。书面报告须包括药品的上限价，之后销售的价格及偿还超收的方式等。超收的部分可于书面资料接受后的 30 天开始偿还，并需要于 3 年内完成偿还。②PMPRB 员工将案件转给委员会主席，由其决定是否召开听证会，讨论该专利药品价格是否过高及其补偿措施等。如果听证会结果确认价格过高，生产厂商仍可上诉至加拿大联邦法院。

三、药品价格定价原则

（一）专利药品价格审查

加拿大专利药品定价由各省/特区的药物计划决定，然而专利药品出厂价格受到联邦政府的规范，由 PMPRB 依据价格指南来审查专利药品价格是否过高。PMPRB 根据新专利药品的分类，来审查新药价格是否过高。其审查标准如下。

1. 延伸性新药　当此类药品价格和现有药品的平均价在相似剂型的情况下相比，若呈现不合理情形，则视为药价过高。

2. 和现有药品相比之下具突破性的药品　当此类药价超过同一治疗群组之相似性产品的价格及国际药价之中位价，则视为药价过高。

3. 疗效类似性药品　当此类药品价格超过在加拿大市场的相似产品价格时，则视为价格过高。若无法合理地认定相似产品在加拿大的价格，PMPRB 则参考国际中位价。根据 PMPRB 的估计，自 1987 年药品价格规范开始之后，加拿大药品价格越来越靠近 7 国（《专利药品管理条例》所指定的 7 个国家，即法国、德国、意大利、瑞典、瑞士、英国、美国）的国际中位价。在 1987 年，专利药品价格比国际中位价高 20% 以上，随着不断的调整，从 1994 年开始，该价格约低于7国国际中位价的10%。在2005年，药品价格低于7国国际中位价约8%。

（二）仿制药品定价

对于仿制药品价格，加拿大联邦政府并没有全面的价格控制，只有各省以不同的机制管控价格，以下介绍安大略省、英属哥伦比亚省及魁北克省的仿制药品定价原则。

1. 安大略省 自1998年起，安大略省为控制仿制药品价格，要求位于处方集的首个仿制药品的价格不得高于专利药品的70%，其后进入市场的仿制药品价格不得超过首个仿制药品价格的90%。从2006年10月起，仿制药品的价格必须低于类似药品价格的50%才能被列入药品处方集。

2. 英属哥伦比亚省 为了促进药品竞争，鼓励生产厂商提供较低的价格，自1995年开始，该省实施参考定价制度，也是加拿大唯一实施此制度的省份。目前共有五个治疗群组以参考定价作为支付上限价，其参考价格是同治疗群组中最具成本效益的药品价格。英属哥伦比亚省的参考定价制度成功地减少了药品成本，同时并未造成民众对药品可及性及卫生状况的负面影响。

3. 魁北克省 除要求生产厂商提供最优价格给该省的政策外，政府进一步规范首个仿制药品的价格不得高于专利药品的60%，其后进入市场的仿制药品价格不得高于专利药品的54%。

第八节 韩 国

一、管理机构

在韩国，决定药品收录及价格制定的方式与加拿大和澳大利亚类似，分别由两个机构执行，其负责的机构一个是卫生保险审查与评估服务部（Health Insurance Review and Assessment Services，HIRA），另一个是国家卫生保险集团（National Health Insurance Corporation，NHIC）。

（一）卫生保险审查与评估服务部

HIRA于2000年成立，是一个独立的半政府机构，主要负责制定审核标准，审核保险支付，实施卫生技术评估及评估健保医疗资源使用的合理性。在药品方面，HIRA负责审查药品并决定其是否进入支付项目，以及使用的限定条件。在HIRA内，审查新药的部门不是单一部门，而是跨部门，约有10位审查人员在某一部门及3位研究人员在研发部门，另外组成医药效益评估委员会，聘请专家学者做最后的审查及决定，其专家学者由医师、药学专家、流行病学专家、药物经济学专家等组成，共约18人。药品审查考虑的因素包括可能替代的其他药品、药品成本效益、药品临床效益、药品在其他国家支付情况的替代性、预算冲击分析，以及药品所治疗疾病的严重度和必要性等。

（二）国家卫生保险集团

NHIC是一个非营利组织，主要负责收取保费，对医疗提供者进行支付，同时决定支付价格，而药品价格的支付则是由NHIC与生产厂商谈判决定的。在价格谈判中，NHIC考虑的因素为 HIRA 评估药品支付的相关资料，包括可能替代的其他药品、使用药品患者数、药品预计使用量及支付范围，以及药品对保险财政的影响等，另外也考虑药品研发费用及国外药品价格，但是药品成本效益并非 NHIC 谈判价格时主要考虑的因素。

二、药品收录及支付价格制定流程

当药品经韩国的 FDA 核准上市后，生产厂商可向 HIRA 提出新药收录的申请文件。自 2008 年起，新药收录的申请文件必须包括药物经济学的数据、成本效益及预算冲击分析等。其中，新药是指具有新成分、新给药途径或治疗新适应证的药品。若该药品与现有药品相比，其疗效类似且价格较低，或者是治疗罕见疾病的孤儿药，则不需要提供药物经济学的数据。所有有关药物经济学的申请资料必须遵守 2006 年 HIRA 公布的药物经济学指南。根据药物经济学指南，生产厂商的药物经济学报告需要从社会观点出发，建议以成本效果分析（CEA）或成本效用分析（CUA）方式呈现，而且报告结果需要提供 ICER 值。同时，生产厂商也需要详细说明评估过程，并建议采取最常用的药品当作比较对象，逐项来分析。另外，药物经济学报告需要呈现资料搜集的过程，所有相关的成本及效果指标也需要明确说明。如果资料来源具有不确定性，建议做敏感度分析。最后，药物经济学报告也要提供预算冲击分析。

针对每个申请，先由一个审查人员做全部文件的审查，有时药物经济学部分也会由外部人员审查。审查报告写好后，送给一位擅长药物经济学研究的学者再次审查，目前 HIRA 有 3 位该类的研究学者。最后，审查报告送到医药效益评估委员会，委员会决定后再提供建议给卫生署公布。而药品支付价格的制定则由 NHIC 与生产厂商谈判。药品收录审查约 150 天，核价决定约 60 天，之后再由卫生署 MOHW 于 30 天内做最后的裁决。韩国药品收录及支付价格制定流程见图 3-8。

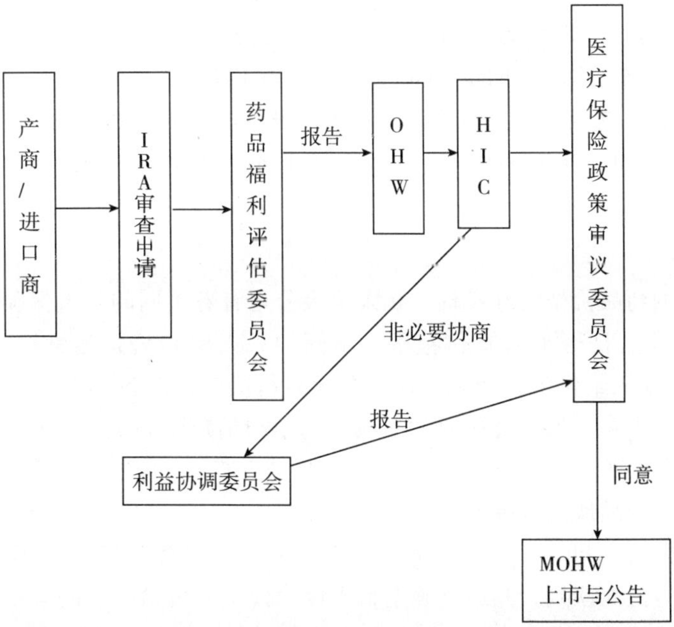

图 3-8 韩国药品收录及支付价格制定流程

三、药品支付价格定价原则

（一）专利药品定价

专利药品支付价格上限由生产厂商与NHIC以谈判方式来核定。考虑到预算冲击，NHIC以新药的预期销售量及药品的替代程度来做谈判。同时为了控制药费，也引进量价协议。如果第一年实际销售金额高于预估金额的30%，则第二年药品价格就降低10%；如果第二年的实际销售金额高于第一年销售金额的60%，则第三年药品价格就降低15%。此外，除了参考7大工业国家（美国、日本、加拿大、意大利、法国、英国及瑞士）的公开价格，NHIC也另增加了许多国家或地区的药品价格作为参考药价，例如，自2007年9月起中国台湾地区已正式成为韩国国际药品价格的参考。

（二）仿制药品定价

如果新药已经过了专利期而有仿制药品上市，则专利药品的支付价格自动降低到原价格的80%，而仿制药品支付价格则定在68%的位置。复方药若是由两种原来市场既有的单方药组成，此复方药的支付价格则是两种单方药各自价格的68%之和。

第九节 美 国

美国并无实施全民健保，其医疗保险属多元保险制，多为私人保险公司于市场上销售竞争不同的私人保险计划，而联邦政府与州政府为监督角色。民众多由雇主提供或自行参加私人保险计划，其财务来源为保费收入及部分负担。美国于1965年立法提供老人健康保险（medicare）及贫民医疗补助（medicaid）。Medicare主要分为A、B、C、D四部分，给付对象为年满65岁之老人、身心障碍及肾衰竭者。Medicaid是由州政府办理，其保障内容及资格限制，各州有不同的标准，并非所有低收入户皆受补助，且保障范围也随收入不同而有差异。

一、管理机构

美国没有统一的药品价格管理机构。私人保险公司有着不同的私人保险计划（MCOs），其决定了大多数处方药品是否纳入支付范围。不同的私人保险公司通常会成立私人保险计划（MCOs），药品是否纳入给付由各个私人保险公司自行决定，而各个私人保险计划给付的药品也皆不相同，因此各个私人保险公司通常会成立药学与治疗学委员会（Pharmacy and Therapeutics Committee，简称P&T Committee）来确定《药品处方集》，同时决定药品支付范围，并规范药品部分负担层级及药品使用规范等。

药品福利管理公司（Pharmaceutical Benefit Management，简称PBMs）代表保险公司与零售药店对药品价格进行协商谈判，并最终确定私人保险公司支付给药店的价格折扣。谈判确定价格折扣后，私人保险公司以药品的平均批发价格去掉折扣，支付给零售药店。

PBMs通常管理私人保险公司的处方药品支付计划，负责协助私人保险公司建立《药品处方集》，同时也代表许多私人保险公司与生产厂商谈判，因此，为了使药品能被保险计划处方集收录，生产厂商会主动提供回扣或额外的费用给 PBMs。而私人保险公司与 PBMs 如何分配价格折扣及生产厂商的回扣金额则视保险公司与 PBMs 的合同以及相关配套方案而定。

二、药品收录及支付价格制定流程

私人保险计划的药品收录，首先由临床药师审查药品相关资料，并向 P&T Committee 提供一份审查报告以便确定药品处方集。该报告应当包括：药品临床效益及效用的相关研究、药品安全性探讨、已公开的经济数据、药物经济学评估、药品预期使用情况、药品对处方集其他药品影响，以及生产厂商的合同等。P&T Committee 考虑药品是否收录时，不只考虑药品是否成本最小化，同时也越来越重视药品在卫生及经济两方面带来的效果。

美国的药品价格由生产厂商自由定价，并依据市场自由竞争及买方的谈判能力来决定药品的交易价格。整个药品市场的交易过程非常复杂，价格种类繁多，大致分为以下几种：

1. 一般厂家价格（average manufacturer price，AMP）。

批发商或零售药店向生产厂购买药品的平均价格，其价格包含厂商给予批发商或零售药店的折扣或回扣，不包含厂商提供给 PBMs 或 Medicaid 的回扣。AMP 是药品的实际交易价格，而非公告价格。AMP 是由药厂计算而得的，在 Medicaid 计划内，专利药品回扣金额高于 15. 1% AMP，仿制药品回扣金额约为 11% AMP。

2. 批发收购成本（wholesale acquisition cost，WAC）。

生产厂商提供给批发商的药品价格或公告目录价格。WAC 通常约等于零售药店向批发商购买专利药品的价格，而非批发商购买药品的价格。

3. 平均批发价格（average wholesale price，AWP）。

批发商卖给零售药店的药品公告价格的平均价。事实上，AWP 常被私人保险公司、Medicare 及 Medicaid 用来作为支付给零售药店的药价基准。AWP 信息较易取得，通常公开于 *Red Book* 和 *Blue Book*。

4. 平均销售价格（average sales price，ASP）。

生产厂商对批发商的销售价格扣除现金折让、折扣、折价回收之后的加权平均价格。生产药厂必须每季度按规定向联邦政府申报 ASP，联邦政府按季度计算各种药品的 ASP，并公布于网站供参考。

三、药品支付价格定价原则

私人保险公司支付给零售药店的价格通常等于药品的 AWP 减掉折扣，其折扣的高低由 PBMs 与网络内的药店谈判而来的。这边所谓的 AWP 通常是指生产厂商的建议售价，并不是医师或药店向批发商购买药品的实际购买价（actual acquisition cost，AAC）。一般来说 AWP 比 AAC 高。

专利药品的支付价格是 AWP 减去 15% 至 18% 的价格折扣；仿制药品的支付价格则是 AWP 减去 40% ~60% 的折扣，或者是由 MCOs 根据相同成分、剂型、含量的仿制药品，确定一个上限价格来支付。

第十节 总 结

一、管理机构

在管理机构方面，多数国家分别由两个不同的部门或者组织负责执行，如德国、法国、澳大利亚、韩国等国家。德国由 G-BA 决定药品收录，由疾病基金会组成的联邦协会决定药品支付价格；法国由 UNCAM 决定药品支付率，由 CEPS 决定药品价格；澳大利亚由 PBAC 决定药品收录，由 PBPA 核定药品价格；韩国由 HIRA 决定药品收录，由 NHIC 核定药品价格。一些国家仅由一个部门执行管理，或者相关部门仅对部分药品进行管理。中国台湾地区“中央健保局”负责管理药品的收录及定价；英国由卫生部决定药品收录，而药品价格在 PPRS 下由厂商自由定价；加拿大由 PMPRB 决定专利药品价格，各省自行管理仿制药品价格；美国以私人保险计划为主，私人保险公司决定药品收录，生产厂商自由定价。各国管理部门具体情况见表 3-4。

表 3-4 主要国家和地区药品价格管理机构

国家和地区	德国	法国	日本	中国台湾地区	英国	澳大利亚	加拿大	韩国
收录部门	G-BA	UNCAM		药事小组	卫生部	PBAC	CADTH/CDR/CEDAC	HIRA
定价部门	Federal Associations of Sickness Funds	CEPS	药品定价组织	药事小组	卫生部	PBPA	PMPRB	NHIC

二、药品支付价格定价方法

在药品定价方面，各个国家主要采取以下几种方式对药品价格进行管理。

（一）自由定价

9 个国家中，仅美国允许生产企业对所有药品自由定价；德国和英国对专利药品允许自由定价。

（二）直接价格管制

中国台湾地区和日本均由政府药品管理部门依据《药品价格基准表》确定支付价格，法国和韩国均由政府与生产企业或者行业协会谈判确定药品价格。

（三）国际比较定价

大多数国家在决定或者调整药品价格时均会比较其他国家或地区相同产品的价格。法国、日本、中国台湾地区、澳大利亚、加拿大和韩国等国家和地区，均采用国际比较定价。在比较时，大多数国家和地区通常以德国为参比国家。中国台湾地区和加拿大参考国际中位价格，法国、日本和韩国参考国际平均价格。具体情况见表 3-5。

表 3-5 主要国家和地区参比国家情况

参比国家 国别或地区	德国	法国	日本	美国	英国	澳大利亚	加拿大	瑞士	比利时	瑞典	西班牙	意大利	新西兰
法国	√				√						√	√	
日本	√	√		√	√								
中国台湾地区	√	√	√	√	√	√	√	√	√	√			
澳大利亚					√								√
加拿大	√	√		√	√			√		√		√	
韩国		√	√	√	√		√	√				√	

（四）内部参考定价

政府或者保险公司针对相同或者类似产品，或同一组别的药品制定一个价格作为参考价格，用以确定该同一组别药品中能够支付的上限价格，超过的部分由患者或者私人保险自付。在该制度下，生产厂家虽然可以自由定价，但由于是完全自由的市场竞争，过高的价格会导致市场占有率降低，所以生产厂商通常以参考价格为基准来制定较低的药品价格。德国、法国、澳大利亚、加拿大等均实施内部参考定价，并且主要规范仿制药品价格。

（五）成本加成法

日本和澳大利亚有依据药品成本定价的传统。在日本，如果新药没有相似品可以比较时，多依据药品生产成本、研发、销售及流通等费用定价。

部分国家还采用量价加权平均法、规格换算法、价格比例法等决定药品价格。主要国家和地区具体制定药品价格情况如表 3-6。

表 3-6 主要国家和地区药品价格定价方法

国家和地区	药品类型	自由定价	直接价格管制	外部参考定价	内部参考定价	成本加成法	量价加权平均法	规格换算法	比例法
德国	专利	√			√				
	仿制				√				
法国	专利	√	√	√					
	仿制				√				
日本	专利		√	√		√		√	√
	仿制		√						
中国台湾地区	专利		√	√				√	√
	仿制		√						
英国	专利	√							
	仿制	√	√				√		
澳大利亚	专利		√	√	√	√		√	
	仿制		√		√				

续　表

国家和地区	药品类型	自由定价	直接价格管制	外部参考定价	内部参考定价	成本加成法	量价加权平均法	规格换算法	比例法
加拿大	专利		√						
	仿制		√	√	√				
韩国	专利		√						
	仿制		√	√					
美国	专利	√							
	仿制	√							

第四章 药品价格研究方法

第一节 衡量药品总体价格水平的方法概述

在研究药品价格时，仅说明单个药品的价格水平和价格变动是不够的，只有从宏观上研究总体药品的价格水平和价格变动，才能更好地为政策的制定提供依据。描述这种总体变动，需要用到统计指数。

统计指数是综合反映不能直接相加总的多个个体构成的复杂社会经济现象总体变动的相对数，是专门用来解决各种商品的价格和销售量综合比较问题的统计指标。指数的编制有简单指数法、加权综合指数法及加权平均指数法三种。

其中，简单指数法（公式 1）是不使用权数编制指数的方法，由于它不考虑所反映对象各自不同的重要性及影响力，用这种方法计算的结果很粗略，在现在的指数编制实践中已很少使用。

加权综合指数法和加权平均指数法都是考虑了权重的指数计算方法。公式（2）（3）分别是加权综合指数法的拉氏价格指数公式和加权平均指数法中的加权算术平均数指数公式。实际上，平均指数法和综合指数法的经济内容是一致的，它们的区别只在于计算过程中综合指数是先综合后对比，平均数指数是先对比后综合。当取得两个时期的指标取值及其权重很困难的时候，可以用后一种方法，而在资料完全相同时，两种计算方法的计算结果相同。

$$\overline{K} = \frac{1}{N} \times \frac{\Sigma P_1}{\Sigma P_0} \qquad \text{（公式 1）}$$

$$\overline{K_L} = \frac{\Sigma P_1 Q_0}{\Sigma P_0 Q_0} \qquad \text{（公式 2）}$$

$$\overline{K_P} = \sum K_P \frac{P_0 Q_0}{\Sigma P_0 Q_0} \qquad \text{（公式 3）}$$

由于加权综合指数法和加权平均的思想和经济意义相同，前者的经济意义在公式中更直观，所以下文在分析和比较各种适用于药品价格指数计算的公式时，只用加权综合指数法的形式表达公式。

除了公式选择之外，由于药品有特殊的分类系统，剂型规格复杂，且进出市场频率高，使得它在编制价格指数时不能完全沿用普通商品的统计方法。药品价格指数编制过程的这些方面处理妥当与否与指数结果的准确性密切相关。

第二节 药品价格指数

一、统计指数的基础理论

（一）统计指数理论回顾

统计指数最早是用于测量物价变动的一种统计量，即用来消除经济总量中货币因素的影响，解决不同质商品消费量无法加总的问题。广义上，统计指数可以指任何两个数值对比形成的相对数。狭义上，统计指数是指用于测定多个项目在不同场合下综合变动的一种特殊相对数。本文中所用的指数概念主要是指狭义的指数。

统计指数一般可以做以下分类。

按统计内容：数量指数、质量指数

按项目多少：个体指数、综合指数

按计算形式：简单指数、加权指数

按对比场合：时间指数、区域指数

1. 加权综合指数 从指数方法发展的历史来看，最早的指数统计方法是不考虑权重的。1738 年法国经济学家杜托（C. F. Dutot）编制的一种价格指数（后称 Dutot 指数），就是将不同商品的价格直接加和后进行比较，成为一种简单综合指数。

但是，在一个社会经济体中，不同商品的重要程度显然是有所区别的。具体来说，用量较大的商品其价格的重要性对于总体而言是影响更大的。而且，由于不同商品的数量单位不同，从而其价格和用量并不具备可加和性。这就需要引入权重的概念，进行加权指数的编制来解决这一问题。

加权综合指数是通过加权来测定一组项目的综合变动的一种统计方法。其计算形式属于综合指数范畴，而根据统计内容的不同，又可一般性地分为加权数量指数和加权质量指数两类。

加权数量指数是用来测定一组项目的数量变动的统计量，如产品产量指数、商品销售量指数等；而加权质量指数则是测定一组项目的质量变动的统计量，如价格指数、产品成本指数等。因权数不同，在指数计算过程中有不同的计算公式。

（1）拉氏指数（Laspeyres index）：这是 1864 年德国学者拉斯贝尔斯（Laspeyres）提出的一种指数计算方法，计算该指数时，将权数的各变量值固定在基期。其计算公式如下。

拉氏质量指数（价格指数）：

$$K=\frac{\sum P_1Q_0}{\sum P_0Q_0}$$

拉氏数量指数（物量指数）：

$$K=\frac{\sum P_0Q_1}{\sum P_0Q_0}$$

拉氏指数以基期变量值为权数，通过权数的统一来消除权数变动对指数的影响，从而使不同时期的指数具有可比性。

拉氏价格指数就是将同度量因素即销售量 Q 的值固定在基期（Q_0），是假定销售量不变情况下的价格变动。反映的是由于价格的变动，消费者要维持基期的消费水平，要多/少支付多少成本。

拉氏物量指数则是将同度量因素即价格 P 的值固定在基期（P_0），其假定各商品的价格不变，而是单纯的销售量变化。反映了由于销售量/采购量变化所带来的收益/成本增加。

一般居民消费价格指数是用拉氏指数公式计算的。对于一般商品来说，如果价格下降人们会增加对这种商品的消费，使降价商品的销售量增加，拉氏不考虑这种销售量的结构变动，低估了降价商品的作用，使价格指数在理论上偏高。

（2）帕氏指数（Paasche index）：在拉斯贝尔斯提出其指数计算方法的 10 年后，到 1874 年，德国学者帕煦（Paasche）提出了另一种指数计算方法，被称为帕氏指数。该方法在统计指数时，把作为权数的变量值固定在报告期。其计算公式为：

帕氏质量指数（价格指数）：

$$K=\frac{\Sigma P_1Q_1}{\Sigma P_0Q_1}$$

帕氏数量指数（物量指数）：

$$K=\frac{\Sigma P_1Q_1}{\Sigma P_1Q_0}$$

从公式中可以看出，帕氏指数是以报告期变量值为权数来消除权数变动影响的。其价格指数与物量指数分别将同度量因素固定在 Q_1 和 P_1。

现实中，商品的销售结构是不断变化的，帕氏指数将同度量因素即销售量 Q 的值固定在基期（Q_1），计算的是在报告期销售量的情况下，价格变动对实际生活的影响。与拉氏指数相反，对于一般商品的消费来说，价格上涨会导致人们减少对该种商品的消费，所以用帕氏指数计算会使有些价格上涨因素反映不出来，夸大了降价商品的作用，使价格指数值偏低。

（3）费氏指数（Fisher index）：由于拉氏和帕氏指数都存在理论上的偏倚，很多学者开始进行理想指数的研究。在 1922 年，美国著名的数理经济学家费雪（Fisher）在前人工作的基础上，认为将拉氏指数与帕氏指数的几何平均数作为统计指标量是一种理想的指数方法。这种计算方式被称为费雪指数，其计算公式为：

费氏质量指数（价格指数）：

$$K=\sqrt{\frac{\Sigma P_1Q_0}{\Sigma P_0Q_0}\times\frac{\Sigma P_1Q_1}{\Sigma P_0Q_1}}$$

费氏数量指数（物量指数）：

$$K=\sqrt{\frac{\Sigma P_0Q_1}{\Sigma P_0Q_0}\times\frac{\Sigma P_1Q_1}{\Sigma P_1Q_0}}$$

费氏指数是拉氏指数和帕氏指数的几何平均数，其计算结果尽管没有明确的经济含义，但是由于它能将拉氏指数和帕氏指数不同地偏向平均化，且在理论上能更好地满足指数的优良性检验要求，所以被称为理想指数，应用也较广泛。例如，货币购买力的平价指数及联合国编制的地域差别生活费用指数都是通过此法计算的。用费氏指数建立的理想指数体系在分析影响药品费用因素时还有特定用途。

（4）*其他加权综合指数*：在“理想指数”的探讨过程中，还出现了其他一些指数编制方式，其思维方法对于我们应用指数工具进行统计分析也是有着借鉴意义的。

如前文所述，从经济学的基础理论出发，人们对商品的需求量是存在价格弹性的。为了调和基期与报告期权数分配的矛盾，英国学者马歇尔（Marshall）和埃奇澳思（Edgeworth）两人共同设计提出以基期和报告期权数的平均值为权重来计算综合指数的折中方案。其计算公式如下。

马埃物价指数：

$$K = \frac{\Sigma P_1\left(\dfrac{Q_0 + Q_1}{2}\right)}{\Sigma Q_0\left(\dfrac{P_0 + P_1}{2}\right)} = \frac{\Sigma P_0 Q_1 + \Sigma P_1 Q_1}{\Sigma P_0 Q_0 + \Sigma P_0 Q_1}$$

马埃物量指数：

$$K = \frac{\Sigma Q_1\left(\dfrac{P_0 + P_1}{2}\right)}{\Sigma Q_0\left(\dfrac{P_0 + P_1}{2}\right)} = \frac{\Sigma P_0 Q_1 + \Sigma P_1 Q_1}{\Sigma P_0 Q_0 + \Sigma P_1 Q_0}$$

马埃指数的分子为拉式和帕氏指数的分子之和，分母为拉式和帕氏指数的分母之和，其计算结果当然也就介于拉式与帕氏指数之间。这种方法又称为交叉指数编制法。

在马埃指数的基础上，可以考虑将同度量因素既不固定在基期，也不固定在报告期，也不一定采用两者的平均值，而是固定在某一特定时期。这样就产生了扬格（Young）公式：

扬格物价指数：

$$K = \frac{\Sigma P_1 Q_n}{\Sigma P_0 Q_n}$$

$$K = \frac{\Sigma P_n Q_1}{\Sigma P_n Q_0}$$

扬格公式的权数不随比较时间的改变而改变，有利于对指数的长期测量比较，但在实际应用中要求定期对权数进行调整，以反映客观的物量和价格情况。

2. 加权平均指数 进行指数编制的另一种形式是平均指数。意大利经济学家卡利（G. R. Carli）于1764年通过对个体指数进行算术平均的方式建立了简单平均指数的编制方式。在之后的应用中出现了加权平均指数。与加权综合指数不同，加权平均指数是对个体指数进行加权平均后得到的总指数。在经济统计过程中，往往是先对个体指数进行计算后再计算总指数，使用加权平均指数进行总指数计算就避免了重新进行数据换算的问题，同时又具有本身独特的经济学意义。与加权综合指数相似的是，加权平均指数在实际应用中，也要以某一时期的总量为权数对个体指数做加权平均。根据权数分配的不同，加权平均指数有如下3种计算形式。

（1）*加权算术平均法*：一般来说，当使用基期费用（P_0Q_0）作为权数时，对物量或物价的个体指数可以采用加权算术平均来进行指数计算。其计算公式如下。

物价指数：

$$K=\frac{\sum \frac{P_1}{P_0}\cdot P_0Q_0}{\sum P_0Q_0}$$

物量指数：

$$K=\frac{\sum \frac{Q_1}{Q_0}\cdot P_0Q_0}{\sum P_0Q_0}$$

（2）加权调和平均法：当以报告期费用（P_1Q_1）为权数时，考虑指数的经济学意义，需要采用调和平均的形式进行指数计算。其计算公式如下。

物价指数：

$$K=\frac{\sum P_1Q_1}{\sum \frac{1}{\frac{P_1}{P_0}}\cdot P_1Q_1}$$

物量指数：

$$K=\frac{\sum P_1Q_1}{\sum \frac{1}{\frac{Q_1}{Q_0}}\cdot P_1Q_1}$$

（3）固定加权平均法：与综合指数编制方法中扬格公式的固定权重的思想类似，加权平均指数也可以在固定权重的基础上进行计算。

物价指数：

$$K=\frac{\sum \frac{P_1}{P_0}\cdot W}{\sum W}$$

物量指数：

$$K=\frac{\sum \frac{Q_1}{Q_0}\cdot W}{\sum W}$$

固定权重的平均指数在指数实践中应用很广，国家的工业生产指数、消费者价格指数、商品零售价格指数、人均生活费指数等都是使用这种方法进行编制的。进行固定加权平均指数的计算时，其权重一般都是通过经济普查或抽样调查等资料确定的，具有一定时间之内的稳定性。

（二）指数体系理论回顾

当一组指数之间存在内在联系时，就可以编制指数体系以进行因素分析。不同于一般的统计学方法，指数体系因素分析法不存在随机变量。这种方法要求数据的严格相等性，即各因素指数的乘积应等于总变动指数（即相对数体系），因素影响的差额之和应该等于总差额（即绝对数体系）。

1. 传统指数体系 传统的指数体系的一般形式可表示为：

总变动指数 = 价格指数 × 物量指数（相对数体系）

总变动量 = 价格因素影响量 + 物量因素影响量（绝对数体系）

由于所使用的指数编制方法不同，一般有以下两种形式。

（1）以帕氏价格指数为基础

相对数体系：

$$\frac{\Sigma P_1Q_1}{\Sigma P_0Q_1}\times\frac{\Sigma P_0Q_1}{\Sigma P_0Q_0}=\frac{\Sigma P_1Q_1}{\Sigma P_0Q_0}$$

绝对数体系：

$$(\Sigma P_1Q_1-\Sigma P_0Q_1)+(\Sigma P_0Q_1-\Sigma P_0Q_0)=\Sigma P_1Q_1$$

（2）以拉氏价格指数为基础

相对数体系：

$$\frac{\Sigma P_1Q_0}{\Sigma P_0Q_0}\times\frac{\Sigma P_1Q_1}{\Sigma P_1Q_0}=\frac{\Sigma P_1Q_1}{\Sigma P_0Q_0}$$

绝对数体系：

$$(\Sigma P_1Q_0-\Sigma P_0Q_0)+(\Sigma P_1Q_1-\Sigma P_1Q_0)=\Sigma P_1Q_1$$

这两种指数编制方法的出现，将价格指数和物量指数这两个独立的指标联系了起来，可以描述在总费用变化的过程中，价格和物量两因素分别贡献了多少，为决策者提供了论断依据。

但是，由于这种方法将价格的变化和物量的变化看作了两个截然不同的过程，因此，很容易出现计算结果不一致的情况。这种不一致包括两方面内容，一方面是相对数计算和绝对数计算的不一致，另一方面是不同同度量因素下的计算结果不一致。经过研究发现，这主要是由于在计算价格指数和物量指数时采用了不一样的同度量因素造成的。从而导致价格和物量的“共变部分”被整体分配给了价格或物量的变动，因此导致了“偏差”。

为解决指数体系中因素的路径依赖性问题，统计学界进行了多方面的尝试，并提出了多种解决矛盾的方法。归纳起来可以分为两大类。

2. “第一类”新指数体系 第一类方法认为因素之间的交互作用是所用因素共同作用的结果，不能简单地分配到任何一个因素之中。在这种观念指导下开发出来的方法有共变指数体系分析法和增量指数体系分析法。

（1）共变指数体系分析法

相对数体系：

$$\frac{\Sigma P_1Q_1}{\Sigma P_0Q_0}=\frac{\Sigma P_1Q_0}{\Sigma P_0Q_0}\times\frac{\Sigma P_0Q_1}{\Sigma P_0Q_0}\times\frac{\Sigma P_1Q_1\,\Sigma P_0Q_0}{\Sigma P_1Q_0\,\Sigma Q_0Q_1}$$

绝对数体系：

$$\Sigma P_1Q_1=(\Sigma P_1Q_0-\Sigma P_0Q_0)+(\Sigma P_1Q_1-\Sigma P_1Q_0)+\Sigma(P_1-P_0)(Q_1-Q_0)$$

等号右边3项分别是价格因素、物量因素、共变因素。该方法将价格指数与物量指数都统一为拉氏指数，为了满足指数体系的完整性，又加入了“共变指数”以保证各因素指数的连乘积等于总量变动指数。但事实上，这种方法带有转移矛盾的色彩，其新增的“共变指数”经济学意义不明确，还使得指数因素分析法复杂化，而且也并没有从根本上解决相对数分析与绝对数分析不一致的情况。在此基础上，又改良产生了增量分析法。

（2）增量指数体系分析法

相对数体系：

$$\frac{\Sigma P_1Q_1-\Sigma P_0Q_0}{\Sigma P_0Q_0}=\frac{\Sigma(P_1-P_0)Q_0}{\Sigma P_0Q_0}+\frac{\Sigma P_0(Q_1-Q_0)}{\Sigma P_0Q_0}+\frac{\Sigma(P_1-P_0)(Q_1-Q_0)}{\Sigma P_0Q_0}$$

绝对数体系：

$$\Sigma P_1Q_1-\Sigma P_0Q_0=(\Sigma P_1Q_0-\Sigma P_0Q_0)+(\Sigma P_1Q_1-\Sigma P_1Q_0)+\Sigma(P_1-P_0)(Q_1-Q_0)$$

等号右边的含义与共变指数体系法相同。

该方法只计算“增量”部分，这从数学逻辑上避免了相对数分析与绝对数分析不一致的情况，但在实际应用中，有时会出现计算结果与实际明显相悖的问题。

可以看出，这两种方法都保留了“共变因素”，这既是第一大类方法的核心特征，也是其最为分析工作者所垢弊的特点。因为“共变因素”的经济学意义是不明确的，一旦研究中出现共变因素占主导地位的情况则难以给出准确的结论。因此，统计学者开始考虑将共变部分合理地分配到各个因素身上。这也就产生了第二类方法。

3. “第二类”新指数体系　第二类方法可称为共变因素分配法。其核心思想就是在一定的假设之下，按一定方法将因素交互作用对总量变动的影响分配到各个因素之中去，其中较为典型的方法有平均分配法、比例分配法、积分分配法。

（1）平均分配法

相对数体系：

$$\frac{\Sigma P_1Q_1-\Sigma P_0Q_0}{\Sigma P_0Q_0}$$

$$=\frac{\Sigma(P_1-P_0)Q_0+\frac{1}{2}\Sigma(P_1-P_0)(Q_1-Q_0)}{\Sigma P_0Q_0}$$

$$+\frac{\Sigma P_0(Q_1-Q_0)+\frac{1}{2}\Sigma(P_1-P_0)(Q_1-Q_0)}{\Sigma P_0Q_0}$$

绝对数体系：

$$\Sigma P_1Q_1-\Sigma P_0Q_0=\left[(\Sigma P_1Q_0-\Sigma P_0Q_0)+\frac{1}{2}\Sigma(P_1-P_0)(Q_1-Q_0)\right]$$

$$+\left[(\Sigma P_1Q_1-\Sigma P_1Q_0)+\frac{1}{2}\Sigma(P_1-P_0)(Q_1-Q_0)\right]$$

最早的共变因素分配法，思路也比较简单，假设价格因素和物量因素的影响方向、程度相同，于是将共变部分除以2，分别加到价格和物量部分中。

（2）比例分配法

令：$K_1=\Sigma(P_1-P_0)Q_0$

$K_2=\sum P_0(Q_1-Q_0)$

则相对数体系为：

$$\frac{\Sigma P_1Q_1-\Sigma P_0Q_0}{\Sigma P_0Q_0}$$

$$=\frac{\Sigma\ (P_1-P_0)\ Q_0+\dfrac{|K_1|}{|K_1|+|K_2|}\Sigma\ (P_1-P_0)\ (Q_1-Q_0)}{\Sigma P_0Q_0}$$

$$+\frac{\Sigma P_0\ (Q_1-Q_0)\ +\dfrac{|K_2|}{|K_1|+|K_2|}\Sigma\ (P_1-P_0)\ (Q_1-Q_0)}{\Sigma P_0Q_0}$$

绝对数体系：

$$\sum P_1Q_1-\sum P_0Q_0$$

$$=\left[\sum(P_1-P_0)Q_0+\frac{|K_1|}{|K_1|+|K_2|}\sum(P_1-P_0)(Q_1-Q_0)\right]$$

$$+\sum P_0(Q_1-Q_0)+\frac{|K_2|}{|K_1|+|K_2|}\sum(P_1-P_0)(Q_1-Q_2)$$

这种分配方式认为共变因素中价格和物量两者的贡献所占的比例不能视为完全相同，而应与其各自独立贡献的比例相对应。当两个因素各自变动对总量变动的影响相同时，比例分配就等同于平均分配了。

（3）积分分配法

相对数体系：

$$\frac{f(P_1,Q_1)-f(P_0,Q_0)}{f(P_0,Q_0)}=\frac{\int_{Q_0}^{Q_2}f'_P(P,Q)dQ}{f(P_0,Q_0)}+\frac{\int_{P_0}^{P_2}(P,0)dP}{f(P_0,Q_0)}$$

绝对数体系：

$$f(P_1,Q_1)-f(P_0,Q_0)=\int_{Q_0}^{Q_2}f'_P(P,Q)dQ+\int_{P_0}^{P_2}f'_Q(P,Q)dP$$

该方法认为，无论平均分配法还是比例分配法，都缺乏严密的数理基础，应运用微积分理论对共变因素的分配进行推导。确立价格与物量因素间的函数关系后再按其函数关系进行分配。总的来说，积分分配法比平均分配法和比例分配法具有更严密的数理基础，分配原理也更为科学。平均分配法和比例分配法由于受制于其数理基础的不严谨，在实际中已经很少使用了。而积分分析法需要更强的前提假设，要求价格与物量因素间的函数关系必须是已知的。但是，在实际分析中，这种函数关系是很难确定的，因此这种三种方法的理论意义大于实际意义，在具体工作中难以得到推广。

除上述三种经典分配方法外，国内也有学者引入弹性概念，建立“弹性比例分配法”。但其总体思路并无根本区别，只是更换了一种新的分配依据，在此不加详述了。

4. 理想指数体系 既然对传统指数体系进行改良的核心是拉氏指数与帕氏指数同度量因素选择不同导致的，那么就可以考虑引入费雪理想指数来解决这个问题。

相对数体系：

$$\frac{\Sigma P_1Q_1}{\Sigma P_0Q_0}=\sqrt{\frac{\Sigma P_1Q_0}{\Sigma P_0Q_0}\times\frac{\Sigma P_1Q_1}{\Sigma P_0Q_1}}\times\sqrt{\frac{\Sigma Q_1P_0}{\Sigma Q_0P_0}\times\frac{\Sigma Q_1P_1}{\Sigma Q_0P_1}}$$

绝对数体系：

$$\sum P_1Q_1 - \sum P_1Q_1$$
$$= \frac{1}{2}[(\sum P_1Q_0 - \sum P_0Q_0) + (\sum P_1Q_1 - \sum P_0Q_1)]$$
$$+ \frac{1}{2}[(\sum Q_1P_0 - \sum Q_0P_0) + (\sum Q_1P_1 - \sum Q_0P_1)]$$

以费雪理想指数为基础建立起来的理想指数体系，兼顾了拉氏指数和帕氏指数的差异性，终于从数学意义上算出了近似的指数“真实值”，保证了相对数与绝对数分析结果的始终一致性，是一种相对较好的方法。但是这种体系对数据资料的要求比较高，必须具备所有研究对象商品项目的基期和报告期的价格和物量的全面统计资料，因而造成了该指数时效性较差，应用也受到了局限。

二、药品价格指数方法编制

国家统计局每年使用加权综合指数法统计公布消费者物价指数（consumer price index, CPI），CPI 将全部商品和服务项目共分为 8 个大类、43 个种类，共 325 种必报商品。其中药品属于医疗保健用品类，受到总样本量的限制，只有少部分药品被采样并纳入统计。全国居民消费价格指数见表 4-1。

表 4-1　全国居民消费价格指数（上年 =100）

	1995	1996	1998	2000	2002	2004	2005
居民消费价格指数	117.1	108.3	99.2	100.4	99.2	103.9	101.8
医疗保健品	111.3	109.3	102.8	100.3	98.5	99.1	99.9
医疗器具及保健品	115.7	108.6	101.3	99.5	97.2	98.6	
中药材及中成药	111.2	112.7	107.5	105.2	96.6	98.9	
西药	111.0	106.9	99.5	97.0	94.5	94.9	
医疗保健服务费	111.1	112.4	117.2	111.1	108.2	105.2	

（数据来源：《2006 年中国卫生统计提要》）

目前的统计方法可以大致描述药品的价格变动趋势，但却存在方法性的问题。由于药品的专业性强，有其特有的治疗学分类，并且更新率高、剂型规格复杂，应用一般的指数编制方式很难有效反映药品市场与一般消费品市场的区别，所以有必要建立一套专门针对药品的统计指数编制方法。

（三）指数公式的选择

药品综合指数（包括价格指数与物量指数）的编制，通常是要选取一定的代表药品，然后分别收集代表药品的基期和报告期的价格（P_0、P_1）和流转量（Q_0、Q_1），采用一定的指数计算公式进行运算得到的。而统计学中计算指数的公式有很多，如何选择恰当的计算公式是价格指数编制中需要首先解决的问题。

指数公式的选择有几个原则：①应以加权指数公式为基本形式；②应以有关统计资料占有情况为基础；③应力求使计算的结果具有充分的经济意义；④应力求计算的简明和结果的敏

感性。

基于以上原则，我们对几种在药品领域常用指数的编制方法评价如下。

1. 固定拉氏价格指数

公式：

$$K = \frac{\Sigma P_1 Q_0}{\Sigma P_0 Q_0}$$

固定拉氏价格指数将各年份的价格水平与基期对比，且权重保持不变，适用于观察一定时期内同一揽子商品的纯价格变化。

而在现实中人们的消费结构是不断变化的，尤其是在药品领域，由于药品更新换代，经过若干年，原来用于计算价格指数的代表药品可能已经不具有代表性，各个代表药品的销售量占的比例与基期相比也会有很大不同。在计算时间跨度较大的价格指数时，如果一直沿用基期的样本和基期权重计算指数，结果必然会有较大误差。所以，固定拉式价格指数不适用于时间跨度太大的药品价格指数的计算。

2. 固定帕氏价格指数

公式：

$$K = \frac{\Sigma P_1 Q_1}{\Sigma P_0 Q_1}$$

由于该指数将销售量固定在报告期，因此，它不但反映了价格变动的影响，而且还反映了价格和销售量同时变动的影响。换言之，它反映的是在销售量已经变为报告期的销售量的情况下，由于价格变动而增减的生活成本。由此可见，帕氏指数不适于用作纯价格比较。

3. 链式帕氏价格指数

公式：

$$K = \frac{\Sigma P_t Q_{t-1}}{\Sigma P_{t-1} Q_{t-1}}$$

定基拉式指数和定基帕氏指数都是将药品报告期的价格与基期的价格做比较，而药品市场中新药的出现十分频繁，在跨度较大的计算当中，很可能出现很多在报告期占很大份额的药物在基期还未上市的情况，因而找不到基期的价格，反之亦然。

链式帕氏价格指数计算每两个连续年份的价格指数变化，用前一年份的销售量作权重，减少了缺价情况的发生。同时由于它的权重是变动的，因此代表性也较强。这是美国劳工统计局（the Bureau of Labor Statistics，BLS）用于计算健康服务价格指数所用的方法，也是美国国家经济研究局（National Bureau of Economic Research，NBER）用来计算某些药品价格指数的方法。

但是，由于其代表品和权重是变动的，因此要注意，用链式帕氏价格指数考察多年来累积的价格下降幅度值仅供参考，没有明确经济意义。

4. 费氏价格指数

计算公式：

$$K = \sqrt{\frac{\Sigma P_1 Q_0}{\Sigma P_0 Q_0} \times \frac{\Sigma P_1 Q_1}{\Sigma P_0 Q_1}}$$

一般来说，价格上涨的商品销售量会减少，即权重减少，价格下降的商品销售量会增加，即权重增加。定基拉氏价格指数和定基帕氏指数都通过固定权重的方法来衡量价格因素的变化，都没有考虑实际中不同价格变动方向的商品占有的权重会发生变化，因此分别削弱和夸大了降价商品的作用，会使价格指数相应偏高或偏低。

费氏指数是拉氏指数和帕氏指数的几何平均数，由于它能将拉氏指数和帕氏指数不同的偏向平均化，且在理论上能更好地满足指数的优良性检验要求，故而被称为理想指数。

费氏指数的计算结果处于拉氏指数和帕氏指数值之间，在基期和报告期的销售量数据都可获得的长时间跨度的分析中，采用费氏指数公式，计算结果能更准确反映现实价格的变化。此外，用费氏指数建立的理想指数体系在分析影响药品费用因素时还有特定用途。但是，费氏指数没有明确的经济含义。

5. 加权平均价格指数

公式：

$$K=\frac{\dfrac{\sum P_tQ_t}{\sum Q_t}}{\dfrac{\sum P_{t-1}Q_{t-1}}{\sum Q_{t-1}}}$$

前四种公式都是经典的价格指数公式。此外，基于广义上的指数概念，还可以引入加权平均价格的概念。

加权平均价格是样本药品总销售额与同年度销售量的比值，将两年的加权平均价格相除即得到加权平均价格指数。

一般的价格指数都是固定权重的，由于固定权重，所以如果每个代表样本药品的价格都没有发生变化，上述前 4 个价格指数值将都等于 1。而对于加权平均价格指数来说，即便每个药品的价格都不变，却仍然会因为不同价位药品的消费比例发生了变化，或者新药引入而不等于 1。

可见，经典的指数衡量的是上市后药品的价格变化，加权平均价格指数则是综合反映了上市后的价格变化、消费结构变化及新药进入等诸因素对总体价格水平变化的影响的一个指标。同时计算传统的价格指数和加权平均价格指数，比较两者的趋势，就可以分离出消费结构和新药引入的影响。

（四）代表药品的选择

在对药品进行科学分类的基础上，我们才能根据分类和层次科学地选择各类代表药品。对于西药来说，目前最权威的分类是世界卫生组织（World Health Organization，WHO）推荐的解剖学治疗学及化学分类系统（anatomical therapeutic chemical，ATC），即依次按照解剖学、治疗学、化学结构将药品分成 3 个层次，每个层次又分为若干类别。

科学分类后，在各层次和类别下可以按照销售量排名或销售额排名选择代表药品。根据销售量和销售额排名选择代表药品计算得到的指数分别具有各自不同的意义：销售量大的药品被患者选用多，所以用销售量大的药品作为样本计算出来的指数值，其经济意义偏重于反映药品价格变化对患者的影响；销售额大的药品占国家药品总费用的比例大，因此用销售额大的药品作为样本计算的指数，则侧重反映药品价格的变化可能对国家药品总费用造成的影响。

当然，样本量足够大的时候，两种选样方法的计算结果将趋于一致。另外在分类和分层的基础上，还可以根据结合不同的研究目的确定选择原则。例如，兼顾医保药品和非医保药品的比例，兼顾进口药品和国产药品的比例选样，以达到分析和对比不同属性药品的价格变动情况的目的。

（五）代表药品品种的界定

同种有效成分的药品（同一通用名）可能同时存在不同给药途径、不同规格、不同厂家的产品。从宽到窄，在不同层次上对药品进行分类，可以将一个代表药品“品种”定义为：①相同有效成分的药品；②有效成分相同且给药途径相同的药品；③有效成分相同且剂型相同的药品；④有效成分相同、剂型相同、规格相同的药品；⑤有效成分相同、剂型相同、规格相同且生产企业相同的药品。

对药品代表品种界定方式的不同，计算过程和结果所代表的经济意义也不同。在计算药品价格指数前需要确定是在哪个层次上界定药品品种。如果将具有相同有效成分的品种归为一个代表品种，就需要收集这种有效成分的药品信息（包括各种企业生产的各种剂型规格的产品），然后根据这些药品的价格和销售量数据，计算出该有效成分代表品种的加权平均价格，最后代入指数公式计算出价格指数。如果将代表品种定义得更细，如将不同企业生产的、不同剂型、不同规格的品种分别列为一个代表品种，就需要收集这些不同品种的价格和销售量数据信息，再将这些价格和数量数据分别代入指数公式计算。当然，也可以将专利药品和仿制药品分别作代表品，这时在采集各个品种的价格时，就要区别地采集专利品种的价格和仿制品种的价格，然后将两类企业生产的同种药品的价格和数量分别代入公式计算。

在实际计算过程中，将“品种”定义得太细和太宽都不可取。将“品种”定义得太细，统计过程中发生缺价的可能性就很大，影响结果的准确性；定义得太宽，价格指数的计算结果里就会更多地包含新药上市和用药结构变化的影响，价格指数反映纯价格变化的功能就被削弱。价格指数的经济意义是消费者要维持相同消费质量，因价格变化要增加/减少支付的费用。因此，对用于统计指数计算的一揽子代表商品，应尽量保持其价值不变，以刚好满足指数计算的经济学意义。而从产品价值的角度看，新的给药途径比新的剂型、新的规格创新程度高，可以认为是与改变给药途径前的药品价值不同的新产品。此外，考虑到我国药品生产环节的实际情况，改剂型、改规格、多家企业生产同种药品在现实中也较常见，如果每次统计都要匹配剂型、规格和生产企业，容易出现缺价的情况，加大了数据统计的难度，降低了方法的可行性。所以，一般说来，将代表品种定义为同一给药途径同种相同有效成分的药品，比较符合价格指数原本的经济意义。当然，在深入了解前文所述的不同的定义方式代表的经济意义后，研究中可以根据不同的统计目的灵活界定代表药品品种的定义。

例如，对于是否区分专利药品和仿制药品，要依据专利药品和仿制药品质量上的研究假设及研究目的而定。如果研究假设认为专利药品和仿制药品的质量是完全相同的，在统计过程中，就应该将专利药品和仿制药品当作一个品种处理。这时仿制药品上市及其市场占有率扩大会使价格指数下降，下降的指数值说明消费者获得同样的治疗效果，所支出的成本减少。相反，如果认为专利药品和仿制药品的质量是不同的，在统计的过程中，就应将专利药品和仿制品区别对待。这时计算得到的价格指数不反映由于仿制药品上市带来的价格下降，而仅仅反映两个品种上市后的总体价格走势。在专利药品和仿制药品占市场份额发生变化而且两者价格走势不相同的时候，是否区分专利药品和仿制药品，对总体价格指数的走势影响很大，计算得到的指数变化方向甚至是相反的。当然，研究中也可以计算两种价格指数，根据两种处理所代表的经济意义不同，对两种办法统计的结果互相对比，可以看出仿制品替代对降低成本的影响。

（六）数据处理中的单位转化问题

一般说来，药品数量是以最小零售包装单位计算的，如XX盒，XX瓶等。但同一种药品有许多种包装规格，也许有几家企业同时生产，如果每次采样都需要采集同一企业同一规格的品种，在大样本的统计中，不仅会对信息采集造成很大困难，还会出现某种规格的药品退出市场而造成缺价问题。同时，由于零售包装内实际包含药品量不同，以零售包装数量作为权重不能代表实际的权重，以此权重计算的价格指数也就缺乏经济意义。再者，以每零售包装作单位，也使不同企业、不同规格和剂型的同一有效成分药品的价格、数量数据的合并非常困难。

排除以最小零售包装作单位后，在药品价格指数编制中，还有三种处理药品数量单位的办法：①以每毫克有效成分的含量为单位；②以每粒、每片、每5ml液体制剂为单位；③以限定日剂量（defined daily dose，DDD）为单位。

综合考虑数据收集的难易程度、经济意义及合并数据的难易程度，这三种办法都优于以零售包装为单位的办法，在计算药品价格指数中都是可行的。其中，DDD将各种药品的量都转化为使用的天数（DDDs），使不同药品之间能够比较，所以在有条件的前提下，用DDDs作权重计算指数更具现实意义。DDDs和DDDc的计算方法如下。WHO有DDD值数据库，可直接从中查得DDD数据。对于某些在该数据库中找不到DDD值的药品，可以参照《新编药物学》及药品说明书的日剂量计算DDD值。对于没有明确DDD值的药品，如抗肿瘤药品，则可用前两种办法计算药品数量。

$$\text{药品采购量}\ Q\ (DDDs)=\frac{\text{某种药品年度采购量}\ (mg)}{\text{该药品的限定日剂量}\ (DDD)\ (mg)}$$

$$\text{药品采购价格}\ P\ (DDDc)=\frac{\text{某种药品的年销售金额（元）}}{\text{该药品的}\ DDDs\ \text{值（元）}}$$

（七）“缺价”药品的处理

药品价格指数的计算要求各个代表药品基期和报告期的数据连续。而药品有自然的更新换代，不排除会存在个别代表药品在计算期的前几年还没上市或者最近几年退出了市场的情况。对这种“缺价”的品种，有以下几种处理方法，即：

（1）将药品上市前或退市后的价格设为其保留价格。

（2）将药品上市前或退市后的价格设为数值0。

（3）将药品上市前或退市后的价格设为上市或退市时的市场价格。

（4）删去缺价的品种。

其中药品的保留价格是消费者正好不想购买/想购买该种药品时的定价，而现实中，药品的保留价格很难得知。设为0又不具备经济意义而且夸大了价格变化的影响。

相比之下，第3和第4种方法都可行，有着不同的经济含义。其中，第4种方法将新药上市之前年份的价格设为等同于它第一年在市场上销售的价格，退出市场的药品退出市场后的价格设成它在市场上最后一次出现的年份的价格，实质假设这个品种的价格对价格变动没有影响。第4种方法从代表品中删除缺价品种，实质是假设缺价品种的价格变化与其他品种的价格变化一致。在实际中，这两种方法都有应用。

第三节 影响药品费用增长成因的方法探讨

一、用于量化不同因素对药品费用增长影响的方法概述

用假设检验、方差分析等统计方法，可以分析不同因素对药品费用有没有显著性影响。但是，这类统计方法无法直观比较这些不同的因素对药品费用增长的影响程度，用指数体系则可以实现量化构成总量的各个因素的变化对总量变化的贡献率大小，使不同因素的贡献率之间可以比较。

指数体系是经济上密切联系，且在数量上具有一定对等关系的3个或3个以上的指数所构成的整体。社会经济现象的数量往往是总量指标，如商品销售额、利润总额、药品费用负担等，而在总量指标的内部或现象之间，常存在某种固定的数量关系，这种关系可以用数学表达式说明，例如：

商品销售额 = 商品单价 × 商品销售量

利润总额 = 销售量 × 产品价格 × 销售利润率

这些经济联系在动态上同样存在，表现为密切的指数联系，这种几个指数构成的整体即指数体系。

商品销售额指数 = 商品价格指数 × 商品销售量指数

利润总额指数 = 销售量指数 × 产品价格指数 × 销售利润率指数

指数体系有以下特点：是由总量指数及其若干个因素指数构成的数量关系式；两个因素指数中通常一个为数量指数，另一个为质量指数；总量指数等于各因素指数的乘积；总量的变动差额等于各因素指数变动差额之和。

指数体系的重要用途，就是分析总体的各个构成因素对总体的影响方向和影响程度。通过构建适用于分析药品费用的指数体系，可以分析不同因素对药品费用增长的影响方向和影响程度，为政府提供科学客观的药品价格政策和药品费用控制政策的决策依据。

二、简单的两因素指数体系在分析药品费用增长成因中的应用

简单地理解药品费用的构成，可以认为药品费用（等同于药品销售额）等于药品价格和药品用量的乘积，它们的指数关系如下。

相对数指数体系

$$\frac{\sum P_1Q_1}{\sum P_0Q_0}=\frac{\sum P_1Q_0}{\sum P_0Q_0}\times\frac{\sum P_0Q_1}{\sum P_0Q_0}\times\left(\frac{\sum P_1Q_1}{\sum P_0Q_1}+\frac{\sum P_1Q_0}{\sum P_0Q_0}\right)$$

绝对数指数体系

$$\begin{aligned}\sum P_1Q_1-\sum P_0Q_0=&\left(\sum P_1Q_0-\sum P_0Q_0\right)\\&+\left(\sum P_1Q_1-\sum P_0Q_0\right)\\&+\left(\sum P_1Q_1-\sum P_0Q_1\right)-\left(\sum P_1Q_0-\sum P_0Q_0\right)\end{aligned}$$

掌握基期各个代表药品基期的价格（P_0）、报告期价格（P_1）、基期的销售量（Q_0）、报告

期销售量（Q_1）之后，就可以利用上述两公式分别计算销售额变化的相对值$\left(\frac{\Sigma P_1Q_1}{\Sigma P_0Q_0}\right)$和绝对值（$\Sigma P_1Q_1 - \Sigma P_0Q_0$），以及不同因素对这种变化的贡献率。

在相对数体系中，$\left(\frac{\Sigma P_1Q_0}{\Sigma P_0Q_0}\right)$、（$\Sigma P_0Q_1 - \Sigma P_0Q_0$）将销售量作为同度量因素固定在基期，分别说明在销售量不变的情况下，价格变化对销售额变化率和变化绝对值的贡献率；$\left(\frac{\Sigma P_0Q_1}{\Sigma P_0Q_0}\right)$、（$\Sigma P_0Q_1 - \Sigma P_0Q_0$）将价格作为同度量因素固定在基期，分别说明在价格不变的情况下销售量的变化对销售额变化率和变化绝对值的贡献率；残差项$\left(\frac{\Sigma P_1Q_1}{\Sigma P_0Q_1} \div \frac{\Sigma P_1Q_0}{\Sigma P_0Q_0}\right)$、[（$\Sigma P_1Q_1 - \Sigma P_0Q_1$）-（$\Sigma P_1Q_0 - \Sigma P_0Q_0$）] 则表示价格和数量的变动对销售额变化率和变化绝对值的交互影响值，如图4-1。因此就可以比较出药品价格和药品用量这两个因素对药品费用的影响程度大小。

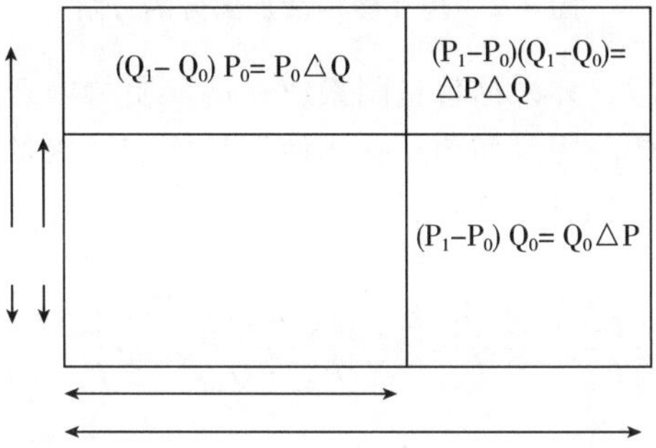

图 4-1　指数体系分解示意图

三、三因素指数体系在分析药品费用增长成因中的应用

上述的两因素分析方法可以分离出药品价格、药品用量的影响，但忽略了一个潜在因素的影响，所以存在“交互影响”的残差项。实际上，即便各个药品的价格都没有发生变化，总的DDDs也没有变化，临床用药结构的变化也仍会导致药品费用增加或减少。“临床用药结构”指的是药品消费在同一药品类别下不同亚类之间分布的变化或药品消费在同一亚类下不同药品之间分布的变化。在这种结构变化过程中，高价位的药品可能被更多地使用，从而导致药品费用增加，也可能更少地被使用因此导致药品费用有所减少。所以从数理角度分析，实际影响药品费用的因素不是两个，而是三个。

从现实角度看，影响群众药品费用负担的因素很多，如人口老龄化、收入水平和医疗保障水平提高、技术发展、新药出现、企业虚高定价、大处方及用药不合理等等，但这些因素对药品费用负担的影响也都是通过引起药品的价格、药品的消费量或者药品的消费结构（或称临床用药结构）这三者的变化实现的（图 4-2）。任意 2 年药品费用的变化，可以分解为 3 部分：药品价格引起的变化；药品消费数量引起的变化；更多地消费高价或者低价药物的倾向（用药结构）引起的变化。而药品价格、消费量和用药结构对应着不同的政策和管理部门，所以如果能够分别量化药品价格因素、药品消费量因素和结构性因素对药品费用增长的影响，这种量化后直观的结果将为国家政策的评价、调整提供有力指导。美国、加拿大、日本等国家都把这三因素的因素分析纳入常规研究内容中，以监测各个因素对药品费用增加的影响方向和程度，以便针对表现出来的问题做出相应的政策调整。

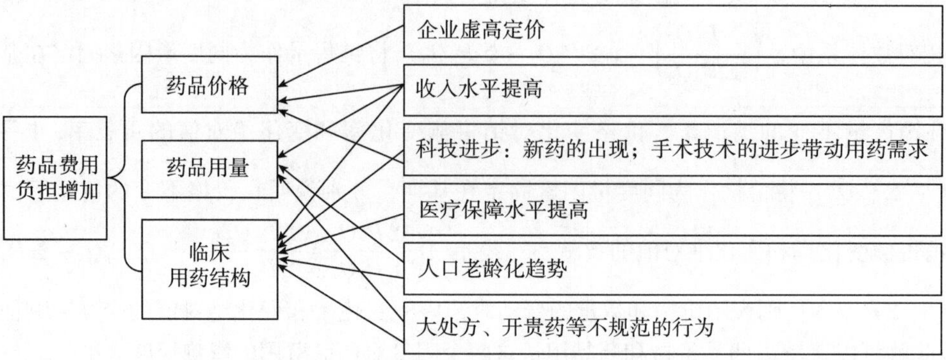

图 4-2　药品费用增加部分的分解

利用前述指数体系的思想，并根据数量因素放在前，质量因素放在后的原则，我们可以构建出适用于分析药品价格、药品用量和药品临床使用结构三因素的指数体系。下式是意大利国家医药报告采用的指数体系（以计算 2005 年相对 2004 年的变化为例）。

$$I_E = \frac{E_{05}}{E_{04}} = \frac{\sum_i Q_{i05}}{\sum_i Q_{i04}} \times \frac{\sum_i P_{i05} \cdot Q_{i04}}{\sum_i P_{i04} \cdot Q_{i04}} \times \frac{\dfrac{\sum_i P_{i05} \cdot Q_{i05}}{\sum_i Q_{i05}}}{\dfrac{\sum_i P_{i05} \cdot Q_{i04}}{\sum_i Q_{i04}}}$$

左式表示采购金额增长的倍数。右式 1 表示采购数量增长的倍数，右式 2 是以 2004 年为基期计算的 2005 年该类药品的拉氏价格指数。右式 3 的分子和分母假设价格是 2005 年的价格，分别用 2005 年和 2004 年的权重计算加权平均价格，衡量的是用药结构的变化。如果各代表药品的权重没有发生变化，这项的值等于 1；若 2005 年价位较高的药品的权重增加而价位较低的药品的权重减少，该项的数值将大于 1；反之，如果价位较高的药品的权重减少价位低的药品权重增加，该项的数值将小于 1。

综上，右方三个式子分别代表了药品销售数量变化、销售价格变化和临床用药结构的变化对药品销售金额（药品费用）增加的影响。将药品价格（用 DDDc 衡量）和销售量（用 DDDs 衡量）数据代入上式，如果等式右边某项的数值大于 1，则表示该项是使药品采购金额增加的因素，反之，表示该项是使药品采购金额的减少的因素。

当然，上述公式左边不是精确地等于公式右边的，但是误差很小。所以由于该公式各项的经济意义简明，是一个很好的用于药品费用因素分析的方法。

四、理想指数体系及其在分析“临床用药结构变化”中的应用

用相同的构建指数体系的思想，针对不同的研究目的可以建立不同的指数体系。用理想指数构建理想指数体系可以对这种“临床用药结构变化”进行剖析，分别量化不同类别层次的用药结构变化对费用增加的影响。

如本文第一部分所述，费氏指数是拉氏指数和帕氏指数的几何平均，相应地，费氏价格指数和费氏物量指数的公式如下。用这种方法构建的指数体系如下：

费氏价格指数：

$$K_p = \sqrt{\frac{\Sigma P_1 Q_0}{\Sigma P_0 Q_0} \times \frac{\Sigma P_1 Q_1}{\Sigma P_0 Q_1}}$$

费氏物量指数：

$$K_q = \sqrt{\frac{\Sigma P_0 Q_1}{\Sigma P_0 Q_0} \times \frac{\Sigma P_1 Q_1}{\Sigma P_1 Q_0}}$$

指数体系：

$$\frac{E_1}{E_0} = \frac{BroadQ_1 BroadC_1}{BroadQ_0 BroadC_0} =$$

$$(i) \quad \sqrt{\frac{BroadQ_1 BroadC_0}{BroadQ_0 BroadC_0} \times \frac{BroadQ_1 BroadC_1}{BroadQ_0 BroadC_1}}$$

$$(ii) \quad \times \sqrt{\frac{BroadC_1 BroadQ_0}{BroadC_0 BroadQ_0} \times \frac{BroadC_1 BroadQ_1}{BroadC_0 BroadQ_1}} \Bigg/ \sqrt{\frac{NarrowC_1 NarrowQ_0}{NarrowC_0 NarrowQ_0} \times \frac{NarrowC_1 NarrowQ_1}{NarrowC_0 NarrowQ_1}}$$

$$(iii) \quad \times \sqrt{\frac{NarrowC_1 NarrowQ_0}{NarrowC_0 NarrowQ_0} \times \frac{NarrowC_1 NarrowQ_1}{NarrowC_0 NarrowQ_1}} \Bigg/ \sqrt{\frac{DrugC_1 DrugQ_0}{DrugC_0 DrugQ_0} \times \frac{DrugC_1 DrugQ_1}{DrugC_0 DrugQ_1}}$$

$$(iv) \quad \times \sqrt{\frac{DrugC_1 DrugQ_0}{DrugC_0 DrugQ_0} \times \frac{DrugC_1 DrugQ_1}{DrugC_0 DrugQ_1}}$$

根据 WHO 的 ATC 编码规则，药品依次按照解剖学、治疗学和药品的化学结构 3 个层次进行分类，例如头孢替安属于抗感染药品（解剖学分类）类别下的全身用抗菌药（治疗学分类）里的其他 β-内酰胺类（化学分类）的药品。在不同的分类层次上计算的价格指数值是不同的，用不同类别计算的药品价格指数的比值，可以反映药品的消费在某一类别层次下是否发生变化，这种变化是否导致了药品费用的增加。所以利用上述指数体系，我们可以深入分析和比较在不同层次发生的临床使用变化的程度及其对费用的影响，这比前一章意大利卫生报告所使用的三因素指数体系又细化了一些。

这种将不同药品分类层次下的用药结构变化分别进行量化的意义在于不同层次下用药结构的变化隐含不同的意义。例如，某种疾病发病率增加，往往导致不同治疗用途的药品（Broad 层次的药品）被使用的比例（权重）发生变化；细菌耐药、新药出现、促销行为等会导致同一治疗用途的药品篮子里不同化学分类的药品（Narrow 层次）被使用的比例（权重）会发生变化，例如青霉素类药品使用减少、头孢类抗菌药品使用增加，由于前者价格较低后者价格较高，这两类药品占的权重的消长会导致费用的增加，反映在指数体系中即使在 Broad 层次上计算的指数值与在 Narrow 层次上计算的指数值的比值大于 1。即便不同化学分类的药品使用权重没有变化，属于相同化学分类的不同药品（Drug）的权重也可能改变。流行病学因素引起的药品使用结构的变化往往是正常的，而在 Narrow 层次和 Drug 层次各类药品权重的变化往往反映的是药品替代使用、更新换代的情况。所以上述指数体系不分析 Broad 层次上各类药品使用的变化，只量化在 Broad 层次下各 Narrow 层次和 Narrow 层次下各 Drug 层次药品使用结构的变化。

上述指数体系中等号左边表示报告期与基期相比，增加的药品费用的百分数。

式子（i）用各大类报告期和基期的药品消耗量 DDDs 和各大类药品的平均 DDDc（=该类药品的销售金额/该类药品的 DDDs）计算大类层次上计算的费氏物量指数，表示药品消费量变化引起的药品消费金额的变化。

式子（ii）用在治疗学分类层次（Broad）上计算的物价指数与化学分类层次（Narrow）上计算的物价指数的比值表示药品的消费在不同化学分类的药品之间分布的变化对总的销售金额变化的影响。各层次物价指数的计算均用该类药品的消费量 DDDs 和该层次分类下药品的平均 DDDc（该类药品的销售金额 E/该类药品的总 DDDs）按照费氏物价指数公式计算。

式子（iii）用在化学分类层次（Narrow）上计算的物价指数与药品层次（Drug）计算的费氏物价指数的比值表示药品消费在不同药品之间分布的变化对总的销售金额变化的影响。

式子（iv）是在药品层次计算的药品费氏价格指数。

因此，与前一个公式不同，这个公式用费氏物量指数衡量药品消费量变化，用费氏物价指数衡量药品价格的变化，并且增加了（ii）（iii）两项，用以分别衡量药品消费在化学分类层次上和药品层次上的结构变化。

用同样的统计思想，如果数据允许，我们还可以增加药品消费在专利药品和非专利药品之间的分布变化这一因素项，从而分析品牌药品与非品牌药品替代使用的影响。如果以大量的处方数据为基础，还可以将用量因素细分，分别分析处方量因素和处方大小（每一处方开具的药品数量）对费用增长的影响。例如加拿大学者 Morgan 将影响费用的药品价格、用量和结构因素进一步细分为 6 个因素（图 4-3）。构建如下公式分析这 6 个因素对人均药品费用增加的影响。

人均药品费用的变化=药品用量的影响　×药品价格的影响　×用药结构的影响

（1）处方量的影响（2）处方大小的影响（3）药品价格的影响（4）仿制品使用的影响（5）治疗分类层次用药结构的影响（6）药品层次用药结构的影响

图 4-3　药品费用变化的 6 因素分解

$$\frac{E_1}{E_0}=\frac{BroadQ_{RX_1}BroadC_{RX1}}{BroadQ_0BroadC_0}=$$

$$(i)\quad\sqrt{\frac{BroadQ_{RX1}BroadC_{RX0}}{BroadQ_{RX0}BroadC_{RX0}}\times\frac{BroadQ_{RX1}BroadC_{RX1}}{BroadQ_{RX0}BroadC_{RX1}}}$$

(ii)

$$\times\sqrt{\frac{BroadC_{RX1}BroadQ_{RX0}}{BroadC_{RX0}BroadQ_{RX0}}\times\frac{BroadC_{RX1}BroadQ_{RX1}}{BroadC_{RX0}BroadQ_{RX1}}}\Bigg/\sqrt{\frac{NarrowC_{RX1}NarrowQ_{RX0}}{NarrowC_{RX0}NarrowQ_{RX0}}\times\frac{NarrowC_{RX1}NarrowQ_{RX1}}{NarrowC_{RX0}NarrowQ_{RX1}}}$$

(iii)

$$\times\sqrt{\frac{NarrowC_{RX1}NarrowQ_{RX0}}{NarrowC_{RX0}NarrowQ_{RX0}}\times\frac{NarrowC_{RX1}NarrowQ_{RX1}}{NarrowC_{RX0}NarrowQ_{RX1}}}\Bigg/\sqrt{\frac{DrugC_{RX1}DrugQ_{RX0}}{DrugC_{RX0}DrugQ_{RX0}}\times\frac{DrugC_{RX1}DrugQ_{RX1}}{DrugC_{RX0}DrugQ\ RX1}}$$

(iv)

$$\times\sqrt{\frac{DrugC_{RX1}DrugQ_{RX0}}{DrugC_{RX0}DrugQ_{RX0}}\times\frac{DrugC_{RX1}DrugQ_{RX1}}{DrugC_{RX0}DrugQ_{RX1}}}\Bigg/\sqrt{\frac{DrugC_{U1}DrugQ_{U0}}{DrugC_{U0}Drug_{U0}}\times\frac{DrugC_{U1}DrugQ_{U1}}{DrugC_{U0}DrugQ_{U1}}}$$

(v)

$$\times\sqrt{\frac{DrugC_{U1}DrugQ_{U0}}{DrugC_{U0}DrugQ_{U0}}\times\frac{DrugC_{U1}DrugQ_{U1}}{DrugC_{U0}DrugQ_{U1}}}\Bigg/\sqrt{\frac{ProductC_{U1}ProductQ_{U0}}{ProductC_{U0}ProductQ_{U0}}\times\frac{ProductC_{U1}ProductQ_{U1}}{ProductC_{U0}ProductQ_{U1}}}$$

(iv)

$$\times\sqrt{\frac{ProductC_{U1}ProductQ_{U0}}{ProductC_{U0}ProductQ_{U0}}\times\frac{ProductC_{U1}ProductQ_{U1}}{ProductC_{U0}ProductQ_{U1}}}$$

这个公式将同一通用名、剂型的专利药品和仿制药品定义为不同的代表“产品”（product），在 Broad，Narrow，Drug 外，增加了 Product 这一分类层次；QRX 和 CRX 表示处方数量和平均处方药费，QU 和 CU 表示药品数量和药品的价格。公式各个部分具体的计算方法如下。

公式（i）是在 Broad 层次计算的物量指数。即用报告期和基期分别落入各 Broad 类内的处方数量和各类的平均处方金额计算费氏物量指数，表示由处方量变化引起的药品消费金额的变化。

公式（ii）计算 Broad 层次和 Narrow 层次的费氏物价指数。即分别统计报告期和基期分别落入各 Broad/Narrow 分类内的处方数量和每类的平均的处方金额，从而计算出费氏物价指数，用 Broad 层次计算的物价指数与 Narrow 层次计算的物价指数的比值表示药品消费在不同 Narrow 类之间分布的变化导致的药品消费金额的增加。

同样道理，公式（iii）表示药品消费在不同“药品”（drug，在这里，成分相同且给药途径相同的称为同种药品）之间分布的变化导致的药品消费金额的变化。

公式（iv）用报告期和基期不同通用名药品的处方数量及每种通用名药品的平均处方金额计算费氏物价指数，同时用不同通用名药品报告期和基期以最小零售包装为单位的消耗量和每单位平均价格计算费氏物价指数，用前者和后者的比值表示处方大小的变化对药品消费金额的影响。

与（ii）（iii）的道理类似，公式（v）用报告期和基期每种通用名药品以最小零售包装为单位的消耗量和每单位平均价格计算费氏物价指数，同时用每种“商品名药品”（product，在这里成分相同、给药途径相同但不同厂家生产药品称为商品名药品）以最小零售包装为单位计算的消耗量和单位价格计算费氏物价指数，用前者与后者的比值表示药品消费在不同商品名药品之间分布的变化导致的药品消费金额的变化。

公式（vi）统计每种商品名药品以最小零售包装为单位的消耗量和每单位价格，计算费氏物价指数。

五、小结

构建指数体系后，将报告期和基期各药品的价格和销售量数据代入指数体系，对等式两边取自然对数，用各因素的对数值除以总费用的对数值即等于对应因素对药品消费金额变化的贡献的百分比。求出药品费用增长的绝对值，用各因素贡献的百分比乘以费用增长的绝对值就等于对应因素的变化使药品费用增加的数值。

指数体系不是越复杂越好，构建指数体系要从研究目的出发。如果研究目的仅为比较价格和数量因素对药品费用增长的影响，用简单的两因素指数体系足矣，缺陷是这种指数体系有一残差项，代表药品价格和消费数量对药品费用增长的交互影响，经济意义模糊。如果要比较价格、数量和临床用药结构三因素对药品费用增长的贡献时，可以使用估算的公式，该公式表达式简明，公式内各项的经济意义明确。如果要进一步剖析用药结构是如何变化的，仿制药品替代对降低药品费用有没有影响，就要用到费氏指数构建的指数体系进行分析。

此外，从上述不同的指数体系构建方式我们可以看出，用不同的指数体系计算出来的各因素对费用增长的影响值也将不同，但计算的结果不会有颠覆性的差别，而且由于分析结果直观、经济意义和政策寓意明确，所以对于宏观监测来说仍是一个好办法。只要指数体系的构建有明确的经济含义，不同因素之间的相对重要程度不会受指数体系构建的影响而有所不同。

第四节　国际药品价格比较方法

国际上主要国家药品价格国际比较研究工作，既有研究单位或学者进行的学术探讨，也有相关政府管理部门进行的评价研究，由于其研究目的不同，具体的步骤与方法有所差异。但整体来说，药品价格国际比较流程大致可分为三个步骤，即样本遴选、数据转换和比较方法。各步骤的设计紧紧围绕比较目的，以保证方法学的科学和结果的可靠。

一、比较目的

主要国家药品价格国际比较主要目的有两方面：药品价格制定和调整及药品价格水平评价。

药品价格制定及药品价格监管是药品价格国际比较方法在微观环境下的应用，此方法的比较结论常常用于单一药品价格制定或调整。由于欧洲国家数量多，国情类似，故大部分国家以此方法进行定价，如法国、意大利、西班牙、荷兰等；其他部分数据透明度较高的发达国家也使用此方法进行药品价格控制，如日本、韩国、加拿大。

药品价格水平评价是药品价格国际比较方法在宏观环境下的应用，此方法的比较结论往往用于评价一类或一国药品水平的现状、药品市场价格的结构、一项或多项政策法规的影响、药品价格管制部门工作绩效的评价等，为进一步进行药品市场管制指明规划的方向。以此目的进行研究的国家也非常多，如美国、澳大利亚、加拿大、瑞士、英国等。

二、样本遴选

药品价格国际比较的样本遴选关键因素是：参比国家的遴选、参比药品的遴选、价格层次的选取和参比药品在国家间的匹配。

（一）参比国家的遴选

参比国家的遴选，是依据药品价格国际比较目的，选取与被研究国家基本条件相近似的国家的过程。对于药品价格国际比较而言，由于不同国家的经济发展水平、疾病谱状况、用药结构、药品政策等信息差异较大，因此参比国家的选取对结果的影响非常大。综合所有药品价格国际比较的研究与案例，参比国家遴选可概括为四个主要原则。

1. 经济水平相似遴选原则　国家经济水平的高低直接影响该国药品价格水平，故在大部分的药品价格国际比较研究中，遴选国家尽管未明确指明遴选原则，不过从其实际遴选结果可以看出，国家经济水平相似是药品价格国际比较研究遴选参比国家时的主要原则。1999～2002 年美国众议院改革与审查委员会做出了数份报告，由于采取了实地调研的方法采集数据，所以避免了数据不可得与不匹配的问题，参比国家数目较多，范围覆盖美国、加拿大、英国、德国、法国、意大利、日本等国。在此类政府工作报告中，明确指出参比国家目录的选取实际是由某一议员指定要求的。不过，我们可以从选取的一揽子国家去推测遴选的原则。可以看出，此组研究与美国对比的国家基本属于北欧北美一线发达国家，经济发展水平相似是最大的遴选原则。此原则在以药品价格制定与调整为目的的研究中应用广泛，各研究机构认可度很高。

2. 地理位置相邻遴选原则 在大部分针对美国的药品价格国际比较研究中，加拿大与墨西哥出现频率很高。在 12 次以美国作为主要对象的研究中，选取加拿大作为参比国家的研究有 11 次，选取墨西哥作为参比国家的研究有 4 次。加拿大和墨西哥均作为美国的邻国，不仅在疾病谱、用药习惯均有一定的相似性，而且在两国间存在的药品平行贸易也是需要考虑的重要因素之一。加拿大由于在经济水平上更接近美国，故更多的研究者将其列为研究美国药品价格的首选参比国家。可见，地理位置相邻遴选原则在药品价格国际比较选取参比国家时占有一席之地。

3. 报销机制相似遴选原则 药品价格是多因素共同导致的结果，任何形式的报销机制对其都有着重要的影响。无论是直接的财政补贴，还是不同范围、不同水平的保险措施，都可能影响药品价格水平的高低。故一些国家在药品价格国际比较研究中，认为应该将报销机制作为参比国家遴选的原则。例如，澳大利亚生产力委员会在 2003 年的研究报告中首次明确提出了其参比国家目录的选取原则，即参选国家必须与澳大利亚有相似的药品报销机制，但可以接受不同国家报销水平的不同。基于此原则，生产力委员会分别从各国公共药品报销或私人保险业务的相似度、政府补贴、保险水平及成本控制自由度四个方面评判报销机制的相似程度，最终选取国家目录为：澳大利亚、美国、英国、加拿大、瑞典、法国、西班牙和新西兰。

4. 数据可获得遴选原则 以数据可获得遴选原则遴选参比国家的研究有两种情况。

在信息技术不发达的 20 世纪 90 年代，各国对于相关信息收集的工作并不成熟，大规模的数据获取途径很少。在这样的条件下，想要进行药品价格国际比较研究，数据的可获得性很大程度影响着参比国家的遴选。而在科学技术迅猛发展的今天，尽管数据的收集与处理已经被前所未有地重视，大部分发展中国家仍然处于数据盲区，基础数据的匮乏是限制研究的重大因素。例如，1992 年美国总会计办公室将美国与邻国加拿大的药品价格做了比较；1994 年又对美国与日本的药品价格做了对比研究，该机构也成为可查文献中最早进行药品价格国际比较研究的组织。在该类较早的研究中，参比国家只有两个，可见数据量的匮乏只能支持此类发达国家间较小规模的比较，选取的国家也往往为数据较为透明的发达国家。

另一方面，对于学术机构而言，在药品价格国际比较研究中，往往将所有可获得的国家数据用以比较，以扩大研究样本量，提升学术价值。例如，沃顿商学院 Dazon 为主的学者也在进行着相关的研究。1998 年 Dazon 等人进行了美国、加拿大、英国、德国、法国、意大利、日本、瑞士、瑞典 9 国的药品价格比较；2000 年选取了 6 个国家，分别为：美国、加拿大、英国、德国、法国、意大利；2004 年又选取了美国、加拿大、德国、法国、意大利、日本、英国、瑞士、瑞典9国作为参比国家。以评述美国药品价格水平作为研究目的，显然在选取日本、英国等作为美国的比较对象时，主要关注的是其与美国经济水平的相似；在选取加拿大、墨西哥等邻国的时候，可能将两国之间药品出口、平行贸易的相关因素考虑了进去；而对于智利等既不相邻且经济水平差异很大的国家也被纳入了比较，考虑到研究机构是学术机构，很有可能是已经获取了智利的相关数据，将智利也纳入研究中，扩大研究样本量与研究范围，提升文章的学术价值。

5. 其他遴选原则 在一些特殊问题的研究中，遴选参比国家针对性更强。例如，WHO于2006年对慢性病基本药物可及性及可负担性的调查中，选取了非洲、南美洲、东南亚、西太平洋等经济发展落后的24个国家进行研究；而经济合作与发展组织（Organization for Economic Co-operation and Development ，OECD）的研究主要针对其组织内部而言，故研究覆盖了其全部30个成员国。

以上原则在实际研究中单独使用的情况并不多见，大部分的研究以两种或两种以上原则综合应用遴选参比国家，从不同角度全面阐述问题。

（二）参比药品的遴选

在对研究对象进行科学分类的基础上，才能选择代表各类的代表规格品。对于西药来说，目前最权威的是WHO推荐的ATC分类，即依次按照解剖学、治疗学、化学结构将药品分成3个层次，每个层次又分为若干类别。中药是我国特有的药品种类，国内许多单位和学者也对中药分类进行过研究。

遴选参比药品需要明确研究药品比较的目的：以药品价格制定和调整为目的的研究中，参比药品应该选择待定价或待调整的药品；以药品价格水平评价为目的的研究中，参比药品的遴选应包括确定参比药品数目和参比药品遴选原则两方面。

1. 确定参比药品数目 药品价格评价研究时，参比药品数目并没有统一的要求。参比药品数目越多，越能够反映整体样本的代表性，但是过度理想化意味着更大的数据量，并给药品匹配环节带来更多困难，实际操作性更小；参比药品数目过少则不足以代表样本，说服力不足。例如，美国众议院改革与审查委员进行的药品价格评价研究中，样本仅选择5种药品，显然结论稍显乏力。大部分药品价格评价的研究中，参比药品数目通常为100~150种药品，当然，这需要能够获得相应的数据。

2. 参比药品遴选原则 在药品价格评价研究中，根据药品价格评价的侧重点不同，参比药品遴选采用的原则不同，综合国际上药品价格国际比较可以将这些原则概括为五个方面。

（1）选取使用量/销售量最大的药品：以每个药品通用名作为单位，将其销售量或使用量进行排名，选择排名靠前的一揽子药品作为价格比较的药品目录。此抽样方法使药品目录尽可能地表现出药品使用层面的相关信息，结果偏向于进行用药结构相关的分析，此遴选原则在药品价格评价中较为常见。

（2）选取报销金额/销售金额最大的药品：以每个药品通用名作为单位，将其报销金额或销售金额进行排名，选择排名靠前的一揽子药品作为价格比较的药品目录。此抽样方法使药品目录尽可能表现出药品市场层面的相关信息，结果偏向于解释药品市场发展、药品市场结构的相关问题，此遴选原则在药品价格评价中也较为常见。

（3）选取常见疾病所针对的药品：以疾病谱中高发的疾病作为重点研究对象，直接从疾病谱中进行抽样，然后将选取各疾病所对应的基本药品或常用药品，以此形成参比药品目录。从疾病角度考虑药品目录的选择，最大限度得使样本代表基本医疗保障的相关信息，多用于分析药品可负担、基本医疗服务可及性方面的问题。此遴选原则常见于多个国家、多个地区的药品价格水平的比较研究中，WHO的药品价格研究采用此原则。

（4）选取数据可获得的所有药品：在进行价格水平的研究时，数据的全面与否是研究的基本保障。部分机构常常为了保障数据的最大化利用，先尽可能获取数据，然后对数据进行筛选，尽可能留下所有可用数据，以提升学术研究广度与质量。学术机构的药品价格水平评价中常采取此原则。

（5）选取品牌药品：遴选名牌公司的名牌药品作为参比药品目录。此类药品往往为跨国大型制药企业的名牌产品，其市场销售量相对稳定。由于此类药品规格一致，不需要在研究中进行药品间的匹配和转换，可以减少研究工作量。此原则对公司发展战略方面研究有一定的价值，但是由于参比药品数量不足以代表整个样本，在分析药品价格水平方面说服力不足。

（三）价格层次的选取

收集药品价格和销售数量信息的思路有两个：一是利用我国在药品购销数据库的信息。例如，全国医药经济信息网的数据库、中国医药经济信息网、上海药监局科技情报中心等，这些数据库在全国或某些省市抽样布网收集各样本医院每个月药品的采购数据，包括每种药品的采购价格、采购数量等信息。此外，自2000年实施药品集中招标采购后，包括海虹公司在内的各招标中介机构也掌握着其业务范围内药品的中标价、中标零售价及各医院的采购量的情况。国家可以利用数据库中所有药品的数据统计价格指数，也可以通过一定的选样原则抽样，通过样本药品的价格和销售量数据计算药品采购价格指数和零售价格指数。当然，上述数据库大多收集的是各医院的采购数据，因此可能无法计算药品零售价格指数。第二种获取价格和数量信息的方式在现有的CPI价格调查的基础上，增加药品的采样数量，定期调查药品的零售价格，这种方法可以计算出药品消费者，但耗资很大。

药品的价格一般包含了三个层次，出厂价、批发价和零售价，在同一层次进行的价格比较才是有意义的研究。由于各国的药品市场流通差率、增值税率、流通费用等政策环境差异很大，在不同层次进行的价格比较研究往往得出不同的结果。因此，选择最能阐述研究目的价格层次对结果的影响非常重大。

1. 出厂价 出厂价即药品从药厂加工完成之后，根据生产成本（人工、税务、水电、设备折旧等）出售的价格。出厂价只包含药品生产成本加上合理生产企业利润，不含市场流通费用。在使用出厂价作为价格层次时，由于其价格不含药品流通成本及分销成本，故在三个层次中，出厂价随国家不同的变化较小。当药品数据从医保目录中获得时，即政府作为最大的买家出现时，使用出厂价最合适。出厂价只有一次利润加成，稳定性及可信度较高，偏差较小。由于出厂价在很多时候属于商业机密，在一些大的交易单中，往往有“以价换量”的折扣出现，此类折扣很多时候更难以察觉，会对结果造成一定影响。另外，出厂价也无法代表消费者的感受，不能说明药价可负担性问题。

2. 批发价 批发价即药品批发企业直接给予零售商的价格。批发价对定价政策敏感性差，经常用于其他国家与美国的比较，价格有一定的说服力。但其价格稳定性很差，由于加入了流通环节费用，不同的批发量往往对应不同的折扣，此类折扣很难获得；另批发价本身也属于商业机密，数据的可获得性是一个较大的问题。故批发价作为研究层次不是很常见。

3. 零售价 零售价格即指药品零售单位向个人或集团消费者出售药品的价格。实际研究中，零售价数据准确易得，最贴近消费者的感受，因此在三个层次中，零售价对于可支付性问题或阐述药品“昂贵”与“便宜”最能说明问题。不过，药品零售价包含了流通成本及分销加成，在不同市场其价格稳定性较差。同时，对于不同时期的政策敏感度很高，常常在不同的政策与市场中形成较大的差异。基于这种敏感程度，部分对药品政策的比较也使用零售价进行比较。

在实际研究中，使用批发价的研究较少，国际上研究大多使用出厂价与零售价。但是在实际数据收集过程中，收集到的数据并非研究所需的层次，如果此时没有其他数据来源，进行一定的转换必不可少。例如，澳大利亚生产力委员会在进行7国比较时，实际使用出厂价作为研究层次，然而英国与美国仅能获得批发价的相关数据，在实际研究中两个国家的批发价分别除去了两个国家批发商平均利润率（12.5%与5%），以此达到价格转换的目的。

但是，药品有自然的更新换代，所以不排除选出来的个别代表规格品可能开始的几年还没上市或者最近几年退出市场。处理药品缺价有以下几种方法，即将药品上市前或退市后的价格设为：①其保留价格；②数值0；③上市或退市时的市场价格；④删去缺价的品种。

某种商品的保留价格是消费者正好不想购买/想购买该种商品时的价格，现实中，我们很难取得某药品的保留价格。设为0不具备经济意义而且夸大了价格变化的影响。相比之下，第③和第④种方法都是可行的，只是两种方法有不同的经济含义。

第③中方法即将新药上市之前年份的价格设为等于它第一年在市场上销售的价格，退出市场的药品退出市场后的价格设成它在市场上最后一次出现的年份的价格，这种方法实质是假设这个品种的价格对价格变动没有影响。第④种方法从代表品中删除缺价品种实质是假设缺价品种的价格变化与其他品种的价格变化一致。在实际中，这两种方法都有应用。

（四）参比药品在国家间的匹配

在实际比较过程中，遴选出最具代表性的药品目录往往不能在所有国家中全部同时获得，且即使获得，在不同国家同一通用名销售的药品在剂型、单位计量、包装、品牌等方面会出现各种差异。匹配原则其实是药品目录在理想样本与实际情况间的一个折中，在众多的药品组合中，它决定了哪些相同通用名的药品具有相似性与可比性。实际研究时，匹配原则往往由以下六个要素构成：①活性成分匹配，要求两个待匹配的药品有相同的活性成分；②适应证匹配，要求两个待匹配的药品有相同的主要适应证；③给药途径匹配，要求两个待匹配的药品有相同的给药途径；④剂量规格匹配，要求两个待匹配的药品有相同的剂量规格；⑤生产厂商匹配，要求两个待匹配的药品有相同的生产厂商；⑥包装规格匹配，要求两个待匹配的药品有相同的包装规格。

两种药品价格比较时，坚持匹配原则越多，结果越精确，匹配原则与结果精确度关系见图4-4。要求匹配性过高，药品价格数据获得性越低，可比药品研究范围越小；过度的放宽匹配要求，可能出现大量数据过度配对，导致结果偏差。文献报道的药品价格国际比较研究中，匹配原则大部分采用了“活性成分－适应证－给药途径－剂量规格”4个因素，这种匹配原则事实上也可以满足大部分研究的要求，是较为折中的一种原则。

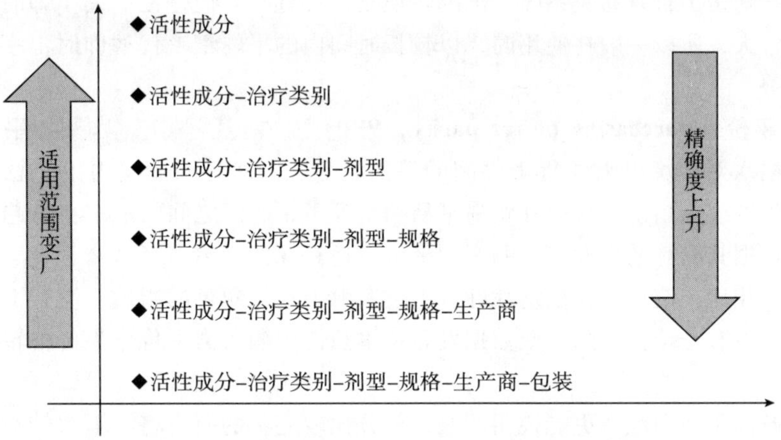

图4-4　不同组合方式的匹配原则对结果的影响

三、数据转换

药品样本确定后，为了使数据具有可比性，必须进行相关数据的转换，数据转换包括计量单位转换和货币转换两部分。

（一）计量单位转换

收集到的药品数量可能是以最小零售包装单位计算的，如××盒、××瓶等。原则上，可以用每个药品最小零售包装单位的单价和总的包装数量代入指数公式计算指数值，这也是之前计算药品的消费者物价指数所用的方法。但我们知道，同一种药品可能有许多种包装规格，也可能有几家企业同时生产，如果每次采样都需要采集同一企业同一规格的话，在大样本的统计中，用药品零售包装为单位会对药品数量和价格信息采集造成很大困难，而且会因为某企业不再生产某种规格造成缺价现象。此外，不同的包装规格之间也不具备可比性。例如，同是阿莫西林胶囊，采购1000盒40粒一盒的阿莫西林和采购1000盒10粒一盒的阿莫西林实际上数量是完全不同的。

排除以最小零售包装作单位后，在药品价格指数编制中，有三种处理药品数量单位的办法：以每毫克有效成分的含量为单位；以每粒、每片、每5ml液体制剂为单位；以限定日剂量（DDD）为单位。这三种办法在计算药品价格指数中都是可行的，但相比起来，DDD将各种药品的量都转化为使用的天数（DDDs），使不同药品之间能够比较，用DDDs作权重计算指数更具现实意义。

WHO有DDD值数据库，某些药品在该数据中找不到DDD值，可以参照《新编药物学》及药品说明书的日剂量计算DDD值。

（二）货币转换

药品国际间的比较涉及国家往往使用多种货币，不同国家的药品价格需要以统一的货币形式表示，才能进行有效比较。目前研究中货币的转换方式只有两种，即汇率转换和购买力平价转换。

1. 汇率转换 汇率转换是某个国家货币兑换另一个国家货币的比率。汇率中包含了有关国家收入、药品成本及国际影响力的信息，从理论上来讲，更能体现出一个国家对药品的需求程度，两参比国之间是平行贸易关系时，汇率转换是最佳选择。但是汇率属于即时交易价格，其短期波动性非常大，所以一般在使用时，以较长时间内的平均汇率代替即时汇率，以弥补其稳定性不足的劣势。

2. 购买力平价（purchasing power parity，PPP） 在经济学上，购买力平价是一种根据各国不同的价格水平计算出来的货币之间的等值系数，以对各国的国内生产总值进行合理比较。购买力平价的理论指出，在对外贸易平衡的情况下，两国之间的汇率将会趋向于靠拢购买力平价。显然依据其测算的出发点，购买力平价更适宜评述与消费者富裕程度、支付能力相关的问题，与汇率相比，波动小，稳定性好。不过，由于其是测算的指数，没有汇率这类实际数据有说服力，且没有全球公认的权威数据发布，单独使用购买力平价作为价格转换手段的研究寥寥无几。

多数研究倾向于认为汇率更能说明问题，部分比较完善的研究将在汇率转换的同时，加入了购买力平价进行转换以辅助说明问题。

四、比较方法

在完成一系列样本遴选及数据转换之后，最重要的一步是对药品价格水平差异进行量化。国际上常用的具体比较的方法主要有四种：中位价格比较法、简单平均法、权重法与T-检验法。

（一）中位价格比较法

中位价格比较法是使用中位数方法表达药品价格差异水平。其优势在于数据质量要求较低，方法成熟，计算简便，适用范围广泛，多用于数据获得性不高、调查范围宽广的研究。但此方法精确度不高，很多时候使用此方法仅仅是数据获取困难下的无奈之举。该方法具体流程见图4-5。

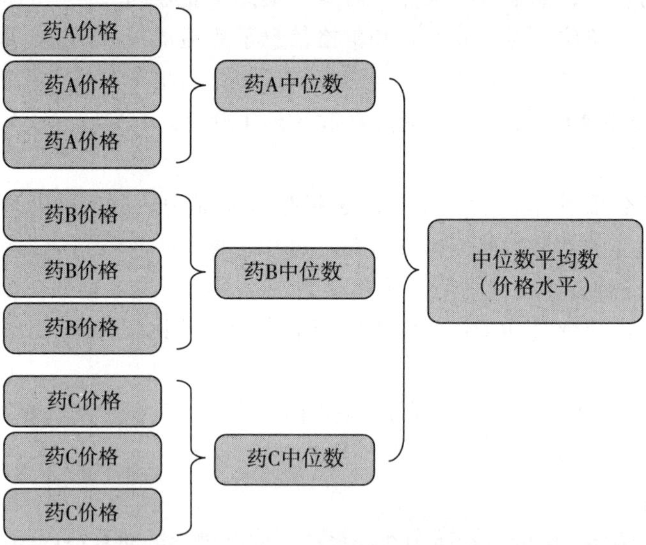

图4-5 中位价格比较方法流程图

本方法即对同一通用名下的不同价格进行排序，分别求出每一种通用名下药品的中位价格作为该通用名药品的代表，再对一揽子通用名药品中位价格进行简单平均，得出的新的价格即为这一揽子药品价格水平的代表。

（二）简单平均法

简单平均法实际为权重法中的等权处理方法，以价格的简单平均值来表示价格水平差异。简单平均法有多种计算方式，如调和平均、平方平均、算术平均与几何平均等，其中后两者较常见。算术平均即N个数据的和与N的比值。几何平均值即N个数据的乘积开N次方根。两者在结果的解释方面差别不大。

此方法对数据的要求与中位数比较法相似，数据质量要求较低，方法成熟，计算简便，适用范围广泛，在数据权重差异不大时比较适用。但是此方法结果误差不可控，分析的可靠性很大程度依赖数据的权重结构，使用起来局限性很大。该方法具体比较流程见图4-6。

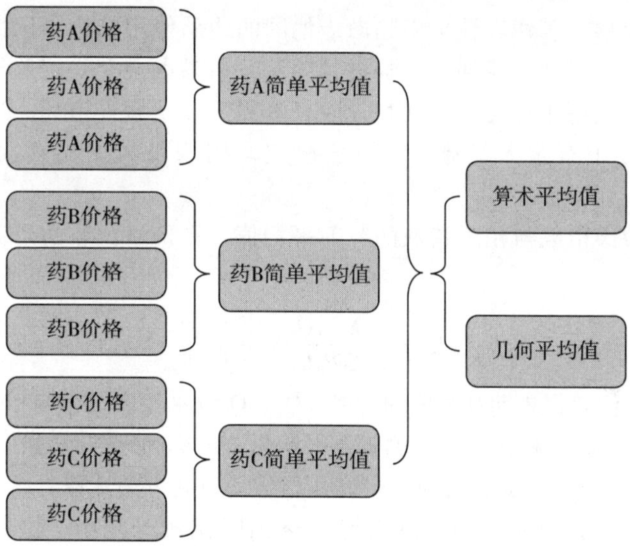

图4-6　简单平均法流程图

本方法即对每一种通用名下的药品价格求简单平均值，代表本通用名药品的价格指数，再对新求出的价格指数进行简单平均，计算出的平均值即作为一揽子药品价格指数。

（三）权重法

整体药品价格水平除了受到单一药品价格的影响之外，其实还受到用药结构的影响。以处方量或销售量作为权重，与药品价格构建指数，称为权重法。使用权重法的优势在于结果可靠，方法合理性国际公认，对药品价格水平评价很有说服力。但是，数据需求量大，计算稍显复杂。

以指数的发展历史而言，经济学文献中对价格的衡量已经建立了几种标准价格指数，每一种都以不同的假设及结果反映价格水平的差异。主要编制方法如下。

1. 固定拉氏指数　该方法由德国学者拉斯佩尔斯提出，其使用基期数量作为权重构建指数，公式如下：

$$K=\frac{\Sigma P_1Q_0}{\Sigma P_0Q_0}$$

其中 P_1、P_0分别代表报告期和基期的价格，Q_0代表基期的数量。

2. 固定帕式指数 该方法由德国学者帕煦提出，其使用报告期数量作为权重构建指数，公式如下：

$$K=\frac{\Sigma P_1Q_1}{\Sigma P_0Q_1}$$

其中 P_1、P_0分别代表报告期和基期的价格额，Q_1代表报告期的数量。

在药品价格国际比较中，基期指主要参比国，报告期指其他参比国家。拉氏指数的优点是以主要参比国家数据作为权重，消除了不同国家用量结构不同导致的权重变化，使不同国家的价格指数具备可比性。但此指数的假设建立在所有国家均与主要参比国家的药品使用结构一致，显然这与实际情况有所不同；帕氏指数以其他参比国家的数量作为权重，不能消除权重变化对指数的影响，其代表性更多趋向于他国的药品使用结构。拉氏指数与帕氏指数选取的度量因素不同，即使使用相同的资料进行编制，结果也会有一定差异，并不具有相同的经济学意义。前者多应用于评述价格现状，后者多用于开发海外市场。从此角度，拉氏指数在药品价格国际比较中有很大优势，且一般研究本国用量数据显然比他国用量数据容易获得。

3. 费氏指数 拉氏指数与帕氏指数的几何平均值，在价格比较的研究中也有一定应用意义，公式如下：

$$K_p=\sqrt{\frac{\Sigma P_1Q_0}{\Sigma P_0Q_0}\times\frac{\Sigma P_1Q_1}{\Sigma P_0Q_1}}$$

其中 P_1、P_0分别代表报告期和基期的价格，Q_1、Q_0分别代表报告期和基期的数量。

费氏指数将拉氏指数与帕式指数的侧重点平均化，被称为理想指数，应用也比较广泛。购买力平价指数及联合国编制的地域差别生活费用指数均以此方法计算。

尽管费氏指数有理论优势，但是在药品价格国际比较研究中，拉氏指数更占优势。首先，如前所述，拉氏指数的权重取本国为基线国家，对于研究机构而言，本国药品用量的数据相对更容易获得且准确性较高，其研究结果也更偏向于本国国情；其次，研究目的侧重于药品价格水平，由于一定原因价格变动时，药品消费呈现无弹性，此时使用拉氏指数比费氏指数更为合理，它的前提在于假设所有国家面对相同的药品价格时具有完全相同的用量结构。

权重法具体比较流程与简单平均法类似，只不过在平均的过程中加入权重进行计算，详细流程见图 4-7。

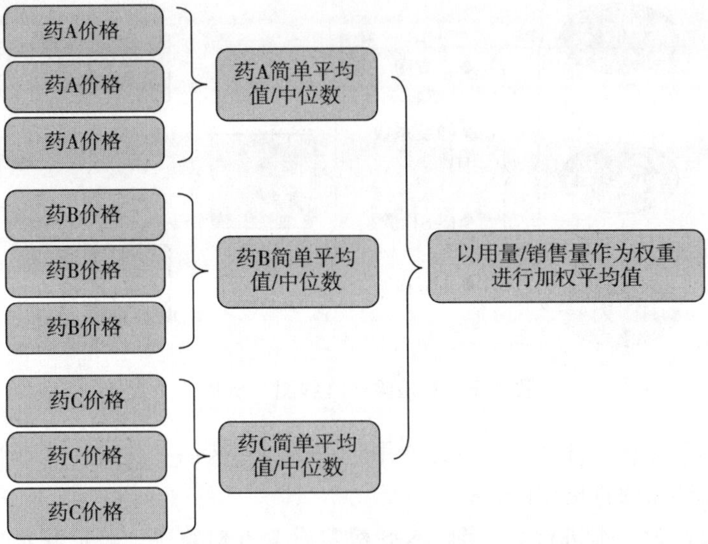

图 4-7　权重法流程图

对每一种通用名下的药品价格求简单平均值或排序求出其中位价格，代表本通用名药品的价格指数，再对新求出的价格指数进行加权平均，计算出的平均值即作为一揽子药品价格指数。如果数据可以支持，每种通用名内的计算也可以用加权平均法处理，可更好提升方法的科学性，不过略显复杂。

（四）T-检验法

T-检验法是药品价格水平比较方法学的创新成果，其结果精确可靠，计算过程科学严谨，结果说服力强。不过作为一种新思路，该方法需改进的地方很多，数据需求量大，数据结构要求高，只能计算价格水平，适用范围不广，仅见于学术研究，实际应用方面有待开发。其比较流程见图 4-8 和图 4-9。

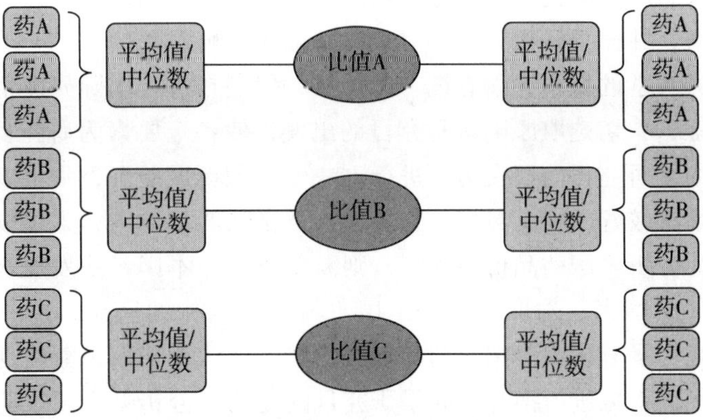

图 4-8　T-检验法流程图　步骤一

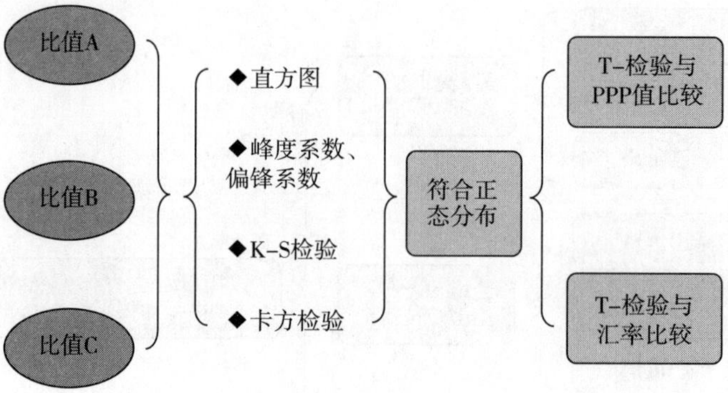

图 4-9　T-检验法流程图　步骤二

两国匹配好的药品目录分别求出每种通用名在本国的药品中位价格（或平均价格），并求出两国每种通用名药品的价格比值。

以此价格比值作为样本进行直方图、K-S 检验或卡方检验等，验证其是否符合正态分布，如果符合，则可用 T-检验法将此值与 1 比较（如果价格未进行货币转换则与 PPP 值或汇率值直接进行比较），以验证其是否有显著性差异，从而说明结果。

实际研究中，大部分研究者选取了拉氏指数作为其具体比较方法，在尽可能满足数据分析的前提下，最大化提升研究可靠性，可见拉氏指数不仅在理论上有一定的优势，在实际研究中也很具备可操作性。少数数据很完善的研究选取费氏指数作为具体比较方法。

五、相关启示

一套完整的药品价格国际比较流程中，应该包括国家目录的遴选、药品目录的遴选、药品匹配原则、价格计量单位的确定、价格层次确定、货币转换方式及具体比较方法几个关键点。药品价格国际比较的结果对各个关键点非常敏感，同样的数据选取不同的方法流程，得到的结果很有可能不一样，甚至相反。在国际上进行过的各项研究中，对于方法学流程方面没有统一的标准，各方法也没有绝对的优劣。在进行药品价格国际比较的研究时，研究者必须对方法学的各关键点充分理解，并充分认识方法学对最终结果的影响程度。

尽管对于各项方法学的要素并没有统一的标准，但是在进行实际研究中，每个要素的选取必须进行充分的论证，一切选取原则从研究目的出发，使各个要素为研究目的服务。例如，在选取样本的时候，如果研究目的仅仅为了进行方法学的创新或验证，则可以选择数据透明易得的发达国家的匹配情况较好的药品数据，选择较为严格的匹配方案，采用较好的数据验证方法学；如果研究目的为分析本国药品价格水平，则需要选择与本国经济发展水平相似，疾病谱类似，领土相邻等条件的国家，选取能代表本国主流使用结构的药品，并进行稍宽松的匹配原则；如果研究目的是为了分析某个国家药品是否昂贵，则应该采取最能体现消费者感受的零售价，并使用购买力平价指数进行换算；如果研究目的是为了分析某个国家药品价格的国际竞争力时，则应该采取出厂价并使用汇率进行转换。

当然，很多情况并不能由研究者自由地进行各方法学要素的选择，数据的可获得性与质量在一定程度上决定着药品价格国际比较研究的方法学。例如，国际上大部分研究选用了出厂价作为研究层次，这是由于此类研究大部分通过购买 IMS 的数据来实现，而 IMS 的数据基本全部为出厂价（事实上可以大批量获取的数据只有出厂价与批发价两个层次）；政府或国际非政府组织进行的药品价格国际比较研究时，由于具有足够的资源进行大范围的药品零售数据实地调研，所以此类研究多选择药品零售价作为研究层次，以保证研究结果的精确度。当然，在数据可获得性很好的情况下，仍然应该以研究目的为出发点进行研究方法的科学选取，以最大程度保证研究结果真实可靠。

综上所述，进行药品价格国际比较研究时，不能只依据方法学的科学性进行设计研究，必须兼顾数据的可得性；基本满足研究目的前提下，尽力获得相匹配的药品价格数据，选择优化的研究方法流程，是构建中国药品价格国际比较模式的思路。

第二篇

药品价格管理改革政策与评价研究

第五章 北京医改形势下药品价格管理策略研究

摘 要

目的：针对医改新形势，本研究分析了北京市医改政策对药品价格管理的影响，主要包括“医药分开”改革、医保资金总额预付方式改革、按病种分组付费改革、药品招标采购等措施，在北京市价格管理部门的权限内，寻求药品价格如何更为合理，探讨药品价格管理理念的问题，提出完善药品价格管理的政策建议，以便更好地推进药品价格管理宏观政策的制定。

方法与内容：调研北京市各试点医院，了解各试点医院的实施情况和进展，总结分析北京市医改政策各项措施对药品价格管理的影响，并结合对药品价格管理领域相关的专家访谈意见，提出完善药品价格管理的政策建议。

结果：试点医院统计期内普通门诊平均每人次开药2.56种，较上年同期降低13.6%。2012年，33家总额预付试点医院药占比为56.9%，比2011年降低0.5%；非试点医院药占比为60.6%，比2011年提高了1.1%。采用试点医院改革后8个月的数据与改革前的数据进行自身同期对照，结果显示，试点医院药占比的同比降幅达到18.6%，说明剔除取消15%加成带来的价格影响后，依然有约6%的药占比下降。改革前后试点医院患者门诊和住院次均药费均明显下降，同比下降幅度均为26.3%，剔除15%的药品降价因素，仍然有13%以上的费用降幅。

结论：北京市医改试点医院的实施效果显示，患者的费用降低，就医负担减轻。而北京市价格管理部门在此期间并没有调整药品价格，因此，药品费用的降低不依赖于药品价格的调整，单纯的药品价格管制对控制药品费用没有显著意义；同时北京市医改当前的热点问题与药品价格调整的关系并不显著，北京的医改形势尚未对药品价格管理带来政策性压力，仅仅是使各方对药品价格的敏感性降低，试点医院的实施效果表明，“医药分开”改革规范了医院的诊疗行为，通过建立医事服务费，使医院收益更多地体现在医疗服务的技术、水平、能力等方面；现行的基本药物招标采购模式有助于降低逆向选择的风险，但并不利于发现药品的真实供求关系，且未实现真正的“量价挂钩”，北京市的基本药物招标采购模式，招标部门与医院（医师）、药品生产企业的委托代理关系可以降低唯低价药中标的逆向选择风险。但由于存在对采购方的不合理激励，使得药品流通环节的费用增加，而这部分费用也将最终转嫁到药品的价格部分，增加患者的费用负担。因此，目前的基本药物招标采购模式下形成的价格难以体现药品真实的市场价值。

第一节 数据来源

医保资金总额预付方式改革的实施效果分析是通过采集各试点医院的相关数据，进行医改政策实施前后的自身同期对照研究得到的。分析数据主要来自于首都医科大学附属北京友谊医院、首都医科大学附属北京朝阳医院、首都医科大学附属北京同仁医院和北京积水潭医院，数据采集的时间是2010～2013年。收集的数据资料主要有：各试点医院的月度报表；试点医院医保就诊人数、人次、费用结构、门诊和住院次均费用、药占比、参保人员医药费用负担等重点数据的逐月统计表；各试点医院医改政策的实施办法、规章制度和实施效果。

第二节 研究方法

本文全面分析了北京市医改政策各项措施对药品价格管理的影响，主要分析了医保资金总额预付方式改革、“医药分开”改革、按病种分组付费改革和药品招标采购制度对药品价格管理的影响。首先，运用实证研究的方法，调研北京市各试点医院，了解各试点医院的实施情况和进展，由于数据的可获得性和保密性，本课题政策实施效果数据来源主要是基于北京市公立医院改革综合评估的结果。然后，根据理论分析和实证研究，总结分析北京市医改政策各项措施对药品价格管理的影响，并结合对药品价格管理领域相关的专家访谈意见，提出完善药品价格管理的政策建议。

第三节 研究结果

2010年北京市医改《实施方案》明确提出了本轮深化医药卫生体制改革的重点任务，即改革医药卫生管理体制、完善医药卫生四大体系、健全医药卫生运行机制；并确定了数十项具体措施，主要涉及医疗保障体系、药品供应保障体系、医药价格形成机制和公立医院改革等领域。2012年，北京市公布了《公立医院改革试点方案》，试点“两个分开；建立三个机制”。全面分析了北京市医改政策各项措施对药品费用/价格的影响。其次，主要就医保资金总额预付方式改革、“医药分开”改革、按病种分组付费改革和药品招标采购制度对药品价格管理的影响做了详细的研究。

一、总额预付方式改革对药品价格管理的影响

（一）总额预付方式改革的具体做法

《北京市公立医院改革试点方案》要求“积极推进医保付费制度改革，调动医院加强管理、控制费用、规范行为的积极性，提高医保基金使用效率”。根据试点方案要求，北京市从2011年下半年开始，在首都医科大学附属北京友谊医院、首都医科大学附属北京朝阳医院、首都医科大学附属北京同仁医院和北京积水潭医院等4家医院实行医保基金总额预付试点。2012年，在上述试点的基础上，对全市33家二级以上医院进行扩大试点。

医保资金总额预付方式改革的原则是“总额预算、定额管理、基金预付、结余奖励、超额分担”。医保基金预算管理指标是根据医保基金对定点医疗机构往年的支出水平，结合医保基金收支情况，给予适当增量后确定的。医保基金根据确定的总额指标向医院按月预付，定额指标内的节余全归医院，超额部分由医保基金和医院实行分担。考虑到目前仍在试点，对超过定额管理指标10%以内费用，医保基金支付92%，试点医院负担8%；超过定额管理指标10%以上费用，医保基金支付85%，试点医院负担15%。

另外，北京市人力资源和社会保障局建立了医保信息统计分析制度，便于及时了解掌握试点医院的情况，动态调整总额预付的管理指标。医保信息统计分析主要是对试点前后医保就诊人数、人次、费用结构、门诊和住院次均费用、药占比、参保人员医药费负担、基金支付变化情况等重点数据，逐日、逐周、逐月进行统计。

（二）总额预付方式改革的实施效果

通过改革试点，试点医院管理理念、医疗费用结构、医保基金支出、参保人员医药费用负担等方面出现积极变化。医保基金支出的增长速度得到了很好的控制。总额预付制的实施，使医疗成本降低，尤其是参保人员的就医负担明显减轻。

首先，医院转变了发展思路，加强提高内部管理的积极性，比如主动培训医师树立控费意识、强化抗生素使用管理、推广临床路径等。其次，试点医院统计期内普通门诊平均每人次开药2.56种，较上年同期降低13.6%。最后，2012年，33家总额预付试点医院药占比为56.9%，比2011年降低0.5%；非试点医院药占比为60.6%，比2011年提高了1.1%。

（三）总额预付方式改革对药品价格管理的影响

药品市场中，药品的决策者是医院（医师）、消费者是患者、药品费用的支付者是患者和医疗保险机构，药品的决策者、消费者及药品费用的支付者三者是分离的。一方面，第三方（医疗保险机构）的引入减少了药品决策者与消费者之间的信息不对称。因为医院（医师）与患者之间由于严重的信息不对称存在委托代理关系，而第三方（医疗保险机构）与医院（医师）存在多次信息交换，相比患者对医院（医师）的用药行为的了解具有优势，在与患者共同面对药品决策者时，减少了信息不对称，调节了委托人和代理人的不一致的目标利益。另一方面，第三方（医疗保险机构）的引入会增加消费者和药品决策者的道德风险。由于医疗保险机构承担部分或全部药品支付义务，使得消费者和医院（医师）滥用药物、大处方等现象加重，造成资源的浪费和药品费用的提高。

另外，由于在药品市场中存在着医院销售环节的药品加成、药品回扣、医院按项目付费下

对医师的不合理激励，而患者给医师的诊疗费较低，医师的薪酬福利较低，难以使医师体现自身价值，故也容易导致医师开贵药、大处方的行为。

医保资金总额预付方式改革改变了医院对医师不合理的激励机制，加强了医院对医师处方行为的自我监督，间接地增加了药品提供方（医院）节约药费的主观意愿。药品作为医院的成本而不是收益，代理人（医院）主动加强监督医师用药行为，促进规范用药，减少大处方、滥用药等现象，规避了医师的道德风险。并且由于改变了对医师的不合理的激励机制，促进了医院（医师）有效地代理患者的利益，强化了其委托代理关系，客观上抑制了患者医药费用的不合理上涨。但在药品市场中，仍然有不合理的激励存在（如药品加成、药品回扣），而且医师的自身劳动价值仍没有得到合理体现，医疗保险机构也缺乏对医院（医师）用药行为的监督。

医保资金总额预付方式改革的实施效果表明，试点医院门诊和住院次均费用、药占比、门诊平均每人次开药种类数和每种药给药天数都较上年同期有所降低。医院实施医保资金总额预付方式改革后，药品由医院收入主要来源转变为医疗成本，医院主动加强管理、控制成本，患者门诊次均负担显著下降，医院医疗费用和药品费用的结构发生了改变和调整，医师在替患者选择决定药品时，减少了大处方和滥用药等现象，降低了患者的药品费用。

基于上述理论分析和实施效果，医保资金总额预付方式改革能够降低药品费用。但是，药品仍由发改委定价，医保资金总额预付支付方式与以成本加成定价的方式没有形成密切联系，总额预付支付方式的改革在很大程度上将会降低医保患者对药品单价的敏感性，可能在一定程度上会为药品定价工作带来更为宽松的社会环境，比如对于零售价存在争议的一些应急事件可能会相应减少。

二、“医药分开”改革对药品价格管理的影响

（一）“医药分开”改革的具体做法

《北京市公立医院改革试点方案》要求，“取消以药补医，建立医事服务费制度，实现医药分开。”“改革医院补偿机制和运行机制。探索通过调整医疗服务价格、完善基本医疗保险基金支付方式、落实财政补助政策等多种有效途径，推进医药分开”。根据试点方案要求，北京市于2012年7月1日在首都医科大学附属北京友谊医院试点，2012年9月1日在首都医科大学附属北京朝阳医院试点，2012年12月1日在首都医科大学附属北京同仁医院、北京积水潭医院和首都医科大学附属北京天坛医院试点。

“医药分开”改革是把原来医院依靠药费、医疗收费和财政投入三个渠道，变成依靠医疗服务费用和财政投入两部分，是收入结构和利益机制的调整。按照总量平移的原则，设立医事服务费。医事服务费按医师职级确定，纳入医保报销范围。医保定额支付每人次40元，医保患者每人次个人支付标准为：普通门诊2元，副主任医师20元，主任医师40元，知名专家门诊60元。

（二）“医药分开”改革的实施效果

1. “医药分开”改革促进了合理用药 北京市的“医药分开”改革打破了试点医疗机构药品使用背后的利益驱动，政策对促进药品的合理使用起到积极作用，“医药分开”改革后，试点医院的月均处方不合格率降低，用药合理性大幅提高。采用试点医院改革后8个月的数据与改革前的数据进行自身同期对照，结果显示，试点医院药占比的同比降幅达到18.6%，说明剔

除取消 15% 加成带来的价格影响后，依然有约 6% 的药占比下降。改革前后试点医院患者门诊和住院次均药费均明显下降，同比下降幅度均为 26.3%，剔除 15% 的药品降价因素，仍然有 13% 以上的费用降幅。

2. “医药分开”改革减轻了患者负担　采用试点医院改革后 8 个月的数据与改革前的数据进行自身同期对照，结果显示，改革后门诊和住院患者均次费用均有所下降。进一步分析门诊患者和住院患者均次费用构成，结果显示，门诊和住院患者次均药费均明显下降，降幅为 26.3%，而其他医疗服务费用都有不同程度的上升。综合 5 家试点医院的医保数据，结果显示医保患者改革前后门诊和住院个人负担水平均有明显下降，其中门诊患者药费负担平均下降 24.7%，住院患者药品费用负担下降 28.4%。

3. “医药分开”改革对医院收益的影响　“医药分开”改革的实施，使医院的补偿机制从药品加成补偿转为医事服务费补偿。“医药分开”改革在试点医院实现了“收入平移”，且使得医院收入略有增加。不论是门诊还是住院收入中医事服务费的增收部分都基本弥补了药品费用的减少部分，并且试点医院的药占比与政策实施之前明显下降。

（三）“医药分开”改革对药品价格管理的影响

当前的药品价格是由政府制定最高零售限价，在政府指导价格范围内，通过成本加成和差比价规则制定药品的价格，由招标采购和市场决定实际零售价格，政府对流通环节的差价率（15% 的固定差价率）进行控制。

医院和医师作为药品供需双方的代理人。一方面，作为药品生产企业的代理人，会利用药品终端销售的垄断地位，降低生产企业的药品购进价格，获取较大的利润空间，与委托人（药品生产企业）的利益不一致。而且这种信息不对称极易引发医院（医师）的寻租行为，如处方费等。另一方面，患者对药品的消费需求一般是由医师决定的，在医院现有“以药补医”的补偿机制、医院对医师不合理的激励机制下，委托人（患者）给代理人（医院和医师）的激励（诊疗费）不能反映合理的医疗服务成本，再加上由于药品差异性和可替代性产生的药品生产企业的寻租激励，代理人（医院和医师）的利益与委托人（患者）的利益目标不一致，代理人就可能为了实现自身利益最大化而发生道德风险，给患者多开药、开高价药，获取利润补贴医疗服务成本。

新医改形势下，取消 15% 的药品加成使得医院“以药补医”补偿机制发生了根本的改变，取消了药品价格链末端的差价率。另一方面，通过设立医事服务费使得医师的服务价格大于其成本，体现了医师的劳务价值。促进了医院（医师）有效地代理患者的利益，强化了其委托代理关系，降低了患者的医药费用。因此，“医药分开”改革促使医院和医师进一步规范用药行为，降低药占比，提高用药合理性。但是由于药品的差异性和可替代性，取消药品加成并没有从根本上解除代理人（医院、医师）和药品生产企业之间的利益关系。只有代理人（医院和医师）与委托人（药品消费者）目标利益完全一致时，才能促使委托人有效地为代理人服务，促进形成合理的价格，降低药品费用。

“医药分开”改革试点医院的实施效果表明，“医药分开”改革降低了药占比、患者药品费用，提高了用药合理性，减轻了患者负担。同时，在一定程度上起到了降低了药品价格的作用。医事服务费制度的建立，使医院收益更多地体现在医疗服务的技术、水平、能力等方面，激励医院提高医疗服务质量和效率，保障公立医院规范、科学地发展。另外，医院从成本支出结构上看，医院的药品成本占比有所下降，一定程度上反映了医院以药品成本为抓手节约成本的情况，切断了医院收入与药品销售之间的利益关系。

基于上述理论分析和实施效果，“医药分开”改革能够降低药品费用。但是由于药品的差异性和可替代性，取消药品加成并没有从根本上解除代理人（医院、医师）和药品生产企业之间的利益关系。因此，需要进一步改革医院补偿机制，当医院的补偿机制和医师薪酬激励机制发生变化时，医院和医师在选择药品时会更多地从支付方（患者和医保部门）和患者的角度考虑药品的经济性，不再考虑药品回扣，减少权力寻租的机会。当药品不是获利的载体而是医疗成本时，提供方（医院）就会主动控制药品的消费，提高服务质量，最终降低药品的价格。而且从中国药品价格的形成角度来看，15%的加成在药品的价格构成中占比很少，而中间流通环节所占比重较大。因此，我们需要从其源头和中间环节着手，挤出药品价格中的水分，形成合理的价格。

三、按病种分组付费改革对药品价格管理的影响

《北京市公立医院改革试点方案》要求，“积极推进医保付费制度改革，调动医院加强管理、控制费用、规范行为的积极性，提高医保基金使用效率”。根据试点方案要求，北京市人力资源和社会保障局及时出台政策，并同时在首都医科大学附属北京友谊医院、首都医科大学附属北京朝阳医院、北京大学人民医院、北京大学第三医院、首都医科大学附属北京天坛医院和首都医科大学宣武医院进行按病种分组付费改革试点。

（一）按病种分组付费改革的具体做法

北京市人力资源和社会保障局、北京市卫生局、北京市财政局和北京市发展和改革委员会于2011年7月联合下发了《关于开展按病种分组（DRGs）付费试点工作的通知》（京人社医发〔2011〕207号），决定于2011年8月1日起在部分定点医院开展按病种分组（diagnosis related groups，DRGs）付费试点工作，通知对试点医院、病种范围、人员范围、病种分组付费标准、医疗保险基金和个人负担费用的支付和相关政策等做了要求。第一批试点医院为北京大学人民医院、北京大学第三医院、首都医科大学附属北京友谊医院、首都医科大学附属北京朝阳医院等六家。病种范围选取了108个病种组，并且报销时不再区分甲类和乙类。相关政策包括医保基金实行预付，药品耗材自主采购和严格控制自费费用。

2012年5月，北京市委办公厅、北京市人民政府办公厅联合印发《北京市公立医院改革试点方案》（京办发〔2012〕15号），要求建立医疗保险调节机制，推进按病种分组付费改革，规范医疗行为，合理控制医疗费用。

（二）按病种分组付费改革的实施效果

从2011年北京市6家医院启动DRGs试点工作至今已有2年多的时间，经过各试点医院的探索和实践，在控制医疗费用、规范医疗行为、减轻患者负担、提高医院效率等方面取得了一定的成效。

周瑞等研究了北京大学第三医院的实践情况，截止到2012年11月底，该医院共按DRGs付费方式结算8796人次，涉及100个病种组，涵盖了25个临床科室。医院在实施DRGs付费方式后，正常业务收入呈正增长状态，由于各病种分组的医疗费用支付标准是按照北京市2010年

医保定点三级医院诊治同一病种组社会平均成本所制定的，说明医保费用次均支付额并未增长，有效合理地控制了北京市的医保总费用。

魏俊丽等研究了北京友谊医院的实践情况，DRGs 是一种相对合理的医疗费用管理方法和相对客观的医疗质量评价方法。在试点 DRGs 的 2 年来，医务人员使用临床路径的积极性大大提高，医院也逐步将医疗质量、医保费用管理等指标纳入考核体系，同时结合临床路径检测医疗行为的规范性。该医院还在试点的基础上不断地进行 DRGs 标准化管理工作的探索。

（三）按病种分组付费改革对药品价格管理的影响

疾病诊断相关分组是专门用于医疗保险预付款制度的分类编码标准。DRGs 是根据临床诊断，考虑患者的年龄、手术与否、疾病严重程度和并发症等因素把具有某一方面相同特征的病人归为一组的病例组合方法，1976 年由美国耶鲁大学卫生研究中心 Mill 等人首先提出了第一代 DRGs。按诊断相关分组预付费（prospective payment system based on DRGs，DRGs-PPS）是指在 DRGs 病例分组的基础上，通过科学的测算制定出每个病例组的付费标准，并且按照此标准向医疗机构预先支付的方法。

药品市场中，药品的决策者、消费者及药品费用的支付者三者分离，分别是医院（医师）、患者和医疗保险机构。一方面，第三方（医疗保险机构）的引入减少了药品决策者与消费者之间的信息不对称，而第三方（医疗保险机构）与医院（医师）存在多次信息交换，相比患者对医院（医师）的用药行为的了解具有优势，在与患者共同面对药品决策者时，减少了信息不对称，调节了委托人和代理人的不一致的目标利益。另一方面，第三方（医疗保险机构）的引入会增加消费者和药品决策者的道德风险。医疗保险机构替消费者（患者）承担了部分或全部医药费用，使得消费者（患者）和医院（医师）滥用药物、大处方等现象加重，造成资源的浪费和药品费用的提高。

另外，由于在药品市场中存在着不合理的激励，如药品加成、药品回扣、医院按项目付费下对医师的不合理激励，而体现医师自身价值的诊疗费和薪酬较低，医师出于自身利益，也容易导致开贵药、大处方的行为。

按病种分组付费改革实际上相当于打包付费，每个患者根据其诊断分入不同的诊断组，并且有明确的付费标准。患者和医疗保险机构作为医药费用的支付者能够事先知道所付费用，药品决策者（医院和医师）在选择药品时，就会减少大处方和开贵药的行为，有利于规范医师用药行为，促进规范用药，减少大处方、滥用药等现象，规避了医师的道德风险。促进了医院（医师）有效地代理患者的利益，强化了其委托代理关系，客观上抑制了患者医药费用的不合理上涨。但在药品市场中，仍然有药品加成、药品回扣等不合理的激励存在，而且医师的自身劳动价值仍没有得到充分体现，医疗保险机构也缺乏对医院（医师）用药行为的监督。

北京大学第三医院和北京友谊医院的实施效果表明，按病种分组付费改革有效合理地控制了北京市的医保总费用，使医务人员使用临床路径的积极性大大提高。

基于上述分析，按病种分组付费改革能够降低药品费用。但是，药品仍由发改委定价，按病种分组付费支付方式与以成本加成定价的方式没有形成密切联系，该支付方式的改革在很大程度上将会促进医院和医师规范处方行为，提高合理用药，促进药品价格回归到合理的水平。

四、基本药物招标采购制度对药品价格管理的影响

（一）基本药物招标采购的具体做法

《北京市公立医院改革试点方案》要求，“完善安全规范的药品供应保障体系，贯彻落实国家基本药物制度。”根据北京市卫生局制定的《2012 年北京市基本药物集中采购工作方案》要求，药品招标采购采取公开招标，设定投标报价上限；集中议价或者直接挂网的方式；对基本药物招标实行双信封制，量价挂钩，并且参照全国最低中标价实行动态联动机制。

北京市在基本药物集中采购工作中对低价药品给予了单独考虑，2009 年的医疗机构药品集中采购工作方案和 2012 年的基本药物集中采购工作方案中都对低价药品的界定和招标方式做出了规定，但是两次对于低价药品的界定不同，2009 年药品集中采购工作方案对“低价药品”的界定：“注射剂每支政府最高零售价格 1.00 元以下（含 1.00 元）；片剂每片、胶囊每粒政府最高零售限价 0.10 元以下（含 0.10 元）的药品”；2012 年基本药物集中采购工作方案对“低价药品”的界定：“日使用费用（政府最高零售限价）在 3 元（含）以下的药品”。2012 年的招标工作方案要求，选中标（成交）候选品种时，对于低价药品只进行经济技术标评审，选择评审得分高的 3 个品牌中标。

（二）基本药物招标采购制度对药品价格管理的影响

2012 年，刘华等分析了北京市海淀区二级公立专科医院的药品采购情况，发现在集中招标采购模式中仍存在很多问题，如同一品种剂型多、规格多、价差大，医院采购药品“趋高不就低”等。究其原因主要是因为药品招标采购只有招标，没有集中采购，制药企业的药品想进入医院还需要进行“二次公关”和“协调”，导致现实中价格便宜效果好的药虽中标但未被医院和医师选择；医院采购药品时很大程度上依靠药事管理委员会专家的经验和集体讨论，为权力寻租留下了很大的操作空间；由于医疗卫生服务的信息不对称，医师出于对自己经济利益的考虑向患者提供不必要、不合理的医疗服务等。

在省级药品招标采购中，招标部门既是医院（医师）的采购代理人，又是药品生产企业的供应代理人，但不能完全代理这两个委托人（医院、药品生产企业）的利益诉求，药品招标部门的利益目标是通过降低药品价格来实现药品费用节省。由于招标部门对药品需求信息与医院（医师）存在信息不对称，对药品质量、疗效、安全性和成本等信息与药品生产企业存在信息不对称，这两种信息不对称现象极易产生道德风险和逆向选择问题。一方面，招标部门可能会因为药品生产企业不合理的激励，为了自身利益最大化确定招标品种，但不符合医院用药的需求，医师减少开处方，最终企业的药品市场份额减少，企业不再生产。另一方面，招标部门出于自身利益考虑，也有可能产生有质量风险的药品低价中标的逆向选择问题，由于企业中标后没有更多的利润空间而不再生产，最终在市场上消失。

由于存在对采购方的不合理激励，使得药品流通环节的费用增加，而这部分费用也将最终转嫁到药品的价格部分，增加患者的费用负担。现行的“唯低价中标”使药品的终端零售价格不断降低。本次基本药物招标在商务标以最低价评出拟中标品牌外，其余进入商务标评审的药品还要对经济技术标和商务标进行综合评定，有助于降低招标采购时出现逆向选择的风险，减少低价中标的现象。

《2012 年北京市基本药物采购方案》要求“在制定投标报价上限时，不允许高于在北京市

和其他省级药品集中采购中的全国现行中标价”，由于不同地区药品的生产、流通和使用成本存在很大差异，这样会导致全国统一价。“采购量仅以2011年北京市的基层医院的基本药物网上订购数量为参考”，说明本次基本药物采购未实现真正的“量价挂钩”。以上仅是对政策的理论分析，由于数据的保密性，我们刚刚获取了部分药品招标采购的数据，会进一步对数据进行分析研究。

对药品价格领域的相关专家访谈后，专家普遍认为招标采购和定价是互相协同的作用。招标采购应该能够发现药品市场的真实供求关系，而药品定价作为稳定招标价格的基础，招标采购的投标报价上限不高于政府制定的最高零售限价。

基于上述分析，北京市的基本药物招标采购模式，招标部门与医院（医师）、药品生产企业的委托代理关系可以降低唯低价药中标的逆向选择风险。但目前的基本药物招标采购模式下形成的价格难以体现药品真实的市场价值。只有调节药品招标采购部门与医院（医师）和药品生产企业的目标利益，才能促使委托人有效地为代理人服务，促使招标采购发挥其贴近真实供求关系的作用；促使质量优良、价格合理的药品的市场供给。

第四节　结论与政策建议

一、结论

（一）单纯的药品价格管制对控制药品费用没有显著意义

北京市医改试点医院的实施效果显示，患者的费用降低，就医负担减轻。而北京市价格管理部门在此期间并没有调整药品价格，因此，药品费用的节约不依赖于药品价格的调整。

试点医院的实施效果表明，在改革实施前后，患者的就医负担、医药费用、药占比显著下降。实施总额预付的几家医院门诊平均每人次开药种类数和每种药给药天数都较上年同期有所降低，2012年，33家试点医院药占比较2011年降低0.5%，而非试点医院的药占比较2011年提高了1.1%。实施“医药分开”改革的几家医院药占比的同比降幅达到18.6%，说明剔除取消15%加成带来的价格影响后，依然有约6%的药占比下降。试点医院的医药费用负担、药占比等指标显著下降，从另一个侧面反映了用药合理性的提升，医院加强主动管理的积极性提高。而在北京市医改期间，北京市发展和改革委并没有自主调整药品价格，仅仅通过调整医保支付方式、取消医院药品的销售加成、建立医事服务费制度等控制药品利用的方式，使得患者的就医负担、医药费用、药占比显著下降。孟庆跃等研究了两家医院的脑梗死患者的药品费用、药品使用和种类等，发现控制药品利用是费用控制的关键，单纯的价格控制没有显著意义。因此，药品费用的节约不仅仅依赖于药品价格的调整，更多地与药品利用（使用量和用药结构）有关。

（二）北京市医改政策尚未对药品价格管理带来压力

目前，北京市医改当前的热点问题与药品价格调整的关系并不显著，北京的医改形势尚未对药品价格管理带来政策性压力，仅仅是使各方对药品价格的敏感性降低。试点医院的实施效果表明，“医药分开”改革规范了医院的诊疗行为，通过建立医事服务费，使医院收益更多地体现在医疗服务的技术、水平、能力等方面。

1. 促进了临床合理用药 医药分开改革打破了试点医疗机构药品使用背后的利益驱动，试点医院的处方点评合率提高、药占比显著降低、人均药品费用显著下降。

2. 减轻了患者负担 试点医院的门诊和住院患者均次费用降低，医保患者改革前后门诊和住院患者个人负担水平明显下降，其中药品费用负担降幅明显。

根据理论分析和实证研究，“医药分开”使医院“以药补医”补偿机制发生了根本的改变，取消了药品价格链末端的差价率。但由于药品的差异性和可替代性，并没有从根本上解除代理人（医院、医师）和药品生产企业之间的利益关系。只有代理人（医院和医师）与委托人（药品消费者）目标利益完全一致时，才能促使委托人有效地为代理人服务，促进形成合理的价格，降低药品费用。

目前北京市实行的“医药分开”改革主要是指“取消药品加成、设立医事服务费”，与一些发达国家和地区普遍实行的“医药分业”不同。美国、德国、日本和中国台湾地区实行的“医药分业”是指医院不设门诊药房，仅保留住院药房和急诊药房。门诊患者在医师开具处方后，自行到药店购买药物。这种制度避免了医师与药品生产企业的利益关系，减少了大处方问题，而且对于形成合理的药品价格有重要的意义。

试点医院的实施效果表明，医保资金总额预付方式改革使试点医院在管理理念、医疗费用结构、医保基金支出、参保人员医药费用负担等方面出现了积极变化。

3. 医保基金支出增长的速度得到控制 医保资金总额预付方式改革对医疗机构的激励与约束作用初步显现。

4. 医院内部管理得到加强，医疗收益率得到提升 医保资金总额预付方式改革后，促使医院转变发展思路，调动其加强内部管理的主动性。试点医院门诊和住院次均费用同比均显著下降。

5. 医疗成本有所降低，参保人员就医负担明显减轻 根据理论分析和实证研究，医保资金总额预付方式改革改变了医院对医师不合理的激励机制，加强了医院对医师处方行为的自我监督，间接地增加了药品提供方（医院）节约药费的主观意愿。药品作为医院的成本而不是收益，代理人（医院）主动加强监督医师用药行为，促进规范用药，减少大处方、滥用药等现象，规避了医师的道德风险。但是，在医保资金总额预付方式改革下，药品仍由发改委定价。总额预付支付方式与以成本加成定价的方式没有形成密切联系，支付方式的改革在很大程度上将会降低医保患者对药品单价的敏感性，可能在一定程度上会为药品定价工作带来更为宽松的社会环境。

6. 按病种分组付费改革 经过各试点医院的探索和实践，按病种分组付费制度在控制医疗费用、规范医疗行为、减轻患者负担、提高医院效率等方面取得了一定的成效。北京大学第三医院和北京友谊医院的实践情况表明，DRGs是一种相对合理的医疗费用管理方法和相对客观的医疗质量评价方法。医院在实施DRGs付费方式后，正常业务收入呈正增长状态，医务人员使用临床路径的积极性大大提高，医院的考核体系也更注重医疗服务质量和医保费用的管理。

国外研究表明，DRGs不仅兼顾了医疗保险部门、医院及患者的各方利益，而且平衡了医疗质量与费用。DRGs 实施后，提高了医疗机构的自主管理水平，降低了患者的平均住院天数；减轻了患者负担，增加了患者额的满意度；提高了医保经办机构管理水平。DRGs 付费方式有助于医院推行临床路径管理，规范诊疗行为；有助于加强医院内部管理，缩短平均住院日。一方面增加医院收益，另一方面也可以进一步缓解“看病难、住院难”等问题。

根据理论分析，按病种支付方式改革实际上相当于打包付费，每个患者根据其诊断分入不同的诊断组，并且有明确的付费标准。患者和医疗保险机构作为医药费用的支付者能够事先知道所付费用，药品决策者（医院和医师）在选择药品时，就会减少大处方和开贵药的行为，有利于规范医师用药行为，规避了医师的道德风险。促进了医院（医师）有效地代理患者的利益，强化了其委托代理关系，客观上抑制了患者医药费用的不合理上涨。但是，在按病种分组付费改革下，药品仍由发改委定价。按病种支付方式与以成本加成定价的方式没有形成密切联系，支付方式的改革在很大程度上将会促进医院和医师规范处方行为，提高合理用药，促进药品价格回归到合理的水平。

（三）招标采购在药品价格管理中具有重要作用

现行的基本药物招标采购模式有助于降低逆向选择的风险，但并不利于发现药品的真实供求关系，且未实现真正的“量价挂钩”。

《2012 年北京市基本药物采购方案》要求在制定投标报价上限时，不允许高于在北京市和其他省级药品集中采购中的全国现行中标价。这样并不利于发现药品的真实供求关系，而会导致全国统一价，因为不同地区药品的生产、流通和使用成本存在很大差异，最终使招标采购失去与定价的协同作用。本次的基本药物采购方案在评标环节加大了对质量和品牌的权重，有助于降低招标采购时出现逆向选择的风险，减少低价中标的现象。采购量仅以 2011 年北京市的基层医院的基本药物网上订购数量为参考，未实现真正的“量价挂钩”。

基于理论分析，招标部门与医院（医师）和药品生产企业之间均存在信息不对称，这两种信息不对称现象极易产生道德风险和逆向选择问题。而且，这两种信息不对称现象产生了两个委托代理关系，招标部门既是医院（医师）的采购代理人，又是药品生产企业的供应代理人，但不能完全代理这两个委托人（医院、药品生产企业）的利益诉求，药品招标部门的利益目标是通过降低药品价格来实现药品费用节省。

北京市的基本药物招标采购模式，招标部门与医院（医师）、药品生产企业的委托代理关系可以降低唯低价药中标的逆向选择风险。但由于存在对采购方的不合理激励，使得药品流通环节的费用增加，而这部分费用也将最终转嫁到药品的价格部分，增加患者的费用负担。因此，目前的基本药物招标采购模式下形成的价格难以体现药品真实的市场价值。

二、政策建议

药品价格与人们的生命健康和企业的利润水平和长远发展息息相关。药品价格管理既有控制药品费用、保障药品可及性等卫生政策的一面，同时也有促进产业发展、鼓励创新，实现产业政策的一面。总结发达国家的药品价格管理政策，发现有以下特点：药品占卫生总费用的比例低；药品价格管理的重点是处方药和医保目录内的药品；药品价格是由相关各方的市场影响力综合决定的；在关注对药物创新保护的同时，鼓励仿制药品价格竞争。目前，北京的医改形势尚未对药品价格管理带来政策性压力，仅仅是使各方对药品价格的敏感性降低。基于上述理论分析、专家访谈意见和试点医院的实证分析，得出如下建议。

（一）制定科学合理的定价方法

中国的药品价格形成机制主要是成本加成，是指通过政府核查药品定价成本的基础上，根据目标利润率确定药品的价格。药品定价成本是指政府价格主管部门制定价格所依据的合理成本，是企业生产或者经营同种药品的社会平均合理费用支出。因此成本是药品价格制定的核心和唯一的重要依据。在信息严重不对称的医疗和药品市场领域，成本的考量成为药品价格管制机构制定价格的重要制约因素。

综述国际上主要国家和地区的药品定价方法主要包括：政府定价、利润控制、比较定价、参考定价和自由定价。法国和日本等国家主要采用政府定价的方法，对新药的定价及上市药品价格的上涨均进行严格的管制。英国模式主要采用利润控制的定价策略，政府允许制药企业自主定价，但是将企业的利润控制在合理的范围内（17% ~21%）。德国等国家采用的参考定价体系，是欧洲各国常用于制定医疗保险中药品报销标准的一种方法，通过为一组疗效相同或相近的药品设定一个参考价格，促使制药企业逐步削减高于参考价格的那部分药品价格。澳大利亚参考药物经济学评价对药品定价，既符合市场经济的规律，也更体现了药品成本效益性价比。此外，还有欧盟主要成员国采取的国际比较定价和美国采用的自由定价。由于各个国家的国情及体制环境的差异，因此选择的价格控制手段也不尽相同。

发达国家药品价格管理的经验表明，参考定价对于降低药品价格、节省药品开支和对其他卫生服务影响等方面有显著效果。我们建议北京市的药品定价方法应该在结合现有的定价权限和范围内，借鉴国际经验及结合十八届三中全会的精神，更好地发挥药品市场的竞争作用，引入参考定价的方法，在药品成本定价的基础上科学合理地制定参考价格（基准价），试点实施支付指导价的管控方式。让制药企业可以自主决定药品价格，展开药品价格的竞争，而医疗保险机构只为患者支付每种药品的参考价格，超出参考价格的部分由患者自付，通过超出部分人群的需求弹性反过来抑制药品的价格。

参考价格管控模式需要在物价、医保、医学、药学等相关领域专家的共同参与下，利用医学专业知识，结合物价部门的价格管理经验，充分发挥医保部门对医院（医师）用药行为的监督作用和临床药学人员的促进合理用药的作用，在调研企业的合理成本的基础上确定参考价格。

（二）加强药品价格的监督制度

我们建议加强药品价格的监督机制，提高制定药品价格的信息透明度。及时公布药品成本信息审核、药品价格审批、协商等各环节的信息，提高政府监管的透明度，给予公众应有的知情权，除去涉及商业秘密的资料外，其他所有信息均公布在网上，接受社会的监督。另外，根据《价格法》的要求，建立有效的政府定价中的成本调查和审核制度。由于定价品种与价格主管部门现有人员数量的不匹配，往往很难掌握企业的真实成本，而规范的药品成本调查和审核行为是科学制定药品价格的基础。成本和价格审核时应汇集医学、药学、药品质量、物价、医保等相关领域的专家集体讨论和审议。最后，仍需要加强对政府定价品种的市场抽查工作，了解政府定价品种价格调整的执行情况、医疗机构销售药品和药店销售药品的价格间关系等情况。

（三）发挥招标采购与定价的协同作用，合理调整最高零售价

根据专家访谈结果可知，药品的政府指导价属于一种上限控制标准，招标得到的是实际成交价格，将招标价格与药品政府指导价之间比较是没有统计学意义的。招标采购在药品价格的形成过程中扮演着重要角色，更多的是相互促进、相互协同的关系，即招标采购能够帮助药品定价更加贴近真实的供求关系，而政府定价也有助于稳定招标价格的基础，招标的实际成交价也都是在政府定价的基础上以此为价格杠杆下调的。我们建议在药品价格制定过程中，应进一步发挥招标采购与定价的协同作用。

中国香港药品采购的价格普遍比市场低60%，医院管理局采购药品时，按照采购金额分成3条采购途径。评审时遵循价格最低原则，但如果已经制定了评分标准，则按评分结果选择分数最高的中标。如果不是价格最低者或分数最高者中标，则需要把与中标者价格或分数相近的共3份标书一起提交到中央投标委员会。中国香港经验表明，对药品分类采购、设立专业部门负责药品招标采购、客观公平的评审标准对发挥招标对于发现药品市场的真实供求关系有很大作用。

建议药品招标部门在实施药品采购时，在评审环节加大对药品质量、品牌等因素的权重，建立客观公平的评审标准，不能唯低价是取，降低逆向选择的风险。

建议药品采购应实现真正的“量价挂钩”，如美国的药品采购一样随着医院采购量的增加，价格折扣量增大。在制定投标报价上限时，首先要充分考虑北京市药品的生产、流通和使用的成本，结合其他省级药品集中采购中的全国现行中标价情况，以体现药品的真实供求关系、平衡各地区的药品价格水平为原则，制定投标报价上限。使招标采购发挥与药品定价的协同作用。

建议价格主管部门应通过专项调查与日常监测相结合，及时了解药品的招标价格、医院的实际购销价格、药品零售市场的价格和药品经营成本等资料，另外还需要了解周边地区的药品价格、原料药市场价格变化情况等信息。汇总分析这些数据，与周边地区的药品市场价格平衡协调，通过专家评审、集体审议后制定价格调整的方案。对于北京市价格管理权限范围的OTC药品，由于“医药分开”改革，试点医院药品取消了零售环节15%的终端构成，我们在药品价格调整方案制定的同时，应协调好这部分药品在医院和药店之间的销售价格。

（四）发挥医疗保险机构对医师用药行为的监督作用

北京市医改期间，患者的就医负担、医药费用、药占比显著下降。而北京市发展和改革委并没有自主调整药品价格，仅仅通过调整医保支付方式、取消医院药品的销售加成、建立医事服务费制度等控制药品利用的方式。

“医药分开”改革使医院“以药补医”补偿机制发生了根本的改变，取消了药品价格链末端的差价率。但由于药品的差异性和可替代性，并没有从根本上解除代理人（医院、医师）和药品生产企业之间的利益关系。而第三方（医疗保险机构）的引入减少了药品决策者与消费者之间的信息不对称，因为医疗保险机构与医院（医师）存在多次信息交换，相比患者对医院（医师）用药行为的了解具有优势。但是医疗保险机构的引入会增加消费者和药品决策者的道德风险，造成资源的浪费和药品费用的提高。

因此，我们建议进一步改革医院补偿机制，通过试点医保资金总额预付方式改革和按病种分组付费改革，改变医院对医师不合理的激励机制，加强医院对医师处方行为的自我监督。当药品从收益变为成本时，医院的收入结构就会调整，药品收入占医院收入的比例将降低。医院和医师也会在选择决定药品时更多地从患者的角度考虑药品的经济性，不再考虑药品回扣，减少权力寻租的机会。

建议发挥医疗保险机构对医院（医师）用药行为的监督作用，完善患者医疗服务信息系统建设。因为在药品市场中，医疗保险机构与患者共同承担药品费用，而医疗保险机构由于与医院有多次的用药信息交换，比患者对医院（医师）的用药信息更具有信息优势。医疗保险机构在监督医院用药行为时，可以充分调动和发挥医院临床药师促进医师合理用药的作用。最终使得医院主动控制药品的消费，提高服务质量，最终降低药品的价格。

（五）重视对低价药品的价格管理

英国对品牌药品和非专利药品的价格管理都引入了市场竞争机制，竞争机制是保障政府药品价格管理绩效的基础。我们建议在北京市现有定价权限和方法的基础上，根据十八届三中全会的精神，结合具体情况，试点实施低价药品价格管理模式，促进制药企业之间的竞争，充分发挥药品市场的竞争机制形成合理的价格。

低价药品的价格管理政策表明，价格管理不仅需要政府管控，仍需要引入市场之手促进药品市场的良性竞争，形成合理的药品价格，减轻患者的费用负担。2012 年的北京市医疗机构基本药物集中采购工作方案中界定了“低价药品”，将日使用费用（政府最高零售限价）在 3 元（含）以下的药品纳入《低价药品目录》。并且要求遴选中标（成交）候选品种时，对于低价药品只进行经济技术标评审，选择评审得分高的 3 个品牌中标。

我们建议在现有低价药品招标政策的基础上，根据《关于做好常用低价药品供应保障工作的意见》[国卫药政发（2014）14 号]的要求，结合北京市实际情况，重视对低价药品的价格管理，引入市场竞争机制。根据国家发展改革委制定的日均费用标准，遴选本市的低价药品，确定本市定价范围内的低价药品清单。

对本市确定的低价药品，取消原政府制定的最高零售价格，改为控制日平均使用费用上限标准，由生产企业根据药品生产成本和市场供求状况自主定价。并且制定相关配套措施：规定日费用标准和具体品种的调整周期；做好低价药品的出厂（口岸）价格的调查工作；制定低价药品招标和医保报销的扶持政策，比如将现有的医疗机构招标采购目录中的药品与低价药品定价目录药品衔接，在采购中区分低价药品等；提高低价药品的医保报销比例，医院加强对医师使用低价药品的正向激励等。最终保障低价药品的供应。

第六章 广东五年医药价格改革实践影响研究

摘 要

目的：本研究旨在系统分析评估广东省近五年医药价格改革政策，如药品差别定价、药品价格“三控”管理、低价药保护、平价药品商店建设等政策，以及公立医院补偿机制的改革的执行情况、实施效果；论述当前医药卫生体制改革背景下，广东五年来的医药价格改革政策对构建科学合理的药品价格管理机制产生的影响，通过评估结果发现并挖掘改革存在的问题和不足，建议相关部门对未来改革进行相应的调整，明确下一步医药价格改革方向和实施路径。

方法与内容：通过参考广东省药品价格“三控”管理政策调研报告及对其调研数据进行进一步统计分析，评估“控制药品流通差率”实施效果；通过广东省医药价格改革相关课题报告（《药品差别定价政策评估研究》《药品平价商店建设研究》等）及广东省物价局等相关政府部门的工作报告和数据评估相关政策实施效果；通过中国高技术产业统计年鉴获取广东省近年来医药制药企业生产、经营、研发投入等数据进行统计分析。

结果：本文将收集到的2013年每类药品销售额前50名的中标价格与2008年的中标价格作比较，对五大类药品中价格上升幅度和品种数，价格持平品种数，以及价格下降幅度和品种数进行统计分析，结果表明：①五大类药品销售额前50的药品中，超过半数的药品价格是下降的，其中抗微生物类药物的中位降幅最大，接近20%；②有10%～25%的药品价格保持不变；10%～30%的药品价格是上升的，中位升幅都在5%以内。本文分析医院用药结构变化情况，结果显示：2011年1～7月，对于价格区间为“10元以下”“40.01～200元”“600.01～2000元”和“2000元以上”的药品，其销售额所占比例变化不大；而价格区间为“10.01～40元”的药品销售额所占比例至少比2010年增加10%，价格区间为“200.01～600元”的药品销售额所占比例比2010年减少超过60%。同时，广东省物价局公益事业价格管理处工作报告指出：2011年广东省非营利性医疗机构40元以下的低价药目录采购的金额上升了14.6%，200.01～600元的中档位的药价采购的金额下降了14.5%，600.01～2000元比较高的高价药价区药品采购的金额下降了6.5%。

讨论与结论：医药价格改革试点政策在制定时着重关注现有问题，而地区间经济社会文化环境的不同，往往会使政策实施效果存在较大差异。改革从试点到大范围推广是一个不断修正和完善的过程，因此在改革试点运行一段时间后应当进一步收集试点地区的相关数据，评估试点地区的实施效果，分析各地区试点实施效果差异及其原因。在修正改革措施时可以对这些分析报告进行充分论证，根据实际情况适当予以采纳。例如，在药品价格“三控”管理改革措施中可考虑通过设定“综合加价率”和“地区差价”等，增加其操作性。

广东省应当在充分收集全省各地区试点运行数据的基础上，全面系统评估试点成果，将相关报告和数据提交国家相关部门，建议国家在指导、总结和完善广东省试点取得经验的基础上，适时将医药价格改革措施向全国推广，减少因政策实施的地区差异对政策实施效果的弱化；应当加强省级政府对相关部门进行协调，使得卫生、医保、药监和价格等政府职能部门之间有效联动，在制定医药价格、医保政策、药品招标等政策时高度衔接，促进各政府职能部门在政策实施及监管过程中充分沟通、有效合作，构建企业公平竞争的市场环境。

第一节 数据来源

通过 CNKI、万方、维普等数据库进行全库检索“医疗服务价格”“药品价格”“医药价格”“医疗服务价格改革”“药品价格改革”“医药价格改革”“医疗服务价格管理”“药品价格管理”“医药价格管理”等相关文献资料；通过百度、Google 等网络引擎搜集媒体报道、相关评论；通过政府医药卫生和价格部门及相关协会（如国家发展和改革委员会、广东省发展和改革委员会、广东省价格信息网、中国医药价格协会等）官方网站查阅医药价格管理的相关法律、法规制度及医药价格改革的相关进度；通过中国卫生统计年鉴、中国医药发展蓝皮书、中国高技术产业统计年鉴资料等获取相关统计数据。

第二节 研究方法

通过参考广东省药品价格“三控”管理政策调研报告及对其调研数据进行进一步统计分析，评估“控制药品流通差率”实施效果；通过广东省医药价格改革相关课题报告（《药品差别定价政策评估研究》《药品平价商店建设研究》等）及广东省物价局等相关政府部门的工作报告和数据评估相关政策实施效果；通过中国高技术产业统计年鉴获取广东省近年来医药制药企业生产、经营、研发投入等数据进行统计分析。

一、拉氏价格指数

拉氏价格指数是德国学者拉斯尔斯（Laspeyres）提出的用基期数量加权计算的价格指数，其公式为：$K = \frac{\sum P_1 Q_0}{\sum P_0 Q_0}$。

我们以药品的拉氏价格指数为例来说明这一公式中的每一项。以第一年作为基期，P0 代表第一年相应品种药品的价格；Q0 代表第一年相应品种药品的交易数量；P1 代表所计算年份相应品种药品的价格；Q1 代表所计算年份相应品种药品的交易数量；K 即为所计算年份药品价格相对基期药品价格的拉氏价格指数。

拉氏指数的优点是用基期数量作权数可以消除权数变动对指数的影响，从而使不同时期的价格指数具有可比性。但这一指数也有明显的缺陷，它是假定销售量不变的情况下报告期价格的变动水平，这一指数尽管可以单纯反映价格的变动水平，但不能反映数量的变动，特别是不能反映数量结构的变动。

二、限定日剂量

限定日剂量（defined daily dose，DDD）是指药物应用于成人的主要适应证的每人每天平均剂量，是人为设定的尽量接近实际情况的某药品日平均剂量。

三、医疗服务价格

医疗服务价格可以从狭义和广义两个方面来解释：从狭义来看，医疗服务价格是医疗机构为患者服务的医疗服务项目收费标准，其中包括门诊、检查、治疗、住院、手术项目等的收费价格，与药品价格一同构成了患者的医疗费用；从广义来看，医疗服务价格是指医疗服务机构向服务对象收取的全部医疗费用，包括药品费、检查诊断治疗费和住院床位费等。

第三节　研究结果

一、控制药品价格水平

为评估广东五年医药价格改革对药品价格水平的影响，本文收集广东省市场份额排名前列的五大类药品在2008～2013年的中标价格及采购数量进行统计分析，其中每类药品选取销售额前50的药品作为代表。

（一）药品价格指数分析

本研究以2008年作为基期，通过计算药品中标价格的拉氏价格指数进行分析，结果表明：改革后，抗微生物类药物、抗肿瘤类药物、消化系统药物价格呈逐步下降趋势；神经系统药物和循环系统药物价格整体比2008稍高，价格指数上下波动不显著。详细情况如表6-1所示。

由此可见，广东五年医药价格改革在降低整体药品价格上颇有成效，尤其是使得用量排名前列的三类药品（抗微生物类药物、抗肿瘤类药物和消化系统药物）价格逐年下降。

表6-1　2008～2013年广东省市场份额排名前列的五大类药品的拉氏价格指数

年份 药物类别	2008年	2009年	2010年	2011年	2012年	2013年
抗微生物类药物	1.000	0.932	0.935	0.881	0.861	0.839
抗肿瘤类药物	1.000	0.981	0.978	0.978	0.964	0.935
神经系统药物	1.000	1.014	1.025	1.034	1.035	1.012
消化系统药物	1.000	0.950	0.949	0.944	0.926	0.894
循环系统药物	1.000	1.166	1.165	1.161	1.167	1.159

（二）药品价格具体变化

本文将收集到的2013年每类药品销售额前50名的中标价格与2008年的中标价格作比较，对五大类药品中价格上升幅度和品种数，价格持平品种数，以及价格下降幅度和品种数进行统计分析，结果表明：五大类药品销售额前50的药品中，超过半数的药品价格是下降的，其中抗微生物类药物的中位降幅最大，接近20%；有10%～25%的药品价格保持不变；10%～30%的药品价格是上升的，中位升幅都在5%以内。详细情况如表6-2所示。

由此可见，广东五年医药价格改革使得用量较大的药品中绝大多数药品价格下降，有助于把患者药品费用支出控制在更加合理的水平。

表6-2 药品价格变化情况表

变化	项目	抗微生物类药物	抗肿瘤类药物	神经系统药物	消化系统药物	循环系统药物
上升	最小升幅	0.0155%	0.0046%	0.0006%	0.0005%	0.0032%
	Q1	0.0573%	0.1553%	0.0045%	0.2676%	0.2097%
	Q2	3.9126%	1.6089%	0.0399%	0.9273%	1.5867%
	Q3	3.9766%	4.2056%	2.1198%	3.5557%	8.8961%
	最大升幅	48.5285%	15.4313%	15.3836%	12.4278%	16.1054%
	品种数	5	12	9	13	14
不变	品种数	6	8	12	3	5
下降	最小降幅	0.0165%	0.0036%	0.0258%	0.0049%	0.4878%
	Q1	6.0124%	4.9915%	2.8263%	1.3372%	5.0798%
	Q2	18.3475%	9.2841%	7.8622%	5.3641%	11.5270%
	Q3	27.4897%	18.2458%	9.6952%	20.6968%	24.4833%
	最大降幅	78.1781%	46.7640%	61.8534%	80.0002%	90.4757%
	品种数	39	30	29	34	31

二、降低药品流通差率

为评估广东五年医药价格改革在控制药品流通差率以达到改变用药结构、降低医药费用和减轻患者负担等方面的作用，本文参考《广东省药品价格“三控”管理政策调研报告》相关结果及对其调研数据进行进一步统计分析。

（一）对患者药品费用负担的影响

《广东省药品价格“三控”管理政策调研报告》指出：2010年9月～2011年9月广东省物价局按“三控”规定的差价率降低了全省医疗机构约4400个高价区的药品临时零售价格，降幅2%～12%；批发环节的平均加价率减少5%～20%。

此外，本文利用广东省医疗机构2010年1月～2011年7月网上采购药品收入变化的数据进行统计，分析医院用药结构变化情况。由于广东省物价局在2010年8月18日发布通知，决定对药品价格实施“三控”管理，因此对于2010年的数据，本文采用模拟场景对该年数据分别按照“三控”前差率和“三控”后差率进行统计分析；2011年1～7月这段时间已经实施“三控”管理，因此按“三控”后差率进行相关的统计分析。

结果表明：对2010年的数据按“三控”前差率和按“三控”后差率计算，各个价格区间药品销售额所占比例变化不大；对2010年数据按照“三控”前差率和“三控”后差率分别计算医疗机构药品的整体差率，结果也十分接近，分别为14.7%和14.8%；2011年1~7月的数据显示，实施药品价格“三控”管理后，对于价格区间为“10元以下”、“40.01~200元”、“600.01~2000元”和“2000元以上”的药品，其销售额所占比例变化不大；而价格区间为“10.01~40元”的药品销售额所占比例至少比2010年增加10%，价格区间为“200.01~600元”的药品销售额所占比例比2010年减少超过60%。详细情况如表6-3所示。

由此可见，医药价格改革尤其是药品价格“三控”管理在减轻患者药品费用负担中发挥出如下作用：降低高价区药品零售价格；有效降低批发环节加价率；促进医院优先采购和使用价格较低的品种，同时减少采购和使用价格较高的品种，从而达到降低医药费用和减轻患者负担的效果。

表6-3　广东省医疗机构网上采购药品收入变化情况调查表

价格区间	2010年1~12月			2011年1~7月	
	三控前差率	按三控前差率计算，占全部销售额比例	三控后差率	按三控后差率计算，占全部销售额比例	占全部销售额比例（已实施三控）
10元以下	顺加15%	6.8%	顺加25%	7.2%	7.7%
10.01~40元	顺加15%	34.1%	顺加15%+1	35.2%	47.8%
40.01~200元	顺加15%	36.7%	顺加10%+3	36.3%	33.6%
200.01~600元	顺加15%	18.3%	顺加8%+5	17.5%	6.1%
600.01~2000元	顺加15%	3.2%	顺加6%+15	3.0%	3.0%
2000元以上	顺加15%	0.9%	顺加135	0.8%	1.8%
合计	14.7%	100%	14.8%	100%	100%

（二）对医疗机构的影响

正如上文所述，本文利用广东省医疗机构2010年1月~2011年7月网上采购药品收入变化的数据进行统计，分析医院用药结构变化情况，结果显示：2011年1~7月，对于价格区间为“10元以下”“40.01~200元”“600.01~2000元”和“2000元以上”的药品，其销售额所占比例变化不大；而价格区间为“10.01~40元”的药品销售额所占比例至少比2010年增加10%，价格区间为“200.01~600元”的药品销售额所占比例比2010年减少超过60%。详细情况如表6-3所示。同时，广东省物价局公益事业价格管理处工作报告指出：2011年广东省非营利性医疗机构40元以下的低价药目录采购的金额上升了14.6%，200.01~600元的中档位的药价采购的金额下降了14.5%，600.01~2000元比较高的高价药价区药品采购的金额下降了6.5%。

此外，《广东省药品价格“三控”管理政策调研报告》利用广东省四家不同类型的三级医院2010年9月至2011年3月药品收入数据进行统计分析，结果显示：医疗机构药品收入变化随着用药结构的不同有一定的区别，对兼有高、中、低价位药品的综合性医院，药品收入将略有增长，如省人民医院将增加512万元、祈福医院增加24万元、白云区人民医院增加68万元；而以高价位药品销售为主的大型综合性医院或肿瘤医院等，药品收入将会有一定的减少，如中山肿瘤医院测算2010年9月~2011年3月药品收入将会减少722万元。上述四家医疗机构2010年9月~2011年3月药品收入，比实施“三控”政策前共减少117.04万元。详细情况如表6-4所示。

表6-4 医疗机构实行“三控”管理前后药品收入变化情况表 （单位：万元）

差率执行情况	2010年9月~2011年3月“三控”政策实施前药品销售额	2010年9月~2011年3月本标期部分差率调整后药品销售总额	2010年9月~2011年3月差率全部调整后药品销售额
中医药大学附属祈福医院	3293.86	3267.33	3318.28
中山大学附属肿瘤医院	27 573.57	26 746.97	26 851.23
省人民医院	66 079.73	64 736.50	66 592.26
白云区医院	2418.06	2419.07	2486.40
合计	99 365.22	97 169.86	99 248.18
比实施“三控”政策前减少额	–	2195.36	117.04

综上所述，医药价格改革尤其是药品价格“三控”管理对医疗机构有如下作用：促进医疗机构优先采购和使用价格较低的品种，同时减少采购和使用价格较高的品种；医疗机构药品收入变化随着用药结构的不同有一定的区别，对兼有高、中、低价位药品的综合性医院，药品收入将略有增长；而以高价位药品销售为主的大型综合性医院或肿瘤医院等，药品收入将会有一定的减少。

（三）对社会零售药店的影响

《广东省药品价格“三控”管理政策调研报告》利用广东省21个地（市）共280家基层零售药店和21家大型连锁药店的社会零售药店药品购销价格调查数据进行统计分析，结果表明：相同价区药品在基层零售药店的购销差率略低于大型连锁药店，总体上零售药店药品单价在10元/支及以下药品购销差率为25.72%，单价10.01~40元/支购销差率为12.28%，单价40.01~200元/支购销差率为8.91%，全部品种平均购销差率为24.75%。详细情况如表6-5所示。

此外，《广东省药品价格“三控”管理政策调研报告》指出：广东省16家大型连锁零售药店座谈会上，零售商反映，由于市场竞争激烈，低价区的药品往往难以实现“三控”政策设定的最高加价率，“三控”政策对高价区的药品价格作用更加明显，未能达到“以低补高”的效果。目前社会零售药店经营的药品将近50%是政府定价药品，行业毛利在经济发达地区需要35%左右，在欠发达地区需要25%左右，由于受租金增长及社区医疗的影响，“三控”政策的实施，对药品零售业也带来一定压力。

表 6-5　社会零售药店政府定价药品价格差率

价格区间	零售药店差价率（额）	数据来源	差率（%）
10 元以下	35%	基层零售药店基药数据	13.95
		大型连锁药店数据	51.68
		合计	25.72
10.01～40 元	30% +0.5	基层零售药店基药数据	11.57
		大型连锁药店数据	13.64
		合计	12.28
40.01～200 元	20% +4.5	基层零售药店基药数据	10.05
		大型连锁药店数据	8.50
		合计	8.91
200.01～600 元	10% +14.5	基层零售药店基药数据	–
		大型连锁药店数据	35.08
		合计	–
600.01～2000 元	8% +24.5	基层零售药店基药数据	–
		大型连锁药店数据	10.22
		合计	–
合计	–	–	17.18
大型连锁药店平均购销差率	–	–	24.75

（四）对药品流通配送企业的影响

《广东省药品价格“三控”管理政策调研报告》指出：广州九州通医药有限公司等以普药为主要的经销企业较拥护药品“三控”政策，而广东中健医药、济生堂药业等以中高价药为主及承担临床推广的经销企业，因影响较大，则反映流通加价率偏低。

同时，《报告》还指出：“三控”政策实施后，对外省产品影响较大，而对本省产品影响较小，但尚未出现因政策影响更换经销品种及异地开票等现象。2010 年全省网上采购的药品共 18 948 个，其中属于外省生产的产品 16 308 个，占了全省药品销售品种总数的 86%，本省产品只有 2640 个，占总数的 14%（配送额为 47.2 亿元）。调查数据显示：政策实施后，全省药品交易品种数没有变化，且本省产品和外省产品采购额占比变化很小，影响税收甚微。详细情况如表 6-6 所示。

此外，根据广东省物价局公益事业价格管理处工作报告，广东省 100 多个品种数十亿元的药品，由“底价包销”模式转为流通环节较少的“自主销售”和“佣金代理”模式，加速推进医药企业整合。

由此可见，医药价格改革尤其是药品价格“三控”管理对药品流通配送企业有如下作用：药品“三控”政策对以普药为主要的经销企业影响较小；药品“三控”政策对以中高价药为主及承担临床推广的经销企业影响较大，实施药品“三控”政策后的流通加价率对这部分企业来说相对偏低；“三控”政策实施后，有助于改进药品经销模式，促进医药企业整合。

表 6-6 广东省药品批发经销企业经营情况调查表

价格区间	2010 年 1～12 月（三控前采购额）		2010 年 1～12 月（三控后采购额）	
	外省产品采购额占比（%）	本省产品采购额占比（%）	外省产品采购额占比（%）	本省产品采购额占比（%）
10 元以下	75.02	24.98	75.31	24.69
10.01～40 元	82.68	17.32	82.71	17.29
40.01～200 元	88.55	11.45	88.49	11.51
200.01～600 元	83.27	16.73	83.36	16.64
600.01～2000 元	87.57	12.43	87.59	12.41
2000 元以上	88.03	11.97	88.00	12.00
合计	84.70	15.30	84.74	15.26

（五）对药品生产企业的影响

《广东省药品价格“三控”管理政策调研报告》指出：从全省药品采购数据看，2010 年全省医疗机构销售的药品总额 347.91 亿元中，属于政府定价的药品为 310.95 亿元，其中，外省生产的产品为 263.3 亿元，占 85%，我省的产品为 47.6 亿元，占 15%，药品“三控”政策实施后超过 62% 的药品需要降低价格，对外省企业的影响相对较明显，而对本省企业的销售及税收影响相对较小。

本文利用广东省九家不同经营性质的药品生产企业中政府定价药品、市场调节价药品及药品整体的经营数据，以这九家生产企业作为整体进行统计分析，时间范围为 2009 年 1 月至 2011 年 3 月。结果表明：与药品价格“三控”管理前相比较，药品价格“三控”管理后，销售总额和纳税额与同期比较均保持 10% 以上的增长率。详细情况如表 6-7 所示。

由此可见，医药价格改革尤其是药品价格“三控”管理对于广东省生产企业影响较小，企业的销售额和纳税额能够保持较高的增长率。

表 6-7 广东省药品生产企业经营状况调查汇总表

事项	时间	政府定价药品经营情况		市场调节价药品经营情况		药品经营总体情况	
		药品销售额	纳税额	药品销售额	纳税额	药品销售额	纳税额
药品价格三控政策实施前	2010 年 1～8 月相对 2009 年同期（即 1～8 月）增长比率（%）	17.19	10.21	11.94	-0.24	16.11	8.04
药品价格三控政策实施后	2010 年 9～12 月相对 2009 年同期（即 9～12 月）增长比率（%）	14.62	10.39	16.74	13.72	15.14	11.21
	2011 年 1～3 月相对 2010 年同期（即 1～3 月）增长比率（%）	14.73	23.85	12.34	19.18	14.20	22.85

三、促进产业升级和鼓励企业研发

本文利用《中国高技术产业统计年鉴》中“2009～2012 年全国及广东省医药制药业企业生产经营数据”进行分析，结果表明：①2011 年广东省医药制药企业数目较 2010 年变化较大，减少 82 家；②广东省医药制药企业从业人员平均人数保持在 10 万人左右；③广东省医药制药企业主营业务收入、利润总额和利税逐年上升。详细情况如表 6-8 所示。

表 6-8　2009～2012 年全国及广东省医药制药业企业生产经营情况

医药制造业	2009 年		2010 年		2011 年		2012 年	
	全国	广东	全国	广东	全国	广东	全国	广东
企业单位数（个）	6807	396	7039	412	5926	330	6387	352
从业人员平均人数（人）	1 604 792	99 434	1 731 652	105 582	1 786 022	102 752	1 966 586	115 905
主营业务收入（亿元）	9087.00	570.48	11 417.3	741.5	14 484.4	824.7	17 337.7	966.7
利润总额（亿元）	993.96	72.23	1331.1	102.3	1606.0	108.2	1865.9	134.8
利税（亿元）	1517.64	104.79	1955.9	141.6	2374.7	168.9	2857.0	192.1

（数据来源：中国高技术产业统计年鉴）

同时，本文利用《中国高技术产业统计年鉴》中“1995～2012 全国及广东省医药制药业研发活动经费情况数据”进行分析，结果表明：广东省医药制药业企业在研发方面逐年提高投入水平，其研发经费支出逐年大幅度增长。其中，2009～2012 年研发经费内部支出、人员劳务费支出和仪器设备支出逐年大幅度增长，年平均增幅分别达到 40%、39% 和 56%。详细情况如表 6-9 所示。

表 6-9　1995～2012 全国及广东省医药制药业研发活动经费情况　　（单位：万元）

年份/地区 \ 医药制造业		R&D 经费内部支出	人员劳务费	仪器和设备	政府资金	企业资金	R&D 经费外部支出
1995	全国	42 785	—	—	—	—	—
	广东	8623	—	—	—	—	—
2000	全国	134 669	—	—	—	—	—
	广东	17 906	—	—	—	—	—
2004	全国	281 812	—	—	—	—	—
	广东	22 942	—	—	—	—	—
2005	全国	399 510	—	—	—	—	—
	广东	25 635	—	—	—	—	—
2006	全国	525 856	—	—	—	—	—
	广东	35 577	—	—	—	—	—
2007	全国	658 836	—	—	—	—	—
	广东	57 960	—	—	—	—	—

续 表

医药制造业 年份/地区		R&D 经费内部支出	人员劳务费	仪器和设备	政府资金	企业资金	R&D 经费外部支出
2008	全国	790 879	—	—	—	—	—
	广东	56 045	—	—	—	—	—
2009	全国	1 345 385	344 993	192 562	83 101	1 231 439	199 599
	广东	90 317	26 811	10 050	8374	81 513	11 624
2010	全国	1 226 262	305 802	187 674	89 108	1 109 750	177 211
	广东	100 133	29 410	14 583	7927	89 457	11 443
2011	全国	2 112 462	536 306	302 171	127 310	1 958 925	452 929
	广东	182 844	51 204	24 670	17 556	162 236	209 295
2012	全国	2 833 055	731 252	383 776	180 560	2 608 510	338 593
	广东	246 634	71 284	38 409	17 971	224 622	18 659

（数据来源：中国高技术产业统计年鉴）

此外，根据广东省物价局公益事业价格管理处工作报告，广东省 2009 年以来共受理并公布了四批 114 个差别定价药品的价格。其中，2011 年进行的一项针对两年实施效果的调查评估结果表明：实行差别定价的企业 86.3% 加大了研发费用和生产设备的投入，研发经费投入比例提高了 5% ~17% 。

综上所述，广东五年医药价格改革尤其是“药品差别定价政策”确实能够促进省内制药业企业增加研发投入，提高企业研发水平，进而促进产业升级；同时通过价格手段扶强汰弱，加速推进医药企业的整合，促进医药行业健康发展。

四、保障低价药生产供应

广东省物价局 2012 年工作报告指出，2012 年广东省物价局会同有关部门共同制定《广东省基本药物低价药目录》，对符合条件的 373 个低价药品探索尝试只招数量和厂家，不再招价格，改变招标模式，避免市场无序竞争，鼓励廉价老药生产供应，确保基本药物的配备使用。该项政策得到国家发展改革委领导和社会各界的充分肯定，认为广东省首定低价药目录对避免经典廉价药“中标死”，为保障基本药物的正常供应与使用起到积极作用，得到社会各界和媒体的好评。

五、建设药品平价商店

为评估广东五年医药价格改革中“药品平均商店建设”的实施效果，本文利用“药品平均商店课题”调研数据及结果进行分析。

（一）对群众满意度的影响

《药品平价商店建设研究报告》指出：药品平价商店的建立是为满足广大群众用药需求，从 2012 年广东省十几家试点药店来看，药品种类的选择主要是以市民的常用必需药为主，平价药品品种基本覆盖了常用药范围，“三高”平价类品牌药品能对需要终身服药的慢性病患者带来一定的福利，同时平价药品价格平均下降约 10%，一定程度上节约了消费者用药支出，使群众真正享受到药品降价带来的实惠。截至 2012 年底广东省经营良好的试点药品平价商店（非平价药品利润上升）实现总让利 114.828 1 万元。同时，药品评价商店课题的相关问卷调查显示，76%的药品生产经营企业认为目前试点药品平价商店销售的平价药品价格比原来平均降低 5% ~15%，能充分吸引患者；此外，调查显示 50%左右的消费者对目前试点药品平价商店总体经营方式和规范程度较满意。

（二）对周边药店药品价格的影响

《药品平价商店建设研究报告》指出：药品平价商店药品整体价格水平比邻近药店低，但是部分药品品种价格不是“最低价”。如药品平价商店内的广州王老吉生产的 3.7mg×20 瓶保济丸售价为 6.7 元，邻近药房售价分别为 6.6 元和 7.6 元。药品平价商店建设在一定程度上有利于引导周围零售药店降低药品价格。

（三）对药品平价商店的影响

《药品平价商店建设研究报告》指出：据 2012 年 7 月初的数据统计，试点药品平价商店的药品销售量和客流量均有明显上升，其中中智大药房平价药品销售量上升 75%，毛利率下降 10.1%；开心大药房平价药品销量上升 10%以上，利润率下降 10%，利润与经营前基本持平。两家药品平价商店通过平价药品薄利多销，吸引客流、积攒人气，也带动了其他药品的销售，平价药品销售额占到总体销售额的约 30%。此外，据 12 月底的数据统计，抽样调查的 39 家药品平价商店实际平价药品销量增幅和价格降幅如表 6-10 所示，由此可见试点药品平价商店药品销售量及客流量上升，充分让利于民的同时，带动门店销售量上升，实现薄利多销。

表 6-10　试点药品平价商店实际药品价格降幅和销量增幅

	药品平价商店实际平价药品销量增幅（%）	药品平价商店实际平价药品价格降幅（%）
佛山开心（1 家）	12.05	3.06
顺德区大参林（1 家）	14.57	1.04
中智（27 家）	30.18	12.95
顺德柏康（4 家）	51.89	12.77
南海区（6 家）	35.95	13.61

六、试行医疗机构单病种收费方式

湛江市物价局将社保部门实行将按病种付费的 197 个病种定为成本测算的样本病种。在成本测算过程中调阅了近万份病历，汇总了 2009 年样本病种的每一个病历实际发生的费用总和，算术平均后得出了每个样本病种的平均费用。在这些费用中，平均有 4.48%的费用是医生开大处方、过度检查治疗而额外增加的费用。因此，最终将平均费用下调了 5%。为了降低患者负担，在此基础上又下调了 5%，最终制定了 197 个病种三级甲等医院的价格。其中对 80 个病种所制定的价格直接作为单病种计费标准和医疗保险统筹金的结算标准；其余 117 个病种所制定价格则作为单病种计费的参考标准。

七、取消药品加成

根据广东省物价局 2012 年工作报告，2012 年 7 月，深圳市在全国率先实施了覆盖全部公立医院的取消药品加成政策，从2012年7月起，在全市67家公立医院和569家政府办社康中心取消所有药品加成，调整诊查费标准：三级、二级、一级医院普通门诊诊查费分别为17、15、14元，每人次平均提高12元；住院诊查费分别为46、36、27元，每床日平均提高37元。提高门诊和住院诊查费后，提高参保人医疗保险待遇，社会医疗保险统筹基金全部承担参保人诊疗费用增加部分，不增加患者个人费用负担；同时政府对深圳户籍非从业人员的参保补助水平提高到每人每年240元，对深圳户籍困难人员参保补助水平为每人每年360元。由于提高本市社会医疗保险参保人医疗保险待遇造成的社会医疗保险统筹基金亏空，将由政府财政兜底补贴。此外，还引入公办民营多元化办医形式，全科门诊实行“打包”收费，每人次收费标准为130元，服务项目涵盖挂号、诊查、基本检查、非严重伤口处理和7天内基本药品等。社康中心取消药品加成实施一般诊疗费，一年可减轻市民医药费用1.17亿元，其中药费1.03亿元。公立医院诊疗费用提高部分纳入医保统筹基金支付范围，预计一年可直接减轻参保人自付费用2.09亿元。

根据《深圳市公立医院医药分开改革试点方案》相关测算结果，2家试点医院医事服务费收入为3.08亿元，补偿药品加成收入2.73亿元，挂号费收入0.07亿元，以及诊疗费收入0.25亿元，增幅0.68%，基本符合总账平移的原则。此外，试点方案还根据不同等级医疗机构实行分级的差别化价格补偿政策，测算结果为：全市医疗机构医事服务费收入69.2亿元，补偿药品加成收入48.3亿元，挂号费收入3.6亿元，诊疗费收入5.3亿元，增收12亿元，增幅21%。

综上所述，深圳取消药品加成的同时，还采取分级提高诊疗服务收费标准、提高参保人医疗保险待遇、逐步提高公共财政对医疗卫生事业的补助力度及完善社会医疗保险政策等相关配套措施。这些措施使得医疗机构收支平衡，同时也降低患者医药负担，改革初见成效。

八、提升合理用药水平

世界卫生组织（WHO）出版的*How to investigate drug use in health facilities*（*selected drug use indicators*）系统总结出评价合理用药的一系列指标，其中处方指标层面包含如下几项：每张处方药物品种数、处方中药品使用通用名开具的比例、抗生素处方比例、注射剂处方比例、基本药物比例。这些指标对于评估合理用药水平至关重要。

由于调研数据所限，本文仅能通过广东省五大类药品销售额前50的药品中注射剂比例和基本药物比例进行统计分析，结果表明：①五大类药品销售额前50的药品注射剂型所占比例较大；②抗微生物类药物销售额前50的药品中注射剂型所占比例高达80%；③五大类药品销售额前50的药品中基本药物占比最高的是循环系统药物，为50%；基本药物占比最低的是抗微生物类药物，仅20%。详细情况如表6-11所示。由此可见，合理用药水平还有待进一步改善，注射剂使用的高比例是目前用药合理性面临的最大挑战。

表6-11　注射剂使用情况

项目	抗微生物类药物	抗肿瘤类药物	神经系统药物	消化系统药物	循环系统药物
注射剂品种数	40	15	22	29	24
注射剂占比	80%	30%	44%	58%	48%
基本药物品种数	10	14	22	20	25
基本药物占比	20%	28%	44%	40%	50%

第四节　结论与政策建议

一、结论

医药价格改革仅在广东省试点实施，一定程度上存在“孤岛效应”和局限性；医药价格改革及管理涉及医药领域各个参与者，数量众多的医疗机构和药品生产经销企业往往会出现个别流通企业或社会零售药店存在观望态度和侥幸心理，对改革措施未彻底执行，同时，就目前政策而言，政府需要监管的项目众多：招标、医院管理、医保、质量监管、品种供应、配送遴选、市场监管、违规处罚等。以政府现有监管力量按照现有方法对各个监管项目逐一开展评审，不仅成本高、周期长，而且监管难度非常大，效率低下；医药价格管理是一项系统工程，医疗服务价格和药品价格政策的制定和监管需要多个部门、多个环节共同配合：包括招标规则的设计、医院管理、医保配套措施、质量监管、品种供应、配送遴选、市场监管、违规处罚等方面。由于目前监管体系尚未完善，相关配套措施不足，各有关职能部门未形成联动，不同部门政策之间的衔接有待提高，这些都不利于对数量众多的医疗机构和药品生产经营企业实行有效监管。虽然广东省是经济大省，但是各地区的经济发展水平仍旧存在较大差距，因此对社会经济环境不同的市或县采取相同的政策，往往难以全部达到目标效果。比如：社会零售药店在实际操作中，难以完全实现药品的对称补偿。目前社会零售药店经营的药品将近50%是政府定价药品，行业毛利在经济发达地区需要35%左右，在欠发达地区需要25%左右；同时受租金增长及社区医疗的影响，成本费用日益增长，如若继续使用统一差价率，企业效益将会受到影响。因此，目前的改革措施还有待进一步完善，提高改革成效。

二、政策建议

（一）总结完善试点经验，适时进行全国推广

广东省应当在充分收集全省各地区试点运行数据的基础上，全面系统评估试点成果，总结完善试点经验，将相关报告和数据提交国家相关部门，建议国家在指导、总结和完善广东省试点经验的基础上，适时将医药价格改革措施向全国推广，减少因政策实施的地区差异对政策实施效果的弱化，构建企业公平竞争的市场环境，从而推动本省乃至全国医药经济体系更加平稳运行。

（二）精简监管范围，提升监管效率

目前政府需要监管的项目众多，监管成本高、周期长、难度大、效率低下；而政府监管力量有限，现有人力、物力、财力都不足以支撑如此庞大的监管范围。因此，亟待精简监管范围，这不仅能够提升监管效率，还与李克强总理所倡导的“简政放权”的思路相一致。政府相关部门应充分分析改革及监管重点，把握难点。在确保医药价格改革政策平稳运行的前提下，把握重点监管内容，尝试探索将相对次要的监管内容和审批事项交由行业协会和学会开展监督评价，发挥社会团体的能动性，提升监管效率。

（三）加强省级政府对相关工作的协调，统筹推进医药价格改革

医药价格改革政策要实现预期的效果，需要各个政府职能部门通力合作，积极协调形成合力。由于各部门工作思路、利益诉求不同，有时步调难以统一，导致政策冲突，此时需要加强顶层设计，由上级政府出面进行统筹安排，建立合理有效的信息沟通和有效的政策规划机制，保障医药价格改革政策的顺利实施。因此，应当加强省级政府对相关部门进行协调，使得卫生、医保、药监和价格等政府职能部门之间有效联动，在制定医药价格、医保政策、药品招标等政策时高度衔接；同时促进各政府职能部门在政策实施及监管过程中充分沟通、有效合作。

（四）分析各地区试点运行效果差异，修正改革措施

医药价格改革试点政策在制定时着重关注现有问题，而地区间经济社会文化环境的不同，往往会使政策实施效果存在较大差异。这些差异是政策制定时未能充分预见的，从这个层面来说试点政策未能充分考虑地区差异是其本质使然。改革从试点到大范围推广是一个不断修正和完善的过程，因此，在改革试点运行一段时间后应当进一步收集试点地区的相关数据，评估试点地区的实施效果，分析各地区试点实施效果差异及其原因。在修正改革措施时可以对这些分析报告进行充分论证，根据实际情况适当予以采纳。例如，在药品价格“三控”管理改革措施中可考虑通过设定“综合加价率”和“地区差价”等，增加其操作性。

（五）利用网络信息平台，建立医药价格动态评估体系

建立医药价格信息监测平台，不仅有利于强化政府监管手段，还能及时应对医药价格变化。因此，应当充分运用网络信息化手段，利用“中国医药价格网”“中国医药价格监管服务平台”及“广东省医药采购平台”等网络平台，建立医药价格动态评估体系，对医药价格实现多层次、全方位的监测及评估。长期收集并追踪药品生产、流通、零售、招标、医保报销及医疗服务等环节的价格及数量等详细数据，定期进行评估，及时应对医药价格变化。

第七章　中国原研药品与仿制药品价格差异与市场份额现状研究

摘　要

目的：研究原研药品和仿制药品的价格差异的客观情况，调查中国原研药品与仿制药品的临床用量和金额分布的实际状况，分析影响原研药品和仿制药品用量和金额分布的因素，探讨两者价差趋于合理的途径及可行的措施，为完善政府药品价格管理工作提供参考依据。

内容与方法：采取文献调研与实地调研相结合，定性分析与定量分析相结合的综合研究方法。定性分析主要是通过对政府相关部门、制药企业及医疗机构的调研，采取政策分析、访谈调研、发放调查问卷等形式进行。定量分析主要是从药品数据库中调取在国内销售的原研药品及其相对应的仿制药品；通过药品价格主管部门、中介机构获取药品价格等数据，药品实际销售价格、销售金额和销售数量等数据；利用价格指数方法、平均差率比较法等方法以及SPSS、Excel数据分析软件分析原研药品和仿制药品价格差异和用量情况。

结果：首先，①原研药品与对应仿制药品的价格差异倍数集中在1.35～2.7倍，占总数的48%；②原研药品与仿制药品的价差小于35%的占26%。其次，①注射剂中，原研药品与仿制药品价差小于1.35倍的有21个品种，约占总数的30.4%；②价差在1.35到2.7倍的，占44.9%。再次，①口服剂型和其他剂型中，原研药品与仿制药品价差小于1.3倍的有19个品种，约占总数的18.8%；②价差在1.3～2.6倍的，占53.5%。最后，通过对183个原研药品及相应仿制药品的终端加权平均销售价格的比较，结果发现：原研药品与仿制药品价格差异倍数的最大值为26.84，最小值为0.69，平均值为2.84，即原研药品的价格是仿制药品加权平均价格的2.84倍。

讨论与结论：针对中国原研药品和仿制药品的价格差异和市场份额分布的现状，我们认为，由于多种复杂因素的制约，现阶段原研药品与仿制药品的确存在价差过大的情况，因此，需要采取措施逐步缩小价差。价差不是越大越好，而是越科学越合理越好。承认东、中、西部的地区差异，考虑不同级别医疗机构的用药特点和用药结果，不同治疗类别药品的情况，确定药品价差，针剂价差可比针剂以外的剂型大；建立完善的数据库，全程跟踪药品价差，一旦发现价差过大，则着手调查，找出原因并进行分析；对现有价差过大的药品，首先选取部分价差奇高的药品进行专项治理整顿，充分论证，逐步降低药品价差。

原研药品和仿制药品价差之所以偏高，既有品牌、成本、质量和市场竞争的原因，也有药品价格管理和招投标过程不科学的原因。为了促进企业的公平竞争和医药产业的健康发展，药品定价部门应发挥主导作用，其他相关部门积极参与和配合，不断完善药品政府定价办法及配套措施，逐步缩小原研药品和仿制药品的价差。

第一节 数据来源

一、政府定价比较的药品遴选

在国家管制价格的303个原研药品品种中，根据通用名遴选出有相对应仿制药品的原研药品170个，收集这170个原研药品与其对应仿制药品的2008年年底的最高零售价。

在遴选出来有相对应仿制药品的170个原研药品中，生产企业共有170家，其中：国内企业1家、合资企业35家、外资企业134家；原研药品的剂型主要是片剂、注射剂和胶囊剂，约占总量的90%；从药品种类看，主要集中在抗微生物类药品、抗肿瘤药品、循环系统药品、激素及调节内分泌功能类药品、消化系统类药品5大类，占总品种的68%。

二、终端销售价格比较的药品遴选

为了研究原研药品与仿制药品在医疗机构的实际销售价格差异情况，我们从中国药学会科技开发中心（CMEI）的数据库里随机遴选出412家医院2008年的药品销售记录，其中，包含东部地区265家医院，中部地区99家医院，西部地区57家医院；412家医院中，有三级医院224家，二级医院95家，专科医院93家。

根据数据库的情况，在303个原研药品中，170个原研药品有直接可比的仿制药品，13个原研药品有可通过“药品差别价规则”转换成可比的仿制药品，因此，共遴选出183个原研药品及其相对应的仿制药品，并对两者的终端实际销售价格进行了对比分析研究。

第二节 研究方法

一、价格比较

原研药品与仿制药品的价格差异可通过以下方式反映：①同一通用名原研药品和仿制药品的价格比较公式：$R = P/P'$，其中，P为原研药品的价格，P'为原研药品所对应的仿制药品的最高零售价格，则R为原研药品和仿制药品的价格差异倍数；②原研药品与仿制药品的平均价格差异倍数：$r = \Sigma_{i=1}^{n} \frac{R_i}{n}$，其中，r是原研药品与仿制药品的平均价格差异倍数，R_i为第i个通用名药品的原研药品与其对应仿制药品的价格差异倍数。

二、市场份额分析

（1）$R_1 = \Sigma P_i P_i / (\Sigma P_i Q_i + \Sigma P'_i Q'_i)$

（2）$R_1' = 1 - R_1$

其中，P_i 表示第 i 个原研药品的价格，Q_i 表示第 i 个原研药品的销量，P_i' 表示第 i 个原研药品所对应的仿制药品的价格，Q_i' 表示第 i 个原研药品所对应的仿制药品的销量，从而 R_1 表示原研药品的销售金额的市场份额，R_1' 表示仿制药品的销售金额的市场份额。

第三节　研究结果

由于在研发外包、技术合作等新药的研发过程中，极有可能发生技术泄密，从而直接破坏专利的新颖性、创造性。为防患于未然，制药企业一般会在新药研发过程中尽早递交专利申请，以取得法律保护。但一个药物的研发过程是十分漫长的，申报和临床试验也十分复杂而繁琐，有的长达 10 年左右。因此，当一个新药上市后，特别是到真正开始营利的时候，专利保护期已所剩不多。在发达国家，药品有效专利时间一般为 10 年再加上专利延长期，但中国尚未建立药品专利期延长制度，再加上药品注册、临床试验等消耗的时间，影响了专利药品的发展。为了补偿原研药品没有享受到适度的知识产权保护，兼顾原研药品的大量研发投入和质量工艺，中国于 2000 年出台了原研药品的单独定价政策。在这样的历史条件下，开发“原研药品”成为企业获得合理投资回报的主要来源。

在中国，作为创新药品的重要一类——原研药品与其相应仿制药品的价差和临床用量问题受到了广泛关注。中国对医保目录内的药品实行政府定价，而不区分国产和进口，但绝大多数原研药品属于外资企业和合资企业的产品，国内企业的产品多以仿制药品为主，因此，原研药品与仿制药品的价差问题不仅仅是医药产业的发展问题，也是国家的医药政策问题，更是中国在目前医疗体制改革中非常重要的一项议题。

一、中国原研药品的基本情况

（一）数量情况

依据 2005 年版《国家发展改革委定价药品目录》，按目录序号统计，原研药品共计 300 个品种；按药品通用名统计，原研药品共计 303 个品种。其中有 3 组药品定价目录序号相同，但通用名不完全相同或酸根不同或是同分异构体，这 3 组药品分别是：低分子肝素钠和低分子肝素钙、重组人干扰素 α-2a 和重组人干扰素 α-2b、降钙素（鲑）和降钙素（依）。上述药品均为 2004 年版《国家基本医疗保险和工伤保险药品目录》内的药品。

（二）生产企业情况

原研药品生产企业的统计分析发现，同一个制药企业可能拥有多个原研药品，同一通用名原研药品可能有多家制药企业拥有。因此，303 个原研药品共有 315 家制药企业生产或经销，其中，10 个相同通用名的原研药品有 22 家生产企业生产，具体情况见表 7-1。

表 7-1 同一原研药品的生产企业情况

原研药品通用名	生产企业	原研药品通用名	生产企业
青霉素 V	Sandoz GmbH	头孢他啶	葛兰素史克制药公司
	德国格兰泰有限公司		礼来制药公司
头孢呋辛酯/孢呋辛钠	葛兰素史克制药公司	左氧氟沙星	第一制药北京有限公司
	礼来制药公司		日本参天制药株式会社
氧氟沙星	日本参天制药株式会社	恩氟烷	美国百特医疗用品公司
	第一制药北京有限公司		上海雅培制药有限公司
环孢素	诺华制药公司	异氟烷	美国百特医疗用品公司
	上海雅培制药公司		上海雅培制药公司
低分子肝素钠	辉瑞公司	普伐他汀	上海三共制药公司
	赛诺菲安万特医药公司		中美上海施贵宝制药公司
	上海雅培制药公司		
	阿尔法韦士曼制药公司		

按原研药品生产企业的性质分，原研药品大多为外资企业和合资企业，其中，外资企业占81%，合资企业占19%，国内企业仅1家，详见图7-1。

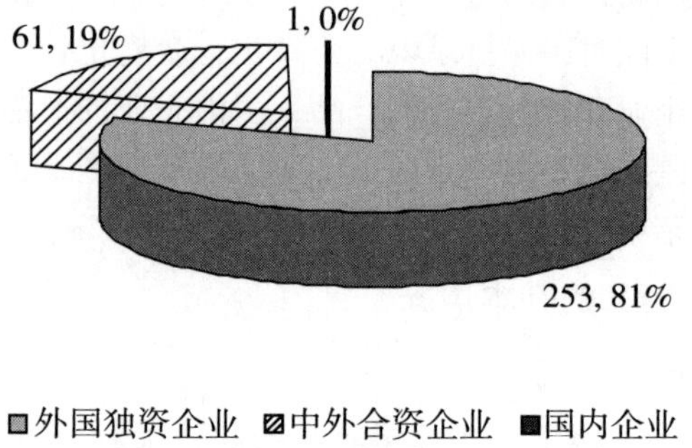

图 7-1 原研药品生产企业分布情况

政府管制价格的303个原研药品品种，虽然绝大多数为外资企业或中外合资企业生产，但在外资企业中，相对集中度较高。根据调查分析，仅辉瑞制药、葛兰素史克制药、诺华制药、阿斯利康制药等8家大型外资跨国制药企业，就拥有117个原研药品，占303个原研药品的四成左右，详见图7-2。

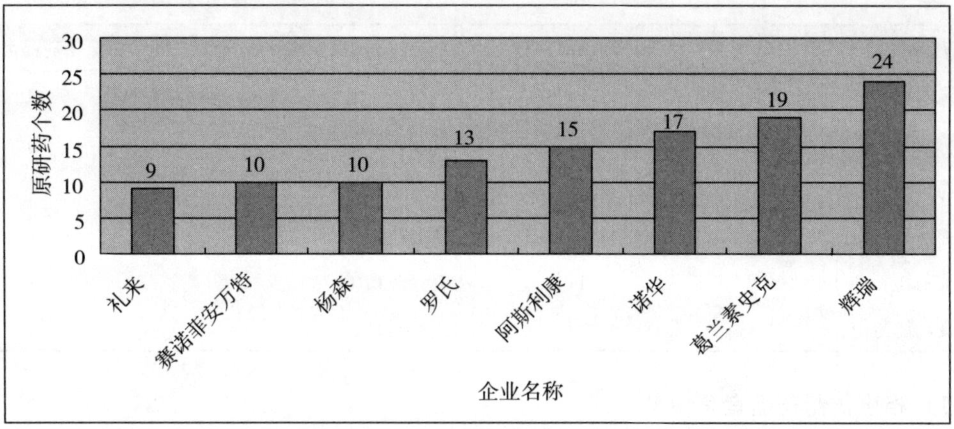

图 7-2　原研药品品种排位前八位的制药企业

形成这种状况的原因主要有两个方面：一是制药行业技术密集性高，研发能力越强的大集团、大企业，集中了越多的专利药品和原研药品；国内药品生产企业在新药研发方面起步较晚，水平偏低，真正属于有效成分创新的药品非常少。二是 1993 年之前，《中华人民共和国专利法》不接受针对有效成分本身的专利保护申请，企业申请物质专利的意识比较淡薄，积极性也不高，而且法定的物质专利保护期为 20 年，因此，即使有国产的专利药品，最早也要到 2013 年之后才会出现国产原研药品。虽然目前政府定价不区分进口和国产，但原研药品主要集中在外资、合资企业的现状，容易给人造成进口药品自动享受特殊价格政策的印象。

（三）品种情况

1. 原研药品的剂型　在 303 个原研药品通用名中，有 342 个不同的药品剂型。这 342 个药品中，有注射剂 127 个、片剂 151 个、胶囊 32 个，其他剂型 32 个。

2. 原研药品的分类　依据《国家医保药品报销目录》的药品分类方法，303 个通用名原研药品几乎涵盖了除维生素及矿物质缺乏症用药之外的所有药品类别。其中，抗微生物类、微循环系统类、抗肿瘤药和激素及调节内分泌功能药占总数的一半以上，原研药品类别统计结果详见表 7-2。

表 7-2　原研药品类别情况

药品类别	原研药品品种数	药品类别	原研药品品种数
抗微生物类药物	54	麻醉药物	8
循环系统药物	42	诊断药物	7
抗肿瘤药物	33	解热镇痛及非固醇类抗炎药物	6
激素及调节内分泌功能药物	32	泌尿系统药物	5
消化系统药物	22	营养治疗药物	5

续 表

药品类别	原研药品品种数	药品类别	原研药品品种数
神经系统药物	19	调节水、电解质及酸碱平衡药物	4
呼吸系统药物	14	抗变态反应药物	3
专科用药	13	抗寄生虫类药物	1
治疗精神障碍药物	12	镇痛药物	1
血液系统药物	11	解毒药物	1
调节免疫功能药物	8	生物制品	1

（四）相应仿制药品竞争情况

迄今，中国共有近7000余家医药企业，生产上万种药品，由于每个药品往往有多个批文，因此中国的药品批准文号有18万余条。但是，中国是个医药创新不足的国家，因此，中国医药企业生产的药品中有97%为仿制药品。

根据国家食品药品监督管理局发放的药品批文情况，对303个原研药品对应的仿制药品的批号数进行了分析，详细结果见图7-3。

从图7-3可看出，303个原研药品中，有36个原研药品没有对应的仿制药品；216个原研药品对应的仿制药品批号数在100个以内；有5个原研药品对应的仿制药品批号数超过了1000，主要是葡萄糖、氯化钠这些临床用量极大的药品。

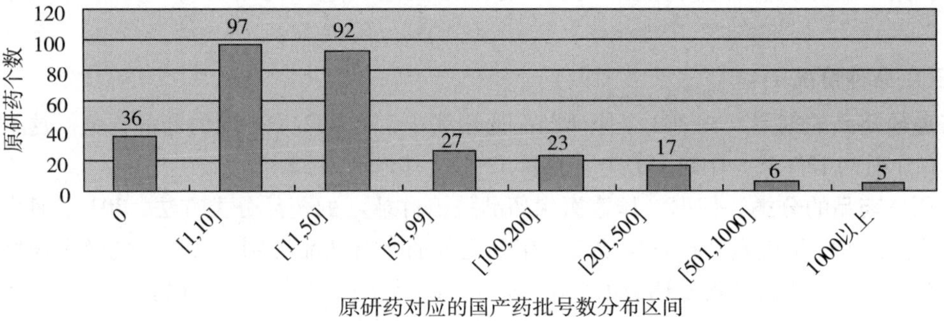

图7-3 原研药品对应的仿制药品批号数分布情况

二、原研药品与仿制药品的价格比较

目前，由于受到数据可获得性较难的制约，原研药品和仿制药品价差问题的研究甚少。本文通过大样本的实证研究，分析原研药品与其相应仿制药品在政府定价模式（最高零售价）下和终端实际销售的价格差异情况。

（一）政府定价模式下的价格差异分析结果

1. 价差总体情况 在170个原研药品和相对应的仿制药品的品种中，两者之间的价格差异倍数的最大值为37.62，最小值为1.02，平均价格差异倍数为2.70，价差的中位数为1.64。详细结果见图7-4。

原研药品与对应仿制药品的价格差异倍数集中在1.35～2.7倍。

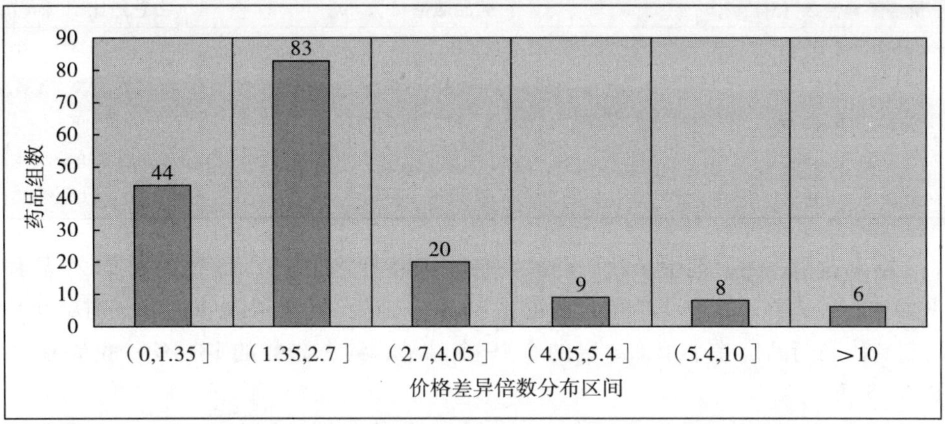

图7-4　原研药品与相对应的仿制药品价格差异倍数区间分布

图7-4的结果表明：原研药品与对应仿制药品的价格差异倍数集中在1.35～2.7倍区间内，占总数的48%；原研药品与仿制药品的价差小于35%的占26%。

依据2000年《药品政府定价办法》，目前不到30%的原研药品与仿制药品的价差符合规定。原研药品与仿制药品政府定价价差拉大，主要原因是2000年之后，有20多次药品调价，而调价过程中更多是考虑原研药品与仿制药品市场实际价格的因素，而没有完全依据价差规定执行。

2. 不同剂型药品价差情况　药品剂型不同对原研药品和仿制药品的价差也有所影响，以注射剂、片剂（不含缓、控释片）和胶囊剂（不含缓、控释胶囊）为例，注射剂平均价格差异最大，为3.11倍，片剂为2.74倍，胶囊剂为2.63倍。

在170个原研药品和相对应的仿制药品中，有注射剂69个，口服和其他剂型101个。在69个注射剂中，原研制药品与其相对应的仿制药品价格差异情况见表5-14，在101个口服剂和其他剂型中，原研制药品与其相对应的仿制药品价格差异情况见表7-4。

表7-3　注射剂原研药品与仿制药品价格差异情况

价格差异倍数（R）	药品数量	占总数比例（%）
R≤1.35	21	30.4
1.35＜R≤2.7	31	44.9
2.7＜R≤4.05	6	8.7
4.05＜R≤5.4	4	5.8
5.4＜R	7	10.1

表 7-4 口服及其他剂型原研与仿制药品价格差异情况

价格差异倍数（R）	药品数量	占总数比例（%）
R≤1.30	19	18.8
1.30 < R≤2.6	54	53.5
2.6 < R≤3.9	16	15.8
3.9 < R≤5.2	5	5.0
5.2 < R	7	7.0

表 7-3 结果表明，注射剂中，原研药品与仿制药品价差小于 1.35 倍的有 21 个品种，约占总数的 30.4%；价差在 1.35～2.7 倍之间的占 44.9%。表 7-4 结果表明，口服剂型和其他剂型中，原研制与仿制药品价差小于 1.3 倍的有 19 个品种，约占总数的 18.8%；价差在 1.3～2.6 倍之间的占 53.5%。

依据 2000 年《药品政府定价办法》规定，剂型规格相同的同种药品，已过发明国专利保护期的原研制药品比 GMP 企业生产的仿制药品，针剂差价率不超过 35%，其他剂型差价率不超过 30%。上述研究结果说明，符合此规定的药品比例偏低。

从剂型分析，注射剂原研制药品与仿制药品平均价格差异倍数偏大，而且超过价格差异倍数超过 10 倍的相对较多。由于注射剂对生产工艺和质量控制标准的要求相对较高，而原研制药品与仿制药品企业之间在这些方面可能存在一定差距，这可能是注射剂平均价差较大的原因。

3. 不同类别药品价差情况 在 170 个原研药品和相对应的仿制药品品种中，我们选取了抗微生物类、抗肿瘤、循环系统、激素及调节内分泌功能、消化系统等五大典型治疗类别，对其价差情况进行统计分析，结果见图 7-5。

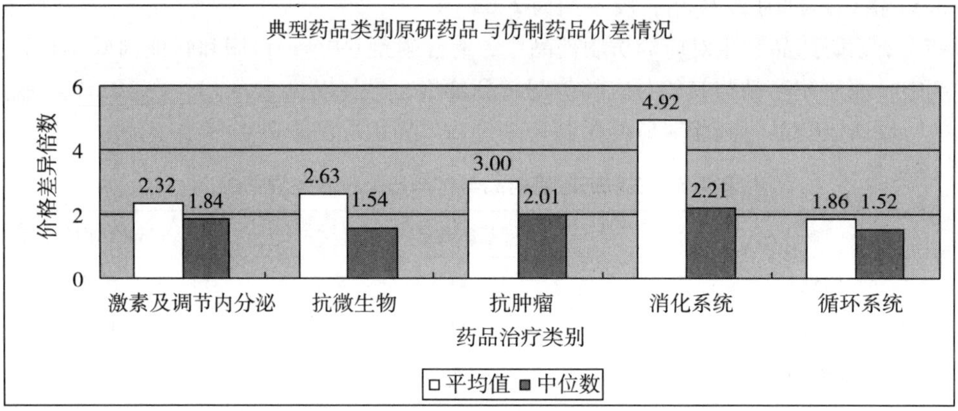

图 7-5 典型治疗类别原研药品与仿制药品价差情况

图 7-5 结果显示，消化系统类药品的平均价差倍数最大，高达 4.92 倍，循环系统类次之，这两类药品的平均价差倍数都在 3 倍以上；激素及调节内分泌系统类药物和抗微生物类的价差平均值相对较低，在 2.8 倍以下；5 类药品价格差异倍数的中位值都在 2 倍以内。

（二）终端实际销售的价格差异分析结果

价差总体情况。通过对 183 个原研药品及相应仿制药品的终端加权平均销售价格的比较，结果发现：原研药品与仿制药品价格差异倍数的最大值为 26.84，最小值为 0.69，平均值为 2.84，即原研药品的价格是仿制药品加权平均价格的 2.84 倍。价格差异倍数的分布情况见图7-6。

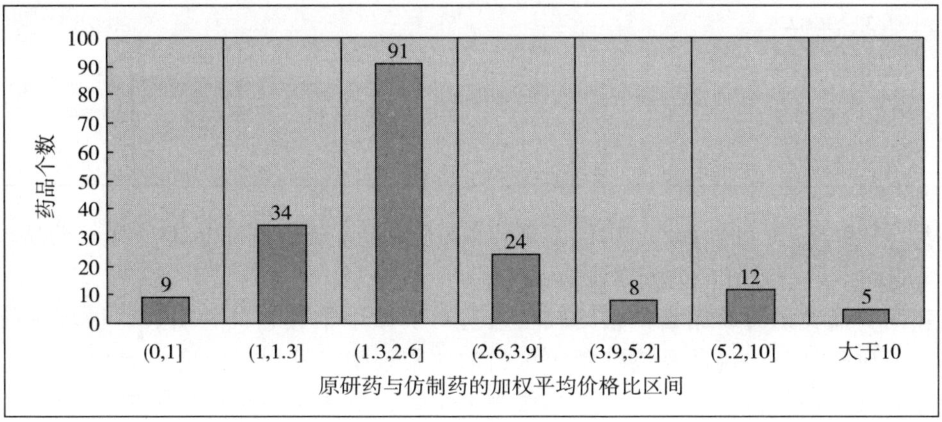

图 7-6　原研药品与仿制药品终端销售价格的差异倍数分布区间

从图 7-6 可以看出：①原研药品与仿制药品的价差倍数相对集中的分布在 1.3 ~ 2.6 倍；②原研药品与仿制药品的价差小于 1.3 倍的约 20%，其中 9 个原研药品的价格比仿制药品低；③部分原研药品与仿制药品的价差较高，其中有 5 个原研药品与对应的仿制药品的价格差异倍数在 10 倍以上。

不同剂型终端销售价格比较。在 183 个原研药品品种中，有口服剂型 103 个，注射剂 75 个，其他剂型 5 个。通过研究发现：注射剂的价格差异倍数的平均值最大，达 3.13 倍；口服剂型次之，约为 2.7 倍。

根据中国 2000 年《药品政府定价办法》规定：已过发明国专利保护期的原研药品比 GMP 企业生产的仿制药品，针剂差价率不超过 35%，其他剂型差价率不超过 30%。

在 75 个注射剂中，有 16 个品种符合上述价差规定，占 21.3%；有 37 个品种不符合规定，占 78.7%，有 9 个品种的价差达 5.4 倍以上。具体情况见表 7-5。

表 7-5　注射剂原研药品与仿制药品价格差异分布情况

价格差异倍数（R）	药品数量	占总数比例（%）
R≤1.35	16	21.3%
1.35 < R≤2.7	38	50.7%
2.7 < R≤4.05	11	14.7%
4.05 < R≤5.4	1	1.3%
5.4 < R	9	12.0%

在103个口服剂型中，有24个品种符合上述价差规定，占23.3%；有79个品种不符合价差规定，占76.7%，其中有8个品种的价差超过5.2倍。具体情况见表7-6。

表7-6 口服剂型原研药品与仿制药品价格差异分布情况

价格差异倍数（R）	药品数量	占总数比例（%）
R≤1.30	24	23.3%
1.30＜R≤2.6	51	49.5%
2.6＜R≤3.9	14	13.6%
3.9＜R≤5.2	6	5.8%
5.2＜R	8	7.8%

从表7-5和表7-6可以看出：中国原研药品与仿制药品的价差符合2000年《药品政府定价办法》规定的不足1/4，价差规定形同虚设。

1. 不同药品类别终端销售价格比较 通过对抗微生物类、抗肿瘤类、循环系统类等5个类别的原研药品与仿制药品终端销售价格的比较，结果发现：价格差异均值都在2倍以上；消化系统类药品价格差异倍数平均值为4.1倍，抗微生物类药品价格差异倍数平均值为3.8倍；各类价格差异中位值基本都低于平均值，表明价差较大的药品偏多。详细结果见图7-7。

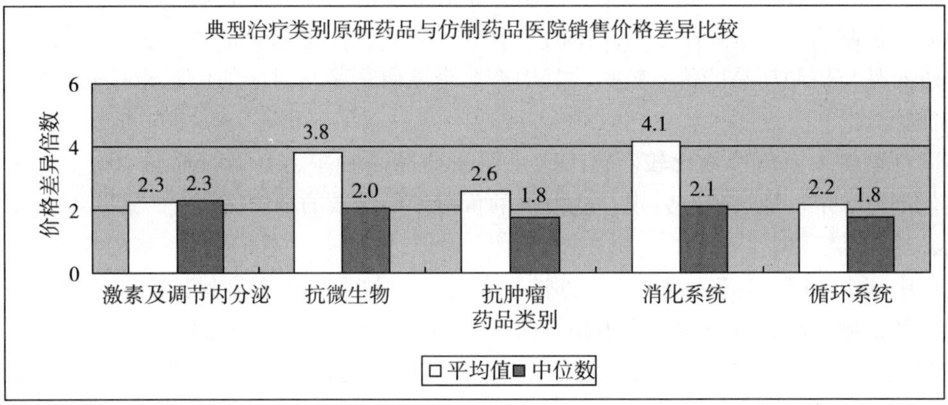

图7-7 不同类别原研药品与仿制药品终端销售价格差异比较

2. 不同级别医疗机构终端销售价格比较 原研药品与相对应的仿制药品的价格差异倍数的平均值在专科医院的较大，达3.08倍，在三级综合医院次之，在二级综合医院最小。详细结果见图7-8。

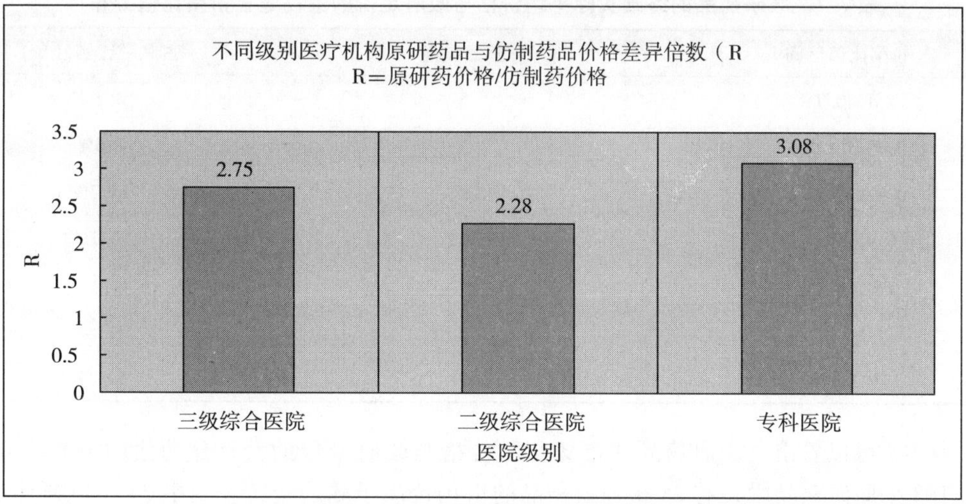

图 7-8　不同级别医疗机构原研药品与仿制药品价格差异倍数

（三）原研药品的终端实际销售价格与政府定价的比较

对 183 个原研药品的国家最高零售价格与医院销售平均价格水平进行比较，结果发现：原研药品市场价格与政府定价的比值，其最大值为2. 19，最小值为0. 2，中位值为0. 974，平均值为0. 956。这就是说，原研药品在医院的实际销售的平均价格是国家最高零售价的95. 6%。图7-9显示，原研药品的市场价基本与其政府定价水平相当。

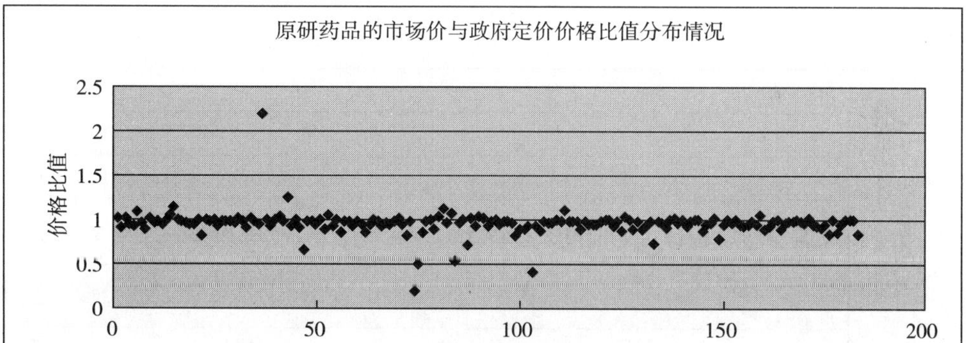

图 7-9　原研药品的市场实际价格与政府定价（最高零售价）价格比值分布情况

原研药品的市场价与政府定价比值的分布区间及各区间内药品个数见表 7-7。

表 7-7　原研药品的终端实际平均价格与政府定价的最高零售价格比值分布

价格比值区间	药品数量	占总数比例（%）
R≤0.7	5	2.7%
0.7<R≤0.8	3	1.6%
0.8<R≤0.9	25	13.7%
0.9<R≤1	122	66.7%
1<R≤1.1	24	13.1%
1.1<R≤1.2	2	1.1%
1.2<R	2	1.1%

从表 7-7 可以看出，原研药品的市场实际价格与政府定价的价格比值集中分布在 0.9~1 倍。在 183 个原研药品中，有 28 个原研药品的市场价高于政府定价。其中 24 个原研药品的终端实际平均价格与政府定价的价格比值小于 1.1。价格比值在 0.8~1.1 倍的一共有 171 个，占到样本总数的 93.4%，这说明原研药品市场价格相对稳定有序。

（四）仿制药品的终端实际销售价格与政府定价的比较

对 183 个原研药品相对应仿制药品的国家最高零售价格与医院销售加权平均价格水平进行比较，剔除 3 个明显有误的数据，结果发现：仿制药品的市场价与政府定价的比值，最大值为 2.83，最小值为 0.26，中位值为 0.93，平均值为 0.987。这就是说，仿制药品医院销售的平均价格是国家最高零售价的 98.7%。图 7-10 显示，仿制药品的市场价与其政府定价水平相比，较为混乱。

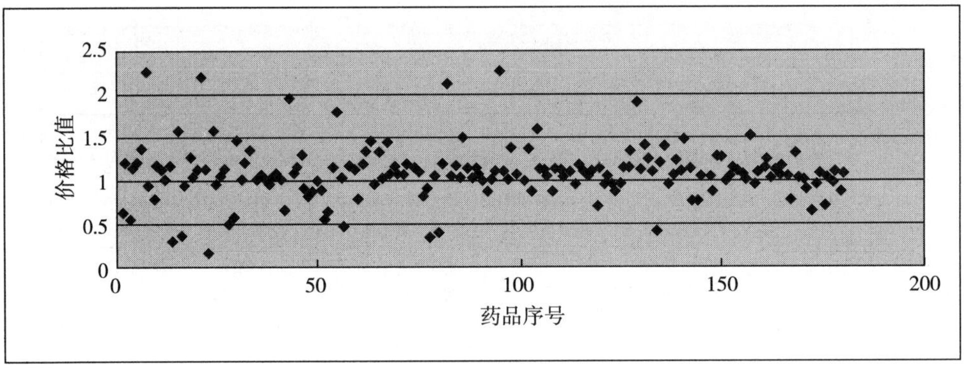

图 7-10　仿制药品的市场实际价格与政府定价（最高零售价）价格比值分布情况

仿制药品的市场价与政府定价比值的分布区间及各区间内药品个数见表 7-8。

表 7-8　仿制药品的终端实际平均价格与政府定价的最高零售价格比值分布

价格比值区间	药品数量	占总数比例（%）
R≤0.7	18	10%
0.7＜R≤0.8	17	9.4%
0.8＜R≤0.9	42	23.3%
0.9＜R≤1	55	30.6%
1＜R≤1.1	16	8.9%
1.1＜R≤1.2	12	6.7%
1.2＜R	20	11.1%

从该表可以看出，仿制药品的市场实际价格与政府定价的价格比值相对集中地分布在0.8～1倍。在这些原研药品所对应的仿制药品中，有48个仿制药品的市场价高于政府定价，其中16个仿制药品的终端实际平均价格与政府定价的价格比值小于1.1。价格比值在0.8～1.1倍的一共有113个，占到样本总数的62.8%，这说明仿制药品竞争无序，需要进一步规范。

图7-11是中国原研药品与仿制药品的终端销售价格与国家最高零售价格比值分布图。

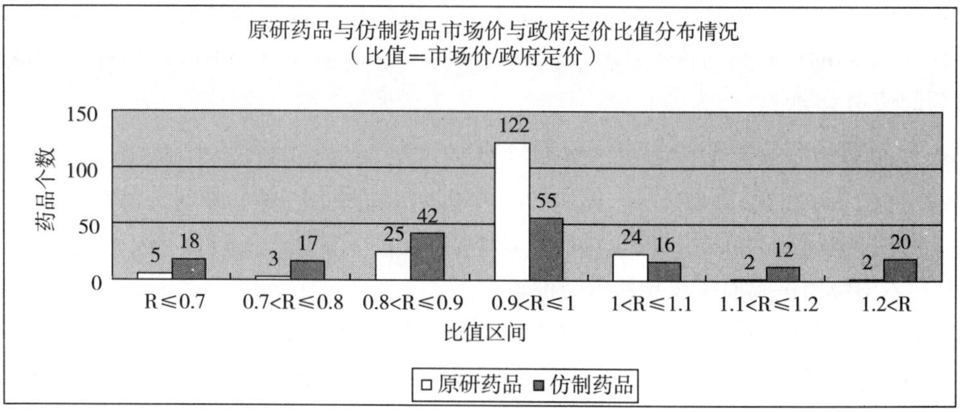

注：比值＝市场价/政府定价

图7-11　原研药品与仿制药品市场实际价格与政府定价（最高零售价）价格比值分布情况

从图7-11可以看出，中国原研药品医院销售价格与国家最高零售价格比值分布集中在0.8～1.1倍，尤以0.9～0.1倍分布较为集中；仿制药品的价格比值分布区间相对分散，比值相对较低和相对较高的药品数量和药品比例明显多于原研药品。这说明，中国原研药品的价格秩序较为合理，但仿制药品的价格秩序相对混乱，有待进一步规范和治理，并且需要个别问题个别对待。

（五）销量最大仿制药品的价格与对应仿制药品平均价格的比较

在183个原研药品对应的仿制药品中，销量最大仿制药品的价格与相应仿制药品的加权平均价格水平进行比较，剔除7个明显错误的数据，结果发现：价格差异倍数的最大值为5.67，最小值为0.82，中位值为1.11，平均值为1.44，即销量最高的仿制药品的平均价格是仿制药品加权平均价格的1.44倍。价格差异比值的分布区间及各区间内药品个数见图7-12。

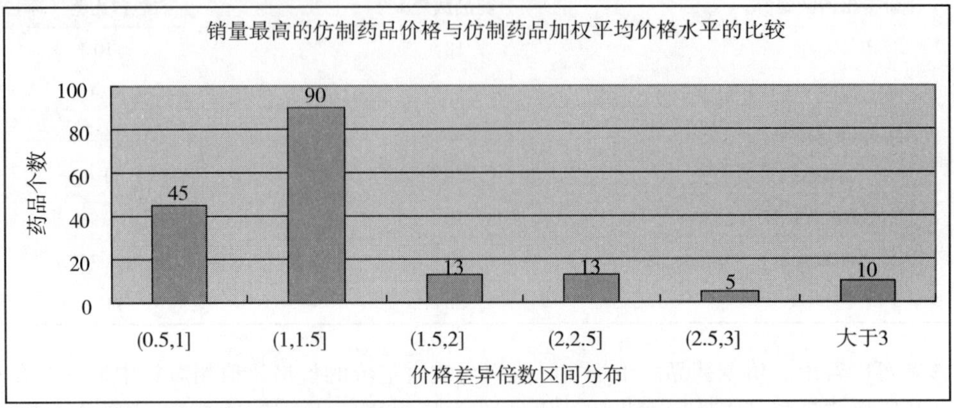

图7-12　销量最高的仿制药品价格与仿制药品加权平均价格水平的比较

图7-12的结果表明，有45个（25.6%）销量最高的仿制药品与其相应的仿制药品的加权平均价格的比值小于或等于1；90个销量最高的仿制药品与其相应的仿制药品的加权平均价格的比值在1～1.5；41个销量最高的仿制药品与其相应的仿制药品的加权平均价格的比值大于1.5。同一通用名的仿制药品价格越高，其销售越好，这可能是由于中国以药补医的体制促进了高价药的使用。

三、原研药品与仿制药品的市场份额分析

总体来说，按药品销售金额计，原研药品的市场份额为56.4%。原研药品在不同级别医疗机构、不同地区和不同药品类别的市场份额分述如下。

（一）不同级别医院原研药品的市场份额

116个原研药品的销售金额占其相应的通用名药品销售金额的比例，亦即原研药品的市场份额，在三级综合医院为66%，二级综合医院为48.3%，专科医院为35.3%，详细结果见图7-13。

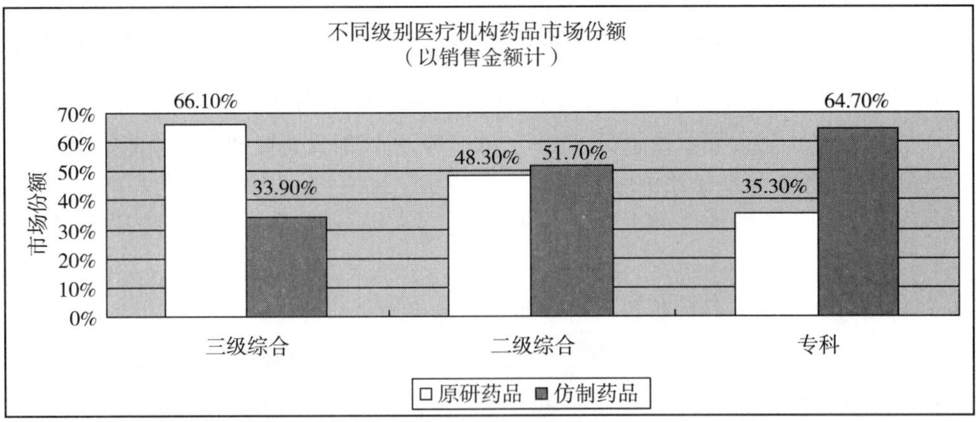

图7-13　不同级别医疗机构原研药品的市场份额（以销售金额计）

图 7-13 显示，原研药品在三级综合医院的市场份额最高，其次是二级医院，然后是专科医院，这说明：越是大型科研教学型医疗机构，原研药品的使用较多，市场份额较大。

（二）不同地区原研药品的市场份额

中国东部、中部地区和西部地区原研药品的市场份额均高于仿制药品。在东部地区，原研药品的市场份额为 67%，在中部地区为 54%，在西部地区为 57%。详情见图 7-14。

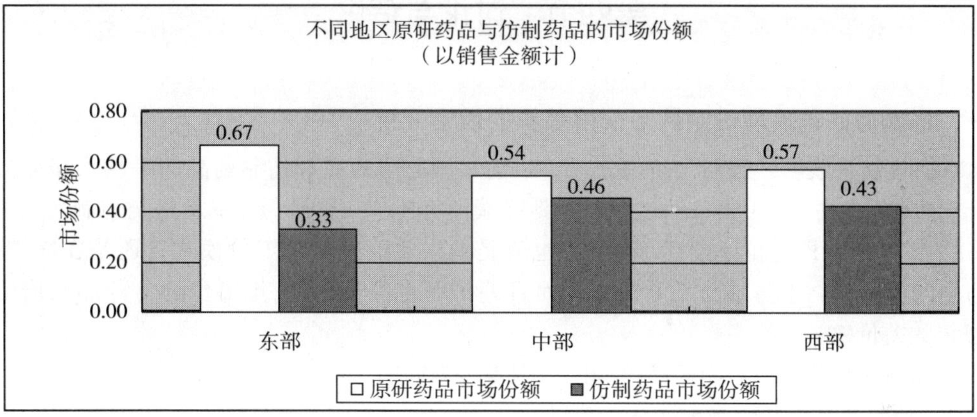

图 7-14　不同地区原研药品的市场份额（以销售金额计）

从图 7-14 可以看出，在西部地区以销量计算的原研药品市场份额为 34%，低于中部地区，但是对应的以销售金额计算的原研药品市场份额却高于中部地区，说明西部地区市场相对混乱，这可能与西部地区经济发展水平偏低有关。

（三）不同药品类别原研药品的市场份额

据汇总数据统计分析，以销售金额计，原研药品在不同治疗类别所占市场份额呈现出较为明显的差异，循环系统用药和激素及调节内分泌功能的药品所占市场份额最高，均超过了 70%，其次是抗肿瘤类药品，约为 51%，再是抗微生物类药物和消化系统类药品。详情见图7-15。

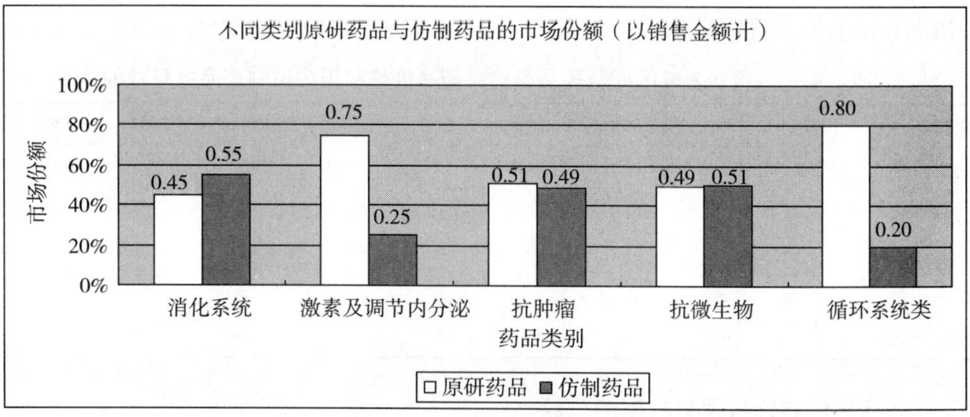

图 7-15　不同类别原研药品与仿制药品的市场份额（以销售金额计）

循环系统类药品、激素及调节内分泌功能类用药及抗肿瘤用药是目前中国甚至世界范围内用量相对较大的药品。由于目前循环系统疾病、肿瘤等发病率较高，而相应的药品研发难度较大、仿制相对困难，因此一旦研发成功，就能占有较高的市场份额。

第四节　讨论与结论

一、影响原研药品与仿制药品价格差异的因素分析

本章研究结果表明，政府定价模式下，目前中国原研药品和仿制药品的平均价格差异倍数为2.7，即差价率高达170%；经过流通，到终端销售环节，原研药品的价格是仿制药品加权平均价格的2.84倍，即差价率高达184%，也就是说，无论是政府定价模式，还是在终端销售，原研药品的价格均高于仿制药品的价格，而且差价率也高于2000年出台的《药品政府定价办法》规定的差价率。

造成部分原研药品与仿制药品价差的原因是多方面的。

（一）仿制药品市场的激烈竞争

中国是仿制药品大国。由于近年来医药行业重复建设导致药品市场过度竞争，仿制药品的价格战使得部分产品的价格非常不合理，而且药品集中招标采购制度其实也是利益各方价格博弈的制度，因而原研药品与仿制药品的价格竞争其实质是仿制药品之间的价格竞争，这导致原研药品和仿制药品的终端实际销售价格差在流通过程中逐步扩大。药品价格主管部门在进行价格调整时，通过对终端实际销售价格的调查，被动调整最高零售价，使得政府定价模式下的原研药品与仿制药品的差价率逐步偏离了《药品政府定价办法》的差价率规定。

表7-9是以规格为1.0g的头孢曲松注射液为例，揭示中国原研药品与仿制药品价格与国内仿制药品批号数的关系。从该表可以看出，从1997~2007年，随着国内仿制药品头孢曲松的批号越来越多，头孢曲松原研药品与其相对应仿制药品的价格逐步降低，其中，仿制药品的价格下降得更快，价格差异也不断扩大。这说明，头孢曲松与其仿制药品的价格竞争，其实质是头孢曲松仿制药品之间的价格竞争。

表7-9　头孢曲松注射液的原研药品与仿制药品价格和国内仿制药品批号数的关系

年份	1997	1998	1999	2000	2001	2002	2003	2004	2005	2009
原研药品价格	158.5	158.5	158.5	158.5	139	139	139	125.1	93.8	93.8
仿制药品价格	97.2	97.2	75.0	55	40	40	40	20	10	10
原研药品价格/仿制药品价格	1.6	1.6	2.1	2.5	3.5	3.5	3.5	6.3	9.4	9.4
仿制药品批号数	8	9	11	15	22	145	188	280	329	354

（二）药品定价和价格调整机制的欠缺

一方面，中国在药品定价时，未严格按照药品政府定价办法中所规定的价差进行定价；另

一方面，对药品定价后，在较长时间内未采取有效措施逐步缩小价差，并且对部分原研药品与对应的仿制药品进行价格调整时，难以对原研药品与仿制药品的价格下调幅度进行全面监控，这在一定程度上也能导致价格调整过程中价差扩大现象的出现。

但是，原研药品不是中国的独有现象，其价格高于仿制药品也是国际现象。在目前国内的政策和市场环境下，这种现象在一段时间内仍会存在。相比较而言，在中国，部分的原研药品价格可能是比较高，但大部分原研药品的价格是相对合理的，只是国内同类仿制药品竞争太过激烈及部分政策设计不够科学，导致仿制药品价格过低，因而造成了原研药品与仿制药品的总体价差超过政府关于药品价差的规定。

二、影响原研药品市场份额的因素分析

根据本章研究，原研药品的市场份额为56.4%。对于中国这个仿制药品大国来说，由外企主导的原研药品如此高的市场份额表明中国医药市场处于大而不强的状态，这可能与中国以药补医的体制、各地经济发展水平等因素有关。

（一）以药补医体制

首先，中国长期以来从政策层面鼓励并允许医院药品实行加价率销售，以弥补医疗服务的亏损，即实行“以药补医”体制。作为医院而言，由于以药补医体制的存在，必然会激励医师多开高价的原研药品，因此原研药品抢占了大量市场份额；中国现行药品报销制度没有规定对特定通用名药品的报销限额。因此，医保目录内的药品，价格偏高的原研药品不会因为药品报销原因影响到销售量，反而是以药补医的体制促进了原研药品的使用，为其抢占市场份额提供了有利条件；2007年4月初，卫生部出台了新的《处方管理办法》，并规定：“同一通用名称药品的品种，注射剂型和口服剂型各不得超过2种。”此规定即业内俗称的“一品两规”，其实质上是通用名产品多选二：一个品种，两种剂型；一种剂型，两种规格，这就大大减少了供应商的数量，提高了市场集中度。而且由于以药补医体制的存在，医院倾向于采购价格相对较高的原研药品，过去是一种原研药品搭配多个仿制药品，实行“一品两规”以后是一种原研药品搭配一个相应仿制药品，这进一步提高了原研药品的市场份额。

（二）经济发展水平

此前研究表明，在东部地区，以销售金额计算的原研药品的市场份额高达67%，以销售量计算的原研药品的市场份额高达54%，中部地区次之，西部地区最小。这是因为在东部经济发达地区，百姓的购买力水平较高，由于“价高质好”的心理预期，他们在购买药品时，更倾向于购买相对高价的原研药品。但是在相对贫困的西部地区，相比较而言，他们更关注药品的“可负担性”问题，即价格问题，因此，西部地区原研药品的市场份额与东部地区相比相对偏低。

（三）用药结构

根据前述研究，无论是以销售金额计算还是以销售量计算的原研药品的市场份额，在三级综合医院最高，二级综合医院次之，专科医院为最低。这是因为三级综合医院用药量明显高于二级综合医院和专科医院，而且，三级医院的患者其病情也相对复杂，用药也以激素类、肿瘤类等高价药为主，而这些高价药市场又以原研药品生产企业为主流，因此，由于用药结构造成了原研药品的整体市场份额偏高。

（四）药品质量的客观差别

不可否认，部分仿制药品生产商生产的药品，工艺水平和质量标准虽然都能满足中国的要求，但是难以达到高标准的国际要求，但是其相应的原研药品，其生产设备、质量控制和原材料的投入都相对较高，不仅能满足中国的生产要求，也能达到国际的高标准。因此，为了避免由于药品质量问题引起的医疗纠纷，保证药品的疗效和患者的用药安全，医生更倾向于使用历史相对悠久、不良反应发生率低、安全系数高的原研药品，导致了原研药品的市场份额占据优势地位。

总之，影响中国原研药品与仿制药品市场份额的因素是多方面的，既有机制体制的问题，也有企业自身的原因。鉴于中国是个仿制药品大国，且目前中国原研药品市场份额偏高，仿制药品市场份额偏低，我们需要采取相关措施提高仿制药品的市场份额。一方面，从政府层面看，在不对外资制药企业采取歧视态度和排斥做法的前提下，相关政策应向民族制药企业倾斜，可通过加大财政投入、取消药品加成，逐步取消以药补医的体制，改革报销制度，引入仿制药品替代政策等，从政策设计层面引导仿制药品的销售；另一方面，从国内仿制药品生产企业看，一是要重视创新，通过成功研发创新药品，提高企业的核心竞争力，二是需要不断提高现有仿制药品的生产工艺和质量控制标准，培育仿制药品的市场竞争力。通过政府和国内仿制药品生产企业的共同努力，中国仿制药品的市场份额必然会不断提高。

三、结论

根据研究，得出如下结论：①由于多种复杂因素的制约，现阶段中国确实存在部分原研药品与仿制药品价差过大的情况，有待加强药品价格管理工作，但是，原研药品与仿制药品存在价差不是中国所特有的，是世界各国的普遍现象；②中国原研药品与仿制药品的价差和市场份额问题，很大程度上是仿制药品之间的激烈竞争及招标体制存在弊端等因素所造成；③以药补医体制和药品报销等相关制度，从制度层面扩大了原研药品的市场份额；④原研药品与仿制药品的价差和市场份额存在地域差异，与药品类别和用药的医疗机构级别等因素有关。因此，我们需要采取措施，逐步完善创新药品之原研药品的价格政策。

第三篇

药品政府定价技术研究

第八章　西药复方制剂价格制定方法研究

摘　要

背景及目的： 西药复方制剂是指由两种或两种以上的化学药物活性成分组合制成的药品，一般来说具有提高依从性、改变药品联用疗效和不良反应等特点。随着单组分药物研发成本和筛选难度的不断增加和临床联合用药治疗方案的不断优化，复方制剂已成为化学药物研发、使用的热点之一。本研究明确了西药复方制剂与组分单方之间的价格关系，探索了建立符合我国国情且客观、合理、科学、透明的复方制剂定价机制，为政府合理定价提供依据。

方法及内容： 通过文本研究梳理并总结国内外复方制剂的相关概念和注册办法，调查我国西药复方制剂价格管理现状。按照《差比价规则》给出的不同剂型及含量转换原则，对部分定价药品目录内的西药复方制剂与组分单方之间的价格关系进行计算比对，作为西药复方制剂与组分单方的定价依据。对我国国家及各省（区、市）出台的《药品目录》中的西药复方制剂进行梳理，总结定价范围内西药复方制剂的品种概况。在实证研究的过程中，召集样本药品的生产企业展开小组座谈会，关注被选西药复方制剂与单方相比的成本变化、价值变化和价格影响因素。

结果： 国内外有关复方制剂的概念之间虽相似但存在区别；在西药复方制剂进入省级《药品目录》的政策要求中，各省（区、市）除了按照国家文件规定，要求企业提供证明质量、价格的相关材料外，部分省份还要求企业提供与单方相比的临床优势资料、专家的评判意见、复方制剂的品种说明等；成本的变化方面，复方制剂的成本不是简单的单方制剂加和，复方制剂的成本很难根据组分单方确定。药品的价值层面上，由单药制成复方制剂供患者使用，依从性肯定得到提升。

结论及建议： 目前我国西药复方制剂价格管理的关键问题是西药复方制剂的价格与组分单方价格加和之间的关系。结合实证研究和数据分析的结果，本研究针对目前相关政策的完善提出以下建议：明确西药复方制剂的价格影响因素；合理调整药品最高零售限价；完善药品招标工作。本研究对单方存在最高零售限价的西药复方制剂的价格制定方法给出以下建议：可以以价值为基础并参考组分单方最高零售限价进行价格制定，定价公式为：待定价西药复方制剂价格 = 组分代表品加和价格 + 差异；建立价格管理多方协调机制。

第一节 复方制剂的相关概念

随着对疾病了解的逐步深入及治疗手段的不断完善，单组分药物研发成本和筛选难度的不断增加，复方制剂已成为药物研发、生产的热点。复方制剂是相对单方药物而言的概念，与单方药物相比，复方制剂具有改善服用药品依从性、增进药物疗效、减少不良反应、降低用药费用等优点；但也存在不符合个体化治疗理念、不利于调整药物剂量等缺点。人社部《药品目录》中提到的“复合药”的称谓与我们熟悉的“复方制剂”有所不同。研究西药复方制剂价格的具体问题之前，首先要明确不同定义、不同名称的复方药品及其特点，理清国内外有关政策对不同类型复方制剂的注册要求。

一、国内相关概念

我国的复方制剂，包括中药复方制剂和化学药物复方制剂，即西药复方制剂。我国传统中医药在复方药物使用上有着悠久的历史，但对化学药物复方制剂的研究和管理起步较晚。目前，我国没有规章和法案对药物复方制剂的概念做出明确定义，2007 年国家食品药品监督管理局（SFDA）颁布的《药品注册管理办法》（以下简称“《注册办法》”）对我国复方制剂的注册分类和相关非临床技术评价做出规定。

（一）复方制剂

1985 年，原卫生部颁布的第 1 版《新药审批办法》，首次将西药复方制剂、中西药复方制剂定为西药 3 类新药。1992 年，原卫生部颁布“《新药审批办法》有关中药部分的修订和补充规定”，将“以中药为主的中西药复方制剂”列入了中药 3 类新药。2002 年版《药品注册管理办法》，重新对复方制剂的注册进行了分类，并沿用至今。现行 2007 年版《注册办法》规定，明确属于西药复方制剂的有：新的复方制剂属 1.5 类新药；已在国外上市销售的复方制剂，和/或改变该制剂的剂型，但不改变给药途径的制剂属 3.2 类新药。但除了这些类别外，根据注册管理办法的定义，化学药品注册分类中的 1.6 类（已在国内上市销售的制剂增加国内外均未批准的新适应证）、2 类（改变给药途径且尚未在国内外上市销售的制剂）、3.1 类（已在国外上市销售的制剂及其原料药，和/或改变该制剂的剂型，但不改变给药途径的制剂）、3.3 类（改变给药途径并已在国外上市销售的制剂）、3.4 类（国内上市销售的制剂增加已在国外批准的新适应证）及 4、5、6 类等通过改变酸根、碱基的药品同样有可能有西药复方制剂存在。

另外，在中药类的复方制剂定义上，《注册办法》指出，中药、天然药物：未在国内上市销售的中药、天然药物复方制剂属 1.6 类新药。“未在国内上市销售的中药、天然药物复方制剂”包括：中药复方制剂、天然药物复方制剂和中药、天然药物和化学药品组成的复方制剂。中药复方制剂指在传统医药理论指导下组方，来源于古代经典名方的中药复方制剂、主治为证候的中药复方制剂等；天然药物复方制剂指适应证用现代医学术语表述，在现代医药理论指导下组方的复方制剂；中药、天然药物和化学药品组成的复方制剂包括中药和化学药品，天然药物和化学药品，以及中药、天然药物和化学药品三者组成的复方制剂。

《注册办法》除了在药品的注册分类中对复方制剂作出了规定，对于复方制剂上市的非临床技术评价也做出了相应要求。2007 版《注册办法》中，要求西药复方制剂，提供“复方制剂中多种成分药效、毒性、药代动力学相互影响的试验资料及文献资料”，如果复方制剂的毒性试验和动物药代动力学实验和单方相比无明显变化，可免报部分材料。对于中药复方制剂，《注册办法》要求中药复方制剂可以根据处方来源和组成、功能主治、制备工艺等减免部分试验资料；天然药物复方制剂提供多组分药效、毒理相互影响的试验资料及文献资料；如果处方中含有无法定标准的药用物质，还应当参照相应注册分类中的要求提供相关的申报资料。此外，要求中药、天然药物和化学药品组成的复方制剂中的药用物质必须具有法定标准，申报临床时应当提供中药、天然药物和化学药品间药效、毒理相互影响（增效、减毒或互补作用）的比较性研究试验资料及文献资料，以及中药、天然药物对化学药品生物利用度影响的试验资料；申报生产时应当通过临床试验证明其组方的必要性，并提供中药、天然药物对化学药品人体生物利用度影响的试验资料。处方中含有的化学药品（单方或复方）必须被国家药品标准收载。但《注册办法》对于相关材料的内容及格式并未给出明确规定。

（二）复合药

人社部 2009 版《药品目录》凡例中提到了“复合药”这一概念，它是指“未列入《药品目录》但由目录内西药品种组成的复合药（包括含药大输液），如果其价格不高于其所组成药品价格之和的，可视同乙类药品按规定予以支付”。但国家药典委员会制定的《中国药品通用名称命名原则》（以下简称《命名原则》）在药品命名法则中未提及“复合”这一概念。在 SFDA 网站以“复合”为关键词在国产化学药品中进行搜索，查到的复合维生素 B 片、注射用复合辅酶、复合磷酸氢钾注射液、复合氨基酸注射液等药品，均为营养治疗药物，按照《命名原则》的举例分析，这些药物应属于复方制剂。因此可以认为，《药品目录》中的“复合药”本质上是西药复方制剂的一个泛称。

在临床使用中，复合药物是指由几种同类别的药物组成的制剂，虽不排除其他种类药物，但主要强调同类药物“复合”；而复方制剂是指几种不同类别的药物混合而成的制剂，各组分的药理作用可能有所区别。以“复合氨基酸”和“复方氨基酸”两种注射剂为例，复合氨基酸的成分主要为 18 种人体必需与非必需氨基酸，用于需要增强免疫功能，缓解营养不良症状的人群；而复方氨基酸除了含 18 种氨基酸之外，还含有钾、钙、钠等无机盐及山梨醇，用于应激状态下肌肉分解代谢亢进、消化系统功能障碍、营养恶化及免疫功能下降的患者。

（三）组合包装药品

组合包装药品是指将两个或更多独立药品的最终制剂组成一个药品包装包装在一起，以组合包装的形式向患者提供的药品。2004 年，SFDA 颁布了《关于加强药品组合包装管理的通知》，将药品组合包装定义为两种或者两种以上具有独立的适应证和用法用量的药物制剂组成的包装，并规定了药品组合包装的相关事宜，明确指出已有相同活性成分组成的复方制剂不能申请药品组合包装，将组合包装药品与复方制剂区别开来。

组合包装药品（co-packaged medicines）是与复方制剂相似但不相同的概念。世界卫生组织（World Health Organization，WHO）颁布的固定剂量复方制剂注册指导原则中，指出组合包装药品不属于复方制剂，但在处理组合包装药品的风险效益等问题时，可以参照管理复方制剂的办法和指南。

二、国际相关概念

国际上，复方制剂于20世纪初期伴随着有机化学、医学和生物学的发展和处方药的产生而出现。药品的有效成分和禁忌等内容被标注在说明书上，这为西药复方制剂的出现奠定了基础。在磺胺类药物研发的过程中发现了甲氧苄啶（TMP）这种广谱抗菌剂，该药对很多革兰阴性菌和革兰阳性菌都有效，但单独使用容易产生耐药性。而将磺胺药与TMP连用后，既能增强药物疗效，又能降低耐药性，TMP也因此被称为磺胺药物增效剂，这是国外最早开发的复方制剂。而后经过长期的探索和发展，国际上针对复方制剂相关概念和注册管理办法逐渐明确。

（一）固定剂量复方制剂

2004年，WHO发布固定剂量复方制剂注册指导原则（guidelines for registration of fixed-dose combination medicinal products），将固定剂量复合治疗定义为“将两种或更多活性物质以固定剂量比例组合，制成的复方制剂组合进行的治疗”。将固定剂量复方制剂（fix-dosed combination finished pharmaceutical product，FDC-FPP）定义为“含有两种或更多活性物质的制剂成品”。

在固定剂量复方制剂新药的注册类别上，WHO分为4类：①新复方制剂是现有复方制剂的仿制药品；②新复方制剂由已上市的、配伍证明合理的单方药物组成；③新的复方制剂中至少有一个单方药物改变适应证或者使用剂量；④新复方制剂含有至少一个未上市的单方化合物。

美国食品药品监督管理局（Food and Drug Administration，FDA）和欧洲药品管理局（European Medicines Agency，EMA）对于固定剂量复方制剂的注册分类与WHO类似，均是基于单方药物连用安全性的考虑进行划分。

除了对于注册分类进行了详细划分外，WHO、FDA等机构还对不同注册类别的复方制剂进行了详细的非临床技术评价要求，包括根据联合用药基础和单方化合物的资料进行药动学、安全药理学、毒理学实验等。本研究结合相关文献，总结了WHO、FDA与EMA的相关详细规定，详见表8-1。

表8-1 国际上针对固定剂量复方制剂非临床技术评价的相关要求

机构	复方制剂非临床试验的一般原则	不同类型复方制剂的非临床试验方案	其他相关内容
WHO	对于已上市的单方组成的复方制剂，需要阐明联合应用的安全有效性，对于增加新适应证或改变剂量的药物，如果没有安全性证据，需要开展毒性试验，评估安全有效性	复方仿制药品和已上市的单方组成的复方，一般不需要开展非临床试验，但如果复方中含不常用辅料、不常见杂质，需要开展特定试验；增加新适应证或改变剂量的已上市单方组成的复方制剂，如果联合用药已长期广泛使用，安全信息充分，可不开展试验，或根据需求开展毒性桥接试验；对于含有新化合物的复方制剂，则应按照要求开展完整的非临床试验	对受试品、剂量配比、试验动物属种和非临床指导原则等做出了规定

续　表

机构	复方制剂非临床试验的一般原则	不同类型复方制剂的非临床试验方案	其他相关内容
FDA	主要根据单方联用情况要求开展试验。如果无联合用药经验，即使单方已有充分的用药信息，原则上也应开展药效、药动、毒理学等试验	复方制剂由已上市药物组成的情况下，如果单方药物不发生体内代谢证据充分，或联合用药经验丰富，可不进行相关联合用药试验；如果存在相互作用，存在安全隐患，需要进行非临床安全性试验。复方制剂由新化合物和上市药物组成的情况下，建议进行完整的非临床试验，根据临床用药的需要和相关情况，还要进行毒性搭桥试验、相互作用研究和生殖毒性试验	对开展遗传毒性、生殖毒性、致癌性试验，试验动物属种和剂量配比等做出了规定
EMA	不同类型复方制剂的试验主要考虑关注单方信息及联合用药的毒理学、药动学、适应证和用药人群等特点	单方已上市且批准联合用药的复方，可不进行非临床试验；单方已上市但未被联用的复方，需要根据现有相互作用资料选择进行毒性搭桥试验、相互作用等试验，以及某些针对性的附加试验；当复方制剂中至少存在一种单方新化合物时，可进行两种非临床试验方案，一种为对新化合物全面的非临床试验＋复方桥接试验或扩大的复方非临床试验＋针对的新化合物必要试验	对开展遗传毒性试验、生殖毒性试验、致癌性试验，试验动物属种做出了规定

此外，WHO还对新上市固定剂量复方制剂的优缺点提出了衡量标准，除了现有复方制剂的仿制药品外，新上市的复方制剂要提供相应的与单方制剂相比的优缺点资料。

WHO衡量复方制剂的优点包括：①将活性成分制成复方制剂具有医学科学依据上的合理性；②具备适合于复方制剂治疗的明确的患者群体；③在给药剂量相同的情况下，复方制剂的疗效比任何一个组分单独给药的疗效都好；④复方制剂比任何一个组分单独给药治疗时的不良反应发生率都要低；⑤对于抗微生物药物，复方制剂可以降低耐药性的发生率；⑥一个药物可作为另外一个药物的增强剂；⑦各组分之间具有一致的药物代谢动力学和/或药效学特性；⑧治疗过程得到了简化，尤其是现有的治疗复杂或者繁琐时；⑨某个成分的使用可以将其他成分的滥用降到最低；⑩药物活性成分之间在化学和物理化学特性方面具有相容性；⑪如果复方制剂产品和各组分单独给药剂量相同，那么提供便利、改善依从性、简化药品采购分配过程和降低成本也是优点之一。

WHO衡量复方制剂的缺点包括：①对不同的患者来说，每个成分的剂量和/或不同成分之间的比例是因人而异的；②在治疗的不同阶段，患者可能需要服用不同的剂量；③复方制剂比任何一个组分单独给药的不良反应发生率和不良反应的严重程度都要高，或者复方制剂在治疗时产生了单组分治疗时没有观察到的不良反应；④不同组分之间产生了不利的药动力学相互作用；对有些特殊的患者群体来说，有必要进行剂量调整；⑤药物制剂（片剂或胶囊）体积太大，患者难以吞咽等。

2010年，FDA发布了共同开发两个以上未上市药物为复方的指导原则（co-development of two or more un-marketed investigational drugs for use in combination）。FDA特别规定新开发的复方制剂应有以下特征：①以治疗严重疾病和症状为目的；②复方制剂与单方制剂相比应有明确的生物活性优势；③复方制剂的优势应当体现在该药能在临床上体现“协同”作用或延长作用时间，而不是简单的单方组分“加和”效应；④复方制剂的安全性及可能产生的副作用、单药生物活性的有限性等因素必须严格考虑。

可见目前国外的指南和注册规定中，对不同创新程度的复方制剂有明确的注册要求，且特别强调复方制剂与组成单方相比的优缺点，新的复方制剂，必须能体现其存在的必要性和与单方相比的特殊性。

（二）多效药片

2002 年，《柳叶刀》一篇文章阐述了用一种组合药片来预防心血管事件以方便服用的观点；2003 年，英国医学杂志的一篇文章阐述了以名为 polypill（中文译为“多效药片/丸”）的复方药片预防心血管疾病的设想，这种多效药丸由一种他汀类降脂药、三种抗高血压药、叶酸和阿司匹林组成。文献介绍的多效药丸可有效提高患者在服用药物时的依从度、增进疗效，尽管对于相关药物共同使用的副作用还有待研究，但并未表现出较明显的不良反应。

根据科林斯词典的定义，多效药丸是含有多种成分的复方制剂，用于治疗高血压、结核、疟疾和艾滋病等疾病。随着对多效药丸研究的进展深入，许多针对其他严重慢性病，如糖尿病和肿瘤等疾病的治疗方案中，也使用“多效药丸”这一俗称。

需要注意的是，多效药丸为科学研究中对部分固定剂量复方制剂的俗称，这些药物均处于开发或临床试验阶段，尚未上市。

（三）组合药物

组合药物（compounding drug）是指，医生开具处方后，由药剂师将各种药物成分进行混合或调配制成的一种药剂，主要用于满足患者的个体化用药需求。FDA 在《联邦食品、药品和化妆品法》（Federal Food，Drug and Cosmetic Act，FD&C Act）中对于组合药物的安全与生产许可问题做出了相关规定。目前，组合药物在美国的药房中依然发挥着重要作用，全美有一半的药房仍在从事配伍组合药物的工作。但过去十年里，组合药物出现过数次药害事件，引发了美国各界的批评声音。部分药物成分因为安全原因，FDA 限制其在组合药物使用。

三、相关概念梳理结果

通过梳理国内外有关复方制剂的概念，可发现不同概念之间虽相似但存在区别。国内的概念中，复方制剂是《注册办法》和《命名原则》明确的概念，而复合药则是《药品目录》对于已列入目录的西药品种组成的复方制剂的泛指，其实就是指西药复方制剂，并不是规定的专有名称。而在临床使用中，复合药物和复方制剂存在差异。

国外的复方制剂相关概念中，固定剂量复方制剂、组合药物和组合包装药品均是指南和法规中明确的概念，多效药丸是科学研究中对于部分固定剂量复方制剂的俗称。国外目前针对固定剂量复方制剂出台了较多的指南和相关规定，并规范了固定剂量复方制剂的注册分类，推动了复方制剂在临床上的合理使用。针对其他复方药品，国外也有明确的法案及指南进行了相关问题的规定，与复方制剂进行了区分。

目前国内的复方制剂药物，名称仍存在混乱。以复合维生素 B 片为例：根据《命名原则》的命名规定，该药应属于复方制剂范畴，而同一种药物，不同厂家的产品就有 Vitamin B complex tablets，Compound Vitamin B Tablets，Tabellae Vitamini B Compositae 等英文名称。在注册分类上，《注册办法》指出了一些分类的药物属于复方制剂，但其他注册分类的药物同样可以存在复方制剂，复方制剂的注册分类仍然不够明确。

国外对于固定剂量复方制剂上市的非临床要求，与国内相比更为详细具体。我国《注册办法》中的相关要求与国外相似，但规定较为宽泛。另外，《注册办法》出台于2007年，针对目前的市场现状可能存在一定的滞后性。国外相关组织对于复方制剂优缺点的界定，对本研究有非常重要的指导作用。从研究所提到的相关资料，特别是以WHO为代表的国外注册要求指南可发现，不同注册类别的西药复方制剂，其创新程度各异，其试验、研发等成本有所区别，而复方制剂与组分单方相比在使用优缺点上也因品种而定。

第二节　我国西药复方制剂价格管理现状

一、我国药品价格形成方式

我国药品价格的形成方式有两种：市场价格和政府管制价格。市场价格指的是在市场上由供需状况决定的均衡价格，该价格与市场结构密切相关；政府管制价格指的是政府定价部门根据需要和目标运用行政手段规定并强制执行的某些产品或服务的价格。

政府定价范围以外的药品，在我国实行市场调节价；定价范围内的药品，分为国家统筹和省级统筹两部分，国家统筹范围如下：①列入2009年版《国家基本医疗保险和工伤保险药品目录》（简称《医保目录》）的西药，按标明的药品中文名称划分品种，各品种属于处方药的剂型，含属于处方药但未列入《医保目录》的剂型；②列入《医保目录》的中成药（不含民族药），按标明的药品名称和剂型划分品种，属于处方药的剂型；③国家基本药物；④《医保目录》以外的麻醉药品、一类精神药品、按国家指令性计划生产并由国家统一收购的避孕药具和计划免疫药品、处于中国药品物质专利保护期内的药品；⑤《医保目录》以外的血液制品。

对上述药品，国家发改委定价的形式为：避孕药具、计划免疫药品定价内容为出厂（口岸）价格；其余药品定价内容为政府指导价，具体定价形式为最高零售价格。

各省（区、市）价格主管部门定价的药品范围、定价形式和内容如下：①《医保目录》内属于非处方药的剂型，以及各地调剂进入地方医疗保险报销范围的品种，定价形式为政府指导价，定价内容为零售价格。具体定价形式为最高零售价格；②麻醉药品、一类精神药品的批发价格；③医院制剂、《医保目录》所列民族药和中药饮片，根据本地情况确定具体定价权限、形式和内容。

在我国，对药品进行定价多采用成本定价的方式，成本测算和目标利润率是决定价格的主要因素，其中成本是决定价格的关键。对于一般的仿制药品，政府主要参考社会平均成本进行定价，以鼓励竞争、降低药品价格。对于新药，包括专利药品、原研药品、首仿药品等，在我国通常采取单独定价的方式，以鼓励创新。政府定价的一般程序如图8-1所示。

图 8-1 我国药品定价程序

对于西药复方制剂，有关部门并未明确指出其定价方式，简而言之，如果某西药复方制剂处于国家统筹范围内，则由国家发改委对其制定最高零售限价；如果处于省级统筹范围内，则由相应省（区、市）价格管理部门制定最高零售价；除外者，由企业自行制定价格。此外，我国对西药复方制剂有一些特殊的价格管理政策，具体如下。

二、西药复方制剂价格管理政策

国家发改委2009年颁布的关于调整《定价目录》的通知中规定，国家定价范围的药品，已上市销售但尚未制定价格的，暂由生产经营单位根据现行市场情况自行制定价格；在国内首次上市销售的品种，生产（进口代理）企业应在上市销售前向当地价格主管部门申请制定临时价格，各省（区、市）价格主管部门制定临时价格后应及时抄送国家发改委。在各省（区、市）价格主管部门制定临时价格前，生产（进口代理）企业可制定试销价格。列入国家定价范围的药品，国家已制定公布价格的，各省（区、市）价格主管部门不得擅自调整。因市场供求、生产成本等发生较大变化，各省（区、市）价格主管部门可向发改委提出调价建议。因此，《药品目录》中西药复方制剂的价格，根据上述要求由国家发改委或省级物价部门进行管理。在国家和地方不进行定价要求时，暂时由企业自主制定价格，自主定价品种暂不纳入本研究范畴。

2009年版国家《药品目录》中关于“未列入《药品目录》但由目录内西药品种组成的复合药（包括含药大输液），如果其价格不高于其所组成药品价格之和的，可视同乙类药品按规定予以支付，具体管理办法由各地制订”的规定，使得各地通过制订规定流程，对部分进入省级《药品目录》的复方制剂进行价格管理。根据这条原则，全国各地以不同形式出台了相应的医保配套政策，如出台针对西药复方制剂进入医保政策的具体文件，或是对本省2010年版《药品目录》进行补充说明。根据网络可查询的信息，本研究对相关文件进行了整理，最终结果见表8-2。

表 8-2 各省（区、市）关于西药复方制剂进入《药品目录》的文件分类情况

政策修订模式	省（区、市）
省级人社部门以新规或通知形式发布	上海市、辽宁省、海南省、江苏省、四川省、福建省、内蒙古自治区、新疆维吾尔自治区、山西省、浙江省、安徽省、陕西省、甘肃省、吉林省
地市级人社部门以新规形式发布	山东省
在本省2010版《药品目录》中增加有关规定	重庆市、北京市、天津市、河北省、黑龙江省、湖南省、河南省、云南省、江西省、广西壮族自治区、贵州省、广东省、青海省、西藏自治区、宁夏回族自治区、湖北省

各省（区、市）相关政策文件对于理清复方制剂价格制定的相关问题有重要的借鉴意义。本研究在研究前期和中期组织召开了由各省（区、市）价格主管部门专家参加的座谈会，对各

地西药复方制剂价格管理现状进行了探讨。结合北京大学医药管理国际研究中心“药品谈判结果实施运行模式研究”的结果，这里以浙江省为例，介绍西药复方制剂按照“复方制剂价格不高于单方之和”这一原则进入省级《药品目录》的具体流程，见图 8-2。

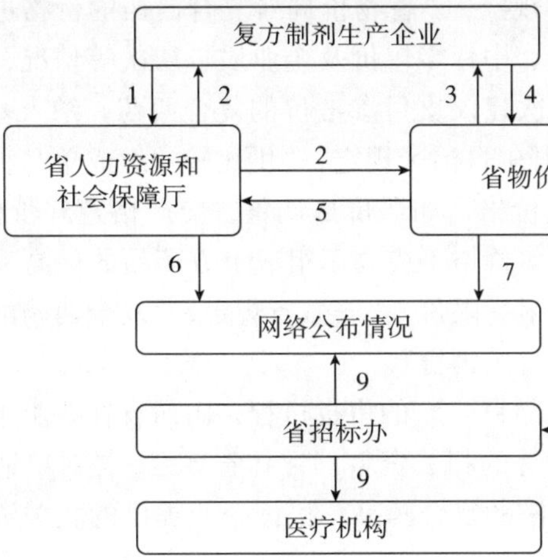

图 8-2　复方制剂按照规定流程进入《药品目录》

图 8-2 各流程具体如下：①药品生产企业可以向省人社部门报送复方制剂材料；②省人社厅核实材料，审核后将审核结果通知生产企业，同时将相关信息告知省物价局；③省物价局核实复方制剂的价格，根据复方制剂组方相对应目录内药品的最高零售价、中标价及企业质量层次等情况，确定复方制剂的最高零售价和支付参考价，并通知药品生产企业；④如果企业接受省物价局提出的支付参考价和最高零售价，需要进行签字确认。对于价格争议较大、不能达成一致意见的药品，省物价局可召集医保、临床、药学、管理专家参加的专家论证会。经专家论证后仍无法与企业形成一致意见的，则该药品不进入《药品目录》；⑤物价局将签字确认的结果送达省人社厅；⑥省人社厅公布药品报销目录；⑦省物价局将支付参考价和最高零售价的核实结果在网上公布；⑧省物价局将最终定价结果告知省招标办；⑨纳入支付范围的西药复方制剂，在药品集中招标采购时按照省物价局公布的最高价的 85% 为中标价格，并在网上公布招标价格。

在各省（区、市）物价部门参与的访谈会上，其他省份表示其开展相关工作的流程与浙江省无较大差别。在各省（区、市）发布的文件中，有些针对具体问题做出了更为细化的规定。在西药复方制剂的认定层面，安徽省在相关文件中指出：“含药大输液是指不区分注射用水、氯化钠溶液、葡萄糖溶液等溶剂（液）50ml 及以上规格的注射剂型”；浙江省指出：“组成药的通用名称按照《药品目录》的通用名称原则认定。所有组成药名称应和对应的《药品目录》内药品通用名称一致；组成药使用化学名称的，应有明确证据证明该化学名称和目录内药品通用名属于同一药品。对组成药名称认定有困难的，可以组织专家论证；对通用名称认定有争议的，按照《关于加强部门协作，进一步规范用药、控制药品费用的通知》（浙纠办发［2006］12 号）的规定处理”，“复合西药剂型核实。复合西药的剂型应与所有与组成药相对应的目录内药品的剂型一致；复合西药属于缓释控释剂型的，其主要组成药与对应的目录内药品应为同一剂型，次要组成药对应的目录内药品可以为常释剂型”。

对于西药复方制剂的价格标准认定，各省（区、市）文件中均提到了进入《药品目录》的复方制剂的价格应不高于其组成单方药物对应的目录内药品价格之和。此外，部分省市还对参照价格做出了详细规定。浙江省规定，“省物价局对复合西药的价格进行核实，根据组成药相对应的目录内药品的最高零售价、中标零售价及企业质量层次等情况，核实并公布复合西药的最高零售价”“低于对应质量层次建议支付参考价的复合西药，纳入基本医疗保险、工伤保险和生育保险支付范围”；新疆维吾尔自治区规定，“供比较的组成单品种的价格应是与复合药为同一质量层次的自治区网采有效价格，如遇价格调整，应严格遵守价格政策”；山西、海南等省份特别规定复方制剂的最高零售价格不应高于组成单方药品的最高零售价格之和（海南指出最高零售价格指物价部门确定的最高限价）；安徽省规定，“复合西药的销售价格由生产经营企业按不高于其组成药品价格之和自主销售”。

对于复方制剂进入省级《药品目录》的审批过程，山西省在要求申报提供的材料中，指出药品生产企业应提供临床比较优势的相关资料。吉林省规定，“对申请纳入吉林省基本医疗保险、工伤保险和生育保险支付范围的复合药品，根据企业提供的相关资料，按有关程序组织各方面专家进行综合评审后确定”。

通过对于各省（区、市）相关政策的归纳整理可发现，在西药复方制剂进入省级《药品目录》的政策要求中，各省（区、市）除了按照国家文件规定，要求企业提供证明质量、价格的相关材料外，部分省份还要求企业提供与单方相比的临床优势资料、专家的评判意见、复方制剂的品种说明等。这些不同的要求均可能会对复方制剂的价格产生一定影响。

第三节 《药品目录》中复方制剂品种及价格分析

一、国家及省级《药品目录》中复方制剂品种分析

人社部《药品目录》中的药品是我国进行价格管制的药品，也是患者可以通过医疗保险得到补偿的药品，代表了社会常用、必需的药品种类。为了研究西药复方制剂与单方的比价关系问题，我们首先对《药品目录》内西药复方制剂的品种进行了梳理。

统计发现，人社部发布的2009版《药品目录》中，涉及17类116个品种的复方制剂，各类品种数量不一，统计情况见表8-3。

表8-3 国家2009版《药品目录》中复方制剂品种数量

药品类别	药品数量（含不同剂型）
1. 抗微生物药物	20
2. 解热镇痛及非固醇类抗炎药	5
3. 镇痛药	6
4. 麻醉用药物	1

续　表

药品类别	药品数量（含不同剂型）
5. 维生素及矿物质缺乏药	7
6. 营养治疗药	10
7. 激素及调节内分泌药物	2
8. 抗肿瘤药物	7
9. 神经系统药物	5
10. 治疗精神障碍药物	2
11. 呼吸系统药物	7
12. 消化系统药物	13
13. 循环系统药物	3
14. 泌尿系统药物	1
15. 调节水、电解质及酸碱平衡药物	4
16. 专科用药	21
17. 诊断用药物	1
总计	116

国家2009版《药品目录》中还列出了“缓解感冒症状的复方OTC药物”的89个品种和“缓解消化道不适症状的复方OTC药物”的36个品种，由于这些药物以非处方药（over the counter，OTC）形式上市，且药物的组成单方基本不单独使用，故在本研究中不做进一步探讨。

国家2009版《药品目录》发布之后，各省（区、市）根据自身需要，对《药品目录》中的乙类品种进行了调整。各省（区、市）调整过程中增补了品种不一的复方制剂。据统计，增补的复方制剂涉及20类237个品种，具体见表8-4。

表8-4　各省（区、市）乙类目录增补复方制剂品种数量

药品类别	增补药品数量（含不同剂型）
1. 抗微生物药物	24
2. 抗寄生虫病药物	2
3. 解热镇痛及非固醇类抗炎药	23
4. 镇痛药	3
5. 维生素及矿物质缺乏药	10
6. 麻醉用药物	1
7. 营养治疗药	12
8 激素及调节内分泌药物	10

续 表

药品类别	增补药品数量（含不同剂型）
9. 抗肿瘤药物	10
10. 抗变态反应药物	3
11. 神经系统药物	13
12. 治疗精神障碍药物	2
13. 呼吸系统药物	17
14. 消化系统药物	30
15. 循环系统药物	13
16. 泌尿系统药物	3
17. 血液系统药物	6
18. 调节水、电解质及酸碱平衡药物	6
19. 专科用药	38
20. 解毒药物	1
总计	237

此外，七个省（区、市）根据国家《药品目录》的“复方制剂价格不高于组分单方之和可纳入省医保目录”这一规定，单独发布了本省增补的复方制剂目录。我们对其公布的目录进行统计，各品种数量见表8-5。

表8-5 七省（区、市）在省级《药品目录》之外增补的复方制剂品种数量

省份	药品类别	增补药品数量（含不同剂型）	备注
七省（区、市）合计	1. 抗微生物药	15	此处为频数统计，未对相同品种进行合并
	2. 解热镇痛及非固醇类抗炎药	5	
	3. 麻醉用药	3	
	4. 维生素及矿物质缺乏药	4	
	5. 营养治疗药	4	
	6. 激素及调节内分泌功能药	27	
	7. 呼吸系统用药	5	
	8. 消化系统用药	5	
	9. 循环系统药	84	
	10. 抗肿瘤药	2	
	11. 调节水、电解质及酸碱平衡药	4	
	12. 抗变态反应药	2	
	13. 治疗精神障碍药	1	
	14. 专科用药	13	

续　表

省份	药品类别	增补药品数量（含不同剂型）	备注
上海市	1. 解热镇痛及非固醇类抗炎药	1	
	2. 维生素及矿物质缺乏药	1	
	3. 激素及调节内分泌功能药	4	
	4. 呼吸系统药	1	
	5. 循环系统药	10	
	6. 专科用药	1	
	总计	18	
辽宁省	1. 抗微生物药	2	
	2. 解热镇痛及非固醇类抗炎药	1	
	3. 维生素及矿物质缺乏药	1	
	4. 激素及调节内分泌功能药	4	
	5. 呼吸系统药	2	
	6. 循环系统药	12	
	7. 调节水、电解质及酸碱平衡药	1	
	8. 专科用药	2	
	总计	25	
江苏省	1. 激素及调节内分泌功能药	3	
	2. 抗肿瘤药	2	
	3. 呼吸系统药	2	
	4. 循环系统药	14	
	5. 专科用药	3	
	总计	27	
浙江省	1. 抗微生物药	2	未统计增补的缓解感冒症状的复方 OTC 制剂
	2. 维生素及矿物质缺乏药	1	
	3. 激素及调节内分泌功能	5	
	4. 调节水、电解质及酸碱平衡药	2	
	5. 消化系统药	2	
	6. 循环系统药	16	
	7. 专科用药	1	
	总计	27	

续　表

省份	药品类别	增补药品数量（含不同剂型）	备注
福建省	1. 激素及调节内分泌功能药	3	
	2. 循环系统药	8	
	3. 消化系统药	1	
	4. 专科用药	1	
	总计	13	
新疆维吾尔自治区	1. 抗微生物药	4	
	2. 麻醉用药	2	
	3. 激素及调节内分泌功能药	3	
	4. 抗变态反应药	2	
	5. 治疗精神障碍药	1	
	6. 循环系统药	12	
	7. 专科用药	2	
	总计	26	
安徽省	1. 抗微生物药物	7	未统计增补的含药大输液
	2. 解热镇痛及非固醇类抗炎药	3	
	3. 麻醉用药	1	
	4. 营养治疗药	4	
	5. 维生素及矿物质缺乏药	1	
	6. 激素及调节内分泌功能药	5	
	7. 消化系统药	2	
	8. 循环系统药	12	
	9. 血液系统药	2	
	10. 调节水、电解质及酸碱平衡药	1	
	11. 专科用药	3	
	总计	41	

由表8-5可以看出，循环系统药物、激素及调节内分泌功能药物、抗微生物药物和专科用药明显较多。排除专业用药繁杂的特点，前三类药物增补数目较多反映了西药复方制剂在我国心血管疾病、糖尿病和抗生素治疗使用领域的重要性，这与国际上固定剂量复方制剂的治疗范围相符。

在进行复方制剂品种梳理的过程中，本研究根据单方的特点及其在复方制剂中的效用，将复方制剂大致分为以下三类：①以营养治疗药物、维生素及矿物质缺乏药物和调节水、电解质及酸碱平衡药物为主，该类药物通过固定配比，对患者的机体进行补充调节，其组方中成分一般不单独使用，代表药物如复方氨基酸、多种维生素等；②通过主药和辅药制成的复方制剂，主药发挥治疗主要作用，辅药可增加主药的生物利用度、增进疗效或者降低副作用，辅药一般不单独使用，代表药物如复方磺胺甲噁唑、复方碘溶液等；③将临床上常合并使用的单方制剂进行固定剂量配比制成的药物，其实质等同于国外定义的固定剂量复方制剂，每个组分均是临床上可单独使用的品种（或含新的、未上市的化合物）。

前两类复方制剂中均含有不作为单独药物出现的单方，在研究中借鉴意义不大，本研究主要关注第三类西药复方制剂。

二、样本省市《药品目录》中复方制剂价格分析

我们通过对政府定价范围内的西药复方制剂进行比价分析，来验证“复方制剂价格不高于组分单方”这一原则的合理性。本研究筛选出西药复方制剂及其组分单方都可以查询到最高零售限价的药品，计算其组分单方最高零售限价的加和价格并与该复方制剂的最高零售限价进行比对。研究以北京、黑龙江、安徽、浙江等四省市为样本进行分析。

我们通过上述四省市价格主管部门公布的药品最高零售价格数据库，筛选出复方制剂与组分单方均有最高零售限价的药品；然后根据《差比价规则》，计算出组分单方加和后的价格，与相应复方制剂价格进行比对。在此过程中，同一药品有多种价格时选择代表品价格；未标注代表品时，选择价格较低者。

由于临床使用特点及定价规制等原因，目录中大部分的复方制剂没有最高限价或其组分单方缺少价格数据。我们最终统计了四省市共42个品种（含重复项）的价格比对情况，结果见表8-6。

表8-6　四省市《药品目录》中复方制剂及相应组分单方价格加和比对分析

省市	药品通用名	剂型	规格	复方制剂零售限价	组分单方零售限价加和
北京	阿莫西林舒巴坦	注射剂（溶媒结晶）	1g/0.5g	28.7	27.1
	氨苄西林舒巴坦	注射剂	1g/0.5g	9.6	19.9
	哌拉西林舒巴坦	注射剂	2g/0.5g	57.2	23.6
	氨酚曲马多	片剂	325mg/37.5mg×10	32.6	13.0
	厄贝沙坦氢氯噻嗪	片剂	150mg/12.5mg×7	31.5	27.4
	氟替卡松沙美特罗	喷雾剂	50μg/500μg×60	383	82.6
	美洛西林舒巴坦	注射剂	1g/250mg	41.7	28.1
	氯沙坦钾氢氯噻嗪	片剂	50mg/12.5mg×10	58	57.5
	妥布霉素地塞米松	软膏剂	15mg/5mg/5ml	23.7	18.9
	依那普利叶酸	片剂	10mg/0.8mg×7	53.9	10.8
	乙胺吡嗪利福异烟Ⅱ	片剂	150mg/75mg/400mg/275mg×60	51.5	48.2
	乙胺利福异烟	片剂	120mg/120mg/250mg×150	98.5	71

续 表

省市	药品通用名	剂型	规格	复方制剂零售限价	组分单方零售限价加和
黑龙江	哌拉西林舒巴坦	注射剂	2g/0.5g	57.2	20.5
	阿莫西林舒巴坦	注射剂（溶媒结晶）	2g/0.5g	59.2	34.6
	氨苄西林舒巴坦	注射剂（溶媒结晶）	2g/1g	18.3	40.6
	美洛西林舒巴坦	注射剂	3g/0.75g	96.7	81.8
	乙胺吡嗪利福异烟Ⅱ	片剂	150mg/75mg/400mg/275mg×60	51.5	50.74
	乙胺利福异烟	片剂	120mg/120mg/250mg×150	98.5	66.87
	妥布霉素地塞米松	片剂	15mg/5mg/5ml	53.9	16.1
	依那普利叶酸	片剂	10mg/0.8mg×7	23.7	24.0
浙江	阿莫西林舒巴坦	注射剂（溶媒结晶）	2g/1g	48.7	47.8
	氨苄西林舒巴坦	注射剂	2g/1g	16.3	30.8
	美洛西林舒巴坦	注射剂	3g/0.75g	96.7	68.5
	头孢哌酮舒巴坦	注射剂	2g/2g	28.3	55.7
	乙胺吡嗪利福异烟Ⅱ	片剂	150mg/75mg/400mg/275mg×60	51.5	51.7
	异福	片剂	150mg/300mg×60	35.0	69.3
	氨酚曲马多	片剂	32.5mg/37.5mg×20	63.6	49.9
	复方磺胺嘧啶锌	凝胶剂	2.5g：5g：250g	132	22.7
安徽	氨酚羟考酮	胶囊	325mg/5mg	58	52.7
	乙胺利福异烟	片剂	120mg/120mg/250mg×75	50.5	38.0
	哌拉西林舒巴坦	注射剂	1g/250mg	33.7	11.1
	茶碱沙丁胺醇	片剂	150mg/2mg×10	33.2	10.0
	氨酚曲马多	片剂	325mg/37.5mg×10	32.6	20.4
	乙胺吡嗪利福异烟Ⅱ	片剂	75mg/37.5mg/200mg/137.5mg×60	30.3	28.1
	阿莫西林舒巴坦	注射剂	1g/0.5g	28.7	28.4
	美洛西林舒巴坦	注射剂	500mg/125mg	27	19.5
	妥布霉素地塞米松	眼膏剂	9mg/3mg：3g	25.3	8.4
	甲硝唑维生素 B_6	片剂	0.2g/20mg×24	13.5	11.2
	二甲双胍格列本脲	片剂	250mg/1.25mg×24	13.4	5.7
	硝呋太尔制霉素	栓剂	0.5g/20 万 U	10.8	19.9
	氨苄西林舒巴坦	注射剂	1g/0.5g	9.6	19.9
	复方托吡卡胺	滴眼剂	5mg/5mg：1ml	3.3	3.2

由表8-6可知，复方制剂最高零售限价较高者共33个，占78.6%；组分单方零售限价加和价格较高者仅9个，占21.4%。由此可见，样本省市《药品目录》中的很多西药复方制剂的最高零售限价并不符合“复方制剂价格不高于组分单方”的原则。

由于数据的可获得性有限，遴选出的药品是否具有代表性有待商榷。因而我们不能以偏概全地认定西药复方制剂的价格应该高于组分单方的价格之和。而且表8-6的结果中确实有一部分西药复方制剂的价格低于其组分单方价格加和。不同的价格关系是否与药物本身属性有关有待进一步讨论。

第四节　西药复方制剂价格实证案例分析

为进一步研究单方组成复方制剂后成本、价值的变化和当前的价格管理政策对西药复方制剂的影响，明确西药复方制剂的价格影响因素，研究需要针对具体案例进行实证调研。在筛选药品的过程中，要注意各种药品在药学特点、政策背景等方面的代表性，力争通过个例的分析归纳出普遍性结果。

根据前期对西药复方制剂相关政策的文本研究，目前政府定价管理的西药复方制剂可以从政策背景层面分为两类：①第一类是由国家或省级出台最高零售限价的复方制剂，对于组分单方全部或部分没有最高零售限价的复方制剂，由于无法论证其比价关系，暂时排除在关注范畴之外；②第二类是所有组分单方都有最高零售限价，但其本身没有最高零售限价的复方制剂，根据规定，这种复方制剂可视同乙类药品按规定予以支付。

参照西药复方制剂的政策背景、治疗类别、剂型等因素，本研究最初选取了吡格列酮二甲双胍、厄贝沙坦氢氯噻嗪、缬沙坦氢氯噻嗪、哌拉西林舒巴坦四种药物作为调研品种，并根据品种选择了四家代表企业进行调研，具体情况见表8-7。

表8-7　调研药品选择相关情况

药品通用名	政策背景	适应证	拟选择企业
哌拉西林舒巴坦	• 组分单方和复方制剂均有限价 • 复方制剂限价高于组分单方的计算价格加和	抗菌药	华润双鹤药业（国内首仿企业）
吡格列酮二甲双胍	• 组分单方有限价 • 复方制剂没有限价 • 存在复方制剂价格高于组分单方价格加和的问题	糖尿病	杭州中美华东（国内首仿企业）
厄贝沙坦氢氯噻嗪	• 组分单方有限价 • 复方制剂没有限价 • 多省份根据“复方制剂价格低于组分单方价格”这一原则纳入医保目录，部分省份组分单方、复方均有限价	高血压	浙江华海药业（产品通过FDA认证的仿制药品企业）
缬沙坦氢氯噻嗪	• 组分单方有限价 • 复方制剂没有限价 • 多省份根据“复方制剂价格低于组分单方价格”这一原则纳入医保目录	高血压	鲁南贝特制药（生产同一通用名复方制剂多种剂型）

上述四个品种的研究结果将从药品的药学属性与药品价值、与单方相比的成本变化和价格管理现状三方面进行阐述。

一、哌拉西林舒巴坦

哌拉西林舒巴坦是本研究选取的第一个案例药品。定价政策背景上，哌拉西林舒巴坦在多省市均有单方、复方最高零售限价。本研究选取华润双鹤药业股份有限公司作为被访企业进行调研。其生产的哌拉西林舒巴坦商品名为一君（注射用哌拉西林钠舒巴坦钠4∶1）。

（一）药学属性与药品价值

哌拉西林钠舒巴坦钠主要适用于对哌拉西林耐药而对本品敏感的产β-内酰胺酶致病菌引起的感染。临床适应证包括如下几类。

1. 呼吸系统感染 包括急性支气管炎、慢性支气管炎急性发作、支气管扩张合并感染、肺炎和化脓性扁桃体炎等；

2. 泌尿系统感染 包括单纯性泌尿系统感染和复杂性泌尿系统感染。

哌拉西林是临床常用的细菌繁殖期杀菌剂，属于第三代半合成广谱青霉素类，抗菌作用较强。但该药能被细菌产生的β-内酰胺酶灭活而不稳定，近年来临床分离细菌多因产酶而对其耐药。舒巴坦为第二代β-内酰胺酶抑制剂，抗菌作用极弱，但能与细菌产生的β-内酰胺酶不可逆结合，从而维持β-内酰胺类药物的抗菌活性。由于哌拉西林和舒巴坦的半衰期均为1小时左右，主要由肾排泄，相似的药代动力学特性决定了两者配伍的条件，且舒巴坦并不影响哌拉西林的抗菌活性。因此，哌拉西林舒巴坦复方制剂的抗菌活性较单一组分药物（主要为哌拉西林）成倍增加，抗菌谱增广，解决细菌对哌拉西林耐药问题。为避免抗生素滥用，在临床上只用于对哌拉西林耐药而对本品敏感的产β-内酰胺酶致病菌引起的感染。此外，该复方制剂的开发与两个单方联合用药相比，减轻了医护人员的工作量（单方注射剂在医院药房的调配），降低了药物使用时被污染的机会，提高了患者用药的安全性。

（二）成本变化

对于复方制剂与单方制剂的成本比对，被访企业表示其不生产哌拉西林钠和舒巴坦钠的单方制剂，无法对两者生产环节的成本进行一一对比。一般来说，同样是冻干粉针，复方制剂和单方制剂由于冻干的物质不同和工艺不同，其选用的包装瓶、冻干曲线、冻干时间、人工工时、燃料动力费用等制造费用方面都会有所不同。另外，复方制剂由两个或两个以上主要成分组合而成，在中间产品和终产品的质量控制上要求的检测手段比单方制剂高，检测成本比较高。

（三）价格管理现状

华润双鹤药业于2004年获得哌拉西林舒巴坦的三类新药上市许可，是该通用名药品的国内首仿企业，目前其产品一君在全国哌拉西林舒巴坦各商品中排名第9位，占据全国哌拉西林舒巴坦市场份额的4.1%。研究选取哌拉西林舒巴坦作为第一个被调研的药品，主要因为该药在大多数省市均是复方、单方均有定价的省管药品，且复方制剂最高限价高于单方加和，属于当前定价药品管理的典型案例。以北京市为例，根据市发改委颁布的价格文件，哌拉西林舒巴坦2g/0.5g规格的限价为57.2元/瓶，哌拉西林限价为3元/瓶，舒巴坦价格为20.6元/瓶。

在调研中企业表示，国家在药品定价时从不同维度和角度对药品价格进行测算，定价过程不与药品生产企业沟通。而哌拉西林舒巴坦复方药物的最高限价高于单方药物的价格加和，在销售过程中并没有影响药品的表现。我国的处方药主要在医院销售，而在医院销售复方制剂对其和单方的价格关系并不敏感。另外，最高限价并非药品在市场的终端销售价格，企业表示他们的产品一君在市场的实际价格为40元左右。

二、吡格列酮二甲双胍

（一）药学属性与药品价值

吡格列酮为噻唑烷二酮类口服降糖药，为高度选择性的过氧化物酶增殖体激活受体-γ（PPARγ）的激动剂，能激活PPARγ，调节许多控制葡萄糖及脂质代谢的胰岛素相关基因转录，增加组织对胰岛素的敏感性，降低胰岛素抵抗，从而达到降低血糖的目的。

二甲双胍可降低2型糖尿病患者空腹及餐后高血糖，其降糖的机制复杂，包括增加周围组织对胰岛素的敏感性，加强非胰岛素依赖的组织对葡萄糖的利用，抑制肝糖原糖异生作用，降低肝糖输出（主要功能），抑制葡萄糖摄取和胆固醇的生物合成等。与胰岛素作用不同，二甲双胍不促进脂肪合成作用、对正常人无明显降血糖作用，对2型糖尿病单独应用时一般不引起低血糖。

吡格列酮二甲双胍片含有两种不同药理机制的抗高血糖成分，以改善2型糖尿病患者的血糖控制。主要适用于单用二甲双胍或吡格列酮治疗，糖尿病控制不良，需要进一步控制血糖者；新诊断的糖尿病患并需要联合用药治疗者；已经使用二甲双胍和吡格列酮联合治疗者，或是其他治疗方案效果不佳者。企业表示，据临床文献资料报道，两者联用能改善2型糖尿病患者的血糖控制能力。经胃肠道给药吸收较好，给药30分钟后血中即可检测到，2小时可达血药浓度峰值。与食物一起给药，峰值延后3～4小时，但不影响药物吸收总量。吡格列酮与二甲双胍联用，两者具有良好的协同性，可以很好地控制患者的血糖浓度，还可以增加患者用药的依从性。

（二）成本变化

杭州中美华东制药有限公司对于其生产的盐酸吡格列酮二甲双胍（商品名卡双平）的成本进行了详细的介绍。

首先，由单方制成复方，在处方工艺上需要增加相关基础研究工作，包括相容性研究（如两个原料之间，两个原料分别与各辅料之间，两个原料混合物与各辅料之间的研究）和其他相关工艺研究，主要考察依据为杂质研究、降解研究。此外，还要进行相关的处方可行性研究（包括颗粒休止角、片剂性状、脆碎度、崩解时间等），处方研究重点投入在片剂的均匀度、溶出度上，溶出度要做到与单方一致。

第二，针对相应单方制剂，复方制剂的杂质数目多、来源多样性，增加了质量研究工作的复杂性，为确保质量与临床安全性，企业增加了相关杂质研究工作，包括制备过程的杂质引入情况、制备过程的杂质降解，建立相应的可行性检测方法和影响因素试验、加速试验、长期试验等。

最后，作为吡格列酮二甲双胍的首仿企业，按照注册分类要求，企业需要开展临床安全性和有效性的全面研究，包括临床药代动力学的研究。企业需要在临床服用剂量范围、安全性耐受剂量、药物蓄积性等方面提供全面的药物在人体内的安全性数据，以确保前期开发处方的安全性，并进一步确定前期处方研究的合理性。此外，企业还要开展为期 1 年，涉及 8 家临床中心的多中心临床研究，以证实复方制剂临床应用的有效性和安全性。

除了在产品开发方面的成本支出，企业还表示与同类产品相比，其生产吡格列酮二甲双胍的单药原材料质量标准均高于多数同类产品，且拥有该复方制剂的自主知识产权，主要技术点为对原料进行粒径控制和处方选择，改进了复方制剂中盐酸吡格列酮起初低溶出度的问题。

（三）价格管理现状

吡格列酮二甲双胍在很多省份通过按照“复方制剂的价格不高于单方之和”进入医保。但企业方面表示，由于市场上单方药物价格的参差不齐，生产厂家众多，单片价格也从几角到几元不等，因此各地在制定复方制剂价格时，选择的单方药物参考价的高低直接影响了产品进入医保过程中所认定的价格。企业认为，在制定价格时不能简单地按照就低原则测算一个药品的价格，而是应该实地考察该药品的研发成本、生产成本、经营成本及药品的品质等多方面因素，做出科学合理的考察，这样也有利于药品市场的良性发展，间接提高药品质量。企业所生产的产品获得相关专利和国外对其质量的认证标准，在药品研发、生产上所做出的投入，应该能通过价格得到反映。如果认为某一西药复方制剂的价格不应高于单方之和，其价格一定要根据同质量层次的药品进行认定；如果这一西药复方制剂的单方质量标准高于市场普通标准，则价格要进行适度上调。

三、厄贝沙坦氢氯噻嗪

厄贝沙坦氢氯噻嗪在北京市是市属的单独价格管理品种，但更多省市没有规定厄贝沙坦氢氯噻嗪的最高零售限价，而是按照“复方制剂价格不高于单方加和进入医保”这一标准对厄贝沙坦氢氯噻嗪进行价格管理。该药的受访企业赛诺菲是厄贝沙坦氢氯噻嗪的原研企业，浙江华海药业股份有限公司是取得了 FDA 和 EMA 认证的药品仿制企业，均具有一定的代表性。

（一）药学属性与药品价值

厄贝沙坦氢氯噻嗪片是一种用于治疗高血压的西药复方制剂，适用于单用厄贝沙坦或氢氯噻嗪不能有效控制血压的患者。

厄贝沙坦氢氯噻嗪复合制剂中的氢氯噻嗪可引起交感神经系统和肾素—血管紧张素系统激活，起到降压作用，并降低血钾水平。厄贝沙坦能够抵消由利尿剂诱发的代偿机制，从而加强利尿剂的降压效果，同时还能选择性阻断 AT_1 亚型受体发挥降压作用。另外，厄贝沙坦能够减弱氢氯噻嗪诱发的血清尿酸升高和血钾降低，使药品使用的安全性更高。在降压效果上，厄贝沙坦氢氯噻嗪能有效降低轻、中或重度高血压患者的血压，降低程度与血管紧张素转化酶抑制剂（angiotensin converting enzyme inhibitors，ACEI）、阻滞剂和钙拮抗剂等单独或联合使用氢氯噻嗪相当。

一般来说，2 级以上高血压为达到目标血压常需要降压药联合治疗，随着 2 级以上高血压患者数量的不断增多，像厄贝沙坦氢氯噻嗪片等西药复方制剂目前在临床应用上正处于一个上升期，与同类产品相比较，厄贝沙坦氢氯噻嗪可以更好地降低收缩压，特别是针对老年高血压患者，是单纯收缩期高血压患者的一线用药。

（二）成本变化

有关厄贝沙坦氢氯噻嗪成本的问题主要由华海药业提供。华海药业作为厄贝沙坦氢氯噻嗪的仿制企业，其产品通过了美国 FDA、欧洲 EMA 认证，企业表示为达到认证相关要求，在生产硬件和注册费用上和其他企业相比均有额外支出。除了通过国际认证标准外，华海药业所生产的厄贝沙坦氢氯噻嗪片产品规格全国独家，规格是 75mg/6. 25mg，小剂量规格利于不同程度的高血压患者逐步调整剂量，其余生产企业的批准规格均为 150mg/12. 5mg；有效期优于国内同类产品，性质更加稳定，华海厄贝沙坦氢氯噻嗪片的有效期为 36 个月，优于其他国内同类产品 18 ~ 24 个月的有效期。而目前这些因素并没有直接反映在价格上，华海生产的厄贝沙坦氢氯噻嗪片的价格与其他企业生产的同类产品的价格符合差比价规则的关系。

此外，华海药业在访谈中表示研发、工艺设计、生产过程的管理、质量管理等各个环节的成本都不是简单的单药成本加和，可以说除了原材料是单药的价格以外，其他环节的成本都会提高。

（三）价格管理现状

目前对于厄贝沙坦氢氯噻嗪的定价情况各省（区、市）不一，有些属于省管定价，如广东、广西、湖北等；有些没有纳入省管定价，执行的是企业自主定价，如湖南、江西、福建。若药物要进入各省（区、市）医保目录，就应按照复方制剂价格不高于单方制剂加和，将价格降到各单药价格之和以下，如果选择不进入各省（区、市）医保目录，那就可以由企业自主定价。作为原研和仿制企业，市场上赛诺菲与华海药业所生产的厄贝沙坦氢氯噻嗪政策背景不同，在座谈中所反映的问题也各有代表性，以下分别阐述。

赛诺菲公司首先提到了省管定价的问题。赛诺菲所生产的厄贝沙坦氢氯噻嗪商品名为安博诺，原属国家定价产品，归省管定价后，由于国家无明确文件细则，省里对于此类药品的单独定价问题处理不一。一些省份将安博诺作为统一定价产品，不再进行单独定价；一些省份虽然可以申请差别定价，但根据相关规定。获得中国专利药品的复方制剂，必须同时在生产批件上标注 3. 2 类。而进口药品无此分类标注，因此安博诺虽有复方专利，却无法获得差别定价。企业认为对于原有国家单独定价的复方制剂而言，单独定价身份的丧失将面临无法中标的风险，对此类复方制剂缺乏公平性，因此建议各省（区、市）在制定原属国家单独定价的复方制剂价格时，延续国家的单独定价身份，仅在价格水平上作调整。

然后，企业认为如果复方制剂不能获得单独定价身份，其定价水平按照统一的价格水平进行制定，会造成安博诺的价格水平低于其组成单方厄贝沙坦（商品名安博维），导致价格倒挂。另外，由于复方制剂较单方制剂在服药依从性上有各方面的优势，企业建议复方药价格至少不低于同质量层次的单方价格之和。

另外，企业还提出了医保部门规定的“复方制剂价格不高于单方价格之和”中价格标准不明确的问题。目前各省（区、市）在执行这一政策时，有些按照最高零售价计算，有些按中标价计算。由于中标价会随着每一轮招标改变，复方制剂的中标价无法随各单方的中标价进行及时调整改变，将会导致该复方制剂无法报销。企业认为在现有模式下采用最高零售限价作为价格管理工作的依据，比中标价更具有可操作性。

华海药业在调研中表示，复方制剂进入医保的规定直接影响了厄贝沙坦氢氯噻嗪片的价格，部分省份受影响的程度比较大，企业如想要药品进入医保，就要根据单方价格进行降价。此外，药品招标的过程也会影响药品的价格。各省（区、市）招标过程中报价之前均会制定一个限价，中标价格不可以超过限价。基本上限价的制定方法就是参考周边省份的平均中标价格、最低中标价格乃至全国各省（区、市）份的最低中标价格作为参考价，一旦一个进医保的省份价格降下来，可能会导致在其他非医保省份的中标价格相应下降。低价中标结果可能由恶性价格竞争导致，这增加了企业为了将药品进入医保所承受的负担。尽管其所生产的产品经过了 FDA 和 EMA 的认证，也没有得到价格上的特殊认定。

四、缬沙坦氢氯噻嗪

缬沙坦氢氯噻嗪与厄贝沙坦氢氯噻嗪的药学性质相似，选择山东鲁南贝特制药有限公司做调研，主要由于在 SFDA 公布的缬沙坦氢氯噻嗪这一通用名的药品生产企业中，鲁南贝特制药有片剂、胶囊剂和分散片三种剂型，有一定的代表性。

（一）药学属性与药品价值

缬沙坦氢氯噻嗪与厄贝沙坦氢氯噻嗪的配伍原理类似，区别在于厄贝沙坦片为血管紧张素Ⅱ（angiotensin Ⅱ，Ang Ⅱ）受体抑制剂，能抑制 Ang Ⅰ转化为 Ang Ⅱ，特异性地拮抗血管紧张素转换酶 1 受体（AT_1），通过选择性地阻断 Ang Ⅱ与 AT_1受体的结合，抑制血管收缩和醛固酮的释放，产生降压作用。缬沙坦胶囊为 Ang Ⅱ受体 AT_1的拮抗剂，通过选择性地阻断 Ang Ⅱ与 AT_1受体的结合，抑制血管收缩和醛固酮的释放。两者都能缓解氢氯噻嗪可引发的血尿酸升高和血钾降低。

（二）成本变化

鲁南贝特制药在涉及成本问题上表示，复方制剂在制作的过程中与单方制剂的质量要求不同，处方中采用了新型的药物辅料，成本会有一定升高。比如制剂中缬沙坦较难溶，为了增加药物溶出度在处方中加入了表面活性剂。另外，复方制剂的工艺操作需要考虑配比混合等问题，工艺更加复杂，比如采用了等量递增、湿法制粒等工艺，解决了产品均匀度不合格、裂片等技术难题，也会提升成本。

（三）价格管理现状

对于目前的缬沙坦氢氯噻嗪价格管理政策，企业首先表示可以接受“复方制剂价格不高于单方价格加和进入医保”这一规定，但也表示复方制剂价格不应该完全只参照单方，而应该结合复方制剂的优缺点。另外，企业还提到了目前在价格管理时中标价差异的问题。企业表示目前在很多省市以单方和复方中标价的比对确定复方制剂能否进入医保，而采用招标过程中的漏洞可能会损害到一些合法企业的利益。有些企业招标的过程并非为了药品中标生产销售，而是为了通过赢得中标取获得中标企业资质，借此机会去提升企业名气或是进行其他投机行为；抑或是有些小规模企业，或是监管不严的企业，在生产过程中不符合环保等要求而进行低成本生产，在招标过程中侵害了合法企业的利益。对于缬沙坦氢氯噻嗪同时生产片剂、胶囊剂和分散片三种剂型的问题，企业表示主要为了提高中标概率、增加企业的中标产品、提升企业资质。

另外，企业提出氢氯噻嗪作为基本药物，同时也属于廉价药物（日费用低于 3 元），由于价格过于低廉，导致企业目前生产氢氯噻嗪动力不足，而低价、药品零差率和限制基本药物销售范围等因素又促使很多大医院缺少氢氯噻嗪这一药品。在这种情况下要使用氢氯噻嗪，更多地要使用含氢氯噻嗪西药复方制剂。

五、其他案例

为丰富研究内容，我们将齐鲁药业的哌拉西林他唑巴坦、赛诺菲集团的厄贝沙坦氢氯噻嗪、默沙东集团的阿仑膦酸钠维 D_3 和氯沙坦氢氯噻嗪纳入研究范围进行调研。厄贝沙坦氢氯噻嗪相关情况已在上文进行详细阐述，氯沙坦钾氢氯噻嗪、阿仑膦酸钠维 D_3 和哌拉西林他唑巴坦由于前期研究有限，且在调研中发现的一些共性问题已在前文有所阐述，下面对着三种复方制剂的情况进行简述。

氯沙坦钾氢氯噻嗪 默沙东集团所生产的氯沙坦钾氢氯噻嗪片是全球第一个上市的 Ang Ⅱ 受体抑制剂，因此其药学性质和配伍原理基本与厄贝沙坦氢氯噻嗪相同，可以在治疗中保证 $1+1>2$ 的效果。与其他类似复方制剂相比，由于氯沙坦独特的降尿酸作用，氯沙坦钾氢氯噻嗪具有独特的平衡利尿剂（氢氯噻嗪）对代谢的影响。这一药品也是唯一被 SFDA 批准的拥有起始治疗适应证的固定复方制剂，而其他固定复方制剂均被标注为对单药反应不足后才允许使用。

阿仑膦酸钠维 D_3 阿仑膦酸钠维 D_3 片在中国市场上主要治疗绝经后女性骨质疏松症和男性骨质疏松症。根据中国和国际骨质疏松症指南，骨质疏松的治疗需要药物和维生素 D 两种组分。而阿仑膦酸钠维 D_3 片是目前中国市场唯一和第一个在售的骨质疏松复方制剂，其中阿仑膦酸钠本身具有两项国际制备工艺专利以保证药物生产的质量。阿仑膦酸钠维 D_3 片与单方组分阿仑膦酸钠相比，增加了每周维生素 D_3 的使用，可以让阿仑膦酸钠与维生素 D_3 发挥协同作用，更好地提高骨密度并增加患者的维生素 D 水平。患者服用方式与单方组分阿仑膦酸钠相比完全一样，但是可以提高维生素 D 的依从性。另外，在价格问题上，企业表示维生素 D_3 在目前中国骨松市场的药物制剂很少，患者获取维生素 D_3 的渠道匮乏，只能退而求其次地选择了骨化三醇或阿法骨化醇等产品替代。但是骨化三醇或阿法骨化醇的价格很高，对骨质疏松患者产生的效果却不明确，增加了患者的负担。其次，复方制剂可以降低医保费用。在阿仑膦酸钠维 D_3 片上市前，市场上主要使用的阿仑膦酸钠联合活性维生素 D 的治疗方案，每周价格约为 140 元。而改成使用阿仑膦酸钠维 D_3 片后，价格仅为 70 元，降低一半的医保负担。但同时，该复方药品的价值并未充分体现。

哌拉西林他唑巴坦 与哌拉西林舒巴坦不同，哌拉西林他唑巴坦的单方他唑巴坦没有最高零售限价，这意味着在当前阶段该药物可能不涉及关系到复方制剂特点的价格问题。但在调研过程中企业反映的复方制剂合理性的问题依然值得我们关注。就哌拉西林他唑巴坦来说，两种药物的配比可以增大药物的抗菌谱，提高抗菌能力，虽然医院药房可以完成单药的注射剂配比工作，但是在一些条件有限的医疗卫生机构，可能缺乏配置复方制剂必要的卫生条件。另外，企业提到对于一些特殊配比的复方制剂，如滴眼剂，患者很难自我进行合理的调配，复方制剂存在的必要性就在这里体现出来。

六、结果与讨论

结合文本研究、数据分析和实证研究的结果，针对西药复方制剂的成本、药品价值和价格影响因素等问题，研究得出以下结论。

1. 成本的变化方面，复方制剂的成本不是简单的单方制剂加和，复方制剂的成本很难根据组分单方确定。很多企业表示为了确保两种药品联用的有效性和安全性投入了更大的成本。而且药品注册办法的要求和访谈结果都表明，首仿企业需要进行临床试验，这增加了复方制剂的研发成本，而复方制剂的专利药品企业在研发上的投入自然更多。在一些成本升高的同时，复方制剂与单方相比的人工成本、配送成本和包装成本上则会有所降低。企业还表示，同一通用名的不同药品，由于质量控制等因素所导致的成本也会有所不同。因此，虽然我国目前以成本加成法为主要定价方法，以单药成本作为参考去衡量复方成本依然比较困难，且可能存在较大误差。

2. 在药品的价值层面上，由单药制成复方制剂供患者使用，依从性肯定得到提升。但不同药物在其他方面的价值变化则可能差异很大。一些企业针对安全性和疗效上也提出了相应的案例，说明了一些复方制剂的安全性和有效性有明显提高，并且在一些情况下西药复方制剂的使用无法通过组分单方替代。另外与单方相比，复方制剂治疗并不符合临床个体化治疗的原则，在这种情况下，适用面广的复方制剂明显要更有市场价值。如果一类复方制剂的适用面窄、安全性和有效性与单方相比无明显差异，这个复方制剂与组分单方联用相比则没有太大的价值提升，甚至由于其缺点多于优点而导致价值降低。同一通用名不同厂家的复方制剂，药品的价值也可能会由于不同的制剂工艺，或是不同的质量标准而提升。

对于价格管理政策的意见和研究工作的建议上，企业反映的主要问题如下。

1. 一些省市采用中标价格作为参考价格，中标价格可能存在不合理性和波动性。招标可能会导致不合理的价格竞争，有些企业和药品在这一过程中被排除，或使其合理利益受到损害，不同省市之间的价格参考还有可能会使部分省市的不合理中标价格波及其他省份，且唯一的中标价格难以反映多种不同质量产品的差异。招标还会引起价格波动，使企业要不断根据价格变化去和政府做备案等工作，延长了市场准入时间。

2. 某些单方制剂的最高零售限价可能背离市场需求。企业表示之前的价格调整可能导致一些单方制剂的最高零售限价过低，这一方面影响了单方制剂组分加和的计算价格，进而影响了西药复方制剂进入医保的最高价格，另一方面还影响了这些单方药物在临床的使用。由于价格过低，一些单方药物目前在医院已难以找到。

3. 对于有质量差异的药品认定标准不完善。例如一些单方存在质量优化工艺创新或是复方制剂工艺创新在“复方制剂价格不高于单方制剂加和”这一规定下得不到认定，以及原研药品在失去原研资质后，其药品再申请的注册类别在创新程度认定上会弱于国内的首仿企业。

4. 参考价格标准较为单一，质量较好的单方药品、具有创新专利的单方药品，其价值差异在进行价格参考的过程中无法得到体现。

对于“复方制剂价格不高于单方制剂加和”这一原则，多数企业表示认同，但前提是要建立在与同质量、同水平药品进行价格比对的基础上，也有部分企业提出部分药品明显具有使用必需性，价格制定上不应受限于单方价格。

第九章　药物经济性评价方法研究

摘　要

背景及目的：我国目前的药品价格定价制度主要实行差别定价制度和其他价格管理制度相结合的方式。虽然差别定价方法解决了同种通用名药品不同剂型品规之间的价格差异衡量问题，但是还没有合适的方法来衡量治疗同种疾病不同通用名药品之间的价格差异。同时我国药品价格管理过程主要采用成本加成定价方法，没有充分的考虑药品效用。本研究的目的是利用药物经济性基本原理，通过样本研究分析，找出药物经济性和价格之间的规律，从而总结出适合我国国情的治疗同种疾病的药品定价方法。

方法及内容：通过专家头脑风暴法，讨论影响药物经济性的主要因素，并对这些因素分类，在对主要因素研究的基础之上，结合文献调查法、专家头脑风暴法，构建评价主要因素的指标库。然后对指标库进行精简，形成可以科学评价主要因素的指标体系。再利用层次分析法和最大差异化方法对指标体系内的指标逐一评估，采用 SPSS 和 SSI Web 确定指标权重体系，并根据现实的需要，对已有的指标体系及其评价权重进行探索性的简化。使用药物经济性评价方法，对特定药品进行简要的实证研究。

结果：影响药物经济性的主要因素有有效性因素、安全性因素、质量可控性因素、依从性因素、创新性因素、满足社会需求性因素和其他社会特性因素，由 45 个指标组成的指标库，可以用于描述药物价值的不同方面。药物经济性评价指标体系包括安全性、有效性、社会外部性 3 层评价准则，将 46 个指标精简为 15 个指标。实证分析显示，药物经济性评价体系可以在一定程度上反映药物价值，用于指导我国的药品定价。

结论：药物经济性评价是从药品价值评估方法中衍生得到的方法，可以从药品价值的角度进行价格管理，和其他方法相比有一定的优势。

第一节　药物经济性影响因素及其评价指标分析

为了能够准确客观地衡量药物价值，需要对影响药物价值的因素进行探讨。本章首先从不同的角度探讨影响药物价值的因素，再对这些因素进行合并归类，最后提出一系列指标进一步评价影响药物价值的主要因素。

一、影响药物价值的主要因素

（一）药品生命周期中体现的主要因素

药品从研发到最终使用，历经研发、生产、流通、使用和监管环节。每一个环节均反映了药品的不同价值。主要过程见图 9-1。

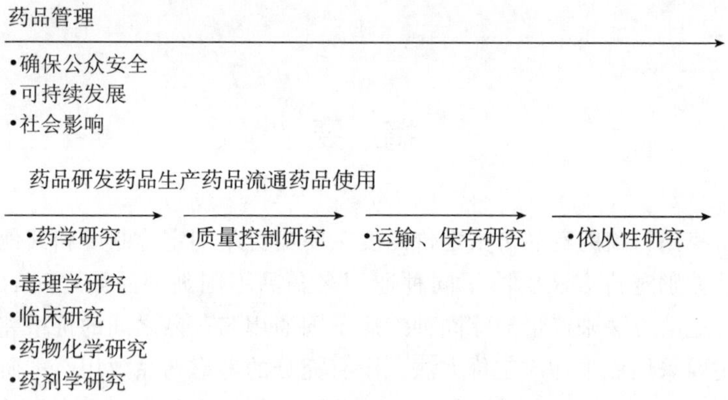

图 9-1　药品生命周期中体现的主要因素

1. 药品研发　药品研发的过程中，起初着眼于可能存在的药品治疗效果，暂且不考虑其存在的药品安全性风险，此过程主要包含了药学研究和药物化学研究两个阶段。随着研发的进行，安全性逐渐成为影响药品价值的重要因素，在临床研究过程中体现得尤为明显。随着研发接近尾声，药剂学研究着眼于提高药品的安全有效性，并且为后续的质量控制、依从性等方面进行先导性的研究。

2. 药品生产　药品生产过程实际上是药物扩大化生产成为药品的过程。药品生产过程集中体现药品的质量可控性价值。生产过程在另一方面还体现药品供应能力的价值。与此同时，生产过程中对社会环境的影响也在一定程度上影响了药品的价值。

3 药品流通　和药品生产过程类似，药品流通过程中，集中体现的是药品的质量稳定性。药品质量稳定性在流通过程中进一步特化为对运输存储过程中的要求程度。

4. 药品使用　药品使用是药品生命周期的最后环节，也是集中影响药品效果和安全性的部分。在使用过程中，药品是否易用，患者依从性如何也显著影响到药品的使用价值。

5. 药品监管　药品的监管贯穿整个药品的生命周期。药品的监管不仅仅要兼顾患者的安全利益价值，还需要考虑社会整体成本的价值，对行业的持续性发展等各方面的价值。

（二）药品功能特性

孙利华等从药品的功能等角度出发对药物经济性进行描述，将药品的功能分为安全、有效、创新等方面。

1. 安全程度　药品的安全程度主要通过如下方面反映：依赖性、是否须联合用药、作用部位选择性、用药检查及监测、是否适宜长期使用、不良反应、禁忌证范围、安全剂量范围、配伍禁忌和适用人群范围。

2. 有效程度　药品的有效程度主要通过如下方面反映：对主治疾病的临床作用效果、达到与其治疗目标所需时间、减轻或消除疾病症状的程度、复发率、作用强度的适度性、起效速度的适当性、作用持续时间的适当性、生物利用度、多重治疗作用、适应证范围、耐受性、对并发症的临床作用、药品自身因素引起的依从性问题和是否必须联合用药。

3. 创新程度　药品的创新程度主要通过如下方面反映：有效成分创新、适应证创新、工艺技术创新和剂型创新。

4. 其他特性　药品的其他特性主要通过如下方面反映：临床可替代药品种类、用药方便性、运输存储条件要求和对环境的影响。

（三）影响药物经济性的主要因素

文献检索结果显示，目前没有针对药品价值影响因素的研究，只有零散的没有针对性的描述。结合药学领域知识、文献和各国经验，专家们广泛讨论认为影响药品价值的主要因素可以分为内部因素和外部因素。内部因素指药品不随社会外部条件变化的内在价值，外部因素指和社会因素相关的外在价值。专家根据药品的内外因素，从不同的角度提出影响药品价值的主要因素，具体因素结构及其内涵见表9-1。

表9-1　影响药品价值的因素

分类	主要因素	内涵
内部因素	安全性	安全性差异导致的不同通用名药品价值差异
内部因素	有效性	有效性差异导致的不同通用名药品价值差异
内部因素	质量可控性	质量可控性差异导致的药品价值差异
内部因素	依从性	用药方便性和感受差异导致的不同通用名药品价值差异
外部因素	创新性	创新差异导致的不同通用名药品价值差异
外部因素	满足社会需求性	满足社会需求能力差异导致的不同通用名药品价值差异
外部因素	其他社会特性	机会成本浪费等其他外部因素差异导致的不同通用名药品价值差异

药品是一种特殊的商品，安全性是药品生命周期最基础的内在要求。从疾病治疗的角度出发，药品的有效性也是药品本质的内生需求。药品在批量化生产成为商品的过程中，质量可控性是药品成为药品的基本要求。在药品使用过程中，药品的易用性和使用感受也是不随社会因素变化的内在因素。

药品的创新性是从产业角度出发，鼓励投入，促进行业发展的社会附加的价值。药品满足社会需求性是从经济规律出发，平衡供给和需求，满足人们需要避免过度浪费的社会要求。避免机会成本浪费也是社会对药品附加的要求，是附加于药品的外在因素。

具体的主要因素归属和结构，见图9-2。

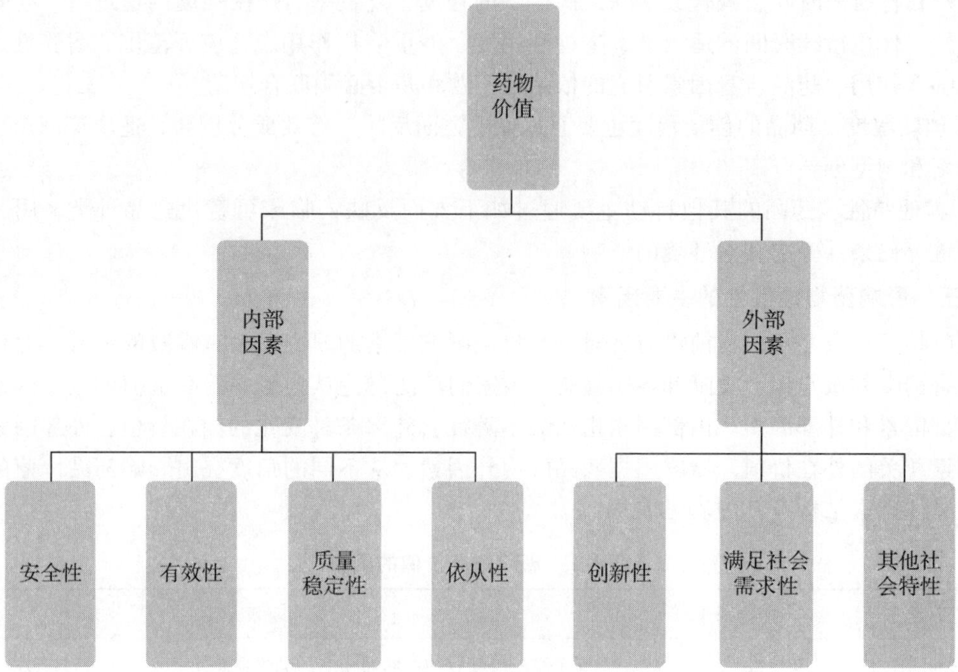

图 9-2　主要因素归属

二、影响主要因素的指标

依据专家遴选原则，共遴选了 35 名专家，组织 3 场专家头脑风暴讨论会，共有专家 42 人次参加。针对影响药品价值主要因素的具体指标进行广泛讨论，确定了指标的有效性、客观性和数据可获得性是体现主要因素具体指标的遴选原则。分析归纳获得 45 个具体指标，结果详见表 9-2。

表 9-2　影响药品价值主要因素的具体指标

主要因素	具体指标		
安全性	不良反应指数	用药监测条件苛刻程度	禁忌证数量
	药品相互作用	相对治疗窗口宽度	过量可逆转性
	特殊人群用药	急性毒性	药品三致作用
	医药工作者安全性量表		
有效性	对因治疗	达效时长	作用持续时间适当性
	起效时间适当性	不可替代性	有效率
	药品指南评级	Meta 分析	医药工作者有效性量表
质量可控性	含量控制指标数量	含量控制精确度	含量上下限
	保质期	存放条件	
依从性	日使用次数	DDDs	使用复杂程度
	患者使用体验量表	医药工作者使用体验量表	

续 表

主要因素	具体指标		
创新性	适应证数量	产品专利	工艺专利
	使用创新专利		
满足社会需求性	标准生产企业数量	行业集中度	通用名占有率
	销售增长率		
其他社会特性	对精细操作影响	对社交能力影响	对自我照顾能力影响
	引发自杀倾向可能	药品依赖性	原料自由度
	环保性	战略储备	

（一）影响安全性因素的指标

体现药品价值安全性因素，共遴选出了10个指标。不良反应指数指以不良反应发生率为权重对不良反应的严重程度评分进行加权的加权平均数；用药监测条件苛刻程度指用药过程中药品监测条件的难易程度；禁忌证数量指药品说明书中提及的禁忌证数量；药品相互作用指与该药品发生相互作用的药品和食物的种类数量；过量可逆转性指过量服用药品后，解救康复的程度；特殊人群用药是指老幼孕等特殊人群的特别要求；医药工作者安全性量表指采用评价量表对医药工作者调查得到的安全性评分。相对治疗窗口宽度、急性毒性、药品三致作用采用业内公认标准进行评价。安全性因素指标结构图见图9-3。

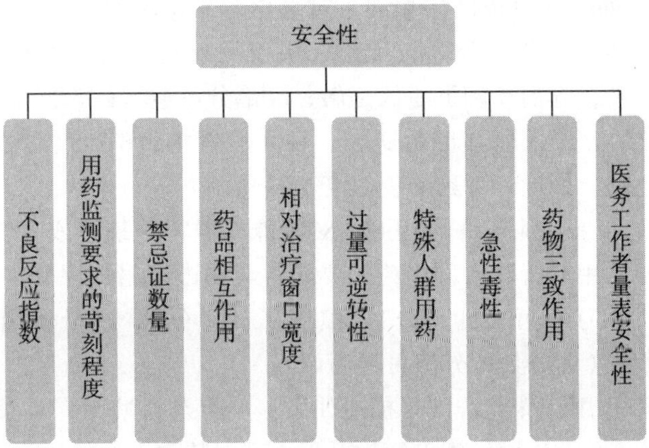

图9-3 安全性因素指标结构

1. 不良反应指数 如果其他条件均相同。ADR指数较低的药物，其药物价值较高。不良反应指数根据严重程度分级，每级计不同分数（分级参考NCI-CTC）；对分数采用不良反应发生率进行加权平均从而得出药物不良反应（adverse drug reaction，ADR）指数，用于反映药物安全性价值。

例如，某两药A和B不良反应描述如下：A药：常见恶心（10%）；罕见横纹肌溶解（0.1%）。B药：少见横纹肌溶解（1%）；罕见恶心（0.1%）。则运算如下：（恶心的发生率 * 严重计分 + 横纹肌溶解发生率 * 严重计分）/（横纹肌溶解发生率 + 恶心发生率）。A药得分

1.030，B 药得分 3.727。因此 A 药安全性高于 B 药。

若有确切发生率数据时用发生率数据，当仅有定性描述时（例如，常见、少见等）采用用国际定义区间的上限计算。

2. 用药监测要求的苛刻程度 如果其他条件均相同，药物使用过程中，所要求的监测条件越宽松的，其药物价值相对较高。根据用药监测条件的苛刻程度不同将药物分为若干类，用于反映药物安全性价值。具体分类如下：必须进行监测；必要时进行监测；用药后需要停留观察；不要求监测。

例如，A 药和 B 药其他方面相同，但 A 药使用之后没有其他特殊要求，B 药要求患者定期进行血液检查，因此 A 药的价值高于 B 药。

3. 禁忌证数量 如果其他条件相同，药物的禁忌证数量越多，其使用过程中需要顾忌的情况也越多，其药物价值相对较高。

4. 药品相互作用 如果其他条件相同，和其他药物或者食物越容易发生相互作用的药物，其安全性越低，反映的药物价值相对越低。

5. 相对治疗窗口宽度 如果其他条件均相同，药物治疗窗口越宽的药物，药物价值更高。根据用治疗窗口的宽度（最低中毒剂量除以最小有效剂量）衡量药物的安全性价值。

例如，某两药 A 和 B 用治疗窗口描述如下：A 药最低中毒剂量为 500mg，最小有效剂量为 200mg；B 药最低中毒剂量为 60mg，最小有效剂量为 30mg。则 A 药的治疗窗口宽度为 500mg/200mg = 2.5；B 药的治疗窗口宽度为 60/30 = 2，因此 B 药的安全性风险低于 A 药。

6. 过量可逆转性 如果其他条件均相同，过量后容易逆转的药物，其药物价值也就较高。根据药物过量是否可以逆转将药物分为若干类，用于反映药物安全性价值：①过量无明显影响；②停药可以完全逆转；③需要辅助手段逆转；④部分可逆转；⑤不可逆转。

例如，A 药过量之后，停药即可自行逆转，且无后遗症；B 药过量之后，即使紧急抢救，也有一定可能留下后遗症。因此，A 药的价值高于 B 药。

7. 特殊人群用药 如果其他条件均相同，对特殊人群特殊禁忌或者特殊要求较少的药物，其药物经济性较高。根据用对特殊人群用药的要求对药物进行累加评分，用于反映药物安全性价值。对老幼孕人群，分为禁用（计 3 分）、慎用（计 2 分）、减量使用（计 1 分）、无影响（计 0 分）四类分别计分（计分具体分值可再商议）。

例如，某两药 A 和 B 用特殊人群用药描述如下：A 药老人禁用，儿童和孕妇减量使用；B 药老人慎用。A 药得分 5 分，B 得分药 2 分，因此 A 药对特殊人群的风险低于 B 药。

8. 急性毒性 如果其他条件均相同，急性毒性越弱的药物，其药物价值越高。使用最小致死剂量作为衡量急性毒性的指标，用于反映药物安全性价值。最小致死剂量值低的药物，安全性风险高。

例如，A 药最小致死剂量为 100g，B 药为 15g。因此 A 药的价值高于 B 药。

9. 药物三致作用 如果其他条件均相同，药物致癌、致畸或致突变作用少的药物，其药物价值较高。根据三致作用对药物进行分类累加，每有一种作用累加 1 分，用于反映药物安全性价值。具体分类如下：i 致癌；ii 致畸；iii 致突变。

例如，A 药有致畸作用，B 药有致癌和致突变作用。则 A 药得 1 分，B 药得 2 分。A 药的价值高于 B 药。

10. 医务工作者安全性量表　如果其他条件均相同，医务工作者根据自身的临床经验对治疗同一疾病的一系列药物的安全性进行排序，平均排名较高的药物，药物价值也高。

例如，根据用临床一线人员的量表评价直接对药物的安全性进行打分，打分高者安全性高，用于反映药物安全性价值就治疗同一疾病的 10 种药物，对 100 名医务工作者进行有效性的排序问卷调查，A 药排名第 3，B 药排名第 7，因此 A 药的安全性价值高于 B 药。

（二）影响有效性因素的指标

体现药品价值有效性因素，共遴选出了 9 个指标。对因治疗指治疗机制是否针对病因；达效时长指达到治疗目标需要的时间；作用持续时间适当性指药品作用的时间和治疗目标的匹配程度；起效时间适当性指药品起效时间和治疗目的的匹配程度；不可替代性指药品在治疗某种疾病过程中是否具有其他药品不可替代的优势；药品指南评级指在相关药品治疗指南中推荐用药的次序；医药工作者有效性量表指通过量表调查医务工作者对治疗效果的有效性评价得分。有效率和 Meta 分析采用业内公认标准进行评价。有效性因素指标结构见图 9-4。

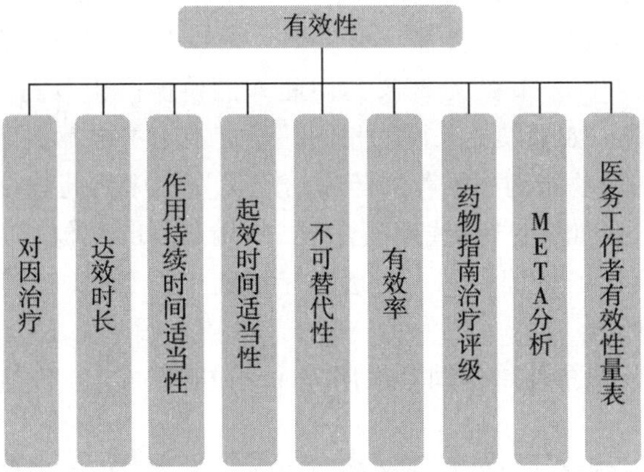

图 9-4　有效性因素指标结构

1. 对因治疗　如果其他条件均相同，药物在治疗主适应证的同时，如果对常见并发症有抑制作用或者对靶器官有保护作用，其药物价值高。判断药物在治疗主要疾病的过程中是否有下述作用：对并发症有抑制作用；对靶器官有保护作用。有研究证明每满足上述情况 1 次累加 1 分，用于反映药物有效性价值（注：由治疗主适应证而引起的并发症抑制和靶器官保护，不在本指标中计算）。

例如，相关治疗指南中有如下叙述：A 药对肾脏和心脏有保护作用，因此计 2 分（不完全描述）；B 药暂未发现有保护作用或者并发症抑制作用，因此计 0 分（不完全描述）。因此 A 药价值高于 B 药。

2. 达效时长　如果其他条件均相同，药物完成一个治疗周期需要的时间越短的药物，其价值越高。根据药物完成一个治疗周期需要的时间衡量药物的有效性价值。

例如，某两药 A 完成一个治疗周期需要 6 个月和 B 药需要 12 个月，则 A 药的治疗价值高于 B 药。

3. 作用持续时间适当性　如果其他条件均相同，作用持续的时间长度适当的药物，其药物价值也越高。根据药物作用持续时间和治疗目的之间的匹配性进行评价，用于反映药物有效性价值。作用持续时间用人体内消除半衰期换算。

例如，目的在于缓解入睡困难症状的安眠药 A 和 B，其余指标情况均相同，A 药作用持续时间为 2 小时，B 药作用持续时间为 12 小时，那么 A 药效果价值高于 B 药。

4. 起效时间适当性　如果其他条件均相同，起效时间适当的药物，其药物价值也越高。根据药物起效时间和治疗目的之间的匹配程度，衡量药物的治疗价值。其中起效时间用达峰时间衡量。

例如，某两个治疗心绞痛的药物 A 和 B，其他两个情况均相同，A 药起效时间为 1 分钟，B 药起效 10 分钟，则 A 药治疗价值高于 B 药。

5. 不可替代性　如果其他条件均相同，不可替代性越强的，药物价值更高。根据药物在治疗过程中的不可替代作用衡量药物的价值高低。

例如，枸橼酸西地那非在治疗 ED 方面有不可替代的优势，因此其治疗价值也高。

6. 有效率　如果其他条件均相同，临床试验中药物有效率较高的药物，其药物价值越高。通过临床试验过程数据（治愈率、进步率、显效率，无效率），用于反映药物有效性价值。

例如，A 药有效率为 80%，B 药为 30%，因此 A 药价值高于 B 药。

7. 药物指南治疗评级　如果其他条件均相同，治疗指南中推荐次序靠前的药物，其药物价值高。根据国内外通行的药物指南中推荐的药物治疗优先次序将药物分为若干等级，用于反映药物有效性价值。具体分类如下：i 一线用药，ii 二线用药，iii 其他。

例如，在治疗同一疾病的过程中，A 药是治疗指南中推荐的一线用药，B 药是二线用药。因此，A 药的价值高于 B 药。

8. Meta 分析　如果其他条件均相同，采用 Meta 分析得出治疗价值更高的药物，其药物价值较高。

9. 医务工作者有效性量表　如果其他条件均相同，医务工作者根据自身的临床经验对治疗同一疾病的一系列药物的有效性进行排序，平均排名较高的药物，药物价值也高。根据临床一线医务人员打分评估药物的使用效果，得分高的，临床价值高，用于反映药物有效性价值。

例如，就治疗同一疾病的 10 种药物，对 100 名医务工作者进行有效性方面的排序问卷调查，A 药排名第 3，B 药排名第 7，因此 A 药的价值高于 B 药。

（三）影响质量可控性因素的指标

体现药品价值质量可控性因素，共遴选出了 5 个指标。含量控制指标数量指相关质量标准中对有效成分含量控制指标的数量；含量控制精确度指相关质量标准中对有效成分含量控制方法的精确度；含量上下限指相关质量标准中对有效成分含量规定的上限和下限的比值；存放条件指相关质量标准规定的药品存放条件的苛刻程度。保质期采用业内公认标准进行评价。质量可控性因素见图 9-5。

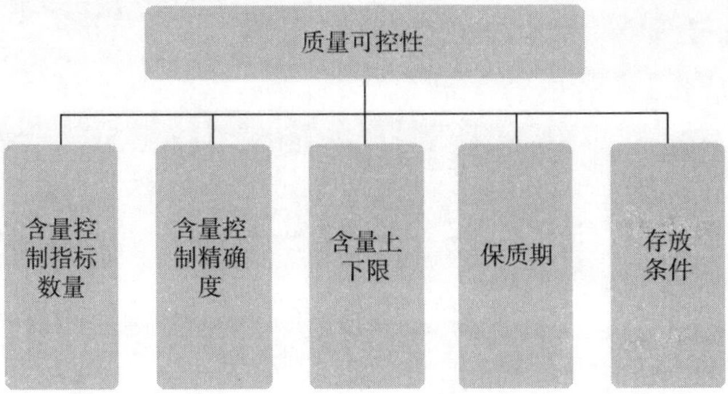

图 9-5　质量可控性因素指标结构

1. 含量控制指标数量如果其他条件相同，用于检测原料药含量的指标数量要求越多，其安全性风险越高，引起药物价值越低。通过考察药典和注册标准规定原料药含量检测指标的数量，从而反映不同通用名药物之间的质量差别。

2. 含量控制精确度如果其他条件均相同，用于检测原料药杂质的方法越不苛刻的，其安全性风险越低，因此药物价值越高。通过考察药典和注册标准规定原料药杂质检测目标的严格程度，从而反映不同通用名药物之间的质量差别。

以下控制目标的，严格程度依次增加：①无需控制杂质；②仅控制相关物质；③需要控制某一类型的杂质；④需要控制某一确定成分的杂质。

例如，A 药含量范围为 95% ~105%，B 药含量范围为 90% ~110%；则，A 药的相对含量范围为 105%/95% =1.105，B 药的相对含量范围为 110%/90% =1.111。因此，A 药控制标准宽松于 B 药。

3. 保质期如果其他条件均相同，保质期更长的药物，其药物价值高。根据保质期判断药品的稳定性，保质期越长的产品，其稳定性越好，用于反映药物质量稳定性价值。

例如，其他条件都相同，A 药保质期 3 年，B 药 3 个月，因此 A 药价值高于 B 药。

4. 存放条件如果其他条件均相同，对存放条件要求得越不苛刻的药物，其药物价值也越高。根据药物存放要求的条件苛刻程度判断药物的稳定性，存放条件越苛刻的产品其稳定性也越差。用于反映药物质量稳定性价值。分类如下：i 无需特殊装置：常温、避光、阴凉处等；ii 需要特殊装置：冷藏、冷冻等。

例如，A 药和 B 药其他方面相同，A 药要求常温存放，B 药要求冷冻。因此 A 药价值高于 B 药。

（四）影响依从性因素的指标

体现药品价值依从性因素角度，共遴选出了 5 个指标。日使用次数是指通常情况下药品每天需要使用的次数；使用复杂程度指药品使用过程对专业技能的要求程度；患者使用体验量表指采用量表对患者调查得到的药品易用性评分；医药工作者使用体验量表指利用量表调查医药工作人员的药品易用性评分。DDDs 采用业内公认标准进行评价。依从性因素指标结构见图 9-6。

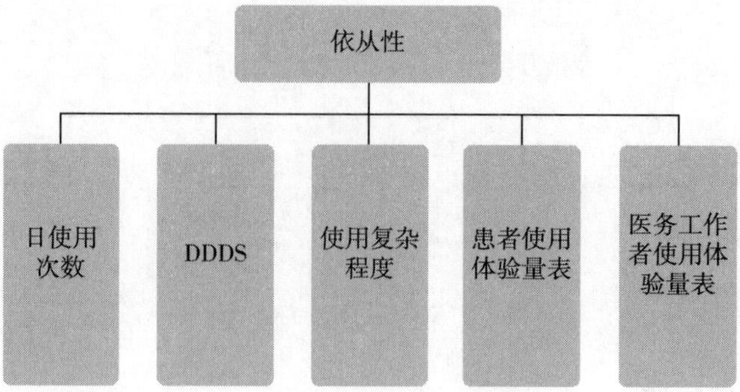

图 9-6 依从性因素指标结构

1. 日使用次数 如果其他条件均相同，相同时间内使用次数较少的药物，由于依从性较高，其药物价值也较高。每日需要使用次数越多的药物，其依从性也越低，用于反映药物依从性价值。

例如 A 药 1 天服用 1 次，B 药 1 天服用次，那么由于 A 的依从性高于 B 药，因此 A 药的价值高于 B 药。

2. DDDs 如果其他条件相同，每日使用量越低的药物，其依从性高。反应的药物价值约高。

3. 使用复杂程度 如果其他条件均相同，使用越简单的药物，其药物价值更高。根据剂型使用时的复杂程度来衡量药物的依从性价值，用于反映药物依从性价值。按照以下标准分类：①无需专业人员辅助的：普通片剂、胶囊剂等；②需要专业人员教学的：缓释、控释、鼻黏膜给药等；③有特殊服用要求的：必须空腹、必须随餐、必须溶解稀释等；④必须由专业人员辅助的：输液、注射剂。

例如，A 药服用没有特殊要求，B 药必须空腹服用，那么 A 药的依从性就高于 B 药，因此 A 药的价值也就高于 B 药。

4. 患者使用体验量表 如果其他条件均相同，患者根据自身用药的经验对治疗同一疾病的一系列药物的易用性进行排序，平均排名较高的药物，依从性价值更高，药物价值也高。

例如，就治疗同一疾病的 10 种药物，对 100 名患者进行易用性方面的排序问卷调查，A 药排名第 3，B 药排名第 7，因此 A 药的价值高于 B 药。

5. 医务工作者使用体验量表 如果其他条件均相同，医务工作者根据自身的临床经验对治疗同一疾病的一系列药物的易用性进行排序，平均排名较高的药物，药物价值也高。根据临床一线人员打分评估药物使用的方便程度和易出错混淆程度，使用方便的，不易混淆的依从性好，用于反映药物依从性价值。

例如，就治疗同一疾病的 10 种药物，对 100 名医务工作者进行易用性方面的排序问卷调查，A 药排名第 3，B 药排名第 7，因此 A 药的价值高于 B 药。

（五）影响创新性因素的指标

体现药品价值创新性因素，共遴选出了 4 个指标。适应证数量指药品说明书上规定的适应证的数量；产品专利、工艺专利和使用创新专利状况指在指定范围内药品拥有的产品、工艺和使用创新相关专利的数量。创新性因素评价指标结构见图 9-7。

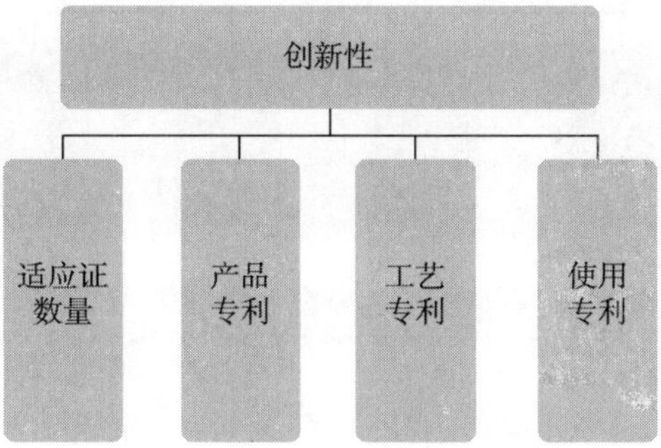

图 9-7　创新性因素指标结构

1. 适应证数量　如果其他条件均相同，除了主要适应证之外，还能够治疗多种疾病的药物，其药物经过的更高程度的创新。药物适应证越多，反映的药物创新性价值越高。

例如，A 药和 B 药的其他方面一样，A 药适应证为 5 个，B 药仅有 1 个，因此 A 药的价值高于 B 药。

2. 产品专利　如果其他条件均相同，拥有产品专利的药物，其药物价值越高。通过衡量产品专利到期或者过期时长来反映药物的创新性引起的价值差异。

例如，A 药拥有的产品专利还有 5 年到期，B 药拥有的产品专利已经过期 5 年。因此 A 药的价值高于 B 药。

3. 工艺专利　如果其他条件均相同，拥有工艺专利的药物，其药物价值越高。通过衡量工艺专利到期或者过期时长来反映药物的创新性引起的价值差异。

例如，A 药拥有的工艺专利还有 5 年到期，B 药拥有的工艺专利已经过期 5 年。因此 A 药的价值高于 B 药。

4. 使用专利　如果其他条件均相同，拥有使用创新专利的药物，其药物价值越高。通过衡量使用创新专利到期或者过期时长来反映药物的创新性引起的价值差异。

例如，A 药拥有的使用创新专利还有 5 年到期，B 药拥有的使用创新专利已经过期 5 年。因此 A 药的价值高于 B 药。

（六）影响满足社会需求性因素的指标

体现药品价值满足社会需求性因素，共遴选出了 4 个指标。标准生产企业数量指供应的矫正的同一通用名药品的生产企业数量；行业集中度指供应同一通用名药品的前三名企业的市场份额；通用名占有率指在同一治疗领域某通用名的市场份额；销售增长率指同一通用名药品过去若干年的用量平均增长率。满足社会需求性因素指标结构见图 9-8。

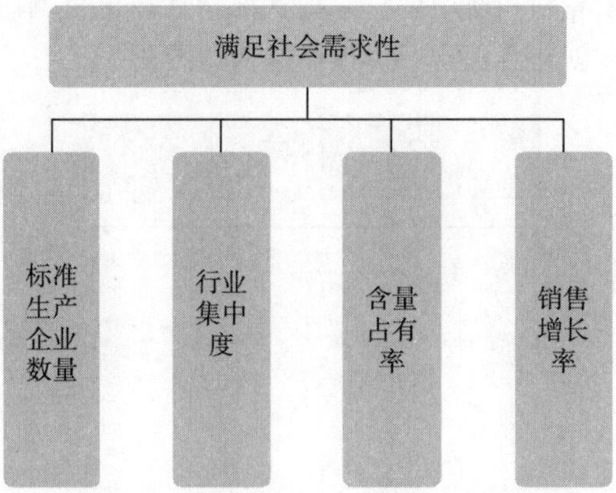

图9-8 满足社会需求性因素指标结构

1. 标准生产企业数量 如果其他条件均相同，全国生产同一通用名药物的企业数量需要适度，适度的竞争使得药物的价值较高。统计同一通用名药物生产企业的数量，从而反映该药物内部竞争状况，用于反映社会供求价值。竞争过度激烈和过度不足均导致社会供给降低。为了平衡药品上市时间对生产企业数量的影响，将生产企业数量除以该通用名首次上市的时间，作为标准生产企业数量，从而得到标准生产企业数量。

例如：全国生产A药的企业有10家，A药上市10年，生产B药的企业有300家，B药上市5年，从竞争的角度看，B药存在过度竞争，导致社会资源的浪费，因此A药的价值药高于B药。

2. 行业集中度 如果其他条件均相同，全国生产同一通用名药物的企业垄断程度需要适度，过度的竞争使得成本消耗而并非增加药物价值，而过度的垄断不利于显现药物价值。统计同一通用名药物生产企业的数量，从而反映该药物内部竞争状况，用于反映社会供求价值。竞争过度激烈和过度不足均导致社会供给降低。

3. 用量占有率 如果其他条件均相同，用量占有率高的药物，其需求旺盛，其药物价值也高。统计同一通用名药物用量的总体市场占份额，从而反映药物需求的旺盛程度，用于反映社会供求价值。

例如，A药的用量占有率为50%，B药为5%，因此A药需求更加旺盛，A药价值高于B药。

4. 销售增长率 如果其他条件均相同，通用名年均用量年增长率较高的药物，需求旺盛，药物价值也就越高。统计同一通用名药物用量近3年平均增长率，从而反映未来药物需求增长可能性。增长速度越快的药物，未来需求增加的可能性也越大，用于反映社会供求价值。

例如，A药过去3年年均增长率为70%，B药过去3年年均增长率为10%。那么推测未来A药的需求增长也将高于B药，因此A药的价值高于B药。

（七）影响其他社会特性因素的指标

体现药品价值其他社会特性因素，共遴选出了8个指标。对精细操作的影响指服用药品后对精细动作（例如驾驶、机械操作）的影响能力；对社交能力的影响指服用药品后对社交状况的影响；对自我照顾能力的影响指服用药品之后自我照顾能力的变化；引发自杀倾向的可能指服用药品之后自杀倾向的变化；药品依赖性指服用药品之后产生心理或者身体依赖的可能程度；原料自由度指原料对国际市场的依赖程度；环保性指药品生产过程中对环境的影响；战略储备指药品对国家的战略意义。其他社会特性因素指标结构见图9-9。

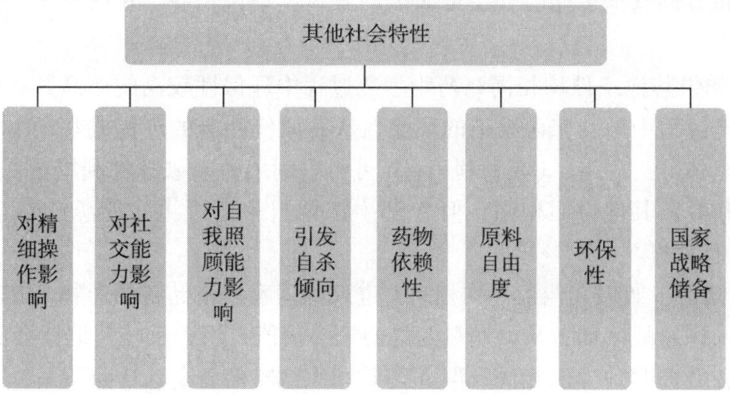

图 9-9　其他社会特性因素指标结构

1. 对精细操作影响　如果其他条件均相同，对人的精细操作能力（对驾驶、机械操作能力）影响小的药物，其药物价值相对较高。通过评价患者使用药物之后是否影响精细操作能力，从而衡量对社会机会成本的影响程度，用于反映其他社会价值。精细操作能力主要指药物对驾驶、机械操作能力的影响。

例如，A 药和 B 药其他方面相同，A 药使用后没有特殊变化，B 药使用期间禁止进行驾驶操作，因此 A 药的价值高于 B 药。

2. 对社交能力影响　如果其他条件均相同，服用能够改善患者社交能力的药物，其药物价值较高，通过评价患者使用药物之后是否提高或者降低社交能力，从而衡量对社会机会成本的影响程度。

3. 对自我照顾能力影响　如果其他条件均相同，服用能够改善患者自我照顾能力的药物，其药物价值较高，通过评价患者使用药物之后是否提高或者降低自我照顾能力，从而衡量对社会机会成本的影响程度。

例如：治疗同一疾病的 A 药和 B 药。由于 A 药不能够改善患者自我照顾能力，而 B 药在用药期间必须有人照顾，因此 A 药的价值高于 B 药。

4. 引发自杀倾向　如果其他条件均相同，服用药物造成了自杀倾向增加，从社会成本角度而言造成社会投入成本的损失、家庭关系变化等社会问题的可能增加，从而引起社会机会成本的上升。通过评价患者使用自杀倾向性的变化，从而衡量对社会机会成本的影响程度。

5. 药物依赖性　如果其他条件均相同，药物依赖性越弱的，其药物价值越高。通过评价药物引起的依赖程度，反映药物过度使用的倾向，从而衡量浪费社会资源等社会成本。用于反映其他社会价值。

例如，A 药和 B 药其他方面相同，A 药没有依赖作用，B 药有药物依赖作用，因此 A 药价值高于 B 药。

6. 原料自由度 如果其他条件均相同，药物生产不需要依赖进口的，其药物价值较高。通过评价药物原料来源国产化的程度，用于反映其他社会价值。具体分类如下：①全部国产化；②部分依赖进口；③全部依赖进口。

例如，A 药和 B 药其他方面一样，A 药生产原料完全国产化，B 药必须依赖进口，因此 A 药价值高于 B 药。

7. 环保性 如果其他条件均相同，药物生产过程中环保性较高的产品其药物价值相对也较高。通过考察生产过程中原料来源渠道的环保性从而评价社会的环保成本，用于反映其他社会价值。原料来源具体分类如下：i 废物利用；ii 可再生利用；iii 破坏性利用。

例如，A 药和 B 药其他方面相同，但 A 药生产原料来自可再生能源，B 药为破坏性生产。因此 A 药价值高于 B 药。

8. 国家战略储备 如果其他条件均相同，进入到国家战略储备的药物，其药物价值相对较高。药物是否进入国家战略储备从而衡量药物的社会价值，用于反映其他社会价值。

例如，A 药和 B 药其他方面相同，但 A 药是国家战略储备药，B 药不是，因此 A 药的价值高于 B 药。

第二节 药物经济性评价方法建立

在指标库确定的基础之上，对指标库中的指标进行筛选，构建能够准确客观评价药物经济性的指标体系，并且赋予指标体系中的指标一定权重，从而达到评估药物经济性的目的。

一、指标体系确立

（一）评价体系的确立流程

为了确定最终指标评价体系，依据专家遴选原则，在参加头脑风暴讨论会的专家中，遴选 22 名专家，并根据专家建议增补 2 名从事药品质量检验工作的专家。所有专家共同对含有 45 个具体指标的指标库进行重新分组并且精简指标体系。

由于 AHP 方法要求主要因素之间无相互关联性，专家讨论认为体现药品价值的 7 个主要因素之间有一定关联性，比如质量稳定性与安全性有相互关联，依从性和有效性有相互关联。经专家充分讨论将原有 7 个主要因素进一步归为 3 个因素：安全性、有效性和社会特性。

将原有的 45 个指标按上述 3 个因素重新分组。依据指标体现的主要内涵，一个指标可以同时放在不同的组别中。再按照分组对已有指标进行淘汰，淘汰过程需要综合考虑指标有效性、客观性和可获得性，专家匿名投票决定需要淘汰的指标。一方面为了避免指标过多或者过少引入评估误差或者造成代表性不足，最终每组指标数量控制在 4 至 8 个，另一方面，为了避免指标淘汰过于武断，将淘汰过程分为两轮，第一轮淘汰 15 个指标形成由 31 个指标组成的指标库，同时专家对已淘汰的15个指标进行讨论，商议是否需要放回。第二轮淘汰16个指标，最终得到由15个指标组成的指标体系。

（二）药物经济性评价体系

按照前述流程，构建包含了3个主要因素和15个具体指标的三级指标体系。具体评价指标体系见表9-3。

表9-3　药品价值评价指标体系

目标层	主要因素层	指标层	指标代码
药品价值	药品安全性（S）	不良反应指数	S1
		相对治疗窗口宽度	S2
		医药工作者使用体验量表	S3
		用药监测条件苛刻程度	S4
		作用持续时间适当性	S5
		特殊人群用药	S6
	药品有效性（E）	药品指南评级	E1
		有效率	E2
		不可替代性	E3
		达效时长	E4
	药品社会外部性（O）	通用名占有率	O1
		标准生产企业数量	O2
		产品专利	O3
		药品依赖性	O4
		环保性	O5

二、评价体系的权重分析

（一）评价体系中主要因素层的权重分析

专家认为，不同疾病对药品的安全性、有效性和社会外部性关注的程度不同。例如针对肿瘤疾病的抗癌药品有效性价值相对安全性价值更加重要。为了确保主要因素层更好地体现疾病特点，专家讨论将疾病分为如下三类：严重疾病（例如癌症，以下简称“疾病Ⅰ”）、慢性进行性疾病（例如糖尿病，以下简称“疾病Ⅱ”）和普通疾病（例如普通感冒，以下简称“疾病Ⅲ”）。在不同疾病类型下，按照AHP方法，构造主要因素层判断矩阵并进行一致性检验。专家评价采用九档评分方法进行两两比较。

1. 严重疾病　经一致性检验，严重疾病状况下的疾病的层次分析法（analytic hierarchy process，AHP）评价的*CI/IR*值为0.006（<0.01），满足通过检验的标准。评价判断矩阵见表9-4。最终得到的严重疾病下主要因素层权重结果见图9-10。在严重疾病情况下，药物的有效性被得到极大的重视，主要是因为在面对严重疾病时，主要的目标在于挽救患者的生命。此

时，为了达到挽救生命的目标一部分的安全性是可以被牺牲的，同样的道理社会外部性也可以被牺牲。因此，在严重疾病情况下，有效性对药品价值的贡献占据了近80%权重，安全性和社会外部性各占据约10%。

表9-4 严重疾病下药品价值的主要因素判断矩阵

	安全性	有效性	社会外部性
安全性	1	1/7	1
有效性	7	1	9
社会外部性	1	1/9	1

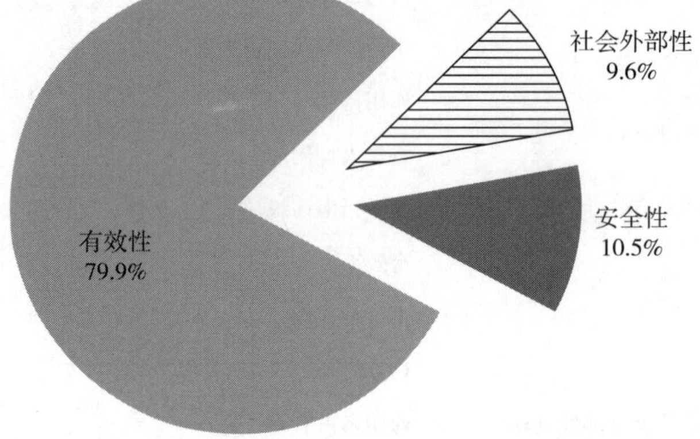

图9-10 严重疾病下主要因素层权重饼状图

2. 慢性进行性疾病 经一致性检验，慢性进行性疾病的AHP评价的*CI/IR*值为0.006（<0.01），满足通过检验的标准。评价判断矩阵见表9-5。最终得到的慢性进行性疾病下主要因素层权重结果见图9-11。慢性进行性疾病大多都是目前无法治愈的疾病，治疗目标主要是控制病情的发展，患者自患病之日始几乎必须终身服药，而且慢性疾病影响的人群相对更广。因此，该类药物一方面要求有效，同时也要求必须安全可靠。此外，由于长期服药对安全性的要求更加苛刻了，甚至超过了有效性。人们对安全有效性等因素有更加直观的印象，对社会外部性的关注程度势必较低，因此造成了社会外部性权重较低的状况。

表9-5 慢性进行性疾病下药品价值的主要因素判断矩阵

	安全性	有效性	社会外部性
安全性	1	1/7	1
有效性	7	1	9
社会外部性	1	1/9	1

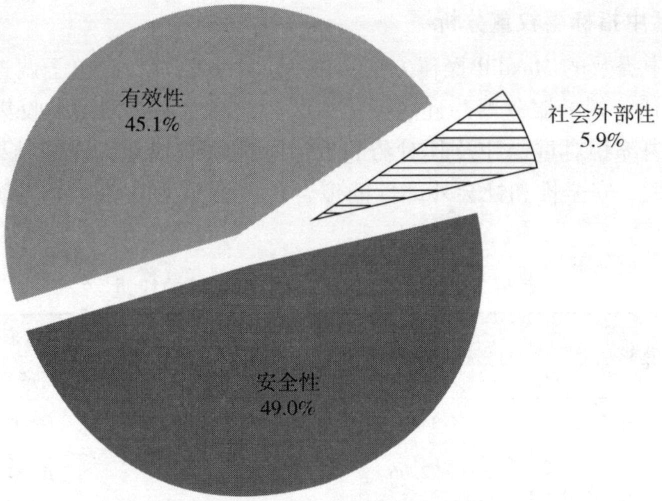

图 9-11　慢性进行性疾病下主要因素权重饼状图

3. 普通疾病　经一致性检验，普通疾病的 AHP 评价的 *CI/IR* 值为 0.006（<0.01），满足通过检验的标准。评价判断矩阵见表 9-6。最终得到的严重疾病下主要因素层权重结果见图 9-12。普通疾病是不涉及极端情况的状况下，对主要因素层进行评价。此时用药时间比较短，影响面也没有具体特点，此时有效性占据最主要的影响，其次是安全性。最后是社会外部性。

表 9-6　普通疾病下药品价值的主要因素判断矩阵

	安全性	有效性	社会外部性
安全性	1	1	7
有效性	1	1	9
社会外部性	1/7	1/9	1

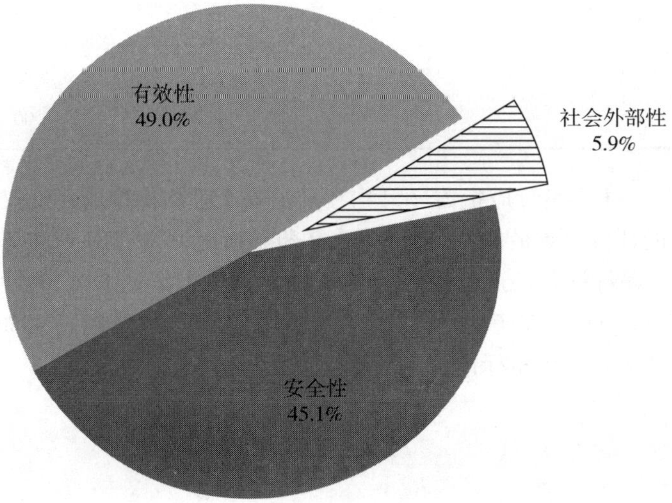

图 9-12　严重疾病下主要因素层权重饼状图

（二）评价体系中指标层权重分析

依据研究方法中提及的 Maxdiff 操作方法，用 SSI Web 软件设计电子调查问卷，租用西部数码（成都）有限责任公司的服务器并且购买相关域名，建立调查网站，收集数据并且进行数据分析。得出指标层内部相对重要性及其对药品价值总体影响权重，详细结果见表 9-7。经统计检验，药品的有效性、安全性和社会外部性的拟合优度分别为 0.780、0.756 和 0.740，均大于 0.6，通过统计检验。

表 9-7 指标层权重和相对总指标的权重

主要因素层	指标层	指标层权重（%）	各指标相对总指标权重/%		
			疾病Ⅰ	疾病Ⅱ	疾病Ⅲ
S	S1	34.62	3.63	16.97	15.6
	S2	22.06	2.31	10.81	9.94
	S3	16.73	1.75	8.20	7.54
	S4	13.60	1.43	6.67	6.13
	S5	7.60	0.80	3.72	3.43
	S6	5.39	0.57	2.64	2.43
E	E1	35.39	28.26	15.95	17.34
	E2	32.06	25.60	14.45	15.71
	E3	27.31	21.81	12.31	13.38
	E4	5.24	4.18	2.36	2.57
O	O1	35.12	3.39	2.08	2.08
	O2	21.50	2.07	9.69	1.27
	O3	17.79	1.72	8.72	1.05
	O4	14.78	1.43	0.87	0.87
	O5	10.81	1.04	0.00	0.64

表 9-7 结果表明，①不良反应指数（S1）在药品安全性指标中的评价权重超过 30%，而特殊人群用药（S6）的评价权重最低，约为 5%；②药品指南评价（E1）和药品有效率（E2）在药品有效性指标中的评价权重接近且均超过 30%，而达效时长（E4）的评价权重最低，约为 5%；③通用名占有率（O1）在药品社会外部性指标中的评价权重超过 35%，而环保性（O5）的权重最低，约为 10%。具体指标评价体系及权重见图 9-13。

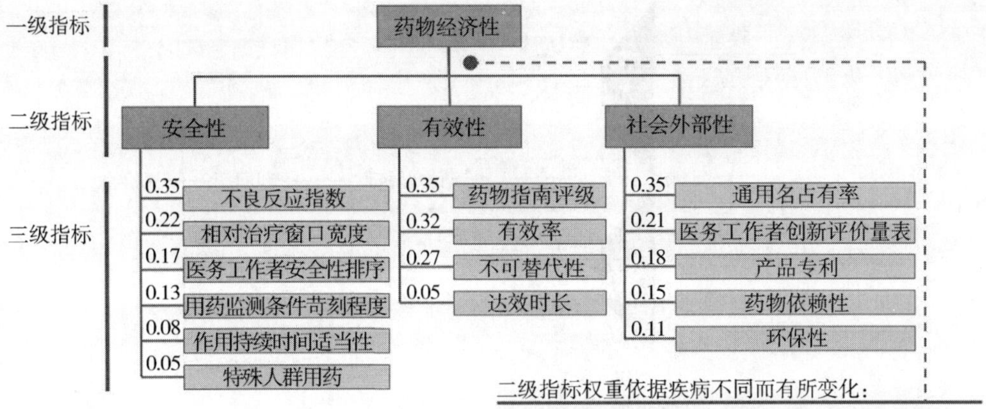

二级指标权重依据疾病不同而有所变化：

	安全性权重	有效性权重	社会外部性权重
严重疾病	0.105	0.799	0.096
慢性进行性疾病	0.490	0.451	0.059
普通疾病	0.451	0.490	0.059

图 9-13　药物经济性评价体系及权重

第三节　药物经济性定价评价模型和实证研究

合理的评价模型必须符合真实的情况。本章采用前文构建的评价体系，选取一定数量的药物进行实证分析。

一、评价模型

合理的药品价格等于药品的成本乘以 100% 加上合理的利润率。合理的药品价格能够反映药品的价值。对药品价值的评价可以用于控制合理的利润率。当成本相同时药品价值和利润率正相关，因此药物经济性作为药品价值的体现，可以作为控制利润率的指标。如下公式所示。

合理的药品价格 = 成本 ×（1 + 利润率 * ）= 药品价值

（ * 此处利润率指会计学利润率，包含利润率和费用率两个部分，下同）

本研究已建立三级指标体系：用三级指标评价二级指标，二级指标经过权重运算得到药物经济性评价结果。药物经济性用于反映药品利润率，加上成本因素，即可用于控制合理的价格。具体模型评价过程见图 9-14。

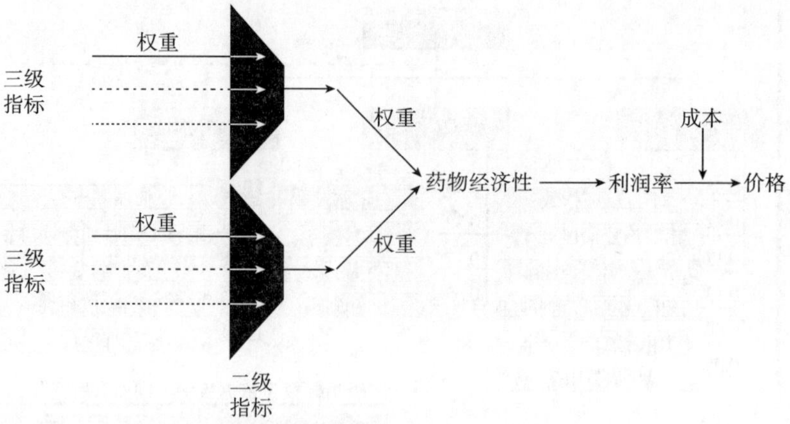

图 9-14　药物经济性定价评价模型

虽然本文没有进一步研究如何具体应用药物经济性系数进行定价，但是应用的方法可以包括如下几类。

（一）设定标准品进行定价

在治疗同一疾病不同通用名药品中选择有代表性的药品作为标准品，测算标准品利润率作为标准利润率。同一组药品中每一个通用名均通过和标准品比较经济性系数最终确定自身的利润率上限。结合成本数据确定销售价格上限。

（二）根据行业平均利润率进行定价

通过求平均数、取中位数或专家讨论的方法，确定治疗同一疾病不同通用名药品的合理平均利润率。将待定价药品的经济性系数和该疾病领域内全部药品的平均经济性系数进行比较，确定待定价药品的利润率上限。结合成本数据确定销售价格上限。

二、操作简化后的评价模型

评价体系的权重过于精确，反映药品价值的能力虽高，但是给实际操作带来很多麻烦。因此课题组决定对原有的权重体系做出相应调整。以2.5%为步长舍入到邻近的5%，得到权重调整如表9-8和表9-9。相对调整前而言，调整后的权重体系的复杂程度大幅度降低。但是调整后的权重体系和调整前的权重体系相比，两者对药品价值反映能力是否一致还需要由实证分析进行确证。

表 9-8　药物经济性评价指标体系二级权重调整

分组		原权重（%）	调整后权重（%）
不考虑疾病	安全性	45.07	45
	有效性	49.01	50
	社会外部性	5.92	5

续　表

分组		原权重（%）	调整后权重（%）
严重疾病	安全性	10.49	10
	有效性	79.86	80
	社会外部性	9.65	10
慢性进行性疾病	安全性	49.01	50
	有效性	45.07	45
	社会外部性	5.92	5
普通疾病	安全性	45.07	45
	有效性	49.01	50
	社会外部性	5.92	5

表 9-9　药物经济性评价三级指标权重调整

指标	原权重（%）	调整后权重（%）
药物指南治疗评级	35.39	35
药物有效率	32.06	30
不可替代性	27.31	30
达到目标疗效时效性	5.24	5
用量占有率	35.12	35
标准生产企业数量	21.50	20
产品专利情况	17.79	20
药物依赖性	14.78	15
环保性	10.81	10
特殊人群用药	5.39	5
作用持续时间适当性	7.60	10
用药监测要求的苛刻程度	13.60	15
医务工作者安全性排序评价	16.73	15
相对治疗窗口宽度	22.06	20
ADR 指数	34.62	35

三、简化的实证研究

（一）实证分析方法和原则

实证分析的目的主要在于模拟真实的操作过程，检验评价体系是否能够合理地反映药物价值的真实水平。本研究的研究重点在于构建评价体系，另一方面限于研究时间和研究资源，故本研究涉及的实证分析为小范围的实证分析，即各类疾病各选取一组药品进行比照。

为了验证本研究方法学的有效性，故选取若干的药品用于实证分析，选取药品主要遵循以下原则：①该药品治疗疾病常见；②该药品目前在市场上有代表性；③数据比较容易获得。根据上述原则最终选定降压药厄贝沙坦和硝苯地平作为实证分析对象。

实证分析的数据来源包括如下四个部分：①赛诺菲安万特公司和拜耳公司；②产品说明书；③《药物临床信息参考（2008版）》，dMedscape网站。

根据前述指标体系，对实证分析对象进行评估。评估操作按照评价体系自下而上进行评价计算：①对每一个三级指标进行评分，得到原始得分；②将原始得分标准化后得到三级指标标准分；③对这些三级指标分别进行加权，得到二级指标得分；④同时，根据适应证确定相应的二级指标权重；⑤将二级指标得分通过加权得到经济性指标，计算过程见图9-15。

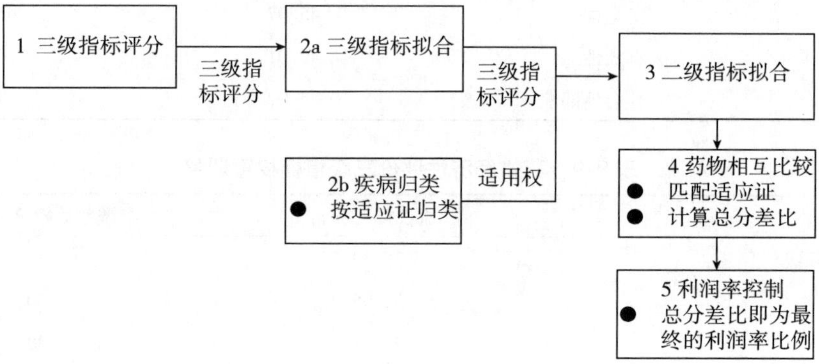

图9-15 药物经济性评价流程

实证分析过程中对于数据的处理主要采用以下两个原则：①同类就低原则。当某一通用名药品某一数据缺失时，采用治疗同一疾病其他通用名药品的最低数据进行替代。②同种就高原则。当某一通用名药品在某一个指标上有多个数据时，采用最高的数据进行评估。

（二）原权重体系下治疗慢性进行性疾病的实证分析

按照上述评价过程，对厄贝沙坦和硝苯地平进行评价，首先得到三级指标的原始描述，将原始分进行标准化得到相关得分。在对得分进行加权分别得到有效性、安全性、社会外部性三个主要因素的加权总分。

1. 安全性三级指标评价 影响安全性因素的三级指标共有6个，依次对各个指标进行评价。最终加权得到厄贝沙坦和硝苯地平安全性得分分别为0.86和0.14。最终的评价结果见表9-10。

表9-10 慢性进行性疾病实证分析：安全性三级指标评价

三级指标	权重（%）	厄贝沙坦		硝苯地平	
		描述	得分	描述	得分
①特殊人群用药	5.40		1		0
老人		无影响		无资料	
儿童		无资料		无资料	
青少年		无影响		无资料	

续　表

三级指标	权重（%）	厄贝沙坦		硝苯地平	
		描述	得分	描述	得分
孕妇、哺乳人群		禁用		禁用	
②作用持续时间适当性	7.60	0.542	1	0.333	0
目标时间		24h		24h	
消除半衰期		13h		8h	
③用药监测要求的苛刻程度	13.60	必要监测 停药后观察	0	无	1
④医务工作者安全性排序评价	16.80	1	1	2	0
⑤相对治疗窗口宽度	22.10	12	1	无资料	0
⑥ADR 指数	34.60	1.0372	1	1.0632	0
安全性总分	100	0.86		0.14	

（1）*特殊人群用药*：厄贝沙坦对老年人和青少年明确没有影响，分别计 3 分；对儿童的作用暂无资料，计 0 分；对孕妇和哺乳人群禁用，计 0 分；合计 3 分，标准化后得分 1 分。硝苯地平对老年人、儿童、青少年均无资料，计 0 分；对孕妇和哺乳人群禁用计 0 分；合计 0 分，标准化后得分 0 分。

（2）*作用持续时间适当性*：日常降压药应该以血压全天平稳为治疗目标，故治疗目标时间为 24 小时。厄贝沙坦和硝苯地平消除半衰期分别为 13 小时和 8 小时，因此得到各自的原始分分别为 0.542 和 0.333，标准化得分分别为 1 分和 0 分。

（3）*用药监测要求的苛刻程度*：厄贝沙坦要求用药必须进行监测，计 3 分；停药后需要观察，计 1 分；合计 4 分，标准化后得分 0 分。硝苯地平对用药监测无要求，计 0 分，标准化后得分 1 分。

（4）*医务工作者安全性排序评价*：厄贝沙坦排名第一，硝苯地平排名第二，标准化后得分分别为 1 分和 0 分。

（5）*相对治疗窗口宽度*：根据企业提供资料，厄贝沙坦相对治疗窗口宽度为 12，硝苯地平无资料，故标准化后得分分别为 1 分和 0 分。

（6）*不良反应指数*：根据企业提供的资料，分别对厄贝沙坦和硝苯地平的不良反应进行评估，最终得到厄贝沙坦和硝苯地平不良反应指数分别为 1.037 2 和 1.063 2，标准化后得分分别为 1 分和 0 分。具体的不良反应情况见表 9-11 和表 9-12。

表 9-11　厄贝沙坦不良反应概率和严重分级表

ADR 名称	概率（%）	严重分级
心动过速	1.00	2
水肿	1.00	2
潮红	1.00	1
头晕	10	1

续　表

ADR 名称	概率（%）	严重分级
恶心、呕吐	10	1
疲劳	10	1
体位性低血压	10	1
骨骼肌疼痛	10	1
体位性头晕	0.10	1
咳嗽	0.10	1
腹泻	0.10	1
消化不良	0.10	1
胃灼热	0.10	1
性功能障碍	0.10	1
胸痛	0.10	1

表 9-12　硝苯地平不良反应概率和严重分级表

ADR 名称	概率（%）	严重分级
变态反应性水肿	1	2
头痛	10	1
水肿	10	1
血管扩张	10	1
便秘	10	1
感觉不适	10	1
过敏	0.005	2
呼吸困难	0.005	2
胃结石	0.005	1
闭眼困难	0.005	1
肠梗阻	0.005	2
肠道溃疡	0.005	1
呕吐	0.005	1
瘙痒	0.10	1
荨麻疹	0.10	1
皮疹	0.10	1
感觉迟钝	0.10	1
牙龈增生	0.10	1
血管性水肿	1	2
喉部水肿	1	2

续　表

ADR 名称	概率（%）	严重分级
焦虑	1	1
睡眠异常	1	1
眩晕	1	1
偏头痛	1	1
头晕	1	1
震颤	1	1
视觉异常	1	1
心动过速	1	2
心悸	1	2
低血压	1	1
晕厥	1	1
鼻充血	1	1
鼻出血	1	1
胃肠道和腹部疼痛	1	1
恶心	1	1
消化不良	1	1
肠胃胀气	1	1
口干	1	1
一过性肝酶升高	1	1
红斑	1	1
肌肉痉挛	1	1
关节肿人	1	1
多尿	1	1
排尿困难	1	1
勃起功能障碍	1	1
非特异性疼痛	1	1
寒战	1	1

2. 有效性指标评价　影响有效性因素的三级指标共有 4 个，依次对各个指标进行评价。最终加权平均得到厄贝沙坦和硝苯地平有效性得分分别为 0. 627 和 0. 354。最终的评价结果见表 9-13。

表 9-13 慢性进行性疾病实证分析：有效性三级指标评价

三级指标	权重（%）	厄贝沙坦		硝苯地平	
		描述	得分	描述	得分
药物指南治疗评级	35.40	一线	1	一线	1
药物有效率	32.10	无资料	0	无资料	0
不可替代性	27.30	1 项	1	无	0
达到目标疗效时效性	5.20	无资料	0	无资料	0
有效性总分	100	0.627		0.354	

（1）药物治疗指南评级：厄贝沙坦和硝苯地平在相关的治疗指南中均推荐为一线用药，标准化后得分均为 1 分。

（2）药物有效率：该指标两种药品均无相关资料，标准化后得分均为 0 分。

（3）不可替代性：厄贝沙坦有一个不可替代优势，硝苯地平无不可替代优势，故标准化后得分分别为 1 分和 0 分。

（4）达到目标疗效时效性：该指标两种药品均无相关资料，标准化后得分均为 0 分。

3. 社会外部性指标评价 影响社会外部性因素的三级指标共有 6 个，依次对各个指标进行评价。最终加权平均得到厄贝沙坦和硝苯地平有效性得分分别为 0.627 和 0.354。最终的评价结果见表 9-14。

（1）用量占有率：该指标两种药品均无相关资料，标准化后得分均为 0 分。

（2）标准生产企业数量：该指标两种药品均无相关资料，标准化后得分均为 0 分。

（3）产品专利情况：该指标两种药品均无相关资料，标准化后得分均为 0 分。

（4）药物依赖性：两种药品均无药物依赖性，标准化得分均为 1 分。

（5）环保性：该指标两种药品均无相关资料，标准化后得分均为 0 分。

表 9-14 慢性进行性疾病实证分析：社会外部性三级指标评价

三级指标	权重（%）	厄贝沙坦		硝苯地平	
		描述	得分	描述	得分
用量占有率	35.10	无资料	0	无资料	0
标准生产企业数量	21.50	无资料	0	无资料	1
产品专利情况	17.80	无资料	0	无资料	0
药物依赖性	14.80	无	1	无	1
环保性	10.80	无资料	0	无资料	0
社会外部性总分	100	0.15		0.22	

4. 药物经济性得分 在得到了安全性、有效性、社会外部特性三者的加权得分之后，根据高血压病的特征，采用慢性进行性疾病分组的权重体系进行运算，加权平均得到最后的总分。过程见表 9-15。

表 9-15 慢性进行性疾病实证分析二级指标评价

分组	二级指标	权重（%）	厄贝沙坦		硝苯地平	
			原始分	加权得分	原始分	加权得分
慢性进行性疾病	安全性	49.01	0.86	0.42	0.14	0.07
	有效性	45.07	0.63	0.28	0.35	0.16
	社会外部性	5.92	0.15	0.01	0.22	0.01
总分			0.71		0.24	

如上所示，厄贝沙坦和硝苯地平经济性相差3倍，其利润比关系也应该能够反映相应的水平。这和事实情况接近，说明该评价体系能够在一定程度上描述真实情况。

（三）原权重体系下治疗普通疾病的实证分析

按照上述评价过程，对头孢拉定和头孢哌酮评价，首先得到三级指标的原始描述，将原始分进行标准化得到相关得分。在对得分进行加权分别得到有效性、安全性、社会外部性三个主要因素的加权总分。

1. 安全性三级指标评价 影响安全性因素的三级指标共有六个，依次对各个指标进行评价。最终加权得到头孢拉定和头孢哌酮安全性得分分别为0.57和0.17。最终的评价结果见表9-16。

表 9-16 普通疾病实证分析：安全性三级指标评价

三级指标	权重（%）	头孢拉定		头孢哌酮	
		描述	得分	描述	得分
①特殊人群用药	5.40		1		0
老人		减量使用	2	无资料	0
儿童		无资料	0	无资料	0
青少年		无资料	0	无资料	0
孕妇、哺乳人群		慎用	1	慎用	1
②作用持续时间适当性	7.60		0		0
目标时间		24h		24h	
消除半衰期		无资料		无资料	
③用药监测要求的苛刻程度	13.60	皮试	0	皮试	0
④医务工作者安全性排序评价	16.80	1	1	1	1
⑤相对治疗窗口宽度	22.10	无资料	0	无资料	0
⑥ADR 指数	34.60	1.021	0	1.002	1
安全性总分	100		0.222		0.514

（1）特殊人群用药：头孢拉定要求老人减量使用（计2分），对儿童，青少年无资料（计0分），对孕妇哺乳人群要求慎用（计1分），头孢哌酮对老人、儿童、青少年无资料（计0

分)，孕妇慎用（计1分）。

（2）作用持续时间适当性：日常抗菌药应该以血药浓度全天平稳保持在有效浓度之上为治疗目标，故治疗目标时间为24小时。厄贝沙坦和硝苯地平消除半衰期均无数据，标准化得分均为0分。

（3）用药监测要求的苛刻程度：两者均要求皮试，标准化后得分均为0分。

（4）医务工作者安全性排序评价：该项无数据，标准化得分均计0分。

（5）相对治疗窗口宽度：该项无数据，标准化得分均计0分。

（6）不良反应指数：根据企业提供的资料，分别对厄贝沙坦和硝苯地平的不良反应进行评估，最终得到厄贝沙坦和硝苯地平不良反应指数分别为1.021 3和1.001 9，标准化后得分分别为1分和0分。具体的不良反应情况见表9-17和表9-18。

表9-17　头孢拉定不良反应

ADR名称	概率（%）	严重分级
药疹	3.00	1
过敏性休克	1.00	2
呕吐	10.00	1
腹泻	10.00	1
恶心	10.00	1
上腹不适	10.00	1
假膜性肠炎	1.00	1
嗜酸性粒细胞增多	0	1
白细胞总数增多	0.10	1
中心细胞减少	0.10	1
药物性溶血	0.01	2
血尿氮素升高	2.00	1

表9-18　头孢哌酮不良反应

ADR名称	概率（%）	严重分级
过敏反应	10.00	1
过敏性休克	0.10	2
呕吐	10.00	1
腹泻	10	1
恶心	10.00	1
上腹不适	10.00	1
假膜性肠炎	1.00	1
血尿氮素升高	2.00	1
嗜酸性粒细胞增多	0	1
白细胞总数增多	0.10	1
中心细胞减少	0.10	1

2. 有效性指标评价　影响有效性因素的三级指标共有 4 个，依次对各个指标进行评价。主适应证为革兰阴性菌感染。最终加权平均得到头孢拉定和头孢哌酮有效性得分分别为 0 和 0. 37。最终的评价结果见表 9-19。

表 9-19　普通疾病实证分析：有效性三级指标评价

三级指标	权重（%）	头孢拉定		头孢哌酮	
		描述	得分	描述	得分
药物指南治疗评级	35. 40	无资料	0	无资料	0
药物有效率	32. 10		0		1
不可替代性	27. 30	无	0	无	0
达到目标疗效时效性	5. 20	2h	0	1. 15h	1
有效性总分	100	0		0. 373	

（1）药物治疗指南评级：该项无资料，标准化后得分均为 0 分。

（2）药物有效率：该指标两种药品均无相关资料，根据头孢划代标准，三代头孢在革兰阴性菌治疗领域有效率高于一代头孢。

（3）不可替代性：两者均无不可替代优势，标准化后得分为 0 分。

（4）达到目标疗效时效性：肌内注射时，头孢拉定达峰时间为 2 小时，头孢哌酮为 1. 15 小时。

3. 社会外部性指标评价　影响社会外部性因素的三级指标共有 6 个，依次对各个指标进行评价。最终加权平均得到厄贝沙坦和硝苯地平有效性得分分别为 0. 627 和 0. 354。最终的评价结果见表 9-20。

表 9-20　普通疾病实证分析：社会外部性三级指标评价

三级指标	权重（%）	头孢拉定		头孢哌酮	
		描述	得分	描述	得分
用量占有率	35. 10	无资料	0	无资料	0
标准生产企业数量	21. 50	无资料	0	无资料	0
产品专利情况	17. 80	无资料	0	无资料	1
药物依赖性	14. 80	无	1	无	1
环保性	10. 80	无资料	0	无资料	0
社会外部性总分	100		0. 15		0. 33

（1）用量占有率：该指标两种药品均无相关资料，标准化后得分均为 0 分。

（2）标准生产企业数量：该指标两种药品均无相关资料，标准化后得分均为 0 分。

（3）产品专利情况：头孢拉定上市时间早于头孢哌酮，标准化后得分分别为 0 分和 1 分。

（4）药物依赖性：两种药品均无药物依赖性，标准化得分均为 1 分。

（5）环保性：该指标两种药品均无相关资料，标准化后得分均为 0 分。

4. 药物经济性得分　在得到了安全性、有效性、社会外部特性三者的加权得分之后，根据高血压病的特征，采用普通疾病分组的权重体系进行运算，加权平均得到最后的总分。过程见表 9-21。

表 9-21 普通级别实证分析二级指标评价

分组	二级指标	权重（%）	头孢拉定		头孢哌酮	
			原始分	加权得分	原始分	加权得分
普通疾病	安全性	45.07	0.222	0.10	0.514	0.23
	有效性	49.01	0	—	0.373	0.18
	社会外部性	5.92	0.15	0.01	0.33	0.02
总分			0.11		0.43	

如表 9-21 所示，头孢拉定和头孢哌酮经济性相差 4 倍，其利润比关系也应该能够反映相应的水平。这和事实情况接近，说明该评价体系能够在一定程度上描述真实情况。

（四）原权重体系下治疗严重疾病的实证分析

按照上述评价过程，对表柔比星和多西他赛作为主要治疗乳腺癌的用药进行评价，首先得到三级指标的原始描述，将原始分进行标准化得到相关得分。在对得分进行加权分别得到有效性、安全性、社会外部性三个主要因素的加权总分。

1. 安全性三级指标评价 影响安全性因素的三级指标共有 6 个，依次对各个指标进行评价。最终加权得到表柔比星和多西他赛安全性得分分别为 0.054 和 0.482。最终的评价结果见表 9-22。

表 9-22 严重疾病实证分析：安全性三级指标评价

三级指标	权重（%）	表柔比星		多西他赛	
		描述	得分	描述	得分
①特殊人群用药	5.40		1		0
老人		减量使用	2	无资料	0
儿童		减量使用	2	无资料	0
青少年		无资料	0	无资料	0
孕妇、哺乳人群		禁用	0	禁用	0
②作用持续时间适当性	7.60		0		0
目标时间		无资料		无资料	
消除半衰期		无资料		无资料	
③用药监测要求的苛刻程度	13.60	定期检查 用药前检查	0	定期检查	1
④医务工作者安全性排序评价	16.80	无资料	0	无资料	0
⑤相对治疗窗口宽度	22.10	无资料	0	无资料	0
⑥ADR 指数	34.60	1.000 332	0	1.000 25	1
安全性总分	100		0.054		0.482

（1）特殊人群用药：表柔比星要求老人、儿童减量使用（计2分），青少年无资料（计0分），孕妇、哺乳人群禁用（计0分）。多西他赛老人、儿童、青少年均无资料（计0分），孕妇、哺乳人群禁用（计0分）。

（2）作用持续时间适当性：该项无数据，标准化得分均计0分。

（3）用药监测要求的苛刻程度：表柔比星要求用药前检查，用药后定期检查。多西他赛要求用药后定期检查。故标准化后得分分别为0分和1分。

（4）医务工作者安全性排序评价：该项无数据，标准化得分均计0分。

（5）相对治疗窗口宽度：该项无数据，标准化得分均计0分。

（6）不良反应指数：分别对表柔比星和多西他赛的不良反应进行评估，最终得到表柔比星和多西他赛不良反应指数分别为1.0003和1.00025，标准化后得分分别为0分和1分。具体的不良反应情况见表9-23和表9-24。

表9-23　表柔比星不良反应

ADR 名称	概率（%）	严重分级
心动过速	10.00	1
迟发严重心力衰竭	0.10	2
关节痛	0.10	1
ALT 升高	1.00	1
恶心	10.00	1
呕吐	10.00	1
腹泻	10.00	1
食欲缺乏	10.00	1
骨髓抑制	60.00	1
贫血	0.10	1
血小板减少	0.10	1
脱发	90.00	1
发热	100.00	1

表9-24　多西他赛不良反应

ADR 名称	概率（%）	严重分级
贫血	85.50	1
白细胞减少	55.00	1
血小板减少	12.90	1
腹泻	40.00	1
恶心	45.00	1
黏膜炎	34.00	1
便秘	12.00	1

续 表

ADR 名称	概率（%）	严重分级
肝功能损伤	12.90	1
水肿	13.00	1
胸腹腔积水	0.10	1
心包积液	0.10	1
过敏	25.00	1
严重过敏	0.10	2
关节痛	27.00	1
感染	21.00	1
头痛	11.00	1
感觉障碍	5.00	1

2. 有效性指标评价 影响有效性因素的三级指标共有 4 个，依次对各个指标进行评价。主适应证为乳腺癌。最终加权平均得到表柔比星和多西他赛有效性得分分别为 0 和 0.627。最终的评价结果见表 9-25。

表 9-25 严重疾病实证分析：有效性三级指标评价

三级指标	权重（%）	表柔比星		多西他赛	
		描述	得分	描述	得分
药物指南治疗评级	35.40	无资料	0	一线用药	1
药物有效率	32.10	无资料	0	无资料	0
不可替代性	27.30	无	0	一项	1
达到目标疗效时效性	5.20	无资料	0	无资料	0
有效性总分	100	0			0.627

（1）药物治疗指南评级：表柔比星无资料，计 0 分。多西他赛为一线用药计 1 分。

（2）药物有效率：该指标两种药品均无相关资料，标准化后得分为 0 分。

（3）不可替代性：多西他赛有一项不可替代优势，标准化后得分为 1 分。表柔比星无不可替代优势计 0 分。

（4）达到目标疗效时效性：该指标两种药品均无相关资料，标准化后得分为 0 分。

3. 社会外部性指标评价 影响社会外部性因素的三级指标共有 6 个，依次对各个指标进行评价。最终加权平均得到表柔比星和多西他赛有效性得分分别为 0.5 和 0.33。最终的评价结果见表 9-26。

表 9-26　严重疾病实证分析：社会外部性三级指标评价

三级指标	权重（%）	表柔比星		多西他赛	
		描述	得分	描述	得分
用量占有率	35.10	473 089	1	307 233	0
标准生产企业数量	21.50	无资料	0	无资料	0
产品专利情况	17.80	25 年	0	17 年	1
药物依赖性	14.80	无	1	无	1
环保性	10.80	无资料	0	无资料	0
社会外部性总分	100		0.50		0.33

（1）用量占有率：2010 年表柔比星用量为 473 089，多西他赛 307 233，标准化后得分分别为 1 和 0。

（2）标准生产企业数量：该指标两种药品均无相关资料，标准化后得分均为 0 分。

（3）产品专利情况：多西他赛 1995 年在墨西哥首次上市，距今 17 年；表柔比星 1984 年在意大利首次上市，距今 26 年。

（4）药物依赖性：两种药品均无药物依赖性，标准化得分均为 1 分。

（5）环保性：该指标两种药品均无相关资料，标准化后得分均为 0 分。

4. 药物经济性得分　在得到了安全性、有效性、社会外部特性三者的加权得分之后，根据乳腺癌的特征，采用严重疾病分组的权重体系进行运算，加权平均得到最后的总分。过程见表 9-27。

表 9-27　严重疾病实证分析二级指标评价

分组	二级指标	权重（%）	表柔比星		多西他赛	
			原始分	加权得分	原始分	加权得分
严重疾病	安全性	10.50	0.054	0.01	0.482	0.05
	有效性	79.90	0	–	0.627	0.50
	社会外部性	9.60	0.499	0.05	0.33	0.03
总分				0.06		0.58

如表 9-27 所示，表柔比星和多西他赛经济性相差 10 倍，其利润比关系也应该能够反映相应的水平。这和事实情况接近，说明该评价体系能够在一定程度上描述了真实情况。

（五）新权重体系下的实证分析

由于可以预期，精确度要求过高的权重评价体系将会引起未来实践操作的不便，课题组将对评价体系进行简化。采用调整后的权重体系，用相同的方法对所有药品进行评价，并且将最终得到的结果和原先权重体系下的结果进行比较，大部分结果并没用很大的变动，仅头孢拉定变动百分比超过 9%。结果见表 9-28。

表 9-28 评价体系权重调整结果

	调整前得分	调整后得分	变动百分比（%）
厄贝沙坦	0.7153	0.725	1.36
硝苯地平	0.2477	0.25	0.93
表柔比星	0.054	0.053	-1.85
多西他赛	0.583	0.605	3.77
头孢拉定	0.109	0.099	-9.17
头孢哌酮	0.434	0.418	-3.69

第十章　专利药品价格政策研究

摘　要

背景及目的：《国家“十一五”科学技术发展规划》中的《国家中长期科学和技术发展规划纲要（2006～2020年）》明确要把我国建设成为创新型国家。而且，目前我国正处于医疗体制改革的关键时期，药品价格政策改革已成为百姓关注的焦点和热点。本研究旨在了解我国现行专利药品定价政策现状和专利药品定价政策中存在的问题，为界定可纳入专利药品个别定价范围的药品专利类型提供依据，并为完善我国现行专利药品定价政策提供参考。

方法：对我国专利药品价格政策进行分析时，主要采用了包括文献调研、问卷调查、专家调查和深度访谈在内的调研方法。其中对各省物价部门专家的调研主要是通过发放调研问卷和专家座谈进行的；对药学专家的调研是通过向北京大学药学院教授发放 AHP 问卷进行的；由于药品定价的直接利益方是医药企业，所以我们通过对46家医药企业的问卷调研和12家医药企业的政府事务负责人的深度访谈，了解专利药品定价政策的情况。

结果：通过以上调研，发现我国的药品专利保护制度逐渐完善；专利药品的申请量增幅显著，且地区分布上明显地呈现不均衡的特点；我国现行的专利药品定价政策主要存在专利药品定价方法尚不健全，纳入专利药品定价范围的药品专利类型有争议，在专利药品定价政策上，对生物制品没有体现其与化学药品的差异性，专利药品定价政策缺乏透明度和可预期性等问题。

结论及建议：专利药品价格管理任重而道远，结合研究所得结果，提出以下建议：明确专利药品定价的原则：对专利药品的定价应鼓励创新和技术进步、在专利药品定价中要兼顾效率和公平、专利药品定价政策要公平透明；确定可纳入专利药品个别定价的专利药品范围；明确专利药品定价基准、组织、方法；逐步推行药物经济学在专利药品定价中的应用；大力推进配套改革的进程，标本兼治。

第一节　调研对象及内容

一、各省物价部门专家

对各省物价部门专家的调研主要是通过发放调研问卷和专家座谈进行的。通过在长沙和杭州的座谈会，我们对包括湖南、河南、广东、天津、浙江、安徽、江苏、广西、四川、河北、重庆、上海、宁夏、陕西等省市的物价部门的专家进行了调研。

二、药学专家

对药学专家的调研是通过向北京大学药学院教授发放 AHP 问卷进行的，我们对北京大学药学院的专家进行了 AHP 问卷调研，目的是想了解药品性能与药品专利类型的关系及在专利药品定价中应该考虑的相关因素的比重。

三、医药企业的相关负责人

由于药品定价的直接利益方是医药企业，所以我们通过对 46 家医药企业的问卷调研和 12 家医药企业的政府事务负责人的深度访谈，了解专利药品定价政策的情况。

第二节　调研结果与分析

一、我国的药品专利保护制度

我国自 1984 年首次颁布《专利法》以来，于 1992、2000、2008 年经过 3 次修正，已形成了一部比较完善、与国际规则接轨的专利法。但是出于对民族制药工业的保护，并考虑到很多国家对药品专利不予保护的做法，我国 1992 年 9 月 4 日对《专利法》修正后，才真正明确了对化学药品可以授予专利，即我国对药品的专利保护始于 1993 年，发明专利保护期为自申请之日起 20 年。对药品实行专利保护极大地提高了医药企业的创新意识，表现最突出的是我国药品专利申请量显著提高。

二、我国专利药品的申请及分布

我国自 1993 年 1 月 1 日开始对药品、化学品实行专利保护，并相继与美国、欧盟、日本等近 20 个国家签署了保护知识产权协议，这就使我国再也不能无偿仿制国外研制的新药了，特别是入世以来，按照有关条款，在专利保护期内仿制某种新药，开发方有权索取 4 亿 ~ 10 亿美元的赔款，若要买断一新药的生产许可，需要支付 500 万 ~ 600 万美元。

以国家知识产权局的专利数据库为资料，统计近 20 年间在中国申请的有关药品领域的专利并进行分析，结果发现，1985 ~ 2005 年在中国申请的药品专利共 94 805 件，申请量逐年上升。尤其在 1993 年，我国专利的申请量增幅显著，由 1992 年的 1424 件一举跃至 1993 年的 3487 件，增幅 144.2%。这与我国 1992 年专利法的修订有着密不可分的联系。1992 年专利法的修订，扩大了专利保护的范围，尤其是在医药专利保护方面将药品产品专利保护纳入到专利法中，为药品专利申请开拓了更大的空间，将医药专利保护推向了一个新的高度。

从专利申请情况来看，我国专利在地区分布上明显地呈现不均衡的特点，医药专利地区分布呈现出主要集中于经济比较发达的京津地区、长江三角洲等东部地区的特点。按照 IPC 分类号将药品专利划分为三大部分：原料药制造业专利、制剂制造业专利、生物技术制造业专利。涉及原料药制造业的专利有 12 401 件，涉及制剂制造业的专利有 53 383 件，涉及生物技术制造业的专利有29 021件。根据治疗类别进行统计分析，常见病与多发病仍然是当前药物研究的重点，而抗肿瘤与心血管系统药又是重中之重。

三、国现行的专利药品定价政策

根据国务院要求，国家发改委从1996年起，对药品价格进行了一系列调整，并对药品价格管理制度进行了全面的改革。10年来，国家发改委对药品价格的重大举措为缓解人民群众“看病难、看病贵”问题，起到了不可低估的作用。

专利药品具有研发成本大、研发周期长、研发风险大的特殊属性。尽管专利药品在国内市场的份额不大，但很多专利药品成为治疗某些疾病、改善患者生活质量的最有效的途径。因此，出于对专利所有者经济利益的保护及对患者权利的保障，基于专利药品生产的垄断性特点，发改委对专利药品实行了个别定价政策。根据最近一批公布的价格数据，已有200多种专利药品获得了个别定价。

根据国家《药品定价办法》规定，进入国家基本医疗保险和工伤保险药品目录（简称医保目录）的专利药品中，处方药的价格由国家发改委制定，非处方药的价格由省级物价部门制定。根据《办法》规定，实施个别定价的专利药品，是指处于中国产品发明专利保护（包括行政保护）期内的药品。此外，1993年中国《专利法》实施之前获得国外化合物发明专利、但没有获得中国专利保护或行政保护的药品，可参照专利类药品定价。由于很多客观因素，目前给予个别定价的专利类型主要是新的化合物专利和有效成分的组合物专利，其他专利类型不予考虑。

四、我国专利药品定价政策存在的问题

发改委在为专利药品定价时，既保证了人民群众对药品的可及性，又对鼓励企业的技术创新、推动医药行业的发展起到了积极的作用。但是由于国内整个医药卫生体制还在摸索阶段，专利药品的定价政策也存在一些问题。通过对各省物价部门负责药品定价的专家的访谈，高达84%的专家认为现行的专利药品定价方法有待改进；53%的专家认为目前的专利药品定价政策对控制药品价格的作用不是非常明显；26%的专家认为目前的专利药品定价办法对鼓励企业创新的作用不是很显著。

（一）专利药品定价方法尚不健全

专利药品是我国政府价格管理范围内的药品。国际社会对专利药品定价的方法主要有药物经济学指导定价、参考定价、成本加成定价。我国的药物经济学刚处于起步阶段，用药物经济学方法指导专利药品定价还有待时日；而成本加成定价是我国自对药品实行价格管制以来一直采用的定价方法，因而也未形成完善的采用参考定价的方法。

我国现行的专利药品定价主要是采用成本加成法，对专利药品的质量和疗效的考察缺乏量化指标。但是成本加成定价法在实际运用中遇到了诸多问题，最为突出的就是成本核定困难，这是因为一方面，专业的药品价格评审人才不足，另一方面，由于药品的研发周期长，专利药品的研发费用从客观上很难估量和分摊。因此从整体来说，专利药品定价方法尚不健全，有待进一步发展和挖掘。

（二）纳入专利药品定价范围的药品专利类型有争议

根据《办法》规定，只有拥有新的化合物专利的药品才给予个别定价。对于新的化合物发

明，其研发成本非常巨大，有数据显示国外平均筛选1 5000个新化合物才能推出一个新药，需时10～12年，耗资几亿美元，可见开发一个新药，企业的风险成本是很高的。此外，由于新的化合物对于一些疾病所起的疗效是其他药品无法匹及的，因此对真正有价值的新的化合物专利给予个别定价是合乎情理的，在业内也不会引起争议。

但是，除了新的化合物专利外，对于某些特殊的疾病种，其他专利类型在疗效、安全性等方面也有很显著的影响。如某些药品的制备工艺专利、剂型专利具有较高的创新价值，确实可通过专利带来疗效上的实质性提高，或者极大地提高药品的安全性，但是目前不能获得专利药品的个别定价权。

从案例1和案例2中，我们可以看到工艺专利的创新价值。

案例1

根据WHO（1990年）全球疾病负担统计，精神分裂症的疾病负担排位第五。

与一般身体疾病相比，精神病患者服药的依从性相当差，高达90%精神分裂患者有曾经中断服药的经历。而不持续治疗会导致患者复发率提高，住院率提高，从而导致永久性的脑损伤，给社会和家属带来沉重的负担。因此，英国"国立临床优化协会（National Institute for Clinical Excellence，NICE）"和"荷兰精神分裂症论坛（Schizophrenia Platform of the Netherlands）"这两个专家委员会都建议：精神分裂症的治疗应把重点放在增加依从性和减少副作用上。

新研发上市的抗精神分裂的长效注射制剂C克服了之前所有抗精神分裂药物依从性差的缺陷。这种注射剂使用了最新的注射微球专利技术，通过采用医用聚合物将肽类和小分子药物包裹起来形成微粒然后再制成混悬液。制备工艺不同于一般注射剂的制备工艺，也不同于常规的长效针剂，是目前唯一也是第一个上市的第二代长效注射用微球。

使用这种药品的收益包括以下几方面。

（1）大大提高患者依从性：运用这种技术的药品只需要每2周注射1次，大大地提高了患者的服药依从性。依从性的提高意味着住院和重复治疗费用的大幅降低，永久性脑损伤风险的降低。

（2）降低副作用的风险：相比口服制剂，长效注射的剂型血药浓度更稳定，血药浓度的峰谷差值较小，减少了药物副作用的风险。

（3）大幅节约社会成本：精神分裂患者的成本包括直接成本、间接成本和隐形成本。药物费用支出属于直接成本的范畴。事实上精神分裂症是慢性迁延性疾病，在总体治疗费用中，精神疾病药物所需费用只占全部医疗保健费用的1%～6%。住院、陪护等成本，以及误工造成的间接成本才是精神分裂疾病的主要成本。C技术的出现，大大节约了社会资源。

（4）改善患者生命质量：C技术的运用，为精神分裂疾病治疗带来了革新。传统药物致力于减少和控制精神症状，而C技术不仅控制症状，而且为患者改善生活质量，回归社会提供了可能。

案例2

系统性真菌感染集中于小部分的高危患者中，病情进展快，死亡率高，有效药物很少。目前我国临床常用的抗真菌制剂有A及B。其中A对曲霉和部分非白念珠菌天然耐药；而B毒性反应发生率高（35%～82%）。因此，临床迫切需要具有广谱、安全、疗效确切的抗真菌药。S

的上市满足了这局部高危患者临床的迫切需求。

但由于难以制成溶液型制剂，S 活性分子首次上市时制成胶囊。S 胶囊的出现一定程度虽然弥补了抗真菌药物抗菌谱和毒性的缺陷，但由于其主要适用于浅部真菌感染，深部真菌感染的患者无法由此获益。

为解决这个问题，企业经过 10 年研究开发，通过将羟丙基-β-环糊精与 S 分子交联，使脂溶性的活性分子包裹于环糊精中，研制出了可溶性的新制剂，即 S 口服液和注射液。该技术申请并获得了中国专利保护。这种药品的特点包括如下几方面。

（1）改变了药物的适应证：与胶囊的适应证不同，S 口服液和注射剂主要适用于系统性真菌感染的序贯治疗，中性粒细胞减少，血液系统肿瘤、骨髓移植患者的深部真菌感染的预防，以及免疫缺乏、HSV 阳性患者的口腔、食管的念珠菌感染的治疗等。而胶囊不能达到这些疗效。

（2）创造了新的临床价值：S 口服液及注射剂为难以吞咽的重症患者提供一种广谱、安全的救命药物，是高危患者挽救生命的急需用药，没有替代用品。由于这种水溶剂型的重要临床价值，被 SFDA 免临床试验即批准进口。

（3）降低了医疗总费用：使用 S 注射液若干天后，停止静脉给药，可用口服液作为序贯治疗（胶囊不能达到此疗效）。此阶段患者可出院带药回家服用，提高患者的生活质量，同时降低了总医疗费用。

可以说，具有重大突破的工艺技术或者剂型突破对患者和社会的贡献不亚于一个新化学分子的发现。由于这种技术往往大幅度节约除药费外的社会成本，所以对这种有重大创新价值的非化合物专利药品，是否该将其排除在专利药品个别定价范围之外是有待商榷的。

（三）在专利药品定价政策上，对生物制品没有体现其与化学药品的差异性

生物制品是应用普通的或以基因工程、细胞工程、蛋白质工程、发酵工程等生物技术获得的微生物、细胞及各种动物和人源的组织和液体等生物材料制备，用于人类疾病预防、治疗和诊断的药品。目前，我国人用生物制品包括细菌类疫苗（含类毒素）、病毒类疫苗、抗毒素及免疫血清、血液制品、细胞因子、体内和体外诊断制品，以及其他活性制剂（包括毒素、抗原、变态反应原、单克隆抗体、重组 DNA 产品、抗原－抗体复合物、免疫调节剂、微生态制剂等）。

由于生物制品的核心化合物是自然界存在的，不能申请化合物专利。因此企业在针对生物制品的专利策略中只能申请工艺或其他专利。由于生物制品的特殊性，其纯度等理化性质对生物制品带来的临床疗效有举足轻重的作用。我们在访谈中获得 C 企业的某种生物制品，因为没有化合物专利，不能享受个别定价政策，其价格非常低廉，以至于企业无法收回生产成本，最后导致此产品在市场上的供求关系非常紧张，形成了一剂难求的恶性状况。

（四）专利药品定价政策缺乏透明度和可预期性

透明度高和可预期的政策往往是产业能够获得良性的持续发展的必要条件。目前我国正处于医疗卫生体制的改革阶段，因此专利药品价格政策也存在变性。我国专利药品的价格制定和调整缺乏透明度，尤其是在调价时，没有规范的标准，调价的时间也不可预期，国家的药品价格调整往往让企业措手不及，因而在一定程度上会对药品生产企业产生不利影响。

第十一章 药品价格形成中专利药品的认定问题研究

摘 要

背景及目的：中国的价格管理政策一直以来缺乏对专利药品的定义、认定原则和方法等明确规定，导致各地在实际的价格管理工作中掌握尺度有别，容易引起争议。通过研究分析国外专利药品价格管理模式，提炼概括国外从价格管理角度认定专利药品的原则方法，对比国内外在药品价格形成中认定专利药品的方法差异，提出相关政策建议。

方法：研究对政府价格主管部门、专利授予行政部门、科研机构、医院和国内外药品生产企业的相关专家学者进行访谈，收集专家们对于从价格角度认定专利药品等问题的观点，并通过多轮问卷调查的方式，得出专家一致的结论。运用研究提出的认定原则对药品专利资料进行分析，举例说明认定方法的具体应用过程。运用文本研究方法，对比分析国外几个代表国家的专利药品价格管理模式及特点，提炼出国外专利药品价格管理的共同特点，试图为完善中国专利药品价格管理模式提供政策建议。

结果：国外方面，普遍拥有完善的药品价格管理组织；专利药品价格形成的原则明确且透明度高；药品创新的临床价值是价格形成中的重要依据；药品创新程度作为价格形成的基础；综合采用多种定价方法进行专利药品定价；通常需要企业提交科学证据等。国内方面，专家一致认为，在价格政策上对专利药品予以鼓励是有必要的。而对于中国专利药品价格管理中存在的问题，专家们主要认为"专利药品没有准确的定义""专利药品认定程序和方法不系统""现行专利药品价格政策执行效果与预期存在差异"和"各方面对过保护期的专利药品价格政策分歧较大"；从价格管理角度认定专利药品的基本原则可以概括为地域性、真实性、有效性、权属性、唯一性、对应性等六个方面，专利药品认定的基本流程分为提交材料、初审、复审、公示、公布专利药品价格、申诉与受理，鼓励性价格政策执行年限应"从专利申请日开始计算，最长不超过 20 年"。

结论及建议：中国应汲取国外的管理经验进一步完善专利药品的认定和管理体系，从专利药品的认定模式来看，应建立中国价格管理中基于药品临床价值的专利药品认定模式；在价格形成方法上，应利用药物经济学原理和方法指导药品价格形成；从价格管理部门来看，应组建由各方专家组成的第三方专利药品价格评审机构；同时，在建立科学的价格形成方法和专业的评审队伍基础上，建议进一步优化和明确中国专利药品价格形成的程序和细则，确保价格形成过程的公开透明。

第一节　基于临床价值的专利药品认定

一、代表国家的专利药品价格政策

世界各国在专利药品价格管理方面的具体做法有差异但也有共同之处，该部分梳理了国外几个代表国家的专利药品价格管理政策，其中包括美国、德国、日本、澳大利亚等7个国家。总结分析各国政策的共同特点和独特之处，探究国外专利药品的认定模式，试图为完善中国的专利药品价格管理体系提供经验借鉴。

（一）美国的专利药品价格政策

1. 管理部门　美国没有药品价格的管理机构，药品价格主要通过市场竞争形成，同时由各保险公司与药品生产或批发企业谈判制定。美国的医疗保险体系分为公立和私人保险机构，包括以Medicare（老人健康保险）和Medicaid（贫民医疗补助）为代表的公立保险机构和以药品福利管理公司（Pharmaceutical Benefit Managers，PBMs）为代表的私人保险机构。保险公司在与药企谈判的过程中，采取各项应对措施控制药品价格，以最大限度地压低价格。

2. 管理特点　专利药品价格形成以市场为主，价格水平为世界最高。美国采用相对宽松的价格政策，使得药品价格水平为全球最高，因此对企业研发创新活动的市场回报也是最丰厚的。发达的经济及鼓励企业进行新药开发的政策环境使美国成为世界第一大医药品市场：IMS的研究报告显示，美国是创新药品实现商业价值的首要市场——在2007~2011年间，首次上市新药高达62%的销售收入来自美国市场，比其他国家销售收入相加的总和还高。

（1）*有实力的私营购药者影响专利药品价格*：卫生保健管理组织（Medicare Managed Care Organization，MCO）和PBM是美国主要的私人大批量购药者，主要通过两种方式影响药品价格：一种是一次购买大量药品，从而享有较高折扣；另一种是发布药品的报销目录，规定某治疗领域只能使用较便宜的药品。

（2）*健康维护组织（Health Maintenance Organization，HMO）也是控制专利药品价格的关键一环*：HMO主要负责医疗成本管理，制定了针对医师的《指定药物目录》，避免高价药品收载于指定药品目录中。而制药公司的药品能否进入这一目录，将直接影响其销售量。因此，即使是有重要临床价值的专利药品，HMO也要求药品企业降价。对于药品企业来说，必须要重视与HMO的关系，因为HMO与医师和患者的联系较为紧密。

（二）英国的专利药品价格政策

1. 管理部门　在英国，制药厂商销售给英国国家医疗服务体系（National Health Service，NHS）的药品价格由英国卫生部决定。一共有两种企业自愿签订的协议，其中用于规范专利药品价格的即药品价格管制计划（pharmaceutical price regulation scheme，PPRS），由卫生部与作为公司代表的英国制药行业协会（The Association of the British Pharmaceutical Industry，ABPI）签订。非处方药品不纳入英国NHS的支付范围。

2. 管理方法　1993年9月PPRS开始实施，协议每5年签1次，覆盖所有获准在NHS中使用的专利处方药。根据该计划的内容，政府采取两种方式控制专利药品价格：一是通过利润控制间接管理药品价格；二是直接管理药品价格。

前者是通过在 PPRS 谈判中规定药品企业的“总销售利润”来管理药品价格。根据 PPRS 协议，制药企业可以自由定价，但卫生部会根据制药厂商的经营状况、资产及药品创新程度为每个参与 PPRS 的制药厂商确定一个目标利润，一般要求制药企业销售给 NHS 的药品利润率保持在 17% ~21%。当企业的实际净利润超过目标利润的 40% 时，卫生部要求制药企业降低一种或几种药品的价格；或者制药企业保持现有价格，但是将获得的超额利润返还给卫生部；当制药企业的实际净利润低于目标利润的 40% 时，则可以上调药品价格。在控制利润的基础上，英国政府主要通过降价计划对药价进行直接管理。然而，政府难以准确核定制药企业的总体利润水平，并且降价计划是针对企业供应的所有药品的平均价格。

另外，上述定价方法并不能反映市场实际的竞争情况，虽然能使企业获得一个比较合理的利润，但也限制了其获得高额利润的可能性，进而影响到企业研发创新的积极性。另一方面，双方在谈判时主要依据的是制药企业的成本、销售利润等情况，并没有将药品治疗价值纳入考查依据。于是，在 2010 年 12 月，英国卫生部发布了新定价方法的征求意见稿，计划在现行 PPRS 协议到期后（即 2014 年起）执行一套新的“基于价值的药品定价体系”（value-based pricing，VBP）——在对药品临床价值进行科学评价的基础上，政府与制药公司进行费用谈判。

NHS 在报告中将价值定价定义为“制定药品的价格，使该价格能体现对患者、医护人员和社会的价值，从经济学角度来讲，其额外成本带来的健康收益超出 NHS 或福利经济学中任何替代项目的相应收益”。或者说，药品的最高价格应该反映出它与适当参照品相比所具有的增量效果。评价的首要指标是临床疗效和成本效果比，药品所治疗疾病的负担和创新性也十分重要。

（三）德国的专利药品价格政策

德国对纳入社会保险报销范围的药品制定药品支付价格。德国没有药品报销目录，原则上所有处方药只要批准上市就自动纳入报销范围，而大部分非处方药、用于常见病的药物（如止咳药、泻药等）和生活方式类药物都被排除在报销范围之外。参考定价体系是制定社会医疗保险药品报销标准的一种方法。如果患者购买价格超过药品支付价，超出的部分需要由患者自己负担。而药品是否纳入参考定价范围也与其创新性有关。

1. 管理部门 在德国，联邦德国医疗保险基金协会（Federal Associations of Sickness Funds，FASF）负责药品支付价格的制定；联邦联合委员会（Federal Joint Committee，G-BA）负责医保目录的收录和修订工作，同时根据临床和治疗价值将新药分为创新性药品及非创新性药品，非创新性药品被归类到参考定价的群组，由医疗保险基金协会定价。德国药物评估局（IQWiG）是联邦联合委员会下设的独立科研机构，代表联邦联合委员会对诊断治疗技术、药品的功效、质量与效用进行评价。

2. 管理方法 在 2011 年以前，专利药品完全由制药厂商自主定价，不受参考药品价格制度规范，从而鼓励药品生产企业研发创新。2011 年，《医药行业改革法案》（Arzneimittelmarkt-Neuordnungsgesetz，AMNOG）实施后，制药企业在创新药上市后先根据内部专业部门的评估结果自主设定价格，1 年内药厂要递交附加价值证明文件给 G-BA 开展快速评价，并由 IQWiG 进行药品效益评价，根据创新药附加价值的评估结果对其进行筛选分级、“按值作价”。由 G-BA 赋予制药企业议价的权利，与 FASF 在规定时间内协商确定药物的价格。对于有附加效益的高价新药，若与药厂有协议，则不进行新药的经济学评价；反之由 IQWiG 进行经济学评价。若评估药品具有显著附加价值，则由双方协商议价——以对照药品的补偿价格与该创新药的附加价值为基础，综合分析市场条件等因素，最终确定此创新药的上市价格。若协商议价未果，企业可向 G-BA 指定的仲裁机构寻求权力救济。若评估药品没有附加价值则直接进入参考定价程序。

参考价格控制了药品价格的上涨，通过消除治疗效果相似药品之间的价格差异，提高了药品市场透明度，而且对于疗效相等的不同药品采用了明确的相同标准。

（四）法国的专利药品价格政策

1. 管理部门　法国卫生最高委员会（French National Authority for Health，HAS）和卫生产品经济委员会（Economic Committee for Health Products，CEPS）是直接负责药品价格管理的机构。

HAS 是一个独立且具有科学基础的非政府机构，内部设有透明委员会（Transparency Committee，TC），它通过对药品进行临床效益分析，决定药品是否可以获得补偿，具体的评估标准为药品的临床效益（Service médical rendu，SMR）。

具体的报销比率由国家医疗保险总局（National Union of Sickness Insurance Funds，UNCAM）制定，制定的过程中考虑 HAS 提供的疾病严重程度和 SMR。SMR 分为 4 个等级：Ⅰ级治疗效果最好，Ⅳ级治疗效果最不显著（Ⅰ级为大部分补偿，Ⅳ级为不足额补偿），在公共价格的 35% ~ 65% 变动（非严重疾病的医疗收益Ⅳ，不能获得补偿），新型创新性药物很有可能报销其价格的 65%。医疗收益每 4 年重新评估 1 次，据此对补偿价格进行修订。

2. 管理方法　CEPS 给药品进行定价基于制药公司提供的合理价格和 TC 授权的医学疗效改善程度（ASMR）分类水平。TC 利用 ASMR 对新药品与现有药品的治疗方法和效果进行评价，共分为Ⅰ至Ⅵ六级，分别为“比现有治疗有疗效的提高，是目标适应证市场上的第一个产品，或目前还没有治疗可用”“比现有产品有重大改进”“比现有产品有普通改进”“比现有产品有少量改进”“比现有产品没有改进，仅有经济收益”和“拒绝”。CEPS 负责委派代表与制药企业进行价格协商，制药企业和 CEPS 之间的协商决定了固定的销售量下某一种药品的价格。

为了促进创新药物的研发，法国政府规定对于药品的创新程度（即 ASMR 等级）较高的药品——ASMR Ⅰ至 ASMR Ⅲ级，制药公司在与 CEPS 进行价格谈判时将有更大的自主权，通常由企业自主确定价格。对 ASMR Ⅳ或 ASMR Ⅴ级的药品则采用内部参考定价程序定价，对于没有明显优于现有产品的药品，只能拥有同样或更低的价格。

（五）日本的专利药品价格政策

日本并没有专利药品的定价政策，而是有较为完善的新药定价政策。专利药品属于新药范畴，所以新药定价政策完全适用于专利药品定价。

1. 管理部门　日本药品价格的管理由厚生劳动省医政局经济课负责，制定所有列入医疗保险目录（即《药品价格基准》）药品的价格，并按照药品生产成本等因素的变化，适时调整相关药品的定价。

2. 管理方法 日本新药定价流程分为几个步骤。首先，调查药品市场的流通价格，调查对象包括所有政府定价药品，调查期限原则上为1个月。然后，根据调查来的价格，从最低价格累计，加权平均至交易量的90%对应价格作为新药参考价格。

新药在获得批准上市后，企业可向政府部门提交列入报销目录及定价申请；根据调查来的基础价格，厚生省经济课与企业举行听证，之后由医疗课做出核定草案；药价计算组织根据方案计算出新药的收录价格，在企业有异议时，该组织会进行第二次核算，并将核算结果报中央社保医疗协会批准通过；最终由厚生劳动省大臣签署后在报销目录中收载并公布价格。

根据是否有类似药品收载、是否有创新性及是否仅有规格改进，将新药价格核算方式分为五种。

重点说明有类似药收载，且新药具有创新性的情况。对于该类药品价格，有四种加成方式，即创新性加成、实用性加成、市场性加成和小儿加成。决定具体加成率大小的因素有：Ⅰ为临床上有用的新的作用机制；Ⅱ双盲试验中与同类药相比较具有较高的疗效与安全性；Ⅲ客观证实该新药对所治疗的疾病或对外伤的治疗方法具有改善作用；Ⅳ客观证实制剂改良后具有较高的医疗有用性；Ⅴ属于药事法规定的罕见疾病用药品，且对所治疗的疾病或对外伤的适应证和疗效为该新药的主要适应证和疗效；Ⅵ没有与该新药的主要适应证和疗效相关的药理作用类似的同类药；Ⅶ该新药的主要适应证和疗效，由于市场规模小，需要另外规定适应证人群的药物；Ⅷ该新药的主要适应证和疗效或者该适应证和疗效的用法用量明确表示适用于小儿；Ⅸ没有与该新药的主要适应证和疗效相关的药理作用类似的同类药（该适应证和疗效相关的用法用量明确表示仅限于小儿）。

具体加价规则：同时满足前三条加价条件，加价50%～100%，即所谓“创新性加价”；若满足前三条中的任意两条加价条件，则加价25%～40%，为“有用性加价”的其中一种方式；若满足Ⅱ或Ⅲ或Ⅳ条的，加价5%～20%，属于另一种“有用性加价”方式；市场性加价也分为两种方式，同时满足Ⅴ或Ⅵ加价10%或满足Ⅵ或Ⅶ加价3%；而小儿加价则需要同时满足Ⅷ和Ⅸ，加价率为3%～10%。当药物同时满足两种或以上的加价方式时，不同的加价率可以累计计算药品价格。

除此以外，当新药有类似药收载且创新性不足时，则直接参照国际平均价格调整；而没有类似药收载的药品，则通过生产成本加合理利润和费用的方法制定价格，还需要参考国际平均价格进行调整。

（六）加拿大的专利药品价格政策

加拿大虽然是市场经济体制国家，但政府对药品实行较为严格的价格管制政策。在专利药品定价方面，相对于其他国家加拿大采取的措施比较多，也比较规范。

1. 管理部门 加拿大的专利价格管理部门是卫生部下属的加拿大专利药品价审查委员会（Patented Medicine Prices Review Board，PMPRB）和药品与卫生技术署（Canadian Agency for Drugs and Technologies in Health，CADTH）。PMPRB在1987年依据专利法成立，对加拿大市场上所有处方和非处方的专利药品都有司法权，负责规范专利药品的出厂价格，但无权制定药品批发商、零售商和医院的销售价格。其成立的目的有两个：一是确保所有在加拿大销售的专利药品的出厂价格不会过高；二是报告所有药物的使用趋势及药物专利持有者的研发费用投入，为政策决策者提供参考。CADTH 的主要任务包括药品、医疗器械及医疗照护系统的卫生技术评估、新药的临床和成本效益审查，以及药品处方和使用的执行规范等工作。

2. 管理方法　加拿大所有上市的专利药品，无论其是否纳入医保报销目录，都要由联邦政府依据同类药品的全国平均交易价格统一制定出厂价格。在专利药品生产者确定了药品的出厂价格后，专利药品厂需要向 PMPRB 报告其专利药品的销售价格（出厂价）及预计开始销售的日期，PMPRB 通过价格比较的方式判断价格是否过高。在药品专利期内，专利药品厂每半年需要向 PMPRB 报告详细的专利药品量价信息，PMPRB 根据《过高价格指南》每年定期审核该药价信息，以确保专利药品厂制定的药价符合规定。

PMPRB 是根据《专利法》制定的《过高价格指南》，其中规定了 4 条专利药品评审的指导原则。为确保专利药品的价格不致过高，PMPRB 将药品价格及价格增幅与以下价格进行了比较：市场上销售的同类药品的价格；在其他国际市场上这种药品的平均销售价格；消费价格指数的变化。在考虑以上因素之后，PMPRB 尚不能判定价格是否过高的，也会考虑制造成本和销售成本。

PMPRB 对于药品价格的评估审查与药品的创新程度有关。PMPRB 将药品分为“突破性/显著疗效改善新药”“疗效类似性新药”和“延伸性新药”，每类药品均有对应的审查标准。

各类药品的定义为：“突破性/显著疗效改善新药”指的是，与已存在药品的剂型剂量不可比较的新药物识别代码（drug identification number，DIN），或是含有新化学成分的 DIN，并再区分为具有突破性疗效和具有显著疗效改善两类。其中，“突破性疗效新药”为首个有效地治疗特定疾病或适应证的药品；“显著疗效改善新药”指的是相对于已在加拿大上市销售的药物，具有显著改善的治疗效果或能显著地节省成本。“疗效类似性新药”指的是，与现存药品的剂型剂量不可比较的新 DIN，或新化学成分的 DIN，但这些 DINs 与同类药物相较，疗效仅中度或少许优于同类药物，甚至未优于同类药物。“延伸性新药”指的是，由已存在药物延展的新药品，例如新含量，或与既有剂型可比较的其他新剂型药品，或者说是给予新 DIN 的药品。

若为新的专利药品，PMPRB 会先做科学性审查以决定其主要适应证、所属类别及有无类似疗效对照品，并将药品分类。然后根据治疗类别对不同疗效类似品价格或国际价格进行比较，并制定价格上限。如果是国外已经上市的专利药品，则计算 CPI 调整后的价格，该价格不能超过 7 国最高价格。

（七）澳大利亚的专利药品价格政策

澳大利亚的药品定价主要是依据药物经济学，它也是第一个把药物经济学用于药品定价的国家。

1. 管理部门　澳大利亚的药品价格监管机构是卫生部下属的治疗商品管理局（Therapeutic Goods Administration，TGA），而负责药品价格制定的是澳大利亚药品咨询保险委员会（Pharmaceutical Benefits Advisory Committee，PBAC）。PBAC 是由几乎所有利益相关成员组成的一个独立于政府的机构，包括药学、经济学、流行病学的专家，以及医疗保险、药品生产企业和消费者代表等。它负责对上市药品作出综合性的评价，并对所有报销目录内的药品进行政府定价。

2. 管理方法　如果一个药品在澳大利亚上市销售，理论上可以任意价格销售，主要是非处方药品。但是要想得到全民健康保险的报销，则必须列入药品福利计划（pharmaceutical benefits scheme，PBS)。而进入澳大利亚全民健康保险报销目录的药品，一律由政府和制药公司一起协商来定价。某个药品若要进国家医保报销目录，PBAC 首先将该药品与已有药品进行疗效方面的比较和评价，根据药物经济学评价结果决定药品偿付类型。在偿付类型确定后，PBAC 将和制药公司一起协商决定药品价格。

自 1993 年 PBAC 出台了《药物经济学评价指南》开始，澳大利亚的制药企业在申请产品企图通过药物福利计划进入报销目录时，必须提供该药的经济学评价结果。如果该药与现有药物相比，其疗效无明显的优越之处，那么它的定价只能与现有药物相同。如果临床试验表明该药的疗效优于现有的药物，那么需要对其增加的成本与效果进行经济学分析以断定是否与拟定的价格相称。

二、共同特点分析

根据上述各国专利药品价格政策的内容，我们不难发现各国在管理的做法上存在相似性。下面将归纳总结各国专利药品价格政策的共同特点，其中对专利药品不采用价格管制措施的美国不在讨论的范围内。

（一）拥有完善的药品价格管理组织

政府对药品价格进行规制的国家都具备相对完备的管理体系。有些国家在政府机构内部设置专门的价格管理部门，而且一般不只一个部门，比如日本的厚生劳动省经济课和医疗课，还有加拿大的 PMPRB 和 CADTH。而有些国家通过设立独立于政府的委员会或科研机构参与专利药品的价格管理，其中最有代表性的是法国的 HAS，以及澳大利亚的 PBAC。另外，这些机构通常由临床医学、药学、流行病学等各方面专家，还有企业、消费者等利益相关方组成，具有很强的专业性，为药品价格的形成提供科学依据。他们凭借各自国家赋予的权力，按照一定的工作程序，独立地进行药品评估工作，为政府制定药品价格提供决策建议。

（二）专利药品价格形成的原则明确且透明度高

大多数国家都拥有清晰完整的专利药品定价原则和方法，定价过程公开透明，公众可了解到具体参与的价格管理部门及职责，以及企业需要提交的材料等相关信息。政策的透明度是各国在药品定价中特别重视的，如加拿大的药品价格审查委员会就特别注重价格审查的透明性。

（三）专利药品创新的临床价值作为价格形成中的重要依据

在专利药品价格的形成中，通常会考虑药品在临床上的创新价值。比如法国对创新药品的定价方式因医学疗效提高程度的不同而异，对于临床疗效提高程度大的新药可以自主定价；再比如，澳大利亚通过药物经济学评价的手段，判断专利药品所定价格是否与增加的疗效相称；另外，德国和英国也相继将药品的临床价值作为定价的参考依据。在上述几个代表性的国家中，没有国家将药品的专利类型作为专利药品价格形成中的重要参考。

（四）药品创新程度作为价格形成的基础

如德国、法国、日本、加拿大都根据创新程度对专利药品进行了分类。日本根据药品创新性的差异给予不同的加价比率；法国按疗效改善程度把药品分为五个等级，不同的等级按照不同的方式定价，等级高的可以由企业自主定价；加拿大 PMPRB 按“突破性/显著疗效改善新药”“疗效类似性新药”和“延伸性新药”分类，不同类药品价格审查标准不同。这样的做法，有助于价格管理部门给予不同创新程度的药品适当的价格激励，创新程度高的药品可以享受更为宽松的价格政策，引导企业研发临床增益高的药品，避免因创新程度不明确导致低水平创新的企业搭便车。

（五）综合采用多种定价方法进行专利药品定价

如前所述，许多国家是综合运用多种方法进行定价的。如日本的新药定价的基本做法是与类似药效品种进行价格比较，并结合药品的创新性、实用性和市场性等因素进行加价，同时参考国际平均价格进行调整；当没有类似药物可比较时，则采用成本定价方法。还有加拿大，也是综合运用同类药物参比定价、国际参比定价和成本定价方法对专利药品进行定价的。除此以外，像澳大利亚、德国、英国等国家也都采用了药物经济学的评价方法评估专利药品价格。

（六）在专利药品价格形成中需要企业提交科学证据

在专利药品的价格形成中，药品的安全性和有效性是最应该被考虑的因素，而一个药品是否安全有效，是根据科学的药品临床研究资料进行判别的，如澳大利亚就明确要求企业在申请专利药品定价的时候提交药品的临床研究资料；如加拿大，要求企业提供对照、双盲、数据完整的临床试验资料，以及在期刊中发表关于新药品疗效或该类药品疗效的文献。

（七）专利药品价格通常是仿制药品定价的基准

在发达国家，药品定价是以专利药品为定价基准的，仿制药品的价格是在专利药品价格的基础上制定的。如法国，先进入的专利药品市场价格最高，当仿制药品上市时，价格比首先进入市场的专利药品价格低，第3家更低，以此类推。这样，不仅可以有效地制止市场上的无序仿制，还能在很大程度上推动专利药品的研发。

第二节　基于药品专利的专利药品认定

一、研究方法和过程

（一）专家访谈

1. 访谈专家的选择　为了确保专家对专利药品价格管理相关问题理解的完整性和可靠性，本研究在访谈专家的选择上，主要依照两个原则。

（1）专家来自政府部门、科研机构、医药企业等不同领域：专利药品价格政策的制定不仅影响药品的公平可及，也关系到医药产业的健康发展。在相关问题的研究中需要平衡政府、企业、患者等多方利益，寻求不同分析问题的角度。最后确定的访谈名单中，4人来自政府部门（国家发改委1人、地方物价局2人、国家知识产权局1人），4人来自科研机构（北京大学医药管理国际研究中心2人、复旦大学公共卫生学院1人、中国药科大学1人），4人来自国内外药品生产企业（外资企业2人，国内企业2人）。

（2）专家有丰富的理论或实践经验：在访谈专家中，来自政府部门的行政级别均为处级或以上，来自企业的均为政府事务部门的负责人，他们都在各自领域有长期的实践经验，对专利药品价格政策的具体内容和实施情况有足够的了解，能对研究相关问题给出回答。来自科研机构的专家长期从事药品价格政策相关研究，已在权威期刊上发表过大量有影响力的文章，也能够很好地回答相关问题。

2. 访谈提纲的设计 本文是研究专利药品价格管理的相关问题，重点探讨如何从价格管理的角度认定专利药品。访谈中主要提出了七大问题，主要包括对专利药品单独实行鼓励性价格政策的必要性、当前专利药品价格政策的实施效果（鼓励药品创新的作用、还存在哪些问题）、该如何定义价格管理上的专利药品、应对具备何种特征的专利药品给予价格政策的鼓励（思考的维度包括专利的真实性、国别、类型等）、专利药品价格形成的客观依据是什么、专利药品价格政策的执行年限应该如何设定、已经过保护期的专利药品的价格政策应该如何延续。

在访谈正式开始之前，访谈提纲的逻辑性和表述方式都经过导师和课题组成员的反复修改和确认。同时，我们也额外选取2～3名专家进行了预调研，对访谈提纲加以完善。

3. 访谈调研的开展 访谈主要通过与访谈对象约访谈的形式开展，包括面对面访谈和电话访谈两种方式。一般采取的步骤是，首先由笔者简明扼要地阐述课题背景和研究目的，然后采取一问一答的方式进行访谈。

在访谈进行的过程中，如果访谈者对某个研究问题有疑惑，笔者会及时地作出解答，同时为了避免访谈者被引导，故而只做简单解释；如果访谈者对某个研究问题缺乏思考，笔者会给予适当思考维度上的提示；如果访谈者在回答时逐渐偏离主题，笔者会主动参与并将话题引导回所研究问题上。另外，在访谈过程中，通过与访谈专家积极的沟通，使研究问题不断深化，为做问卷调研做好准备。

4. 访谈结果简要分析 针对访谈提纲中的问题，大部分访谈者都给出了明确的回答，本论文针对七个问题归纳了相应观点。

（1）您认为是否有必要对专利药品单独实行鼓励性的价格政策？为什么？

观点1：有必要。因为专利是在某方面有技术先进性的创新，这个过程是需要探索的，会走很多弯路，只有从价格上鼓励创新才能补偿高昂的研发成本。

观点2：有必要。因为国家当前的大环境就是鼓励创新的，从国家医改系列文件中也可以找到利用价格鼓励药品研发创新的依据。

观点3：有必要。我国药品研发实力薄弱，产业需要一定的激励机制。

（2）您认为当前专利药品定价的政策是否起到了鼓励药品创新的作用？为什么？

观点1：起到了鼓励作用。不属于医保目录内的药品，企业可以自己根据情况自主定价，本身就是鼓励的作用。同时医保目录内的制定相对高的最高零售价，也起到了一个高定价的效应。

观点2：现行的专利药品价格政策还存在很多问题。在“以药养医”的体制机制环境下，药品销售主要依赖现金促销的模式，若不从根本上改变这种扭曲的体制，那么专利药品价格政策对企业研发创新的鼓励作用会打折扣。

观点3：起了一定鼓励创新的作用。但政策上还没有明确地认定专利药品的标准和程序，价格管理工作缺乏依据，不能做到公开透明。另外，存在国内外企业待遇不公平的问题。

（3）如果不是所有形式的专利都适合单独实行鼓励性的价格政策，那么您认为，具备哪些特征的药品适合通过价格政策进行鼓励？

观点 1：应该鼓励“核心技术”，有开拓性的创新。比如新的治疗高血压药物，可为将来寻求疗效更好的药提供基础；另外，抗生素容易产生耐药，如果发现了新品种也是很有价值的。

观点 2：从专利文件的角度说，应确保专利本身的真实性和有效性。

观点 3：从专利国别的角度说，只考虑中国专利和经过公示被广泛认可的国外专利。

（4）如果让您给“专利药品”下一个定义，您认为应该如何界定？

观点 1：从价格管理的角度给专利药品下定义，要视具体哪些专利药品可以被纳入价格鼓励范围来定，与问题 3 关系紧密。

观点 2：是价格文件中规定的“依据法律法规，对特定企业生产的药品实施保护并使其获得市场独占权的药品”，中国专利保护药品是其中具体类型之一。

（5）结合您对专利文件的了解，您认为其中哪些组成部分或内容在专利药品定价中是关键的？为什么？

观点 1：应为权利要求书。确定专利保护范围的重要法律文件，从价格管理实践看，也是认定专利药品申请的最主要依据。

（6）您认为专利药品价格政策的执行年限应该如何设定？

观点 1：专利药品的价格保护，原则上应和专利期一致，但药品往往是在临床前就申请专利，在专利授权时还可能在临床而没有上市。所以国外一般对专利药品的专利期给予一定延展，专利价格应到其延展期满为止。

观点 2：专利药品的价格保护时限与专利期保持一致，执行至专利保护期结束为止。

观点 3：中国药品注册、报销准入周期太长，许多专利药品没有享受市场独占期回收研发成本，就面临仿制品竞争，应适当延长专利药品鼓励性价格政策的时长。

（7）您认为已经过保护期的专利药品的价格政策应该如何延续？

观点 1：要执行一个柔和的政策，不要对产业等各方冲击太大，所以要执行一个逐步阶梯性的价格。根据市场实际的交易价格，慢慢调整限高防涨的最高零售限价。

观点 2：专利保护期满后，对专利药品的鼓励性价格政策也同时取消，原研药品应执行统一定价政策。

（二）问卷调查

1. 问卷设计　问卷的设计是在专家访谈基础上进一步细化所研究问题，同时依据访谈结果设计选项，以期获得相关问题的比例统计数据或专家一致的意见。

问卷中讨论的问题主要包括：是否有必要对专利药品实行特殊的价格政策给予鼓励、对专利药品实行鼓励性价格政策的原因、中国现行的专利药品定价模式主要有哪些问题、完善科学的专利药品定价体系组成内容、价格政策鼓励的专利药品范围界定思路、价格政策鼓励的专利药品国别问题、政策执行年限和与原研制药品的政策延续问题。

2. 问卷发放和回收　问卷以电子邮件的形式发放，对象为参与专家访谈的 12 名专家，专家们在规定时间内将填好的问卷返回。第一轮问卷返回后，笔者将不需要专家统一意见的问题选项录入，并做比例统计分析，对需要获知理由的问题，通过回访的方式进行访谈；对于需要专家达成一致意见的问题，逐个根据情况进行多轮的德尔菲法，直到得到一致的专家结论为止。

3. 分析方法

（1）比例统计法：针对问卷中的多选题，本论文统计了每个选项的专家支持人数及占比。不同选项的占比大小用来反映相应问题的突出或严重程度。

（2）德尔菲法：德尔菲法是一种专家调查法，采用背对背通信的方式征询专家小组成员的预测意见，将专家意见综合、整理、归纳并反馈，供专家分析判断并提出新的结论，然后经过几轮征询，使专家小组的预测意见趋于集中。

专家的选取直接影响德尔菲法结论质量，所以一般不要求专家数量多（人数一般在10～50人），而是要确保专家的代表性和权威性。在正式征询之前，可通过函询或电话等不同方式预先了解拟选择专家是否有兴趣完成全程调查。一般可用于量化结果的预测，比如某产品市场未来发展趋势的预测；也可用于非量化结果的预测，比如指标体系的建立等。该分析方法的优点是可以避免研究结论受专家心理因素的影响，在一定程度上确保结论的客观性。

二、利用价格鼓励中国药品研发创新的必要性

在受访专家中，有66.7%的专家认为在中国“有必要”对专利药品实行特殊的价格政策给予鼓励，33.3%的专家认为“非常有必要”。可见专家一致认为，在价格政策上对专利药品予以鼓励是有必要的。具体可从国家层面、企业角度和专利药品的研发特点三个维度阐述鼓励中国药品研发创新的必要性。

2009年，中共中央国务院《关于深化医药卫生体制改革的意见》［中发（2009）6号］，第十一款“建立科学合理的医药价格形成机制”，明确提出要“改进定价方法，提高透明度，利用价格杠杆鼓励企业自主创新”。国家计委关于印发药品政府定价办法的通知［计价格（2000）2142号］关于药品政府定价的基本原则也明确提出要“鼓励新药的研制开发”。2009年，国家发展改革委、卫生部、人力资源社会保障部关于印发《改革药品和医疗服务价格形成机制的意见》［发改价格（2009）2844号］的通知，在改革基本原则中进一步强调了鼓励创新的重要性，指出“医药价格制定要有利于激发企业和医疗机构提高创新能力和动力，研究开发新产品和新技术”。专利是国家保护创新的具体手段，也是创新的一种表现形式。将获得专利的药品作为价格鼓励政策的实施对象，是落实中共中央、国务院、各部门关于医改系列文件精神的具体举措。

另外，中国医药企业的创新研发实力薄弱，研发投入不足，是造成这种局面的原因之一。据有关数据显示，中国医药企业平均研发费用投入仅占销售收入总额的3%，与国外投入水平相比明显不足，故有必要从价格政策的角度激励药品研发创新，企业通过获得丰厚的利润回报，增加创新药物研发投入，形成良性循环。

最后，受访对象均认为专利药品研发具有投入大、周期长、风险高的特点，从政策层面给予价格保证，实质是使专利药品的研发费用加速分摊、盈利目标加速实现，通过稳定企业合理的盈利预期，达到鼓励企业研发创新的目的，因此是非常有必要的。

三、中国专利药品价格管理存在问题

根据问卷调查的结果，除一名来自外资企业的专家提出“中国没有专利期延长，且专利过期之后降价太多太快”的问题以外，其余专家不同程度提到中国现行的专利药品定价模式存在

“国内外企业待遇不公平”“影响药品的公平可及”“认定标准和程序不透明”“强化专利药品的垄断地位”等几个问题。其中 66.7% 的专家认为存在“认定标准和程序不透明”的问题，50% 的专家认为存在“国内外企业待遇不公平”的问题，25% 的专家认为“强化专利药品的垄断地位”，8.3% 的专家认为“影响药品的公平可及”。

通过问卷回访我们了解到，大多数专家们对于“从价格政策的角度对专利药品进行认定缺少标准和程序，且认定过程没有透明化”已达成共识；“国内外企业待遇不公平”主要指的是原研制药品的“超国民待遇”问题，“强化垄断地位”也是表达了相同的意思，下面将对这两方面的内容做具体的阐述。而提到“影响药品的公平可及”的专家主要指抗肿瘤药、抗艾滋病药等个别药品定价过高可能影响药品的可及性。在巴西和泰国等国家，针对这种情况可通过强行仿制使价格降下来。但专家并不是认为该问题应归咎于价格部门——可及性的问题未必需要通过定价来解决，可以通过增加保险报销水平等其他途径。专家同时指出，可及性和鼓励企业创新本是相关矛盾的两个问题，关键在于如何找到平衡点。

（一）专利药品没有准确的定义

从 2000 年以来的所有相关文件表述来看，价格政策关于专利药品的认定标准实际只给出了一项要件：具有物质专利，但对物质专利的内涵等细节性要求并未明确，在实践中暴露出很多问题。

首先，对于化学药品来说，物质的专利类型非常复杂。既有药物核心化学结构的专利，也有药物核心化学结构成盐、成酯的衍生物专利，药物核心化学结构特定晶型的专利，同一化合物不同光学异构体的专利，不同成分构成的组合物专利，还包括方法定义产品的物质专利。这些专利是否都属于价格政策所称的物质专利范畴，既涉及政策取向的问题，也涉及医药专业知识的问题。各地价格主管部门在实践过程中掌握的尺度不一，有的只认可化合物的专利，有的认可所有物质性的专利，有的甚至认为专利属于国家知识产权局的职能范围，不应该由价格主管部门认定，因此只要企业出具了相关专利证书，无论内容如何都作为专利药品对待。如果不分类型、不考虑创新程度的差异，但凡专利或者但凡物质专利都实行同样的价格政策，实际上所期待的鼓励作用是相互抵消的，甚至对原始创新如发明先导化合物的企业是不公平的，但如果要对专利类型进行甄别，在没有明确认定标准的情况下也是无法操作的。

其次，随着医药科学技术的进步和应用，越来越多的生物制品进入临床。其中，许多生物制品其主要成分是从植物、动物甚至是人体中提取获得的，物质基础本身未经过人为的加工修饰，属于天然产物。从专利授权的角度来看，这是一种发现，并非一种发明，因此无法获得以物质基础本身为对象的直接专利保护。这也就意味着，此类产品与化学药品相比，即使研发投入同样可观、创新意义和临床价值同样重大，但在价格政策上却不能获得同等待遇。

（二）专利药品认定程序和方法不系统

目前，专利药品审定主要是生产企业或其授权的经销企业向价格主管部门提供药品的专利资料，价格主管部门审定后直接公布结果。认定程序缺乏透明度，与申请者互动也极为有限。国家发展改革委在 2011～2012 年调整政府定价药品价格期间，就 2009 年进入医保的未定价药品专利认定问题履行了以下程序：①生产企业或其授权的经销企业提交专利资料；②国家发展改革委价格司医药价格处进行初审；③国家发展改革委价格司医药价格处组织召开沟通会，向申请者代表“一对一”通报初审意见，包括是否认定为专利药品、未认定的原因、需要企业进一步补充资料和说明的问题等；④国家发展改革委价格司医药价格处根据企业补充的材料进行复审，接受相关企业的质询和申诉；⑤国家发展改革委价格司医药价格处提出终审意见，并作为制定公布相关药品政府指导价的依据。

此外，原广东省物价局在开展药品差别定价试点工作中，对专利药品认定还履行了专家评审、公开征求意见等程序。总的来看，国家发展改革委和原广东省物价在专利药品认定程序方面作了一些积极探索，被行业认可和接受，但是这些探索性质的程序尚未形成全国统一的标准，本身也有很多需要完善的地方。

在专利药品认定过程中还存在许多操作层面的问题。例如一份专利大体由专利证书和专利审定授权的说明书构成，审定授权说明书包括专利基本信息（申请日、授权日、专利权人、专利名称等）、摘要、权利要求书和说明书等多部分组成。每一部分都多少包含了表述专利内容的信息，有的地方直接按照专利的标题来认定，有的地方按照审定授权说明书的摘要来认定，有的地方按照权利要求书来认定，有的甚至将说明书中关于背景介绍的内容也作为认定依据，既不公平，也不科学。此外，一些企业提供的专利，有的是以个人名义申请的，申请人有的是企业法人代表，有的是独立研究机构的研究人员，其权属关系是否完整归属企业无法从专利材料上反映出来，这个问题很多时候是被忽略的，存在较大的漏洞。

（三）现行专利药品价格政策执行效果与预期存在差异

对专利药品执行鼓励性的价格政策目的是为了鼓励研发创新，从政策设计本身来看，是可以起到积极作用的，但在中国医药行业发展的现实背景下，实际效果与预期效果是存在偏差的：一方面，在“以药养医”的体制环境下，药品销售主要依赖现金促销的模式。也就意味着，在药品研发和营销方面投入相同数额的资金，产生的效益、资金回收的速度都是相差悬殊的，即使政策上赋予专利药品更多的价格空间用于下一步研发创新，但企业实际上是优先投入到促销环节的。不从根本上改变这种扭曲的体制，那么专利药品价格政策对企业研发创新的鼓励作用，始终是打了折扣的。

另一方面，2000 年国家计划制定公布《药品政府定价办法》之前，对药品价格是按照进口、国产分类管理的。其中既有历史的原因，也有我国医药研发能力相对落后的原因。制定公布《药品政府定价办法》之后，不再区分进口和国产管理。在当时的条件下，由于进口药品和国产药品市场价格相差悬殊，国产药品尚不能完全填补进口药品退出中国市场的空白，因此在制定专利药品价格政策时允许在原发明国获得物质专利授权的进口药品参照中国物质专利药品的价格政策执行。当时，这项政策是有其积极意义的，结束了 2000 年以前无论是否专利药品，只要是进口就可以执行高价的时代，一些无专利的进口药品被迫退出中国市场，为国内企业腾出了发展空间；同时为有原发明国专利的进口药品继续生产供应提供了政策依据，使这些药品特别是临床必需、国内企业尚不能生产供应的药品临床不出现断档。但是，由于国内医药企业研发能力偏弱，使得实际享受到专利药品价格政策的绝大部分是进口药品，而且是未在中国获得物质专利授权的药品。在当时情况下，国产药品主要集中在低端市场，经营使用环境也没有集中招标、“一品两规”等准入门槛限制，与集中在高端市场的进口药品没有直接的竞争关系。

而且随着近几年国内医药企业的发展壮大，逐渐从低端市场向高端市场发展，与进口药品的直接竞争越来越激烈，对“专利药品几乎都是进口药品”的这种现状一直在争取政策上的调整。客观地说，专利药品价格政策本身并不区分进口国产给予不同待遇，主要是国内外企业研发能力和成果的巨大差异造成了当前的现状，但差异本身并不是短期内就能够弥合的，于是把矛盾焦点集中到了专利药品的认定标准上。

（四）各方面对过保护期的专利药品价格政策分歧较大

按照现行政策，尚处于保护期内的专利药品可以单独制定价格并标注执行此价格的生产企业名称，在调整政府指导价时也限定在一个较小的幅度，不考虑专利药品与仿制药品的价差水平。过保护期的专利药品也可以单独制定价格并标注执行此价格的生产企业名称，但在调整政府指导价时，要考虑其与仿制药品的价差水平，相应扩大降幅。

对于保护期内的专利药品价格政策，各方分歧不大。但对于过保护期的专利药品，在访谈中有的专家提出允许其单独制定价格，根本原因实际上不在于是拥有专利，而是这部分药品与仿制药品市场价格差距过大，强制其按照仿制药品价格执行并不现实，不得不从专利的角度给予其继续执行高价的政策依据。也有的专家认为，专利药品价格政策是以专利权为基础的，过专利保护期以后，其专利权已经失效，政策基础已经不存在，不应该再自动获得区别于仿制药品的价格政策。特别是在专利药品绝大部分是进口药品的情况下，客观上对国内企业是非常不公平的。

即使按照第一种观点，允许过保护期的专利药品自动获得区别于仿制药品的价格政策也存在很多需要研究解决的问题。首先是资格的存续问题。实践中，药品的相关专利权属是可以在企业间发生转移的，有的是将权属转让给其他企业；有的是授权其他企业生产。具体来看，有的转让是发生在保护期内的，有的转让是发生在保护期外的，对于已过保护期的专利，其权利已经失效，这种转让是否可以作为执行相关价格政策的基础；有的专利转让是在原发明国之外限定区域的转让，这种转让是否可以作为执行相关价格政策的基础。这些问题在现行价格政策中没有做过明确规定，执行中矛盾很大，有的不考虑转让的时间节点，限制条件等一律认可，有的额外附加一些与专利权属本身无关的条件，如是否使用原专利企业的原料、工艺、商品名等。政策的理论脉络不清晰，缺乏合理性和连贯性。

四、专利药品的内涵界定

目前，价格政策上并未明确专利药品的具体定义。从访谈中了解到，国内药品生产企业认为，既然是针对专利药品实施的价格政策，专利属于国家知识产权局的职能，那么只要是国家知识产权局授予了专利，那么其生产的药品就应当作为专利药品享受相应的价格鼓励政策；而价格主管部门的专家认为，专利类型较多，创新程度参差不齐，专利药品价格政策目的是为鼓励企业研发创新程度高、临床价值大的药品，应当限定政策的执行范围，并明确标准，予以甄别。

药品专利和专利药品的概念长期以来是被混淆的。药品专利，指的是与药品相关的专利，但凡国家知识产权局授权，与药品相关的专利都是药品专利，不存在价格主管部门认定的问题。而专利药品，广义上看，只要是生产过程应用了一项或者多项专利的药品，都可以被称作专利药品。

而狭义的专利药品则复杂一些。由于历史原因和一些客观因素，同种药品不同品牌之间，其成本质量、市场价格是存在差异的，有的差异还很大。统一价格水平按照主流企业较高的成本费用来核算，则其他一些品牌还有很大的价格空间用于现金促销等不正当的营销模式；按照一般品牌的成本费用核算，则主流企业的产品可能就此退出市场。因此，有必要对符合特定条件的药品在价格上实行分类管理。即按照药品研发生产和临床使用的实际情况，价格主管部门事先明确分类条件，将同种药品不同品牌分成若干类分别形成价格。如何分类、如何确定分类条件是价格主管部门根据价格管理的规律和需要来确定的。故狭义上的“专利药品”即价格主管部门药品分类管理的类别之一。

五、专利药品认定的基本原则

专利药品认定的原则主要通过研究过往的价格政策文件，并对有丰富专利药品价格管理经验的价格主管部门人员进行深度访谈而提出，其中部分内容也参考了专利法、专利法实施细则和具体药品专利案例研究的相关内容。

（一）地域性

地域性指的是药品专利国别认定的问题，国别的认定与中国专利保护制度的演变密不可分。中国第一部专利法于1985年4月1日开始实施，其中规定对药品不授予专利权，只有“药物化合物或制剂的制备方法发明”和“医疗器械发明”可以在申请中国专利。1992年第一次修改后的《专利法》把医药品列入了专利保护范围，除了“疾病的诊断和治疗方法”外，医药领域的其他发明均可申请专利保护，并且还将专利权的保护期限由原来的15年延长至20年。这一次修改使中国的药品专利保护基本符合了《与贸易有关的知识产权协议》（Agreement On Trade-related Aspects of Intellectual Property Rights，TRIPS）的要求。2000年第二次《专利法》的修改使得中国药品发明的专利保护已经达到了国际先进水平。

药品行政保护是区别于专利、商标、版权的一种特殊的独占权保护，它来源于1992年1月7日中美两国政府签订的《关于保护知识产权谅解备忘录》的第二条规定。该条规定是关于药品和农业化学物质产品的行政保护问题，即对符合条件的美国专利药品和农业化学物质产品，可以到中国申请行政保护，经审查批准，美国独占权人可以获得7.5年的行政保护，自颁发药品行政保护证书之日起计算。

为实施《关于保护知识产权谅解备忘录》的规定，原国家医药管理局受国务院委托，制定了《药品行政保护条例》，该条例于1992年12月12日经国务院批准，并于1993年1月1日实施。申请人所在国批准的产品专利才能申请，方法专利不能申请，因为方法专利在1993年1月1日前的中国专利法是可以给予保护的。1998年政府机构改革后，药品行政保护职能自原国家医药管理局转由国家药品监督管理局承担。

综上所述，不难发现1993年之前外资企业不能在中国申请药品的物质专利保护。在1992年中美两国签订了《关于保护知识产权谅解备忘录》之后，美国企业可以就药品在中国申请行政保护。

总结起来，起初没有获得中国专利授权的药品也被认定为价格管理上的专利药品，享受着鼓励性价格政策的待遇，有以下几方面的原因：①由于当时中国医药企业研发能力偏弱，无法填补相应市场的空白；②外资企业在当时无法在中国申请药品的产品专利。另外，通过访谈外资企业的相关人员，我们也了解外企曾未在中国申请专利的其他原因，比如外企是 20 世纪 90 年代后期进入中国的，当时中国市场占全球市场的比重很低，而专利申请要人力财力投入，未必所有企业在当时都前瞻地申请中国专利，以及当时中国专利审查比较混乱，企业难以获得有效的专利保护等。

然而未来，专家们统一认为应“只认定中国授权的专利”，原因有以下几方面。①该问题涉及国家主权：进入中国销售的药品要遵守中国的法律法规，包括药品的专利也应得到中国的相关法律的认可；②各国认定专利的标准和方式不同，盲目认可国外的专利可能产生不公平的问题；③定价中应当考虑国家之间的对等原则，没有必要主动认可其他国家的专利，除非国家之间专利互认之后。总而言之，从专利保护的角度看，原发明国获得的专利保护并不能自动延伸到他国，专利药品价格政策是基于专利权赋予的，显然在法理上存在瑕疵。

为此本研究以国家知识产权局网站的专利数据库为数据来源，统计分析了 1990 至 2014 年间在中国申请的药品专利相关情况。具体的检索方法是从国家知识产权局官网首页进入“专利检索与查询”页面，使用其中的“专利检索与服务系统（公众部分）”进行专利检索。在专利检索项下，有“药物专题检索”一栏可供公众从“申请日”“申请人地址”“药物范畴分类号”等不同维度专门进行药物专利的检索。

由每年药物专利申请量数据发现，1990 ~ 2014 年在中国申请的药品专利共 367 508 件，申请量基本上逐年上升，详见图 11-1。尤其在 1993 年，中国药物专利的申请量显著增加，由 1992 年的 1702 件一举跃至 1993 年的 4159 件，增幅为 144.4%。这与中国 1992 年专利法修订后在医药专利保护方面扩大了保护范围密切相关。2014 年的申请量大幅下降主要是因为专利的公开时间是从专利申请日开始一年半后，所以目前还没有公开；另外有些专利是通过 PCT 途径进入中国的，公开时间可能会更晚。

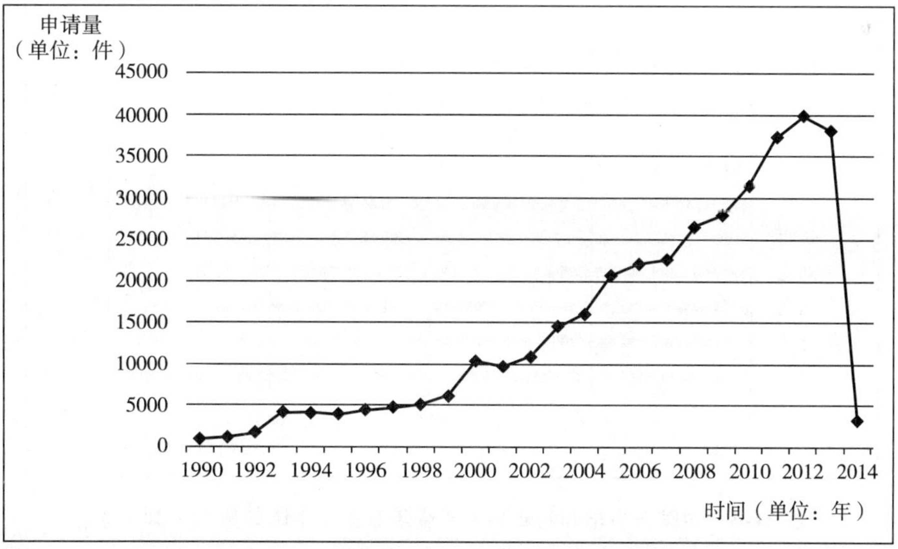

图 11-1　1990 ~ 2014 年药物专利申请量随时间变化趋势

从中国各地区的申请量来看，中国药物专利申请量呈现地区分布不均衡的特点，具体申请量详见图 11-2 ~ 11-4。其中北京、上海、山东、江苏、浙江、广东、辽宁、天津、河南、四川 10 个省市占据中国药物专利申请量前 10 位，而西藏、青海、宁夏等省份或自治区的申请量较少。因此中国药物创新活动主要集中在经济较为发达的京津、华东等东部地区，而西部地区的药物创新活动较少。

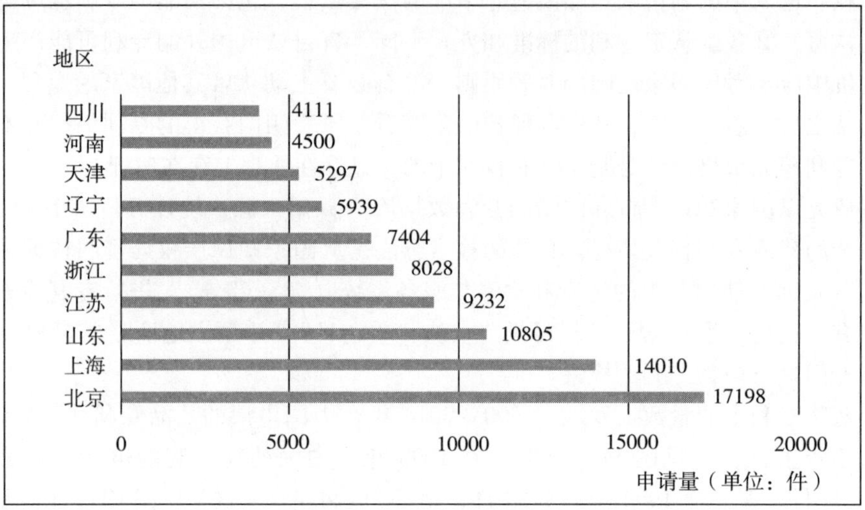

图 11-2　中国各省市药物专利申请量条形图（申请量前 10 个）

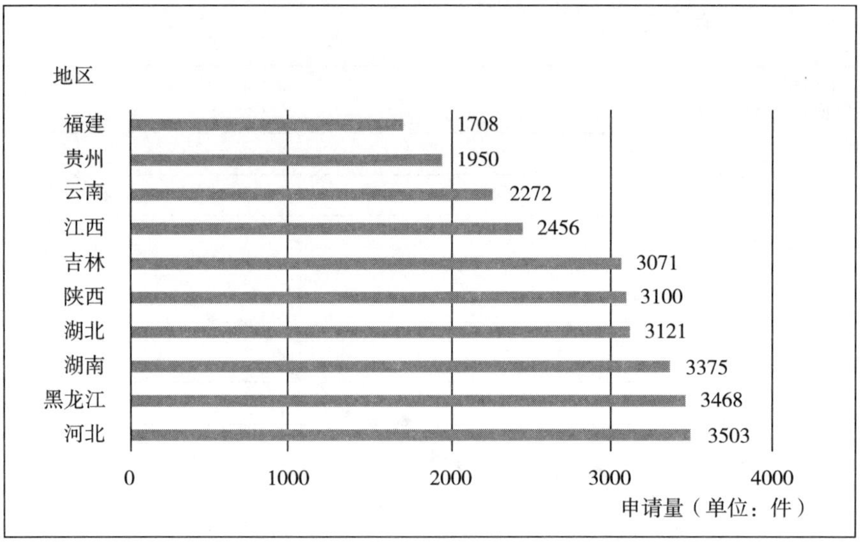

图 11-3　中国各省市药物专利申请量条形图（申请量第 11 ~ 20 个）

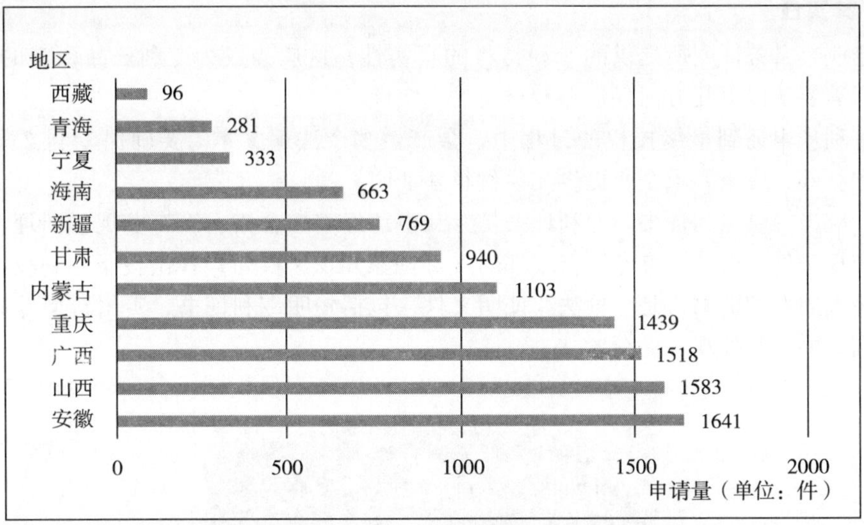

图 11-4　中国各省市药物专利申请量条形图（申请量第 21～31 个）

从药物治疗类别的角度看，申请量排名前 5 位的是内分泌类 68 576 件，神经精神类 60 798 件，胃肠类 53 361 件，骨骼风湿类 49 805 件，心血管类 46 697 件。由此可见，药物的创新研发活动主要集中在内分泌、精神类、胃肠道、心血管等常见疾病上。详见图 11-5。

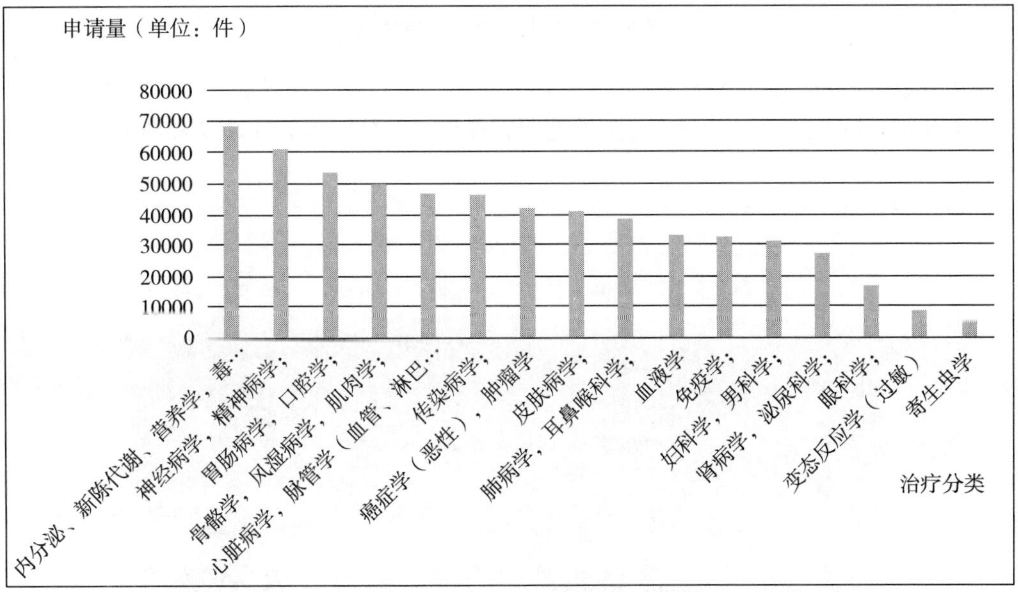

图 11-5　各治疗分类药物的专利申请量

由于药物专题检索数据库中 2008 年之后的申请数据不全，故 2009 至 2014 年数据通过与国家知识产权局化学和医药生物发明审查部沟通后获得。而从地区分布、药物治疗类别角度的分析均是以 2008 年之前的中国药物专利申请数据为统计资料进行的。

（二）真实性

药品企业有义务证明所提供的专利材料的真实性，这应当成为专利药品认定的基本要求。具体来看，需要从以下几方面保证专利材料的真实性。

药品专利从申请到最终授权的过程中，会产生多个法律文本。要确保专利文本本身的真实、完整和有效，应当要求企业提供几项材料来证明。

首先，应当提供专利证书。专利证书是专利申请经审查合格，没有发现驳回理由，满足颁发授予专利权条件，由国务院专利行政部门（即国家知识产权局）作出授予专利权的决定，发给专利申请人的专利证书，是一种法律证明文件，包括发明专利证书、实用新型专利证书和外观设计专利证书，其外观图见图 11-6。

图 11-6　三种专利证书的外观

其中，发明专利证书可以提供发明名称、发明人、专利号、专利申请日和专利权人等信息。旧式专利证书是横向排版的，新式专利证书是纵向排版的，分别详见图 11-7 和图 11-8。

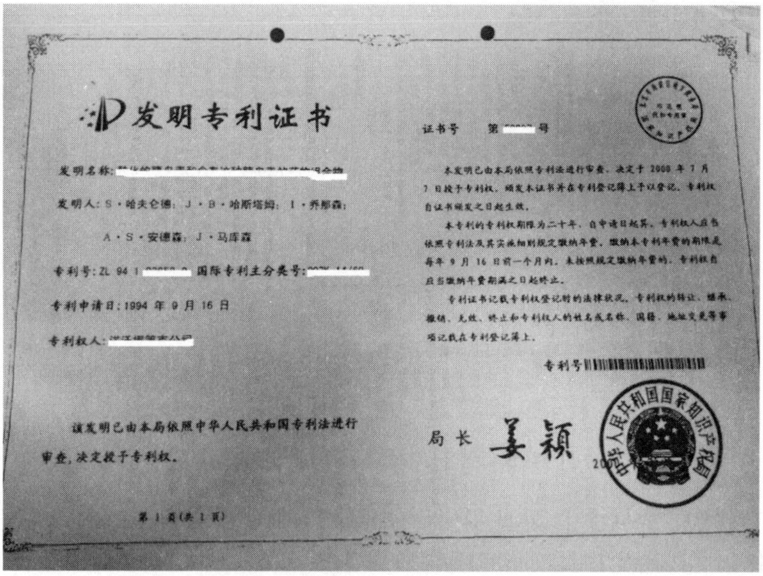

发明专利证书

发明名称：[redacted]

发明人：S・哈夫仑德；J・B・哈斯塔姆；I・乔那森；A・S・安德森；J・马库森

专利号：ZL 94 1 [redacted] 国际专利主分类号：[redacted]

专利申请日：1994 年 9 月 16 日

专利权人：[redacted]

该发明已由本局依照中华人民共和国专利法进行审查，决定授予专利权。

证书号　第 [redacted] 号

本发明已由本局依照专利法进行审查，决定于 2000 年 7 月 7 日授予专利权，颁发本证书并在专利登记簿上予以登记。专利权自证书颁发之日起生效。

本专利的专利权期限为二十年，自申请日起算。专利权人应当依照专利法及其实施细则规定缴纳年费。缴纳本专利年费的期限是每年 9 月 16 日前一个月内。未按照规定缴纳年费的，专利权自应当缴纳年费期满之日起终止。

专利证书记载专利权登记时的法律状况。专利权的转让、继承、撤销、无效、终止和专利权人的姓名或名称、国籍、地址变更等事项记载在专利登记簿上。

专利号

局长　姜颖

第 1 页(共 1 页)

图 11-7　旧版专利证书内容

证书号第0000000号

发明专利证书

发明名称：一种XXXXX方法

发明人：张大军；张小军；张大乐；张小乐

专利号：ZL 2011 1 0000000.0

专利申请日：2012年00月00日

专利权人：XXXXXXXXX公司

授权公告日：2012年00月00日

本发明经过本局依照中华人民共和国专利法进行审查，决定授予专利权，颁发本证书并在专利登记簿上予以登记。专利权自授权公告之日起生效。

本专利的专利权期限为二十年，自申请日起算。专利权人应当依照专利法及其实施细则规定缴纳年费。本专利的年费应当在每年00月00日前缴纳。未按照规定缴纳年费的，专利权自应当缴纳年费期满之日起终止。

专利证书记载专利权登记时的法律状况。专利权的转移、质押、无效、终止、恢复和专利权人的姓名或名称、国籍、地址变更等事项记载在专利登记簿上。

局长 田力普

2012年00月00日

证书号第000000号

实用新型专利证书

实用新型名称：一种XXXXX方法

发明人：张大军；张小军；张大乐；张小乐

专利号：ZL 2011 1 0000000.0

专利申请日：2012年00月00日

专利权人：XXXXXXXXX公司

授权公告日：2012年00月00日

本实用新型经过本局依照中华人民共和国专利法进行初步审查，决定授予专利权，颁发本证书并在专利登记簿上予以登记。专利权自授权公告之日起生效。

本专利的专利权期限为十年，自申请日起算。专利权人应当依照专利法及其实施细则规定缴纳年费。本专利的年费应当在每年00月00日前缴纳。未按照规定缴纳年费的，专利权自应当缴纳年费期满之日起终止。

专利证书记载专利权登记时的法律状况。专利权的转移、质押、无效、终止、恢复和专利权人的姓名或名称、国籍、地址变更等事项记载在专利登记簿上。

局长 田力普

2012年00月00日

图 11-8　新版专利证书内容图

其次，应当提供专利说明书。专利证书主要是证明申请者所提供专利的合法性和真实性，但无法反映专利保护的具体权利内容，也不能证明申请者所主张权利的真实性。因此，申请者应当同时提供专利说明书。专利说明书属于一种专利文件，是指含有扉页、权利要求书、说明书等组成部分的用以描述发明创造内容和限定专利保护范围的一种官方文件，主要作用：一是清楚、完整地公开新的发明创造，二是请求或确定法律保护的范围。

中国的专利说明书第一部分是扉页。如图 11-9 所示，扉页（摘要页）是揭示每件专利的基本信息的文件部分。

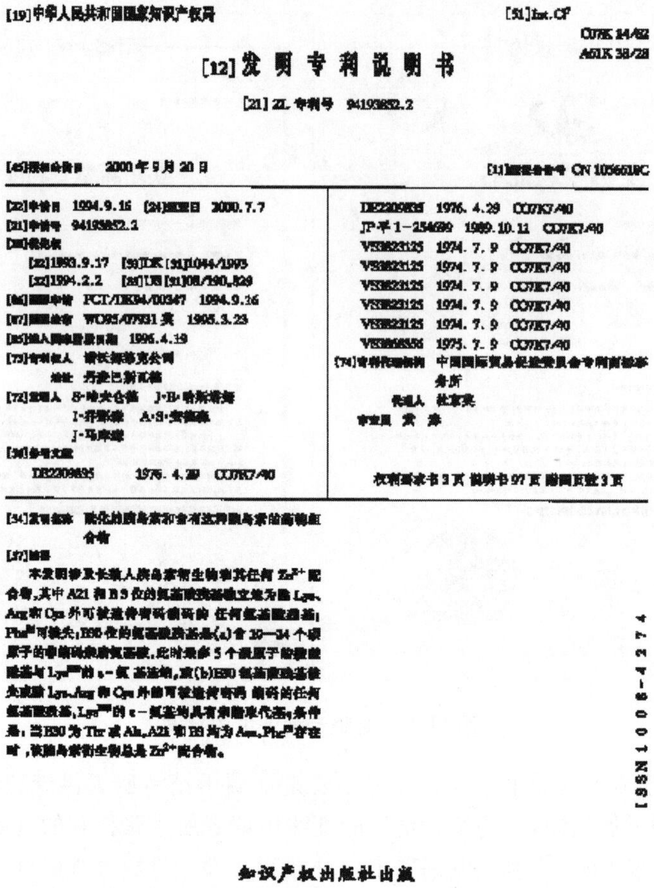
[19]中华人民共和国国家知识产权局

[51]Int.Cl7

C07K 14/62
A61K 38/28

[12]发明专利说明书

[21]ZL专利号 94193852.2

[45]授权公告日 2000年9月20日

[11]授权公告号 CN 1056618C

[22]申请日 1994.9.16 [24]颁证日 2000.7.7

[21]申请号 94193852.2

[30]优先权

[32]1993.9.17 [33]DK [31]1044/1993

[32]1994.2.2 [33]US [31]08/190,829

[86]国际申请 PCT/DK94/00347 1994.9.16

[87]国际公布 WO95/07931 英 1995.3.23

[85]进入国家阶段日期 1996.4.19

[73]专利权人 诺沃挪第克公司

地址 丹麦巴斯韦德

[72]发明人 S·哈夫仑德 J·B·哈斯特鲁普

[74]专利代理机构 中国国际贸易促进委员会专利商标事务所

代理人 杜京英

审查员 黄 添

[56]参考文献

DE2209835 1976.4.29 C07K7/40

JP平1-254699 1989.10.11 C07K7/40

US3823125 1974.7.9 C07K7/40

US3823125 1974.7.9 C07K7/40

US3823125 1974.7.9 C07K7/40

US3823125 1974.7.9 C07K7/40

US3823125 1974.7.9 C07K7/40

US3868356 1975.7.9 C07K7/40

权利要求书3页 说明书97页 附图页数3页

[54]发明名称 酰化的胰岛素和含有这种胰岛素的药物组合物

[57]摘要

本发明涉及长效人胰岛素衍生物和其任何 Zn^{2+} 配合物，其中A21和B3位的氨基酸残基……

ISSN1008-4274

知识产权出版社出版

图 11-9 发明专利说明书扉页

中国的专利说明书第二部分是权利要求书，如图11-10所示。按中国规定，权利要求书是申请发明专利和申请实用新型专利的必须提交的申请文件。它是发明或者实用新型专利要求保护的内容，具有直接的法律效力，也是确定专利保护范围的重要法律文件，从价格管理实践看，也是认定专利药品申请的最主要依据。

权　利　要　求　书

1.具有以下序列的胰岛素衍生物和其任何 Zn^{2+} 配合物:

```
A—链               S—————————————————S
                   |  7              |
Gly-Ile-Val-Glu-Gln-Cys-Cys-Thr-Ser-Ile-Cys-Ser-
 1   2   3   4   5   6  |  8   9   10  11  12
                        S
                        |
B—链                    S
                        |
Xaa-Val-Xaa-Gln-His-Leu-Cys-Gly-Ser-His-Leu-Val-
 1   2   3   4   5   6   7   8   9   10  11  12

A—链(续)
                             20
Leu-Tyr-Gln-Leu-Glu-Asn-Tyr-Cys-Xaa      (SEQ ID NO:1)
 13  14  15  16  17  18  19  |   21
                        |————S
B—链(续)                S
                        |
Glu-Ala-Leu-Tyr-Leu-Val-Cys-Gly-Glu-Arg-Gly-Phe-
 13  14  15  16  17  18  19  20  21  22  23  24

B—链(续)

Phe-Tyr-Thr-Pro-Lys-Xaa                  (SEQ ID NO:2)
 25  26  27  28  29  30
```

其中

A21 和 B3 位的 Xaa 独立地为除 Lys、Arg 和 Cys 外可被遗传密码编码的任何氨基酸残基;

B1 位的 Xaa 是 Phe 或缺失;

-1-

图 11-10　专利说明书中的权利要求书

中国专利说明书的第三部分是说明书。如图 11-11 所示，说明书是对专利发明相关技术背景的补充说明，以及该专利的实施实例等。说明书的内容是阐述性的，并不代表申请人主张的权利，更不代表知识产权授权的权利。在认定专利药品申请的实践中，仅作参考用，不是申请人需要提供的必要文件。美国、欧洲的专利说明书中，说明书一般是扉页之后，权利要求则出现在专利说明书最后部分。

说　明　书

酰化的胰岛素和含有这种胰岛素的药物组合物

本发明涉及可溶的具有持久作用的新人胰岛素衍生物，制备这种衍生物的方法，含有它们的药物组合物，和这种胰岛素衍生物在糖尿病治疗中的应用。

许多糖尿病患者每天注射多次胰岛素进行治疗，注射方案是每天注射一到两次长效胰岛素以满足基础需求，再补充注射速效胰岛素以满足与进餐有关的需要。

长效胰岛素组合物在本领域中是已知的。例如，一种主要类型的长效胰岛素组合物包含胰岛素结晶或无定形胰岛素的可注射水悬液。在这些组合物中常用的胰岛素化合物是鱼精蛋白胰岛素、锌胰岛素或鱼精蛋白锌胰岛素。

使用胰岛素悬液有一些缺点。例如，为了保证精确给药，在从小瓶吸取或从药筒中排出定量体积的悬液前必须轻轻摇动使胰岛素颗粒均匀悬浮。而且，为了避免形成团块或凝聚，胰岛素悬液的贮存温度范围要比胰岛素溶液更窄。

虽然早期相信鱼精蛋白是非免疫原性的，但现已证明鱼精蛋白在人体中可以是免疫原性的，其用于医药目的时可导致抗体形成（Samuel 等，Studies on the immunogenecity of protamines in humans and experimental animals by means of a micro—complement

— 1 —

图 11-11　专利说明书

需要进一步说明的是，专利在申请到授权中会产生两种版本的专利说明书，如图 11-12 所示。

[19]中华人民共和国专利局　　[11] 公开号 CN 1133598A

[12] 发明专利申请公开说明书

[21]申请号　94193852.2

[51]Int.Cl^6

[43]公开日　1996 年 10 月 16 日　　C07K 14/62

[22]申请日　94.9.16　　[74]专利代理机构　中国国际贸易促进委员会专利商

申请公开说明书

[19]中华人民共和国国家知识产权局　　[51] Int. Cl^7

C07K 14/62

A61K 38/28

[12] 发 明 专 利 说 明 书

[21] ZL 专利号　94193852.2

[45]授权公告日　2000 年 9 月 20 日　　[11]授权公告号 CN 1056618C

[22]申请日　1994.9.16　[24]颁证日　2000.7.7

[21]申请号　94193852.2

DE2209835　1976. 4. 29　C07K7/40

JP 平 1－254699　1989.10.11　C07K7/40

审定授权说明书

图 11-12　申请公开说明书和审定授权说明书区别示意图

第一种是申请人撰写或委托专业代理机构撰写的权利要求的专利说明书，即发明专利申请公开说明书，在授权之前需要对外公示；第二种是国家知识产权局依法授权的专利说明书。两者除了名称上的区别之外，发明专利申请公开说明书只有申请号，专利说明书增加了专利号、授权公告号和授权日等表明专利正式获得相关法律地位的信息。价格主管部门认定专利药品申请应当已审定授权的说明书为准。

最后，除了申请者提供的专利证书、专利说明书副本之外，还可以从国家知识产权局网站对专利资料的真实性做进一步确认。进入图 11-13 和图 11-14 所示的检索页面，并输入专利申请号进行查询。然后，点击查看文献详细信息，进入如图 11-15 所示的界面。检索结果可在摘要信息和全文图像之间切换，点击全文图像，即显示专利说明书扉页、权利要求书和说明书全部内容的扫描件，详见图 11-16。

图 11-13　专利检索界面图（1）

图 11-14 专利检索界面图（2）

图 11-15 专利检索界面图（3）

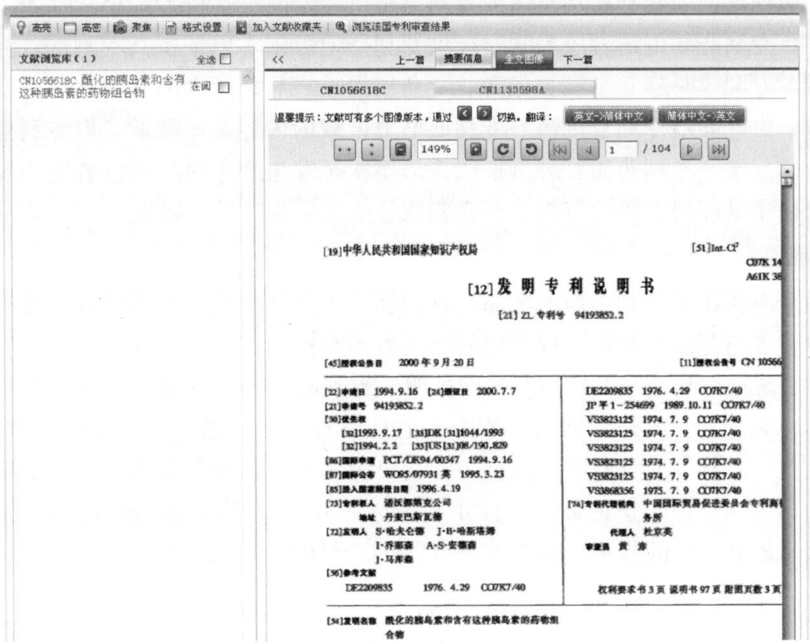

图 11-16　专利检索界面图（4）

（三）有效性

专利保护具有一定的时效性，真实的专利资料并不能确保专利权人在进行专利药品认定时拥有相应的权利。具体分包括三种情况讨论。

首先，专利权具有一定的期限。发明专利权的期限自申请日起计算为20年，实用新型专利权和外观设计专利权的期限为10年。专利权期限届满后，专利权终止，专利权人不再对该发明享有独占权，该发明可由他人进行商业性利用。

其次，专利权期限届满前，专利权人可以书面声明放弃专利权；需要注意的是专利权人负有缴纳年费义务，专利权人自专利授权的年度起，到专利保护期届满专利权终止时，每年都要缴纳一定的费用，正确地缴纳专利年费，是维持专利权有效的前提。在专利申请授权后，专利申请人在办理登记手续时，除缴纳专利登记费外，还应缴纳授予专利权当年的年费。以后每年的年费应在前一年度期满前一个月内预缴。如果未按规定时间缴纳或者缴纳数额不足的，可在年费期满之日起的6个月内补缴，同时缴纳相应数额的滞纳金，否则将丧失专利权，在专利登记簿和专利公报上分别予以登记和公告。

再次，为了纠正国家知识产权局对不符合专利法规定条件的发明创造授予专利权的错误决定，维护专利权授予的公正性，自国家知识产权局公告授予专利权之日起，任何单位或个人认为该专利权的授予不符合专利法规定的，可以请求专利复审委员会宣告该专利权无效。中国《专利法实施细则》详细规定了请求宣告专利权无效的理由。

宣告无效的专利权视为自始即不存在。其效力溯及自专利权人享有专利权起。对于国家知识产权局登记公告，宣告全部权利无效的专利，应不再按照专利药品管理价格；宣告部分权利无效的专利，应视保留的专利权利具体内容判定是否继续按照专利药品管理价格。

综上所述，专利药品申请者应当同时提供专利登记簿副本以证实其专利的法律状态。国家知识产权局授予专利权时建立专利登记簿。专利权授予之后，专利的法律状态的变更仅在专利登记簿上记载，由此导致专利登记簿与专利证书上记载的内容不一致的，以专利登记簿上记载的法律状态为准。按照专利药品管理价格的，法律状态发生变化时，经营者应当及时将有关情况正式上报价格主管部门，重新审核，有必要调整的，应及时予以调整。

（四）权属性

专利药品是应用特定专利生产的药品，首先就要求药品生产经营者应同时具有该专利的所有权利，即申请者与药品专利各项权利之间要具备真实有效的权属关系。

图11-17是现行专利证书的模板，其中标明了专利的发明人和专利权人两项信息。两者享有的权利是不同的。发明人是专利的发明者，但只享有获得奖励、报酬的权利和署名的权利，却没有独自使用、占有、处分专利的权利，专利权人是专利各项权利的主体，享有独占实施专利的权利（包括实施发明创造的制造、使用和销售的权利），许可和转让的权利，禁止他人实施的权利，以及放弃专利的权利。发明人只有同时是专利权人时，才享有上述权利。

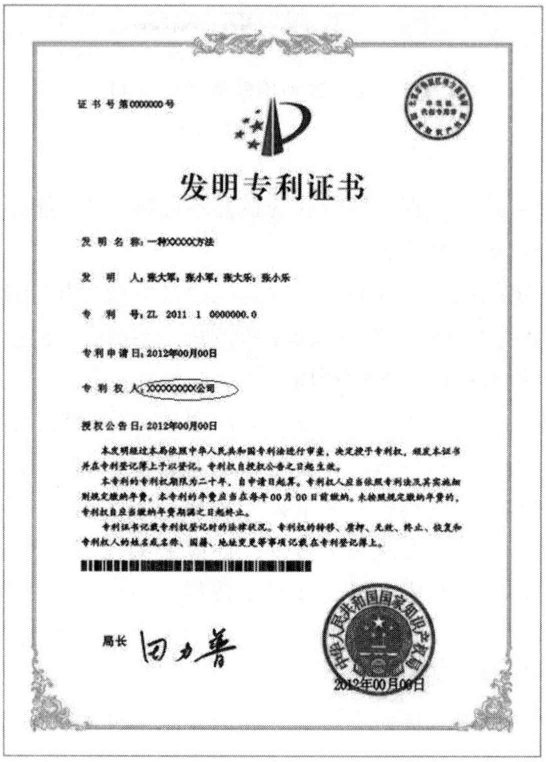
证书号第0000000号

发明专利证书

发明名称：一种XXXXX方法

发明人：张大军；张小军；张大乐；张小乐

专利号：ZL 2011 1 0000000.0

专利申请日：2012年00月00日

专利权人：XXXXXXXXX公司

授权公告日：2012年00月00日

本发明经过本局依照中华人民共和国专利法进行审查，决定授予专利权，颁发本证书并在专利登记簿上予以登记。专利权自授权公告之日起生效。

本专利的专利权期限为二十年，自申请日起算。专利权人应当依照专利法及其实施细则规定缴纳年费。本专利的年费应当在每年00月00日前缴纳。未按照规定缴纳年费的，专利权自应当缴纳年费期满之日起终止。

专利证书记载专利权登记时的法律状况。专利权的转移、质押、无效、终止、恢复和专利权人的姓名或名称、国籍、地址变更等事项记载在专利登记簿上。

局长

中华人民共和国国家知识产权局

2012年00月00日

图11-17　现行专利证书

此外，专利权人是随着专利权归属的变更而变更的，通过填写“著录项目变更申报书”，同时提供著录项目变更证明材料等程序实施变更。

因此，审核专利药品申请者是否享有申请所涉及专利的各项权利。核心在于确定申请者和专利权人之间的关系。

1. 处于保护期内，专利权人提出申请 专利权人可以是自然人，也可以是法人。当专利权人为法人，并与专利药品申请者重合时，或者专利权人为自然人，并同时是专利药品申请者法人代表时，不需要申请者提供额外资料自证权属关系。

当专利权人不属于上述情况时，申请者实际依法获取了专利各项权利的，应提供经专利局登记和公告后生效专利转让合同，或者按程序对专利权人进行变更，完成变更后重新提出申请。

2. 处于保护期内，被许可人提出申请 专利权人依法享有许可他人使用专利的权利，即许可人以书面合同形式给予被许可人在规定的期限和地区内利用专利技术的权利，许可人可以保留也可以不保留合同期内利用该发明创造的权利，以及与其他人订立许可合同的权利。

被许可人生产的药品，合法使用了相关专利，但并不具备专利权人的其他权利，如转让、继承、放弃专利等，也就是说只有专利的有限使用权，并不具备专利的所有权，即专利药品申请者并不真实、有效地占有该专利的各项权利。因此，不建议将被许可人生产的药品也纳入专利药品管理。鉴于目前有相当数量的专利原研药品实际上是许可性质的，而且对于许可人不保留权利的许可形式，合同期内或者合同约定的区域内无论许可人和被许可人都不能对专利进行再许可，这种独占许可或排他许可形式下生产的药品，也可以考虑按照专利药品管理。

（五）唯一性

按照现行专利药品价格政策，虽然没有明确其定义和具体标准，只笼统给出了“物质专利”这样的概念，但说明并不是所有类型的专利都适合按照专利药品管理价格。从价格主管部门的实践来看，中央定价范围的2000多种药品中，只有不到400种药品按照专利药品管理价格（含专利过保护期的“原研制药品”），与各类药品相关的专利申请数、授权数相比，是极其有限的数字。

专利可分为发明专利、实用新型专利和外观设计专利三大类型；具体到发明专利还可以根据发明内容进一步细分，如物质专利、方法专利等；物质专利还可以进一步划分为化合物专利、组合物专利；化合物专利可以是化学结构专利，也可以是特定构型的专利，如晶体、光学异构体等；即使是化学结构的专利，有新颖结构的专利，也可以是在已发现和应用的结构基础上，增加若干个官能团获得专利。同种药品，不同企业从各个角度切入，取得一定的创新都有可能获得不同类型和层次的专利授权。这些专利的创新性和实用性是有显著差异的，从筛选开发先导化合物开始研发全新的药物，对已知药物有效成分进行简单的结构修饰研发相同治疗领域的新药，对已知药物不改变其有效成分、通过优化制备工艺或者制剂配方改善其临床效果，不改变已有药物本身、通过改变外观提高用药人群的依从性（如儿童用药）都具有相应的创新价值，但研发的投入和风险差异极大。

在访谈中专家们指出，如果不考虑不同类别专利的差异，都按照专利药品管理价格，执行相同水平的政府指导价，那么实际上和没有价格鼓励政策的结果是一样的；如果按照创新程度制定不同水平的政府指导价，相当于实行“一厂一价”，以潜在的药品专利数量来看，无论是给这些巨量药品制定价格还是科学安排不同创新程度之间的价差，都不是目前价格主管部门所掌握行政资源可以轻易完成的。即使这么定了，也会带来新的问题，一方面一种药品的原始创新企业可能会更加倾向于围绕药品做大量外围专利申请，不利于其他企业在条件成熟时合法进入该领域，长期来看，会造成一种类似于“近亲繁殖”的效应，降低企业的研发动力，同时客观上也可能会损害到药品的可及性。另一方面，专利药品保护期为20年，过保护期后不再自动享受特殊政策是专利药品价格管理改革的方向。原始创新企业可能在先导化合物专利到期之前，从其他角度申请新的专利，变相延长适用专利药品价格政策的时限，形成新的政策漏洞。除非能够为不同创新程度的专利药品设定不同价格水平，拉开价格档次，引导企业研发创新程度高、临床价值大的药品。

因此，为了真正起到鼓励研发创新的作用，有必要对专利药品价格政策的适用范围做出限定。经过反复研究，我们认为，纳入专利药品管理价格的专利，应当符合“唯一性”的要求。具体来说，唯一性不是一种药品目前只有一项专利获得授权，而是指该专利在理论上具有绝对的排他性，不仅仅专利实施领域的排他，同时在专利申请领域也是排他的，即当发明人申请某类型专利后，其他发明人法律上不可能再因同样类型的发明申请专利并获得授权。例如，硝苯地平化学结构专利，一旦授权，不会再有其他发明人获得另一个硝苯地平化学结构专利的授权。但硝苯地平的制剂专利，发明人获得硝苯地平片剂专利时，并不能排除其他发明人获得硝苯地平胶囊剂、注射剂、缓释制剂的专利。“唯一性”的原则实质上是一种药物的原始发明是唯一的，是使鼓励创新的价格政策落实到原始发明的权利人的必然要求。

要求所申请专利具有“唯一性”的理由主要基于以下几个方面。

一是实践经验的总结。2000年以来，国家发展改革委对中央定价范围的药品进行了两轮全面调整（第三轮化学药品和生物制品调价已经完成，中成药价格调整仍在进行中），这期间专利药品价格管理大体上也经历了两个阶段。第一阶段是2000～2005年，专利药品价格管理刚刚起步处于探索阶段。由于2000年之前，药品价格按进口、国产实行分类管理，市场上进口药品和国产药品客观上形成了较大的价差。2000年取消进口、国产分类管理后，一部分进口药品，不符合专利原研、单独定价的相应规定，无法承受以较低价位与国产药品竞争的，逐步退出了国内市场；一部分进口药品，符合规定条件的，确实符合专利原研、单独定价等政策的，继续保持较高的价位；还有一部分进口药品，具有相关专利，但用较高标准衡量可能存在争议的，由于国产无法完全替代的，也通过专利原研政策继续保持较高的价位。这也反映出，政府对药品价格的复杂问题有一个认识逐步深入的过程。1996年，国家发展改革委（原国家计委）按照国务院要求重新将药品价格纳入政府定价范围，2000年初步形成了目前的药品价格管理体系，这一阶段政府管理药品价格最主要的任务是扭转20世纪90年代以来药品价格过快上涨的势头，降低过高的医药费用负担，加之价格管理从宏观到微观，从抽象到具体是一个渐进的过程，对很多问题包括专利药品的问题，其认识是逐步深化和提高的，因此，对专利药品如何认定、如何管理的问题研究得不是很透彻。在这样一个特殊的历史阶段，给了一些药品“打擦边球”“钻政策空子”的机会。第二个阶段是2006年至今。2006年，国家发展改革委对中央定价范围内的药品启动了第二轮全面调整。这次调整除了重新制定公布政府指导价格外，对当时按照专利原研管理价格的药品也进行了重新审核，超过20个药品被从专利药品中剔除，与国产药品实行统一定价。2011年，国家发展改革委对中央定价范围内的药品启动了第三轮全面调整，所有2009年新增进入国家基本医疗保险报销目录的药品涉及专利的，审核通过后，制定公布了政府指导价格。从实际按照专利管理价格的药品品种看，第一阶段绝大部分是化合物专利，第二阶段进一步强化了这一标准，并将第一阶段非化合物专利的专利药品剔除，按照统一定价管理。化合物专利，特别是有效成分核心化学结构的专利具有“唯一性”的特征，其他类型专利，如制剂、方法、工艺和应用等，都不能禁止专利权人之外的他人获得同样类型不同创新点的专利授权。这说明，价格管理早期实践中已经认识到了“唯一性”原则，但没有将其抽象出来，归纳提升。

二是可以尽最大程度发挥鼓励作用。药物研发是一个由点到面、不断深耕的过程。首先是在已知或新的化学实体中寻找具有临床应用潜力的先导化合物；其次是在先导化合物基础上开发具有显著临床价值的药物，包括对先导化合物进行结构修饰（增加官能团，成盐、酯化或者酰化等）、筛选合适的晶型和构型等；再次是在药物有效性、安全性得到充分验证的基础上，确定合适的给药系统，包括确定给药途径和剂型，完善制剂的处方设计等，进一步改善其临床效果。药品成熟定型之后，还可以在药物合成和制剂生产方面研究以完善工艺。最后，随着对药物本身药理作用研究不断深入，还可以逐步增加药品适应证或者功能主治，扩大应用范围。以上内容基本构成了一个药品的生命周期，其各个阶段都是发明创造的过程，并可能因此获得专利授权。但不可否认的是，确定药物的化学基础和临床应用价值，不仅是独一无二的发明过程，也是药品整个生命周期中最核心的发明创造，所有的后续发明都建立在这个基础之上，而且通常情况下，确定药物的化学基础也是研发周期最长、投入最大、风险最高的环节。以此作为专利药品价格政策的切入点，可以最大限度地发挥政策对鼓励研发创新的积极作用。

三是有利于解决现实问题。目前，以物质专利或者说化合物专利作为主要审核标准，解决了防止专利药品过多过滥的问题，具有一定的积极意义。但客观地说，这是在缺乏顶层设计情况下做出的次优选择，解决问题的同时也产生了新的问题，比如对生物药的专利认定。大部分生物药的物质基础属于天然存在，比如人胰岛素，只能是被人类所发现，而不能被人类发明，这种情况下，对物质基础本身提出专利申请的，依法不能授权。那么在单纯强调化合物专利的情况，大部分天然生物药不能获得相应的政策支持，这显然是不公平的。此外，也有一部分生物药是天然产物的类似物，比如超长效或超短效的胰岛素，是基于临床使用的需要，在人胰岛素结构基础上人为进行结构修饰的产物，是新的发明创造，其化学结构可以获得专利保护。但问题是，这类药品不同企业可能在保持天然结构功能主体不变的基础上，采用不同的方式进行修饰，理论上都可以获得物质专利，如果都按照专利药品管理价格，又回到了“所有企业生产的都是专利药品，政策鼓励作用相互抵消”的老问题上。

而明确了“唯一性”原则后，上述问题都可以解决。首先，化合物专利只是符合“唯一性”原则的一种形式，不等于符合“唯一性”原则的只有化合物专利这一种形式，可以在原则框架下对具体专利形式进一步扩展。如：天然产物无法获得物质专利授权，但首次应用于治疗人类疾病的发明创造是可以获得授权的，其创新程度及临床价值和发明新的化学药品是同等水平的，也符合“唯一性”的原则。我们还可以进一步扩展到其他情形，比如说化学药品，一些化学实体其结构是已经被广泛公开和应用的，本身并不能就化学结构获得专利授权，但首次应用于治疗人类疾病的专利和生物药一样可以考虑纳入政策鼓励的范围，典型的例子如硝酸甘油，其结构简单，并长期作为炸药使用，不可能再授权化合物专利，但研究者在确认其治疗心绞痛的有效性、安全性后，申请专利并得到授权，那么实施该专利生产的硝酸甘油药品可以考虑按照专利药品管理价格。当然，此后进一步研究拓展其治疗领域并获得专利授权的，已经不符合“唯一性”要求，不再纳入专利药品管理价格，这和一般的化学药品新增适应证的专利不纳入专利药品管理价格的道理是一样的。

其次，对于结构相近的生物类似物的专利问题，可以根据“唯一性”原则比照化学药品解决。同种化学药品同样是可能存在多种化合物专利的。通常药物的核心有效成分需要与特定的酸、碱成盐或者酯化，改善其溶解性。与酸、碱成盐后形成了由有效成分和盐基构成的新化合物，使用的酸、碱不同，就构成了新的化合物。但新化合物进入人体后，盐基即与有效成分的母核分离（电离或者水解），盐基并不是起治疗作用的功能部分。有效成分核心结构与特定酸成酯构成的新化合物也属于同样的情况。实际上，我们所称的同种药物指的是有效成分核心结构或者说功能结构相同的一系列药物。如马来酸氨氯地平、枸橼酸氨氯地平、甲磺酸氨氯地平等等，虽然是不同的化合物，但核心结构都是氨氯地平，属于同种药品。因此，单一成分的化学药品，只有化合物结构与药品有效成分核心结构一致时，其获得授权的专利我们才认为是符合“唯一性”原则的，例如氨氯地平的化合物专利获得授权，就排除了其他发明人就氨氯地平化学结构重复获得专利的可能，而马来酸氨氯地平、枸橼酸氨氯地平、甲磺酸氨氯地平等即使获得相应的化合物专利授权，但并不能排除其他发明人获得其他氨氯地平盐或者酯的专利的可能，如龙胆酸氨氯地平、棕榈酸氨氯地平等。把化学药品的情况推及到生物药就会发现，一种以天然产物为基础进行结构修饰的生物药，可以包含多种不同修饰方式的新物质基础，核心功能结构是一致的，人为修饰的部分位点存在结构差异。当核心功能结构一致，修饰位点不具有直接治疗功能时，也就相当于化学药品中同一有效成分与不同盐基、酯基构成新化合物的情况，是否符合“唯一性”原则取决于获得专利授权的结构是修饰后完整结构，还是核心的功能结构，只有核心的功能结构获得专利授权时，才能认为是符合“唯一性”原则的；当核心功能结构一致，修饰位点也具有直接治疗功能时，说明原核心功能结构与修饰位点共同构成了新的功能结构，新的功能结构获得专利授权后，可以认为是符合“唯一”原则的，同时该功能结构应当被明确作为区别于原功能结构的新药来管理。

除了生物药之外，其他一些过去无法解决的情况也可以用相同原则解决，如多种有效成分不同配比构成的组合物。比较典型的如复合氨基酸等营养类药品。这类药品都是各种氨基酸以特定比例构成的复合体，同一类复合氨基酸按照配比组成不同可以分成若干个亚型，每个亚型都可能获得相应的组合物专利授权。如果全部都按照专利药品管理价格，也会出现“一厂一个配方，一个配方一个专利”的情况，鼓励研发创新的作用有限，特别是在营养类药物价格普遍偏高、临床滥用风险较大的情况下，反而无谓地增加患者负担。一种特定用途的复合氨基酸，不论组成和配比如何变化，本质上是同一种药物。“唯一性”原则目的是反映药物原始发明的创新贡献，具体到一种特定的复合氨基酸而言，显然只有最早确定该系列氨基酸组合的发明符合“唯一性”，即不以配比为特征的若干种氨基酸组合物专利，或者不以改变配比为特征的若干种氨基酸组合物专利。

这里需要进一步说明的是，有专家认为仅仅考虑符合“唯一性”原则的专利，等于否定了其他类型专利的积极意义，如改进剂型的专利，可以增益药品的有效性和安全性；改进工艺的专利，可以提高药品质量，降低生产成本；增加应用范围的专利，可以为临床提供更多的治疗手段等。对此，我们结合目前和将来的整个价格鼓励政策进行了研究和分析。

目前，专利原研和单独定价（优质优价）药品都可以制定区别于统一定价的价格，实行鼓励性的价格政策。客观来看，专利原研的审核条件完全是基于专利，即药品的创新性，并没有将质量、疗效、安全性等指标作为评价标准；单独定价的审核条件不依赖于药品的创新性，而主要基于药品在质量、疗效、安全性及经济性等方面的水平。

所以，我们研究认为：专利药品价格政策不是价格杠杆引导企业研发创新、提升质量的唯一手段。强调“唯一性”原则不是否认其他专利的积极意义，而是区别情况，使政策更有针对性，更能发挥好鼓励作用。符合“唯一性”原则的专利，作为区别定价的充分条件；不符合“唯一性”原则的专利，将专利实施效果作为区别定价的重要条件，无论是否有专利，企业发明创造对药品质量等产生切实有效的增益时，可以通过申请类似于“单独定价”的政策来获得扶持。

（六）对应性

价格政策对专利药品给予扶持，目的是鼓励创新，但不是鼓励无价值的创新。因此，只有对药品确实应用了创新成果，并对临床具有重要价值的药品，才纳入专利药品管理价格。满足药品和专利保护内容的对应关系，即所谓“对应性”。

1. 药品确实实施了所声称的专利　一些地方价格主管部门的工作人员反映，在审核关于专利药品的申请时，重点放在专利本身上，但对于专利和药品的关系，特别是专利在药品中实施情况，一直以来是被忽视的。通常情况下，由于绝大部分企业提供的是化合物专利，药物有效成分结构与权利要求声明的结构相符即可判定为是实施了专利的。但事实上申请者所提交专利未在相关药品中得到具体实施的情况也是可能存在的，因此，我们认为有必要在专利药品价格管理中强调专利实施情况的问题。例如，我们在研究中发现，某心血管用药 A 的生产企业声称其实施了名为“A 对映体的拆分”的专利，专利的权利范围如图 11-18 所示。

权　利　要　求　书

1. 本发明是从一个混合物中分离出*******的(R)–(+)–和(S)–(–)–异构体的方法。在含有手性助剂六氘代二甲基亚砜(DNSO–d_6)的有机溶剂中，异构体的混合物同拆分手性试剂L–或D–酒石酸反应，结合一个DMSO–d_6的(R)–(+)– ******* 的L–酒石酸盐，或结合 个DMSO d_6的(S)–(–)–*******的D–酒石酸盐而分别沉淀。
2. 根据权利要求 1，在这个方法所用的手性助剂是DMSO–d_6。DMSO–d_6 *******≥1(摩尔比)

图 11-18　某药品专利的权利要求书

A 是一个手性化合物，工业合成得到的是左旋 A 和右旋 A 组成的外消旋体，需要进行拆分，获得单一旋光性的 A 制备成药品。旋光性简单来说是化合物手性位点四个方向上连接的基团排列顺序不同，且不能通过自发的旋转调整成相同顺序的情况。旋光性不同的两个异构体，其不同方向上的空间位阻是有差异的，使用同样具有旋光性的酸与手性位点上的碱性基团反应，受到空间位阻的影响，只有特定旋光性的异构体可以发生成盐反应，产生溶解度等理化性质改变，从而实现拆分。权利要求中声明，该专利方法是在 DMSO-d6（即氘代二甲亚砜）的溶剂环境中实现的。那么上述方法在生产中实际应用的可能性是很低的。氘代二甲亚砜是将二甲亚砜两个甲基上的六个氢原子全部替换成氘原子。氘原子是实际上就是比正常氢原子增加一个中子的氢原子，由于中子不带电荷，本身的尺寸对整个二甲亚砜分子来说也是忽略不计的，氘代二甲亚砜和二甲亚砜的化学性质几乎没有差异，而自然界中天然存在的氘丰度极低，需要人为干预才能得到纯度较高的氘代二甲亚砜。目前，氘代二甲亚砜的市场报价每毫升约30元，一般只在磁共振等精密分析时使用。普通高纯度二甲亚砜的市场报价折合每毫升约0.05元，相差600倍。权利要求中声明的方法与使用普通二甲亚砜相比，工业生产的性价比显然是不符合逻辑的。此外，由于二甲亚砜本身具有毒性且易残留，因此，制药工业中是限制使用的，在手性助剂还有其他选择的情况下，一般都避免使用二甲亚砜。因此，申请者除了提交专利资料外，需要同时提交必要的资料详细说明专利的实施情况。

2. 专利的权利范围有效覆盖所对应的药品 专利的覆盖范围即权利要求书中所主张并获得授权的各项权利。确定一个药品是否纳入专利药品价格管理，除了以上提及的各项要件，还需要审核药品是否属于所实施专利的权利范围。在探讨“唯一性”原则，我们提到了药物有效成分与特定酸、碱成盐成酯获得相应专利的问题，实际上上述专利除了不符合“唯一性”原则之外，同时也存在专利权利覆盖范围的问题。目前，无论是医疗保险还是价格管理，所定义的同种药品包含了相同核心有效成分及其任何形式的盐或者酯，而上述专利的权利范围只涉及了与特定酸、碱成盐或酯的情况。更典型的例子是组合物专利，权利要求明确了各有效成分的配比范围，实际生产的药品也应与其匹配，才能考虑纳入专利药品管理价格。我们在研究中还发现了更极端的例子，某生物药，有效成分是通过将大分子裂解得到的一系列片段，不存在明确的单一结构，也不存在各个片段的具体比例，只能用分子量分布区间等间接指标进行描述，并获得物质专利的授权。授权时，药品说明书、质量标准等法律文书表明，药品有效成分分子量实际分布区间与权利要求是吻合的，一段时间后，随着分析手段的进步，按照药品监督管理部门要求，应用新的分析方法重新确定了分子量分布区间，并对药品说明书、质量标准等法律文书作了修改，出现了实际物质基础没有变化，但药品标示的分子量区间变化，甚至超出权利要求范围的情况。因此，申请者除了提交专利资料外，需要同时提交必要的资料详细说明专利权利范围与药品的匹配情况。

3. 药品创新程度得到应用领域的权威认可 新颖性是衡量专利申请是否可以授权的核心要件之一，但实际上即使获得授权，专利的新颖性主要也只是经历形式上的审查。不排除一些发明人为了申请专利，生造一些表面新颖但没有实用价值的创新。我们探讨专利实施情况时提到的，用氘代试剂作溶剂进行手性拆分就是一个典型案例，这个专利从形式上看确实是新颖的，但这种创新基本没有付诸实践的可能性。作为药品专利，其新颖性应当能够从临床用药方面得到印证。国家食品药品监督管理部门对申请上市的药品按照创新程度实行了分类管理，可以从侧面印证药品专利新颖性是否具有实际意义。2010年，国家发展改革委的《药品价格管理办法（征求意见稿）》拟对专利药品做出如下规定：“专利药品应当同时属于国家药品监管部门按照《药品注册管理办法》（2007版）注册分类之一批准上市的药品：①化学药品注册分类的第1.1~1.5、3.1、3.2类；②生物制品注册分类中治疗性生物制品的第1~6、7、9、11类；③中药和天然药注册分类中第1、2、4、5、6类。《药品注册管理办法》（2007版）生效之日前批准上市的药品，应当与上述注册管理分类相当”。

目的是把专利和药监部门的注册分类相结合，剔除不具有实用性或者实际新颖性不高的专利药品申请，防止价格政策的积极作用被稀释。

当然，专利和药品注册分类的作用对象存在差异，不能简单叠加作为审核标准使用。具体以化合物专利为例，专利的权利范围是以化合物，也就是药物有效成分为对象的，一旦有效成分获得化合物专利的授权，那么其各种制剂都可以按照专利药品管理价格；而药品注册是以具体剂型为对象的，即使药物有效成分获得化合物专利的授权，企业首先开发上市的剂型，假设为片剂，该片剂为国内外首次上市，注册时按照化学药品 1.1 类管理，当企业后续开发其他剂型，假设为胶囊剂，由于片剂已经上市，其安全性得到一定程度的验证，胶囊剂虽然实施了同样的化合物专利，但从注册的角度看，属于“改变国内已上市销售药品的剂型，但不改变给药途径的制剂”化学药品 5 类管理。为了将专利和药品注册分类统一作为衡量药品专利新颖性的评价指标，“征求意见稿”同时提出“专利保护药品，是指应用中国国家知识产权部门依法授予的产品专利或者用途专利生产销售的首个药物制剂”“拥有相应专利权的经营者应用与专利药品相同有效成分生产的同种药品其他剂型，价格上按照专利药品管理”。

六、专利药品认定的基本流程

建立规范的专利药品认定审核程序，有利于提高审核工作的公平性和透明度。我们结合专利药品认定的审核原则，以及国家发展改革委在专利药品认定过程中实践经验，研究提出了关于专利药品申请审核流程的建议。

（一）提交资料

申请者需要提交的材料应包括：①专利证书和专利登记簿副本，用于确定专利的法律状态是否有效；②审定授权的专利说明书，申请者必须提供其中的扉页和权利要求书，说明书可以不提供；③专利权属关系说明，专利权人不是申请者或者申请者法人代表时，由申请者出具书面材料说明申请者与所提请审核的药品专利之间的权属关系；④专利实施情况说明，申请者出具书面材料说明所提请审核的药品专利在所提请审核的药品中的实施情况，包括专利是否在药品中有效实施，专利权利范围与药品的匹配情况等；⑤药品注册批件、药品说明书和药品质量标准。化学药品单一有效成分的，应同时提供有效成分的 CAS 编号。⑥其他材料。

（二）初审

价格主管部门对申请者提交的材料进行初审，初审包括三个步骤。

1. 对申请者提交资料的完整性进行审核。

2. 按审核原则逐项对专利和药品进行初审　首先按照“真实性”和“有效性”原则进行审核，包括专利是否得到授权；专利保护是否仍然有效。除申请者提交的专利证书和专利登记簿外，还可以从国家知识产权局官方网站提供的“专利检索与服务系统”对专利的法律状态进行确认。

其次按照“权属性”原则进行审核，即审核申请者是否对所提交专利拥有完整权利，如果是独占许可或排他许可形式下生产的药品，也可以考虑按照专利药品管理。

然后按照“唯一性”原则进行审核，重点审核所提交专利理论上是否能够排除其他发明人获得同等类型专利的可能。

最后按照“对应性”原则进行审核，重点审核所提交专利是否在药品中得到实施；是否权利保护范围是否与药品相匹配（所谓一致性审查）；必要时应咨询临床、制药和知识产权保护等领域专家的意见。

3. 向申请者反馈初审意见 初审完成后，应形成书面的初审意见存档备查。同时价格主管部门应通过“面对面”的形式向申请者反馈初审意见，属于资料不完备的，允许申请者按要求补充资料；属于不符合审核标准的，应告知具体理由，允许申请者申诉和补充。

（三）复审

在与申请者充分沟通的基础上，按审核原则逐项对专利和药品进行复审，形成复审意见。书面的复审意见，应包括审核过程中的重要事项，是否纳入专利药品管理价格及相应依据等内容。书面的复审意见应存档备查。

（四）公示

复审完成后，拟纳入专利药品管理价格的，应通过官方网站等渠道对社会公示。公示内容至少应包括药品名称、生产企业名称、专利名称和申请号、复审结论。公示期间，对于实名反映的情况，要认真予以核实，情况属实的，中止该项申请，按照统一定价管理。

（五）公布专利药品价格

公示期满后，无第三人提出反对意见或反对意见不属实、依据不充分的，按照规定方法形成具体专利药品价格，并标注执行该价格的生产企业名称。

（六）申诉与受理

对于已经公布了价格的专利药品，其法律状态出现变更，或者存在其他不符合专利药品相关规定的情形，第三人可随时向价格主管部门提出申诉，价格主管部门应及时予以受理，并通知专利药品权利人进行抗辩。申诉方反映情况属实，或者专利药品权利人抗辩依据不充分的，应将其从专利药品中剔除，按照其他类别药品进行价格管理。

七、专利药品价格政策的执行年限

对于“专利药品价格政策应执行多少时间，以及从什么时点开始执行”的问题，专家们初始时持有不同观点，可归纳总结为三类观点。

一是认为鼓励性价格政策的执行年限应“从专利药品在中国被批准上市之日起，最长不超过20年”。理由是：目前在我国药品注册审批、进入医保的周期较长，专利药品没有足够长的市场独占期收回研发成本，就面临仿制品竞争。针对这个问题，美国、欧洲和日本均补偿给专利权人一定的时长的专利延长期（美国和日本延长期一般不超过5年，欧盟为自药品开始销售后的6~10年），但目前在我国没有延长专利期的规定，所以在价格政策上的执行年限上应相应延长。

二是认为鼓励性价格政策的执行年限应“从专利申请日开始计算，最长不超过20年”，即与专利保护期保持一致，因为药品只有在保护期内才是专利药品，才能享受特殊的价格政策。审批上市和纳入医保的周期长均不是价格主管部门的过失，不应从价格政策上进行弥补。这样从严考虑主要有两个目的，一是可以促使企业去交涉敦促相关部门提高工作效率；二是利于国内企业的仿制药品尽快进入市场，降低药品费用负担。

三是认为鼓励性价格政策的执行年限应“从专利授权日开始计算，最长不超过20年”。这是一种相对折中的态度，兼顾了以上两方面，既在一定程度上延长了专利药品享受鼓励性价格政策的时限，又不会过多增加药品费用。

经过3~4轮的德尔菲问卷调查，专家们统一支持观点二，理由阐述如下。

（1）“专利药品”才有“专利药品价格”，这两个概念应该对应起来。同时价格政策的执行要有法律依据，即应与专利保护期保持一致。

（2）欲补偿因药品注册审批而缩短的市场独占期，可以拟相关规定延长专利期，但并不是由药品价格主管部门承担这一任务，在价格政策的执行时限上延长，名不正言不顺。

（3）鼓励性价格政策可以包括三个属性，即保护期、保护范围、激励强度。由于专利期不一致的保护期在实践中会面临很多困难（比如专利到期后，过期专利药品与仿制药品之间价格政策如何协调），解决国内可能的审批周期相对时间长的方式，不一定需要延长保护期，可以通过增加激励强度来实现。因此，建议保护期与专利保护期保持一致，通过激励强度的设定来应对中国审批周期偏长的问题。

另外，有专家指出，在价格政策时限与专利保护期保持一致的前提下，应该同时关注专利的状态，如果因各种原因导致专利失效或发生转让等，相应的专利药品应不再继续享受鼓励性的价格政策。

八、专利药品和原研药品的价格政策承续

关于“已过保护期的专利药品价格政策应该如何延续”问题，用德尔菲法经过3轮的问卷调查，专家们统一观点认为应“从专利过期之日起，在一定时限内，按照仿制顺序对专利药品实行有梯度的价格政策”。

得出结论的依据是，一方面，专利保护期满后，对专利药品的鼓励性价格政策也同时取消，原研药品应执行统一定价政策。另一方面，仿制药品按有一定顺序相继出现，且价格水平逐渐降低。最先出现的仿制药品（即首仿药品）由于具有一定的创新性且有助于提升药品可及性，通常被给予价格上的鼓励（目前首仿药品也是发改委给予单独定价的条件之一）；随着二仿药品、三仿药品的出现，仿制药品的创新性逐渐降低，且由于价格竞争加剧，其价格水平也相应降低。故随着仿制药品的出现，原研药品应同时实行有梯度的价格政策。当仿制药品享受鼓励性的价格政策时，原研药品享受同等待遇。若仿制药品享受鼓励性价格政策，而原研药品执行相对低的最高零售限价，不仅逻辑上说不通，在实际执行的过程中也会遇到很大阻力。

如果专利保护期过后（包括专利权人放弃权利和被依法中止权利），仍延续相关鼓励性的价格政策，那么从逻辑上分析，是否在专利保护期内只影响到鼓励力度，价格政策鼓励的立足点并没有发生变化。因此，仍需要对药品进行资格认定，尤其是专利各项权利的归属问题。

第一种情况是专利权人在过保护期前后未发生变更，可以按照相关价格政策延续执行；第二种情况，专利保护到期后，专利权人的法人主体发生变更的，比如被整体收购，可以考虑允许新法人生产的药品按照相关价格政策延续执行；第三种情况是，属于独占许可或排他许可形式下生产的药品，按照专利药品管理的，其法人并不是专利权人，不曾具有专利的完整权利；同时专利保护到期后，专利权人的各项权利也自动丧失（包括许可权），因此无论许可协议约定了何种时效、区域或者形式，在专利保护到期后都不再按照相关价格政策执行。第四种情况，专利保护到期后，专利权人自动丧失了独占实施、许可和转让的各项权利，此时专利权人和他人之间任何形式的许可或转让，如转让药品的批准文号、商标、商品名、生产工艺、原料

药等，都已经不存在专利权利的转让，因此，都不再按照相关价格政策执行。

九、案例分析

案例分析的对象是国家发改委在第三轮药品价格全面调整的过程中，所有2009年新增进入国家基本医疗保险报销目录的药品中涉及专利的，以及2004年进入医保目录且在这一轮价格调整中申请认定专利药品的品种。药品的专利资料来源于相关药品生产企业，或通过中国价格协会与企业沟通后获得。总共涉及71个药品，95个药品专利。

采用认定原则对上述专利资料进行案例分析，试图为未来中国专利药品的认定工作提供参考和借鉴。通过对95个药品专利资料进行分析，从中按各专利类型选取1~3个典型案例放在正文中，阐述认定原则在每类专利药品中的应用方法。具体包括以下几类药品专利：核心有效成分的化合物专利、有效成分的成盐成酯化合物专利、特定构型的化合物专利；两个有效成分的组合物专利、有效成分和辅料的组合物专利；适应证专利、制剂专利和制备方法专利。

由于大多数分析对象都是在许可形式下生产的药品，其权属性审查需要企业提供许可合同证明权属关系，而许可合同涉及商业机密难以获得，故暂不在案例分析中进行“权属性审查”的分析。

关于案例分析格式的说明：案例名称即药品相关专利的发明名称，括号内为专利对应药品的通用名和专利申请号（个别用专利号代替），第一部分应为专利文件中权利要求书的第一项内容原文（一般后面几项的权利内容都是在第一项基础上的说明，故只列第一项），可以反映该药品专利要保护的核心内容。

（一）化合物专利

案例1：作为COX-2抑制剂前药的取代的苯磺酰胺衍生物（帕瑞昔布；中国专利CN97193747）

（1）地域性审查：该专利是中国国家知识产权局授权的发明专利，符合专利国别的要求。

（2）真实性审查：在国家知识产权局网站上的“专利检索与服务系统”里，用专利申请号97193747进行检索，检索结果见图11-19，证明该专利真实存在且受到法律保护。

申请号：CN97193747　　【授权公告】　隐藏

申请日：1997.04.11

公开（公告）号：CN1098256C

公开（公告）日：2003.01.08

发明名称：作为COX-2抑制剂前药的取代的苯磺酰胺衍生物

IPC分类号：C07D261/08；C07D401/04；A61K31/42；A61K31/415；C07D307/58；C07D495/04；C07D263/32；C07C311/39；C07D207/32；C07D233/54；C07D231/12

申请（专利权）人：G·D·瑟尔公司；

发明人：J·J·塔莱；J·W·马勒查；S·伯藤肖；M·J·格拉内托；J·S·卡特尔；J·李；S·纳加拉彦；D·L·布朗；小D·J·罗吉尔；T·D·彭宁；I·K·康纳；X·徐；R·M·维尔；

优先权号：US08/631,514

优先权日：1996.04.12

查看文献详细信息 - 查看法律状态 - 查看申请（专利权）人基本信息

图11-19　帕瑞昔布专利检索结果页

（3）有效性审查：点击授权公告下方的“查看法律状态”，可以获得专利的最新法律状态，详见图 11-20。从 2003 年 1 月 8 日专利被授权至今，法律状态未发生变化，可证明专利有效。

法律状态信息列表

申请号	法律状态生效日	法律状态中文含义
CN97193747	19990505	公开
CN97193747	19990721	实质审查请求的生效
CN97193747	20030108	授权

图 11-20　帕瑞昔布专利的法律状态

（4）唯一性审查：核心权利要求保护了核心有效成分的化学结构，符合唯一性原则。

（5）对应性审查：即审查专利保护的化合物与所申请药物的化合物结构是否一致或存在包含关系（也称一致性审查）。首先通过百度搜索获得帕瑞昔布的 CAS 编号“198470-84-7”，然后进入中国化工网“化学品 CAS 查询数据库”查询帕瑞昔布的化学结构信息，如图 11-21 所示。

图 11-21　中国化工网化学品 CAS 查询数据库检索示意图

最后将所查结构与权力要求书中描述的结构进行比对，详见图 11-22。

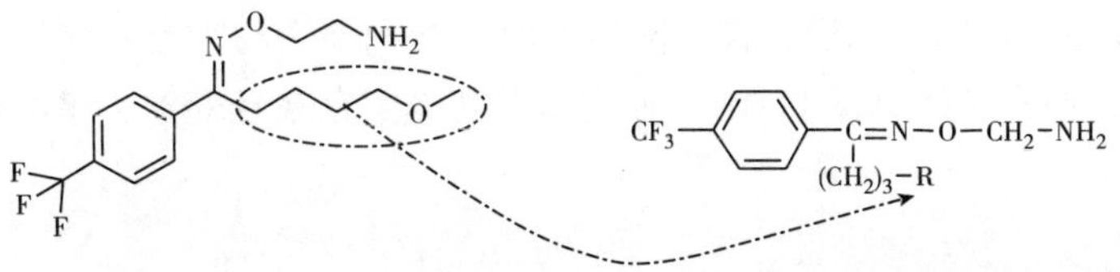

图 11-22　帕瑞昔布化学结构与权利要求书保护结构对比

与权利要求声明的结构对比，如需两者化学结构相同，权利要求中结构通式应当能够满足以下条件：R = “-CH_2OCH_3”，与权利要求书声明的 R 表示“甲氧基甲基团”相吻合，符合对应性原则。

案例 2：10-［3-（4-羟乙基-1-哌嗪）亚丙基］-2-三氟甲基噻吨癸酸酯的 α 异构体，酸形成的盐，使用方法和组成（氟哌噻吨美利曲辛；美国专利 835，250）

（1）地域性审查：该专利不是中国国家知识产权局授权的发明专利，不应予以认定。

（2）真实性审查：该专利由美国专利商标局（United States Patent and Trademark Office，简称 USPTO）授权，根据本研究提出的认定原则不应认定为专利药品，但为保证案例分析的完整性，也对其真实性进行验证。由于专利授权日期过早，无论是在中国知识产权局网站上的专利数据库还是 USPTO 的数据库中均未找到该专利，因资源有限其真实性无法查证，需要企业提供相关材料证明。

（3）有效性审查：在申请认定专利药品的时点（2010 年）上，该专利早已过了保护期限（专利资料上显示专利授权日为 1972 年 8 月 1 日），故不具有效性。

（4）唯一性审查：核心权利要求保护了化合物的化学结构，但如图 11-23 所示，权利要求所声明的结构是氟哌噻吨的癸酸酯，不能排除专利权人或其他主体获得其他盐或酯的氟哌噻吨化合物专利，不符合唯一性原则。

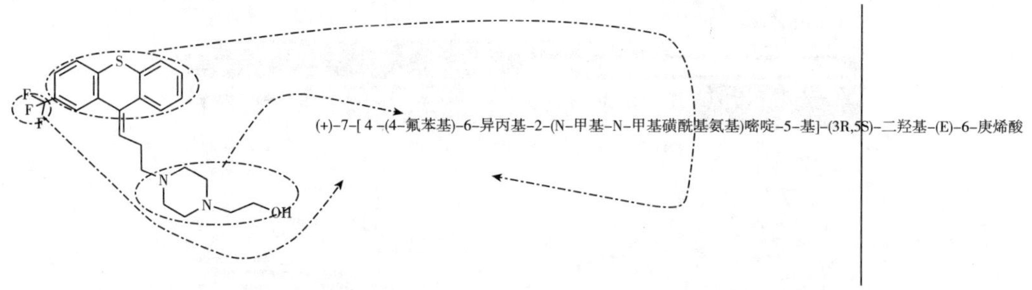

图 11-23 氟哌噻吨美利曲辛化学结构与权利要求书保护结构对比

（5）对应性审查：即审查专利保护的化合物与所申请药物的化合物结构是否一致或存在包含关系。权利要求所声明的结构是氟哌噻吨的一种特定的酯，而所申请的药物是氟哌噻吨和美利曲辛两种有效成分构成的复方，专利保护范围不能完成对复方药物的完全覆盖，因此，我们认为不符合对应性原则。

案例 3：结晶头孢硫脒及其制备方法和用途（头孢硫脒；中国专利 CN03136191）

（1）地域性审查：该专利是中国国家知识产权局授权的发明专利，符合专利国别的要求。

（2）真实性审查：在国家知识产权局网站上的“专利检索与服务系统”里，用专利申请号 3136191 进行检索，检索结果见图 11-24，证明该专利真实存在且受到法律保护。

申请号：CN03136191 【授权公告】 隐藏

申请日：2003.05.19

公开（公告）号：CN1212324C

公开（公告）日：2005.07.27

发明名称：结晶头孢硫脒及其制备方法和用途

IPC分类号：C07D501/28；A61P31/04；A61K31/545

申请（专利权）人：上海医药工业研究院；广州白云山制药股份有限公司；

发明人：王文梅；刘学斌；周可祥；

优先权号：

优先权日：

查看文献详细信息 - 查看法律状态 - 查看申请（专利权）人基本信息

图 11-24 头孢硫脒专利检索结果页

（3）有效性审查：点击授权公告下方的“查看法律状态”，可以获得专利的最新法律状态，详见图 11-25。从 2005 年 7 月 27 日专利被授权至今，法律状态未发生变化，可证明专利有效。

法律状态信息列表

申请号	法律状态生效日	法律状态中文含义
CN03136191	20031224	公开
CN03136191	20040303	实质审查的生效
CN03136191	20050727	授权

图 11-25 头孢硫脒专利的法律状态

（4）唯一性审查：核心权利要求保护了化合物的特定晶型，并不能排除该化合物的其他晶型或者无定形状态获得专利，并生产同一化学名称的药品，故不符合唯一性的原则。

（5）对应性审查：对于该类型的专利，需要企业提交必要的资料详细说明专利的实施情况，故不在这里做具体说明。

（二）组合物专利

案例 1：用于治疗呼吸疾病的支气管扩张药和甾族抗炎药物的组合（布地奈德福莫特罗；美国专利 317，407）

（1）地域性审查：该专利不是中国国家知识产权局授权的发明专利，不应予以认定。

（2）真实性审查：该专利由 USPTO 授权，根据本研究提出的认定原则不应予以认定为专利药品，但为保证案例分析的完整性，也对其真实性进行审查。在 USPTO 官方数据库中可查到该专利，详见图 11-26，证明其真实存在并受美国专利保护。

（3）有效性审查：美国专利的有效性审查是通过专利局网站“tool”工具专栏中“Patent

USPTO PATENT FULL-TEXT AND IMAGE DATABASE

Home | Quick | Advanced | Pat Num | Help

Hit List | Previous | Next | Bottom

View Cart | Add to Cart

Images

(5 of 8)

United States Patent 5,674,860
Carling , et al. October 7, 1997

Combination of a bronchodilator and a steroidal anti-inflammatory drug for the treatment of respiratory disorders

Abstract

Effective amounts of formoterol and/or a physiologically acceptable salt and/or solvate thereof and budesonide are used in combination for simultaneous, sequential or separate administration by inhalation in the treatment of an inflammatory respiratory disorder, such as asthma.

Inventors:	**Carling; Christer Carl Gustav** (Dalby, SE), **Trofast; Jan William** (Lund, SE)
Assignee:	**Astra Aktiebolag** (Sodertalje, SE)
Family ID:	8208509
Appl. No.:	08/317,407
Filed:	October 3, 1994

图 11-26 布地奈德福莫特罗的美国专利检索结果页

Application Information Retrieval”选项进行验证，里面可查询关于专利缴费、延期、撤回等决定专利是否有效的信息。由于查询需要有相关权限，且在未来的价格管理工作中不涉及，故不再具体阐述查询过程。

（4）唯一性审查：核心权利要求保护了一种药物组合物，属于两种有效成分组合，排除了其他主体获得类似组合物专利的可能，符合唯一性原则。

（5）对应性审查：即审查专利保护的药物组合物与所申请药物的药物组合物是否一致或存在包含关系：经核对企业提供的药品说明书，药品实际配比属于权利要求书所声明的范围，符合对应性原则。

案例 2：氟哌噻吨组合物（氟哌噻吨美利曲辛；中国专利 CN201010190427）

（1）地域性审查：该专利是中国国家知识产权局授权的发明专利，符合专利国别的要求。

（2）真实性审查：在国家知识产权局网站上的“专利检索与服务系统”里，用专利申请号 201010190427 进行检索，检索结果见图 11-27，证明该专利真实存在且受到法律保护。

申请号：CN201010190427 【授权公告】 隐藏

申请日：2010.04.30

公开（公告）号：CN101912397B

公开（公告）日：2013.03.27

发明名称：氟哌噻吨组合物

IPC分类号：A61K31/496；A61K31/135；A61K47/40；A61P25/20；A61P25/24；A61P25/22；A61P25/18

申请（专利权）人：H.隆德贝克有限公司；

发明人：F·E·奥尔森；

优先权号：

优先权日：

查看文献详细信息 - 查看法律状态 - 查看申请（专利权）人基本信息

图 11-27 氟哌噻吨美利曲辛专利检索结果页

（3）有效性审查：点击授权公告下方的“查看法律状态”，可以获得专利的最新法律状态，详见图 11-28。从 2013 年 3 月 27 日专利被授权至今，法律状态未发生变化，因此可证明专利有效。

法律状态信息列表

申请号	法律状态生效日	法律状态中文含义
CN201010190427	20101215	公开
CN201010190427	20110202	实质审查的生效
CN201010190427	20130327	授权

图 11-28　氟哌噻吨美利曲辛专利的法律状态

（4）唯一性审查：核心权利要求保护了一种药物组合物，该组合物由有效成分“氟哌噻吨”和制剂用辅料“环糊精”组合而成，实质上是氟哌噻吨的制剂专利，不能排除专利权人和其他主体获得氟哌噻吨与其他药用辅料构成组合物获得类似专利的可能，因此，我们认为不符合唯一性原则。

（5）对应性审查：药品是氟哌噻吨和美利曲辛两种有效成分构成的复方制剂，而权利要求声明的是对氟哌噻吨和辅料“环糊精”构成的组合物，保护范围显然不能完全涵盖该药品，不符合对应性原则。

（三）适应证专利

案例：用于治疗乙型肝炎的 β-L-2′-脱氧-核苷（替比夫定；中国专利 CN99809553）

（1）地域性审查：该专利是中国国家知识产权局授权的发明专利，符合专利国别的要求。

（2）真实性审查：在国家知识产权局网站上的“专利检索与服务系统”里，用专利申请号 99809553 进行检索，检索结果见图 11-29，证明该专利真实存在且受到法律保护。

申请号：CN99809553　　【授权公告】　隐藏

申请日：1999.08.10

公开（公告）号：CN1257912C

公开（公告）日：2006.05.31

发明名称：用于治疗乙型肝炎的β-L-2′-脱氧-核苷

IPC分类号：C07H19/06; C07H19/10; A61P31/12; C07H19/20; A61K31/70; C07H19/16

申请（专利权）人：艾丹尼克斯（开曼）有限公司;法国国家科学研究中心;蒙彼利埃第二大学;

发明人：吉尔斯·格索林;让-路易斯·伊姆巴克;马丁·L·布兰特;

优先权号：US60/096,110; US60/131,352

优先权日：1998.08.10; 1999.04.28

查看文献详细信息 - 查看法律状态 - 查看申请（专利权）人基本信息

图 11-29　替比夫定专利检索结果页

（3）有效性审查：点击授权公告下方的“查看法律状态”，可以获得专利的最新法律状态，详见图11-30。从2004年7月14日至2013年6月5日一直有记载专利权申请权、专利权的转移，这虽然不妨碍证明专利的有效性，但未来如果要进行权属性的审查，需要企业提供经专利局登记和公告后生效专利转让合同，证明申请者与专利的权属关系。

法律状态信息列表

申请号	法律状态生效日	法律状态中文含义
CN99809553	20011031	公开
CN99809553	20011107	实质审查的生效
CN99809553	20040714	专利申请权、专利权的转移
CN99809553	20040714	专利申请权、专利权的转移
CN99809553	20040714	专利申请权、专利权的转移
CN99809553	20041027	专利申请权、专利权的转移
CN99809553	20041027	专利申请权、专利权的转移
CN99809553	20041027	专利申请权、专利权的转移
CN99809553	20060531	授权
CN99809553	20120808	专利申请权、专利权的转移
CN99809553	20130605	专利申请权、专利权的转移

图11-30　替比夫定专利的法律状态

（4）唯一性审查：核心权利要求虽然明示了化合物的结构，但保护对象是以该化合物为特征的一种具体应用，而且是药物在人类疾病治疗中的“首次”应用，我们认为符合唯一性的原则。

（5）对应性审查：即审查专利保护的药物在治疗领域的应用与所申请药物的适应证是否一致或存在包含关系：经核对企业提供的药品说明书，药品适应证包括治疗乙型肝炎的相关内容，符合对应性原则。

（四）制剂专利

案例：包含奥卡西平的混悬液（奥卡西平混悬剂；中国专利CN00817347）

（1）地域性审查：该专利是中国国家知识产权局授权的发明专利，符合专利国别的要求。

（2）真实性审查：在国家知识产权局网站上的“专利检索与服务系统”里，用专利申请号00817347进行检索，检索结果见图11-31，证明该专利真实存在且受到法律保护。

申请号：CN00817347　【授权公告】　隐藏

申请日：2000.12.19

公开（公告）号：CN1216594C

公开（公告）日：2005.08.31

发明名称：包含奥卡西平的混悬液

IPC分类号：A61K9/10；A61P25/08；A61K31/55

申请（专利权）人：诺瓦提斯公司；

发明人：J·西格;M·比林顿；

优先权号：GB9930058.4

优先权日：1999.12.20

查看文献详细信息 - 查看法律状态 - 查看申请（专利权）人基本信息

图 11-31　奥卡西平专利检索结果页

（3）有效性审查：点击授权公告下方的“查看法律状态”，可以获得专利的最新法律状态，详见图 11-32。2013 年 11 月 13 日发生了专利权人名称和地址的变更，这虽然不妨碍证明专利的有效性，但未来如果要进行权属性的审查，需要企业提供相关材料证明申请者与专利的权属关系。

法律状态信息列表

申请号	法律状态生效日	法律状态中文含义
CN00817347	20030416	公开
CN00817347	20030702	实质审查的生效
CN00817347	20050831	授权
CN00817347	20131113	专利权人的姓名或者名称、地址的变更

图 11-32　奥卡西平专利的法律状态

（4）唯一性审查：核心权利要求保护了一种药物组合物，该组合物由有效成分“奥卡西平”和辅料“羧甲基纤维素、微晶纤维素”组合而成，实质上是一种制剂专利，不能排除专利权人和其他主体获得该有效成分与其他药用辅料构成组合物获得类似专利的可能，因此，我们认为不符合唯一性原则。

（5）对应性审查：对于该类型的专利，需要企业提交必要的资料详细说明专利的实施情况，故不在这里做具体说明。

（五）制备方法专利

案例：3-芳氧基-3-取代丙胺（度洛西汀；美国专利 499，940）

（1）地域性审查：该专利不是中国国家知识产权局授权的发明专利，不应予以认定。

（2）真实性审查：该专利由 USPTO 授权，根据本研究提出的审定原则不应认定为专利药品，但为保证案例分析的完整性，也对其真实性进行验证。在 USPTO 的官方数据库里可查到该专利，详见图 11-33，证明其真实存在并受美国专利保护。

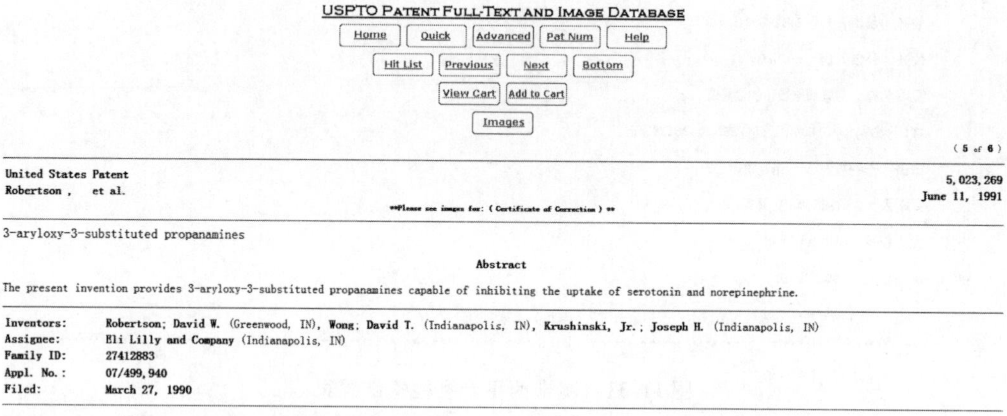
USPTO PATENT FULL-TEXT AND IMAGE DATABASE

Home | Quick | Advanced | Pat Num | Help

Hit List | Previous | Next | Bottom

View Cart | Add to Cart

Images

(5 of 6)

United States Patent — 5,023,269

Robertson , et al. — June 11, 1991

**Please see images for: (Certificate of Correction) **

3-aryloxy-3-substituted propanamines

Abstract

The present invention provides 3-aryloxy-3-substituted propanamines capable of inhibiting the uptake of serotonin and norepinephrine.

Inventors:	Robertson; David W. (Greenwood, IN), Wong; David T. (Indianapolis, IN), Krushinski, Jr.; Joseph H. (Indianapolis, IN)
Assignee:	Eli Lilly and Company (Indianapolis, IN)
Family ID:	27412883
Appl. No.:	07/499,940
Filed:	March 27, 1990

图 11-33 度洛西汀的美国专利检索结果页

（3）有效性审查：美国专利的有效性审查通过专利局网站上“tool”工具专栏中“Patent Application Information Retrieval”选项验证，由于查询需要有相关权限，且在未来的价格管理工作中不涉及，故不再具体阐述查询过程。

（4）唯一性审查：核心权利要求虽然明示了化合物的结构，但保护对象是以制备该化合物为特征的一种方法，属于方法专利，不能排除专利权人和其他主体获得生产同一化合物的其他方法专利，不符合唯一性原则。

（5）对应性审查：对于该类型的专利，需要企业提交必要的资料详细说明专利的实施情况，故不在这里做具体说明。

第十二章　公立医院药品销售差别差率模式设计与测算

摘　要

背景及目的：本研究根据调查463家典型样本医院药品销售固定加价15%的大量数据的基础上，依研究原则假设，对我国公立医院药品销售实行“差别差率”的模式进行了理论设计和可行性测算。

研究内容及方法：本研究通过高价药与低价药纯收益的“对称补偿”，不同价位区间的平均加价率测算，差别差率模式的标准化设计等差别差率加价模式的测算方法，对实施差别差率设计的两种不同方案进行测算，评估了固定加价率改为差别加成率对医院加成收入的影响。

研究结果：①不同级别和不同类型的样本医院，实行差别差率后，对于药品销售总收入的影响基本都不超过5%；②实施差别差率模式，二级医院和中医医院的药品纯收益有较大幅度的上升；③实施差别差率模式，三级综合医院的药品纯收益有较大幅度的下降；④不同类型的专科医院药品纯收益变化差异较大，肿瘤专科医院的纯收益大幅减少。

讨论与分析：实行差别差率模式，可能遇到与现行药品价格管理政策衔接问题、实施差别差率计价单位难以确定的问题、政府定价药品中同一通用名不同商品名出现价格差异和差别加价等问题。因此本研究最后提出了采用多元机制，促进合理用药、实施差别差率政策要注重宣传并保证操作可行、注重实施差别加成政策效用监测，适时作出调整的政策建议。

第一节　差别差率加价模式的设计

一、理论分析

依据经济学原理分析，我国公立医院药品销售加成收入等于单位销售利润乘以单位销售量，即：医院药品销售加成收入 $S = \Sigma Mi \times Qi$。其中：Mi 表示第 i 种药品的单位销售利润；Qi 表示第 i 种药品的销量。

现行医院药品销售是采取15%的固定加成率的方式，因此 $Mi = 15\% \times Pi$（Pi 表示第 i 种药品的单价）。

将药品销量进行进一步分解，即为 $Qi = Ri \times Ni$。其中：Ri 表示第 i 种药品的处方量（处方张数）；Ni 表示第 i 种药品平均在每处方上开出的量，则医院每种药品销售加成收入 Si = 15%

Pi × Ri × Ni。

研究公立医院药品销售从固定加成率的模式改为差别差率的模式，主要目的是在现行医药卫生体制机制下，调整不同价位药品的加成率，即低价药实行高加价率，高价药实行低加价率，利用价格杠杆，引导合理用药。

在设计差别差率加价模式中，Ri 和 Ni 可以通过医疗规范来进行限制，价格 Pi 就成为此模式最重要的变量。因此，根据调查 463 所典型样本医院不同价位药品分布现状，合理地设计不同价位药品的合理区间和确定相应的加价率，即可确保差别差率模型科学可行。

二、国际经验

为了消除使用高价药的经济刺激作用，使药品费用更加合理化，很多西方国家已经在采用这种“低价药加价率从高，高价药加价率从低”的加价模式。有研究显示，德国的药品批发商与零售药房在欧洲首先尝试了这种药品销售加成模式，此后，法国也在药品零售环节接受了这种“差别差率”的方式。由于采用这种加价方式对于药品费用的调控效果显著，这种规制模式在欧洲的多个国家都得到了进一步的推广。目前，欧洲的西班牙、瑞典、波兰、芬兰、比利时等国都采用这种加价规制的管理模式（表 12-1）。

表 12-1 部分欧洲国家药品零售差别差率模式

国家	药品进价（欧元）	零售加成率
芬兰	0.00～9.25	50% +0.5 欧元
	9.26～46.25	40% +1.43 欧元
	46.26～100.91	30% +6.05 欧元
	100.92～420.47	20% +16.15 欧元
	>420.47	12% +47.68 欧元
比利时	0.00～24.00	31.0%
	24.01～38.97	7.44 欧元
	>38.97	2.32%（进价 -24）+7.44 欧元
法国	0.00～22.90	26.1%
	22.91～150	10%
	>150	5%

由表 12-1 可以看出，药品加成差别差率主要表现为三种形式：①将不同进价的药品分为若干区段，对每一个区段采用一个加成率并附带一个加成定额的加价模式，如芬兰；②将不同进价的药品分为若干区段，对部分区段采用加价率计算模式，对部分差率采用加价额计算模式，两种模式相间排布，如比利时；③将不同进价的药品分为若干区段，对不同的区段只采用不同加价率的模式，如法国。

三、国内实践

我国对于公立医院的药品价格一直采用固定差率的加成模式，但随着固定加成模式弊端的暴露，政府物价部门也积极研究探讨改革模式。部分地方物价部门在国家药品价格管理部门及省政府的支持下，开展了差别差率的试行工作。2004 年，浙江省首先进行了医院药品“差别差率，顺价作价”的试点，并在 2009 年，根据国家有关文件进行了具体加成率的修订。在 2010 年，广东省物价部门也在新出台的“三控”管理（控制最高零售价、实际供货价和流通差价率）体系中应用了差别差率的模式（表 12-2）。

表 12-2　浙江省与广东省医院药品销售差别差率模式

地区	药品进价（元）	零售加成率
浙江	≤10	30%
	10～20（含 20）	23% +0.7 元
	20～30（含 30）	18% +1.7 元
	30～60（含 60）	10% +4.1 元
	60～100（含 100）	5% +7.1 元
	>100	3% +9.1 元（最高 45 元）
广东	<10	25%
	10.01～40	15% +1 元
	40.01～200	10% +3 元
	200.01～600	8% +5 元
	600.01～2000	6% +15 元
	>2000.01	135 元

由表 12-2 可以看出，国内两个试行差别差率的省份，在模式设计方面有较大的相似之处，基本模式都与芬兰模式相似，但与芬兰模式不同的是这两种模式都对于药品的最大加价额进行了限制，即将最高价格区段的加成设为一个定额。浙江规定了最高加价额 45 元，根据表 12-2 中的模式数据，浙江省的高价药品达到 1196.67 元时将达到加价上限，这一隐含的“>1196.67 元”区段并未直接单独列举出来。从本质上看，两省的差别差率模式设计思路基本是一致的。

四、“差别差率”模式的分类

综合国内外各种实行差别差率模式的经验，可以看出，要实现“低价药加价率从高，高价药加价率从低”的差别差率加价模式，首先需要对药品进行价格分段，之后对每一个药品价格分段区间给予对应的一个加价水平，加价水平可以采用单纯加价率、单纯加价额和加价率与加价额混合三种模式。应用影响图（influence diagram）模型表示如图 12-1 所示。

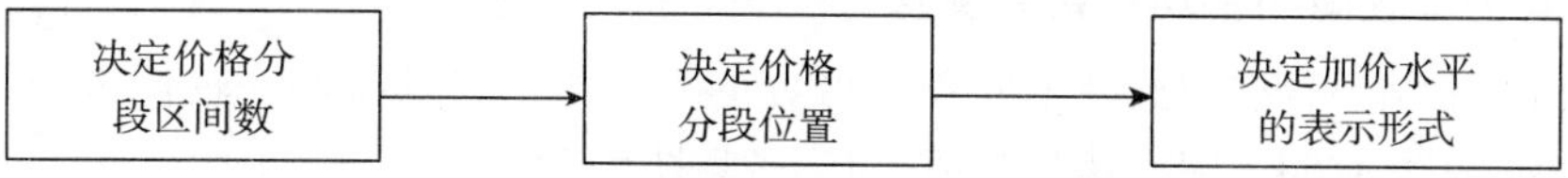

图 12-1　“差别差率”模式选择的决策过程

在如图 12-1 所示的决策过程中，三步决策都作为“差别差率”模式分类的依据。依据“价格分段区间数”，可以把“差别差率”模式分为 3 区间模式、4 区间模式、5 区间模式……

而依据“价格分段的位置”可以分为等间隔模式和不等间隔模式或者对称间隔模式和不对称间隔模式。依据“加价水平的表示形式”，可以分为单纯加价率模式、单纯加价额模式、加价额加价率间隔模式、加价额加价率混合模式等。如果将上述分类方法按照影响图的含义进行展开，则可以将“差别差率”的模式分为无穷多种，则合理的模式选择研究将无法继续下去，因此，必须对模式的分类进行简化。

从国内外实践的实际案例来看，选择多少个分段数及选择具体的分段位置都不能从本质上区分所对应的“差别差率”模式，只有第三步“决定加价水平的表示形式”才能对所对应的模式起到本质上的区分作用。在实际操作中，具体采用多少个分段区间和分段的位置可以通过实际的数据调研提前进行预设，采用何种具体加价形式成为了本决策问题的核心。

参考表12-1中法国的加价模式，由于采用了单纯加价率的加价方法，因此出现了加价额度在价格区段分界点上出现大幅度突越。例如，对于进货价格22.90欧元的药品，其合法加价空间为5.98欧元，而进货价为22.91欧元的药品，进价仅增长了0.01欧元，但加价空间则缩减至2.29欧元。同理，采用单纯加价额的模式设计同样也会在分界点形成这样的加价额突越。因此，为了避免这种价格突越的产生，笔者最终将决策对象限定为加价额加价率间隔模式和加价额加价率混合模式这两种“差别差率”模式。

第二节　差别差率加价模式的测算方法

一、高价药与低价药纯收益的“对称补偿”

改革公立医院药品销售固定加成率是以2008年药品顺加15%的总纯收入基本不变为前提，为预测实施差别差率的科学性，本研究引入了“对称补偿”模型进行数据分析。具体模型建立如下：

差别差率模式的药品纯收益 = ［相对低价药品购进金额 ×（15% + α）+ 中等价位药品购进金额 × 15% + 相对高价药品购进金额 ×（15% − β）］

其中：α 为低价药品增高的加成率，β 为高价药品减少的加成率。假设实行差别差率政策后医院药品收益不变，则：

相对低价药品购进金额 × α = 相对高价药品购进金额 × β

即相对高价药品加成收入减少的部分由相对低价药品加成收入增加的部分弥补。

二、不同价位区间的平均加价率测算

根据本研究的结果，按照药品不同价位区分的五个档次：低价药、较低价药、中等价药、较高价药、高价药，它们之间在药品金额上有下列对应关系。

1. 低价（0～8元）药品，占加成总收入的3.35%，高价（2000元以上）药品，占加成总收入的3.02%。

2. 较低价（7～40元）药品，占加成总收入的30.8%，较高价（100～2000元）药品，占加成总收入的32.4%。

3. 中等价（40～100元）药品，占加成总收入的30.8%。

根据上述不同价位药品的对应关系，在维持中等价（40～100元）药品加成率15%不变的情况下，调节100元以上价位药品与40元以下价位药品的平均加成率，即可保证样本医院实施差别差率的收益与现行的固定加成总收入基本相当。

按照本研究确定的五档次（低、较低、中、较高、高）药品价格区间，采用所调查463家典型样本医院的数据，分别对低价药品与高价药品、较低价药品与较高价药品的对称补偿关系进行测算，结果见表12-3、12-4。

表12-3　低价与高价药品对称补偿关系

		低价药品可调平均差价率（%）										
		20.00	21.00	22.00	23.00	24.00	25.00	26.00	27.00	28.00	29.00	30.00
高价药品可调平均差价率	10.00	0.02	0.27	0.52	0.77	1.02	1.27	1.51	1.76	2.01	2.26	2.51
	9.00	-0.23	0.02	0.27	0.52	0.77	1.02	1.27	1.52	1.77	2.02	2.27
	8.00	-0.47	-0.22	0.03	0.28	0.53	0.77	1.02	1.27	1.52	1.77	2.02
	7.00	-0.72	-0.47	-0.22	0.03	0.28	0.53	0.78	1.03	1.28	1.53	1.78
	6.00	-0.96	-0.71	-0.46	-0.22	0.03	0.28	0.53	0.78	1.03	1.28	1.53
	5.00	-1.21	-0.96	-0.71	-0.46	-0.21	0.04	0.29	0.54	0.79	1.04	1.28
	4.00	-1.45	-1.21	-0.96	-0.71	-0.46	-0.21	0.04	0.29	0.54	0.79	1.04
	3.00	-1.70	-1.45	-1.20	-0.95	-0.70	-0.45	-0.20	0.05	0.29	0.54	0.79
	2.00	-1.95	-1.70	-1.45	-1.20	-0.95	-0.70	-0.45	-0.20	0.05	0.30	0.55
	1.00	-2.19	-1.94	-1.69	-1.44	-1.19	-0.94	-0.70	-0.45	-0.20	0.05	0.30
	0.00	-2.44	-2.19	-1.94	-1.69	-1.44	-1.19	-0.94	-0.69	-0.44	-0.19	0.06

表12-3表明：①高价药品实行零差率，低价药品加价率调整到20%时，样本医院药品加成收入平均下降仅2.44%；②高价药品实行零差率，低价药品加价率调整到30%时，样本医院药品加成收入基本不变。

表12-4　较低价与较高价药品对称补偿关系表

			较低价药品可调平均差价率（%）			
15.00	16.00	17.00	18.00	19.00	20.00	
15.00	0.00	2.42	4.84	7.26	9.68	12.11
14.00	-2.35	0.07	2.49	4.91	7.33	9.76
13.00	-4.70	-2.28	0.14	2.56	4.98	7.41
12.00	-7.05	-4.63	-2.21	0.21	2.63	5.06
11.00	-9.40	-6.98	-4.56	-2.14	0.28	2.70
10.00	-11.75	-9.33	-6.91	-4.49	-2.07	0.35

表12-4表明：①较低价药品与较高价药品上下调整加成率，对医院药品总体收入影响较大；②较高价药品加成率降低到10%的时候，必须调整较低价药品加成率至20%。

由于低价药品（0~8 元）和高价药品（2000 元以上）的销量和加成收入所占比重较低，所以对于这两个区段的加价率进行调整对于医疗机构药品纯收益的影响不大。高价药品实行零差率或实施较低额度的等额加价是可以考虑的。同样，低价药品即使给予 30% 的加价率也同样具有可行性。

根据研究假设，维持中等价位药品（40~100 元）加成率 15% 不变，则对较高价格（100~2000 元）药品和较低价格（8~40 元）药品的加成率调整则变得尤为重要。根据模拟运算结果，当较低价格药品加成率调整为 20% 时，较高价格药品加成率调整为 10%，即可以维持所调查 463 家样本医疗机构药品销售加成收入基本保持不变。

三、差别差率模式的标准化设计

根据“对称补偿”的原则，确定不同价位药品区间的平均加价率后，为保证差别差率加价政策实施的可行性，还必须在不同价位药品区间设立缓冲的定额加价区间，以防止加价额度发生突变。同时，对于高价药品，在尾端设定定额加价区间，限制过高药品的加价额度。根据研究中将药品的价格分为“低、较低、中等、较高、高”五个档次，再加上各区段间的等额加价区间，共拟定 10 个加价区间。最终的加价模型可以表示为一个连续分段函数形式：

$$M=\begin{cases} a_1 \times P \ (P \leqslant P_1) \\ S_1 \ (P_1 < P \leqslant P_2) \\ a_2 \times P \ (P_2 < P \leqslant P_3) \\ S_2 \ (P_3 < P \leqslant P_4) \\ a_3 \times P \ (P_4 < P \leqslant P_5) \\ S_3 \ (P_5 < P \leqslant P_6) \\ a_4 \times P \ (P_6 < P \leqslant P_7) \\ S_4 \ (P_7 < P \leqslant P_8) \\ a_5 \times P \ (P_8 < P \leqslant P_9) \\ S_5 \ (P_9 < P) \end{cases}$$

$S_1 = a_1 \times P_1$，$S_2 = a_1 \times P_2 = a_2 \times P_3 \cdots\cdots$

其中，M 表示加价额度，S 表示加价定额值，α 表示加价率，P 表示价格。

从可操作性考虑，加价率以 5% 为单位递减调整，加价额尽量取整。设定 $a_1 = 25\%$，$a_2 = 20\%$，$a_3 = 15\%$，$a_4 = 10\%$，$a_5 = 5\%$。根据各价位临界值，分段价位应包含 8 元、40 元、100 元和 2000 元。

第三节　实施差别差率设计的不同方案

本研究按照上述差别差率模式设计的理论和方法，依据典型调查 463 家样本医院 2008 年药品购销数据，设计出如下几种差别差率方案。

一、维持医疗机构药品销售固定加成率15%纯收入基本不变的方案

方案1：高价药界定为2000元，最高加价率为5%，2000.01元封顶加价为100元的方案见表12-5。

表12-5 公立医院药品销售实行“差别差率（额）”核算标准

序号	价格（进价）区间（元）	最高加价率（额）
1	8.00（含）以下	25%
	8.01～10.00	2.00元
2	10.01～30.00	20%
	30.01～40.00	6.00元
3	40.01～100.00	15%
	100.01～150.00	15.00元
4	150.01～500.00	10%
	500.01～1000.00	50.00元
5	1000.01～2000.00	5%
	2000.01以上	100.00元

方案2：根据我国现行药品价格政策，抗肿瘤类的药品高价药品界定为500元，加价率15%，500.01元以上封顶加价75元的情况，区段分界点为500元，为与现行政策衔接，本研究设计了高价药界定为500元，加价率为10%，500.01元以上封顶加价额为50元的方案见表12-6。

表12-6 500元封顶的公立医院药品销售实行“差别差率（额）”核算标准

序号	价格区间（元）	最高加价率（额）
1	8.00（含）以下	25%
	8.01～10.00	2.00元
2	10.01～30.00	20%
	30.01～40.00	6.00元
3	40.01～100.00	15%
	100.01～150.00	15.00元
4	150.01～500.00	10%
	500.01以上	50.00元

对于上述设计的方案，本研究对调查463所典型样本医院数据进行检验，结果样本医院平均药品加成收入变化不大于2%，样本医院平均药品收入影响不大于3‰，说明此方案具有一定的可行性。

二、下调医疗机构原固定加成15%收入总水平的差别加成率方案

根据我国医药卫生体制改革对公立医院改革的要求，要逐步降低医疗机构销售药品加成率

直至取消药品加成的精神，本研究对减少公立医院药品原加成收入水平时，应用上述的差别差率模式设计的理论和方法进行了测算。

方案1：假如在公立医院原固定加成率在15%到10%总收入水平进行调整，应用差别差率模式可采取中等价位以下药品加成率不变，只调整高价位区间药品加成率，即将高价位药品的等额加价区段下移，可以获得预期的差别差率加价水平效果。例如，设定将目前公立医院药品固定加成15%调为13%时，实施差别差率只需要将高价额区段下移至100元即可，见表12-7。

表12-7　平均加价率13%的公立医院药品销售实行“差别差率（额）”核算标准

序号	价格（进价）区间（元）	最高加价率（额）
1	8.00（含）以下	25%
	8.01～10.00	2.00元
2	10.01～30.00	20%
	30.01～40.00	6.00元
3	40.01～100.00	15%
	100.01以上	15.00元

表12-7的方案模式，采用所调查463所样本医院数据进行检验，院平均药品加成收入变化不大于3%，院平均药品收入影响不大于5‰，说明此方案具有一定的可行性。

方案2：将公立医院药品销售固定加成15%收入水平调整到固定加成率10%以下的收入水平，实施差别差率需要重新计算基础加成率，设定所有加价的 $a_n-5\%$，所有S值协同调整，可以得到差别差率方案如表12-8所示。

表12-8　平均加价率10%的公立医院药品销售实行“差别差率（额）”核算标准

序号	价格（进价）区间（元）	最高加价率（额）
1	10.00（含）以下	20%
	10.01～20.00	2.00元
2	20.01～40.00	15%
	40.01～60.00	6.00元
3	60.01～100.00	10%
	100.01～200.00	10.00元
4	200.01～500.00	5%
	500.01以上	25.00元

以此方法，可以灵活控制公立医院的药品销售平均加成率。

设计上述医疗机构药品销售实施的不同差别差率方案，其目的是为价格主管部门权衡时参考和选取。

三、固定加成率改为差别加成率对医院加成收入影响测算

上述差别差率方案模式都是以典型调查的463所样本医院15%固定加价率收入平均水平的

数据为基准测算的。但是，不同级别和不同类型医院的用药结构不同，所设计的差别差率方案模式对不同级别和不同类型医院的加成收入水平会存在差异。从理论上说，高价药使用比例高于平均水平的医院，收入将会减少；而低价药使用比例大的医院，收入将会增加。

为了说明实施差别差率药品加成收入水平变化情况，本研究以典型调查的广东省 12 家样本医院为例，进行了测算分析，以 2008 年药品销售加成收入为基准，实施差别差率后，药品加成收入水平变化见表 12-9。

表 12-9　广东省样本医院固定加成改为差别差率纯收益变化情况

医院名称	医院级别	医院性质	固定差率收入（万元）	差别差率收入（万元）	药品销售收入变化率	药品纯收益变化率（%）
广东省口腔医院	三级	专科	255. 65	261. 28	2. 20%	16. 88
广东省人民医院	三级	综合	69 930. 92	68 652. 25	-1. 83%	-14. 02
广东省中医院	三级	中医	32 954. 66	33 304. 62	1. 06%	8. 14
中山大学一附医院	三级	综合	46 029. 88	45 030. 02	-2. 17%	-16. 65
中山大学肿瘤医院	三级	专科	38 064. 75	35 898. 64	-5. 69%	-43. 63
广州中医大一附院	三级	中医	22 737. 76	23 077. 06	1. 49%	11. 44
越秀区中医医院	二级	中医	2062. 44	2148. 38	4. 17%	31. 95
白云区人民医院	二级	综合	2582. 27	2696. 52	4. 42%	33. 92
荔湾区中医医院	二级	中医	887. 88	932. 02	4. 97%	38. 11
天河妇幼保健院	二级	专科	1799. 28	1867. 70	3. 80%	29. 15
南方医科大三附院	二级	综合	2640. 05	2689. 81	1. 89%	14. 45
越秀区正骨医院	二级	专科	4376. 64	4471. 53	2. 17%	16. 62

表 12-9 可以看出：①不同级别和不同类型的样本医院，实行差别差率后，对于药品销售总收入的影响基本都不超过 5%；②实施差别差率模式，二级医院和中医医院的药品纯收益有较大幅度的上升；③实施差别差率模式，二级综合医院的药品纯收益有较大幅度的下降；④不同类型的专科医院药品纯收益变化差异较大，肿瘤专科医院的纯收益大幅减少。

这说明不同医院用药结构的差异是造成这种现象的根本原因。高级别医院的高价药使用比例大，肿瘤专科医院的高价药使用比例超过了公立医院的平均水平。一般来说，大型三级医院尤其是肿瘤专科医院，重症患者较多，高价药品使用比例高有其合理性。同时，部分二级医院和中医医院在改革药品销售加价模式后，平均加价收入总水平将超过调整之前，除去其中的合理收益之外，可能存在的药物滥用问题，将使得部分医院获得超额利润。随着差别差率加价模式的实施，各类医院的用药结构都可能随之发生变化，预计低价药品的使用比例将会在各级医院中有所上升，这样对于收入减少比较多的三级医院收入将会有所补偿。

四、实行差别差率模式的问题与建议

（一）实行差别差率模式可能遇到的问题及对策

1. 现行药品价格管理政策衔接问题 我国现行药品价格管理政策规定：《政府定价目录》内的药品实行政府指导价格，具体价格形式为最高零售价格；医疗机构药品销售以进价为基础，顺加15%固定差率作为终端销售价格。实施差别差率加价模式后，由于低价药品加价率由原来的15%提高到25%，可能会发生有些低价药品按规定的差别加价率，其终端销售价格会超过政府公布的最高零售价格。

以阿托品片剂为例，政府最高零售价格300μg×100片，每盒（瓶）1.80元。据对典型调查样本医院发现，该剂型规格的进货价为1.50元，按15%固定加成率，其销售价格为1.73元，并未突破政府公布的最高零售价格。按拟定的差别差率模式，8元以下的为低价药品，加价率为25%，则销售价达1.88元，这样就超过了政府公布的最高零售价格。

本研究对上述问题的对策建议是：实施差别差率加价后，低价药品仍以进价为基础，按新规定的差别差率加价，加价后其价格不超过政府公布的最高零售价格的，按加价后的实际价格作为销售价格；超过政府公布的最高零售价格的，其最终销售价格也不能超过政府公布的最高零售价格。

另外，据了解有的地方价格主管部门如（浙江、湖南等）为改革医药价格形成机制，对医疗机构药品销售固定加成15%，改为依据药品的价位高低，实施“差别差率，顺加作价”销售。从已出台实施的“差别差率（额）”的具体核算标准规定看，并不完全相同；国家价格主管部门拟将实施的“差别差率（额）”核算标准，也可能与各地实施的有所差异。

为保持全国价格管理政策的统一性，本研究建议：国家规定的“差别差率（额）”核算标准为全国统一标准，公立医院药品销售都必须依此核算，作价销售；有点地方已实施的“差别差率（额）”核算标准低于国家统一核算标准的，可不比调整，在本区域内继续执行；有的地方实施的“差别差率（额）”核算标准高于国家统一核算标准的，可选择适当时机进行调整，以保持全国的统一性。

2. 实施差别差率计价单位的问题 实施差别差率，药品的计价单位与加价率水平有密切关系，合理界定药品的计价单位是应关注的问题。本研究在典型调查样本医院药品销售中发现，因销售药品的计价单位不同，其加价收入会存在差异。如中成药龟鹿补肾丸（非政府定价目录药品），其包装规格为12袋/盒，样本医院每盒平均进价为9.84元，按照新拟定的差别差率，处在8.01~10.00元，应加价2元，其加价后的零售价为11.84元。然而，有部分医院不是以盒计价而是以袋计价，按照每袋0.82元计价，实施差别差率后属于8.00元以下的低价区间，加价率为25%，这样每盒的销价达到了12.30元。类似计价单位的变化，提高加价率水平的情况可能还会发生。

为了规范和界定医疗机构药品销售药品的计价单位，建议不同药品一律按《政府定价目录》公布的最高零售价格的不同计价单位：盒、瓶、支、袋、丸、粒、贴、枚等计价，非政府定价的药品也应参照上述规定执行。计价时不能任意由大包装换小包装、由整拆零，否则应视为价格违规。

3. 政府定价药品中同一通用名不同商品名价格差异差别加价问题 现行药品价格管理中，

存在同一通用名的药品有统一定价和区别定价的两种价格状况，由于两种价格存在差异，实施差别差率模式是以进价为基础按差别差率规定顺加作价销售，还是都以低价格的进价为基础，按规定的差别差率顺加计算出的加价额等额加价销售是需要研究的问题。如北京某医院的40毫克/瓶奥美拉唑粉冻干粉注射剂为例，不同的加价方式，医疗机构的加成收入是不同的，见下表12-10。

表12-10 同通用名不同厂家产品差别差率加价收入比较

	政府定最高零售价格（元）	医疗机构实际进价（元）	模式		实施差别差率模式	
			固定差率（%）	加价额（元）	差率（%）	加价额（元）
A药品价格	143	124.35	15	18.65	–	15
B药品价格	63.7	55.4	15	8.31	15	8.31

为此，本研究从逐步减低医疗机构药品加成收入的要求出发，建议凡同通用名药品不同商品名存在价格差异的，实行以低价格差别差率计算出的加价额等额加价的模式。根据样本医院调研数据，同时在一家医院中存在两种以上同通用名的药品，占当前医院药品收入的56.5%。经过测算，以当前的市场结构为基础，如果样本医院中销售的同通用名的不同药品都按照相对加价额度较低的品种加价，则会使样本医院的加成利润减少20.07%，也就是说这种模式可将原15%固定加价率收入降为13%左右的收入，参考医院的实际加成执行情况，这种调节是当前公立医院可以接受的。

（二）实施差别差率模式的有关政策建议

1. 采用多元机制，促进合理用药 合理用药是指患者所用药物适合其临床需要，所用剂量及疗程符合患者个体情况，所耗经费对患者和社会均属最低。在现行医药卫生体制机制下，改革药品价格加成机制，即把医疗机构药品销售固定加成率改为差别加成率，使用高价药和低价药获取的收入是大致相同的。这只能从价格政策上引导其合理用药，但不可能真正实现医疗机构的合理用药。因为制约医疗机构合理用药的因素很多，诸如需要引入国家处方集、临床诊疗规范等技术化手段，并进行长期系统的处方监测等，才能最终实现临床合理用药的目标。

2. 实施差别差率政策要注重宣传并保证操作可行 医疗机构药品销售由固定加成率改为差别加成率是一项重要的改革，因为它直接关系医疗机构的收入和正常运营，容易引起对此项改单的误解，所以事前应做宣传解释工作，以保证这项工作顺利推行。另外，在医疗机构药品销售操作层面，差别加成比固定加成的计算要复杂得多，工作量也会增加。为保证这项政策贯彻执行并使之科学规范，可采取编撰配套的工作手册和配发界面直观的计算软件，把这项工作落到实处。

3. 注重实施差别加成政策效用监测，适时作出调整 实施差别差率的方案模式是本研究依据典型调查463所公立医院有关数据，测算作出的，难免与全国近万家公立医院的实际情况有所差别。

因此，建议在国家确定的差别差率政策规定实施的一段时期后，可选择一些样本医院进行监测和客观评估。根据评估结果作出调整和进一步深化药品加成率的改革。另外，还应加强对医院药品销售加价率的监督检查，使实施差别差率政策规定能够贯彻落实。

第十三章　药品流通环节加价率管理和取消医院药品加成问题研究

摘　要

背景及目的： 目前，我国对药品实行政府定价、政府指导价和市场调节价三种管理措施，对具有垄断经营性质和社保目录覆盖的药品，政府对其价格形成进行管控。2009 年国家发改委公布的《药品价格管理办法（讨论稿）》，对国家价格管制药品拟定了药品流通环节加价率。2006 年国家发改委为了规范医院药品加成行为，下发了《关于进一步整顿药品和医疗服务市场价格秩序的意见》，要求县及县以上医院销售药品的加价率严格控制在 15% 以内。普遍认为，药品价格虚高或虚低与药品流通环节和医院销售加价相关，药品价格管理不仅要参考药品生产和流通环节成本，同时也必须考虑药品生产和流通环节合理的利润率。医院药品 15% 的加成政策实际上推高了药品的最高零售指导价格，取消医院药品加成会导致医院收支不平衡，对医院的正常运行造成影响。因此本研究旨在通过对药品流通加价率及收支现状等数据的分析理清我国药品加价率管理和取消药品加成后的补偿方式的现状，提出建议。

研究内容及方法： 用实证分析的方式，选取我国实际流通的具有代表性的样本药品进行加价率调查，以厘清我国药品流通加价率的真实情况。并且借鉴国外部分国家对药品流通环节加价率的管理经验，从我国药品流通加价率实际情况出发，对如何科学合理管理我国药品流通环节加价率提供可行性的建议。通过对卫生统计数据进行分析，计算药品加成在医疗机构收入所占比重，合理估算取消药品加成对医疗机构收入的影响。研究通过文献调研和专家访谈两种方法探寻改革我国医疗机构补偿方式的途径，提出包括采用“差别差率”过渡、建立药事服务费、合提高医疗服务价格等补偿方式，并对每种补偿方式的具体实施方法的国际经验、国内现状进行的深入的讨论分析，最终基于《中国卫生统计年鉴》《中国统计年鉴》数据分析、测算，合理估算补偿额度，并提出可操作的政策建议。本研究最终通过数据分析得出了四个结论：①广东省样本药品的流通差价率规制未能达到制度设计时预想的水平，除了在两个价格区间理论达标之外，其他四个价格区间均未表现出低于制度规定的差价率；②广东省药品流通差价率规制的效果比较显著，虽然未能达到制度规划的流通差价率限制水平，但相比于全国总体水平，省内药品流通差价率明显较低，初步可以认为是价格规制的成效；③广东省样本药品中进口原研制药品的流通差价率低于国产药品，主要原因在于进口原研药品的平均到岸价格普遍高于国产药品的出厂价格，在“差别差率”制度的规制下，这部分高价进口药品表现出的流通差价率更低；④取消药品加成，要综合考虑各类型医院在收支结构上的差异，部分医院可能取消药品加成后能正常运行，部分医院取消药品加成收入后可能难以为继。

研究结果：研究对广东省“三控”价格调查数据计算出的理论流通差价率进行统计分析，算得样本药品的平均流通差价率为48.36%，流通差价率最高者为“注射用头孢地嗪钠”，差价率高达9.2倍。流通差价率最低为甲磺酸伊马替尼片0.1g×60片，累积差价率仅3.36%。由于药品实际表现出的流通差价率悬殊，平均差价率不能很好地代表样本药品的真实情况，采用中位数统计的方式，算得样本药品流通差价率中位数为30.13%。对国家发改委药品价格调研数据计算出的理论流通差价率进行统计分析，算得样本药品的平均流通差价率为56.64%，明显高于广东省数据。流通差价率最高者为“氟米龙滴眼液”，差价率高达9.8倍。流通差价率最低为20mg×7片装的“奥美拉唑镁肠溶片”，累积差价率1.25%。采用中位数统计的方式，算得样本药品流通差价率中位数为29.61%，略低于广东省样本数据。

讨论及分析：研究最终总结出了政策执行中可能存在的问题与对策建议——采用多元机制，促进合理用药；配套执行细则，保证操作可行；通过试点地区，稳步推进实施；定期跟踪调研，促进改革深化；建立监控体系，及时评估修正；取消医院药品加成后通过多元机制补偿成本；加大政府投入；积极发挥医疗保险的作用；调动积极性提高医院经营效率等。

第一节　中国药品流通环节加价率数据实证分析

一、数据来源

数据的可获得性是制约实证分析的最大障碍。课题组在进行药品流通差价率相关数据调研时并未能获得药品生产经营企业的广泛配合，实际调研的数据数量和质量均难以满足分析要求。为此，课题组调整了数据获取的方式，主要采用政府调研数据进行相关分析，最终确定本研究中用于分析药品流通环节差价率现状的数据主要来自于两个方面。

（一）广东省“三控”价格调查数据

在本课题研究周期内，恰逢广东省物价部门进行“三控”价格调查。在广东省物价部门的大力配合下，课题组获取了高质量的药品流通差价率数据。原始数据共包括在广东省内中标的449种药品（区分剂型规格），包括标记序号、标记、序号、产品ID、产品名称、商品名、剂型、规格、包装规格、计量单位、商品备注、包装备注、品种属性、最小单位、最高零售价、批准文号、报价单位、流程、结果、2009年采购价、确认量、采购总金额（元）、2011年出厂价、最高出厂价、平均出厂价共25个条目。数据中包括了已有政府定价的品种379种和未定价的70种药品，可以进行对照分析。

（二）国家发改委药品价格调研数据

本课题实证研究的另一个重要数据来源是国家发改委进行国际药品价格比较数据调研时获取的数据。共有药品286种（区分剂型规格），包括通用名（中文）、通用名（英文）、商品名（中文）、商品名（英文）、企业名（中文）、企业名（英文）、剂型、含量、含量单位、装量、装量单位、规格、计价单位、国家/地区、全球首家上市时间、全球首家上市国、专利到期时间、国内定价、备注1、无税出厂价或到岸价、上年实际销量、上年实际销售收入、备注2共26个条目。被调研的品种绝大部分为进口原研制药品，全部在国家政府定价范围内的，是用于研究原研制药品流通差价率现状的优良样本。

二、数据处理

（一）数据缺失及异常数据剔除

广东省“三控”调查原始数据共449条，经逐条筛检，其中出厂价信息不全的253条，剔除后剩余数据196行。经初步计算后，发现流通差价小于0的13行数据，剔除后剩余183行。

国家发改委药品价格调研原始数据286行，发现数据异常值20个，包括流通差价率为负数的或差价率大于100倍的，经专家讨论后决定删除。又发现注射用A型肉毒毒素无法获得对应品规的政府定价信息，经专家咨询后，该品规的政府定价问题正在研究中，尚无定论，故在本次研究剔除，最终剩余数据265行。

（二）单位统一、汇率转换和税率调整

在数据处理中，发现调查获得数据多有计价单位不匹配的情况，遂逐项进行检查调整。对于部分进口药品，其到岸价格多以美元计，课题组依照当前汇率，按照人民币：美元=6.23：1进行了转换，统一为人民币计价。对于部分以无税出厂价/到岸价口径上报的数据，以17%的增值税税率进行统一处理，得到其含税价格。

（三）理论流通差价率计算

由于数据处理中很难补充药品实际零售价格的数据，因此需要推算实际零售价格从而与出厂价格差比计算得到流通差价率数据。对于属于政府定价目录范围内的药品，在药品的医药零售环节受到两重价格管制，一是最高零售限价管制，另一个是销售利润率管制。对于广东省数据，根据药品的中标价格和广东省“三控”的差别差率规定，可以推算出加成后的最高价格，课题组将该价格与对应药品的最高零售限价进行比较后，取较低的限制价格作为理论零售价格。这种处理方式模拟了药品价格执行中的实际情况，进而通过得出的理论零售价格推算理论流通差价和流通差率。

三、数据分析

（一）广东省“三控”价格调查数据分析

对广东省“三控”价格调查数据计算出的理论流通差价率进行统计分析，算得样本药品的平均流通差价率为48.36%，流通差价率最高者为“注射用头孢地嗪钠”，差价率高达9.2倍。流通差价率最低为甲磺酸伊马替尼片0.1g×60片，累积差价率仅3.36%。由于药品实际表现出的流通差价率悬殊，平均差价率不能很好地代表样本药品的真实情况，采用中位数统计的方式，算得样本药品流通差价率中位数为30.13%。

分段统计处于不同加价率区间的药品品种数，得到结果如表13-1和图13-1所示。

表 13-1　广东省样本药品累积流通加价率分段计数

理论流通差价率（%）	计数
0～10	1
10～20	22
20～30	67
30～40	37
40～50	21
50～60	8
60～70	10
70～80	6
80 以上	11
总计	183

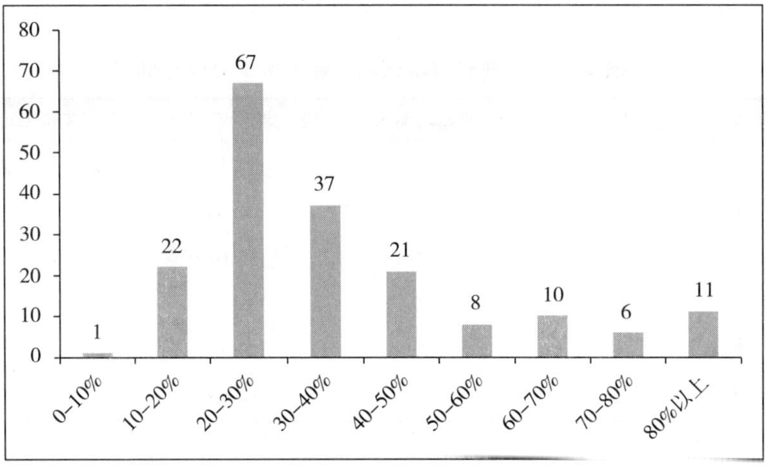

图 13-1　广东省样本药品累积流通加价率分段计数

结果表明，广东省中标的 183 种样本药品中有 67 种的累积流通加价率在 20%～30%，超过 80% 的药品价格集中在 10%～50% 的加价范围内。

根据广东省“三控”政策的要求，对药品流通差价率采用“差别差率”的规制方式，即对于不同价格区间的药品采用不同的差价率限制。广东省当前执行的药品流通环节最高差别差价率如表 13-2 所示。

表 13-2 药品流通环节最高差别差价率（额）

序号	价格区间	批发环节		零售环节	
		差价率（额）	累计差价率（额）	医疗机构差价率（额）	零售药店差价率（额）
1	10 元/支（盒、瓶）及以下	10%	30%	25%	35%
2	10.01～40 元/支（盒、瓶）	8% +0.2	20% +1	15% +1	30% +0.5
3	40.01～200 元/支（盒、瓶）	6% +1	15% +3	10% +3	20% +4.5
4	200.01～600 元/支（盒、瓶）	4% +3	10% +8	8% +5	10% +14.5
5	600.01～2000 元/支（盒、瓶）	2% +13	8% +18	6% +15	8% +24.5
6	2000.01 元/支（盒、瓶）以上	53 元	178 元	135 元	184.5 元

按照这种差别差率的管理限制，课题组分析了样本数据符合管理规定的情况。将样本药品依管理规定分为 6 个价格分段，计算目前属于政府定价目录内的 162 种药品在各价格分段的平均价格率，之后利用表 7－167 中的批发环节累积差价率（额）和零售环节医疗机构差价率（额）计算依规定的理论加价率上限，两组数据的比较结果如表 13-3 所示。

表 13-3 广东省样本药品流通差价率分段分析

序号	价格区间［元/支（盒、瓶）］	样本药品数	平均差价率（%）	差价率理论上限（%）
1	10 以下	28	85.57	62.50
2	10.01～40	35	64.68	59.50
3	40.01～200	43	35.07	42.25
4	200.01～600	32	33.31	27.12
5	600.01～2000	17	29.17	20.16
6	2000.01 以上	7	14.95	15.65

从表 13-3 看出，40.01～200 元和 2000.01 元以上的样本药品平均差价率小于理论差价率上限，其他四个区间的药品流通差价率则大过了理论差价率上限。由于本研究在零售差价率的推算过程中已经考虑到了加价率管制的因素，因此可以初步认为这组数据表现出中标药品的中标价格与出厂价格间的累积差率超过了政府规定的上限。

（二）国家发改委药品价格调研数据分析

对国家发改委药品价格调研数据计算出的理论流通差价率进行统计分析，算得样本药品的平均流通差价率为 56.64%，明显高于广东省数据。流通差价率最高者为“氟米龙滴眼液”，差价率高达 9.8 倍。流通差价率最低为 20mg×7 片装的“奥美拉唑镁肠溶片”，累积差价率 1.25%。采用中位数统计的方式，算得样本药品流通差价率中位数为 29.61%，略低于广东省样本数据。

分段统计处于不同加价率区间的药品品种数，得到结果如表 13-4 和图 13-2 所示。

表 13-4　全国范围样本药品累积流通加价率分段计数

理论流通差价率（%）	计数
小于 10	10
10～20	49
20～30	77
30～40	52
40～50	29
50～60	13
60～70	6
70～80	5
80～90	3
90～100	1
100～200	12
200～500	4
500 以上	4
总计	265

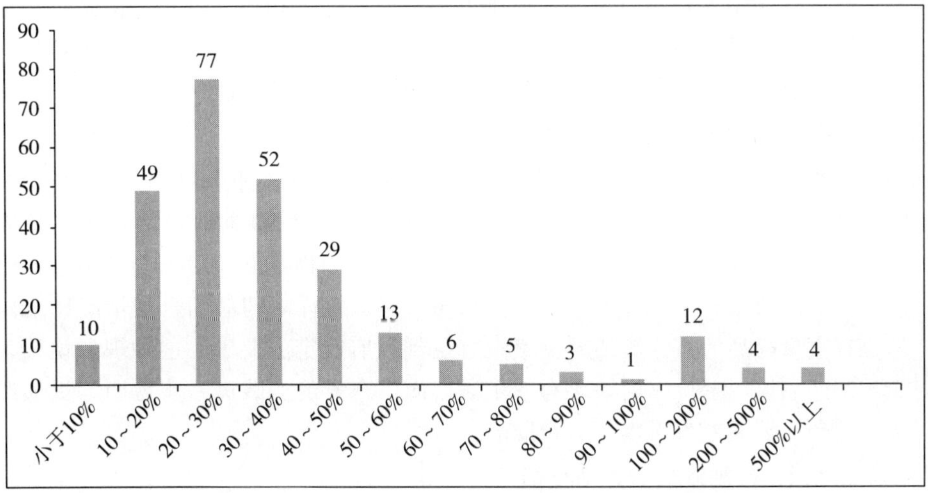

图 13-2　全国范围样本药品累积流通加价率分段计数

从表 13-4 和图 13-2 可以看出，绝大多数样本药品的累积流通加价率在 10%～50%，与广东的样本药品分布相似，但高差率药品的比例较大。从样本数据的直接比较看，广东省样本药品的流通差价率低于全国样本药品。考虑到全国样本药品中进口原研药品比例大，进一步选取广东省样本中的 23 种进口药品进行比较，发现其平均流通差价率仅为 29.17%，不仅低于全国样本数据，也低于本省的国产药品。如果以广东省样本数据的表现进行推理，进口原研制药品的平均流通差价率低于国产药品，则可以认为广东省的药品流通差价率显著低于全国平均水平。

（三）分析小结

利用两部分样本数据进行分析后发现：①广东省样本药品的流通差价率规制未能达到制度设计时预想的水平，除了在两个价格区间理论达标之外，其他四个价格区间均未表现出低于制度规定的差价率；②广东省药品流通差价率规制的效果比较显著，虽然未能达到制度规划的流通差价率限制水平，但相比于全国总体水平，省内药品流通差价率明显较低，初步可以认为是价格规制的成效；③广东省样本药品中进口原研制药品的流通差价率低于国产药品，主要原因在于进口原研药品的平均到岸价格普遍高于国产药品的出厂价格，在“差别差率”制度的规制下，这部分高价进口药品表现出的流通差价率更低。

四、中国药品流通环节加价率管理的问题分析

基于国内外文献调研与实证分析，课题组初步总结了我国药品流通环节加价率管理面临的主要问题，总结如下。

（一）药品价格形成过程中信息不对称

在药价管理过程中，信息占有非常重要的地位。政府只有掌握大量可靠的信息，才能确定可以采取的规制措施。有研究认为，就药品价格规制而言，政府及外部的经济学、管理学、法学、药学专家，尽管具有相关的专业知识，但是这些主体依然是处于外部人的地位。目前真正能掌握作为价格规制基础的药品成本信息的，只能是操控生产销售流程的企业自身。在《药品政府定价办法》中，规定了药品政府定价原则上要按照社会平均成本制定。但是由于在药价规制过程中存在着信息不对称的问题，导致规制者很难准确核定药品生产成本、销售利润率、流通差价率等相关信息，以至于在制定规制政策的时候往往不能有的放矢。

（二）药品流通差价的规制缺乏有效手段

受到药品价格信息不透明、不对称的影响，当前我国药品流通差价率的规制也难以深入。从数据研究的结果看出，全国样本的药品流通差价率平均水平 56.64% 显然高于《政府定价办法》中规定的最高累计流通差价率。该结果直接反映了我国物价部门对于药品流通差价缺乏有效的管制。药品的流通差价率实际上处于失控状态。广东省样本药品的合规情况比全国样本要好得多，但也有大量药品的实际流通差价率没有达到政府规定的要求。这种现象说明，物价部门当前对于规制药品流通差价率尚缺乏有效手段。而广东省的实践进一步说明，更加严格细致的要求对于规范药品流通差价工作是有帮助的。

（三）药品流通差价规制缺少评估反馈

在本研究的文献调研过程中，发现有关药品流通差价率规制研究的文献很少，定量研究文献几乎完全没有。自 2000 年以来，我国依《药品价格管理办法》实行药品流通差价率规制的历史也已超过 10 年了，但 10 年间对政策执行情况和效果的高质量分析评价却是缺失的。缺少高质量的评估反馈也使得政策进一步的执行调整都缺乏经验积累和理论指导。

第二节　中国医院收入现状及取消药品加成可行性研究

在研究分析了药品流通环节加价率管理有关问题的基础上，课题组进一步研究探讨与取消医院药品加成相关的问题。首先需要解决是当前我国取消医院药品加成的可行性问题，这就涉及对于取消药品加成后医院运营情况的分析判断。

为了预测取消药品加成后对医院运营情况的影响，探讨适宜的公立医院补偿方式和水平，本研究应用《中国卫生统计年鉴》中最新已公开的2005～2009年数据，重点分析了我国医院的收支现状，以此为基础预测了取消药品加成后医院的财务情况，探讨取消药品加成的可能性。

一、医院平均收支现状分析

医院收支现状分析可以了解医院基本的运营情况，明确资金的来源和去向，分析医院收入和支出的组成结构，为探讨医院补偿机制改革提供科学依据。本研究利用中国卫生统计年鉴数据对各类医院平均收入情况、平均支出情况、平均收支差额情况和全国医院收支总额情况进行了分析。

（一）平均收入情况

表13-5分析了2005～2009年全国政府办各类医院平均收入情况，可以看出：①各类医院平均药品收入、医疗收入和医院总收入连续3年均呈上升趋势。全国医院平均总收入3年年均复合增长率为10.1%，平均医疗收入年均复合增长率为8.6%，平均药品收入年均复合增长率为10.9%。②医疗服务收入及其占医院总收入的比例均在逐步上升，2009年全国医院平均医疗收入占总收入的比例已达到52.1%上升趋势，但其占医院总收入的比例在逐步下降，2009年全国医平均药品收入占总收入的比例下降为46.1%。

表13-5　2005～2009年全国政府办各类医院平均收入情况　（单位：万元）

项目	年份	全国（万元）	综合医院（万元）	中医医院（万元）
总收入	2005	3837.60	4899.50	1935.00
	2006	4241.70	5466.10	2136.80
	2007	5125.20	6594.10	2610.30
	2008	5707.26	7382.19	2954.86
	2009	7044.10	9133.01	3647.05
药品收入	2005	1650.80	2114.00	894.70
	2006	1751.80	2253.80	969.60
	2007	2115.50	2726.70	1171.80
	2008	2622.46	3359.00	1485.73
	2009	3249.43	4168.56	1848.24

续 表

项目	年份	全国（元）	综合医院（元）	中医医院（元）
医疗收入	2005	1823.20	2372.50	819.70
	2006	2052.50	2700.70	927.50
	2007	2486.70	3259.40	1142.40
	2008	2980.67	3896.85	1408.76
	2009	3672.37	4815.72	1728.61

（二）平均支出情况

表13-6分析了2005～2009年全国各类医院平均支出情况，可以看出：各类医院的平均药品支出、医疗支出和医院总支出连续5年均呈上升趋势。全国医院平均总支出5年年均复合增长率为10.7%，平均医疗支出年均复合增长率为10.8%，平均药品支出年均复合增长率为11.1%。

表13-6　2005～2009年全国各类医院平均支出情况　（单位：万元）

项目	年份	全国（万元）	综合医院（万元）	中医医院（万元）
总支出	2005	3687.90	4708.30	1882.00
	2006	4203.00	5420.10	2187.20
	2007	5003.50	6432.80	2577.80
	2008	5884.77	7568.04	3081.22
	2009	7159.80	9228.02	3767.50
药品支出	2005	1453.80	1850.50	812.90
	2006	1590.60	2039.80	896.80
	2007	1992.60	2561.20	1102.20
	2008	2466.34	3147.09	1408.36
	2009	3031.27	3880.57	1740.18
医疗支出	2005	2083.00	2687.70	975.90
	2006	2347.20	3054.00	1102.20
	2007	2835.20	3678.00	1363.30
	2008	3353.24	4342.44	1646.91
	2009	4052.73	5256.79	1995.13
项目	年份	全国（万元）	综合医院（万元）	中医医院（万元）
总支出	2005	3687.90	4708.30	1882.00
	2006	4203.00	5420.10	2187.20
	2007	5003.50	6432.80	2577.80
	2008	5884.77	7568.04	3081.22
	2009	7159.80	9228.02	3767.50

续　表

项目	年份	全国（万元）	综合医院（万元）	中医医院（万元）
药品支出	2005	1453.80	1850.50	812.90
	2006	1590.60	2039.80	896.80
	2007	1992.60	2561.20	1102.20
	2008	2466.34	3147.09	1408.36
	2009	3031.27	3880.57	1740.18
医疗支出	2005	2083.00	2687.70	975.90
	2006	2347.20	3054.00	1102.20
	2007	2835.20	3678.00	1363.30
	2008	3353.24	4342.44	1646.91
	2009	4052.73	5256.79	1995.13

（三）平均收支差额情况

表 13-7 分析了 2005～2009 年全国各类医院平均收支差额情况，可以看出：①全国各类医院当年平均收支均有结余，2005～2009 年结余有较大下降，其原因可能是 2006 年实行药品价差控制造成收入增幅下降，而全国事业单位普调工资和医院大量进行基础设施建设造成支出大幅上升所致；②政府对医药卫生事业的关注度提高，财政投入逐年增大，5 年年均复合增长率达到 17.8%，政府投入对医院发展的贡献逐年增大；③医疗服务收支相抵后为亏损，且亏损在逐年扩大；④药品收支有盈余，医院规模越大，等级越高，药品收支结余越大，但药品收支的盈余已在逐年减少。

表 13-7　2005～2009 年全国各类医院平均收支差额情况（万元）

项目	年份	全国	综合医院	中医医院
总收支余额	2005	149.8	191.2	53.0
	2006	38.7	46.0	-50.4
	2007	121.7	161.3	32.5
	2008	203.0	262.5	87.8
	2009	359.4	459.2	151.1
政府投入和其他净收入	2005	212.6	242.9	127.4
	2006	172.2	185.3	51.5
	2007	347.3	414.4	201.8
	2008	423.5	501.5	250.1
	2009	523.7	614.4	310.8

续 表

项目	年份	全国	综合医院	中医医院
药品收支余额	2005	197.0	263.5	81.8
	2006	161.2	214.0	72.8
	2007	122.9	165.5	51.6
	2008	159.0	216.7	78.1
	2009	221.0	292.0	108.9
医疗收支差额	2005	-259.8	-315.2	-156.2
	2006	-294.7	-353.3	-174.7
	2007	-348.5	-418.6	-220.9
	2008	-379.5	-455.7	-240.4
	2009	-385.3	-447.2	-268.6

（四）全国医院总收支情况

《中国卫生统计年鉴》中的全国医院收支数据统计口径在2007年之后有所调整，为保证数据的一致可比，表13-8仅分析了2005~2007年3年间全国各类医院年平均收支总额情况，可以看出，全国医院2005~2007年3年平均总收入为4211亿元，其中：财政投入（含经常性补贴及专项补贴，其中专项补贴是用于基建、设备购置及其他专项经费）年平均354亿元，占总收入的8.4%；医疗收入年平均2029亿元，占总收入的48.2%；药品收入年平均1760亿元，占总收入的41.8%；其他收入年平均68亿元，占总收入的1.6%。3年收支相抵，全国公立医院年平均总收支余额为99亿元。其中：医疗收支亏损年288亿元，药品收支盈余154亿元。

表13-8　2005~2007年全国各类医院年平均收支总额情况

项目		全国	综合医院	中医医院
政府投入	总额（亿元）	1499	1053	205
	占总收入（%）	8.4	7.8	9.6
药品支出	收入总额（亿元）	7460	5702	971
	占总收入（%）	42.0	42.0	45.5
	支出总额（亿元）	6943	5290	914
	占总支出（%）	39.1	39.0	42.8
医疗收支	收入总额（亿元）	8487	6623	916
	占总收入（%）	47.8	48.8	43.0
	支出总额（亿元）	9507	7343	1070
	占总支出（%）	53.5	54.1	50.2
总收支差	总额（亿元）	636	486	55

二、药品盈余对医疗亏损补偿情况分析

进行药品盈余补偿分析可以了解药品销售利润在多大程度上弥补了医疗亏损，从而判断哪

类医院对药品销售依赖程度更大。本研究采用药品收支余额/医疗收支差额的比例来衡量药品盈余对医疗亏损补偿情况。如果此数值 > 100%，说明药品盈余较大，不仅可以完全弥补医疗服务亏损，而且还能提供一部分医院发展资金；如果此数值 < 100%，说明药品盈余不能完全弥补医疗服务亏损，还需要政府投入才能保证医院正常运行。

表 13-9 分析了 2005 ~ 2009 年全国各类医院年平均收支总额情况，可以看出：①药品盈余部分弥补了医疗服务的亏损，“以药补医”的现象客观存在；②药品收支余额占医疗收支差额的比例逐年下降，说明通过药品利润补偿医院医疗服务亏损的比例在减小，“以药补医”的局面正在逐步扭转；③药品盈余在不同类别、不同级别、不同规模的医院间存在较大差异，对医疗服务的补偿程度存在较大差别。专科医院药品盈利弥补医疗亏损的比例明显低于综合性医院，可以认为专科医院运行和发展对政府投入的依赖性更强；④从典型调研医院数据分析，二级综合医院药品收支盈余不仅可以补偿医疗服务的亏损，且有结余，三级综合医院在 2006 年以前也是如此。可以认为药品销售收入在综合医院占的比例较高，对医院运行和发展作用较大。

表 13-9　全国各类医院药品收支余额占医疗收支差额比例（%）

年份	全国	综合医院	中医医院
2005	75.8	83.6	52.4
2006	54.7	60.6	41.7
2007	35.3	39.5	23.4
2008	78.3	82.5	88.9
2009	61.5	63.6	72.1

三、取消药品加成对医院收支情况影响分析

基于财政投入、医疗收支和药品支出不变的假设下，将药品加成收入从医院收支余额中扣除，预测取消药品加成后医院的亏损情况。本研究以取消药品加成后全国医院总体收支差额和典型调研医院平均收支差额为基础，分别从宏观和微观两方面说明取消药品加成对医院的影响。

（一）药品加成收入情况

表 13-10 分析了 2005 ~ 2009 年全国各类医院药品加成收入情况，可以看出：

1. 从全国医院药品加成总额看，2005 ~ 2009 年全国医院药品加成收入总额平均为 365.9 亿，除中医医院外，药品加成收入呈逐年下降的趋势。以医院药品加成收入除以医院药品购置成本，全国各类医院 2009 年的平均加价率为 20.9%，其中综合医院的平均加价率较低，为 20.0%，中医院的加价率较高，为 24.8%。

2. 从典型医院平均加成收入看，各类各级医院的药品加成收入差异较大。最高为三级综合医院平均加成收入达 2548 万元，最低为二级综合医院平均加成收入 678 万元。药品加成收入有逐年下降的趋势，其原因可能是 2006 年国家发改委发布《关于进一步整顿药品和医疗市场价格秩序的意见》，将县及县以上医院的加成率严控在 15% 之内，以及各省（市）卫生厅出台严控药品收入比例等政策影响。

表 13-10 全国各类医院药品加成收入情况（万元）

年份	全国	综合医院	中医医院
2005	385.5	300.0	50.8
2006	357.7	271.4	51.6
2007	354.4	264.1	52.4
2008	152.6	123.5	17.4
2009	210.6	165.1	24.1

（二）取消药品加成后医院收支差额情况

表 13-11 分析了 2005 ~ 2009 年全国各类医院取消药品加成收入后医院收支差额情况，可以看出：

1. 从全国医院总收支差额看，以 2007 年为例，全国医院取消药品加成后总计亏损额为 238 亿元，亏损额有下降的趋势，原因可能是近年来政府投入增加，医院对药品加成收入的依赖相对下降。

2. 从典型医院平均收支差额看，以 2007 年为例，三级综合医院亏损面 77.1%，平均亏损 1223 万元，二级综合医院亏损面 75%，，平均亏损 273 万元，专科医院亏损面 58.2%，平均亏损 116 万元，中医医院亏损面 84.2%，平均亏损 705 万元。

3. 专科医院受取消药品加成的影响最小，中医医院从亏损面和亏损金额看都是受取消药品加成影响最大的。原因是中医医院的药品收入占医院总收入比例较高，对药品加成收入的依赖较高。

表 13-11 全国各类医院取消药品加成后总收支差额（万元）

年份	全国	综合医院	中医医院
2005	-259.8	-315.2	-156.2
2006	-294.7	-353.3	-174.7
2007	-348.5	-418.6	-220.9
2008	-379.5	-455.7	-240.4
2009	-385.3	-447.2	-268.6

四、讨论

从医院收支、药品收支、医疗收支等数据看，典型调研医院数据一般比统计年鉴数据偏大，可能原因是出于数据可及性考虑，本研究的调查地区较为集中于经济相对发达的地区，抽样的医院一般是较大型的公立医院，因此造成调研数据偏大。但考虑到调研样本的广泛性，调研数据可能更真实地反映了医院运营的实际情况。

在部分专家的访谈中，对医院亏损总额数据存在一定争议，认为低估了取消药品加成对医院的影响。本研究分析认为，医院的当年收支余（差）额并不能简单代表医院的经营状况，因为部分基建贷款、房屋折旧、药品货款占压等资金并没有真实反映到收支结余中。此外，还了解到，根据《医院财务准则》等有关规定，医院在当年收支节余中要提取职工福利基金，计提后结余转入事业基金。根据卫生部统计的全国卫生事业财务决算资料显示，2007 年全国卫生系统所属医院计提职工福利基金 57 亿元，计提后转入事业基金 125 亿元，当年结余分配为负 128 亿元。这表明计提职工福利基金后，医院收支结余会大幅减少，转入事业基金 100 多亿元，结余分配负 100 多亿元，表明不同医院收支结余状况差异较大，部分医院有较大盈余，部分医院有较大亏损。因此，取消药品加成，要综合考虑各类型医院在收支结构上的差异，部分医院可能取消药品加成后能正常运行，部分医院取消药品加成收入后可能难以为继。

五、取消药品加成的医院补偿可行对策

（一）差别差率过渡到零差率完全取消

1. 大中型公立医疗机构药品销售“差别差率”模式分析　对于我国大中型公立医疗机构而言，药品进行“差别加价”改革的第一种可能模式是“差别差率”模式。所谓“差别差率”模式是指根据药品的价格特征将药品区分为相对高价的品种和相对低价的品种，对相对高价的产品给予低差率，对相对低价的产品给予高差率，以此鼓励低价药品使用的一种医疗机构销售加成的改革模式。

这里的药品价格，指最小零售包装价格。

（1）“差别差率”模式决策模型（图 13-3）：在这一模式的运行中，首先要决定具有多少分段数。根据被调研的药品的最低价格为 0. 06 元，最高价格为 28 000 元，会将药品价格分为 48 段，具体情况见下文。其次，要根据药品价格确定分段位置，也就是，处于哪一价格区间的药品具有相同的加价率，可以产生相同的加价模式。第三，要根据不同价格区间确定相应的加价水平。这样，就可以得到最终的决策。

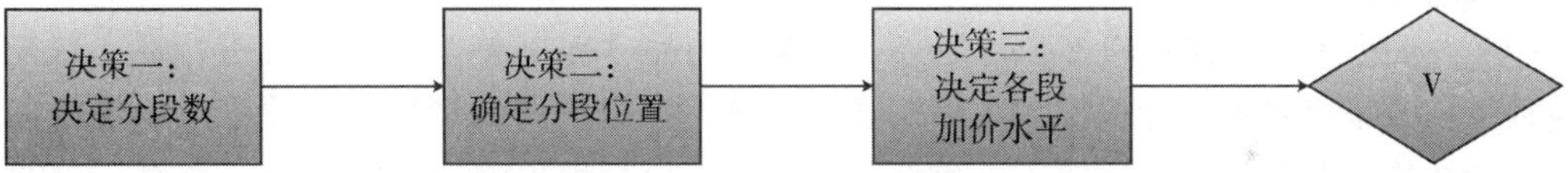

图 13-3　“差别差率”模式决策模型

（2）样本医疗机构药品价格特征分析：因为“差别差率”加价模式是采用药品的价格特征来区分不同品种，并依据这种区分给予不同的加价策略的。因此，我们首先要划分不同的药品区间，即鉴别哪些药属于“高价药”，哪些药属于“低价药”。将这一问题简化后，我们需要研究对机构的药品价格的合理分段的问题。

根据经验，如果研究中分段过细，例如每 1 元钱设立一个区间，则会使高价位段数据过于分散无法统计。而如果分段过粗，如每 100 元设立一个区间，则 0 ~ 100 元的药品计数必然过大而失去分析意义。在对样本医疗机构的药品价格数据进行统计分析后，我们发现其价格分布呈现对数函数的特征。基于对合理性和可行性的权衡，采用分段近似的方法，对价格区间的分配方法采用如下的分段分组的形式：

（0，1］元区间的药品：每隔 0. 10 元为一组，共计 10 组。

（1，10］元区间的药品：每隔 1 元一组，共计 9 组。

（10，100］元区间的药品，每隔 10 元一组，共计 9 组。

（100，1000］元区间的药品，每隔 100 元一组，共计 9 组。

(1000, 10 000] 元区间的药品，每隔 1000 元一组，共计 9 组。

(10 000, 100 000] 元区间的药品，每隔 10 000 元一组，共计 2 组。

由于所有被调研药品最低价格 0.06 元，最高价格为 28 000 元，因此共分为 48 个区间，进行分段品种计数，统计如图 13-4：

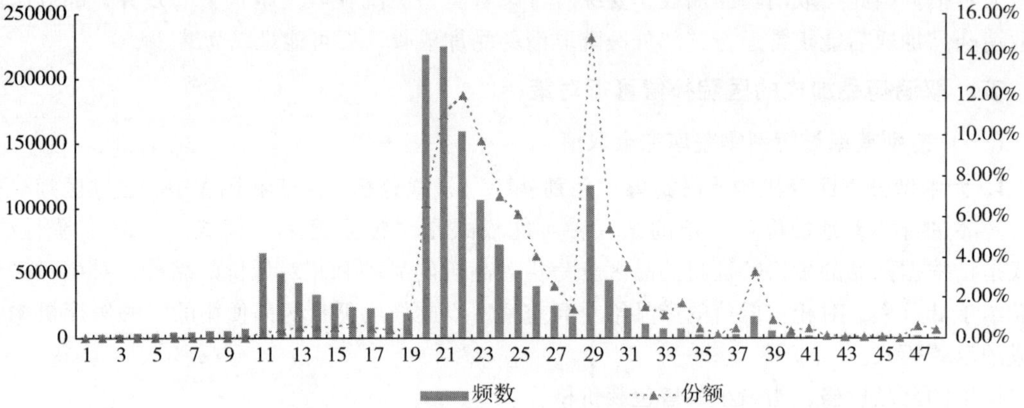

图 13-4 样本医疗机构药品价格分段品种计数

如图 13-4 所示，经统计发现，48 个价格区间的市场份额呈现中央对称的分布。

前 24 个区间药品占据了市场份额的 50.5%，也就是说，价格在 0.06 到 50 元的药品占据了市场份额的 50.5%；后 24 个区间的药品占据了市场份额的 49.5%，也就是说，价格在 50 元到 28 000 元的药品占据了整个市场份额的将近一半。

(3) *“差别差率”模式的可行性分析*：要保证药品“差别差率”模式的可行性，首先要预测这种加成改革模式对医疗机构收入的影响。新的医疗机构药品销售加成政策至少要能够保证公立医疗机构在改革后依然能够正常运营，为了进行可行性预测，我们引入了“对称补偿”模型进行数据分析。

由于样本医疗机构药品市场份额随价格区间的分布呈现中央对称的特征，因此可以建立“对称补偿”模型，如下：

实行差别差率后的药品加成收入 = [相对低价药品进货费用 × (15% + x) + 中等价位药品进货费用 ×15% + 相对高价药品进货费用 × (15% - y)]

如果假设实行差别差率政策后医疗机构药品收益不变，则

相对低价药品进货费用 × x = 相对高价药品进货费用 × y

也即高价药少加的部分要用低价药多加的部分弥补。

以市场份额对称为原则，以下区间的药品金额存在对应关系：

最低端药品 0 ~ 8 元，占市场份额 3.35%；最高端药品 2000 元以上，占市场份额 3.02%。

较低价位药品 8 ~ 40 元，占份额 30.8%；较高价位药品，200 ~ 2000 元，占份额 32.4%。

中间价位的药品 40 ~ 100 元，占份额 30.8%。

根据对应补偿模型，进行模拟运算，得到加价幅度调整对医疗机构收入的影响见表 13-12。

表 13-12　极低价与极高价药品对称补偿关系

		极低价药品可调平均差价率（%）										
	利润（%）	20.00	21.00	22.00	23.00	24.00	25.00	26.00	27.00	28.00	29.00	30.00
极高价药品可调平均差价率	10.00	0.02	0.27	0.52	0.77	1.02	1.27	1.51	1.76	2.01	2.26	2.51
	9.00	-0.23	0.02	0.27	0.52	0.77	1.02	1.27	1.52	1.77	2.02	2.27
	8.00	-0.47	-0.22	0.03	0.28	0.53	0.77	1.02	1.27	1.52	1.77	2.02
	7.00	-0.72	-0.47	-0.22	0.03	0.28	0.53	0.78	1.03	1.28	1.53	1.78
	6.00	-0.96	-0.71	-0.46	-0.22	0.03	0.28	0.53	0.78	1.03	1.28	1.53
	5.00	-1.21	-0.96	-0.71	-0.46	-0.21	0.04	0.29	0.54	0.79	1.04	1.28
	4.00	-1.45	-1.21	-0.96	-0.71	-0.46	-0.21	0.04	0.29	0.54	0.79	1.04
	3.00	-1.70	-1.45	-1.20	-0.95	-0.70	-0.45	-0.20	0.05	0.29	0.54	0.79
	2.00	-1.95	-1.70	-1.45	-1.20	-0.95	-0.70	-0.45	-0.20	0.05	0.30	0.55
	1.00	-2.19	-1.94	-1.69	-1.44	-1.19	-0.94	-0.70	-0.45	-0.20	0.05	0.30
	0.00	-2.44	-2.19	-1.94	-1.69	-1.44	-1.19	-0.94	-0.69	-0.44	-0.19	0.06

如表 13-12 所示，由于极低价药品（0～8 元）和极高价药品（2000 元以上）的市场份额较低，所以对于这两个区间的加价率进行调解对于医疗机构药品利润的影响不大。极高价药品实行零差率或一个较低额度的等额加价也是可以接受的。同样，极低价品种即使给予 30% 的销售利润率也同样具有可行性。

根据研究假设，维持中等价位药品（40～100 元）加成率 15% 不变，则对于较高价格（100～2000 元）和较低价格（8～40 元）的加成率调整则变得尤为重要。根据模拟运算结果，当较低价格药品加成率增加到 20% 时，调节较高价格药品加成率降到 10% 即可以保证样本医疗机构药品利润基本保持不变。

（4）对“*差别差率*”*模式的评价分析*：优点是政策设计简单，便于理解和执行。

“差别差率”模式的最大优点就是其总体设计简单明了，仅使用价格一个变量对药品进行区分，在具体执行中非常便于医疗机构的工作人员操作——对招标进来的药品进行价格排序后分段加价即可。而且，由于这种单变量的设计模式，可以一次性覆盖在医疗机构中销售的所有药品。

缺点：针对性较差，不能直接影响用药结构，效果有限；医院间不平衡。

但是，这种“差别差率”模式也有其固有的缺点。第一就是其价格调整的针对性较差。由于只考虑一个变量——价格，因此我们并不能保证相对高价的药品与相对低价的药品间具有一一对应的替代关系。甚至很多治疗同类疾病的药品被划分进了同一个调价区间，那么对于这些类别药品，该模式的影响效果有限。

此外，由于不同级别、不同类型的医疗机构在用药习惯上差异较大，如果统一采取同一种“差别差率”模式，则对于那些高价药使用比例较高的医院，其收入损失会比较大，而对于那些低价药使用比例较高的医院，其收入反而可能大幅上升。尤其是很多大型医院，其接纳的患者结构就决定了其经常需要使用很多高价药品，因此这种方案的公平性值得怀疑。

2. 大中型公立医疗机构药品销售“等额加价”模式分析 “等额加价”是另一种对于大中型医院而言可行的药品销售“差别加价”改革模式。也就是针对药品的某一特征，在进购价格基础上直接增加一定额度进行销售。

（1）以品种差异为基础的“差别差率”模式决策模型（图13-5）：在以品种差异为基础的“差别差率”模式中，首先要确定不同药品的加价基础，也就是确定何种药品之间可以建立“等额加价”的可比关系。其次，要拟定加价水平，确定可比品种间的加价依据及加价额度。最后，形成可行的决策。

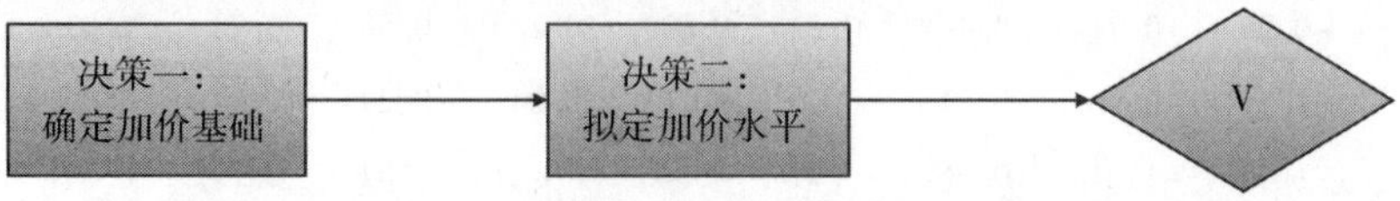

图13-5 以品种差异为基础的“差别差率”模式决策模型

（2）药品间价格可比关系的确定，确定等额加价基础：“等额加价”政策是对同类药品给予相同加价水平的一种加价模式，其基础问题是确定何种药品之间建立“等额加价”的可比关系。存在于不同药品之间的相关因素众多，比如价格、适应证和通用名等。

经研究认为，“在相同医院中销售的同通用名药品等额加价”这种策略具有较高的可操作性。因此简化决策。

拟定等额加价水平：“等额加价”的另一个问题是基于可比品种中的低价产品还是高价产品制定加价水平。

通用名相同的药品，其价格往往相差甚远。比如通用名均为阿卡波糖的卡博平和拜糖平，剂型和规格也相同，价格却相差了20多元。由于现阶段，我们无法准确地考核同种通用名的不同药品之间的疗效差异，比如在降血糖方面，主药均为阿卡波糖的卡博平和拜糖平之间的临床疗效差异是很难定量的。因此，我们假设，现存的价格机制涵盖了药品的临床疗效，也就是现有的价格反映了两种药品之间的疗效差异。在以品种差异为基础的“差别差率”的模式分析中，只考虑加价模式对用药构架和医院收入的影响，简单认为同种通用名具有相同或相近的疗效。

在高低价药品价差较大的市场中，以低价位药品价格为基础制定加价额更为稳妥。由此，可以在一定程度上缩小市场利润。

“加价水平”概念的确定：最理想的“相同加价水平”，应当指基于日费用核算的价格加价水平相当。也就是具体到患者而言，其每天支付的该种药品的费用作为本文考量的依据。但是，由于日费用数据的难获得性，研究可以确定为“基于单位有效成分”的价格水平相当。也就是说，将同种通用名下的不同药品，对其有效成分的含量进行换算，得出对应的价格，再确定加价模式。这一数据，CMEI数据库中有相应的字段支持。

（3）“等额加价”模式的可行性分析：在医疗机构用药中，存在可比品种和独家品种两类药品。可比品种是指具有相同通用名的不同药品，即上文提及的通用名均为阿卡波糖的卡博平和拜糖平。独家品种是指，在该医疗机构中，同种通用名的药品只有一种。经调研发现在被调研的410家医疗机构中，可比品种的份额占到了56.5%；独家品种的份额为43.5%。

为控制变量，原则上维持独家品种15%加价率不变，测算根据每个通用名较低价产品的单位有效成分价格，依不同差率加价对医院经营的影响。

在这种模式下，我们调整从低加价率，并观察不同加价率的情况下，医院利润的差异。进行模拟运算之后，我们可以得到在维持院内独家品种15%加价率不变的情况下，从低加价率－医院利润的差异之间的关系，见表13-13。

表13-13　从低加价率－医院利润关系

当从低加价率调整为：（%）	医院利润的差率为：（%）
15	-20.07
16	-17.64
17	-15.22
18	-12.79
19	-10.37
20	-7.94
21	-5.51
22	-3.09
23	-0.66
24	1.77

如果要保证医疗机构的药品销售利润基本不变，则可将加成利润率调整为23%。因为可比品种有限，因此假设其他独家药品的加成率仍维持15%水平。

（4）*对“等额加价”模式的评价分析*：优点：针对性强，对于可比品种作用明显；合理性强，便于解释说明；对不同类别医院的影响较小。

在“等额加价”的分析模式下，以通用名为分类依据对药品进行了分类，并确定加价基础由低价药品决定，从低加价率调整得到医院利润的变化趋势。这种模式考虑到了药品的用量与功效，可以比对品种之间的差异，相对于以价格为基础的“差别差率”模式更具有针对性、合理性。在不同医院中，不影响其处方选择的偏好，对不同类别的医院的影响也较小。

缺点：不能覆盖所有药品，独家产品不受该政策制约；换算公式较为复杂，不利于基层推广。

首先，医疗机构中的独家药品占据了市场份额的将近一半，在该种模式下并没有计入考量，只是简单地维持其15%的加价率。因此，“等额加价”的模式并没有覆盖所有的药品。其次，在确定加价基础时，选择了同种通用名下低价药品的价格作为加价基础，筛选和换算较为复杂，加大了医疗机构的工作量，不利于基层推广。

3. 其他可能的“差别加价”模式探讨　“差别加价”政策还存在着其他的表现形式，例如“差别差率”与“等额加价”的合成模式、“差率动态调整”模式等。

（1）*以“差别差率”为基础结合“等额加价”的模式*；首先根据价格分段给予不同价格区间药品不同差率。而后筛选同通用名可比药品，基于相同单位有效成分计算方式，从低加价。取整后，得到以下加价策略（表13-14）。

表 13-14 以“差别差率”为基础结合“等额加价”的模式

策略编号	较高价药品差率（%）	较低价药品差率（%）
1	13	25
2	14	24
3	15	23

由于极低价与极高价药品市场份额较小，不用来调整收入，主要调整的是较高价药品和较低价药品。

优点：解决了单纯应用“差别差率”针对性不强的问题；合理性大幅提升。

缺点：操作复杂，不便于执行。

（2）以“等额加价”为基础结合“差别差率”的模式：首先根据24%的从低加价原则约束同通用名药品。而后对于独家品种依据差别差率的要求进行加价。对于由24%加价率带来的收益增加，通过调低极高价药品分界线的方式进行补偿（表13-15）。

在极低价和极高价区间采用等额加价方式，在较低和较高价区间依5%取整。在距离边界范围设置缓冲防止突越。

表 13-15 “等额加价”与“差别差率”相结合的差率调整模式

价格区间（元）	加价率（额）
1.00（含）以下	0.25 元
1.01～8.00	25%
8.01～10.00	2.00 元
10.01～30.00	20%
30.01～40.00	6.00 元
40.01～133.33	15%
133.34～200.00	20.00 元
200.01～1000.00	10%
1000.01 以上	100 元

优点：解决了单纯应用“等额加价”无法全面覆盖的问题；有效性大幅提升。

缺点：操作比前种方式更复杂，且在出现独家品种变化时调整难度较大。

（3）“动态差率”调整模式：根据研究假设，基于医院用药的趋利行为，当销售利润率调整后，医院的用药结构必然会发生相应变化。基于医院药品销售额的变化来动态调整差率成为一个较为合理的思路。在动态价格监测体系完善前，基本不具备可行性。

4. 实行差别差率模式的政策建议

（1）采用多元机制，促进合理用药：实行公立医院药品销售“差别加价”的重要目的就在于促进合理用药。“合理用药”是指患者所用药物适合其临床需要，所用剂量及疗程符合患者个体情况，所耗经费对患者和社会均属最低。

改革药品价格加成机制，可以减少和缓解“医疗单位和药品经营者盲目追求药品销售差额”而“不合理用药”。由于不合理用药的影响因素很多，要实现促进合理用药的目的，仅靠改革药品加成机制显然是不够的。需要引入国家处方集、临床诊疗规范等技术化手段，并进行长期系统的处方监测，才能最终实现临床合理用药的目标。

(2) 配套执行细则，保证操作可行：实行“差别加价”，对于当前医疗机构药学部门的调价工作是一个很大的挑战。一方面，采用分段价格加成的方式会增大医院确认零售限价的工作量；另一方面，对于价差过大药品的确认也需要增加一道工作程序。而一旦出现招标或进货价格调整，后续的调整工作也将变得复杂。

为了保证政策的可执行，建议编撰配套的工作手册，或配发界面直观的计算软件，以便于医疗机构开展调价工作。

(3) 通过试点地区，稳步推进实施：本研究样本量较大，但仍不排除抽样误差。在调研设计中可能忽略了在医疗机构实际经营活动中非常重要的变量。

高价药品和低价药品在不同类别医疗机构中使用有差异。如果推行“差别加价”政策则会导致使用高价药比例较高的医院亏损，而使用低价药较多的医院获利更多。

因此，在引导医院合理用药的同时，其他补偿手段也需要落实到位，以保证医院顺利执行“差别加价”政策。

同时，患者对于政策的接受程度也需要试点调研，综上所述，建议通过试点，进一步发现问题，完善方案。

(4) 定期跟踪调研，促进改革深化：本次研究具有较强的过渡性质，建议在执行的过程中能够选择一些样本医院作为监测点对进行跟踪观测，进行为期1年的政策有效性和可行性评估。并以评估结果作为未来进一步深化改革的依据。

(5) 建立监控体系，及时评估修正：在医院药品销售进行“差别加价”调整后，医疗机构的用药结构必然出现变化，那么这些变化是否合理？变化后对医院药品收入和群众药费负担产生了何种影响？要回答这些问题都有必要建立监控体系对用药情况的变化进行及时的记录。

同时还需要对各地区医疗机构执行“差别加价”政策的内容和方法进行监控，以便更及时地对政策进行评估和适当的修正。

（二）取消医院药品加成后通过多元机制补偿成本

1. 医疗服务价格管理　由于医疗服务市场固有的特征，政府对医疗服务的规制涉及很多方面，主要包括对医疗服务的进入规制、对医疗服务价格规制、对医院财务制度规制、对大型设备采购审批规制等经济性规制，对医疗服务质量规制，政府给予医院补助、政府购买公共卫生服务产品等社会性规制。其中，医疗服务价格规制是解决医疗服务市场固有缺陷导致的资源配置低效率的重要手段之一，并为保证医疗服务的可负担性、限制医疗费用过度增长方面起到了主要作用。

医疗服务价格规制是指政府从医疗卫生资源有效配置和医疗服务的公平供给角度出发，依据相关法律、法规，采用一定的方法对医疗服务价格水平和价格结构进行规制，并对个人或医疗保险机构向医疗服务供给者支付费用的方式进行调节与控制。可见，医疗服务机构是价格规制的主要对象，也包括了对患者和医疗保险机构的一些规制，医疗服务价格规制的主要任务是形成合理的医疗服务价格水平和价格结构，为医疗服务供给者提供适宜的激励，促使其在提高效率、降低成本的同时保证医疗服务质量。为了达到这样的目标，医疗服务价格规制的内容不仅为单纯的价格水平的规制，还包括对医疗服务价格结构、价格项目的规制及医疗服务支付方式的确定和调整、医疗费用总额控制等。目前，我国医疗服务价格规制主要包括对医疗服务价格项目进行全国统一规范，对医疗服务价格进行浮动价、最高限价管理，对不同类型医疗服务价格、不同类型医疗机构采取不同的价格政策，对医疗服务的支付方式进行改革等。

2. 提高医疗服务价格可行性分析

（1）统计年鉴数据分析：医疗服务价格总水平随着我国社会经济的发展是不断变化的。为了说明医疗服务价格变化的趋势，课题组选用了居民消费价格指数及其中的医疗保健服务价格指数进行了对比。图 13-6 显示 2002～2010 年 9 年间，2007、2008 以及 20103 年间的医疗保健服务价格指数低于居民消费价格指数，在统计区间内，医疗保健服务价格指数逐年降低，且与居民消费价格指数差距逐渐缩小，并趋于一致。由此说明，2000 年国家规范医疗服务价格后抑制了医疗服务价格水平增长幅度。

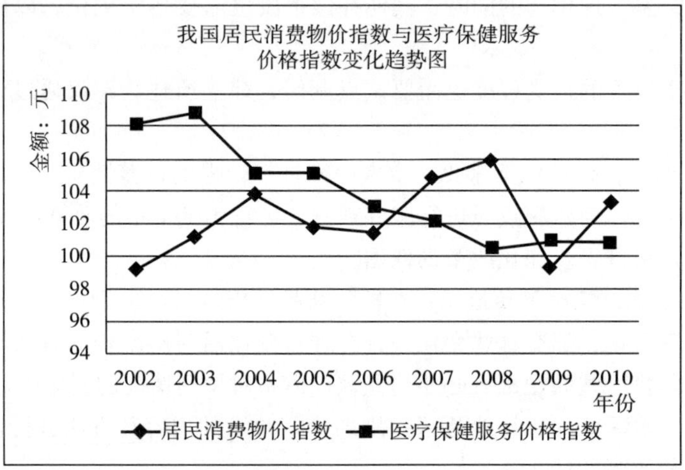

图 13-6　我国居民消费物价指数与医疗保健服务价格指数变化趋势

（数据来源：2003－2011 年《中国统计年鉴》）

据 2002～2010 年中国统计年鉴数据，我国医疗保健服务价格指数（除 2007 年外）每年都高于居民消费价格指数，说明其价格水平上升较快，结果如表 13-16 所示。

表 13-16　我国 2002～2010 年居民消费价格指数

年份	全国居民消费价格指数	医疗保健服务价格指数		
		全国	城市	农村
2002	99.2	108.2	109.1	107.6
2003	101.2	108.9	107.6	110.0
2004	103.9	105.2	103.6	106.8
2005	101.8	105.2	104.8	105.6

续　表

年份	全国居民消费价格指数	医疗保健服务价格指数		
		全国	城市	农村
2006	101.5	103.0	102.6	103.6
2007	104.8	102.2	101.4	103.2
2008	105.9	100.5	100.1	101.1
2009	99.3	101.0	100.9	101.2
2010	103.3	100.9	100.8	101.0

（数据来源：2003－2011 年《中国统计年鉴》）

2000 年国家计委、卫生部出台了《关于改革医疗服务价格管理意见》和《全国医疗服务项目规范（试行）》，我国公立医院医疗服务价格是由各省、市、县价格主管部门制定。尽管全国价格水平不一，价格水平呈逐年上升趋势，但其价格总水平仍然较低，不足以弥补医疗成本。据 2002～2011 年卫生统计年鉴数据显示，总体上说价格水平较低，每所医院年平均医疗服务收入只能补偿医疗成本的 80%～90%，结果见表 13-17。

表 13-17　我国公立医院医疗收入补偿成本的比例

医院类型	医疗收入补偿成本的比例（%）									
	2002	2003	2004	2005	2006	2007	2008	2009	2010	2011
全国医院	85.43	84.83	87.66	87.53	87.45	87.71	86.54	90.61	92.00	91.12
综合医院	86.54	85.84	88.36	88.27	88.43	88.61	89.91	91.71	92.76	91.70
部属	87.99	83.78	86.31	88.11	86.29	86.37	87.98	87.02	87.47	88.62
省属	90.12	89.02	91.06	92.16	89.09	89.57	91.19	92.49	94.43	93.30
地市属	84.71	85.02	87.63	87.59	87.22	88.16	89.41	91.78	92.77	91.68
县属	86.94	85.26	87.71	89.00	90.64	89.47	90.66	92.51	92.96	91.40
中医医院	79.05	77.59	83.19	83.99	84.15	83.79	85.54	86.64	—	—
专科医院	82.05	83.07	86.61	86.23	84.40	—	—	—	—	—

（数据来源：2003～2012 年《中国卫生统计年鉴》）

（2）我国医疗服务价格现状小结：医疗服务价格总体水平低于成本，我国公立医院医疗服务项目价格总体水平较低，大部分医院不能收回医疗成本。这主要与我国公立医院“以药补医”机制和价格调整滞后有关。目前我国对基本医疗服务是按扣除财政经常性补助后的成本收费，但由于我国缺乏系统的科学的成本测算机制和成本监督机制，导致医疗服务价格偏离成本，而财政经常性补助水平较低，不足以弥补医疗收入的补偿不足，必须依赖部分药品加成收入进行补偿。医疗服务项目价格制定后经常是多年不变，一些地区虽对部分医疗服务价格进行了调整，但由于缺乏定期的科学的价格调整机制，总体上医疗服务价格的调整仍滞后于经济的发展。

体现医务人员技术价值的服务类别价格水平较低：从整体上看，挂号类、护理类和诊察类医疗服务价格水平很低，严重偏离成本，大部分治疗类和手术类医疗服务项目价格也偏离成本，这些项目均为较能体现医务人员技术价值的医疗服务项目。医疗服务是无形的商品，其成本客观反映了医疗服务的价值，而现行的医疗服务价格远低于医疗服务的成本，医务人员的专业技术价值被低估，这是当前医疗系统的整体效率和有效性难以提高的重要原因之一。

依赖于大型设备和耗材的医疗服务价格水平较高：依赖于大型设备和耗材的服务类别收费水平较高，如化验类、检查类和部分手术类。检查类、化验项目的成本构成中大型医用设备折旧和材料消耗是主要部分。除了试剂、胶片等可变成本外，设备折旧和人力消耗这些固定成本会随着服务量的增加而迅速下降，其利润进一步增加。近年来检查费金额上涨迅速，也与医院或多或少存在诱导消费者接受检查类、化验类医疗服务以获得更高额的利润有一定关系。

此外，由于高值医用耗材是在医疗服务项目外单独计费的服务内容，采取以招标价为基准加价的办法收费，因此高值医用耗材的加价收入也可弥补部分医疗成本。特别在部分手术类项目中，高值医用耗材的费用可占手术费用的80%以上，其加成收入能部分甚至全部补偿手术费补偿成本的不足。

3. 医疗服务价格支付模式改革分析　目前我国采用的是按项目支付医药费用的支付方式，这样的支付方式是由我国现阶段的国情决定的。但按项目支付医疗服务费用的后付制支付方式由于医疗服务市场的缺陷（信息不对称等），以及医疗服务提供者缺少内在的成本制约机制和激励机制，因而难以降低医疗成本，无力控制医疗费用增长，医生也有可能因为自身利益可能过度利用医疗服务。

因此，在医疗保障体制完善后，医疗项目支付方式可以逐步从后付制过渡到预付制；从按项目支付过渡到按病种支付、按服务单元支付及按人头支付的复合支付模式，并引入有管理的医疗保健模式。各支付模式的比较见表13-18、表13-19。

通过合理有效地改革支付方式，有助于在不降低医院收入的前提下降低患者医疗服务的负担。

表13-18　按时间分的医疗服务支付模式比较

	后付制	预付制
概念	医疗服务供给者提供医疗服务以后，医疗费用支付方根据医疗服务提供过程中实际发生的成本支付医疗服务费用	医疗服务供给者提供医疗服务之前，预先设定医疗保险计划（组织）对医疗服务供给者的付费费率（付费标准）或预算标准
优点	无导致医疗服务质量降低的激励	对医疗服务提供者有提高效率、降低成本的激励有利于控制费用
缺点	有过度医疗的激励	存在降低医疗服务质量的风险
代表国家	中国	美国、英国、澳大利亚等

表 13-19　按付费基准分的医疗服务支付模式比较

	按项目付费	按服务单元付费	按病种付费/DRGs	按人头付费
概念	将医疗服务供给者所提供的诊断、治疗等医疗服务分解成众多的项目，针对每个服务项目制定相应的价格标准	门诊患者按预算规定的每次费用标准支付费用；住院患者按规定的住院床日价格标准、根据患者住院时间长短确定总体补偿水平	按病种支付/DRGs 是典型的医疗费用预付制，它是根据疾病类型/诊断分组向医疗服务供给者付费的方式	一种医疗费用预付制，指在一定周期内，以每个入保者提取一定费用来补偿卫生服务供方提供的确定服务包的支付方式
医疗服务单位	每一服务项目	每住院床日/每门诊人次	每一病种	每一患者
优点	操作简单便于管理具有提供医疗服务的积极性，容易满足患者的需要	提高效率，降低每住院床日和每门诊人次成本的激励	减少不必要的医疗服务，有效控制医疗费用，降低成本	激励供方控制成本、提供符合成本效益服务，促进供给者提供更多预防保健服务
缺点	过度治疗，难以降低医疗成本，无力控制医疗费用增长	有增加门诊次数、延长住院时间、减少必要服务的激励，影响医疗服务质量和特定患者群医疗服务的可及性	管理复杂，增加患者数量，风险选择，影响患者所接受的医疗服务的质量	逆向选择（选择低风险的入保人），提供比较少的服务，可能影响医疗服务质量
代表国家	中国		美国、澳大利亚等	英国、阿根廷、巴西和泰国等

当然，上述所列举的支付模式改革只是在不减少医院收入和医务人员的收入的前提下具有理论上的可行性，在实际改革操作中涉及大量关系医护人员积极性的工作内容，在实际操作可能会遭到抵触。

4. 在医疗机构设立药事服务费　借鉴国外经验，结合我国医院和社会药学服务发展的现状，本研究将我国药事服务费定义为：医院药房和社会药店提供药品和药学服务收取的费用，包含药房运营成本和药师基本药学服务价值。药房运营成本指药房、药店在药品的采购、储存、管理、临时用药物配置等过程中发生的直接和间接成本。如人员费用、场地、设施、水电、药品损耗、修缮、管理费用等；基本药学服务价值是指药师依照国家相关规定，必须向患者提供的日常服务（如审方调剂、用药咨询等）所体现的劳务和技术价值。

根据社会药店、医院门诊和住院药房的不同特点，可以将我国药事服务费分为医院门诊药事服务费、医院住院药事服务费和社会药店药事服务费。门诊药事服务费需要患者在门诊药房窗口划价拿药时支付，可以采取按处方收费、按药品种类收费等方式收取；住院药事服务费需要列入每日住院费用中并于患者出院时结算，可以采取按住院天数收费、按药品种类收费等方式收取。

药事服务费本质上也属于医疗服务收费项目的一种，是向获得药学专业服务的患者收取的一项费用。药事服务费除了补偿医院药房运行成本外，还要反映药师的劳动技术价值。这不同于处方费，处方费是指医师开具处方收取的费用，尽管在我国并没有处方费这一收费项目，但其服务价值补偿已包含在诊察费项目中。药事服务费是对与药品相关的人员、水电、耗材、仓储的成本和基本药学服务的补偿，应以医院药房药事成本为基础进行核算，不应承担筹集医院发展资金和补偿医疗服务成本的功能。

在我国，当前药事成本的概念尚未深入人心，药事服务费的测算标准和界定在学界与管理界都还存在一定的争议，加之药事成本测算所需要的数据统计口径与历史资料积累都有所欠缺，导致药事服务费作为一项收费项目在我国推出还需要很长的一段时间和付出大量的努力。

5. 调整医疗服务收费的政策建议

（1）应根据成本测算结果具体调整各项医疗服务价格：各类医疗服务价格调整综合考虑医疗服务价格现状，患者对各类医疗服务的需求弹性及各类医疗服务收入对医疗总收入的影响等因素，确定各类医疗服务的调整趋势。各类医疗服务价格调整的趋势是控制化验价格和检查价格，逐步提高诊疗、手术、护理等技术含量高的医疗服务价格。合理体现医务人员技术劳务价值。使医疗服务价格的结构性调整有利于促进医疗服务价格向“成本价格”和“生产价格”转化。

在总量控制范围内，医疗服务价格的调整应以医疗服务项目成本为基础进行调整。国家发展改革委、卫生部、人力资源社会保障部2009年11月联合发布《改革药品和医疗服务价格形成机制的意见》中明确指出“基本医疗服务价格所依据的合理成本，按照扣除财政补助、医疗机构销售药品和医疗器械（耗材）差价收益核算”，同时根据合理成本定价能够保证医疗成本的补偿，并且也能充分体现医务人员的专业技术服务价值。

（2）定期调整医疗服务价格：公立医院医疗服务成本也取决于市场，但我国医疗服务项目价格的调整相对滞后，因而，造成了医疗服务项目的价格背离成本。进行医疗服务价格的调整，应考虑当地的物价水平、医疗技术的发展，并估测群众对价格变化的反应等因素。国外的医疗服务价格调价公式主要包括两个因素：通货膨胀率，即物价水平变化；技术进步率，即由于管理、技术等的改进，而带来的成本降低。利用医院上报的成本数据、调价模型定期调整医疗服务价格，使医疗服务价格能够控制在合理的水平。

（3）建立医疗服务价格调整效果评价体系：医疗服务价格调整是卫生事业改革的难点和社会焦点之一，医疗服务价格调整能否达到卫生事业发展的要求，能否最终实现保护和促进人群健康的目的，这些问题需要通过对医疗服务价格调整后的效果进行评价来解决。建议卫生部门、物价部门协作建立一套医疗服务价格调整效果的评价体制，选取合理的指标对医疗服务医疗费用和医疗质量等进行评价。通过对医疗价格调整前后患者医疗费用的测算比较、患者就医满意度、医疗服务质量评价和医疗成本回收率测算等评价医疗服务价格调整的效果。

（4）建立医疗服务成本核算体系：医疗服务成本是医疗机构在医疗服务过程中物力和人力资源的消耗，因此做好成本核算是合理定价的基础。

（5）推进成本核算体系的建立：政府价格管理部门必须重视发挥成本调查的作用，使医疗服务价格的制定者能全面地了解医疗服务成本情况，以根据这些成本数据合理制定和调整医疗服务价格。政府价格管理部门应建立定期医疗机构成本上报制度，组织医院严格按照《医疗服务项目成本分摊测算办法》核算成本。2009年11月《改革药品和医疗服务价格形成机制的意见》明确提出“制定基本医疗服务价格所依据的合理成本，按照扣除财政补助、医疗机构销售药品和医疗器械（耗材）差价收益核算”，因此，医院在做好成本核算工作的同时还应做好财政补助、销售药品和医用耗材的差价收益的上报工作，以便合理核算基本医疗服务价格的成本。

（6）*建立医疗服务成本监督机制*：相关部门应组织专人对医疗成本进行监督，要按照《医疗服务项目成本分摊测算办法》对定期上报的医院成本资料进行审核，然后由价格管理部门进行审核认定，剔除财政补助、销售药品和医用耗材的差价收益，划定定价成本的合理开支范围，从而使医疗服务定价成本具有确定性，避免医疗服务机构乱摊滥增成本。

（7）*建立医疗服务成本约束机制*：要避免医疗服务机构的低效率引起成本上升，必须建立成本约束机制：可根据医疗服务价格指数并参考社会平均收入增长率因素及通货膨胀率等因素确定医疗服务成本的上升率；同时根据医疗服务技术的进步率、实际服务效率和国内外同行业的服务效率的差距等因素，确定医疗服务提供成本的下降率；只有在成本上升率大于下降率时，才能提价，反之，就应该降价。以此来激励医疗机构降低成本。

综上所述，医疗服务价格是一个复杂而系统的过程，需考虑医院补偿、医疗项目成本、对患者的影响及各地的实际情况。医疗服务价格调整需要各部门协调，完善医院补偿体系、医疗服务成本管理体系、医疗服务价格管理体系，并通过建立医疗服务成本核算体系、改革医疗服务支付方式、加大政府投入和医疗保障体系等措施进一步完善。

（三）其他相关的对策建议

1. 加大政府投入　目前我国政府对卫生事业的投入较低，2006 年政府预算卫生支出占卫生总费用的比例为 40.7%，而政府的卫生事业费仅占财政支出的 1.9%，这些在世界卫生组织成员国中属于较低水平，表 13-20 列举了部分发达国家和发展中国家 2006 年卫生费用主要指标。可以看出，我国的政府卫生支出占卫生总费用及政府卫生支出占政府总支出的比例均属于较低水平。与同属于中低收入的发展中国家印度、印度尼西亚和泰国比较，我国政府卫生支出占卫生总费用仅高于印度，而政府卫生支出占政府总支出的比例是四国中最低的。同时，我国政府投入占医院收入比例均不足 10%，并有逐年下降的趋势。政府投入不管是绝对值还是与世界其他国家比较都属于较低水平，因此可根据中央和地方政府的财政能力，增加一定数量的补助，提高政府对医疗事业的福利性。

表 13-20　世界部分国家卫生费用指标

国家	GDP（亿美元）	卫生总费用占 GDP%	政府卫生支出占卫生总费用%	政府卫生支出占政府总支出%
美国	132 216.85	15.3	45.8	19.3
日本	49 113.62	8.1	81.3	17.9
德国	28 582.34	10.6	76.9	17.9
中国	26 971.64	4.7	40.7	1.9

续 表

国家	GDP（亿美元）	卫生总费用占 GDP%	政府卫生支出占卫生总费用%	政府卫生支出占政府总支出%
英国	23 413.71	8.2	87.3	14.7
印度	7961.43	3.6	25.0	3.4
韩国	7684.58	6.4	55.7	11.7
巴西	6207.41	7.5	47.9	7.2
印度尼西亚	2643.57	2.5	50.5	3.8
泰国	1965.78	3.5	64.5	11.3

（数据来源：2009 年世界卫生组织年报）

政府也可根据财政许可以低息或无息投资方式向医院提供必要的运转资金、设备资金或建设资金，并签订还贷协议或运作目标。政府通过直接或间接的补助，保证医院在取消药品加成后的正常运营和发展，促进公立医院补偿机制的完善。

在补助的同时，要建立政府对医院有效的监管机制，降低不必要服务的提供以提高效率，建立激励机制，促进资金使用的高效率。

2. 积极发挥医疗保险的作用 继续推进医疗保障体系建设，扩大医疗保障体系的覆盖面和保障水平，降低自付比例，从而提高医疗服务的可负担性。

改革现有的单纯由物价部门定价、卫生部门监督管理医疗质量的规制方式，积极发挥作为医疗保险机构监督医疗服务质量、控制医疗费用的作用，因为作为支付方的医疗保险机构具有促进参保人健康、节约费用的动力。随着新医改的推进，医疗保险支付在医院收入中将占有越来越大的比例，医疗保险的支付模式会直接影响到医院的经营策略。采用人头费、总额预付、单病种收费等方式进行保险支付，可以使得医院在诊疗过程中注重成本节约，从而在成本角度减少甚至扭转医疗服务的亏损。通过调整保险支付方式的途径，也可以使医疗费用支付改革更容易为利益相关者所接受。

3. 调动积极性提高医院经营效率 除了政府加大投入和改革保险支付方式以外，还有其他途径通过提高经营效率实现医院合理补偿。例如将药品差价全部留给医院的补偿方式，让医院直接与厂家谈判采购，医院按规定的零售价格销售，采购价与零售价格之间的差价全部留给医疗机构。由于药品结余都归医院所有，因此医院会更有动力利用谈判权力压低进货价格，同时减少药品使用中的浪费。

从本质上讲，在我国医疗资源，尤其是高质医疗资源供应相对紧张的背景下，提高医院运营效率，减少资源闲置与浪费也是当前重要的改革趋势。

第四篇

药品费用增长相关研究

第十四章　北京样本医院 1996～2005 年全身用抗菌药物的实证分析

摘　要

背景及目的：本研究的目的在于探讨这些医院抗菌药品采购费用增加的成因，以及这类药品采购结构变化合理性。同时以此实证研究对分析药品价格、药品费用的统计方法进行探讨。

研究内容及方法：对北京样本医院过去 10 年全身用抗菌药品的历史采购记录进行分析，首先采用链式帕氏价格指数公式计算 1996～2005 年各年度的药品采购价格指数，然后用三因素指数体系对药品采购价格、采购数量及药品采购结构的变化进行了定量分析，再之后通过对个案分析和其他统计方法对上述分析的结果进行验证，得出了药品采购价格指数大幅下降；同期药品采购费用大幅上涨；采购结构变化是样本医院全身用抗菌药品采购费用上涨的主要成因等 3 个主要结论。

研究结果：研究表明，2000 年以前年份采购价格的降幅较小，每年的价格降幅在 2%～6%，环比指数曲线比较平缓，2000 年后价格降幅开始增大，其中 2001 年医院采购抗菌药品的采购价格跌幅超过 30%，此后的 2002、2004、2005 年降价幅度也均比 2000 年以前年份的降幅大，在 10% 左右。而采购金额的变化可以分成三个阶段：第一个阶段是 1996～2000 年，采购费用大幅上涨，从 18.5 百万上升到 33.1 百万元；第二个阶段是 2001～2003 年，采购费用略有下降；第三个阶段是 2004～2005 年，采购费用再次攀升，2005 年样本医院采购的全身用抗菌类药品总金额为 38.1 百万元。另外采购数量有的年份增加，有的年份减少，其中 1998、1999、2004、2005 年采购数量的增加促进了这些年份采购费用的增长，其余年份采购数量负增长。而价格几乎一直是促使采购费用减少的因素。

讨论与分析：本研究通过个案研究的结果验证了我们所统计的采购价格指数的结果，印证了指数所反映的药品价格大幅度下降的事实。同时个案研究和对采购结构的假设研究与用因素分析的方法得到的采购结构是引起药品采购费用增加的最主要因素这一结果是一致的。而在此之前，人们往往误解药品价格高或者就诊人数的增加导致了药品费用的增加。因此，我们可以得出结论，用药结构的变化即药品的更新换代对药品费用的影响远比价格和需求膨胀带来的影响要大得多。

第一节　数据分析

一、数据来源

研究所用的数据来自全国医药经济信息网数据库，研究中遴选了北京市自 1996 年起有完整购药记录的12家医院，其中7家三级医院、5家二级医院1996～2005年的采购记录。由于全身用抗菌药物是我国临床用药金额最大的药品类别，占临床总体用药金额的25%，所以本文选择这类药品进行分析。

经统计，纳入分析的全身用抗菌药物共计12 905条进药记录，245 195个数据，109个通用名药物，区分给药途径后共计131种药品，分属9个类别。

二、数据处理

研究中首先将数据库中不同医院相同年份的采购数据进行合并并计算各种药品各年度的采购数量及采购价格。由于各种药品的包装数量、规格、日服用量不同，用“每零售包装（盒/瓶等）”或“每单位有效含量（mg）”为单位来计算价格及数量都不能使不同药品具有可比性。因此我们采用WHO的DDD（限定日剂量）的概念，分别用以下公式计算出每种药品每年的总采购量（DDDs）及日价格（DDDc）。

各种药品的限定日剂量首选自WHO的DDD数据库，如果WHO数据库没有收录，则依次选用《新编药物学》或药品说明书标示的日服用量。

此外，给药途径不同药品对应的DDD值不相同，因此在计算时对不同给药途径的同种药品我们分别统计DDDs值及DDDc值，即将相同通用名和给药途径的药品定义为一个“品种”。

$$\text{药品采购量 Q（DDDs）}=\frac{\text{某种药品年度采购量（mg）}}{\text{该药品的限定日剂量（DDD）（mg）}}$$

$$\text{药品采购价格 P（DDDc）}=\frac{\text{某种药品的年销售金额（元）}}{\text{该药品的 DDDs 值（天）}}$$

第二节 研究方法

考虑到研究的时间跨度较大，统计出药品的采购量及采购价格后，我们采用链式帕氏价格指数公式计算1996～2005年各年度的药品采购价格指数。具体方法为将每两个连续年度的药品采购数据合并，合并后如果某一个品种仅在其中一个年份有销售，统计中忽略刚上市的药品和退出市场的药品的价格变化，则将它缺价年份的价格和销售量假设为与相邻年份的价格和销售量相等。当然，这种假设会夸大了某年度的药品采购费用，经过统计，这种假设造成各年度采购金额夸大的影响平均在1.5%之内。

将各年份的环比价格指数进行累乘，可以得到定基采购价格指数。研究中还计算各年度该类药品的加权平均日价格。

$$\text{链式帕氏价格指数：} Kt=\frac{\sum PtQt-1}{\sum Pt-1Qt-1}$$

$$\text{加权平均日价格：} Pt=\frac{\sum PtQt}{\sum Qt}$$

对于因素分析，采用文本研究中的三因素指数体系分别量化历年药品采购价格、采购数量、用药结构对药品采购费用增长的影响。

$$\text{指数体系：}\frac{S_1}{S_0}=\frac{\Sigma P_1Q_1}{\Sigma P_0Q_0}=\frac{\Sigma Q_1}{\Sigma Q_0}\times\frac{\Sigma P_1Q_0}{\Sigma P_0Q_0}\times\frac{\frac{\Sigma P_1Q_1}{\Sigma Q_1}}{\frac{\Sigma P_1Q_0}{\Sigma Q_0}}$$

第三节　研究结果

一、药品采购价格指数大幅下降

用上述链式帕氏指数公式计算 12 家样本医院 1996 ~ 2005 年各年度全身用抗菌药品的环比采购价格指数，发现除了 2003 年外，其余年份价格指数值均小于 100（前一年份指数值为 100）。即若排除 2003 年“非典”时期造成的价格异常，这 10 年间全身用抗菌类药品的医院采购价格是持续下降的。此外，从图 14-1 中可见，以 2000 年价格走势的分界点：2000 年以前年份采购价格的降幅较小，每年的价格降幅在 2% ~ 6%，环比指数曲线比较平缓，2000 年后价格降幅开始增大，其中 2001 年医院采购抗菌药品的采购价格跌幅超过 30%，此后的 2002、2004、2005 年降价幅度也均比 2000 年以前年份的降幅大，在 10% 左右。

将环比的采购价格指数转化为以 1996 年为基期的定基药品采购价格指数能更清晰地看到历年采购价格下跌带来的累积影响。从图 14-2 上可以看到，2000 年定基指数还是 1996 年的 87.1%，而 2001 年就骤跌到了 68.4%，到 2005 年药品采购价格只有 1996 年的 52.8%。

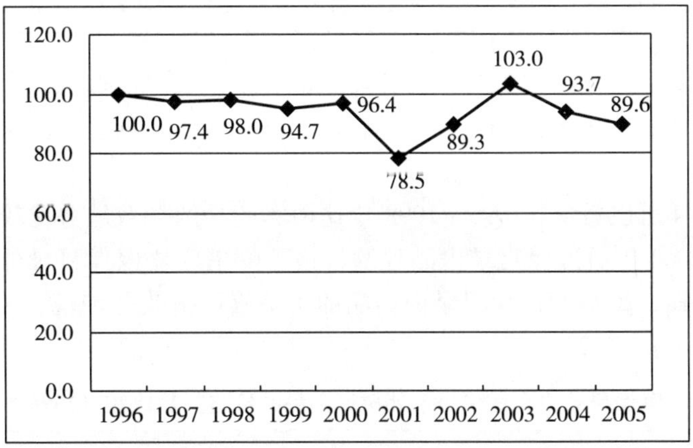

图 14-1　1996 ~ 2005 年北京样本医院全身用抗菌药品环比采购价格指数

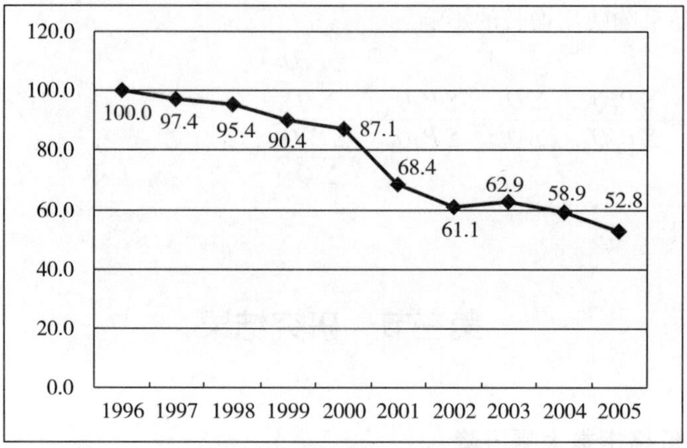

图 14-2 1996～2005 年北京样本医院全身用抗菌药品定基采购价格指数（1996 =100）

头孢类、喹诺酮类、大环内酯类和青霉素类是全身用抗菌药里四个占销售金额比例最大的化学类别，这四类药品价格降幅最大的年份无一例外也都出现在 2001 年，而且 2000 年以前的价格降幅比 2000 年以后各年份的价格降幅小，2003 年的价格也都略有上涨。头孢类、喹诺酮类历年价格降幅普遍比大环内酯类和青霉素类的降幅大（表 14-1）。

表 14-1 各子类别抗菌药品的定基价格指数（1996 年 =100）

	1996	1997	1998	1999	2000	2001	2002	2003	2004	2005
头孢类	100.0	95.4	96.0	97.5	95.0	80.0	92.8	103.0	93.8	89.8
喹诺酮类	100.0	92.7	106.8	83.4	94.9	72.9	78.3	100.7	91.0	83.0
大环内酯类	100.0	96.2	97.8	95.2	100.7	75.8	88.5	111.6	100.0	94.5
青霉素类	100.0	103.7	97.3	91.4	97.0	77.7	104.1	101.4	100.1	94.0

根据 2004 版《国家基本医疗保险药品目录》将药品分为“医保目录内”药品和“医保目录外”的药品。经统计，“医保目录内”药品里，其中 2000 年就进入国家医保目录的药品占 85% 的销售份额。

从图 14-3、14-4 可以看出，1996～1998 年这两类药品的指数趋势比较一致，2000 年开始出现明显的分歧，2000 年后医保目录内品种的价格下降幅度比医保目录外药品价格下降幅度大。以 1996 年为基期，2005 年医保目录内药品的定基价格指数是 51.7，医保目录外药品的定基价格指数是 66.3（表 14-2）。

表 14-2 医保目录内和医保目录外抗菌药品的价格指数比较（1996 年 =100）

	1996	1997	1998	1999	2000	2001	2002	2003	2004	2005
环比指数：										
医保目录内	100.0	97.3	97.8	94.3	95.0	76.9	90.0	103.2	93.5	90.7
医保目录外	100.0	97.9	94.8	101.0	110.0	90.8	88.2	102.3	98.2	79.9

续　表

	1996	1997	1998	1999	2000	2001	2002	2003	2004	2005
定基指数：										
医保目录内	100.0	97.3	95.2	89.8	85.3	65.6	59.1	61.0	57.0	51.7
医保目录外	100.0	97.9	92.7	93.7	103.1	93.6	82.6	84.5	83.0	66.3

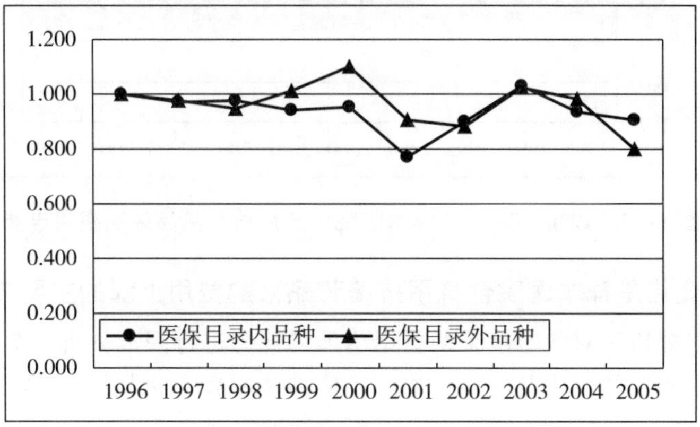

图 14-3　医保目录内和医保目录外药品的环比采购价格指数走势比较

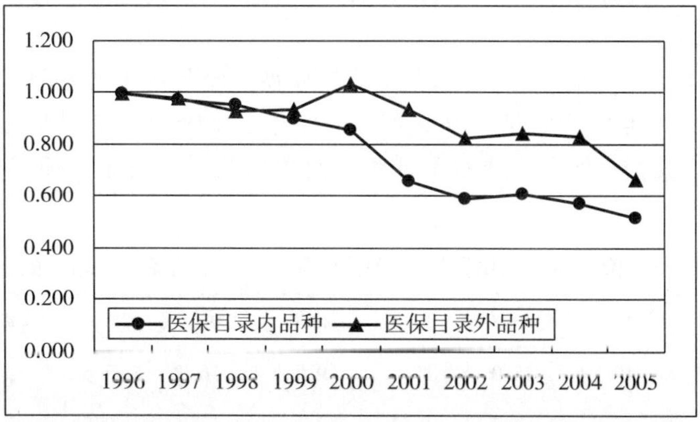

图 14-4　医保目录内和医保目录外药品的定基采购价格指数走势比较（1996 年 =100）

二、同期药品采购费用大幅上涨

尽管药品价格下降了近 50%，但 12 家样本医院全身用抗菌药同期采购总金额却翻了一番。采购金额的变化可以分成三个阶段：第一个阶段是 1996 ~2000 年，采购费用大幅上涨，从 18.5 百万上升到 33.1 百万元；第二个阶段是 2001 ~2003 年，采购费用略有下降；第三个阶段是 2004 ~2005 年，采购费用再次攀升，2005 年样本医院采购的全身用抗菌类药品总金额为 38.1 百万元（图 14-5）。

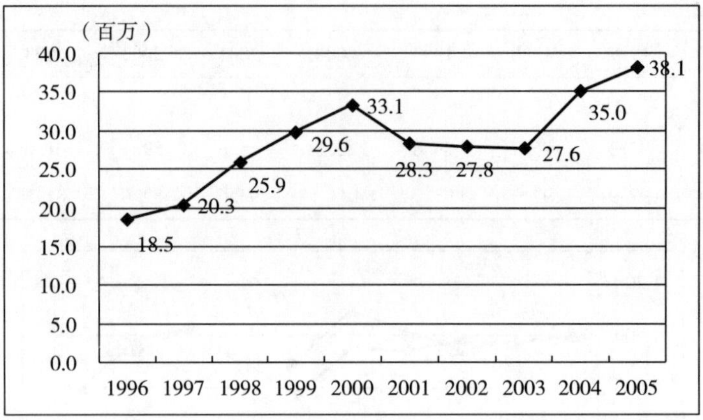

图 14-5　1996～2005 年样本医院全身用抗菌药品采购费用走势

三、采购结构变化是样本医院全身用抗菌药品采购费用上涨的主要成因

用指数体系因素分析法对各年度采购费用增加的部分进行因素分析，图 14-6 表示各年度分别由于价格变化、采购量的变化及采购结构的不同造成采购金额增减的部分。例如，对于采购金额激增的 2004 年来说，与 2003 年相比采购金额增加了 28.8%，其中由于购药数量的增加导致采购金额增加了 14.5%；由于高价位药品的购入比例增加，购药金额增加了 21.7%；由于药品采购价格下降，使购药金额减少了 7.4%，后三项的和只是约等于第一项（28.8% = 14.5% + 21.7% − 7.4%）。

可以看到，采购结构的变化几乎一直是导致采购费用增加的主要原因。采购数量有的年份增加，有的年份减少，其中 1998 年、1999 年、2004 年及 2005 年采购数量的增加促进了这些年份采购费用的增长，其余年份采购数量负增长。而价格几乎一直是促使采购费用减少的因素（表 14-3）。

表 14-3　价格因素、用量因素及结构因素对历年药品费用增长的影响

	1997	1998	1999	2000	2001	2002	2003	2004	2005
药品费用环比增长（%）	10.9	25.0	15.2	9.8	−16.3	−2.6	−5.2	28.8	0.8
采购数量的影响（%）	−5.8	14.3	13.2	−2.9	−13.8	−0.5	−22.9	14.5	12.4
采购结构的影响（%）	18.2	13.0	7.8	16.6	19.7	9.0	14.9	21.7	−0.6
采购价格的影响（%）	−2.8	−2.3	−5.8	−3.8	−22.2	−11.2	2.9	−7.4	−11.0

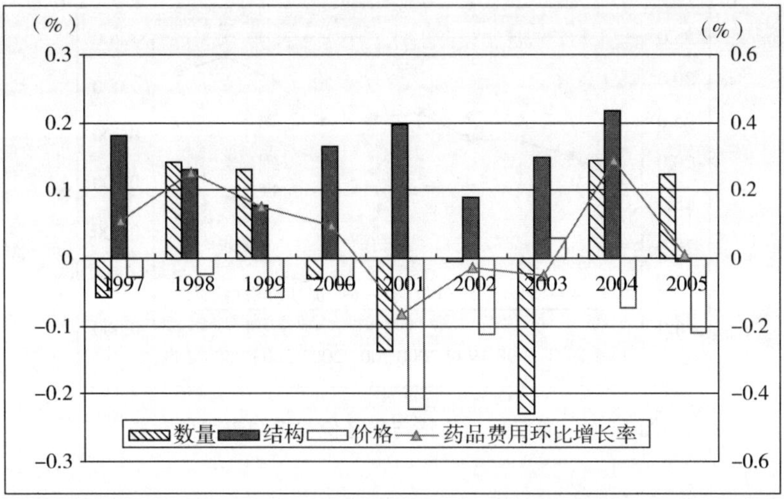

图14-6　价格、用量及结构因素对历年药品费用增长的影响

考虑到2000年国家的药品价格、采购制度发生了很大变化，为了更直观地比较政策实施前后采购费用增长的情况，我们分别统计1996～2000年和2000～2005年三因素对采购费用增加的年均影响值。从图14-7可以看出，2000年以后结构因素的影响明显增加，数量因素从原来作为促进费用增加的因素变为促进费用减少的因素，而价格因素始终是促使费用减少的因素，2000年后价格对减少费用的影响明显增加。

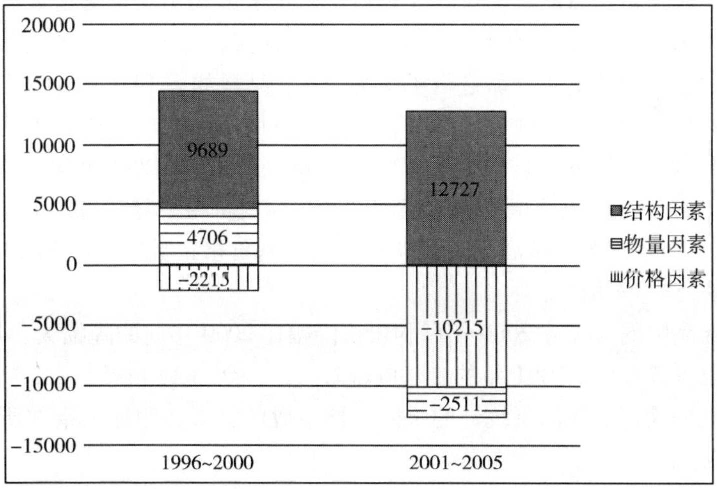

图14-7　2000年前后价格、数量及结构因素对费用增长的不同贡献率

通过计算并比较样本药品历年加权平均日价格的涨幅也可以看出这种结构性变化的影响。从图14-8可以看出，尽管药品定基采购价格指数持续下跌，但医院采购药品的加权平均价格却从1996年的17.0元/天上升为2005年的25.5元/天。

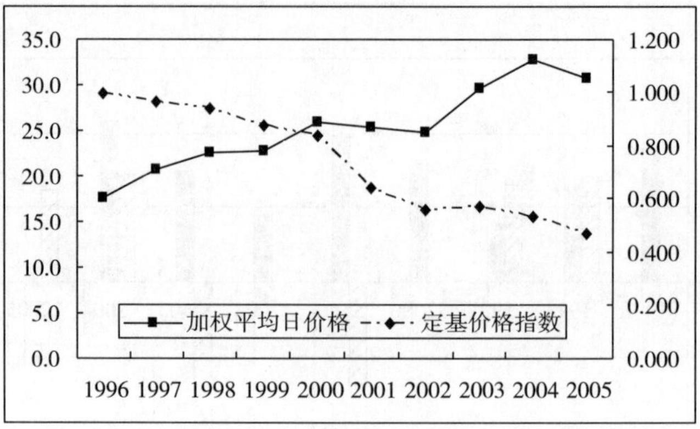

图 14-8　加权平均价格与定基价格指数走势的比较

第四节　实证研究结果的可靠性验证及合理性探讨

一、价格指数计算结果的验证及药品价格走势的合理性探讨

（一）药品价格指数统计结果的可靠性验证

本研究在对药品价格指数的编制进行探讨后，采用了链式帕氏价格指数法计算样本药品的采购价格指数，并采用 DDD 作为药品的单位进行指数计算。为了验证指数计算的准确性，我们选择销售额排名前十的十种抗菌药品进行了个案分析，结果如表 14-4 所示。

首先，这十种药品无一例外地大幅下降，例如注射用头孢呋辛是全身用抗菌药里销售排名第一的药品，1996 年其 DDDc 值是 231 元，2000 年降为 183 元，2005 年降为 81 元，10 年间价格下降了 65%。注射用左氧氟沙星 1998 年上市，8 年时间价格下降了 78.1%。十种药品的降幅从 12.9% 到 78.1% 不等，平均降幅达到 52%，这与定基价格指数所反映的 2005 年定基指数是 1996 年定基指数的 52.8% 相符。

同时，这些药品中的大部分 2000 年后的价格降幅比 2000 年前的降幅大，用 2001 年的降幅与年均降幅比较也可以看到，2001 年的确是降幅较大的一年（表 14-5）。

个案研究的结果验证了我们所统计的采购价格指数的结果，印证了指数所反映的药品价格大幅度下降的事实。

表 14-4　销售排名前十的品种十年间价格下降情况（DDDc）

药品名称	1996	1997	1998	1999	2000	2001	2002	2003	2004	2005	总降幅（%）
头孢呋辛（IJ）	231	212	207	198	183	153	101	105	103	81	-65.0
左氧氟沙星（IJ）			412	234	225	149	113	118	111	90	-78.1

续　表

药品名称	1996	1997	1998	1999	2000	2001	2002	2003	2004	2005	总降幅（%）
舒巴坦钠/头孢哌酮钠（IJ）	501	474	454	444	434	224	222	240	201	174	-65.3
头孢曲松（IJ）	137	133	115	107	95	81	82	75	77	83	-39.3
左氧氟沙星（OR）	30	28	25	23	21	18	15	14	11	9	-71.3
依替米星（IJ）					119	127	74	101	105	103	-12.9
头孢克洛（IJ）	33	34	32	30	29	28	24	23	22	21	-35.9
克林霉素磷酸酯（IJ）						138	117	119	90	78	-43.3
头孢他啶（IJ）	609	562	544	537	456	351	252	295	273	221	-63.8
阿奇霉素（OR）	16	16	16	15	15	10	8	8	8	9	-44.7

注："IJ"表示注射剂型，"OR"表示口服剂型，下同

表14-5　销售排名前十的品种价格降幅情况（%）

药品名称	2000前降幅	2000后降幅	年均降幅	2001年降幅
头孢呋辛（IJ）	-20.8	-44.2	-11.0	-16.4
左氧氟沙星（IJ）	-45.3	-32.7	-19.5	-34.0
舒巴坦钠/头孢哌酮钠（IJ）	-13.4	-51.9	-11.1	-48.5
头孢曲松（IJ）	-30.4	-8.9	-5.4	-15.1
左氧氟沙星（OR）	-30.1	-41.3	-13.0	-14.7
依替米星（IJ）		-12.9	-2.7	6.8
头孢克洛（IJ）	-12.6	-23.3	-4.8	-5.0
克林霉素磷酸酯（IJ）		-43.3	-13.2	
头孢他啶（IJ）	-25.2	-38.6	-10.7	-22.9
阿奇霉素（OR）	-7.6	-37.1	-6.4	-33.9

（二）药品价格指数大幅下降的合理性分析

这类药品采购价格降幅之大在消费者物价指数和原材料、燃料、动力的购进价格指数上升的烘托下显得尤其突出（表14-6）。在国际上，这么大的药品价格降幅也不多见，查找同期美国和英国药品价格指数，可以发现这两个国家药品价格指数不仅没有下降，还分别上升了43.7%和13.5%之多（表14-7）。所以药品价格大幅下降应该说是我国特有的现象。

表14-6　1996～2005年我国消费者物价指数及原材料、燃料、动力购进价格指数（1996年=100）

	1996	1997	1998	1999	2000	2001	2002	2003	2004	2005
消费者物价指数	100.0	102.8	102.0	100.5	101.0	101.7	100.8	102.1	106.0	107.9
原材料、燃料、动力购进价格指数	100.0	101.3	97.0	93.8	98.6	98.4	96.2	100.8	112.3	

表 14-7 美国、英国 1996～2005 年的药品价格指数（1996 年 =100）

	1996	1997	1998	1999	2000	2001	2002	2003	2004	2005
美国 1	100.0	102.6	108.3	112.6	117.5	123.9	130.3	134.3	138.8	143.7
英国 2	100.0	102.8	106.5	108.5	111.2	113.5	114.1	114.2	113.5	113.5

注：1. 处方药的消费者物价指数；2. 医药产品的消费者物价指数

医药消费是明显信息不对称的领域，所以很多国家都将药品价格纳入政府控制的范围，尤其是像抗菌药物这样的处方药市场，仅靠市场竞争几乎不可能使药品价格下降。我国约束药品价格有两大措施：一是政府定价，二是药品集中招标采购制度，从研究药品价格指数走势看来，这两大政策对降低药价起了很大作用。表现在如下几个方面。

1. 价格指数看来，药品的价格 2000 年后的下降与 2000 年前相比幅度明显增加，这与国家加大对药品价格干预的时间一致：国家于 2000 年扩大了药品政府定价范围并在此后多次出台降价方案降低药品价格，药品集中招标采购也在 2000 年前后推行。

2. 从指数看，医保目录内药品价格降幅比医保目录外药品的降幅大，这与医保目录内的药品属国家定价，目录外药品由企业自主定价一致。

3. 采购价格指数在 2001、2002、2003、2005 年降幅较大，这与 2000 年以后截至 2005 年，中央政府历次出台的降低抗菌药品价格的政策的影响时间一致，根据这些文件的执行时间推断会对 2001、2002、2004、2005 年的市场价格产生影响（表 14-8）。

4. 医保目录外的药品虽然不在政府定价的范围内，但 2000 年后的价格指数也有所下降，这与药品集中招标采购推行时间一致。

表 14-8 2000 年后中央出台的历次抗菌药物降价方案

<table>
<tr><td colspan="3">头孢拉定，头孢曲松</td></tr>
<tr><td>2000</td><td>169 国家计委关于调整氨苄青霉素等部分中管国产药品零售价格的通知/计价格［2000］1787 号</td><td>2000 年 11 月 5 日</td></tr>
<tr><td colspan="3">氨苄西林、氨苄青霉素/舒巴坦、阿莫西林、头孢唑啉钠、头孢克罗、头孢哌酮、头孢他定、阿昔洛韦、氟康唑</td></tr>
<tr><td>2001</td><td>174 国家计委关于制定公布 69 种化学药品价格的通知/计价格［2001］632 号；
国家计委办公厅关于制定公布 69 种化学药品补充剂型规格价格的通知/计办价格［2001］1028 号；
国家计委办公厅关于公布 4 种抗感染类药品补充剂型规格价格的通知/计办价格［2001］1491 号；
国家计委办公厅关于印发 30 种抗感染类药品单独定价方案（暂行）的通知/计办价格［2001］1492 号。</td><td>2001 年 5 月 20 日
2001 年 9 月 22 日
2002 年 1 月 5 日
2002 年 1 月 5 日</td></tr>
<tr><td colspan="3">阿莫西林、氨苄西林、苯唑西林、氯唑西林、青霉素钠、青霉素钾、青霉素 V 钾、头孢氨苄、头孢拉定、头孢噻肟钠、头孢唑啉、硫酸阿米卡星、硫酸庆大霉素、氯霉素、盐酸四环素、盐酸多西环素、红霉素、盐酸林可霉素、复方磺胺甲噁唑、磺胺嘧啶、环丙沙星、诺氟沙星、氧氟沙星、甲硝唑、呋喃妥因、呋喃唑酮</td></tr>
</table>

续 表

2004	国家发展改革委关于降低 24 种抗感染类药品零售价格的通知/发改价格［2004］881 号	2004 年 6 月 7 日
阿莫西林、氯唑西林钠、头孢噻肟、氨苄西林/舒巴坦钠、阿莫西林/克拉维酸钾、头孢呋辛酯、头孢呋辛钠、头孢曲松钠、头孢哌酮、头孢克洛、头孢哌酮钠/舒巴坦钠、头孢他啶、头孢羟氨苄、左氧氟沙星、盐酸洛美沙星、硫酸奈替米星、硫酸依替米星、盐酸大观霉素、盐酸米诺环素、阿奇霉素、罗红霉素、罗红霉素、克拉霉素、盐酸克林霉素、克林霉素磷酸酯、甲磺酸培氟沙星		
2005	191 国家发展改革委关于降低头孢呋辛等 22 种药品零售价格的通知/发改价格［2005］1762 号	2005 年 10 月 10 日
头孢呋辛酯、头孢呋辛钠、头孢克肟、头孢哌酮钠、头孢哌酮钠/舒巴坦钠、头孢曲松钠、头孢他啶、硫酸奈替米星、硫酸依替米星、阿奇霉素、盐酸克林霉素、克林霉素磷酸酯、环丙沙星、氧氟沙星、氟罗沙星、加替沙星、甲磺酸培氟沙星、左氧氟沙星、替硝唑、氟康唑		

2000 年后价格干预措施的推行，大幅降低了药品的价格，也对混乱的市场产生了一定的制约作用。图 14-9、14-10 为各年度向样本医院供应抗菌药品的生产企业数量和平均每种药品的供货企业数目。由图可见，2000 年以前，药品价格不受政府管制，所以尽管这些年份药品的批发价格价格也不断下降，但降幅较小。这时的价格下降并没有对市场形成约束，企业大量涌入，从 1996 年到 1998 年，供货企业的数量就从 232 家飙升到 400 家，翻了近一番，平均每个品种的供货企业数量也从原来的 2. 86 家增加到 4. 88 家，暗示利润的丰厚。缺乏政府管制的市场无序竞争也直接刺激了这个时期医院药品采购费用的大幅攀升（图 14-5）。2000 年政府加大了药品价格的干预，多次降低抗菌药品的价格，以及推行药品集中招标采购后，开始有部分企业退出市场，到 2004 年，总供货企业数量减少到 379 家，平均每种药品的供货企业数降到 3. 95 家。

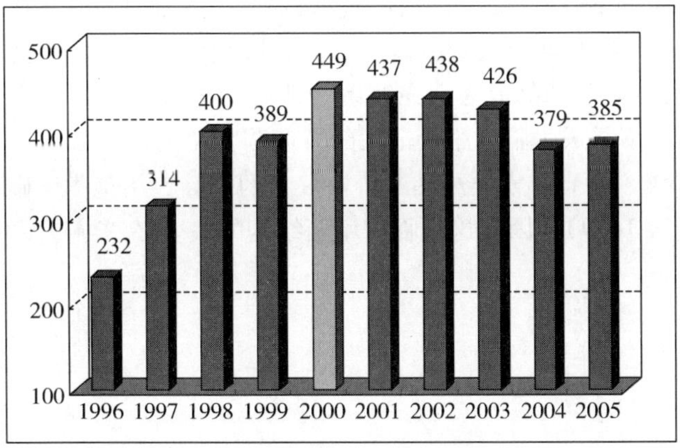

图 14-9 供货企业数量的变化

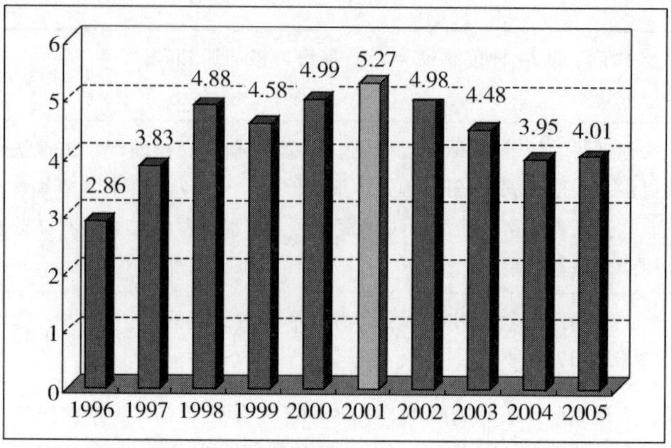

图 14-10 平均每品种供货企业数量的变化

二、临床用药结构变化对药品费用增长影响的验证及合理性探讨

（一）指数体系因素分析结果的可靠性验证

药品的采购价格大幅下降却没有带来药品采购费用的减少，为了探讨影响费用增长的真正原因，研究中我们构建了指数体系对价格、采购量及采购结构这三个因素对采购费用增长的影响。结果发现首先是采购结构的变化是费用增长的主要动力。为验证结果的可靠性，我们同样做了个案的分析。

采购结构具体说就是采购不同种类药品的比例。按照 WHO 的 ATC 编码，全身用抗菌类药品分为其他 β-内酰胺类（包括头孢类和碳氢霉烯类）、喹诺酮类、大环内酯类和林可胺类、青霉素类、氨基糖苷类、四环素类这六个主要的子类别，其中前四类无论销售额还是销量都是最大的子类别，占总销售额和销售量的 90% 左右。考察这四个子类别 10 年间的销售量的份额（DDDs 所占的%）变化（图 14-11）可以看到，原是用药主流的青霉素类药品的销售量所占份额从 1996 年的 33.9% 下降为 2005 年的 16.7%，而其他 β-内酰胺类（包括头孢类和碳氢霉烯类）、喹诺酮类和大环内酯类药品成为现在抗菌药使用的主流，尤其是其他 β-内酰胺类抗菌药品，目前已替代了青霉素类成为临床用量最大的抗菌药物类别，占 2005 年全部全身用抗菌药销售量的比例达到 31.6%。而青霉素类药品是价格较低的药品，头孢类、碳氢霉烯类、喹诺酮类是价位较高的药品（表 14-9），因此这种临床用药结构的改变必然导致了药品费用的增加。

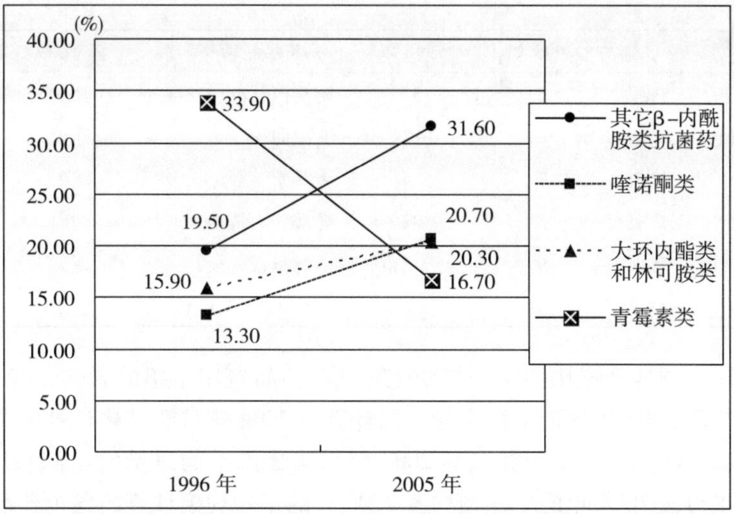

图 14-11　10 年间不同类别药品的销售量（DDDs）所占份额的变化

表 14-9　2005 年各类药品的加权平均日价格比较

药品类别	加权平均价格（元/天）
其他 β-内酰胺类抗菌药	48.3
氨基糖苷类抗菌药	38
喹诺酮类抗菌药	27
其他抗菌药	21.7
大环内酯类和林可胺类	17.6
青霉素类	13.1
四环素类	10.6

比较 2005 年和 1996 年的药品销售量排序也可以看到 10 年间临床对抗菌药品的使用结构的确已经发生了很大改变（表 14-10）。很多目前用量排名前列的品种在 1996 年排名很靠后，甚至还没有上市。例如目前口服左氧氟沙星是临床使用最多的抗菌药品，但它在 1996 年的销售量排名中只排 66 位，注射用左氧氟沙星是目前临床用量的第 9 名的品种，但这个品种 1996 年还没上市。很多 1996 年排名前列的品种已经退出 2005 年的排名，取而代之的是新的、级别较高同时价格也较高的药品。

表 14-10　1996、2005 年销售排名前 10 的全身用抗菌药品比较

药品品种		2005 年	1996 年	药品品种		2005 年	1996 年
左氧氟沙星	口服	1	66	头孢拉定	口服	11	5
头孢呋辛	口服	2	10	罗红霉素	口服	12	7
阿奇霉素	口服	3	9	头孢哌酮/舒巴坦	注射	13	59
阿莫西林	口服	4	1	头孢羟氨苄	口服	14	45

续 表

药品品种		2005 年	1996 年	药品品种		2005 年	1996 年
克拉霉素	口服	5	53	阿莫西林/克拉维酸	注射	15	15
阿莫西林/克拉维酸	口服	6	12	头孢曲松	注射	16	20
头孢呋辛	注射	7	34	青霉素 G 钠	注射	17	2
头孢克洛	口服	8	22	硫酸庆大霉素	注射	18	14
左氧氟沙星	注射	9	未上市	克林霉素	注射	19	38
小檗碱	口服	10	3	舒巴坦/氨苄西林	注射	20	24

为了验证并更直观地衡量用药结构的变化对社会药品费用负担的影响，我们计算了按照历年的采购结构计算的2005 年理论采购金额。以计算按2004 年采购结构计算的2005 年的理论采购金额为例，计算方法如下：①用各药品2004 年采购量占采购总量的比例乘以该类药品2005 年的采购总量，求得按2004 年的采购结构及2005 年的采购规模计算的各个药品在2005 年的理论采购量；②用这些药品的理论采购量与这些药品2005 年的价格相乘后求和，得到按照2004 年采购结构计算的2005 年的理论采购金额。

结果表明，如果采购结构能够保持不变，2005 年的采购金额将比实际发生的要小得多。如表14-11 所示，2005 年样本医院全身用抗菌类药品的采购金额为3.8 亿元，如果2005 年维持2004 年的购药结构不变，将使采购费用减少5.44%，即能减少约2 千万的购药金额；如果2005 年维持在1996 年的采购结构，采购金额会减少一半以上。

表 14-11 采购结构对费用增长的影响

2005 的采购金额	假设保持历年的采购结构不变，可以使 2005 年采购金额减少的%								
	2004	2003	2002	2001	2000	1999	1998	1997	1996
3.8 亿元	-5.44%	-23.67%	-32.50%	-37.16%	-41.73%	-45.10%	-52.50%	-60.14%	-63.26%
3.7 亿元	-10.09%	-12.55%	-17.81%	-24.66%	-27.00%	-34.00%	-34.81%	-40.01%	-43.25%

个案研究和对采购结构的假设研究与用因素分析的方法得到的采购结构是引起药品采购费用增加的最主要因素这一结果是一致的。而在此之前，人们往往误解药品价格高或者就诊人数的增加导致了药品费用的增加。这个研究结果告诉我们，用药结构的变化即药品的更新换代对药品费用的影响远比价格和需求膨胀带来的影响要大得多。而且这种替代的趋势永远是用高级的药品替代低级的药品，高价的药品替代低价的药品，因此永远是促进费用增长的。姑且不考察这种替代是否是合理的，这种替代的影响之大也值得我们重新审视过去片面降价而忽略了用药结构变化控制的药品费用控制政策。

（二）药品使用结构的合理性分析

判断这种结构是否合理不是非常容易的事情，在临床治疗的角度看，可能由于细菌对老药产生了耐药性使医师必须使用更高级的药品，使用新的、更高级的抗菌药虽然会带来更大的成本，但也会给患者带来额外的收益。但是，从另外一个角度看，耐药菌的产生往往是临床用药不当的结果，不该用抗生素的时候用了抗生素，或者不该用高级抗生素的时候用了高级抗生素，都会诱导耐药菌更快形成，对每一个个体可能有利的用药对整个群体很有可能是有害的。我国抗菌药品是临床用药第一大类别，销售额占所有药品销售额的 23% 之高，而在发达国家，抗菌药物的销售额往往排在心血管类药品、神经精神类药品及胃肠用药品之后，所占市场份额不超过 10%（表 14-12）。

表 14-12　中国与欧洲各国抗菌药品销售额份额的比较

国家	比例（%）
中国	23.61
意大利	9.2
芬兰	4.3
法国	8.1
德国	7.8
英国	3.6
西班牙	5.8

比较我国市场和国际市场的药品销售排名，国际市场进入销售前 100 名的药品中抗微生物类药品只有 10 个，除去 4 个抗真菌和抗病毒药物，只有 6 个抗菌药品在全球的销售前 100 名以内（2004 年）。中国市场进入销售前 100 名的药品中抗微生物类药品占了 24 个，其中有 2 个属于抗真菌和抗病毒类的药品，因此前 100 排位里的抗菌药品有 22 个，是世界的 3 倍。大量的使用抗生素本身就增加了抗菌药品更新换代的步伐。

在使用结构上，样本医院采购排名前十的全身用抗菌药品与全国排名前十的药品大部分一致。部分药品的级别比全国排名的药品级别高，可能是由于北京承担着特殊的治疗任务造成的。即便是用全国平均的抗生素使用水平与全球的使用水平比我们的使用水平也比国际平均用药水平高出许多：目前我国抗生素的主流用药是二代、三代头孢及复合抗生素，全球排名前十的抗微生物类药品中只有一个三代头孢类抗菌药（表 14-13）。

表 14-13　中国与国际抗菌药物使用水平的比较

北京样本医院		中国	国际
1	头孢呋辛	舒巴坦钠/头孢哌酮	阿奇霉素
2	左氧氟沙星	左旋氧氟沙星	左氧氟沙星/氧氟沙星
3	头孢哌酮/舒巴坦	头孢呋辛	阿莫西林/克拉维酸
4	头孢曲松	头孢他啶	克拉霉素
5	依替米星	阿奇霉素	特比萘芬
6	头孢克洛	头孢曲松	伐昔洛韦
7	头孢他啶	阿莫西林/克拉维酸	拉米夫定/齐多夫定
8	克林霉素	克林霉素	头孢曲松
9	头孢替安	加替沙星	环丙沙星
10	亚胺培南/西司他丁	哌拉西林/他佐巴坦钠	氟康唑

第十五章　对医疗机构药品费用的指数分析

摘　要

研究背景及目的：群众药品费用负担过重的问题，是我国现阶段医药卫生领域的一个重点热点问题。为了客观、真实、有针对性地对药品费用问题进行研究，需要进行系统的定量研究。但是，我国目前却缺乏全面的、准确的衡量药品费用变化影响因素的指标体系。

研究内容及方法：当若干个指数之间存在数量上的联系时，就形成了指数体系，可以作为进行因素分析的工具。本文从指数体系因素分析方法的一般原理出发，借鉴国际上最新的指数体系分析法的因素拆解模式，建立了一套药品费用三因素绝对数体系分析模型。此外，本文在指数体系研究中对药品的经济学属性进行了合理的抽象，提出了“价格结构”的新概念，为我国药品费用相关的研究提供一条新的可行思路。另外根据北京十二家样本医院两大类药品的购销数据，运用指数体系方法从药品费用控制政策的角度进行了分析。相对数体系和绝对数体系分析结果均表明，我国政府对药品价格的干预效果是明显的，药品用量的增加和结构性的费用上涨抵消了价格干预政策的效果，但在影响率和影响绝对值上存在差异。

研究结果：研究表明，1995～2005年样本医院全身用抗菌药物购进价格总体呈下降趋势，2000年国家扩大政府定价的药品范围后价格下降尤为显著；纳入医保目录的药品的价格比医保目录外药品的价格降幅大。10年来心血管类药品的价格有升有降，没有全身用抗菌类药物价格变化幅度大。不过还是能看出该类药品的总体价格2000年前略有上升，而2000年后是有所下降的。另外进入医保目录的心血管类药品的购进金额及购进数量分别占该类药品的75%和70%，比较医保目录内外药品的价格指数发现，2000年以后，医保内药品的价格大幅下降，而医保外药品的价格却大幅上升，2002年、2005年的降幅都较大。

讨论与分析：从数据分析的结果来看，2000年国家扩大药品政府定价范围及实施集中招标采购政策后，全身用抗菌类及心血管类药品的价格与2000年前相比都得到了较好的控制。总体来看，并不存在某些舆论所认为的药品价格下降了使用量就减少的情况——对于降价药品，医疗机构的购进比例是增加而不是下降的。因此本研究认为一套由政府主导的覆盖全国的医药信息数据搜集体系的建立势在必行。建议相关主管部门应通过进一步的综合治理方式对药品费用问题进行更为有针对性的管理。

第一节　数据分析

一、数据来源

为了实证性的研究相关影响因素对药品费用的影响水平，探讨“非价格因素”在我国药品费用问题中的作用，拟使用北京地区的样本数据进行一实证分析。同时，也通过分析，验证“药品费用影响因素绝对数体系方法”的合理性和可行性，为药品费用定量研究的方法学积累实证素材。

本研究所用的数据来自中国药学会科技开发中心的“全国医药经济信息网”。中国药学会科技开发中心是中国药学会的下属机构，该中心于 1993 年创办全国医药经济信息网。1993 年、1995 年卫生部两次发文［卫药政发（93）第 087 号］、［卫药政发（1995）第 72 号］批准中国药学会科技开发中心在全国主要城市的重点医院进行布网，采集医院用药数据，建立全国医药经济信息网，并将此项工作纳入到国家药品监督管理中。

本研究采用了“全国医药经济信息网”数据库中北京市自 1996 年起有完整购药记录的所有医院共 12 家（7 家三级医院、5 家二级医院）1996 ~ 2005 年全身用抗菌药物（J 类）及心血管类药物（C 类）的购进记录。

选择用于指数计算的代表规格品种遵循以下几个原则：选择消费量大的品种；选择生产、供应相对稳定的品种；选择价格变动趋势有代表性的商品以及价格变动趋势特殊的品种。

药品数量很多，同一种药品还有很多不同的剂型规格，把所有药品纳入统计工作量很大；对于某些药品来说，销售量很小，或者在市场上的生命周期也很短，这些药品可能没有连续的每个年度的价格信息以供计算，把这些药品纳入统计反而会影响计算结果的准确性。因此，本研究在统计工作中舍弃了部分购销数据不完整或销售额较小的品种。

根据以上原则，最终采集数据共包括全身用抗菌药物共计 12 905 条进药记录，245 195 个数据，共计 109 个通用名，131 种药品（区分给药途径），分属 9 个类别；心血管系统药物共计 16 372 条进药记录，336 600 个数据，共 195 种通用名，236 种药品（区分给药途径），分属 26 个类别。

为切合统计模型的需要，我们将有明确 DDD 值药品的口服及注射剂作为样本药品纳入统计范围，J 类及 C 类样本药品各自的购进总金额分别达到这两类所有药品购进总金额的 95% 及 85% 以上。

二、数据处理

（一）规划数据结构

本研究从中国医药经济信息网数据库中提取的标准数据格式见表 15-1。

表 15-1　中国医药经济信息网数据库标准数据格式

销售年份	药品通用名	剂型	规格	零售价	销售数量

其中，对药品销售年份的界定以财物年为准进行划分。药品通用名以 WHO 在线数据库的英文通用名为准。剂型主要区分口服、注射和其他。进行以上区分主要是考虑到下一步单位处理的需要。

对药品进行分类不仅是选择样本药品的基础，还关系到指数的灵敏度。

药品分类可以参考 WHO 的 ATC 编码以及《新编药物学》进行，将药品按照解剖治疗学分为大类、亚类，在亚类下再按照化学组分次亚类，次亚类下是不同活性成分的药品，同一种药品下还可以继续按照不同给药途径、不同剂型、不同生产企业继续分类。对药品进行分类后才能按类别抽样。本研究结合全国医药经济信息网数据的情况，采用 4 级分类法，即分大类（如全身用抗感染药物、心血管系统用药，等）、亚类、次亚类及药品四个分类层次。考虑到同一活性成分不同给药途径的药品 DDD 值不同，所以在第四层次中区分给药途径，即对相同活性成分不同给药途径的药品分配不同的药品编码（例如，对注射用阿莫西林和口服阿莫西林给予 2 个药品编码）。

同时，在不同的分类层次上计算的药品价格指数值是不相同的。在大类层次上计算指数比在药品层次上计算指数对单个药品价格变化的灵敏度低。本研究分别在次亚类和药品层次上计算拉氏和帕氏价格指数，其中药品层次计算的指数用于绘制药品价格走势图，并会同次亚类层次上计算的指数用于建立指数体系及因素分析。

（二）进行数据处理

1. 单位的统一 在药品价格指数编制中，有四种处理药品数量单位的办法：①以最小零售包装为单位；②以每毫克有效成分的含量为单位；③以每粒、每片、每 5ml 液体制剂为单位；④以限定日剂量（DDD）为单位。

从采集数据的角度看，由于同种药品有多种包装规格，报告期和基期各厂家生产的同种药品的包装规格不一定一致，所以在大样本的统计中，用药品零售包装为单位会对药品数量和价格信息采集造成很大困难。

后三种办法在计算药品价格指数中都是可行的，但相比起来，DDD 将各种药品的量都转化为可使用的天数（DDDs），使不同药品之间能够比较，用 DDDs 计算的权重更有经济意义。因此本研究用 DDDs 表示药品消费量，DDDc 表示每单位 DDD 药品的价格（＝药品销售金额/DDDs）。

我们用以下公式分别计算出每种药品每年的购进量（DDDs）及价格（DDDc），以便于应用指数及指数体系因素分析的方法对数据进行统计分析。

$$\text{药品用量 } Q\text{（DDDs）}=\frac{\text{某种药品年度采购量（mg）}}{\text{该药品的限定日剂量（DDD/mg）}}$$

$$\text{药品日价格 } P\text{（DDDc）}=\frac{\text{某种药品的年销售金额（元）}}{\text{该药品的 DDDs 值（天）}}$$

采用指数体系处理数据后，最终数据的目标结构如表 15-2。

表 15-2 指数体系处理后最终数据目标结构

药品分类		药品费用（1997）	△%1996～1997			
大类	次亚类		费用	消费量	价格	结构
全身用抗感染药						
β 内酰胺类						
喹诺酮类						

续　表

药品分类		药品费用（1997）	△%1996～1997			
大类	次亚类		费用	消费量	价格	结构
大环内酯类						
…………						
心血管系统用药						
抗高血压类						
抗高脂血症类						

2. 缺价的处理　药品有自然的更新换代，所以不排除选出来的个别代表规格品有开始的几年没有上市或者最近几年退出市场的情况。处理药品缺价有以下几种方法，即，将药品上市前或退市后的价格设为：Ⅰ其保留价格；Ⅱ上市或退市时的市场价格；Ⅲ其他药品的价格指数序列推算出的价格；Ⅳ数值0。

现实中，我们很难取得某药品的保留价格，设为0没有经济意义且夸大了价格变化，用其他药品计算的价格指数序列推算相对科学但较耗时。考虑到我们选择的代表品是10年里销量排名前列的药品，发生缺价的概率不会很大，在计算时本研究拟采用第Ⅱ种方法，即将新药上市之前年份的价格设为等于它第一年在市场上销售的价格，退出市场的药品退出市场后的价格设为等于它在市场上最后一次销售的年份的价格。这也是国外药品价格指数研究中通行的处理缺价药品办法。

3. 指数方法的选择　本研究中，对物价指数的度量均以拉氏价格指数为基础：

$$K = \frac{\sum P_1 Q_0}{\sum P_0 Q_0}$$

如前文方法学部分所述，拉氏价格指数是经典的统计物价指数的方法。式中 P_1、P_0分别为某种药品在报告年份及前一年份的价格（DDDc），Q_0代表报告年份前一年的消费量（DDDs）。

考虑到数据的可得性，进行因素分析则使用“A. M”指数体系：

$$\frac{S_1}{S_0} = \frac{\Sigma P_1 Q_1}{\Sigma P_0 Q_0} = \frac{\Sigma Q_1}{\Sigma Q_0} \times \frac{\Sigma P_1 Q_0}{\Sigma P_0 Q_0} \times \frac{\dfrac{\Sigma P_1 Q_1}{\Sigma Q_1}}{\dfrac{\Sigma P_1 Q_0}{\Sigma Q_0}}$$

公式右边第1项、第2项及第3项分别表示药品购进数量、药品价格及用药结构变化对药品购进金额增加的影响。

将数据代入后，即可进行指数运算并进行数据分析。

第二节　研究过程及结果

一、药品价格与药品费用的相关性分析

（一）全身用抗感染类

为考察1996～2005年样本医院全身用抗菌药品的价格走势，我们计算了各年度的环比拉氏

价格指数。由图 15-1 可见，1996～2005 年样本医院全身用抗菌药物购进价格总体呈下降趋势，2000 年国家扩大政府定价的药品范围后价格下降尤为显著；纳入医保目录的药品的价格比医保目录外药品的价格降幅大。

价格下降较大的年份包括 2001 年、2002 年、2004 年及 2005 年，与国家历次降低抗菌药品的时间一致［（2001）1491 号，（2001）1492 号，（2002）625 号，（2004）881 号，（2005）1762 号］。

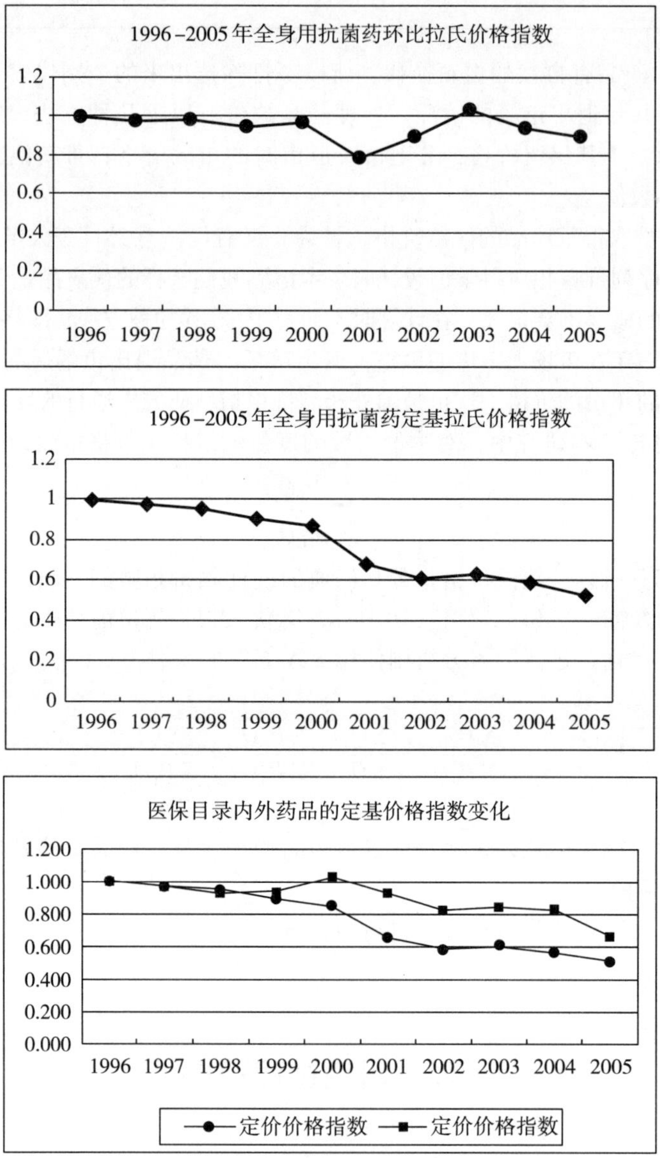

图 15-1　1996～2005 年全身用抗菌药价格指数变化

虽然药品价格水平逐年下降，但12家样本医院全身用抗感染类药品同期购进金额总体呈上升趋势（图15-2）。1996～2000年购药金额成倍增长，2001、2002、2003年有所回降，2004、2005年又再次上升。2005年的购药金额是1996年的2倍。

图15-2　1996～2005年北京市样本医院全身用抗菌药的购进金额（元）

（二）心血管系统药物

从图15-3中可见，10年来心血管类药品的价格有升有降，没有全身用抗菌类药物价格变化幅度大。不过还是能看出该类药品的总体价格2000年前略有上升，而2000年后是有所下降的。

进入医保目录的心血管类药品的购进金额及购进数量分别占该类药品的75%和70%，比较医保目录内外药品的价格指数发现，2000年以后，医保内药品的价格大幅下降，而医保外药品的价格却大幅上升，2002、2005年的降幅都较大。

尽管药品价格水平总体保持稳定，但12家样本医院心血管类药品同期的购进金额却大幅上涨（图15-4）。1996～2000年购药金额持续上涨，2001、2002、2003年涨幅减缓，2004、2005年再度大幅上涨。2005年购药金额是1996年的4倍。

综合两类药品的价格与费用数据，我们可以看出，在本研究的样本医院中，药品价格与药品总费用的变动趋势并不一致。作者因此初步判断，当前药品的费用上涨并不是直接由价格因素造成的。因此，有必要对药品费用的“非价格因素”进行分析，以找出其内在原因。

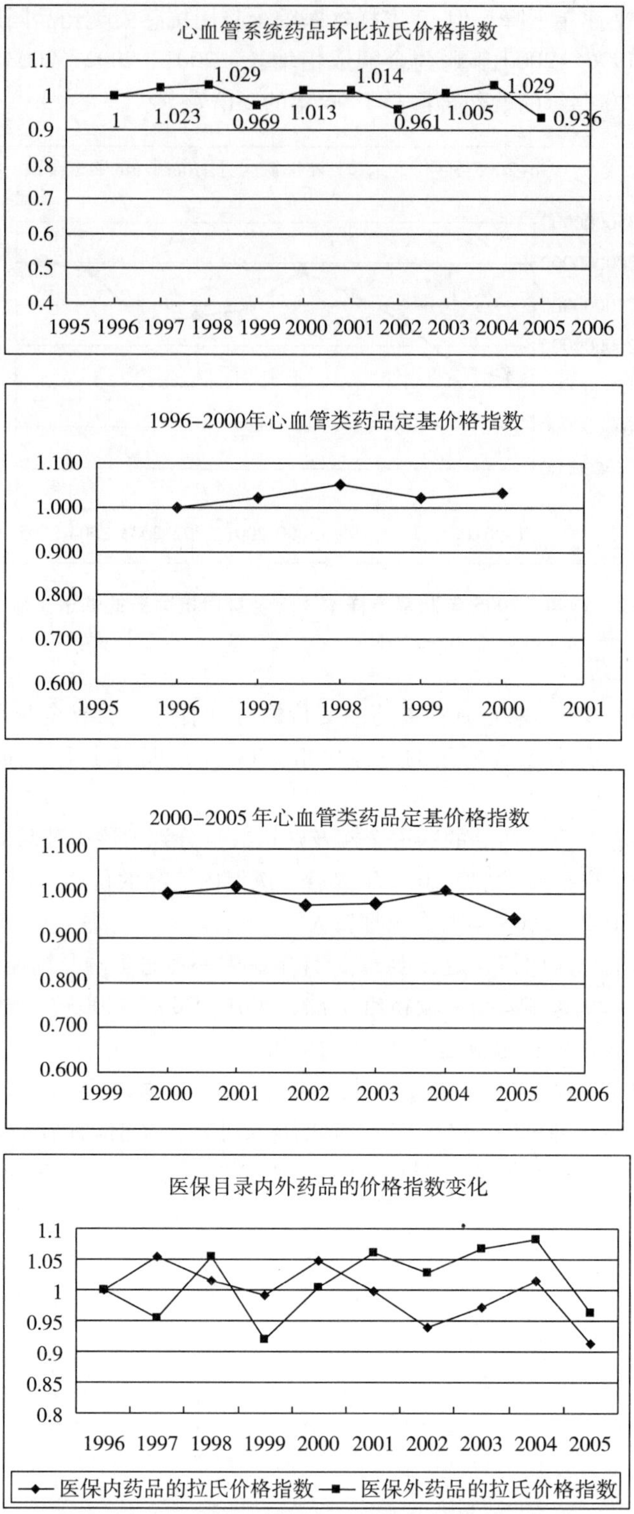

图 15-3 1996～2005 年心血管药物价格指数变化

图 15-4　1996～2005 年北京市样本医院心血管系统药物用药的购进金额（元）

二、应用指数体系法分析药品费用影响因素

（一）三因素相对数体系分析结果

我们知道，购药金额的增加除受价格影响外，还受购药的数量及购药结构（更多地购进高价药品/低价药品的趋势）的影响。药品购进价格指数逐年下降可见购药价格显然不是导致购药金额增长的原因。为找出影响购药金额增长的主要因素，我们使用“A. M”指数体系对该大样本数据进行了因素分析。分析结果如下。

由图 15-5、15-6 可见，购药数量增加及购药结构变化是导致历年购药金额大幅度增加的原因。以全身用抗感染药物 2004 年数据为例，由于 2004 年与 2003 年相比购药数量显著增加，购药金额增加了 14.5%；由于高价位药品的购入比例增加，购药金额增加了 21.7%；药品购进价格显著下降，使购药金额减少了 7.4%。各因素综合起来，2004 年购药金额比 2003 年增加了 28.8%（=14.5% +21.7% −7.4%）。

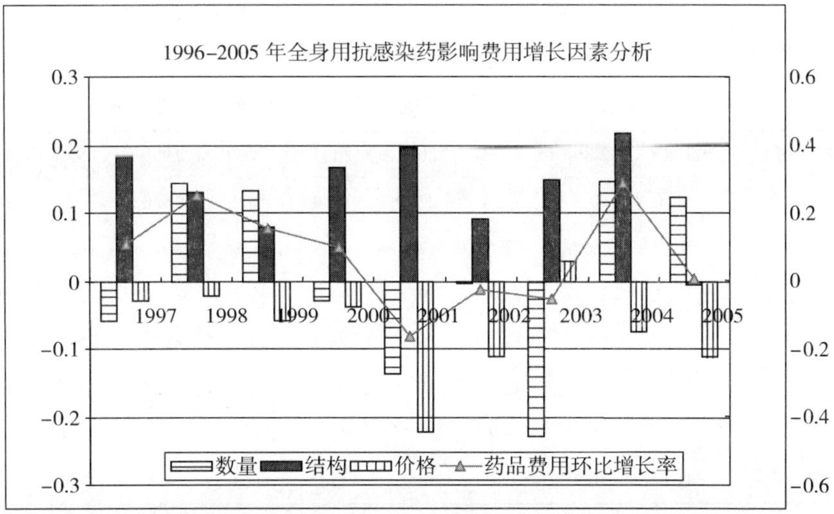

图 15-5　1996～2005 年全身用抗感染药影响费用增长因素分析

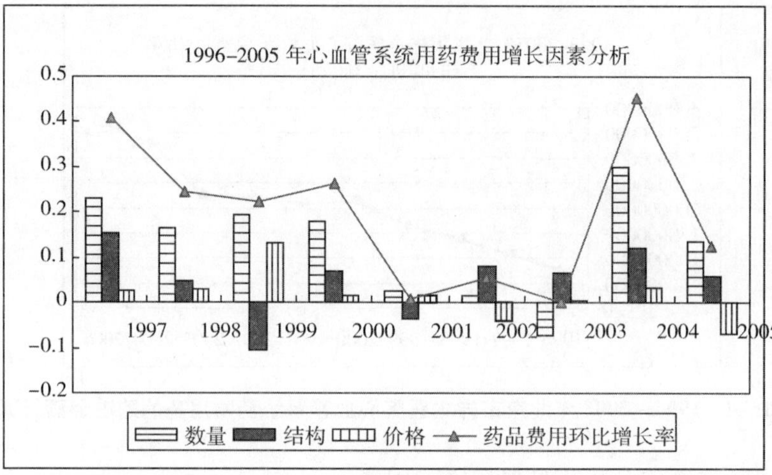

图 15-6 1996～2005 年心血管系统用药费用增长因素分析

（二）对用药结构的直观分析

运用指数方法，我们分析了解到，用药结构因素是造成药品费用增长的重要因素。但是，这里的用药结构因素如何理解？其结构的含义和层次分别是什么？在探讨这一问题之前，我们有必要采有传统方法对样本药品的用药结构进行一简单分析。

从表 15-3～15-6 可见，近 10 年来，抗菌药的用药结构发生了较大变化，体现为：a. 价格较高的其他 β-内酰胺类（该类别主要由头孢类、碳青霉烯类药品构成）、喹诺酮类、大环内酯类和林可胺类抗菌药的用量增加，而价格低廉的青霉素类药品的用量大幅度减少。目前，无论是购进数量还是购进金额，“其他 β-内酰胺类抗菌药”都占最大比例。b. 10 年来，进入销售排名前 20 名的药品有较大变化，不少在 1996 年位次靠后甚至尚未上市的药品 2005 年跻身前 20 的行列，头孢类抗生素及复合抗生素占 2005 年排名前 20 位药品的一半以上，头孢替安从 2004 年的第 83 位一跃成为 2005 年的第 11 位。

表 15-3 全身用抗感染药各子类药品销售数量所占比例（%）

类别	2005	2004	2003	2002	2001	2000	1999	1998	1997	1996
β-内酰胺类抗菌药	31.6	29.1	24.4	22.0	19.4	18.9	14.0	20.2	19.7	19.5
喹诺酮类	20.7	19.6	17.8	17.4	16.8	17.7	19.0	16.2	13.7	13.3
大环内酯类和林可胺类	20.3	23.0	24.4	19.8	20.9	19.8	18.8	19.7	19.2	15.9
青霉素类	16.7	17.1	21.6	26.2	29.7	27.3	31.2	28.0	28.2	33.9
其他抗菌药	7.0	7.2	8.0	9.4	9.6	12.0	12.5	11.1	12.5	10.9
氨基糖苷类	2.8	2.7	2.2	2.7	1.8	2.0	2.4	2.3	4.0	4.1
四环素类	0.5	0.9	1.1	0.9	1.1	1.3	1.3	1.3	1.2	0.9

表 15-4 全身用抗感染药各子类药品销售金额所占比例（%）

	2005	2004	2003	2002	2001	2000	1999	1998	1997	1996
β-内酰胺类抗菌药	52.2	52.5	46.0	44.8	43.8	45.1	46.3	51.2	53.9	55.4
喹诺酮类	19.1	19.7	23.7	25.7	25.0	21.8	18.7	13.0	8.0	7.9
大环内酯类和林可胺类	12.2	13.8	14.6	9.9	11.5	13.3	13.8	15.1	15.4	12.6
青霉素类	7.5	6.9	9.8	12.2	11.2	13.4	16.2	16.5	17.3	20.4
其他抗菌药	5.2	4.0	4.4	5.9	5.6	3.5	2.0	1.0	1.4	1.1
氨基糖苷类	3.7	2.8	1.1	1.0	2.4	2.2	2.2	2.4	3.2	1.9
四环素类	0.2	0.3	0.4	0.4	0.5	0.6	0.7	0.7	0.8	0.6

表 15-5 2005 年全身用抗感染药销售数量排名前 20 位的药品

药品		2005	2004	2003	2002	2001	2000	1999	1998	1997	1996
1 左氧氟沙星	口服	1	1	3	2	3	6	10	27	43	66
2 头孢呋辛	口服	2	3	4	8	15	9	16	8	9	10
3 阿奇霉素	口服	3	2	1	3	2	5	2	3	6	9
4 阿莫西林	口服	4	4	2	1	1	1	1	1	1	1
5 克拉霉素	口服	5	8	17	20	17	28	40	46	38	53
6 阿莫西林/克拉维酸	口服	6	7	12	14	16	14	11	17	15	12
7 头孢呋辛	注射	7	11	14	17	24	31	31	30	31	34
8 头孢克洛	口服	8	6	8	11	11	15	17	16	21	22
9 左氧氟沙星	注射	9	9	9	9	12	22	30	50	*	*
10 小檗碱	口服	10	5	6	4	6	3	6	4	2	3
11 头孢拉定	口服	11	10	7	6	7	7	9	9	4	5
12 罗红霉素	口服	12	12	5	5	4	2	8	6	7	7
13 头孢哌酮/舒巴坦	注射	13	14	18	21	22	40	39	38	44	59
14 头孢羟氨苄	口服	14	17	15	16	10	16	20	14	29	45
15 阿莫西林/克拉维酸	注射	15	15	11	10	8	13	13	13	14	15
16 头孢曲松	注射	16	13	13	13	9	12	14	15	18	20
17 青霉素 G 钠	注射	17	16	10	7	5	8	7	5	3	2
18 硫酸庆大霉素	注射	18	18	16	12	19	20	15	19	12	14
19 克林霉素	注射	19	22	22	22	27	25	29	29	25	38
20 舒巴坦/氨苄西林	注射	20	20	19	23	18	21	18	23	23	24

表 15-6　2005 年全身用抗感染药销售金额排名前 20 位的药品

药品		2005	2004	2003	2002	2001	2000	1999	1998	1997	1996
1 头孢呋辛	注射	1	3	4	5	6	6	7	5	3	5
2 左氧氟沙星	注射	2	2	1	1	1	1	4	12	*	*
3 头孢哌酮/舒巴坦	注射	3	1	2	3	4	5	5	4	4	14
4 左氧氟沙星	口服	4	4	3	2	2	3	1	2	2	2
5 头孢曲松	注射	5	5	5	4	3	2	2	1	1	1
6 依替米星	注射	6	11	31	43	73	77	*	*	*	*
7 头孢克洛	口服	7	8	9	8	8	12	17	14	23	21
8 左氧氟沙星	注射	8	6	7	25	24	*	*	*	*	*
9 头孢他啶	注射	9	7	6	6	5	8	8	6	8	9
10 克林霉素	注射	10	9	10	11	11	7	10	11	14	22
11 头孢替安	注射	11	83	*	*	*	67	73	*	*	66
12 亚胺培南/西司他丁	注射	12	10	12	10	15	15	14	15	17	20
13 头孢呋辛	口服	13	15	14	17	22	20	23	13	13	15
14 美罗培南	注射	14	17	19	21	26	37	*	*	*	*
15 舒巴坦/氨苄西林	注射	15	12	8	9	9	9	6	8	7	10
16 去甲万古霉素	注射	16	14	13	12	12	23	37	47	49	58
17 阿莫西林/克拉维酸	口服	17	16	15	19	20	19	13	22	21	13
18 克拉霉素	口服	18	18	27	24	21	26	29	35	36	42
19 阿莫西林/克拉维酸	注射	19	13	11	7	7	10	11	7	9	11
20 鱼腥草素钠	注射	20	23	17	14	17	22	24	42	*	*

注：*. 指在数据库中找不到进药数据，原因包括：该药品未上市或已退出市场；在市场上有流通但数据库没有收集该药品的数据

从表 15-7 ~ 15-10 可见，近 10 年来，心血管系统药物的更新换代比抗菌类药品更加明显，体现为：①作用于肾素 - 血管紧张素系统的药物和周围血管扩张类药品的用量增加，心脏病治疗用药和周围血管扩张药的用量大幅度减少。虽然心脏病治疗用药的用量在下滑，目前该类药物的用量在心血管系统药物中排序在第 3 位，但其使用金额排序自 1997 年起一直排序在第 1 位；②10 年来，进入销售排名前 20 名的药品有较大变化，1996 年排名前 20 的药品中只有 1/5 在 2005 年仍位列前 20，许多 1996 年排名在 50 位甚至 100 位之后的药品 2005 年成为了排名前 20 的明星品种。

表 15-7 心血管系统药物各子类药品销售数量所占比例（%）

	2005	2004	2003	2002	2001	2000	1999	1998	1997	1996
钙通道阻滞剂	23.0	21.0	18.9	18.4	17.0	19.3	18.8	17.9	20.8	25.2
肾素－血管紧张素系统药物	19.8	18.6	16.7	16.3	14.4	11.3	8.9	11.0	9.1	8.5
心脏病治疗用药	17.9	19.9	23.1	24.6	24.0	26.9	33.1	31.4	31.2	26.9
周围血管扩张药	14.5	13.9	14.7	12.5	15.8	9.4	6.3	5.7	8.4	8.4
降血脂药	12.3	13.2	11.9	11.6	11.8	14.2	14.8	12.2	12.6	13.3
β 受体阻滞剂	5.3	4.5	4.4	4.4	4.0	4.1	3.3	3.4	4.8	5.6
利尿剂	4.9	5.3	5.8	6.5	7.5	8.5	9.2	10.5	6.2	4.1
血管保护剂	1.3	2.4	3.2	4.0	3.8	4.3	4.2	6.0	5.4	5.6
其他抗高血压药	1.1	1.3	1.4	1.7	1.8	2.0	1.4	1.9	1.6	2.5

表 15-8 心血管系统药物各子类药品销售金额所占比例（%）

	2005	2004	2003	2002	2001	2000	1999	1998	1997	1996
心脏病治疗用药	24.3	25.5	26.8	30.1	29.2	28.1	30.7	31.6	24.9	17.9
钙通道阻滞剂	21.1	19.5	20.2	21.6	21.8	22.7	21.0	21.2	22.9	28.0
周围血管扩张药	17.4	18.3	15.5	12.4	13.0	12.6	11.0	8.5	15.2	13.9
肾素－血管紧张素系统药物	13.6	12.2	11.6	12.4	13.5	11.3	10.3	13.9	12.6	13.7
降血脂药	11.2	11.4	11.9	9.3	9.0	12.3	12.1	8.3	7.3	11.0
β 受体阻滞剂	7.3	6.6	7.9	7.6	7.9	7.9	8.6	8.7	8.1	8.1
其他抗高血压药	4.0	5.1	4.6	5.1	3.9	3.2	4.1	5.3	7.1	5.5
利尿剂	0.8	0.9	1.0	1.1	1.2	1.4	1.6	1.8	1.3	0.9
血管保护剂	0.3	0.6	0.5	0.4	0.5	0.6	0.6	0.8	0.7	0.9

表 15-9 2005 年心血管系统药物销售数量排名前 20 位的药品

数量		2005	2004	2003	2002	2001	2000	1999	1998	1997	1996
硝苯地平	口服	1	1	1	1	2	1	1	1	1	1
单硝酸异山梨酯	口服	2	2	2	2	3	4	3	6	5	5
氨氯地平	口服	3	4	6	6	9	7	9	12	15	17
福辛普利	口服	4	3	3	3	6	13	17	32	56	128
辛伐他汀	口服	5	6	7	12	14	14	21	34	49	48
尼麦角林	口服	6	11	52	58	51	63	36	49	42	35
双氢麦角碱	口服	7	5	4	5	1	5	8	13	11	10
维生素 E 烟酸酯	口服	8	7	5	4	5	2	2	2	2	41
西拉普利	口服	9	8	9	9	11	11	14	9	19	53
比索洛尔	口服	10	15	19	19	23	22	31	31	46	75
酒石酸美托洛尔	口服	11	13	15	16	15	15	15	15	10	9

续 表

数量		2005	2004	2003	2002	2001	2000	1999	1998	1997	1996
贝那普利	口服	12	10	11	14	12	12	11	14	18	20
氯沙坦	口服	13	19	38	47	44	53	54	86	130	128
灯盏花	注射	14	14	17	25	43	64	86	133	91	112
非洛地平	口服	15	20	49	60	53	57	59	58	21	29
吲达帕胺	口服	16	9	8	7	4	3	4	3	7	12
复方丹参	注射	17	21	12	11	16	34	42	25	39	46
马来酸依那普利	口服	18	17	18	18	19	16	12	11	9	6
阿昔莫司	口服	19	25	21	35	55	71	127	133	130	128
硝酸异山梨酯	口服	20	16	13	13	7	8	6	8	4	2

表 15-10 2005 年心血管系统药物销售金额排名前 20 位的药品

金额		2005	2004	2003	2002	2001	2000	1999	1998	1997	1996
氨氯地平	口服	1	1	2	2	4	2	2	6	6	8
硝苯地平	口服	2	2	1	1	1	3	5	5	4	4
前列地尔	注射	3	3	12	22	25	25	15	11	83	56
辛伐他汀	口服	4	5	7	9	11	11	13	17	25	24
灯盏花	注射	5	8	5	17	32	67	89	*	97	114
单硝酸异山梨酯	口服	6	6	3	3	5	7	4	2	3	3
氯沙坦	口服	7	16	31	41	20	43	45	76	*	*
三七总皂苷	注射	8	10	6	8	8	6	17	21	50	84
乌拉地尔	注射	9	7	11	10	16	14	10	4	2	6
福辛普利	口服	10	11	13	13	14	24	32	40	65	*
尼麦角林	口服	11	20	48	56	53	63	35	45	31	21
葛根素	注射	12	4	4	7	3	4	3	13	5	17
麝香/栀子/郁金/冰片	注射	13	9	8	5	9	10	11	16	*	*
比索洛尔	口服	14	15	19	16	18	18	27	25	37	58
贝那普利	口服	15	12	10	11	10	8	9	8	11	11
西拉普利	口服	16	14	15	14	13	13	19	12	19	51
门冬氨酸钾镁	注射	17	21	17	15	12	12	7	7	14	18
川芎嗪	注射	18	17	23	30	79	79	61	48	54	64
维生素 E 烟酸酯	口服	19	13	9	4	2	1	1	1	1	35
阿昔莫司	口服	20	19	18	25	51	59	*	*	*	*

注：*. 指在数据库中找不到进药数据，原因包括：该药品未上市或已退出市场；在市场上有流通但数据库没有收集该药品的数据

海虹公司同时期的一项全国研究也能说明药品的使用结构是造成费用增长的因素，如图15-7所示，降价产品的市场份额从直观上看确实下降了。

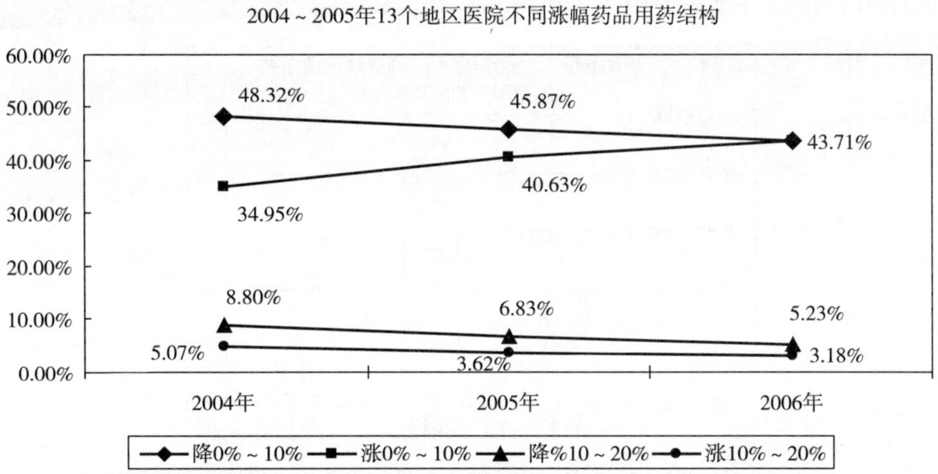

图 15-7　2004～2005 年 13 个地区医院不同涨幅药品用药结构

虽然没有明确提出，但这项研究中已经渗透了药品"价格结构"的观念，即对药品的价格属性进行抽象。但是，以上方法只能反映药品的结构发生了变化，而要明确表示药品的结构变化对费用造成了怎样的影响，则需要引入其他定量方法。

（三）对结构因素的绝对数定量研究

1. 相对数体系的对数转化法　所谓对数转化法，是指对三因素相对数体系的等式两边取自然对数：

$LnE = Ln(i) + Ln(ii) + Ln(iii)$

则三因素中某因素对药品消费金额变化贡献率的计算方法如下：

$X(i)\% = Ln(i) / Ln(E)$

进而可以得到该因素引起的药品费用金额绝对值计算如下：

$X(i) = (E_1 - E_0) \times X(i)\%$

由于医疗机构的药品集中招标采购是以年度为单位进行的，在 2 年之间可能存在由于库存管理导致的采购波动，因此，作者采用 5 年为单位进行累积，从而得到比较稳定的影响因素绝对值。

为进一步量化不同因素在不同时段对药品金额增长的影响，我们分别对 1996～2000 年和 2001～2005 年三因素对药品购进金额增加造成的影响［即导致的购进金额的增加值（元）］进行了累加（图 15-8，图 15-9），结果如下。

（1）2000 年与 1996 年相比购药金额增加了 12 180 万元，其中因购药数量增加而增加的购药金额为 3924 万元，因用药结构变化增加的购药金额为 11 459 万元，因药品价格下降减少的购药金额为 3203 万元。

（2）2005 年与 2001 年相比购药金额增加了 94 万元，其中因进药数量减少而减少的购药金额为 2574 万元，因用药结构变化增加的购药金额为 16 147 万元，价格变化减少的购药金额为

13 479 万元。

经对比可知，2000 年后购药数量的增长减缓，价格下降更为显著，而结构性的影响一直是导致药品金额增加的最主要的原因。

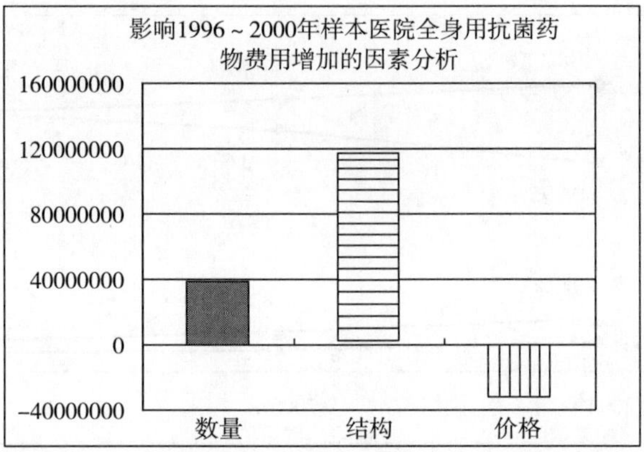

图 15-8　影响 1996 ~ 2000 年样本医院全身用抗菌药物费用增加的因素分析

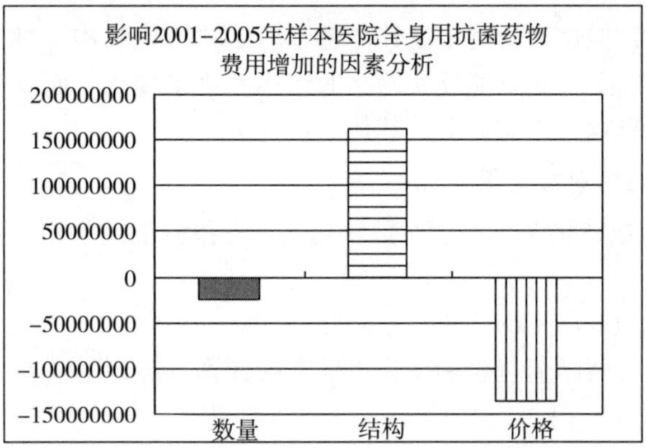

图 15-9　影响 2001 ~ 2005 年样本医院全身用抗菌药物费用增加的因素分析

与全身用抗菌药物不同，近年来心血管类疾病发病率增加，购药量增加是导致这类药品购进金额增长的最主要原因，此外，购药结构的变化近年也成为不可忽略的因素（图 15-10，图 15-11）。

我们还分别统计了 1996 ~ 2000 年和 2001 ~ 2005 年各因素引起的购进金额的增加值（元），结果如下。

（1）2000 年与 1996 年相比购药金额增加了 13116 万元，其中因购药数量增加而增加的购药金额为 9095 万元，因用药结构变化增加的购药金额为 1460 万元，因药品价格上升增加的购药金额为 2561 万元。

（2）2005 年与 2001 年相比购药金额增加了 15 400 万元，其中因进药数量增加而增加的购药金额为 10 278 万元，因用药结构变化增加的购药金额为 7062 万元，价格变化减少的购药金额为 1940 万元。

综上所述，购药量增长一直是导致心血管类药品购药金额增长的主要原因，2000 年后，药品价格变为促进购药金额下降的因素，但用药结构对金额增加的影响却大大增加。在未来可以研究药品价格水平变化与药品使用环节价格结构变化间是否存在因果关系。

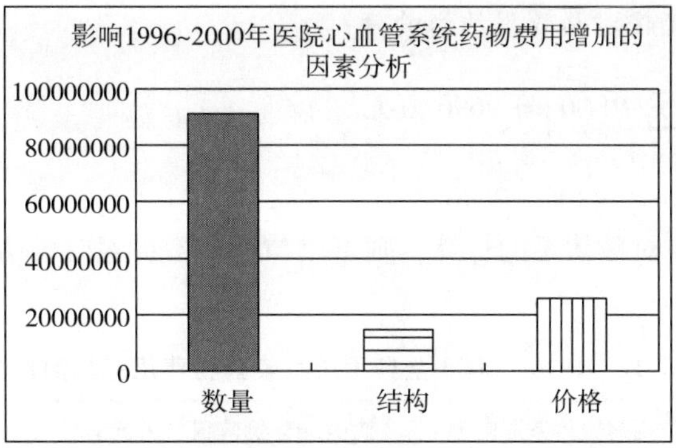

图 15-10　影响 1996 ~ 2000 年医院心血管管系系统药物费用增加的因素分析

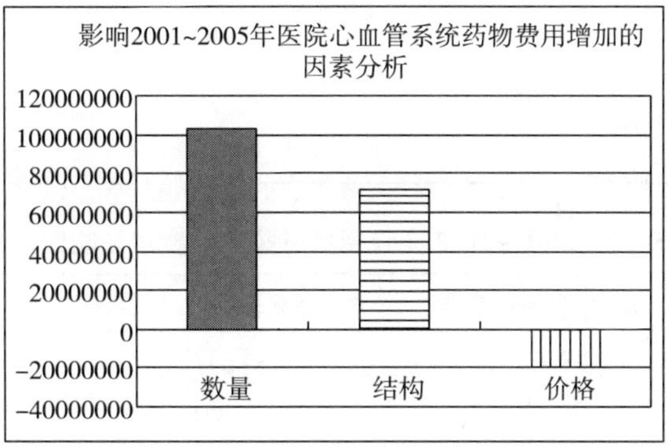

图 15-11　影响 2001 ~ 2005 年医院心血统药物增加的因素分析

2. 使用绝对数体系进行定量　药品费用影响因素的三因素绝对数体系方法是作者的原创方法，其中各因素都可以单独抽离出来进行绝对数计算。

以 1996 至 2000 年全身用抗感染类药品数据为例，介绍绝对数体系计算过程。

（1）计算药品费用变化：

$(\sum P1Q1 - \sum P0Q0) = 12180$ 万元

＊其中，P_0 指 1996 年的全身用抗感染类药品价格，Q_0 指 1996 年的全身用抗感染类药品用量，P_1 指 2000 年的全身用抗感染类药品价格，Q_1 指 2000 年的全身用抗感染类药品用量，以下涉及该符号时，时间和代表品种顺延。

（2）计算药品价格对总费用的影响额：

$(\sum P1Q0 - \sum P0Q0) = -2216$ 万元 。

（3）计算药品总用量变化对总费用的影响额：

$$\left(\sum P1Q1 - \frac{\sum Q0}{\sum Q1}\sum P1Q1\right) = 4706 \text{ 万元}。$$

（4）计算药品结构变化对总费用的影响额：

$$\left(\frac{\sum Q0}{\sum Q1}\sum P1Q1 - \sum P1Q0\right) = 9690 \text{ 万元}$$

验算：12 180 = －2216 + 4706 + 9690

按以上方法完成各绝对数体系的计算，则可以与相对数体系计算方式的结果进行对比研究（表 15-11 ~ 15-14）。

表 15-11　1996 ~ 2000 全身用抗感染药物费用影响因素分析

	相对数体系影响率	对数转化影响值（万元）	绝对数形式影响值（万元）
价格因素	0.861	－3203	－2215
物量因素	1.201	3924	4706
结构因素	1.706	11459	9689
费用变化率	1.764		
费用变化绝对值		12 180	12 180

表 15-12　2001 ~ 2005 全身用抗感染药物费用影响因素分析

	相对数体系影响率	对数转化影响值（万元）	绝对数形式影响值（万元）
价格因素	0.65	－13 479	－10 215
物量因素	0.921	－2574	－2511
结构因素	1.674	16 147	12 727
费用变化率	1.003 221		
费用变化绝对值		94	94

表 15-13　1996 ~ 2000 心血管系统药物费用影响因素分析

	相对数体系影响率	对数转化影响值（万元）	绝对数形式影响值（万元）
价格因素	1.211	2562	1666
物量因素	1.972	9095	10 356
结构因素	1.115	1460	1093
费用变化率	2.661		
费用变化绝对值		13 116	13 116

表 15-14 2001～2005 心血管系统药物费用影响因素分析

	相对数体系影响率	对数转化影响值（万元）	绝对数形式影响值（万元）
价格因素	0.935	-1940	-1421
物量因素	1.427	10278	11154
结构因素	1.277	7062	5667
费用变化率	1.703		
费用变化绝对值		15 400	15 400

从上述数据可以看出，使用绝对数形式进行因素分析的结果，从定性方向上与相对数形式基本一致。但是，使用相对数体系对数转化的方式进行计算得到的绝对值与绝对数体系的数值存在差异。具体体现在物量因素在绝对数体系中表现数值较高，而价格和结构因素表现较低。这主要是由于随着药品费用的逐年上涨，药品费用报告期的费用高于基期。在绝对数计算的过程中，由于选取的固定权重时期不同就会带来偏差。

从指数体系的经济学意义出发，相对数体系与绝对数体系具有各自的意义，前者研究药品费用变化率的构成情况，后者研究药品费用变化绝对值的构成，因此，在研究中应同时采用这两种体系相互参照以表明药品费用变化的客观情况。至于药品费用相对数体系的绝对值转化法，由于其经济学意义的欠缺，只能作为绝对数体系不完善情况下的补充，未来可能更适用于理想指数体系等不方便进行绝对数体系构建的情况。

第三节 研究结论

作者在研究建立了一套药品费用分析体系的基础上，使用北京 12 家样本医院的药品购销数据进行初步的实证分析，得到如下研究结果。

一、政府价格干预成效显著

从数据分析的结果来看，2000 年国家扩大药品政府定价范围及实施集中招标采购政策后，全身用抗菌类及心血管类药品的价格与 2000 年前相比都得到了较好的控制。尤其是全身用抗菌类药品，2000 年后价格大幅度下降。

与心血管类药品相比抗菌类药品的价格的降价幅度大得多，与国家对两类药品不同的干预力度是一致的：自 2000 年以来，国家已 8 次降低抗菌类药品的价格，但针对心血管类药品的降价只有 2 次。抗菌类药品价格下降最为显著的年份（包括 2001 年、2002 年、2004 年及 2005 年）与国家历次出台的这两类药品的降价方案的时间也是相一致的。可见国家的价格干预是最直接有效地降低药品价格的办法。

此外，目前药品国家定价范围是医保目录内的药品，我们也可以看到，无论是全身用抗菌类药品还是心血管类药品，医保目录内药品的价格比目录外药品的价格走势低。也同样说明了政府干预对降低药品价格的积极作用及其必要性。

二、对药品价格结构的控制亟待加强

对于全身用抗菌药物来说，近年用药量没有太大变化，而用药结构则发生了很大变化，成为导致这类药品费用逐年大幅度增加的最主要原因；对于心血管类药物来说，排除发病人群的增加导致的购药数量大幅度上升对药品费用增加的影响，购药结构近年来也成为导致购药费用大幅上涨的重要原因。

针对购药结构我们作测算，发现如果医疗机构保持历年的购药结构不变，可以使2005年的购药金额大幅度减少。如表15-15所示，2005年样本医院全身用抗菌类药品的购进金额为3.8亿元，如果2005年维持2004年的购药结构不变，将减少5.44%的购药费用，即约2千万的购药金额；如果维持1996年的购药结构不变，2005年则就可以减少一半以上的购药费用。

表15-15 按照历年的购药结构计算，2005年可减少的进药金额（%）

年份	2004	2002	2000	1998	1996
全身用抗感染类	-5.44%	-32.50%	-41.73%	-52.50%	-63.26%
心血管类	-10.09%	-17.81%	-27.00%	-34.81%	-43.25%

我们同时还用帕氏公式计算价格指数并与拉氏价格指数值比较，发现历年的拉氏价格指数值都比帕氏价格指数值高。从两个公式的不同统计意义可以推论：总体来看，并不存在某些舆论所认为的药品价格下降了使用量就减少的情况。对于降价药品，医疗机构的购进比例是增加而不是下降的。我们选取2003~2005年做的个案分析也同样支持这个结果：图15-12对2004年与2003年相比不同降幅的药品进行了归类，发现价格上涨的药品占购入量的比例减少了，而价格下降的药品占购入量的比例增加了。

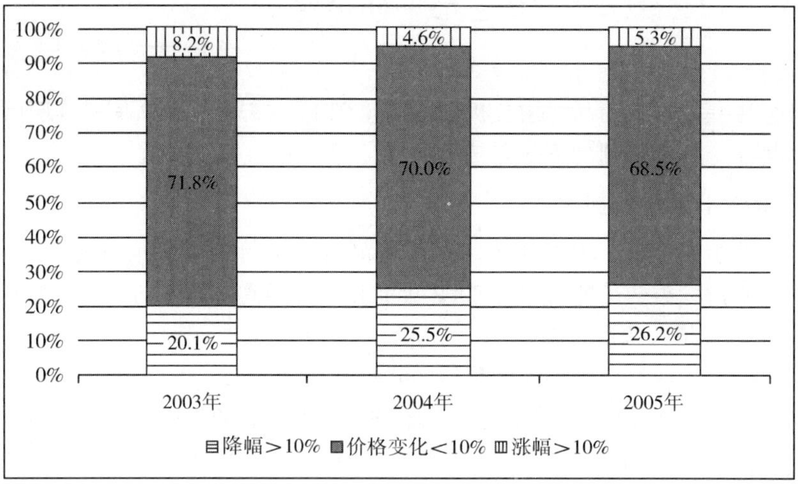

图15-12 不同降幅药品采购量变化图

当然，多购进降价药品并不就能保证购药金额减少，相反，这两类药品同期的购药金额是上升的。其中原因在于价位高的药品即便降幅较大，这些药品在降价后也仍然属于高价位的药品。所以这些降幅大的药品用量份额的增加，没能使总购药金额减少，反而使购药金额增加。

例如，2004 年与 2003 年相比，尽管降价的药品的购入比例明显增加，但购药金额仍有大幅度增长。

最后还要说明的是，医院药品价格结构的变化是医生用药行为、厂商促销行为、患者用药心理、药品正常更新换代等原因共同影响的结果，对药品价格结构的干预也必须统合考虑多方面的因素，才能获得预期的效果。

三、药品价格及费用监测体系的建立意义重大

本次研究，是国内在药品领域首次使用指数体系因素分析的方法进行的大样本的分析研究。这一方面是作者应用国际先进的定量方法解决药品价格问题的一次有力尝试，另一方面又为政府机构提供了新的决策依据。这些成果的取得，得益于中国药学会科技开发中心长期以来不懈的数据积累。正是这些翔实的数据，使得这样的定量研究成为可能。

但是，正如文章中所表述的，本次研究的数据仍然局限在医院购药层次，这使得作者只能将理论模型尽量简化。虽然最终通过“价格结构”的理论抽象，基本达到了宏观研究的要求，但要探讨出药品费用增长问题的本源，就至少还需要统计医疗机构的处方信息及药品企业的流通信息。可以说，在这次课题的工作过程中，作者深深地感到建立一套翔实而稳定的数据搜集体系的重要性。研究内容越深入细致，研究方法越先进可靠，就越是需要完善的数据支持。

从目前来看，国内现有的医药信息数据库都至少面临如下两个问题：其一，数据收集过程缺乏足够的支持与保障，以至于数据的可靠性难以保证；其二，统计工作缺乏明确的宏观指导，造成数据收集的目的性不强或数据的通用性不强。这两方面问题严重限制了药品领域价格问题定量研究的深入开展。缺乏深入细致的定量研究，如何为政策、产业、应用等各领域决策者的科学决策提供依据？

作者认为，数据的质量已经成为限制国内医疗费用领域研究的瓶颈。因此，一套由政府主导的覆盖全国的医药信息数据搜集体系的建立势在必行。该体系的成功运转，必能全面提升国内卫生经济相关定量研究的水平，为政府机构的科学决策提供更好的依据，最终为我国医疗事业的健康有序发展做出贡献。

第十六章　中国医院用药费用增长的总体趋势分析

摘　要

背景及目的：国内学者已经有很多研究论述了药品费用的过快增长问题十分严峻，但是，这种增长速度究竟有多快？本研究利用《卫生统计年鉴》的数据，期望用时间序列分析的方法来解释这一问题，也希望弥补医院药品费用增长速度预测这一当前国内研究的空白。

研究内容及方法：本章的研究对象为我国医院用药费用的总体变动情况，调研数据来自我国卫生部发布的《卫生统计年鉴》，选取的数据条目是“卫生部门综合医院药品收入”，根据数据的可得性，提取数据的时间范围从1989年到2009年。在方法学上，主要运用了时间序列数据的分解模型、长期趋势分析方法、循环变动与不规则变动分析方法的时间序列数据分析方法与时间序列预测的ARIMA模型方法。得到了医院药品费用增长趋势已得到初步控制、对药品费用占医院总收入比例下降的结论。

研究结果：通过对数据的分析和预测，得到了医院药品收入总体趋势为上升的结果。

讨论与分析：从研究中可以得知，造成2002年后医院药品费用指数显著低于GDP指数的原因在于2002年和2006年两年的医院药品费用环比增速明显低于GDP增速。另外我国卫生部门综合医院医疗与检查收入的绝对值已经大大超过了药品收入，在未来，控制药品收入以外的医疗与检查收入将成为控制卫生总费用更为重要的因素。

第一节　研究方法

一、数据来源

本章的研究对象为我国医院用药费用的总体变动情况，调研数据来自我国卫生部发布的《卫生统计年鉴》，选取的数据条目是“卫生部门综合医院药品收入”，根据数据的可得性，提取数据的时间范围从1989~2009年，具体见表16-1。

表 16-1 1989～2009 年卫生部门综合医院药品收入数据

年份	机构数	平均每所医院总收入（千元）	药品收入（千元）
1989	2081	4474	2411
1990	2438	4847	2673
1991	2654	6517	3333
1992	2604	7685	4046
1993	3357	11142	4898
1994*	—	14 332.5	6445.5
1995	3728	17 523	7993
1996	3982	21 095.6	9420.2
1997	4045	23 139	10 485.1
1998	4052	25 947	11 991
1999	4072	28 583	13 373
2000	4088	32 424	15 006
2001	4112	35 379	16 026
2002	4488	37 151	16 162
2003	4779	39 694	17 338
2004	4848	51 118	20 457
2005	4884	55 756	23 836
2006	4790	61 638	25 594
2007	4757	75 065	31 276
2008	4873	92 831	39 245
2009	4806	114 949	48 468

表 16-1 表明，卫生部门的该项统计每年的样本量都有差别，主要是由于统计面的扩展，同时也存在数据漏报等情况，总体上样本量呈逐年增加趋势。由于统计机构数的变化，被调研医院的药品收入总量相对缺乏统计意义，笔者在研究中主要对调研得到的院均数据进行统计分析，并由此代表全国医院的总体情况。

二、时间序列数据分析方法

（一）时间序列数据的分解模型

一个时间序列的高低波动是众多因素共同作用的结果，在进行时间序列分析时需要将因素按照不同的性质加以区分，按照时间序列变动形态的性质不同，可以按照如下方式分类。①长期趋势：指时间序列数据在较长时期中所表现出来的总趋势，是受某种基本因素影响的趋势，一般作为数据分析的重点；②季节变动：指时间序列数据随季节的更替而按一定的时间间隔发生的有固定规律性的变动；③循环变动：也称周期变动，指变动周期大于 1 年的有一定规律性的变动；④不规则变动：也称偶然变动，指由于偶然因素引起的社会经济现象的无规律性变动。

时间序列的构成因素包括长期趋势（T）、季节变动（S）、循环变动（C）、不规则变动（I），本研究采集的药品院均收入数据为年度数据，不存在季节变动，只存在长期趋势、循环变动和不规则变动三个影响因素，采用时间序列分析的乘法模型记作 $Y = T \cdot C \cdot I$。

（二）长期趋势分析方法

测定和分析时间序列数据的长期趋势，主要需要对数据进行修匀，一般而言，修匀的办法主要有：时距扩大法、移动平均法、指数平滑法、最小平方法等。其中，最小平方法最为常用，本文研究拟采用此方法，这种方法通过建立数学方程，给数据序列配上一条相对最合适的趋势线，使得原数列中各个实际值与趋势值的离差平方和最小。在趋势线的选择上，需要以原始数据为基础计算一些新的时间序列数据来进行分类判断：①如果数据的一阶差分近似于一个常数，则选择直线；②如果二阶差分近似于一个常数，则选择抛物线；③如果一阶差比近似于一个常数，则选择指数函数。

（三）循环变动与不规则变动分析方法

本研究采用剔除法计算循环变动和不规则变动，先剔除长期趋势 T，得到 $C \cdot I = Y/T$；再用移动平均法消除不规则变动，得到 $C = Y/T \cdot I$；再用剔除法从循环变动和不规则变动的乘积中剔除循环变动，得到不规则变动 $I = C \cdot I/C$。

三、时间序列数据预测方法

（一）药品费用预测的基本理论

一般来说，预测是指对研究对象的未来状态进行估计和推测，即由过去和现在推测未来，由已知推测未知。预测方法很多，主要包括：

弹性系数法、系统动力学方法、灰色系统理论、计量经济方法、指数平滑法、自回归滑动平均模型、人工神经网络方法、基因表达式编程、动态贝叶斯网络模型、组合预测方法、协整关系模型等。

预测方法的选取在一定程度上决定了预测结果的准确性，具体到药品费用问题，影响药品费用的因子很多，包括 GDP、卫生事业费、健康状况、医师人数、医院床位数、医疗技术、老龄人口和城市人口比例等，各因素之间又有着极其复杂的关系。因此，运用结构性因果模型对药品费用增长进行预测，一般难以达到较为理想的预测效果，故而可以考虑采用时间序列方法。随机性时间序列认为，社会经济现象的动态变化过程客观上具有随机性和不确定性，可以说其存在的状态和变化趋势正是受到这些随机因素的影响而造成的。因此，可以把社会经济现象的变化过程当作是统计概率规律在时间顺序中发挥作用的结果。随机时间序列分析主要研究相关关系。药品费用数据有着很强时间序列的特点，呈现出周期和趋势性。

时间序列分析方法又可分为两大类，一类是传统的分析方法，如指数平滑法、滑动平均法、趋势预测法、趋势季节模型预测法等确定性时间序列分析法；另一类是 1970 年 Box 和 Jenkins 提出随机理论为基础的时间序列分析方法，其基本模型有三种：自回归（AR）模型、移动平均（MA）模型和自回归差分移动平均（ARIMA）模型。而自回归（AR）模型和移动平均（MA）模型实际上就是自回归差分移动平均（ARIMA）模型的特例。这两类都是通过分析现象（变量）随时间而发展变化的特征，以现象（变量）的历史资料建立时间序列模型（或带回归项的时间序列模型）的方法。但是两种方法有所区别：一是分析的前提条件不同。传统法假定时间序列的资料存在着某个确定的模式，随机变量相对来说并不显著，并且对确定性信息提取不够充分，从而影响预测效果。而 ARIMA 法假定数据序列是由某个随机过程产生的，利用随机过程去分析描述事物的发展趋势，差分方法和 Cramer 分解定理在理论上保证了适当阶数的差分一定可以充分提取确定性信息。二是适用环境不同。与 ARIMA 法相比，传统法原理简单易懂，适合于具有某种典型趋势特征变化的社会经济现象的预测。而 ARIMA 法由于不需要对时间序列的发展模式作先验假设，同时此方法本身保证可通过反复识别修改，直至获得满意的模型，因此适合于各种类型的时间序列数据，是一种精确度相当高的短期预测方法。三是建模的基本思想不同。传统法建模的基本思想是：认为事物的变化是渐进式而不是跳跃式的，影响因素基本不变；ARIMA 法建模的基本思想是：将预测对象随时间推移而形成的数据序列视为一个随机序列，序列值虽然具有不确定性，但整个序列的变化却有一定的规律性，可以用相应的数学模型近似描述，这样就可以从时间序列的过去值及现在值预测其未来值。

（二）时间序列预测的 ARIMA 模型方法

ARIMA 模型全称为求和自回归移动平均模型（autoregressive integrated moving average model，ARIMA），是由博克思（Box）和詹金斯（Jenkins）于 20 世纪 70 年代初提出的著名时间序列预测方法，所以又称为 Box-Jenkins 模型或博克思 - 詹金斯法。其中 ARIMA（p，d，q）称为差分自回归移动平均模型，AR 是自回归，p 为自回归项；MA 为移动平均，q 为移动平均项数，d 为时间序列成为平稳时所做的差分次数。其一般的表达式为：

$$yt = \psi 0 + \psi 1 yt - 1 + \psi 2 yt - 2 + \cdots \psi pyp + \mu t + \theta 1 \mu t - 1 + \theta 2 \mu t - 2 + \cdots + \theta q \mu t - q$$

ARIMA 模型的思路：其基本原理是某些时间序列是依赖于时间 t 的一组随机变量，构成该时序的单个序列值虽然具有不确定性，但整个序列的变化却有一定的规律性，可以用相应的数学模型（如 ARIMA）近似描述。通过对该数学模型的分析研究，能够从本质上认识时间序列的结构与特征，达到最小方差意义下的最优预测。

博克思和詹金斯的 ARIMA 模型建模思路可分为一下四个步骤：

1. 对序列进行平稳性检验，如果序列不满足平稳性条件，可以通过差分变换或对数变换使序列满足平稳性条件。

2. 通过计算自相关系数和偏相关系数统计量来确定 ARIMA 模型的阶数。

3. 估计模型的未知参数，并检验参数的显著性和模型本身的合理性。

4. 进行模型诊断分析，确认模型与实际观测数据是否相符。

第二节　结果与分析

一、医院药品收入的描述统计

依据表 16-1 数据，计算出卫生部门综合医院院均药品收入的逐期增长量、累计增长量、定基发展速度、定基增长速度、环比发展速度、环比增长速度，详细结果见表 16-2。

从表 16-2 看出：①我国卫生部门综合医院药品的院均费用总体呈现上升趋势，在 1998 年和 2003 年呈现显著的加速上升趋势；②我国卫生部门综合医院药品收入的增量总体也呈上升趋势，自 2003 年开始，增加速度明显上升；③卫生部门综合医院院均药品收入的环比增速多年间变化不规律，但是自 1999 年后，呈现出周期性增长的趋势，三个波峰分别出现在 2000 年、2004 年和 2008 年，两个波谷则出现在 2002 年和 2006 年，基本以 4 年为一个周期。4 年的变化周期与我国医保目录调整的周期一样，但其内在联系尚无法准确分析。

表 16-2 1989 ~ 2009 年我国卫生部门综合医院院均药品收入及增速

年份	院均药品收入（元）	逐期增长量（元）	累计增长量（元）	定基发展速度（%）	定基增长速度（%）	环比发展速度（%）	环比增长速度（%）
1989	2411	–	–	–	–	–	–
1990	2673	262	262	110.9	10.9	110.9	10.9
1991	3333	660	922	138.2	38.2	124.7	24.7
1992	4046	713	1635	167.8	67.8	121.4	21.4
1993	4898	852	2487	203.2	103.2	121.1	21.1
1994	6446	1548	4035	267.3	167.3	131.6	31.6
1995	7993	1548	5582	331.5	231.5	124.0	24.0
1996	9420	1427	7009	390.7	290.7	117.9	17.9
1997	10485	1065	8074	434.9	334.9	111.3	11.3
1998	11991	1506	9580	497.4	397.4	114.4	14.4
1999	13373	1381	1382	111.5	11.5	111.5	11.5
2000	15 006	1633	3015	125.1	25.1	112.2	12.2
2001	16 026	1021	4035	133.7	33.7	106.8	6.8
2002	16 162	136	4171	134.8	34.8	100.8	0.8
2003	17 338	1176	5347	144.6	44.6	107.3	7.3
2004	20 457	3119	8466	170.6	70.6	118.0	18.0
2005	23 836	3379	11845	198.8	98.8	116.5	16.5
2006	25 594	1757	13603	213.4	113.4	107.4	7.4
2007	31 276	5682	19285	260.8	160.8	122.2	22.2
2008	39 245	7970	27254	327.3	227.3	125.5	25.5
2009	48 468	9223	36477	404.2	304.2	123.5	23.5

二、医院药品收入的时间序列分析

（一）院均药品收入分析

1. 长期趋势 从表 16-2 看出，我国医院药品费用总体呈现显著的上升趋势，而且通过计算增长数的一阶差分、二阶差分和一阶差比，发现其一阶差比约为一个常数，因此判定这种上升趋势呈现指数增长的特征，采用指数回归方法，对卫生部门综合医院院均药品收入数据进行趋势拟合，得到拟合结果见图 16-1。

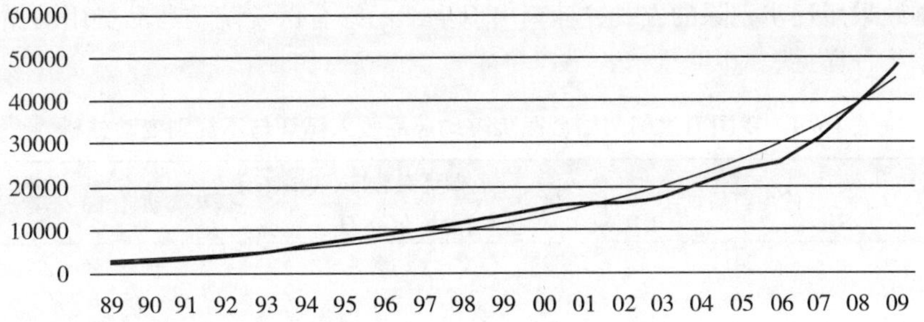

图 16-1　我国公立医院院均药品收入趋势

图 16-3 结果表明，拟合后 $R^2=0.9735$，拟合度较优。经指数拟合我国公立医院院均药品收入金额 y 对于时间变量 t 的函数关系是：$y=2517.5e^{0.1378t}$，呈现显著的指数增长特征，根据此函数关系进一步计算药品的长期趋势，结果见表 16-3。

表 16-3　我国卫生部门综合医院院均药品收入长期趋势分析

年份	t	院均实际药品收入（千元）	长期趋势 y（千元）
1989	1	2411	2889
1990	2	2673	3316
1991	3	3333	3806
1992	4	4046	4369
1993	5	4898	5014
1994	6	6446	5755
1995	7	7993	6605
1996	8	9420	7581
1997	9	10 485	8701
1998	10	11 991	9987
1999	11	13 373	11 462
2000	12	15 006	13 156
2001	13	16 026	15 100
2002	14	16 162	17 330
2003	15	17 338	19 891
2004	16	20 457	22 830
2005	17	23 836	26 203
2006	18	25 594	30 074
2007	19	31 276	34 517
2008	20	39 245	39 617
2009	21	48 468	45 471

长期趋势计算结果是进行时间序列数据分析的基础，用样本数列与时间趋势数列进行计算，可以进一步得到数列的循环变动与不规则变动信息。

2. 循环变动与不规则变动　应用时间序列分析的乘法模型，在剔除院均药品费用增长的长期因素以后继续采用逐步剔除的方式，计算出卫生部门综合医院院均药品费用的循环变动与不规则变动的结果，详见表16-4。

表16-4　我国卫生部门综合医院院均药品收入循环与不规则变动分析

年份	t	院均药品收入	长期趋势	循环变动与不规则变动（$C \cdot I$）（%）	循环变动（%）	不规则变动（%）
1989	1	2411	2889	83.4	–	–
1990	2	2673	3316	80.6	83.9	96.1
1991	3	3333	3806	87.6	86.9	100.7
1992	4	4046	4369	92.6	92.6	100.0
1993	5	4898	5014	97.7	100.8	96.9
1994	6	6446	5755	112.0	110.2	101.6
1995	7	7993	6605	121.0	119.1	101.6
1996	8	9420	7581	124.3	121.9	101.9
1997	9	10 485	8701	120.5	121.6	99.1
1998	10	11 991	9987	120.1	119.1	100.8
1999	11	13 373	11 462	116.7	116.9	99.8
2000	12	15 006	13 156	114.1	112.3	101.6
2001	13	16 026	15 100	106.1	104.5	101.6
2002	14	16 162	17 330	93.3	95.5	97.6
2003	15	17 338	19 891	87.2	90.0	96.8
2004	16	20 457	22 830	89.6	89.2	100.4
2005	17	23 836	26 203	91.0	88.6	102.7
2006	18	25 594	30 074	85.1	88.9	95.7
2007	19	31 276	34 517	90.6	91.6	98.9
2008	20	39 245	39 617	99.1	98.8	100.3
2009	21	48 468	45 471	106.6	–	–

表16-4、图16-2和图16-3结果表明：①我国卫生部门综合医院从1990～2008年，药品总收入经历了一个完整循环，循环跨度15年；②从循环变动的特点来看，第一个波峰出现在1996年，波谷出现在2003年，到2008年又呈现上升势头；③不规则变动图7-26充分展示了药品收入年度变化中偶然、短期、无序的部分特点。

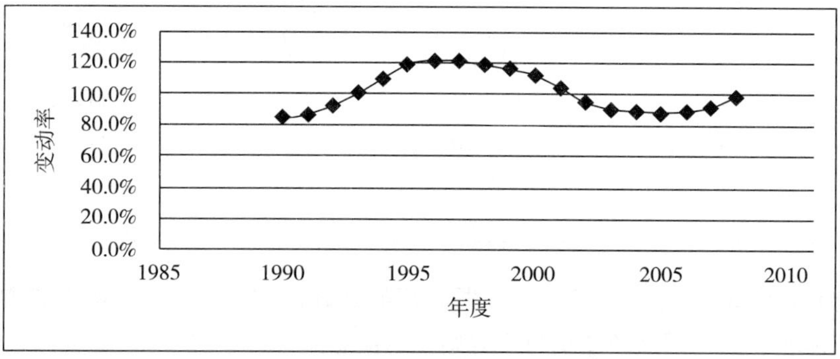

图16-2　药品总收入循环变动

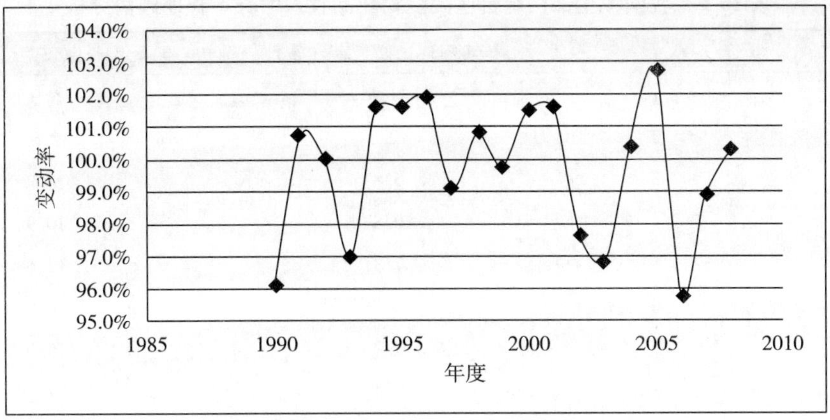

图 16-3　药品总收入不规则变动

（二）院均药品收入增长率分析

1. 长期趋势　卫生部门综合医院院均药品收入环比增长率在 1998 年之后呈现明显周期性，还呈现缓慢上升趋势。依据表 16-2 中药品收入环比增长速度数据与年份信息作出 1999 ~ 2009 年的周期性变化图，由于药品收入的绝对值增长有明显的指数特征，推论其环比增长率具有线性趋势。试用回归直线表示长期趋势，设增长趋势线满足一元线性回归模型，采用最小二乘法估计回归方程，得到时间变量 t 对院均药品收入增长率 y 的回归方程。计算出此方程的趋势线见图 16-4。

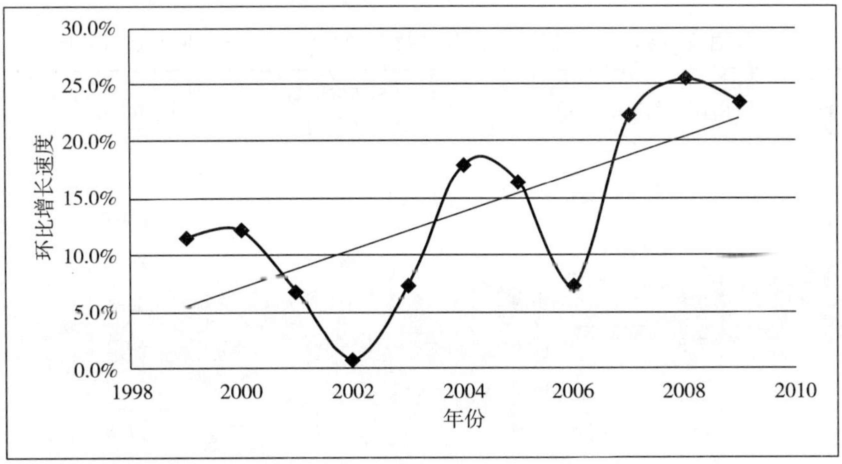

图 16-4　卫生部门综合医院院均药品收入环比增速趋势

图 16-4 表明，1999 年后的院均药品收入环比增长率呈现显著的周期性变动，根据线性趋势方程计算出药品收入环比增速的长期趋势，结果见表 16-5。

表 16-5 我国卫生部门综合医院院均药品收入增长率长期趋势分析

年份	t	年实际环比增长率（%）	环比增长率长期趋势（%）
1999	1	11.5	5.9
2000	2	12.2	7.6
2001	3	6.8	9.3
2002	4	0.8	10.9
2003	5	7.3	12.6
2004	6	18.0	14.2
2005	7	16.5	15.9
2006	8	7.4	17.5
2007	9	22.2	19.2
2008	10	25.5	20.8
2009	11	23.5	22.4

表 16-5 显示，在统计区间内，环比增长率的长期趋势与每一年度的实际值有明显差异，但这与周期性数据分析的初衷并不相悖。对于具有显著周期性的药品费用增速数据，趋势值是为使时间序列平稳化的待剔除部分，以计算出的长期趋势值为基础，可以进一步分析循环变动与不规则变动。

2. 循环变动与不规则变动 采用与院均药品收入分析方法相同的时间序列分析乘法模型，分析出院均药品收入环比增长率时间序列的长期趋势、循环变动和不规则变动，结果见表 16-6。

表 16-6 我国卫生部门综合医院院均药品收入增长率循环与不规则变动分析（%）

年份	t	院均药品收入	长期趋势	循环变动与不规则变动（C·I）	循环变动	不规则变动
1999	1	11.5	5.9	193.6	–	–
2000	2	12.2	7.6	160.6	142.6	112.7
2001	3	6.8	9.3	73.5	80.7	91.2
2002	4	0.8	10.9	7.8	46.4	16.8
2003	5	7.3	12.6	58.0	64.2	90.4
2004	6	18.0	14.2	126.7	96.3	131.6
2005	7	16.5	15.9	104.2	91.0	114.5
2006	8	7.4	17.5	42.1	87.4	48.2
2007	9	22.2	19.2	115.9	93.5	124.0
2008	10	25.5	20.8	122.5	114.4	107.1
2009	11	23.5	22.4	104.7	–	–

表 16-6 说明：①从 1999 ~ 2009 年，我国药品收入的循环变动呈现两个周期；②分析周期波动的特征，以 2004 年为界，波谷分别出现在 2002 年和 2006 年；③分析波动幅度，第二个周

期比第一个周期的变动幅度要小，从研究结果可以初步推测我国药品收入的增长速度以4～5年为一个循环周期，且循环周期内的波动幅度越来越小。同时，院均药品收入环比增长率年度变化中偶然、短期、无序的部分特点。

（三）药品收入占医院总收入的比例变化趋势

药品费用占卫生总费用的比例是一项比较有标志性的数据，一般来讲，发达国家卫生总费用中药品费用的比例低，发展中国家的药品费用比例较高。根据我国现有数据，通过药品收入占医院总收入的比例来部分代表药品费用占卫生总费用比例。统计结果见表16-7。

表16-7　我国卫生部门综合医院院均药品收入占医院总收入比例分析

年份	机构数	平均每所医院总收入（千元）	药品收入	药品收入占比例（%）
1989	2081	4474	2411	53.9
1990	2438	4847	2673	55.1
1991	2654	6517	3333	51.1
1992	2604	7685	4046	52.6
1993	3357	11 142	4898	44.0
1994	–	14 332.5	6445.5	45.0
1995	3728	17 523	7993	45.6
1996	3982	21 095.6	9420.2	44.7
1997	4045	23 139	10 485.1	45.3
1998	4052	25 947	11 991	46.2
1999	4072	28 583	13 373	46.8
2000	4088	32 424	15 006	46.3
2001	4112	35 379	16 026	45.3
2002	4488	37 151	16 162	43.5
2003	4779	39 694	17 338	43.7
2004	4848	51 118	20 457	40.0
2005	4884	55 756	23 836	42.8
2006	4790	61 638	25 594	41.5
2007	4757	75 065	31 276	41.7
2008	4873	92 831	39 245	42.3
2009	4806	114 949	48 468	42.2

表16-7数据表明，随着我国经济水平和医疗体系的发展，我国的药品收入占医院总收入的比例呈现明显的下降趋势，符合国际上药品费用占卫生总费用比例的发展趋势。

1. 长期趋势　根据表16-7数据绘制药品收入占医院总收入比例变化的散点图。对于卫生部门综合医院药品收入占医院总收入的比例平稳下降的趋势特征，采用线性拟合的方法，用回归直线方程计算趋势项，设增长趋势线满足一元线性回归模型，采用最小二乘法估计回归方程，得到时间变量t对药品收入占医院总收入比例y的函数关系，拟合出长期趋势线见图16-5。

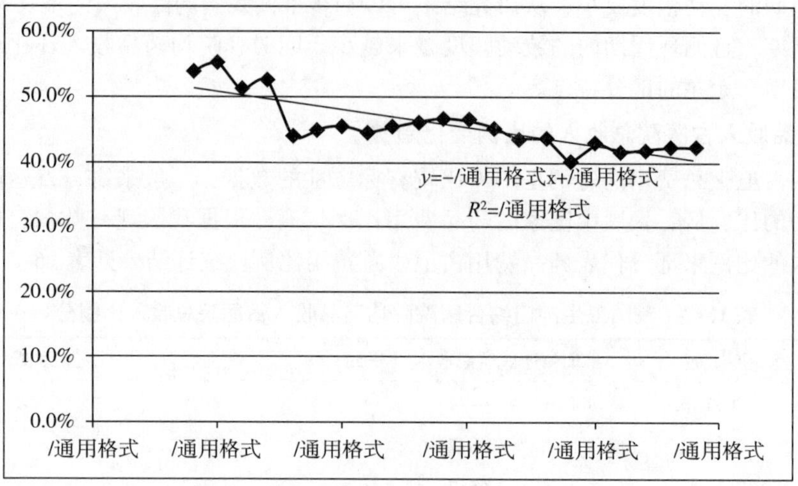

图 16-5　院均药品收入占院均总收入的比例

由图 16-5 看出，曲线拟合较优，说明院均药品收入占院均总收入比例确呈线性趋势逐年下降，进一步根据函数关系计算出长期趋势，结果见表 16-8。

表 16-8 说明：①我国卫生部门综合医院院均药品收入占院均总收入的比例实际值与长期趋势值差异不大；②从变化趋势看，长期趋势呈下降趋势，21 年间下降了 10 个百分点。以长期趋势数据为基础，可以进一步分析院均药品收入占院均总收入比例的循环变动与不规则变动。

表 16-8　院均药品收入占医院总收入比例长期趋势分析

年份	t	院均药品收入占院均总收入比例实际值（%）	院均药品收入占院均总收入比例长期趋势（%）
1989	1	53.9	51.3
1990	2	55.1	50.7
1991	3	51.1	50.2
1992	4	52.6	49.6
1993	5	44.0	49.0
1994	6	45.0	48.5
1995	7	45.6	47.9
1996	8	44.7	47.4
1997	9	45.3	46.8
1998	10	46.2	46.2
1999	11	46.8	45.7
2000	12	46.3	45.1
2001	13	45.3	44.6
2002	14	43.5	44.0

续　表

年份	t	院均药品收入占院均总收入比例实际值（%）	院均药品收入占院均总收入比例长期趋势（%）
2003	15	43.7	43.4
2004	16	40.0	42.9
2005	17	42.8	42.3
2006	18	41.5	41.8
2007	19	41.7	41.2
2008	20	42.3	40.6
2009	21	42.2	40.1

2. 循环变动与不规则变动　采用时间序列分析的乘法模型，分解出环比增长率时间序列的长期趋势、循环变动和不规则变动，结果见表 16-9、图 16-6 和图 16-7。

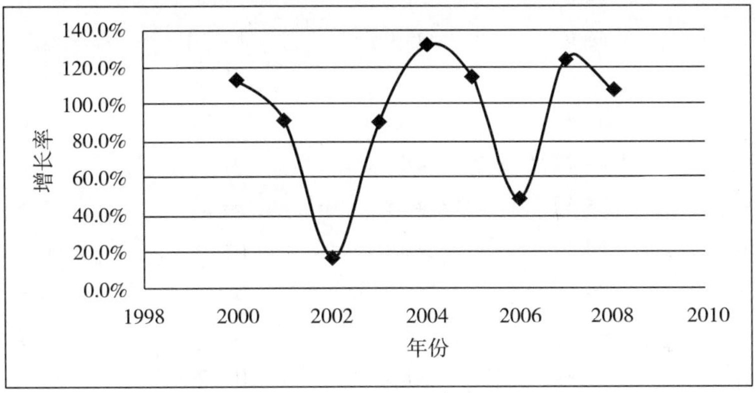

图 16-6　药品收入增速不规则变动图

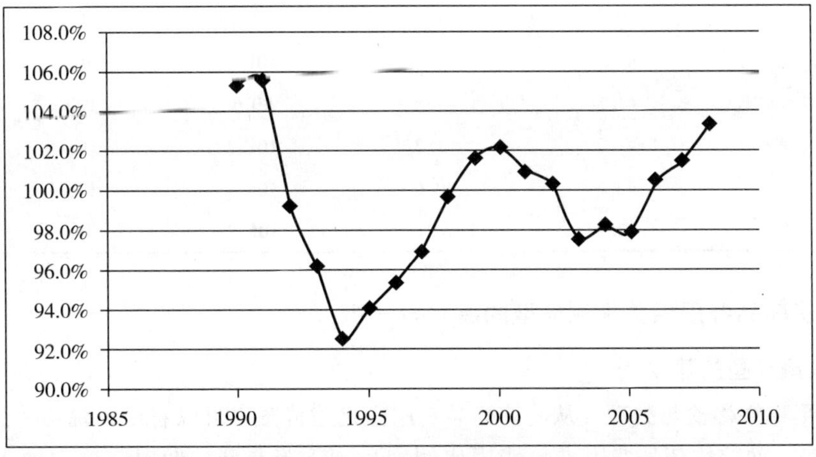

图 16-7　院均药品收入占院均总收入的比例循环变动

表16-9和图16-6表明：①从1990年到2008年，我国药品收入的循环变动呈现两个周期，第一周期从1990~2000年，第二个周期从2000~2008年；②两个周期的波峰分别出现在1991、2000这两个年份，波谷则分别出现在1994年和2003年；③从图形中可以明显看出，第二个周期比第一个周期的变动幅度要小，猜测我国药品收入占医院总收入比例的变化速度以到9到10年为一个循环周期，且循环周期内的波动幅度越来越小。

图16-7表明了院均药品收入占院均总收入比例年度变化中偶然、短期、无序的部分特点。

表16-9　院均药品收入占院均总收入比例循环与不规则变动分析（%）

年份	t	院均药品收入	长期趋势	循环变动与不规则变动（$C \cdot I$）	循环变动	不规则变动
1989	1	53.9	51.3	105.1	–	–
1990	2	55.1	50.7	108.8	105.3	103.3
1991	3	51.1	50.2	102.0	105.6	96.5
1992	4	52.6	49.6	106.2	99.3	106.9
1993	5	44.0	49.0	89.7	96.2	93.2
1994	6	45.0	48.5	92.8	92.5	100.3
1995	7	45.6	47.9	95.2	94.1	101.2
1996	8	44.7	47.4	94.3	95.5	98.8
1997	9	45.3	46.8	96.8	97.0	99.8
1998	10	46.2	46.2	100.0	99.8	100.2
1999	11	46.8	45.7	102.4	101.7	100.8
2000	12	46.3	45.1	102.6	102.2	100.3
2001	13	45.3	44.6	101.7	101.1	100.6
2002	14	43.5	44.0	98.9	100.4	98.5
2003	15	43.7	43.4	100.6	97.6	103.0
2004	16	40.0	42.9	93.4	98.3	94.9
2005	17	42.8	42.3	101.0	97.9	103.2
2006	18	41.5	41.8	99.5	100.6	98.9
2007	19	41.7	41.2	101.2	101.6	99.6
2008	20	42.3	40.6	104.1	103.5	100.6
2009	21	42.2	40.1	105.2	–	–

三、医院药品费用相关预测模型的建立与分析

（一）预测模型的建立

1. 序列平稳性检验与处理　从院均药品费用变化趋势图中可以看出，院均药品费用数据有明显上升趋势，而院均药品费用占总费用比例则呈现下降趋势，两时间序列数据均具有非稳性。单位根检验法是检查序列平稳性的标准方法，本文研究中选择了单位根检验方法中最为常

用的 ADF 检验（augmented Dickey-Fuller test），该方法的基本原理是通过在回归方程的右边加入因变量的滞后差分项来控制高阶序列相关。

$$\Delta y_t = \gamma y_{t-1} + \sum_{i=1}^{p} \beta i \Delta y_{t-1} + \mu_t \quad t = 1,2,\cdots,T$$

$$\Delta y_t = \gamma y_{t-1} + \alpha + \sum_{i=1}^{p} \beta i \Delta y_{t-1} + \mu_t \quad t = 1,2,\cdots,T$$

$$\Delta y_t = \gamma y_{t-1} + \alpha + \delta t + \sum_{i=1}^{p} \beta i \Delta y_{t-1} + \mu t \quad t = 1,2,\cdots,T$$

待检验的原假设和备选假设为：

$$\begin{cases} H_0: \gamma = 0 \\ H_1: \gamma < 0 \end{cases}$$

如果检验结果接受原假设，则意味着序列存在单位根；如果接受备选假设，则意味着序列不存在单位根，时间序列为平稳序列。

利用 Eviews 软件采用 ADF 方法对药品费用序列进行单位根检验，结果见表 16-10 和表 16-11。

表 16-10　院均药品费用序列单位根检验

		T 统计量	P 值
ADF 检验		1.982 184	0.999 6
检验关键值	1% 水平	-3.831 511	
	5% 水平	-3.029 970	
	10% 水平	-2.655 194	

表 16-11　药品费用占总费用比例序列单位根检验

		T 统计量	P 值
ADF 检验		-2.851 493	0.070 0
检验关键值	1% 水平	-3.831 511	
	5% 水平	-3.029 970	
	10% 水平	-2.655 194	

表 16-10 结果表明，院均药品费用序列以 99.96% 的概率接受原假设，意味着存在单位根的结论，说明院均药品费用序列没有通过 ADF 检验，序列是非平稳的时间序列。

表 16-11 结果表明，药品费用占总费用比例的序列只以 7.00% 的概率接受原假设，说明药品费用占总费用比例序列可以认为是一个平稳时间序列，如果追求 5% 甚至 1% 以下的置信度，也可进一步平稳化。

两序列中院均药品费用序列的非平稳性较为显著，因此直接进一步对院均药品费用序列的二阶差分进行单位根检验，而药品费用占总费用比例序列则取一阶差分平稳化后进行检验，结果分别见表 16-12 和表 16-13。

表 16-12　院均药品费用序列二阶差分单位根检验

		T 统计量	P 值
ADF 检验		0. 587 040	0. 983 8
检验关键值	1% 水平	-3. 959 148	
	5% 水平	-3. 081 002	
	10% 水平	-2. 681 330	

表 16-13　药品费用占总费用比例序列一阶差分单位根检验

		T 统计量	P 值
ADF 检验		-6. 777 488	0. 000 0
检验关键值	1% 水平	-3. 831 511	
	5% 水平	-3. 029 970	
	10% 水平	-2. 655 194	

表 16-12 结果表明，院均药品费用序列的二阶差分依然存在显著的非平稳性，仍然不能进行 ARMA 模型分析，需要进一步平稳化。

表 16-13 结果表明，药品费用占总费用比例序列的一阶差分几乎是一个完全的平稳序列，可以建立 ARMA 模型进行预测分析。

对于院均药品费用序列，由于搜集来的时间序列数据只有 21 个点，为了提高模型精度，尽量保留更多的数据信息，不应当选择更高阶差分的方式消除非平稳性。针对数据特征，采用对目标序列取对数的形式进行平稳化处理，处理中将院均药品费用时间序列记为 DE，则其自然对数为 LnDE，一阶差分序列记为$\triangle$LnDE，二阶差分序列记为$\triangle^2$LnDE，分别对院均药品费用的自然对数一阶差分序列和自然对数二阶差分序列进行单位根检验，结果分别见表 16-14 和表 16-15。

表 16-14　院均药品费用的自然对数一阶差分序列单位根检验

		T 统计量	P 值
ADF 检验		-2. 146 607	0. 230 3
检验关键值	1% 水平	-3. 831 511	
	5% 水平	-3. 029 970	
	10% 水平	-2. 655 194	

表 16-15　院均药品费用的自然对数二阶差分序列单位根检验

		T 统计量	P 值
ADF 检验		-4. 178 740	0. 005 6
检验关键值	1% 水平	-3. 886 751	
	5% 水平	-3. 052 169	
	10% 水平	-2. 666 593	

表16-14表明，院均药品费用的自然对数一阶差分序列依然有高达23.03%的概率接受单位根假设，仍然为非平稳序列。

表16-15表明，院均药品费用的自然对数二阶差分序列的单位根检验结果为0.56%，接受备选假设，时间趋势基本被消除，可认为是平稳序列。因此，以院均药品费用序列的自然对数二阶差分序列为基础建立ARMA模型，进行预测分析。

2. 模型的建立　模型建立首先需要选择合适的模型，时间序列预测分析的常用模型包括：AR（p）模型、MA（q）模型以及ARMA（p，q）模型。根据相对平稳时间序列的自相关（autocorrelations，AC）与偏自相关（partial autocorrelations，PAC）系数，进行模型选择与参数估计。

自相关系数 r_k 的估计，是通过如下公式计算时间序列 y_t 的滞后k阶的自相关系数实现的。

$$r_k = \frac{\sum_{t=k+1}^{T}(y\_t - \bar{y})(y_{t-k} - \bar{y})}{\sum_{t=k+1}^{T}(y_t - \bar{y})^2}$$

自相关系数 r_k 的高低可以反映一个时间序列的邻近数据之间存在多大程度的相关性。

偏相关系数 $\varphi_{k,k}$ 的估计，是指在给定 y_{t-1}，y_{t-2}，…，y_{t-k-1} 的条件下，y_t 与 y_{t-k-1} 之间的条件相关性。其计算公式为：

$$\varphi_{k,k} = \begin{cases} r_1, & k = 1 \\ \dfrac{r_k - \sum_{j=1}^{k-1}\varphi_{k-1,j}r_{k-j}}{1 - \sum_{j=1}^{k-1}\varphi_{k-1,j}r_{k-j}}, & k > 1 \end{cases}$$

其中，r_k 是k阶自相关系数估计值。

ARMA方法在进行模型识别时有一系列特征要求，其中，若平稳时间序列的偏相关系数是截尾的，而自相关系数是拖尾的，则可断定此序列适合AR模型；若平稳时间序列的偏相关系数是拖尾的，而自相关系数是截尾的，则可断定此序列适合MA模型；若平稳时间序列的偏相关系数和自相关系数均是拖尾的，则此序列适合ARMA模型。

采用Eviews软件计算院均药品费用和院均药品费用占院均总费用比例的自相关系数与偏自相关系数，分别得到相关系数分析表16-16和表16-17。

表16-16　院均药品费用的自然对数二阶差分序列相关系数

自相关	偏自相关	阶数	*AC*	*PAC*	*Q* 统计量	*P* 值
. *| .		. *| .		1	−0.102	−0.102	0.2324	0.630
. **| .		***| .		2	−0.336	−0.350	2.8847	0.236
. |*.		. |*.		3	0.153	0.081	3.4647	0.325
. |*.		. |*.		4	0.199	0.127	4.5160	0.341
. *| .		.	.		5	−0.069	0.053	4.6504	0.460
. *| .		. *| .		6	−0.143	−0.069	5.2781	0.509
.	.		. *| .		7	−0.040	−0.131	5.3316	0.620
. **| .		***| .		8	−0.267	−0.450	7.9158	0.442
. |*.		.	.		9	0.126	0.005	8.5512	0.480

续 表

自相关	偏自相关	阶数	*AC*	*PAC*	*Q* 统计量	*P* 值
. | . |	. * | . |	10	0.025	-0.121	8.5783	0.573
. * | . |	. | . |	11	-0.189	-0.018	10.357	0.499
. * | . |	. * | . |	12	-0.149	-0.195	11.622	0.476

表 16-17 药品费用占总费用比例的一阶差分序列相关系数

自相关	偏自相关	阶数	*AC*	*PAC*	*Q* 统计量	*P* 值
* * * | . |	* * * | . |	1	-0.445	-0.445	4.590 0	0.032
. | * *. |	. | *. |	2	0.310	0.140	6.941 7	0.031
. * | . |	. | . |	3	-0.131	0.064	7.383 9	0.061
. * | . |	. * * | . |	4	-0.095	-0.215	7.630 7	0.106
. * | . |	. * * | . |	5	-0.076	-0.235	7.801 1	0.168
. * | . |	. * | . |	6	-0.102	-0.175	8.128 7	0.229
. | . |	. * | . |	7	-0.034	-0.125	8.167 9	0.318
. | . |	. | . |	8	0.049	-0.005	8.257 7	0.409
. | *. |	. | *. |	9	0.075	0.091	8.485 1	0.486
. | . |	. * | . |	10	-0.040	-0.096	8.553 9	0.575
. | * *. |	. | * *. |	11	0.307	0.238	13.156	0.283
. * * | . |	. * | . |	12	-0.324	-0.148	18.938	0.090

表 16-16 结果表明，自相关系数 AC 在各阶均在置信区间内，而偏自相关系数 PAC 在 2 阶和 8 阶都在置信区间外，因此判断院均药品费用序列的 AC 和 PAC 值均是拖尾的，因此序列适合使用 ARIMA（p，d，q）模型进行分析。其中 d 是差分的次数或单整的阶数，经过单位根检验确定采用自然对数序列的 2 阶差分序列，因此 d 值取 2。p 是自回归的阶数，q 是移动平均的阶数。

建立院均药品费用自然对数序列的 ARIMA 模型，还需要对 p 和 q 进行定阶。对表 16-17 中时间序列数据滞后 12 阶的自相关和偏自相关函数的观察后发现，数据呈现典型拖尾特征，难以判断截尾点。在这种情况下，借鉴 PANDIT 等的（n，$n-1$）的简便定阶方法。PANDIT 等在数学上证明了 ARMA（n，$n-1$）建模的合理性，即一般总能用 ARMA（n，$n-1$）来替代 ARMA（p，q）进行试凑。经过对表 16-17 数据的分析，并运用 AIC 准则进行反复筛选，最后确定 p = 3，q = 2。因此，院均药品费用自然对数时间序列的预测分析模型确定为 ARIMA（3，2，2）。

表 16-17 结果表明，院均药品费用占院均总费用比例时间序列的 AC 和 PAC 值在 1 阶截尾。因此，院均药品费用占院均总费用比例的时间序列的预测分析模型确定为 ARIMA（1，1，1）。

利用 Eviews 软件计算，分别输出院均药品费用自然对数序列模型 ARIMA（3，2，2）和院均药品费用占院均总费用比例序列模型 ARIMA（1，1，1）的参数，结果分别见表 16-18 和表

16-19。

表 16-18　院均药品费用自然对数序列的 ARIMA（3，2，2）模型估计结果

Variable	Coefficient	Std. Error	*T* 统计量	*P* 值
C	0.002 372	0.011 353	0.208 893	0.838 7
AR（1）	0.545 189	0.314 050	1.735 992	0.113 2
AR（2）	-0.799715	0.157 151	-5.088 841	0.000 5
AR（3）	0.116 851	0.305 573	0.382 400	0.710 2
MA（1）	-0.941 780	0.382 623	-2.461 378	0.033 6
MA（2）	0.994 979	0.172 649	5.763 001	0.000 2

注：$R^2=0.6018$，Durbin-Watson stat = 1.969 3

表 16-19　院均药品费用占院均总费用比例序列的 ARIMA（1，1，1）模型估计结果

Variable	Coefficient	Std. Error	*T* 统计量	*P* 值
C	-0.006 386	0.004 917	-1.298 821	0.212 4
AR（1）	-0.759 070	0.182 752	-4.153 542	0.000 7
MA（1）	0.694 889	0.261 111	2.661 279	0.017 1

注：$R^2=0.3093$，Durbin-Watson stat = 2.304 2

表 16-18 表明，院均药品费用 ARIMA（3，2，2）模型的 $R^2=0.6018$，作为预测模型拟合度较好，Durbin-Watson stat 统计量约等于 2，模型可接受。

表 16-19 表明，院均药品费用占院均总费用比例 ARIMA（1，1，1）模型的 $R^2=0.3093$，拟合度相对较低，而且 Durbin-Watson stat = 2.304 2 明显大于 2，模型还需要进一步修正。

由于院均药品费用占院均总费用比例序列的单位根检验结果仅有 7.00% 接受原假设，因此可以直接使用原始序列而非其一阶差分形式建立模型，以消除差分过程对模型拟合的影响。调整后的模型为 ARMA（1，1），利用 Eviews 软件计算模型参数见表 16-20。

表 16-20　药品费用占总费用比例序列的 ARMA（1，1）模型估计结果

Variable	Coefficient	Std. Error	*T* 统计量	*P* 值
C	0.428 742	0.012 212	35.108 35	0.000 0
AR（1）	0.791 225	0.083 059	9.526 111	0.000 0
MA（1）	-0.919 243	0.132 870	-6.918 349	0.000 0

注：$R^2=0.7280$，Durbin-Watson stat = 1.401 6

表 16-20 表明，院均药品费用占院均总费用比例 ARMA（1，1）模型的 $R^2=0.7280$，拟合度较高，Durbin-Watson stat = 1.401 6 明显小于 2，模型可初步用于预测，但残差依然可能存在自相关。

3. 模型的检验　模型检验是对模型残差项是否为白噪声过程的检验。如果模型通过检验，则可以进行预测，否则就需要对选用模型的类型进行重新识别。

对 ARIMA（3，2，2）和 ARMA（1，1）时间序列模型的回归模拟，分别对其残差进行自相关系数和偏自相关系数检验，结果分别见表 16-21 和表 16-22。进一步对残差进行单位根检验，确认模型残差是否是平稳时间序列，结果分别见表 16-23 和表 16-24。

表 16-21 ARIMA（3，2，2）模型残差的相关系数检验

自相关	偏自相关		*AC*	*PAC*	*Q* 统计量	*P* 值
. *| .|	. *| .|	1	-0.128	-0.128	0.187 4	0.665
. | .|	. | .|	2	0.004	-0.013	0.187 6	0.910
. *| .|	. *| .|	3	-0.070	-0.072	0.265 1	0.966
. | .|	. | .|	4	0.012	-0.007	0.267 9	0.992
. *| .|	. *| .|	5	-0.138	-0.141	0.772 1	0.979
. *| .|	. *| .|	6	-0.073	-0.119	0.985 8	0.986
. *| .|	. *| .|	7	-0.107	-0.147	1.904 9	0.965

表 16-22 ARIMA（3，2，2）模型残差单位根检验

		T 统计量	*P* 值
ADF 检验		-3.506 727	0.044 1
检验关键值	1%水平		-4.803 492
	5%水平		-3.403 313
	10%水平		-2.841 819

表 16-21 和表 16-22 表明：①院均药品费用自然对数时间序列的 ARIMA（3，2，2）残差的自相关系数在各阶均在置信区间内；②单位根检验结果表明模型的残差仅以 4.41%的概率接受单位根假设，是平稳序列。因此，院均药品费用自然对数时间序列的 ARIMA（3，2，2）模型通过检验，可以用于预测分析。

表 16-23 ARMA（1，1）模型残差的相关系数检验

自相关	偏自相关		*AC*	*PAC*	*Q* 统计量	*P* 值
. | .|	. | .|	1	-0.055	-0.055	0.035 1	0.851
. * * *| .|	. * * *| .|	2	-0.444	-0.448	2.663 7	0.264
. | .|	. *| .|	3	-0.054	-0.144	2.710 1	0.439
. | .|	. * *| .|	4	-0.017	-0.304	2.716 0	0.606
. | .|	. *| .|	5	0.017	-0.168	2.723 3	0.743
. | .|	. *| .|	6	0.049	-0.191	2.820 2	0.831
. | .|	. *| .|	7	0.005	-0.161	2.821 9	0.901

表 16-24　ARMA（1，1）模型残差单位根检验

		T 统计量	P 值
ADF 检验		-4.293 029	0.022 3
检验关键值	1% 水平	-5.119 808	
	5% 水平	-3.519 595	
	10% 水平	-2.898 418	

表 16-23 和表 16-24 表明：①院均药品费用与院均总费用比例时间序列的 ARMA（1，1）模型残差的自相关系数在各阶均在置信区间内；②单位根检验结果表明模型的残差仅以 2.23% 的概率接受单位根假设，是平稳序列。因此，院均药品费用与院均总费用比例时间序列的 ARMA（1，1）模型通过检验，可以用于预测分析。

（二）预测结果与分析

1. 院均药品费用增长预测　院均药品费用时间序列的 ARIMA（3，2，2）预测模型的表达式为：

$$\Delta^2 ln\ y_t = 0.002372 + 0.545189\Delta^2 ln\ y_{t-1} - 0.799715\Delta^2 ln\ y_{t-2} + 0.116851\Delta^2 ln\ y_{t-3} + \varepsilon_t - 0.941780\varepsilon_{t-1} + 0.994979\varepsilon_{t-2}$$

根据 ARIMA（3，2，2）预测模型，采用 Eviews 软件，对院均药品费用序列 Yt 作预测，得到预测结果与实际值进行对比，结果见表 16-25 和图 16-8。

表 16-25　院均药品费用增长预测值与实际值对比

年份	实际值	预测值	相对误差（%）
1993	4898	4912	0.3
1994	6446	6419	-0.4
1995	7993	8233	3.0
1996	9420	9175	-2.6
1997	10 485	11 032	5.2
1998	11 991	12 362	3.1
1999	13 373	14 134	5.7
2000	15 006	14 506	-3.3
2001	16 026	16 344	2.0
2002	16 162	17 325	7.2
2003	17 338	16 794	-3.1
2004	20 457	18 708	-8.6
2005	23 836	23 740	-0.4
2006	25 594	27 566	7.7
2007	31 276	27 828	-11.0
2008	39 245	38 743	-1.3
2009	48 468	49 206	1.5

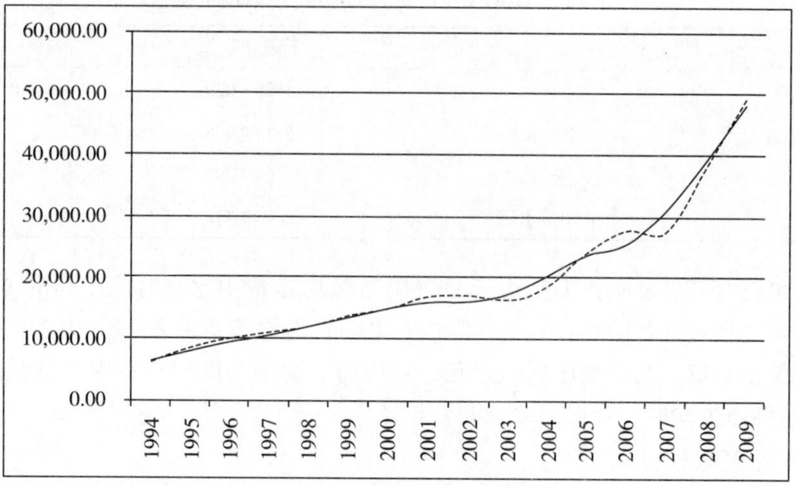

图 16-8　院均药品费用增长预测值与实际值对比

表 16-25 表明，院均药品费用增长预测值与实际值对比的相对误差基本在可接受范围内，仅有个别年份误差偏大。图 16-8 也可以得出同样结论，图中实线表示实际值，虚线表示预测值，总体预测结果较优。说明院均药品费用 ARIMA（3，2，2）模型预测效果较好，可以用于预测。

根据院均药品费用 ARIMA（3，2，2）模型，预测未来 5 年的院均药品费用增长情况，预测结果见表 16-26。

表 16-26　院均药品费用增长预测值（单位：千元）

年份	2010	2011	2012	2013	2014	2015
预测值	60 337	74 061	91 718	114 256	142 179	176 649

表 16-26 预测结果表明，到 2015 年，我国卫生部门综合医院的院均药品费用将达到的 1.7 亿元以上。

2. 药品费用在医院收入中的比例变化预测　院均药品费用占院均总费用比例的时间序列预测模型 ARMA（1，1）的表达式为：

$$y_t = 0.428742 + 0.791225y_{t-1} + \varepsilon_t - 0.919243\varepsilon_{t-1}$$

根据 ARMA（1，1）预测模型，采用用 Eviews 软件，对院均药品费用占院均总费用比例序列 Yt 作预测，得到预测结果与实际值进行对比，结果见表 16-27 和图 16-9。

表 16-27　院均药品收入占医院总收入比例预测值与实际值对比（%）

年份	实际值	预测值	相对误差
1991	51.1	51.7	1.2
1992	52.6	52.6	-0.1
1993	44.0	50.4	14.7

续　表

年份	实际值	预测值	相对误差
1994	45.0	44.5	-1.0
1995	45.6	43.4	-4.8
1996	44.7	45.7	2.3
1997	45.3	43.5	-4.0
1998	46.2	45.1	-2.5
1999	46.8	45.3	-3.2
2000	46.3	46.4	0.2
2001	45.3	45.5	0.4
2002	43.5	44.8	3.0
2003	43.7	42.8	-2.1
2004	40.0	43.1	7.7
2005	42.8	39.3	-8.0
2006	41.5	42.2	1.5
2007	41.7	40.9	-2.0
2008	42.3	41.1	-2.9
2009	42.2	41.6	-1.3

表16-27表明，院均药品收入在医院总收入中占的比例的相对误差除个别年份偏大以外，大部分也都在可接受范围内。分析预测图也可以得出同样结论，图中实线表示实际值，虚线表示预测值，总体预测结果较优。说明该ARMA（1，1）模型预测效果较好，可以用于预测，预测结果如表16-28所示。预测结果表明，从2010年起，到2015年，我国卫生部门综合医院的院均药品费用将稳定在42.9%左右，上下波动不大，如没有新的宏观环境变化，则说明我国医院药品收入在医院总收入中的构成比例达到了一个新的均衡状态。

表16-28　药品费用占医院总收入比例变化趋势预测值（%）

年份	2010	2011	2012	2013	2014	2015
预测值	42.9	42.9	42.9	42.9	42.9	42.9

第三节　小结与讨论

一、医院药品费用增长趋势已得到初步控制

研究结果显示，医院药品费用在统计区间内呈总体增长趋势，更重要的是，药品费用的增

速也呈增长趋势，尤其是1998年以来的药品费用增速呈线性增长，使得药品费用呈现指数增长特征。如果以1989年为基期，比较我国GDP增长与药品费用增长的相对关系，如图16-10所示。

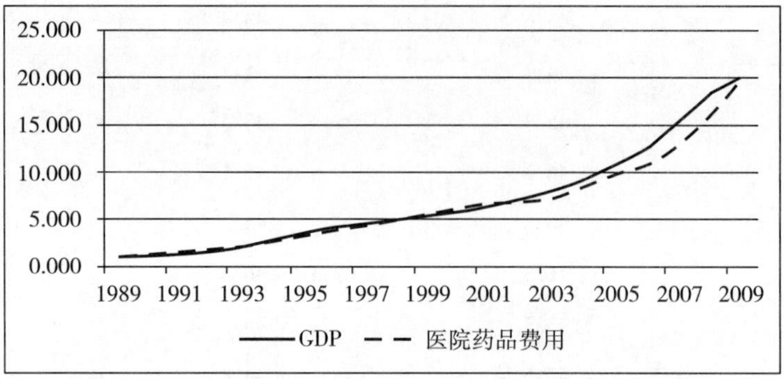

图16-10　1989年来医院药品费用与GDP相对增长对比

从图16-10中可以看出，①以1989年为基期，我国医院药品费用的增长趋势与GDP增长的趋势相当，趋势线重合度较高；②在2002年到2008年间，医院药品费用指数低于GDP指数。进一步分析多年间环比增速，得到图16-11。

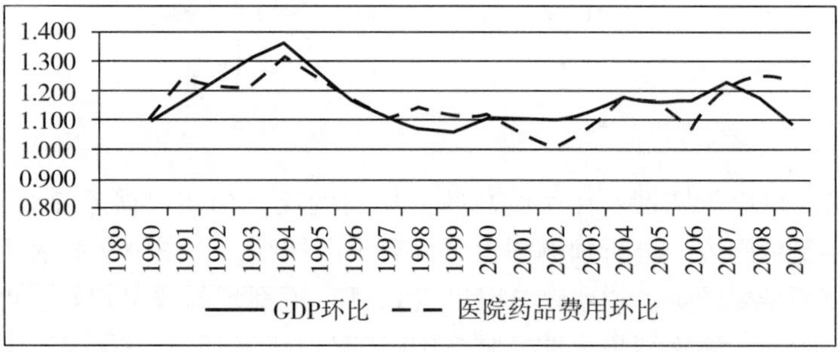

图16-11　1989年来医院药品费用与GDP环比增速对比

从图16-11中可以看出，造成2002年后医院药品费用指数显著低于GDP指数的原因在于2002年和2006年2年的医院药品费用环比增速明显低于GDP增速，其具体原因有待进一步分析。

二、对药品费用占医院总收入比例下降

在药品费用如此高速上涨的情况下，其占医院总收入的比例却在下降，这只能说明医疗与检查等其他收费项目的收入比药品费用的增幅还大，增速还快。比较卫生部门综合医院院均药品收入与除药品收入外的其他收入绝对值变化的情况，得到图16-12。

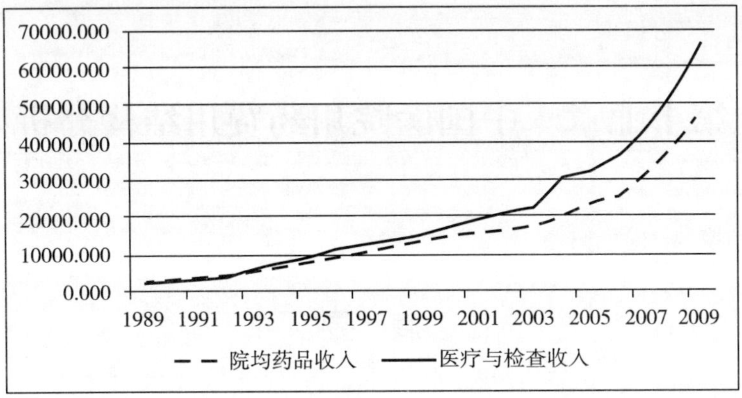

图 16-12　1989 年来医院药品收入与医疗检查收入对比

我国卫生部门综合医院医疗与检查收入的绝对值已经大大超过了药品收入，在未来，控制药品收入以外的医疗与检查收入将成为控制卫生总费用更为重要的因素。

第十七章　中国医院用药费用结构分析

摘　要

背景及目的：药品总费用的增长是由不同类别的药品费用变化加和而成，不同治疗类别的药品对于药品总费用增长的贡献水平也各不相同。本章采用抽样数据，分析部分市场份额较大的药品治疗类别在总费用增长过程中的金额变化趋势，并分析各药品治疗类别内部的药品小类金额构成结构，总结不同治疗类别药品费用结构的变化规律。

研究内容及方法：本部分研究数据取自中国药学会科技开发中心 CMEI 全国医药经济信息网数据库，该数据库包含全国数百家医疗机构的月度药品购销数据。本研究考虑到样本量问题，选取了 CMEI 数据库中样本较为稳定的 2006 年及以后的数据，样本统计时间跨度从 2006 年 1 季度至 2010 年 1 季度共 17 个季度。采用了成分数据统计分析和行业集中度分析的预测方法，得出在 2006 年 1 季度到 2010 年 1 季度的统计期内，在所有被研究的十一个类别的药品中，都出现了某一类相对较新的药品类别市场份额大幅增长的情况。产品的快速更新与市场份额扩张是所有被调研药品治疗类别市场中的共同特点，以及在各个治疗类别市场，尤其是各个小类或次亚类市场中，基本都是少数企业居于寡占或垄断地位的结论。

研究结果：本研究对十一种治疗类别药品的费用趋势、结构变化趋势、行业集中度进行了分析，得出其预测的结果。

讨论与分析：在本部分研究过程中，成分数据分析方法起到了很大的作用，但是，在具体应用中也发现了一些问题。首先是对于研究中出现的新类型产品进入市场和传统类型产品退出市场的问题，使得成分数据中有部分项目数值为 0。此外，在对成分数据的转化值进行趋势预测时，只采用了单一的线性模型，这使得趋势推断存在偏倚。这两个问题在以后的研究中需要加以注意。

第一节　数据来源与分析方法

一、数据来源

本部分研究数据取自中国药学会科技开发中心 CMEI 全国医药经济信息网数据库，该数据库包含全国数百家医疗机构的月度药品购销数据。本研究考虑到样本量问题，选取了 CMEI 数据库中样本较为稳定的2006年及以后的数据，样本统计时间跨度从2006年1季度至2010年1季度共17个季度。

调研数据包括年份、季度、次亚类分类、小类分类、ATC码、药品通用名称、企业名称、药品采购金额、DDD进货量共9个条目信息。

研究中药品分类和用量统计采用世界卫生组织推荐的ATC/DDD系统，ATC/DDD系统指解剖－治疗－化学（anatomical therapeutic chemical，ATC）以及限定日剂量（defined daily dose，DDD）。ATC系统是根据药物作用器官或系统、药物的化学、药理学和治疗学特性将药物区分为5个不同的级别，第一级是根据治疗学分类，包括14大类，第二级是在治疗学分类的基础上根据药理学区分的亚类，第三级和第四级再根据化学分类，第五级根据化学物质分类。每个药品都有自己独特的ATC系统7位编码，一般来讲，一个药品的前3位码可以确定药品的治疗领域，而前5位码可以确定药品所属的化学类别。本研究中对于药品层次的划分也以此为依据。以前3位码区分药品治疗类别，以前5位码区分药品的化学类别，从而进行分类分析与计算。

二、样本选取

根据ATC系统，化学药品在组织器官层次分为14个大类，在治疗层次分为94个亚类，由于每个组织器官层次包含的药品种类过多，且往往涵盖多种完全不相同的治疗类别，因此从治疗意义上讲，样本药品的筛选基于94个亚类的划分，也即ATC编码前3位相同的原则。

根据CMEI统计的全国医院药品销售量治疗类别排行及IMS提出的全球药品销售排行榜，笔者综合选取了十一个治疗亚类的药品采购数据进行统计分析，包括：肿瘤药、糖尿病药、高血压药、高血脂药、精神病药、哮喘药、抗抑郁药、抗感染药、胃病药、免疫增强剂类药和免疫抑制剂类药。由于CMEI系统中对于免疫增强剂类药和免疫抑制剂类药物的部分金额与厂家信息未加区分，本研究将这两类药品合并为免疫调节剂进行处理。

通过CMEI数据库进行医院样本的抽取，基于数据可得性原则，最终选取了410家自2006年1季度起有完整购药记录的医院，样本医院覆盖全国23个省级行政区。由于数据库的信息大多是大型医疗机构，因此医院样本存在明显抽样偏倚。因此，本研究只能部分解释我国医院用药费用问题。

三、结构分析与预测方法

（一）成分数据统计分析方法

本课题的研究对象是样本药品不同治疗类别的费用构成比例，以及各治疗类别中不同化学类别的费用构成比例，这类比例数据的分析问题在统计学中被称为成分数据统计，成分数据可以用p维向量X＝（x_1，x_2，…，x_p）’表示，并且X中p个分量的取值必须满足约束条件：

$$\sum_{j=1}^{p} x_j = 1, 0 \leqslant x_j < 1 \tag{1}$$

本文是对于一组按时间顺序收集的成分数据X^t，

$$X^t + \{(x_1^t, x_2^t, \cdots, x_p^t) \in R^p \mid \sum_{j=1}^{p} x_j = 1, 0 \leqslant x_j^t < 1\}, t = 1, 2, \cdots, T$$

进行时间序列分析，分析各成分的变化趋势、季节变化、周期变化和随意变化。其中重点在于分析变化趋势，并进行结构变化的短期预测。

成分数据的概念最早来自于1866年Ferrers的工作。此类数据的统计学性质相当复杂，1879年，Pearson指出了在解释各个成分之间相关性时所具有的诸多困难。Quenouille（1953，1959）发表了关于成分数据的统计模型研究。1986年，Aitchison发表了《成分数据统计分析》，提出通过对成分数据的logratio变换，建立成分数据的逻辑正态分布模型。2002年王惠文、刘强提出采用球坐标变换，消除成分数据中的冗余维度，从而在保证约束式（1）始终成立的条件下，对时间序列的成分数据进行建模分析。对于logratio变换方法与球坐标变化方法的比较问题，已经有学者进行了较为详尽的论述。虽然球坐标变化方法的种种优点都很适宜进行药品费用成分数据分析，但由于计算过于复杂，处理11大类药品数据中面临的工作量太大，因此，采用经典的logratio变换方法对文中的成分时间序列数据进行处理，其具体处理方法如下。

首先，对原成分数据 x_{jt} 做如下变换：

$$y_j^t = ln\ (x_j^t / x_p^t),\ j = 1,\ 2,\ \cdots,\ p-1;\ t = 1,\ 2,\ \cdots,\ T$$

得到变换后的数据 y_{jt}：

$$y_j^t = \{(y_1^t,\ y_2^t,\ \cdots,\ y_{p-1}^t) \mid y_j^t \in (-\infty,\ +\infty)\},\ t = 1,\ 2,\ \cdots,\ T$$

Aitchison选用 $y_j^t = ln\ (x_j^t / x_p^t)$ 作为分析变量有许多好处。首先，在变换中成分数据从原来的p维空间被降低到一个（p－1）维空间，原来的p个线性相关的变量被转换成（p－1）个独立的 y_{jt}，j＝1，2，…，p－1，因此，消除了原成分数据中的冗余维度；第二，由于 y_{jt} 在（－∞，＋∞）内取值，这对模型的函数选择带来方便；第三，由于进行了对数变换，因而有可能把非线性问题线性化。此外，根据Aitchison的研究，如果成分向量X遵从加法逻辑正态分布，则 y_{jt} 服从正态分布。

在转化得到数据 y_{jt} 后，利用数据 y_{jt} 建立分析模型，由于本章主要进行趋势分析，因此得到（p－1）个y对于t的回归模型：

$$\hat{y}_j^t = f_i\ (t) + \varepsilon_j^t,\ j = 1,\ 2,\ \cdots,\ p-1$$

对回归模型进行拟合，得到趋势线，再利用下式计算t时刻的趋势值，

$$\hat{x}_j^t = [e^{\hat{y}_j^t} / (1 + \sum_{j=1}^{p-1} e^{\hat{y}_j^t})], j = 1, 2, \cdots, p-1$$

$$\hat{x}_j^t = [1 / (1 + \sum_{j=1}^{p-1} e^{\hat{y}_j^t})], j = p$$

在假设其他外部环境不变的情况下，也可使用这种方法对（T＋l）时刻的数据成分构成进行短期预测。

$$\hat{y}_j^{t+l} = f_i\ (T+l),\ j = 1,\ 2,\ \cdots,\ p-1$$

$$\hat{x}_j^{T+l} = [e^{\hat{y}_j^{T+l}} / (1 + \sum_{j=1}^{p-1} e^{\hat{y}_j^{T+l}})], j = 1, 2, \cdots, p-1$$

$$\hat{x}_j^{T+l} = [1 / (1 + \sum_{j=1}^{p-1} e^{\hat{y}_j^{T+l}})], j = p$$

（二）行业集中度分析

药品总费用的金额结构分析中，除了分析各治疗类别的金额构成之外，还需要分析不同企

业的费用构成，从而可以分析不同治疗类别药品市场的垄断程度。笔者在这里应用行业集中度分析方法进行不同治疗类别药品的市场集中度分析。

行业集中度（concentration ratio）又称行业集中率或市场集中度（market concentration rate），是指某行业的相关市场内前 n 家最大的企业所占市场份额（产值、产量、销售额、销售量、职工人数、资产总额等）的总和，是对整个行业的市场结构集中程度的测量指标，用来衡量企业的数目和相对规模的差异，是市场势力的重要量化指标。

行业集中度是决定市场结构最基本、最重要的因素，集中体现了市场的竞争和垄断程度，经常使用的集中度计量指标有：行业集中率（CRn 指数）、赫尔芬达尔 - 赫希曼指数（Herfindahl-Hirschman index）、洛仑兹曲线、基尼系数、逆指数和熵指数等，其中集中率（CRn）与赫希曼指数（HHI）两个指标被经常运用在反垄断经济分析之中。由于两者的定性评价结果往往趋于一致，为计算简便起见，笔者在研究中采用行业的绝对集中率（CRn）来表示各个药品治疗类别子行业的竞争或垄断程度，经过对样本的检查，不存在由于某个治疗类别竞争企业过少而使得 CRn 方法无法应用的问题，因此该方法的应用在理论上是可行的。

绝对集中度指标 CRn 通常指行业内在规模上处于前 n 位企业的有关数值（如产值、产量、销售量、职工人数等，在本文中为销售量）的累计数量占整个市场或行业的份额。表示为

$$CRn = \sum_{i=1}^{n} x_i \Big/ \sum_{i=1}^{N} x_i = \sum_{i=1}^{n} s_i$$

其中，x_i表示产业中第 i 位企业销售量，n 表示排名为前 n 位，N 表示市场中所有企业的总数；s_i表示产业中排名第 i 位企业的市场占有率.

通常 $n=4$ 或者 $n=8$，此时，行业集中度就分别表示产业内规模最大的前 4 家或者前 8 家企业的集中度。根据美国经济学家贝恩和日本通产省对产业集中度的划分标准，将产业市场结构分为寡占型（$CR_8 \geq 40\%$）和竞争型（$CR_8 < 40\%$）两类。其中，寡占型又细分为极高寡占型（$CR_8 \geq 70\%$）和低集中寡占型（$40\% \leq CR_8 < 70\%$）；竞争型又细分为低集中竞争型（$20\% \leq CR_8 < 40\%$）和分散竞争型（$CR_8 < 20\%$）。

第二节　样本医院样本药品总体费用结构分析

一、样本数据的描述

对调研的 410 家样本医院的所有样本药品数据进行加总，得到分季度的样本药品总费用数据。由于 410 家样本医院的总费用数量较大，因此在分析中将 2006 年第 1 季度的药品费用指数设为 1.00，将其他各季度药品费用与 2006 年 1 季度费用相比较所得的相对数，建立定基药品费用指数序列。计算得到样本医院样本药品总费用及定基费用指数序列，结果见表 17-1 和图 17-1。

表 17-1 样本医院样本药品总费用及指数统计

年度	季度	样本总费用（元）	总费用指数
2006	1	41 224 034	1.000
	2	44 532 276	1.080
	3	47 500 879	1.152
	4	48 401 735	1.174
2007	1	53 255 825	1.292
	2	60 100 016	1.458
	3	61 544 634	1.493
	4	69 105 266	1.676
2008	1	72 615 444	1.761
	2	78 990 125	1.916
	3	87 585 271	2.125
	4	88 147 615	2.138
2009	1	87 128 681	2.114
	2	101 806 070	2.470
	3	111 120 573	2.696
	4	108 487 666	2.632
2010	1	116 793 887	2.833

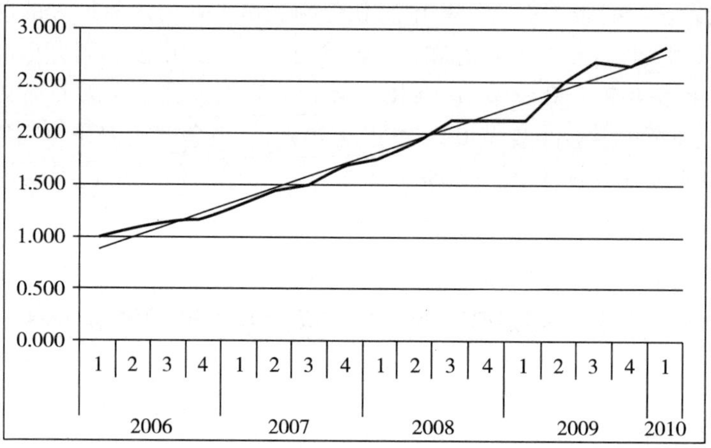

图 17-1 样本医院样本药品费用指数变化趋势

图 17-1 表明，样本医院样本药品总费用指数呈线性上升趋势，对数据进行线性拟合，R^2 值达到 0.979 6，拟合效果较优，可以确定样本医院样本药品的费用具有线性上涨的趋势。

由于样本数据是分季度统计的，因此其时间序列中含有季节因素，而且，药品使用本身很可能受到季节的影响，因此，首先进行季节时间序列分析。采用同期平均法，计算样本医院样本药品费用指数的季节系数，结果见表 17-2。

表 17-2 样本医院样本药品费用指数季节系数

	Q_1	Q_2	Q_3	Q_4	合计	季平均
2006	1.000	1.080	1.152	1.174	4.407	1.102
2007	1.292	1.458	1.493	1.676	5.919	1.480
2008	1.761	1.916	2.125	2.138	7.940	1.985
2009	2.114	2.470	2.696	2.632	9.910	2.478
合计	6.167	6.924	7.465	7.620	28.176	7.044
同季平均数	1.542	1.731	1.866	1.905	7.044	1.761
季节系数（%）	87.5	98.3	106.0	108.2	400.0	100.0

然后，对样本费用指数采用移动平均法剔除趋势，进行时间序列分析，计算其循环与不规则变动，结果见表 17-3。

表 17-3 样本医院样本药品费用指数循环与不规则变动

年度	季度	总费用指数	四季移动平均	趋势值	剩余值	季节指数（%）	循环与不规则变动
2006	1	1.000	–	–	–	–	–
	2	1.080	1.102	–	–	–	–
	3	1.152	1.175	1.138	1.012	106.0	0.955
	4	1.174	1.269	1.222	0.961	108.2	0.888
2007	1	1.292	1.354	1.312	0.985	87.5	1.125
	2	1.458	1.480	1.417	1.029	98.3	1.047
	3	1.493	1.597	1.538	0.970	106.0	0.916
	4	1.676	1.712	1.654	1.013	108.2	0.937
2008	1	1.761	1.870	1.791	0.984	87.5	1.124
	2	1.916	1.985	1.927	0.994	98.3	1.011
	3	2.125	2.073	2.029	1.047	106.0	0.988
	4	2.138	2.211	2.142	0.998	108.2	0.923
2009	1	2.114	2.354	2.283	0.926	87.5	1.058
	2	2.470	2.478	2.416	1.022	98.3	1.040
	3	2.696	2.657	2.568	1.050	106.0	0.991
	4	2.632	–	–	–	–	–
2010	1	2.833	–	–	–	–	–

表 17-3 表明：①移动平均剔除趋势值后，剩余的部分呈现很明显的不规则变动特征，而剔除季节指数后发现，剩余的循环变动与不规则变动项有很明显的季节相关波动；②由同期平均法计算的季节系数在每个季节周期内呈递增趋势，这很有可能是总体费用指数的递增趋势在平均季节指数计算中的体现；③观察费用指数变化图，很难直观看出其变化存在季节特征。因

此，样本医院的药品费用指数不存在季节差，可以将之视为一个普通的17单元时间序列。但为了避免可能存在的季节因素带来的差异，本研究在可能受季节干扰的分析中均采用1季度同期数据的分析方法。

二、药品费用的结构

样本医院的十一大类样本药品构成了一个费用总体，计算各类别药品在各年度1季度同期占样本总费用的比例，结果见表17-4。

表17-4　样本医院样本药品类别构成（%）

治疗类别	ATC	2006	2007	2008	2009	2010
降糖药	A10	7.98	7.84	7.13	7.24	3.68
调节胃酸紊乱用药	A02	6.04	6.44	6.19	6.69	7.23
抗哮喘药	R03	1.32	1.70	1.99	1.96	2.37
高血压（ACEI/ARB）	C09	3.55	3.66	3.66	3.92	3.96
降血脂药	C10	2.08	2.09	2.14	2.37	2.51
抗感染用药	J01	46.45	46.56	46.58	44.04	44.88
肿瘤用药	L01	14.46	14.92	16.02	17.51	18.26
免疫增强剂	L03	8.99	8.50	8.56	8.48	9.18
免疫抑制剂	L04	6.72	5.93	5.36	5.42	5.35
抗抑郁	N06	1.38	1.32	1.27	1.24	1.29
抗精神病	N05	1.03	1.04	1.11	1.14	1.30

表17-4表明：①抗感染药在样本药品中一直占据最高的使用份额，其次为肿瘤用药和免疫增强剂类用药；②从2006年到2010年，抗感染药物的使用份额显著下降，降糖药的份额下降更为明显，但在2010年1季度的突降有可能是异常值，需要进一步深入研究；③从2006年到2010年，抗肿瘤药和抗哮喘药的市场份额增长迅速，其中抗肿瘤药物的市场份额绝对值增加明显，而抗哮喘药的市场份额相对水平增长显著。其他药物也都有平稳的上涨趋势。

从总体上看，各治疗类别药品的相对市场占有率在样本数据统计期间没有大的波动，在统计的4年间，抗感染药物和降血糖药物的市场份额下降反映了两种传统大份额治疗类别相对市场优势的减退，虽然这两类药品的金额仍然在上涨，但增速明显落后于抗肿瘤药、抗哮喘药和调节胃酸紊乱用药等。为探究其具体原因，本文将分别对十一个治疗类别进行逐个分析，以期找出其变化规律和驱动因素。

三、样本药品费用结构变动的趋势分析

样本药品在治疗类别层次构成了一个典型的成分数据结构，本文采用logratio变换法对样本药品费用构成数据进行转换，选择N05抗精神病药为对数转换的基准数（根据logratio转换法的统计意义，选择任意不为0的成分序列作为基准序列都是可以的，对结果无影响）。计算得到11个类别样本药品的logratio变换序列，结果见表17-5。

表 17-5　样本药品成分数据 logratio 变换序列

治疗类别（ATC）	年度	2006	2007	2008	2009	2010*
	季度	1	1	1	1	1
降糖药	A10	2.050 8	2.017 4	1.860 2	1.850 9	1.704 7
调节胃酸紊乱用药	A02	1.771 3	1.819 5	1.718 5	1.772 1	1.722 0
抗哮喘药	R03	0.251 1	0.487 8	0.583 6	0.546 8	0.549 5
高血压（ACEI/ARB）	C09	1.240 8	1.255 4	1.193 8	1.237 5	1.110 9
降血脂药	C10	0.708 0	0.693 4	0.653 9	0.736 5	0.732 6
抗感染用药	J01	3.812 1	3.798 4	3.736 5	3.657 1	3.616 6
肿瘤用药	L01	2.644 8	2.660 7	2.668 9	2.734 5	2.707 8
免疫增强剂	L03	2.170 0	2.098 0	2.042 2	2.009 4	2.000 1
免疫抑制剂	L04	1.878 9	1.737 8	1.574 1	1.561 6	1.409 4
抗抑郁	N06	0.294 8	0.234 2	0.134 8	0.084 3	0.003 4
抗精神病	N05	–	–	–	–	–

注：* 由于降糖药在 2010 年 1 季度数据有明显突越，故在分析中取降糖药的线性外推数据作为分析对象

在表 17-5 结果的基础上，对转化数据分别做趋势分析，采用线性回归的方法对各类别的转化数据进行拟合，发现基本都符合线性趋势，拟合结果见表 17-6。

表 17-6　样本药品各类别线性趋势拟合结果

治疗类别	ATC	斜率	截距
降糖药	A10	-0.021	2.065
调节胃酸紊乱用药	A02	-0.003	1.773
抗哮喘药	R03	0.017	0.265
高血压（ACEI/ARB）	C09	-0.007	1.231
降血脂药	C10	0.002	0.693
抗感染用药	J01	-0.013	3.836
肿瘤用药	L01	0.002	2.676
免疫增强剂	L03	-0.010	2.177
免疫抑制剂	L04	1.765	1.848
抗抑郁	N06	-0.020	0.339
抗精神病	N05	–	–

在表 17-6 结果基础上，采用线性外推法，预测 2012 年 1 季度的成分数据转化值，再应用公式

$$\hat{y}_j^{t+l} = f_i\ (T+l),\ j=1,\ 2,\ \cdots,\ p-1$$

$$\hat{x}_j^{T+l} = \left[e^{\hat{y}_j^{T+l}} / \left(1 + \sum_{j=1}^{p-1} e^{\hat{y}_j^{T+l}}\right)\right], j = 1,2,\cdots,p-1$$

$$\hat{x}_j^{T+l} = \left[1 / \left(1 + \sum_{j=1}^{p-1} e^{\hat{y}_j^{T+l}}\right)\right], j = p$$

计算得到预测值，结果见表 17-7。

表 17-7 样本药品各类别 2011 及 2012 年 1 季度费用预测

治疗类别	ATC	$2011Q_1$（%）	$2012Q_1$（%）
降糖药	A10	6.27	5.96
调节胃酸紊乱用药	A02	6.86	7.02
抗哮喘药	R03	2.30	2.54
高血压（ACEI/ARB）	C09	3.66	3.69
降血脂药	C10	2.60	2.72
抗感染用药	J01	43.82	43.11
肿瘤用药	L01	18.74	19.55
免疫增强剂	L03	8.79	8.74
免疫抑制剂	L04	4.58	4.28
抗抑郁	N06	1.15	1.10
抗精神病	N05	1.24	1.28

表 17-7 表明，到 2012 年 1 季度，抗感染药物的市场份额在样本药品中将下降到 43%，而抗肿瘤药物将增长至接近 20%。

本研究采用外推法可以在一定程度上进行药品金额结构的短期预测，此理论方法与思路具有推广价值。

第三节 不同治疗类别药品费用结构分析

一、调节胃酸紊乱用药

（一）费用趋势分析

统计样本医院 2006 年 1 季度到 2010 年 2 季度的胃酸紊乱用药金额，分析该类药品的市场构成，发现相对于排名市场份额前两位的质子泵抑制剂与 H_2-受体阻断剂而言，其他的药品类别相对市场份额过低，因此将钙化合物，含碳酸氢钠的抗酸药，抗胃肠胀气药，铝、钙和镁化合物复方和复合制剂，铝化合物，其他复合抗酸药，其他治疗消化道溃疡的药物，以及前列腺素类药物合并为“其他类”。

从调节胃酸紊乱用药的各个产品类别的构成情况看：①按照产品分类，金额市场中，质子泵抑制剂占有绝对的优势，并保持快速的增长，同时其所占份额也呈现增长趋势；②其他调节胃酸紊乱用药金额变化不大，在总金额上涨的情况下，相对市场份额在不断降低。

（二）结构变化趋势分析

将调节胃酸紊乱用药的小类构成数据作为成分数据进行统计分析，在 logratio 变换之后，就可以进行趋势预测，为了计算简便，我们在这里假设各类药品的市场份额呈线性趋势变化，从而得到调节胃酸紊乱用药市场结构的线性趋势预测，结果见表 17-8。

表 17-8 调节胃酸紊乱用药市场结构变化短期趋势预测（%）

小类	2010 年 1 季度实际值	2011 年 1 季度预测值	2012 年 1 季度预测值
H_2-受体阻断剂	2.82	1.90	1.28
钙化合物	0.00	0.00	0.00
含碳酸氢钠的抗酸药	0.00	0.00	0.00
抗胃肠胀气药	0.14	0.15	0.15
铝、钙和镁化合物复方和复合制剂	2.55	2.25	1.98
铝化合物	1.29	1.24	1.19
其他复合抗酸药	2.40	2.16	1.93
其他治疗消化道溃疡的药物	2.45	2.20	1.96
前列腺素类	0.20	0.18	0.16
质子泵抑制剂	88.14	89.93	91.36

从表 17-8 中可以看出：①质子泵抑制剂的市场份额呈现显著上升趋势，根据曲线外推法推测，到 2012 年 1 季度，质子泵抑制剂的市场份额将继续上升至 91.36%；②除胃胀气药之外，其他各类别的调节胃酸紊乱用药市场份额将全面下降。

（三）行业集中度分析

将调节胃酸紊乱药作为一个整体市场，利用市场集中度的 CR_4 和 CR_8 指标，分析调节胃酸紊乱药市场集中度，得到集中度变化趋势，结果见表 17-9。

表 17-9 调节胃酸紊乱用药市场集中度分析（%）

集中度	2006 年	2007 年	2008 年	2009 年
CR_4	45.23	46.75	48.52	49.59
CR_8	61.53	63.27	65.05	65.91

从表 17-9 中数据可以看出：①调节胃酸紊乱用药市场的集中度按照贝恩市场集中度分型标准属于中下集中寡占型，总体行业集中度较低；②从集中度变化趋势看，总体集中度呈现上涨趋势。进一步分析胃酸紊乱用药的各个小类市场，得到结果见表 17-10。

表 17-10 调节胃酸紊乱用药各小类市场集中度分析（%）

小类	指标	2006 年	2007 年	2008 年	2009 年
H_2-受体阻断剂	CR_4	45.23	46.75	48.52	49.59
	CR_8	61.53	63.27	65.05	65.91
质子泵抑制剂类	CR_4	59.94	57.77	57.24	57.18
	CR_8	81.53	78.20	76.73	75.99
抗酸药类	CR_4	91.61	91.62	92.90	94.97
	CR_8	99.36	98.81	99.09	99.19

从细分市场集中度来看，①H_2-受体阻断剂类药物正处于中下集中寡占型，集中度在缓慢提高；②质子泵抑制剂类则处于中上集中寡占型，集中度在缓慢降低；③抗酸药类则属于极高寡占性，且集中程度还在升高。由于其他小类药的公司数目有限，不符合进行 CR_8 分析的要求，因此未纳入此类统计。

总体而言，调节胃酸紊乱类药品的费用上涨主要由质子泵抑制剂类药品金额的增长驱动，而在这一个高速增长的市场中，竞争相对比较激烈，市场集中度呈现下降趋势，主要表现为国内仿制药品企业的奥美拉唑、兰索拉唑及泮托拉唑等仿制品市场份额的增长。

二、降糖药物

（一）费用趋势分析

样本医院糖尿病用药费用的统计区间是从 2006 年 1 季度到 2009 年 4 季度，2010 年 1 季度的原始数据缺少磺脲类和其他类的统计，在总体费用构成分析中，糖尿病用药 2010 年 1 季度的数据采用曲线外推法进行了补偿，而本部分研究将仅使用原始数据。

分析糖尿病用药的不同小类的金额构成分析，发现：①按照产品分类，金额市场份额中，最大的一部分来自于α-葡萄糖苷酶抑制剂，其次为磺胺类，尿素衍生物；②各类药物的份额均较为稳定；③糖尿病用药的总量变动呈现出季节性波动，第一季度销量较低，第二季度最高之后缓慢下降；④糖尿病用药的构成比例也呈现季节特征，主要体现为α-葡萄糖苷酶抑制剂消费金额的季节波动性。由于糖尿病本身并非季节性疾病，因此这种金额波动的季节性成因有待进一步深入研究。

（二）费用结构变化趋势分析

对降糖药的各类成分数据进行 logratio 变换之后，就可以进行趋势预测，为了计算简便，我们在这里同样假设各类药品的市场份额呈线性趋势变化，从而得到降糖药市场结构的线性趋势预测如表 17-11。

表 17-11 糖尿病用药市场结构变化短期趋势预测（%）

小类	2010 年 1 季度实际值	2011 年 1 季度预测值	2012 年 1 季度预测值
α-葡萄糖苷酶抑制剂	35.11	33.60	31.97
磺胺类，尿素衍生物	20.42	19.12	17.81
其他口服降血糖药	18.79	21.56	24.61
噻唑啉二酮	13.00	13.21	13.35
双胍类	12.69	12.50	12.25

从表 17-11 可以看出，①传统的α-葡萄糖苷酶抑制剂和磺脲类药物的市场份额将进一步下降，根据曲线外推法推测，到 2012 年 1 季度，α-葡萄糖苷酶抑制剂的市场份额将下降至 31.97%，磺脲类药物的市场份额下降至 17.81%；②包含有多种新药的其他口服降血糖药类市场份额将大幅上升，预计到 2012 年 1 季度达到 24.61%。

（三）行业集中度分析

对于糖尿病用药整体市场，采用 CR_4 和 CR_8 指标研究其市场集中度，得到结果如表 17-12。

表 17-12　糖尿病用药市场集中度分析（%）

	2006 年	2007 年	2008 年	2009 年
CR_4	54.44%	54.12	55.59	55.14
CR_8	76.08%	75.07	75.84	75.26

从整体市场的集中度来看，①依据贝恩市场结构划分标准，口服降糖药市场属于寡占Ⅲ型，即中上集中型寡占，行业集中度较高。②按年份观察集中度变化趋势，行业集中度较为稳定，CR_4略有上升，CR_8则略微下降。进一步分析各小类的集中度分析如表 17-13。

表 17-13　糖尿病用药各小类市场集中度分析（%）

ATC 次亚类	指标	2006	2007	2008	2009
α-葡萄糖苷酶抑制剂	CR_4	99.98	99.99	99.44	98.35
	CR_8	99.98	100.00	100.00	99.97
磺胺类，尿素衍生物	CR_4	79.35	83.21	84.52	85.85
	CR_8	87.42	90.59	91.65	92.34
其他口服降血糖药	CR_4	95.05	96.88	95.78	93.92
	CR_8	98.81	99.78	99.64	99.40
双胍类	CR_4	82.41	86.28	87.19	87.30
	CR_8	90.95	93.31	92.59	92.14
噻唑啉二酮	CR_4	89.24	85.55	83.02	80.86
	CR_8	96.79	95.77	94.96	94.20
醛糖还原酶抑制剂	CR_4	99.54	99.54	99.54	99.54

从细分市场集中度来看，①该各个细分市场均属于寡占Ⅰ型即极高寡占市场；②磺脲类和双胍类的市场集中度呈现明显上升趋势，噻唑啉类和其他口服降糖药的市场集中度则呈下降趋势；③醛糖还原酶抑制剂生产厂家不足 8 家，仅计算了 CR_4的数值。

总体来看，糖尿病用药的行业集中的在不同层次差异很大，在总体市场层次表现出更强的竞争性而在小类层次表现出更多的寡占性，结合糖尿病口服用药的使用特点来看，各种口服糖尿病用药并非完全的替代关系，在实际使用中联合用药的情况也较多见，因此各小类内部的市场环境更能反映糖尿病用药总体市场的特征。

三、抗哮喘药物

（一）费用趋势分析

抗哮喘药物的金额数据统计区间为 2006 年 1 季度到 2010 年 2 季度，统计抗哮喘药物的总体金额增长趋势，发现：①抗哮喘病用药金额在统计区间内呈显著上涨趋势；②在总体上升的趋势中，可以看到较为明显的季节特征，每年第一季度的金额都有明显的突越，这与哮喘病发病的季节性密切相关。

进一步分析不同小类哮喘病用药的金额构成发现：①按照产品分类，金额市场份额中，糖皮质激素类与肾上腺素能药和其他哮喘药所占份额较大，其次为白三烯受体阻断剂、黄嘌呤类等等；②各类药物份额随季节波动，但总体幅度不大；③不同种类的抗哮喘药销售金额均呈现出不同程度的增长趋势。

（二）费用结构变化趋势分析

对抗哮喘药物的各类成分数据进行 logratio 变换之后，就可以进行趋势预测，为了计算简便，我们在这里同样假设各类药品的市场份额呈线性趋势变化，从而得到抗哮喘药物市场结构的线性趋势预测如表 17-14。

表 17-14 抗哮喘药市场结构变化短期趋势预测（%）

小类	2010 年 1 季度实际值	2011 年 1 季度预测值	2012 年 1 季度预测值
α 和 β 肾上腺素能受体激动剂	0.05	0.04	0.02
白三烯受体阻断剂	13.24	12.74	11.82
非选择性 β 肾上腺素能受体激动剂	4.87	3.83	2.91
黄嘌呤类	15.32	16.86	17.90
抗胆碱药	4.59	3.97	3.30
其他全身用抗哮喘药	11.98	17.38	24.34
肾上腺素能药和其他哮喘药	21.49	20.92	19.66
糖皮质类激素类	19.91	17.70	15.19
选择性 β_2 肾上腺素能受体激动剂	8.56	6.56	4.85

表 17-14 中数据表明，其他全身抗哮喘药物的增长趋势明显，如果保持现在的增长速度继续线性增长，其市场份额将在 2012 年 1 季度成为占抗哮喘药物市场份额第一位的药品类别。究其原因，主要是细辛脑等新上市市场份额增速快的品种都被归于此类，反映了新产品上市对费用增长的刺激作用。

（三）行业集中度分析

以 CR_4 和 CR_8 指标计算抗哮喘药物的整体市场集中度，得到市场集中度分析数据如表 17-15 所示。

表 17-15 抗哮喘药市场集中度分析（%）

集中度	2006 年	2007 年	2008 年	2009 年
CR_4	74.70%	70.35	69.37	67.51
CR_8	92.56%	87.18	83.52	81.16

由表 17-15 可以看出，按照贝恩市场结构划分标准，抗精神病药市场正在由寡占Ⅰ型向寡占Ⅱ型过渡中，即极高寡占向高度集中寡占过渡中，行业集中度较高。可见该市场行业集中度较为稳定，较高，但领先者的优势在削弱。进一步计算企业数符合 CR_8 分析要求的三个小类，得到分析结果如表 17-16 所示。

表 17-16　抗哮喘药各小类市场集中度分析（%）

小类	指标	2006 年	2007 年	2008 年	2009 年
黄嘌呤（茶碱）类	CR4	73.48	70.05	68.24	64.24
	CR8	85.20	82.68	81.43	80.60
选择性 β_2 上腺素能受体激动剂	CR4	88.52	90.17	89.66	87.72
	CR8	98.07	97.99	98.37	98.18
其他全身用抗哮喘药	CR4	73.34	73.09	76.20	69.68
	CR8	89.63	90.83	90.05	85.09

表 17-16 中数据表明：①从细分市场集中度来看，茶碱类药物正处于极高寡占性向高度集中寡占型过渡的过程中，集中度较高但趋势正在下降；②选择性 β_2-肾上腺素能受体激动剂则稳定在极高寡占性，无太大波动；③其他全身用抗哮喘药从 CR_4 指标分析，处于极高寡占向高度集中寡占的过渡，若从 CR_8 分析，则处于极高寡占，下降趋势不明显。

四、肾素－血管紧张素类药品的费用增长趋势分析

（一）费用趋势分析

肾素－血管紧张素类药品的数据统计区间从 2006 年 1 季度到 2010 年 2 季度，统计该类药品的总体费用增长趋势，发现：①肾素－血管紧张素类药品的总金额一直呈现上升趋势；②金额在每年内的变动呈现季节性特征，这种季节性特征可能是由于高血压发病的季节性造成的。

进一步分析各小类的市场份额累积情况与构成比例发现：①金额市场份额中，最大的一部分来自于血管紧张素Ⅱ拮抗剂的单方制剂，其次为血管紧张素转化酶抑制剂的单方制剂，血管紧张素Ⅱ拮抗剂与利尿剂的复方制剂，而血管紧张素转化酶抑制剂与利尿剂的复方制剂所占份额极小；②血管紧张素Ⅱ拮抗剂的单方制剂与血管紧张素Ⅱ拮抗剂与利尿剂的复方制剂所占份额保持上升趋势，同时血管紧张素转化酶抑制剂的单方制剂的金额份额有明显下降趋势。

（二）费用结构变化趋势分析

对血管紧张素类降压药物的各类成分数据进行 logratio 变换之后，可以进行趋势预测，为了计算简便，我们在这里同样假设各类药品的市场份额呈线性趋势变化，从而得到血管紧张素类药物的市场结构的线性趋势预测如表 17-17。

表 17-17　肾素－血管紧张素类降压药市场结构变化短期趋势预测（%）

小类	2010 年 1 季度 实际值	2011 年 1 季度 预测值	2012 年 1 季度 预测值
血管紧张素Ⅱ拮抗剂的单方制剂	63.99	65.17	64.90
血管紧张素Ⅱ拮抗剂与利尿剂的复方制剂	13.77	17.65	22.12
血管紧张素转化酶抑制剂的单方制剂	22.19	17.15	12.95
血管紧张素转化酶抑制剂与利尿剂的复方制剂	0.04	0.04	0.03

从表 17-17 中可以看出：①血管紧张素类降压药物中血管紧张素Ⅱ拮抗剂将在可预期时间范围内继续维持市场份额第一的地位，且总市场份额趋于稳定；②如果按照当前的结构变化趋

势，到2012年1季度，血管紧张素Ⅱ拮抗剂与利尿剂的复方制剂将超越血管紧张素转化酶抑制剂的单方制剂成为占本治疗类别药物市场份额第二位的药品类别；③新型复方药物市场份额的增长是本治疗类别药品费用变化过程中的一个显著特点。

（三）行业集中度分析

从整体市场的集中度来看，降压药物市场正在由寡占Ⅳ型向寡占Ⅲ型过渡中，即由中下集中型寡占向中上集中型寡占过渡中（贝恩市场结构划分标准），行业集中度较高。按年份观察集中度变化趋势，行业集中度较为稳定，如表17-18所示。

表17-18 肾素－血管紧张素类降压药行业集中度分析（%）

集中度	2006年	2007年	2008年	2009年
CR_4	52.81	51.59	50.57	50.49
CR_8	74.89	74.23	74.09	73.50

具体集中度如表17-19：

表17-19 肾素－血管紧张素类降压药各小类行业集中度分析（%）

小类	指标	2006年	2007年	2008年	2009年
血管紧张素Ⅱ拮抗剂的单方制剂	CR_4	82.94	78.75	76.70	75.83
	CR_8	90.25	87.98	86.92	85.51
血管紧张素Ⅱ拮抗剂与利尿剂的复方制剂	CR_4	99.50	98.62	98.37	94.11
	CR_8	99.89	99.71	99.67	99.61
血管紧张素转化酶抑制剂的单方制剂	CR_4	72.56	75.77	79.12	82.35
	CR_8	92.68	92.11	91.62	92.55
血管紧张素转化酶抑制剂与利尿剂的复方制剂	CR_4	71.98	80.84	70.43	79.81
	CR_8	95.84	99.02	92.63	95.34

从细分市场集中度来看，血管紧张素Ⅱ拮抗剂的单方制剂和血管紧张素Ⅱ拮抗剂与利尿剂的复方制剂两个细分市场属于寡占Ⅰ型即极高寡占市场（贝恩市场结构划分标准），血管紧张素转化酶抑制剂的单方制剂和血管紧张素转化酶抑制剂与利尿剂的复方制剂两个细分市场正在由寡占Ⅱ型即高度集中寡占型向寡占Ⅰ型即极高寡占市场过渡中（贝恩市场结构划分标准）。

五、降脂药的费用增长趋势分析

（一）费用趋势分析

统计降脂药费用的总体趋势及各小类费用构成，发现按照产品分类，金额市场中，最大的一部分来自HMG CoA还原酶抑制剂，其次为贝特类、烟酸及其衍生物等，而且各类药物的份额均变化不大，HMG CoA还原酶抑制剂的份额比例缓慢上升，同时贝特类、烟酸及其衍生物的份额比例缓慢下降，而其他降低胆固醇和三酰甘油药则较为稳定。

（二）费用结构变化趋势分析

对降血脂药物的各类成分数据进行logratio变换之后，可以进行趋势预测，为了计算简便，我们在这里同样假设各类药品的市场份额呈线性趋势变化，从而得到降血脂药物市场结构的线性趋势预测如表 17-20 所示。

表 17-20　降脂药市场结构变化短期趋势预测（%）

小类	2010 年 1 季度实际值	2011 年 1 季度预测值	2012 年 1 季度预测值
HMG CoA 还原酶抑制剂	81.49	83.00	84.37
贝特类	4.82	4.05	3.40
其他降低胆固醇和三酰甘油药	9.21	8.97	8.71
烟酸及其衍生物	4.48	3.97	3.52

从表 17-20 可以看出，HMG CoA 还原酶抑制剂将继续占据绝对的市场优势地位，而且其市场份额还有可能进一步上升。在出现新的突破性治疗类别足以挑战 HMG CoA 还原酶抑制剂的地位前，这种市场结构将在可预见的未来继续存在。

（三）行业集中度分析

采用 CR_4 和 CR_8 指标计算降脂药市场行业集中度如表 17-21 所示。

表 17-21　降脂药行业集中度分析（%）

集中度	2006 年	2007 年	2008 年	2009 年
CR_4	51.62	57.54	61.52	63.70
CR_8	74.85	78.17	78.99	78.54

从整体市场的集中度来看，降血脂药市场大体属于寡占Ⅲ型市场，即中上集中型寡占（贝恩市场结构划分标准），行业集中度较高。按年份观察集中度变化趋势，行业集中度略有上升。

从细分市场集中度来看，HMG CoA 还原酶抑制剂类为高度集中寡占型向极高寡占型的过渡，市场集中度较高。而贝特类和其他类均为极高寡占型，市场集中度极高。其中贝特类较为稳定，其他类有降低趋势，在 2009 年已经近乎于高度寡占型。由于烟酸类的统计数据中只有 4 个厂家，而胆酸抑制剂类只有 1 个厂家，故未做统计（贝恩市场结构划分标准），结果见表 17-22。

表 17-22　降脂药各细分市场行业集中度分析（%）

小类	指标	2006 年	2007 年	2008 年	2009 年
HMG CoA 还原酶抑制剂	CR_4	68.40	74.08	77.19	78.63
	CR_8	93.09	92.29	91.12	90.02
贝特类	CR_4	95.27	96.13	95.69	93.91
	CR_8	98.07	98.34	98.64	98.09
其他降低胆固醇和三酰甘油药	CR_4	80.60	78.71	77.49	74.42
	CR_8	94.08	92.76	92.59	91.56

六、全身抗感染药的费用增长

（一）费用趋势分析

统计全身抗感染药费用的总体趋势及各小类费用构成，发现按照产品分类，金额市场份额中，β-内酰胺类抗菌药所占份额最大，其次为喹诺酮类抗菌药。其中除青霉素类外的其他β-内酰胺类抗菌药份额有所上升，而喹诺酮类抗菌药与大环内酯类和林可胺类份额相应下降，其他种类全身抗感染药份额相对稳定。不同种类的全身抗感染药销售金额大体上均有不同程度的增长，其中涨幅及波动最大的是除青霉素类外的其他β-内酰胺类抗菌药。

（二）费用结构变化趋势分析

对全身抗感染类药物的各类成分数据进行logratio变换之后，可以进行趋势预测，为了计算简便，我们在这里同样假设各类药品的市场份额呈线性趋势变化。由于全身用抗感染类药品的小类太多，在这部分数据统计中笔者采用次亚类即ATC码前4位相同的标准分析类别构成。经过计算，得到全身抗感染类药物市场结构的线性趋势预测，见表17-23。

表17-23　全身抗感染药市场结构变化短期趋势预测（%）

次亚类	2010年1季度实际值	2011年1季度预测值	2012年1季度预测值
β-内酰胺类抗菌药，青霉素类	12.46	12.23	11.97
氨基糖苷类抗菌药	2.44	2.44	2.43
大环内酯类和林可胺类	5.28	4.52	3.85
磺胺药和三甲氧苄氨嘧啶（TMP）	0.02	0.02	0.03
喹诺酮类抗菌药	9.82	8.54	7.41
氯霉素类	0.12	0.12	0.12
其他β-内酰胺类抗菌药	62.59	64.35	65.92
其他抗菌药	7.02	7.51	8.00
四环素类	0.25	0.27	0.28

从表17-23可以看出，抗生素类药品各次亚类的金额排序将不会出现太大变化，这主要体现在其他β-内酰胺类抗菌药所占市场份额较大，且其市场份额还将进一步增长。传统的青霉素类、大环内酯类和喹诺酮类抗菌药物的市场份额按照当前趋势将会进一步下降。新型抗感染药物市场份额的上升是全身抗感染类药物治疗类别市场份额变动的主要特征。

（三）行业集中度分析

采用CR_4和CR_8指标计算全身抗感染药市场行业集中度如表17-24所示。

表17-24　全身抗感染药行业集中度分析（%）

集中度	2006年	2007年	2008年	2009年
CR_4	17.77	16.26	15.35	15.12
CR_8	29.45	27.96	26.82	25.94

从整体市场的集中度来看，以CR_4或CR_8作为指标，抗菌药市场为原子型市场，市场集中

度很低，且仍呈降低趋势。进一步分析各细分市场集中度，结果见表 17-25。

表 17-25　细分市场集中度分析（%）

小类	指标	2006 年	2007 年	2008 年	2009 年
β-内酰胺类抗菌药，青霉素类	CR_4	36.57	33.83	38.52	38.63
	CR_8	62.20	59.21	63.39	62.69
其他 β-内酰胺类抗菌药	CR_4	23.50	22.10	21.29	20.14
	CR_8	37.29	34.41	32.69	31.30
氨基糖苷类抗菌药	CR_4	71.41	77.61	77.05	77.57
	CR_8	83.11	89.52	92.36	94.77
大环内酯类和林可胺类	CR_4	39.78	38.47	39.70	42.57
	CR_8	56.05	57.57	59.73	61.99
氯霉素类	CR_4	85.29	85.99	82.35	88.34
	CR_8	96.00	95.30	94.44	97.89
四环素类	CR_4	82.23	80.07	85.00	87.42
	CR_8	90.58	91.90	93.31	93.86
磺胺药和三甲氧苄氨嘧啶（TMP）	CR_4	51.44	63.69	52.03	73.93
	CR_8	72.94	75.75	74.42	88.45
喹诺酮类抗菌药	CR_4	47.41	47.72	52.88	57.33
	CR_8	64.94	63.95	67.35	70.24
其他抗菌药	CR_4	34.00	38.06	33.43	32.81
	CR_8	54.73	60.71	56.86	58.10

从细分市场集中度来看，β-内酰胺青霉素类、大环内酯和林可胺类及其他抗菌药属于中下集中寡占型，集中度较低，而“其他抗菌药”市场还有向低集中寡占型发展的趋势，青霉素类和大环内酯类有少许集中度升高。其他 β-内酰胺类，即头孢类属于原子型市场，集中度极低且仍然在下降。氨基糖苷类和氯霉素类、四环素类则属于极高寡占型，且集中度总趋势都在提升。磺胺类处于中上集中寡占型向高度集中寡占型的发展阶段，而喹诺酮类处于中下集中寡占型向中上集中寡占型的发展阶段。

七、抗肿瘤药物的费用趋势

（一）费用趋势分析

统计抗肿瘤药费用的总体趋势及各小类费用构成，发现按照产品分类，所占金额市场份额最大的为紫杉烷类和其他抗肿瘤药，前者略有下降，后者持续上升，其次其他天然药、嘧啶类似物、蒽环类及相关物质与铂化合物类所占份额也较大，依次表现为近年先减少后增加，大致保持平稳，逐渐减小和持续减小的趋势。

（二）费用结构变化趋势分析

对抗肿瘤药物的各类成分数据进行 logratio 变换之后，可以进行趋势预测，为了计算简便，我们在这里同样假设各类药品的市场份额呈线性趋势变化。由于抗肿瘤类药品的小类太多，导致成分数据计算过于复杂，在这部分数据统计中笔者采用次亚类即 ATC 码前 4 位相同的标准分析类别构成。计算得到抗肿瘤药物市场结构的线性趋势预测如表 17-26 所示。

表 17-26 抗肿瘤药市场结构变化短期趋势预测（%）

次亚类	2010 年 1 季度实际值	2011 年 1 季度预测值	2012 年 1 季度预测值
抗代谢药	16.71	16.32	15.89
其他抗肿瘤药	38.68	41.22	43.76
烷化剂类	1.98	1.84	1.69
细胞毒素类抗生素和相关物质	6.64	5.54	4.61
植物生物碱和其他天然药	35.99	35.08	34.05

从表 17-26 可以看出，肿瘤药金额结构的主要变化特征是各种传统肿瘤药如抗代谢类、烷化剂、细胞毒类、植物生物碱类等市场份额的下降和新型的其他抗肿瘤药市场份额的上升。

（三）行业集中度分析

采用 CR_4 和 CR_8 指标计算全身抗感染药市场行业集中度如表 17-27 所示。

表 17-27 抗肿瘤药市场行业集中度分析（%）

集中度	2006	2007	2008	2009
CR_4	34.63	35.17	34.66	32.40
CR_8	50.56	49.69	49.61	47.12

从整体市场的集中度来看，抗肿瘤药市场介于中上集中寡占型与低集中寡占型之间（贝恩市场结构划分标准），行业集中度不高。但按年份观察集中度变化趋势，行业集中度较为稳定，略有降低趋势。

进一步分析各细分小类市场的集中度，结果见表 17-28。

表 17-28 抗肿瘤药各细分市场行业集中度（%）

ATC 次亚类	指标	2006	2007	2008	2009
抗代谢药	CR_4	75.59	78.72	77.96	78.11
	CR_8	89.59	90.57	91.69	90.64
烷化剂类	CR_4	69.91	73.89	69.02	63.51
	CR_8	88.37	90.20	87.30	80.76
植物碱和其他天然药	CR_4	42.78	43.28	46.29	41.17
	CR_8	59.70	62.57	65.81	65.87
细胞毒类抗生素和相关物质	CR_4	89.53	91.08	89.52	91.70
	CR_8	96.20	97.19	97.67	97.87
其他抗肿瘤药	CR_4	56.01	52.82	51.72	45.25
	CR_8	75.25	71.36	72.14	65.29

在抗肿瘤药的细分市场中，抗代谢药与细胞毒类抗生素类药为极高寡占型，烷化剂类介于为高度集中寡占型和中上集中寡占型之间，而作为包括紫杉醇类及奥沙利铂等高销量药的植物碱类和其他抗肿瘤药则处于中下集中寡占型与中上集中寡占型之间，集中度相对较低。

八、免疫调节剂的费用趋势

（一）费用趋势分析

统计免疫刺激剂费用的总体趋势及各小类费用构成，发现免疫刺激剂市场份额中，最大的一部分来自于其他免疫刺激剂，其次为其他免疫抑制剂和选择性免疫抑制剂，而且各类药物的份额均较为稳定。不同种类的免疫调节剂销售金额均有不同程度的增长，其中其他免疫刺激剂增长最快。

统计抗免疫抑制剂费用的总体趋势及各小类费用构成，发现按照产品分类，金额市场份额中，最大的一部分来自于其他免疫刺激剂，其次为其他免疫抑制剂和选择性免疫抑制剂，而且各类药物的份额均较为稳定。不同种类的免疫调节剂销售金额均有不同程度的增长，其中其他免疫刺激剂增长最快。

（二）费用结构变化趋势分析

在费用结构分析部分，笔者将免疫调节剂依照亚类分为免疫抑制剂和免疫刺激剂两部分，我们在这里同样假设各类药品的市场份额呈线性趋势变化，从而得到免疫调节剂的药物市场结构的线性趋势预测如表 17-29 和表 17-30 所示。

表 17-29 免疫刺激剂类药物市场份额趋势预测（%）

小类	2010 年 1 季度实际值	2011 年 1 季度预测值	2012 年 1 季度预测值
白细胞介素类	3. 86	3. 43	3. 04
干扰素类	13. 01	13. 07	13. 12
其他免疫刺激剂	68. 46	69. 63	70. 75
细胞介素类	14. 67	13. 86	13. 09

表 17-30 免疫抑制剂类药物市场份额趋势预测（%）

小类	2010 年 1 季度实际值	2011 年 1 季度预测值	2012 年 1 季度预测值
白细胞介素抑制剂	1. 48	1. 51	1. 54
其他免疫抑制剂	56. 67	58. 25	59. 81
选择性免疫抑制剂	41. 86	40. 24	38. 65

从表 17-30 数据可以看出，无论是免疫刺激剂还是免疫抑制剂，其中其他类的产品都呈现明显的市场份额上升趋势。笔者认为其中包含的尚未分类的新型免疫产品对于传统品种的市场份额产生了较强的替代作用。

（三）行业集中度分析

从整体市场的集中度来看，以 CR_4 或 CR_8 为指标，进行市场集中度分析，结果见表 17-31。

表 17-31 行业集中度分析（%）

集中度	2006 年	2007 年	2008 年	2009 年
CR_4	29.67	28.39	27.33	22.98
CR_8	44.65	42.95	41.31	36.68

从表 17-31 可以看出，免疫调节药市场近年从低集中寡占型过渡到原子型市场，市场集中度很低，且仍呈降低趋势。进一步分析各小类市场具体集中度如表 17-32 所示。

表 17-32 行业集中度分析（%）

小类	指标	2006 年	2007 年	2008 年	2009 年
白细胞介素类	CR_4	77.07	79.51	80.77	91.27
	CR_8	92.30	94.40	96.80	98.53
干扰素类	CR_4	69.12	72.77	72.03	73.12
	CR_8	87.17	88.10	88.15	90.12
细胞介素类	CR_4	67.03	61.64	61.90	61.43
	CR_8	86.85	80.47	80.71	80.59
选择性免疫抑制剂	CR_4	91.32	89.66	84.80	82.47
	CR_8	98.54	98.42	96.29	96.20
其他免疫抑制剂	CR_4	60.54	56.88	53.68	48.25
	CR_8	76.54	76.41	74.50	70.58
其他免疫刺激剂	CR_4	43.79	42.65	41.79	35.36
	CR_8	61.00	61.30	62.10	55.10

从细分市场集中度来看，白细胞介素类、选择性免疫抑制剂类市场集中度较高，均属于极高寡占型。但白细胞介素类的市场集中度在升高，而选择性免疫抑制剂在下降。干扰素类、细胞介素类和其他免疫抑制剂类则属于高度集中寡占型，干扰素类的集中度略有上升趋势，而细胞介素类和其他免疫抑制剂类市场的集中度则有所下降。其他免疫刺激剂市场属于中下集中寡占型，市场集中度不高且还在下降。其他小类药因为公司数目有限，未纳入此类统计。

九、抗抑郁药物的费用趋势

（一）费用趋势分析

统计抗抑郁药物费用的总体趋势及各小类费用构成，发现按照产品分类，金额市场份额中，最大的一部分来自于选择性 5-羟色胺再吸收抑制剂，其次为其他抗抑郁药，而且各类药物的份额均较为稳定，不同种类的抗抑郁药物销售金额均呈现出季节性波动，从第一季度到第四季度呈现销量逐渐缓慢上升的趋势。

（二）费用结构变化趋势分析

利用 logratio 变换法，笔者对抗抑郁药物的小类市场结构进行了分析，我们在这里同样假设各类药品的市场份额呈线性趋势变化，从而得到抗抑郁药物市场结构的线性趋势预测结果见表

17-33。

表 17-33　抗抑郁药市场份额趋势预测（%）

小类	2010 年 1 季度实际值	2011 年 1 季度预测值	2012 年 1 季度预测值
非选择性单胺再吸收抑制剂	1.01	0.77	0.58
其他抗抑郁药	25.12	25.55	25.96
选择性 5-羟色胺再吸收抑制剂	73.87	73.69	73.45

从表 17-33 数据可以看出，抗抑郁药的市场份额在不同小类相对比较平稳，在可预见的未来，非选择性单胺再吸收抑制剂的市场份额将进一步下降，这种传统药物将逐渐被新型的其他药物完全替代。

（三）行业集中度分析

从整体市场的集中度来看，以 CR_4 或 CR_8 为指标，进行市场集中度分析，结果见表 17-34。

表 17-34　抗抑郁药市场 2006～2009 年行业集中度（%）

集中度	2006	2007	2008	2009
CR_4	60.22	60.57	59.16	59.80
CR_8	83.20	83.20	80.68	79.84

从市场集中度的贝恩市场结构划分标准来看，抗抑郁药市场属于寡占Ⅲ型，即中上集中型寡占，行业集中度较高。按年份观察集中度变化趋势，行业集中度较为稳定。进一步分析各细分市场行业集中度，结果如表 17-35 所示。

表 17-35　抗抑郁药各细分市场行业集中度（%）

ATC 次亚类	指标	2006	2007	2008	2009
A 型单胺氧化酶抑制剂	CR_4	100	100	100	100
非选择性单胺再吸收抑制剂	CR_4	74.09	77.57	75.60	79.21
	CR_8	96.04	95.78	96.42	97.40
其他抗抑郁药	CR_4	88.48	84.07	77.78	74.58
	CR_8	99.05	96.83	95.28	94.26
选择性 5-羟色胺再吸收抑制剂	CR_4	81.44	80.97	76.89	77.23
	CR_8	94.67	93.56	93.48	92.00

从细分市场集中度来看，该各个细分市场除 2006 年的非选择性单胺再吸收抑制剂市场和 2009 年的其他抗抑郁药市场为Ⅱ型即高度集中寡占型外，大部分都属于寡占Ⅰ型即极高寡占市场。

十、抗精神病药物的费用增长

（一）费用趋势分析

统计抗免疫抑制剂费用的总体趋势及各小类费用构成，发现按照产品分类，金额市场份额中，最大的一部分来自于二氮䓬与去氧二氮䓬类，其次为吲哚衍生物与其他抗精神病药等，且二氮䓬与去氧二氮䓬类与吲哚衍生物份额有上升趋势，而其他抗精神病药份额有下降趋势。各类抗精神病药物市场金额均有增长，但主要来自二氮䓬与去氧二氮䓬类。

（二）费用结构变化趋势分析

对成分数据进行 logratio 变换之后，就可以进行趋势预测，为了计算简便，我们在这里假设各类药品的市场份额呈线性趋势变化，从而得到抗精神病药物市场结构的线性趋势预测结果，见表 17-36。

表 17-36 抗精神病药市场份额趋势预测（%）

小类	2010 年 1 季度实际值	2011 年 1 季度预测值	2012 年 1 季度预测值
苯酰胺类	0.88	0.61	0.43
丁酰苯衍生物	0.23	0.15	0.10
二苯丁哌啶衍生物	0.03	0.02	0.01
二氮䓬与去氧二氮䓬类	61.31	56.28	51.12
含哌啶结构的吩噻嗪类	0.09	0.06	0.04
含哌嗪结构的吩噻嗪类	0.18	0.12	0.09
含脂肪族侧链的吩噻嗪类	0.19	0.14	0.10
锂化物类	0.13	0.10	0.07
其他抗精神病药	36.92	30.41	24.78
噻吨衍生物	0.05	0.03	0.02
吲哚衍生物	6.20	12.07	23.24

从表 17-36 可以看出，抗精神病类药品的费用结构变化最大特征为吲哚衍生物类用量的大幅上涨，根据曲线外推法推测，到 2012 年 1 季度，在 2006 年 3 季度才在样本医院开始销售的吲哚衍生物类药品的市场份额将上升 23.24%，而同时，传统的二氮䓬与去氧二氮䓬类药品的份额将下降 10%。

（三）行业集中度分析

从整体市场的集中度来看，以 CR_4或 CR_8为指标，进行市场集中度分析，结果见表 17-37。

表 17-37 行业集中度分析（%）

集中度	2006 年	2007 年	2008 年	2009 年
CR_4	78.12	77.30	69.90	64.80
CR_8	85.65	86.68	87.06	87.12

从整体市场的集中度来看，以 CR_4作为指标，抗精神病药市场正在由寡占Ⅰ型向寡占Ⅱ型过渡中，即极高寡占向高度集中寡占过渡中（贝恩市场结构划分标准），行业集中度较高。若从 CR_8作指标分析，该行业一直处于极高寡占型。可见该市场行业集中度较为稳定，较高，但领先者的优势在削弱。进一步分析各小类市场集中度，结果见表 17-38。

表 17-38　各细分市场行业集中度分析（%）

小类	指标	2006 年	2007 年	2008 年	2009 年
苯酰胺类	CR_4	56.71	57.86	52.52	55.51
	CR_8	84.32	84.06	83.76	86.42
丁酰苯衍生物	CR_4	86.74	92.53	94.15	83.29
	CR_8	97.68	98.26	99.53	99.85
二氮䓬与去氧二氮䓬类	CR_4	91.61	91.62	92.90	94.97
	CR_8	99.36	98.81	99.09	99.19
含哌嗪结构的吩噻嗪类	CR_4	85.94	83.71	82.70	84.06
	CR_8	96.56	98.04	96.06	97.47
含脂肪族侧链的吩噻嗪类	CR_4	79.32	84.08	87.11	89.29
	CR_8	91.96	92.76	93.88	95.80
其他类药	CR_4	95.55	93.50	89.16	85.55
	CR_8	99.41	98.34	97.22	96.08

从细分市场集中度来看，丁酰苯衍生物类、二氮䓬与去氧二氮䓬类、其他药类市场均为极高寡占市场，市场集中度很高。而含脂肪族侧链和含哌嗪结构的吩噻嗪类市场处于极高寡占型和高度集中寡占型之间（CR_4）为标准，可见在行业领头者之间存在竞争。而苯酰胺类市场则为中上集中寡占型，集中度相对较低。

二苯丁哌啶衍生物、含哌啶结构的吩噻嗪类、锂化物类、噻吨类衍生物和吲哚类衍生物因为公司数目有限，未纳入此类统计。

第四节　小结与讨论

一、成分数据分析方法的局限性

在本部分研究过程中，成分数据分析方法起到了很大的作用，但是，在具体应用中也发现了一些问题。首先是对于研究中出现的新类型产品进入市场和传统类型产品退出市场的问题，使得成分数据中有部分项目数值为 0。对此，笔者采用最小数据替代法解决，即以计算机能够识别的最小数据替代 0 值，使得除法和对数运算可以正常进行。

对于这一问题，有相关的统计学学者已经进行过研究和探讨，我国学者张尧庭在其 2000 年的著作中就专门探讨过这一问题，2002 年，王惠文、刘强提出通过极坐标变化的球面投影法来解决部分成分数据取 0 的问题，但涉及的相关计算和数学知识较为复杂，笔者限于研究时间所限，未能加以应用，希望在未来能够应用球面投影法与 logratio 转化法分别处理药品市场成分数据，对方法适用性加以验证。

此外，在对成分数据的转化值进行趋势预测时，只采用了单一的线性模型，这使得趋势推断存在偏倚。当然，由于本研究中趋势预测的目的仅在于定性描述市场变化的趋势，因此笔者认为使用线性外推法进行预测亦无不可，但在进行分品种药品费用结构的准确预测研究时，还需要考虑成分变化可能存在的季节因素并分析趋势线的特征，采用更为多样化的曲线趋势拟合方法（如指数曲线、龚柏兹曲线等）或时间序列模型进行趋势分析。

二、创新药物与费用增长

综合分析的十一类药物在费用增长过程中的金额结构变化，可以明显发现，增长过程都伴随着新产品的市场份额扩张。从药品作为商品的市场周期来看，同治疗类别中的新品种处在产品的成长期，相对于处于成熟期的同治疗类别传统药品而言，其增速必然更快。研究数据表明，在2006年1季度到2010年1季度的统计期内，在所有被研究的十一个类别的药品中，都出现了某一类相对较新的药品类别市场份额大幅增长的情况。产品的快速更新与市场份额扩张是所有被调研药品治疗类别市场中的共同特点。

三、药品行业集中度特征

传统研究中，对于我国药品行业的一个经典描述是“多小散乱”，从这种描述中，似乎我国药品市场是一个行业集中度不高的市场。但是，研究数据显示，在各个治疗类别市场，尤其是各个小类或次亚类市场中，基本都是少数企业占据寡占或垄断地位。由于不同治疗类别的药品基本完全不可能相互替代，也即患者作为消费者对于不同治疗类别的药品属于完全不同属性的需求，因此，笼统的跨治疗类别市场集中度计算并不能全面说明药品市场的实际竞争或垄断水平。

从药品间的竞争关系看，至少同治疗小类的产品往往才具有相互替代的可能，而其满足的消费者需求也往往是同质化的。从这个意义上讲，各小类的药品市场的垄断性或寡占竞争性就被重复放大为整个药品市场的垄断性或寡占竞争性。

从分析方法上看，本研究从计算简便的角度出发，选择了 CR_4 和 CR_8 指标，但是，在分析药品小类市场时，往往会出现竞争企业不足8家的情况，因此在未来研究中选择HHI指标将更具有通用性。

第十八章　药品费用增长与用药结构变化关系研究

摘　要

背景及目的： 在之前两部分对我国医药药品费用的总体增长趋势和分治疗类别与治疗小类的金额成分变化与市场集中度变化趋势研究的基础上，可以进一步分析药品费用增长与用药结构变化的关系。

研究内容及方法： 本研究采用 DDD 数据对药品使用情况进行定量，应用统计指数理论构建出一套用于分析药品费用变化与用药结构变化关系的分析工具，并对有完整 DDD 数据的 9 个治疗类别药品数据进行了统计分析。得出了如下结论：各类药品结构因素都对费用增长有正向推动作用，但在结构因素的各个层次表现得不一样。化学层次结构因素和药品层次结构因素基本都对药品费用起正向推动作用。一般而言，市场集中度下降，仿制药品替代效应指数的数值也下降，而如果市场集中度变化平稳，则仿制药品替代效应指数也变化不大。

研究结果： 本研究对这 9 种治疗类别药品的 DDD 趋势及用药费用增长因素进行了分析，得出其预测的结果。

讨论与分析： 在本部分研究过程中，产品层次结构影响指数的数学意义是同化学类别同通用名不同厂家的产品间相互替代的效应，一般而言，同通用名药品中，原研药品和品牌药品的价格相对较高，而仿制品的价格相对较低，仿制药品使用的 DDD 份额越高则对总费用增长的抑制作用越强，故而也可称该结构因素指数为“仿制品替代效应指数”。另外，应用市场集中度信息反映市场产品结构使用情况时，必须明确市场现状和领先企业的产品信息，才能得出合理的解释结论。

第一节　药品费用增长用量结构因素分析方法的创建

一、统计指数体系与因素分析理论

统计指数体系的因素分析是指从数量方面研究现象动态变动中受到各种因素变动的影响程度。统计指数因素分析法按照因素指数的多少可以分为双因素分析和多因素分析，按照总变动指标的性质可以分为总量指标因素分析、相对指标因素分析和平均指标因素分析。其中，对于研究药品费用变动与用药结构关系最为相关的指数因素分析方法是“两因素平均指标因素分析法”。

一般而言，平均指标变动受两个因素的影响，一是各组平均指标变动的影响，二是各组单位数在总体中所占比重的变动的影响。根据指数体系建立的要求，构建平均指数体系的一般形式为：

可变构成指数 = 固定构成指数 × 结构影响指数

具体到药品费用与用药结构关系问题，则为：

药品平均价格变动指数 = 药品单位价格变动指数 × 药品结构影响指数

以 P、Q 分别代表药品的价格与用量，角标 0 和 1 分别代表基期和报告期，则可以将该指数体系用符号表示如下：

$$\frac{\Sigma P_1Q_1/\Sigma Q_1}{\Sigma P_0Q_0/\Sigma Q_0}=\frac{\Sigma P_1Q_0/\Sigma Q_0}{\Sigma P_0Q_0/\Sigma Q_0}\times\frac{\Sigma P_1Q_1/\Sigma Q_1}{\Sigma P_1Q_0/\Sigma Q_0}$$

药品平均价格指数 I_{pQ} 表示从基期到报告期药品平均价格的变化率：

$$I_{pQ}=\frac{\overline{P_1}}{\overline{P_0}}=\frac{\Sigma P_1Q_1/\Sigma Q_1}{\Sigma P_0Q_0/\Sigma Q_0}$$

药品单位价格变动指数 I_p 表示消除每种药品消费量结构变化，将消费结构固定在基期，单纯由于每种药品价格变化对总平均价格的影响：

$$Ip=\frac{\Sigma P_1Q_0/\Sigma Q_0}{\Sigma P_0Q_0/\Sigma Q_0}$$

药品结构影响指数 I_Q 表示固定价格单纯变动消费结构对总平均价格的影响：

$$I_Q=\frac{\Sigma P_1Q_1/\Sigma Q_1}{\Sigma P_1Q_0/\Sigma Q_0}$$

药品费用问题是一个总量指标问题，为了转化为平均指标问题，就必须找到药品平均价格的计算单位。由于药品的价格计算单位纷繁复杂，无论用箱、盒、支、片……都无法有效地统一计算药品的平均价格，因此笔者采用限定日剂量（define daily dosage，DDD）的方法对药品价格进行平均，这样得到的药品平均价格即为药品限定日费用（DDDc）。这种方法当然存在一定的局限性，因为有一部分药品的用量无法用 DDD 衡量，例如大部分以体表面积计算个体化用药量的抗肿瘤药，部分外用药和溶剂等等。因此，此方法无法适用于抗肿瘤药的费用分析。要想进一步分析抗肿瘤药的结构影响因素则必须调研处方数据，本研究在这部分研究中暂不讨论抗肿瘤药的问题。

二、药品费用影响的指数分析传统方法

（一）“A · M”指数分析法

2002 年，意大利卫生服务效用评价中心的 A. Addis 和 Nicola Magrini 结合限定日剂量（DDD）应用指数体系思想，提出了一种药品费用变动的因素分析方法（简称“A · M 指数体系分析法”），其公式如下：

$$\frac{S_1}{S_0}=\frac{\Sigma P_1Q_1}{\Sigma P_0Q_0}=\frac{\Sigma Q_1}{\Sigma Q_0}\times\frac{\Sigma P_1Q_0}{\Sigma P_0Q_0}\times\frac{\dfrac{\Sigma P_1Q_1}{\Sigma Q_1}}{\dfrac{\Sigma P_1Q_0}{\Sigma Q_0}}$$

该公式的推导有两种思路，第一种是以拉氏指数为基础的二因素指数体系，作公式变形

如下：

总费用指数 = 价格指数 × 物量指数

$$\frac{\sum P_1Q_1}{\sum P_0Q_0}=\frac{\sum P_1Q_0}{\sum P_0Q_0}\times\frac{\sum P_1Q_1}{\sum P_1Q_0}$$

其中：

$$\frac{\sum P_1Q_1}{\sum P_1Q_0}=\frac{\sum Q_1}{\sum Q_0}\times\frac{\frac{\sum P_1Q_1}{\sum Q_1}}{\frac{\sum P_1Q_0}{\sum Q_0}}$$

另一种是分两个层次进行指数体系构建，第一层次是：

总费用指数 = 平均价格指数 × 用量变化率

第二层次：

平均价格指数 = 单位价格变动指数 × 结构影响指数

由于，单位平均价格变动指数 = 价格指数

合成后也等于“A・M”指数。

代入传统指数体系公式，即可得到“A・M”指数。其中等号右边出现三项，可以分别代表用量因素、价格因素、结构因素：

1. “用量因素”就是加和后报告期与基期的药品使用量之比。这一因素是“A・M”指数体系的创新点，在建立指数时使用限定日剂量（DDD）统一单位，不但使得该因素的表述得以直观简化，而且消除了不同药品间大小包装差异所带来的偏差，也简化了计算过程。

2. “价格因素”，直接用拉氏价格指数表示，其经济学意义也是非常清晰的。即采购基期相同量的一揽子药品，由报告期和基期的单位药品价格不同所带来的费用变化率，也是直观反映价格变化的因素。

3. “结构因素”，使用两个加权平均值的比值来反映相对高价的药是否被使用得更多，这是一个指标指数，经济学意义也很明确。

“A・M”指数体系在编制时使用了 DDD 和 DDDc 统计药品的用量和单价，因此，其“结构”因素反映的并不是笼统的“高价药替代低价药”的含义，而是“日治疗费用相对高的药物”与“日治疗费用相对低的药物”之间的使用比例和替代关系，体现了用药的经济性问题。

更进一步说，在“A・M”指数体系中，结构因素代表“价格结构”的概念。这一概念的提出是对“用药结构”概念的经济学抽象，表示不同价位药品的组合结构。药品的价位是药品的特征要素而非根本属性。不同治疗类别的药品可能具有相似的价格，而用途相同的药品则往往价格差距极大。如果在研究中，泛泛地使用“用药结构”的概念，就会造成思维上的混乱，从而引入过多没有直接联系或直接联系难于解释的因素，使得研究难以深入。对结构因素的定量分析是“A・M”指数体系的一个重要优势。

使用传统指数体系的二因素分析法进行药品的费用影响因素分析可以明确价格因素与用量因素在总费用变化中所占的比重，从而初步阐述了价格和用量这两个独立的统计量之间的内在联系。但是，由于药品缺乏价格弹性的固有特征，以及患者在药品选择上质量偏好较强等原

因，药品的“价格结构”变化往往成为药品费用变动的主因。二因素分析法对于结构因素的忽略难以切合药品费用研究的要求。而且，由于传统指数体系所固有的矛盾，该方法也必然存在不同时期统计量权重分配不一致所带来的分析偏差。

相对于二因素分析法的局限性，“A·M”指数体系分析方法对影响药品费用的三大因素进行了比较明确的定义，各部分经济学意义明确，能够客观地反映药品费用问题中各影响因素的变动情况对总费用变化的影响。但是，目前该方法尚未形成自身的绝对数计算形式，无法进行参照验证，也可能存在绝对数与相对数计算不一致的情况。

（二）Morgan 指数分析法

摩根的药品费用指数体系分析方法之所以又称为分层指数体系分析方法，原因就在于其所采用的指数构建方式。摩根指数体系以 Fisher 理想指数为基础进行构建，从总指数到各因素指数都采用理想指数进行构建。

以所采集数据的最宽泛药品分类为基础，研究在这一层次的处方量变化对总费用的影响，可以得到治疗层次处方量影响因素，表示为 BroadRxVolume，其计算公式如下：

$$BroadRxVolume = \sqrt{\frac{\sum BroadCRx0BroadQRx1}{\sum BroadCRx0BroadQRx0} \times \frac{\sum BroadCRx1BroadQRx1}{\sum BroadCRx1BroadQRx0}}$$

这是摩根的指数体系方法中因素指数的基本形式，以大类的处方费用（Broad Cost per Rx）作为权重，计算处方量的变动情况。

在此基础之上，计算不同治疗类别间的处方结构变化对费用的影响（TherapeuticRxMix）计算公式为：

$$TherapeuticRxMix = \sqrt{\frac{\sum BroadCRx0BroadQRx1}{\sum BroadCRx0BroadQRx0} \times \frac{\sum BroadCRx1BroadQRx1}{\sum BroadCRx1BroadQRx0}} \Bigg/ \sqrt{\frac{\sum NarrowCRx0NarrowQRx1}{\sum NarrowCRx0NarrowQRx0} \times \frac{\sum NarrowCRx1NarrowQRx1}{\sum NarrowCRx1NarrowQRx0}}$$

这一公式使用大类层次的处方量变动率除以子类层次的处方量变动率，其比率就可以表现治疗类别变动对处方量的影响，进而反映其对总费用的影响。

采用同样的构建思路，还可以计算药品层次的处方变动率影响因素：

$$DrugRxMix = \sqrt{\frac{\sum NarrowCRx0NarrowQRx1}{\sum NarrowCRx0NarrowQRx0} \times \frac{\sum NarrowCRx1NarrowQRx1}{\sum NarrowCRx1NarrowQRx0}} \Bigg/ \sqrt{\frac{\sum DrugCRx0DrugQRx1}{\sum DrugCRx0DrugQRx0} \times \frac{\sum DrugCRx1DrugQRx1}{\sum DrugCRx1DrugQRx0}}$$

接下来进行药品处方量因素的指数构建，药品的处方量因素（RxSize）的一般表达式为：

$$RxSize = \sqrt{\frac{\sum DrugExRx1DrugSizeRx0}{\sum DrugExRx0DrugSizeRx0} \times \frac{\sum DrugExRx1DrugSizeRx1}{\sum DrugExRx0DrugSizeRx1}}$$

采用分层指数思想进行编制，则可以得到：

$$RxSize = \sqrt{\frac{\sum DrugCRx1DrugQRx0}{\sum DrugCRx0DrugQRx0} \times \frac{\sum DrugCRx1DrugQRx1}{\sum DrugCRx0DrugQRx1}} \Bigg/ \sqrt{\frac{\sum DrugCU1DrugQU0}{\sum DrugCU0DrugQU0} \times \frac{\sum DrugCU1DrugQU1}{\sum DrugCU0DrugQU1}}$$

至于对药品价格的统计，则直接使用价格指数进行计算，以 Product 表示具体药品品种的层次进行计算，则有：

$$Prices = \sqrt{\frac{\sum ProductCU1ProductQU0}{\sum ProductCU0ProductQU0} \times \frac{\sum ProductCU1ProductQU1}{\sum ProductCU0ProductQU1}}$$

而使用普药替代品牌药品所带来的药品费用变化则可以通过使用通用名层次的价格指数与产品层次的价格指数相除，得到的比率则可以反映普药使用带来的费用变化：

$$Generics = \sqrt{\frac{\sum DrugCU1DrugQU0}{\sum DrugCU0DrugQU0} \times \frac{\sum DrugCU1DrugQU1}{\sum DrugCU0DrugQU1}} \Bigg/ \sqrt{\frac{\sum ProductCU1ProductQU0}{\sum ProductCU0ProductQU0} \times \frac{\sum ProductCU1ProductQU1}{\sum ProductCU0ProductQU1}}$$

综上所述，摩根使用理想指数和分层次的编制思想建立了完整的一套 6 因素的药品费用影响因素指数研究体系，是目前该领域在国际上处于前沿地位的一种研究方法。

但是，这种方法也有其局限性。由于加拿大卫生研究中心的数据库统计数字质量良好，全国的卫生数据尤其是处方数据都得以电子化，摩根指数可以直接使用处方数据进行统计分析，这是这种分层统计方法能够应用的基础。应用这套理想指数分层统计方法对数据的要求较高，这就给国内学者的应用带来了一定的困难。

三、新的分层结构影响指数体系的构建

如前文所述，用药结构尤其是用量结构与药品费用的关系是分为不同层次的，首先是不同疾病治疗类别的结构，进一步细分可分为治疗类别内部的不同化学类别的使用结构，以及相同化学类别不同通用名和相同通用名不同厂家的使用结构。由于数据限制，本研究暂无法讨论相同厂家不同规格药品的使用结构问题。

在现有的药品费用指数体系分析方法中，“A · M” 指数体系需要的数据相对简单可得，但其结构因素是将各个层次的结构影响混杂而成，得到了一个总体的各层次药品结构变化的累积影响。而 Morgan 指数体系虽然可以分层探讨各个层次的结构影响问题，但需要处方级的数据，目前笔者的研究很难获取相关数据。

综合考虑，笔者采用 DDD 计算药品平均价格定义结构影响指数的方法，借鉴 Morgan 分层

拆解建立指数体系的思路，构建了一种新的以药品 DDD 单位为基础，分层分析用药结构对药品费用影响的指数体系，其公式表达如下：

$$\frac{\sum P_1 Q_1}{\sum P_0 Q_0}=\frac{\sum P_{P1} Q_{P0}}{\sum P_{P0} Q_{P0}}\times\frac{\sum Q_{P1}}{\sum Q_{P0}}\times\frac{\frac{\sum P_{C1} Q_{C1}}{\sum Q_{C1}}}{\frac{\sum P_{C1} Q_{C0}}{\sum Q_{C0}}}\times\left(\frac{\frac{\sum P_{D1} Q_{D1}}{\sum Q_{D1}}}{\frac{\sum P_{D1} Q_{D0}}{\sum Q_{D0}}}\Big/\frac{\frac{\sum P_{C1} Q_{C1}}{\sum Q_{C1}}}{\frac{\sum P_{C1} Q_{C0}}{\sum Q_{C0}}}\right)\times\left(\frac{\frac{\sum P_{P1} Q_{P1}}{\sum Q_{P1}}}{\frac{\sum P_{P1} Q_{P0}}{\sum Q_{P0}}}\Big/\frac{\frac{\sum P_{D1} Q_{D1}}{\sum Q_{D1}}}{\frac{\sum P_{D1} Q_{D0}}{\sum Q_{D0}}}\right)$$

公式中的角标 P 指产品（products）层次，即具体到某厂家的通用名产品；角标 D 指药品（drug）层次，即相同通用名归类；角标 C 指化学（chemistry）层次，即相同化学类别归类。根据 ATC 编码体系，有相同 ATC 码的，归为同一药品层次，ATC 码前5 位相同的，归为一个化学层次。公式中的总量指数、价格指数、总物量指数与“A · M”指数体系的解释相同，对于“A · M”指数体系中的混合因素指数，笔者将其拆解为三个部分，分别为：

1. 化学类别结构指数 I_C，用来定量不同化学类别药品的使用结构变化对总费用变化的影响：

$$I_C=\frac{\frac{\sum P_{C1} Q_{C1}}{\sum Q_{C1}}}{\frac{\sum P_{C1} Q_{C0}}{\sum Q_{C0}}}$$

2. 药品结构指数 I_D，用来定量剔除了化学类别因素单纯由药品通用名使用结构变化对总费用的影响：

$$\frac{\frac{\sum P_{D1} Q_{D1}}{\sum Q_{D1}}}{\frac{\sum P_{D1} Q_{D0}}{\sum Q_{D0}}}\Big/\frac{\frac{\sum P_{C1} Q_{C1}}{\sum Q_{C1}}}{\frac{\sum P_{C1} Q_{C0}}{\sum Q_{C0}}}$$

3. 产品结构指数 I_p，用来定量剔除了化学类别因素与通用类使用因素的单纯不同厂家同通用名产品使用结构变化对总费用的影响：

$$\frac{\frac{\sum P_{P1} Q_{P1}}{\sum Q_{P1}}}{\frac{\sum P_{P1} Q_{P0}}{\sum Q_{P0}}}\Big/\frac{\frac{\sum P_{D1} Q_{D1}}{\sum Q_{D1}}}{\frac{\sum P_{D1} Q_{D0}}{\sum Q_{D0}}}$$

由于这种指数方法的构建基础是药品用量的 DDD 转化，而并非所有治疗类别的药品都可以用 DDD 进行转化，因此，基于 DDD 转化的这种指数体系分析方法尚无法应用于所有的药品治疗类别，笔者在此仅在可以应用 DDD 定量的各治疗类别内部进行分析，希望今后对此感兴趣的研究者能够找到更加具有普遍性的方法进行治疗类别间的交叉分析。

四、指数分析的数据处理

（一）规划数据结构

对于本研究从中国医药经济信息网数据库中提取的数据，首先对药品销售年份的界定以财物年为准进行划分。药品通用名以 WHO 在线数据库的英文通用名为准。剂型主要区分口服、注射和其他。进行以上区分主要是考虑到下一步单位处理的需要。

对药品进行分类不仅是选择样本药品的基础，还关系到指数的灵敏度。

药品分类可以参考 WHO 的 ATC 编码以及《新编药物学》进行，将药品按照解剖治疗学分为大类、亚类，在亚类下再按照化学组分次亚类，次亚类下是不同活性成分的药品，同一种药品下还可以继续按照不同给药途径、不同剂型、不同生产企业继续分类。对药品进行分类后才能按类别抽样。本研究结合全国医药经济信息网数据的情况，采用 4 级分类法，即分大类（如全身用抗感染药物、心血管系统用药，等）、亚类、次亚类及药品四个分类层次。考虑到同一活性成分不同给药途径的药品 DDD 值不同，所以在第四层次中区分给药途径，即对相同活性成分不同给药途径的药品分配不同的药品编码（例如，对注射用阿莫西林和口服阿莫西林给予 2 个药品编码）。

同时，在不同的分类层次上计算的药品价格指数值是不相同的。在大类层次上计算指数比在药品层次上计算指数对单个药品价格变化的灵敏度低。本研究分别在次亚类和药品层次上计算拉氏和帕氏价格指数，其中药品层次计算的指数用于绘制药品价格走势图，并会同次亚类层次上计算的指数用于建立指数体系及因素分析。

（二）数据处理

1. 统一药品价格单位 在药品价格指数编制中，有 4 种处理药品数量单位的办法：i 以最小零售包装为单位；ii 以每毫克有效成分的含量为单位；iii 以每粒、每片、每 5ml 液体制剂为单位；iv 以限定日剂量（DDD）为单位。

从采集数据的角度看，由于同种药品有多种包装规格，报告期和基期各厂家生产的同种药品的包装规格不一定一致，所以在大样本的统计中，用药品零售包装为单位会对药品数量和价格信息采集造成很大困难。

后 3 种办法在计算药品价格指数中都是可行的，但相比起来，DDD 将各种药品的量都转化为可使用的天数（DDDs），使不同药品之间能够比较，用 DDDs 计算的权重更有经济意义。因此本研究用 DDDs 表示药品消费量，DDDc 表示每单位 DDD 药品的价格（=药品销售金额/DDDs）。

我们用以下公式分别计算出每种药品每年的购进量（DDDs）及价格（DDDc），以便于应用指数及指数体系因素分析的方法对数据进行统计分析。

$$\text{药品用量 } Q\text{（DDDs）} = \frac{\text{某种药品年度采购量（mg）}}{\text{该药品的限定日剂量（DDD/mg）}}$$

$$\text{药品用量 } Q\text{（DDDs）} = \frac{\text{某种药品年度采购量（mg）}}{\text{该药品的限定日剂量（DDD/mg）}}$$

采用指数体系处理数据后，最终数据的目标结构见表 18-1。

表 18-1 数据结构样表

药品分类		药品费用（2010）	△% 2006～2010			
大类	次亚类		费用	消费量	价格	结构
全身用抗感染药						
β-内酰胺类						
喹诺酮类						
大环内酯类						
…………						

2. 处理药品价格信息的缺失 药品有自然的更新换代，所以不排除选出来的个别代表规格品有开始的几年没有上市或者最近几年退出市场的情况。处理药品缺价有以下几种方法，即，将药品上市前或退市后的价格设为：i 其保留价格；ii 上市或退市时的市场价格；iii 其他药品的价格指数序列推算出的价格；iv 数值 0。

现实中，很难取得某药品的保留价格，设为 0 没有经济意义且夸大了价格变化，用其他药品计算的价格指数序列推算相对科学但较耗时。考虑到我们选择的代表品是 10 年里销量排名前列的药品，发生缺价的概率不会很大，在计算时本研究拟采用第 ii 种方法，即将新药上市之前年份的价格设为等于它第 1 年在市场上销售的价格，退出市场的药品退出市场后的价格设为等于它在市场上最后一次销售的年份的价格。这也是国外药品价格指数研究中通行的处理缺价药品办法。

第二节 各治疗类别药品费用增长的用药结构因素分析

在 410 家样本医院的 11 大类样本药品数据中，有完整 DDD 进量信息的药品有 9 大类，分别为调节胃酸紊乱用药、抗哮喘用药、肾素 - 血管紧张素类降压药、降血脂药、全身抗感染药、免疫抑制剂、免疫刺激剂、抗抑郁药和抗精神病药物。由于 CMEI 数据库中未区分免疫抑制剂与刺激剂，因此将两者合并为免疫调节剂，最终分析药品 8 大类。以各类别药品的 DDD 进量数据为依据，利用药品费用的统计指数分析方法，对各大类药品费用分析如下。

一、调节胃酸紊乱用药 DDD 增长趋势及费用增长因素分析

（一）调节胃酸紊乱用药 DDD 趋势分析

从 2006 年第一季度开始，整体市场的 DDD 进量大体呈现上升的趋势，对于调节胃酸紊乱用药的需求持续上涨。

从细分种类药品的比例变化趋势上，质子泵抑制剂的需求比例逐渐上升，与此同时，H_2-受体拮抗剂的比例呈负相关逐渐下降，而其他调节胃酸紊乱用药的需求比例变化不大，这个现象可以视为质子泵抑制剂在逐渐侵蚀 H_2-受体拮抗剂的需求市场份额。

从 DDD 变化的绝对值来看，质子泵抑制剂 DDD 绝对值快速上升，H_2-受体阻断剂有一个较明显的缓慢下降趋势，其他种类调节胃酸紊乱用药 DDD 绝对值均有较小幅度的增长。

（二）调节胃酸紊乱用药费用增长因素分析

采用分层结构指数分析方法，以样本医院 2006 年 1 季度作为基期，计算各报告期的费用指数、价格因素、用量因素、结构因素和各分层结构因素的结果如表 18-2 所示。

表 18-2 调节胃酸紊乱用药费用增长因素分析

年度	2006	2007	2008	2009	2010
季度	1	1	1	1	1
总费用（亿元）	2.42	3.29	4.05	5.13	6.49
总 DDD 用量（万 DDD）	2432.38	3089.55	3311.87	3895.86	4602.06
费用指数	1.00	1.36	1.67	2.12	2.68
价格因素	1.00	1.00	0.99	1.04	1.01
用量因素	1.00	1.27	1.36	1.60	1.89
结构因素	1.00	1.06	1.24	1.27	1.40
产品层次结构因素	1.00	0.95	0.96	0.96	1.03
药品层次结构因素	1.00	1.02	1.04	1.03	1.02
化学层次结构因素	1.00	1.09	1.23	1.28	1.34

从分析数据中可以看出，调节胃酸紊乱用药费用的最主要驱动因素为用量因素，2010 年一季度相比 2006 年同期，用量增长 89%。药品多年间总体价格水平相对稳定，对费用上涨的贡献不大。调节胃酸紊乱用药的结构变化对费用上涨一直有正向驱动作用，2010 年一季度结构因素的费用贡献指数达到了 1.40。

具体分析各结构层次，可以看出，调节胃酸紊乱用药的化学层次结构因素对费用增长的贡献最大，而药品及产品结构对费用增长的贡献不大，其中产品层次在 2007 年、2008 年和 2009 年一季度还有抑制药品费用增长的作用。

结合市场集中度分析可以看出，调节胃酸紊乱用药的总体市场集中度不高，这从一定程度上解释了 2010 年之前产品层次结构因素对药品费用的抑制作用。从通用名使用情况看，2006 年以来在调节胃酸紊乱用药类别中占市场绝大部分份额的质子泵抑制剂和 H_2-受体阻滞剂中分别只有一个新通用名产品上市，即 2008 年四季度上市的艾普拉唑和 2008 年一季度上市的拉呋替丁，由于上市时间较短，基本对于成熟产品占主导地位的两个治疗类别市场结构没有影响，因此，药品通用名层次的结构变化对费用增长的作用也不明显。而不论从金额成分看，还是从 DDD 用量成分看，在调节胃酸紊乱用药各化学类别中平均日费用最高的质子泵抑制剂都有着迅猛的发展。总体而言，质子泵抑制剂这一化学类别药品市场份额的大幅增加，是调节胃酸紊乱用药结构对总费用增长起驱动作用的最主要因素。

二、抗哮喘药 DDD 增长趋势及费用增长因素分析

（一）抗哮喘药 DDD 趋势分析

DDD 在一定程度上代表的是患者对于相应药物需求的指标，以 DDD 为指标进行的趋势和份额分析代表的是相应的需求变化。

从 2006 年第一季度开始，整体市场的 DDD 进量呈现上升中伴随季节性波动的趋势，每年第一或第四季度均较高。抗哮喘药的需求有所上涨。

从细分种类药品的比例变化趋势上，大多数种类的抗哮喘药品的需求变化不大，除了选择性 β_2-肾上腺素能受体激动剂的需求比例逐渐下降，与此同时，肾上腺素能药和其他哮喘药的比例负相关的逐渐上涨，这个现象可以视为肾上腺素能药和其他哮喘药在逐渐侵蚀选择性 β_2 肾

上腺素能受体激动剂的需求市场份额。

从 DDD 变化的绝对值来看，除肾上腺素能药和其他哮喘药与白三烯受体拮抗剂增长趋势较明显外，其余种类抗哮喘药 DDD 绝对值变化均不明显或基本保持稳定。

（二）抗哮喘用药费用增长因素分析

从金额的增长来看，抗哮喘药的从 2006 年到 2010 年的相对金额增长率是所有治疗类别中最高的，其因素分析结果见表 18-3。

表 18-3　抗哮喘药费用增长因素分析

年度	2006	2007	2008	2009	2010
季度	1	1	1	1	1
总费用（亿元）	0.53	0.87	1.30	1.51	2.12
总 DDD 用量（万 DDD）	1202.00	1587.19	1833.01	1870.36	2326.15
费用指数	1.00	1.64	2.46	2.84	4.01
价格因素	1.00	1.07	1.14	1.21	1.38
用量因素	1.00	1.32	1.52	1.56	1.94
结构因素	1.00	1.15	1.41	1.51	1.50
产品层次结构因素	1.00	1.00	1.04	1.24	1.04
药品层次结构因素	1.00	1.13	1.26	1.14	1.42
化学层次结构因素	1.00	1.02	1.07	1.06	1.02

从分析数据中可以看出，抗哮喘药费用的最主要驱动因素为用量因素，2010 年一季度相比 2006 年同期，用量增长 94%。药品价格水平的上涨在各治疗类别中相对比较突出，对费用上涨的贡献达到 1.38。抗哮喘药的结构变化对费用上涨一直有正向驱动作用，2010 年一季度结构因素的费用贡献指数达到了 1.50。

具体分析各结构层次，可以看出，抗哮喘药的药品层次结构因素对费用增长的贡献最大，而化学及产品结构对费用增长的贡献不大，其中产品层次在 2007、2008、2009 年一季度还有抑制药品费用增长的作用。

结合市场集中度分析可以看出，抗哮喘药的总体市场集中高且结构稳定，这从一定程度上解释了产品层次结构因素的平稳变化。其中 2009 年一季度产品层次结构因素的突然上升是一个异常值，通过对基础数据的分析，发现，在 2009 年一季度，样本医院数种一直占使用份额较大仿制药品相对采购份额突然大幅下降，如鲁南制药的布地奈德和上海爱的发集团的沙丁胺醇，这可以解释这一时间节点产品层次结构因素的上升。从通用名使用情况看，2006 年至 2010 年采购 DDD 量排名前十位的通用名类别中，平均日费用前两位的多索氨茶碱和孟鲁司特用量增速也远超其他品种，尤其是黄嘌呤类中多索茶碱与氨茶碱市场份额的变化，表现非常鲜明，多索茶碱的 DDD 用量从 2006 年 1 季度到 2010 年 1 季度增长了 490%，而氨茶碱的同期 DDD 用量下降 9.97%。根据政府定价，多索茶碱 200mg × 10 片装的政府最高零售限价为 21.30 元/盒，而氨茶碱 100mg × 100 片装的政府最高零售限价为 6.50 元/盒。从金额成分以及 DDD 用量成分看，抗哮喘药各化学类别的结构变化不明显。总体而言，通用名类别药品市场份额的大幅增加，是抗哮喘药结构对总费用增长起驱动作用的最主要因素。

对于价格问题，抗哮喘类药品的价格水平上涨在各治疗类别中显得非常特殊。具体研究价格数据，笔者发现在抗哮喘药物中占有最大金额份额和 DDD 份额的两种产品——阿斯利康集团的布地奈德喷剂和葛兰素史克集团的沙美特罗氟替卡松喷剂平均日价格都有上涨。尤其是布地奈德喷剂的价格上涨显著。由于两者都是政府定价品种，因此笔者通过对物价文件的调研，排除了价格上调的影响因素。进一步分析发现，由于同厂家的喷剂之间不存在差比价关系，相对小包装的喷剂的 DDDc 中平摊了更多的包材费用，导致小包装布地奈德喷剂的 DDDc 显著大于大包装的产品，其 100μg 装的吸入剂政府定价高达 124.00 元/支，而 200μg 装的喷剂则只有 98.40 元/盒。受到数据限制，笔者没有能够对药品的剂型规格层次结构因素进行分析，如果进行分解的话，这部分价格因素应当被解释为剂型使用结构变化对总费用的影响。

三、肾素－血管紧张素类降压药 DDD 增长趋势及费用增长因素分析

（一）肾素－血管紧张素类降压药 DDD 趋势分析

DDD 在一定程度上代表的是患者对于相应药物需求的指标，以 DDD 为指标进行的趋势和份额分析代表的是相应的需求变化。

从 2006 年第一季度开始，整体的市场份额呈现持续上升的趋势，对于 ACEI 及 ARB 降压药的需求持续上涨。

从细分种类药品的比例变化趋势上看，血管紧张素Ⅱ拮抗剂的单方制剂与血管紧张素Ⅱ拮抗剂与利尿剂的复方制剂两类药品的需求增加，与此同时，血管紧张素转化酶抑制剂的单方制剂需求比例逐渐下降，这个现象可以视为前两者在逐渐侵蚀后者的需求市场份额。

从 DDD 变化的绝对值来看，血管紧张素转化酶抑制剂的单方制剂的 DDD 绝对值自 2006 年第一季度以来基本保持稳定，其他种类的药物 DDD 绝对值稳定上升，其中血管紧张素Ⅱ拮抗剂的单方制剂 DDD 绝对值变化上升较快。

（二）肾素－血管紧张素类降压药费用增长因素分析

从金额的增长来看，肾素－血管紧张素类降压药的从 2006 年到 2010 年的相对金额增长率为 149%，低于样本药品的平均费用增长水平，其因素分析结果见表 18-4。

表 18-4　肾素－血管紧张素类降压药费用增长因素分析

年度	2006	2007	2008	2009	2010
季度	1	1	1	1	1
总费用（亿元）	1.43	1.87	2.40	3.00	3.55
总 DDD 用量（万 DDD）	4107.29	5227.94	6547.35	7939.99	9304.21
费用指数	1.00	1.31	1.68	2.11	2.49
价格因素	1.00	0.98	0.95	0.95	0.91
用量因素	1.00	1.27	1.59	1.93	2.27
结构因素	1.00	1.05	1.11	1.14	1.21
产品层次结构因素	1.00	0.99	0.98	0.98	0.97
药品层次结构因素	1.00	0.98	0.98	0.99	1.03
化学层次结构因素	1.00	1.08	1.14	1.18	1.21

从分析数据中可以看出，肾素－血管紧张素类降压药费用的最主要驱动因素为用量因素，2010年1季度相比2006年同期，用量增长227%。药品价格水平平稳下降，2010年1季度的定基价格指数为0.91，数值小于1显示价格因素对费用上涨起到了抑制作用。肾素－血管紧张素类降压药的结构变化对费用上涨一直有正向驱动作用，2010年一季度结构因素的费用贡献指数为1.21。

具体分析各结构层次，可以看出，抗哮喘药的化学层次结构因素对费用增长的贡献最大，而药品结构对费用增长的贡献不大，产品层次结构因素则起到了抑制药品费用增长的作用。

结合市场集中度分析可以看出，肾素－血管紧张素类降压药从总体市场到各个类别细分市场的集中度都很高，但是总体市场的集中度呈逐年下降趋势，这从一定程度上反映了后进入市场的厂家产品特别是仿制品对原研制与专利产品的竞争作用，廉价仿制品市场份额的上升解释了产品层次结构因素对总费用增长的抑制作用。从金额成分以及DDD用量成分看，抗哮喘药各化学类别的结构变化非常显著，特别是相对日费用最高的血管紧张素Ⅱ拮抗剂的单方制剂DDD市场份额大幅增长。总体而言，化学层次结构因素，特别是血管紧张素Ⅱ拮抗剂药品市场份额的大幅增加，是肾素－血管紧张素类降压药结构对总费用增长起驱动作用的最主要因素。

四、降血脂药DDD增长趋势及费用增长因素分析

（一）降血脂药DDD趋势分析

从2006年第一季度开始，整体的市场DDD进量呈现季节性波动中持续上升的趋势，每年第一季度均较低。这表明降血脂药的需求上涨，每年第一季度需求较低。

从细分种类药品的比例变化趋势上，HMG CoA还原酶抑制剂需求比例持续上升，与此同时，其他种类降血脂药的比例均不同程度的负相关逐渐减小，这个现象可以视为HMG CoA还原酶抑制剂在侵蚀其他种类降血脂药的需求市场份额。

（二）降血脂药费用增长因素分析

从金额的增长来看，降血脂药的从2006～2010年的相对金额增长率为125%，低于样本药品的平均费用增长水平，其因素分析结果见表18-5。

表18-5 降血脂药费用增长因素分析

年度	2006	2007	2008	2009	2010
季度	1	1	1	1	1
总费用（亿元）	0.84	1.07	1.40	1.82	2.25
总DDD用量（万DDD）	1248.54	1489.71	1912.58	2432.08	3057.06
费用指数	1.00	1.27	1.67	2.17	2.69
价格因素	1.00	0.95	0.92	0.92	0.87
用量因素	1.00	1.19	1.53	1.95	2.45
结构因素	1.00	1.12	1.19	1.22	1.26
产品层次结构因素	1.00	1.01	1.04	1.04	1.05
药品层次结构因素	1.00	1.04	1.06	1.07	1.12
化学层次结构因素	1.00	1.06	1.08	1.09	1.08

从分析数据中可以看出，降血脂药费用的最主要驱动因素为用量因素，2010 年 1 季度相比 2006 年同期，用量增长 145%。药品价格水平平稳下降，2010 年 1 季度的定基价格指数为 0.87，数值小于 1 显示价格因素对费用上涨起到了抑制作用。降血脂药的结构变化对费用上涨一直有正向驱动作用，2010 年一季度结构因素的费用贡献指数为 1.26。

具体分析各结构层次，可以看出，降血脂药的药品层次结构因素对费用增长的贡献最大，而化学层次结构因素和产品层次结构因素对费用增长也有一定贡献。

结合市场集中度分析可以看出，降血脂药的市场集中度较高且呈上升趋势，由于市场领先者的药品平均日费用较高，这就从一定程度上解释了产品层次结构因素对总费用增长的促进作用。从 DDD 用量成分看，降血脂药各化学类别的结构变化较为显著，特别是相对日费用最高的 HMG CoA［β-羟（基）-β-甲（基）戊二酸单酰辅酶 A］还原酶抑制剂类药品的市场份额上升明显。从通用名水平上看，占据 DDD 份额前两名的同为 HMG CoA 还原酶抑制剂类药品的阿托伐他丁和辛伐他丁的市场结构变化很能说明问题。2006 年 1 季度，辛伐他丁的 DDD 用量是阿托伐他丁的 1.84 倍，而到了 2010 年 1 季度，阿托伐他丁的 DDD 用量超过辛伐他丁并达到了后者的 1.55 倍，从产品市场周期曲线上看，辛伐他丁比阿托伐他丁更接近成熟期，用量增长幅度低于阿托伐他丁。考虑到阿托伐他丁 9.37 元的平均日费用也大幅高于辛伐他丁 5.96 元的日费用，这种用药结构的变化对费用增长的推动作用是非常明显的。总体而言，药品层次结构因素，特别是 HMG CoA 还原酶抑制剂类药品阿托伐他丁对辛伐他丁市场份额的大幅替代，是降血脂药结构对总费用增长起驱动作用的最主要因素。

五、全身用抗感染药 DDD 增长趋势及费用增长因素分析

（一）全身抗感染药 DDD 趋势分析

从 2006 年第一季度开始，整体的 DDD 进量总体呈现上升的趋势，至 2009 年第三季度开始下滑，并于 2010 年第一季度回升。总的来说对全身抗感染药的需求有所上涨。

从细分种类药品的比例变化趋势上看，除青霉素类外的 β-内酰胺类抗菌药的需求有较明显的增加，而其他种类的全身抗感染药需求基本稳定或略有减少。

从 DDD 变化的绝对值来看，除青霉素类外的 β-内酰胺类抗菌药的 DDD 绝对值有较大幅上升，其他种类的药物 DDD 绝对值相对较稳定或略有增长。

（二）全身抗感染药费用增长因素分析

作为采购金额排名第一且市场份额远超其他药品的用药类别，全身抗感染药物的增长因素分析很有意义。从金额的增长来看，全身抗感染药从 2006 年到 2010 年 1 季度的相对金额增长率为 116%，低于样本药品的平均费用增长水平，其因素分析结果见表 18-6。

表 18-6　全身抗感染药费用增长因素分析

年度	2006	2007	2008	2009	2010
季度	1	1	1	1	1
总费用（亿元）	18.65	23.77	30.46	33.76	40.26
总 DDD 用量（万 DDD）	6092.04	6828.67	7082.33	7279.14	7505.63
费用指数	1.00	1.27	1.63	1.81	2.16

续 表

年度	2006	2007	2008	2009	2010
价格因素	1.00	0.89	0.84	0.82	0.84
用量因素	1.00	1.12	1.16	1.19	1.23
结构因素	1.00	1.27	1.67	1.85	2.09
产品层次结构因素	1.00	1.05	1.11	1.14	1.27
药品层次结构因素	1.00	1.16	1.39	1.48	1.48
化学层次结构因素	1.00	1.05	1.08	1.10	1.12

从分析数据中可以看出，全身用抗感染药费用的最主要驱动因素是结构因素，总体结构因素指数在2010年1季度达到了2.09，几乎等同于费用指数2.16的水平。用量因素在本类药品中对费用增长的促进作用远不如其他治疗类别中体现得那么显著，这与卫生部门控制抗生素过度使用有关，2010年1季度相比2006年同期，用量仅增长23%。药品价格水平下降显著，2010年1季度的定基价格指数为0.84，在所有治疗类别中最低。物价部门对抗生素类药品的严格管制对费用上涨起到了抑制作用。

具体分析各结构层次，可以看出，全身用抗感染药的化学、药品、产品各层次结构因素均对费用增长有明显贡献，其中药品层次的贡献最大。

结合市场集中度分析可以看出，全身用抗感染药的总体市场集中度很低，市场中的企业数和品种数都远超其他治疗类别市场。从集中度发展趋势看，总集中度在逐年下降，而各化学类别的集中度在逐年上升，这种现象说明在不同化学类别中领先企业各不相同，整个市场呈现一种复杂的交叉结构。一般而言，竞争企业的增加，低价仿制药品份额的增加，是会对药品总费用增长产生抑制作用的。然而，这种情况并没有在全身抗感染药物领域发生。深入分析数据，发现在各化学类别中抗生素市场份额排名前列的企业主要是国内仿制药品企业，其所销售药品的平均日费用低于排名靠后的进口药企业，这一市场结构与其他治疗类别的市场结构完全相反。因此，这里表现出的市场集中度下降恰恰反映了外资及合资企业高价药市场份额的上升，这种份额变化推动了总费用的上涨。

药品层次结构因素是推动全身抗感染类药品费用上涨的主因，2010年1季度市场份额排名前三位的头孢米诺、头孢替安和美罗培南在2006年1季度都不在前十之列，相对2006年1季度，其DDD用量上涨幅度分别为407%、316%和325%，报告期平均日费用分别为141.38元、264.53元和595.16元。而2006年1季度排名前三位的舒巴坦钠/头孢哌酮钠、头孢呋辛和左氧氟沙星的同期DDD用量分别只相当于基期的34.9%、96.7%和112.0%，这三类药品的平均日费用低于之前三类药品，分别为227.16元、69.06元和30.14元。从DDD用量增加幅度上看，前十位中氨曲南、头孢孟多、哌拉西林钠/舒巴坦钠的增长分别为20.68倍、15.42倍、17.36倍，而头孢哌酮钠/他唑巴坦钠在2006年3季度才上市，这四种药品的平均日费用达到了287.90元、424.02元、376.83元和239.20元。可以说，这种新的高价通用名快速占据市场份额的情况是全身抗感染药物费用上涨的重要因素。

从化学层次的DDD用量成分看，总体份额相对稳定，主要变化在于相对高价的其他β-内酰胺类抗菌药挤占了传统β-内酰胺类抗菌药和青霉素类的市场份额。总体而言，全身抗感染药物的各个层次对总费用增长都起到了较强的驱动作用，其中药品层次结构因素是最主要因素。

六、免疫调节剂 DDD 增长趋势及费用增长因素分析

（一）免疫调节剂类药物 DDD 趋势分析

从 2006 年第一季度开始，整体的 DDD 用量呈现波动中上升的趋势，这说明对于免疫调节剂类药物的需求有所上涨但波动较大。

在细分种类药品的比例变化趋势上，选择性免疫抑制剂、干扰素类及细胞介素类等药物需求变化不大，略有增长或基本不变，而其他免疫抑制剂和其他免疫刺激剂波动较大，总的来说，其他免疫抑制剂需求有所增长，而其他免疫刺激剂则有所下降。

从 DDD 变化的绝对值来看，其他免疫抑制剂与免疫刺激剂波动和增长均较大，而如干扰素类的其他种类的免疫调节剂 DDD 绝对值则增长幅度较小。

（二）免疫刺激剂费用增长因素分析

从金额的增长来看，免疫刺激剂从 2006 年到 2010 年的相对金额增长率为 128%，低于样本药品的平均费用增长水平，其因素分析结果见表 18-7。

表 18-7　免疫刺激剂费用增长因素分析

年度	2006	2007	2008	2009	2010
季度	1	1	1	1	1
总费用（亿元）	3.61	4.34	5.60	6.50	8.23
总 DDD 用量（万 DDD）	826.09	1111.39	812.20	1251.22	1068.35
费用指数	1.00	1.20	1.55	1.80	2.28
价格因素	1.00	0.90	1.01	0.90	0.98
用量因素	1.00	1.35	0.98	1.51	1.29
结构因素	1.00	0.99	1.55	1.32	1.79
产品层次结构因素	1.00	0.95	0.94	0.91	0.89
药品层次结构因素	1.00	1.05	1.60	1.41	2.00
化学层次结构因素	1.00	0.99	1.03	1.03	1.00

从分析数据中可以看出，免疫刺激剂费用的最主要驱动因素为结构因素，其次为用量因素，价格因素多年间都对费用增长起抑制作用。从 DDD 用量来看，2010 年 1 季度相比 2006 年同期，用量仅增长 29%。药品价格水平平稳下降，2010 年 1 季度的定基价格指数为 0.98，对费用上涨起到了抑制作用。免疫抑制剂的结构变化对费用上涨的驱动作用非常显著，在 2010 年 1 季度结构指数达到了 1.79。

具体分析各结构层次，可以看出，免疫刺激剂化学层次结构因素对费用增长没有明显贡献，产品层次结构对费用增长有明显抑制作用，而药品层次结构因素是各层次结构中推动费用上涨的主因。

从化学层次结构来看，免疫刺激剂类药品的四个类别白细胞介素类、干扰素类、其他免疫

刺激剂和细胞介素类药品多年间市场份额分配相对较稳定，其他免疫刺激剂一直占据70%左右的市场份额，化学层次结构因素的稳定与结构份额的稳定密切相关。

从药品层次结构因素看，其在2010年1季度的因素指数达到了2.00，在所有因素中占据了最主要的地位。具体分析药品层次信息，笔者发现，免疫刺激剂药品同化学类别不同通用名间的使用结构变化明显，以占市场份额最大的其他免疫刺激剂类为例，平均日费用234.17元和232.03元的胸腺肽 α_1 和胸腺五肽，其DDD用量分别增长了320.86%和950.93%。而同类别中市场份额第三，平均日费用35.86元的香菇多糖DDD用量仅增长了21.10%，低于免疫刺激剂的平均DDD用量增长率。

在产品层次，研究显示行业集中度有所下降，总体上由于仿制药品竞争，传统进口原研制企业的高价药份额降低，对费用增长起到了一定的抑制作用。

免疫刺激剂类药品在分类上与其他治疗类别有所区别，由于大量的通用名都被归类为“其他免疫刺激剂”，因此很多在治疗上不可相互替代的通用名被归入了一个类别，这在一定程度上放大了药品层次的结构因素影响，缩小了化学层次的结构因素影响。

（三）免疫抑制剂费用增长因素分析

从金额的增长来看，免疫抑制剂从2006年到2010年的相对金额增长率为78%，低于样本药品的平均费用增长水平，其因素分析结果见表18-8。

表18-8　免疫抑制剂费用增长因素分析

年度	2006	2007	2008	2009	2010
季度	1	1	1	1	1
总费用（亿元）	2.70	3.03	3.50	4.15	4.80
总DDD用量（万DDD）	811.41	1072.23	1335.31	1459.88	1437.87
费用指数	1.00	1.12	1.30	1.54	1.78
价格因素	1.00	0.96	0.94	0.94	0.98
用量因素	1.00	1.32	1.65	1.80	1.77
结构因素	1.00	0.89	0.84	0.91	1.03
产品层次结构因素	1.00	1.01	0.99	1.00	0.98
药品层次结构因素	1.00	0.90	0.87	0.91	0.99
化学层次结构因素	1.00	0.98	0.97	1.00	1.06

从分析数据中可以看出，免疫抑制剂费用的最主要驱动因素为用量因素，2010年1季度相比2006年同期，用量增长77%。药品价格水平平稳下降，2010年1季度的定基价格指数为0.98，对费用上涨起到了抑制作用。免疫抑制剂的结构变化对费用上涨的驱动作用不明显，在2007、2008、2009各年度都表现为抑制作用。

具体分析各结构层次，可以看出，免疫抑制剂各层次结构因素对费用增长都没有明显贡献，在2010年以前还多次表现出对费用增长的抑制作用。

免疫抑制剂类药品的品种较少，市场份额的约99%归为两个化学类别，选择性免疫抑制剂和其他免疫抑制剂，选择性免疫抑制剂的平均费用相对较高但市场份额的多年间变化不大，在

2010 年其市场份额有小幅上升，可以解释 2010 年 1 季度 1.06 的化学层次结构因素指数。该治疗类别药品的通用名结构多年间也相对稳定，统计期间一个较大的药品层次变化是达利珠单抗的退市和英夫利昔单抗的上市。由于价格非常高昂的达利珠单抗在 2007 年 2 季度退出了样本医院市场，而另一种价格相对较高的英夫利昔单抗在 2007 年 3 季度进入市场，使得在 2008 年 1 季度出现了药品层次结构因素的拐点。在产品层次，研究显示行业集中度有所下降，总体上由于仿制药品竞争，传统进口原研制企业的高价药份额降低，对费用增长起到了一定的抑制作用。

需要说明的是，免疫抑制剂类药品的分类有一定的特殊性，同属特异性免疫抑制剂的两种药品可能治疗的疾病完全不同，例如达利珠单抗用于肾移植患者的抗排异治疗，而英夫利昔单抗则是用于类风湿关节炎等自身免疫病的治疗，因此完全不存在替代关系。

七、抗抑郁药 DDD 增长趋势及费用增长因素分析

（一）抗抑郁药 DDD 趋势分析

从 2006 年第一季度开始，整体的市场份额呈现持续上升的趋势，对于抗抑郁药物的需求在持续的上涨。

从细分种类药品的比例变化趋势上，A 型单胺氧化酶抑制剂的需求变化不大，非选择性单胺再吸收抑制剂的需求比例逐渐下降，与此同时，5-羟色胺再吸收抑制剂和其他抗抑郁药两类药品的比例呈负相关逐渐缓慢上涨，这个现象可以视为选择性 5-羟色胺再吸收抑制剂和其他抗抑郁药两类药品在逐渐侵蚀非选择性单胺再吸收抑制剂的需求市场份额。

从 DDD 变化的绝对值来看，非选择性单胺再吸收抑制剂 DDD 绝对值自 2006 年第一季度基本保持稳定，其他种类的药物 DDD 绝对值稳定较快上升，并且选择性 5-羟色胺再吸收抑制剂的 DDD 绝对值变化较其他抗抑郁药更快。

（二）抗抑郁药费用增长因素分析

从金额的增长来看，抗抑郁药从 2006 年到 2010 年的相对金额增长率为 109%，基本相当于样本药品的平均费用增长水平，其因素分析结果见表 18-9。

表 18-9　抗抑郁药费用增长因素分析

年度	2006	2007	2008	2009	2010
季度	1	1	1	1	1
总费用（亿元）	0.55	0.67	0.83	0.95	1.16
总 DDD 用量（万 DDD）	717.37	891.37	1073.41	1192.28	1472.69
费用指数	1.00	1.22	1.50	1.71	2.09
价格因素	1.00	0.97	0.93	0.93	0.92
用量因素	1.00	1.24	1.50	1.66	2.05
结构因素	1.00	1.01	1.08	1.11	1.10
产品层次结构因素	1.00	1.01	1.00	1.01	1.01
药品层次结构因素	1.00	1.00	1.02	1.02	1.02
化学层次结构因素	1.00	1.00	1.05	1.08	1.07

从分析数据中可以看出，抗抑郁药费用增长的最主要驱动因素为用量因素，其次为结构因素，价格因素多年间都对费用增长起抑制作用。从 DDD 用量来看，2010 年 1 季度相比 2006 年同期，用量增长 105%。药品价格水平下降较显著，2010 年 1 季度的定基价格指数为 0.92，对费用上涨起到了抑制作用。抗抑郁药 2010 年 1 季度的结构因素指数 1.10，对费用增长起到了一定的促进作用。

具体分析各结构层次，可以看出，抗抑郁药的化学层次结构因素对费用增长贡献最大，药品结构层次和产品层次结构对费用增长的推动作用不明显，综合来看，化学层次结构因素是各层次结构中推动费用上涨的主因。

从化学层次结构来看，抗抑郁药的四个化学类别分别为 A 型单胺氧化酶抑制剂、非选择性单胺再吸收抑制剂、其他抗抑郁药和选择性 5-羟色胺再吸收抑制剂，在 2006 年 1 季度到 2010 年 1 季度的费用分析区间中，选择性 5-羟色胺再吸收抑制剂和其他抗抑郁药的 DDD 使用份额有一定的上升，而非选择性单胺再吸收抑制剂的 DDD 使用份额则呈现下降趋势。从日费用来看，以 2010 年 1 季度数据为准，5-羟色胺再吸收抑制剂的平均日费用为 8.02 元，其他抗抑郁药的平均日费用为所有小类中最高的 11.29 元，而非选择性单胺再吸收抑制剂则为四类中最低的 0.89 元。传统的非选择性单胺再吸收抑制剂在 DDD 使用份额中的下降是化学层次结构因素促进费用增长的主因。

从药品层次结构因素看，从 2006 年 1 季度到 2010 年 1 季度的分析区间内，最显著的变化是三种新通用名药品的上市，分别是 2006 年第 3 季度上市的艾司西酞普兰、2007 年第 3 季度上市的度洛西汀和 2008 年上市的瑞波西汀，但是，新上市药品的销售增速虽然较快，但总量上远远无法与各自类别内的领先药品氟西汀、帕罗西汀及文拉法辛的 DDD 用量相比。在抗抑郁药品中，传统占市场份额较大的产品间 DDD 份额也存在明显的消长关系，以选择性 5-羟色胺再吸收抑制剂中金额和 DDD 用量都最大的氟西汀与帕罗西汀为例，从 2006 年 1 季度到 2010 年 1 季度，氟西汀的 DDD 用量几乎没有变化，而帕罗西汀的用量增长了 1 倍以上，但是，比较平均日费用发现，以 2010 年 1 季度为例，氟西汀的 8.16 和帕罗西汀的 8.59 元区别很小。进一步比较各药品通用名的平均日费用，发现抗抑郁药各化学类别中不同通用名间的平均日费用差异都不大，这是抗抑郁药的特点，也解释了为何在抗抑郁药中药品层次结构因素对总费用增长的影响不大。

在产品层次，研究显示行业总集中度较为稳定，总体上国内相对廉价的仿制品与传统进口原研制企业的高价药市场份额比例相对稳定，对费用变化没有明显的贡献作用。

八、抗精神病药 DDD 增长趋势及费用增长因素分析

（一）抗精神病药 DDD 趋势分析

从 2006 年第一季度开始，整体的市场份额呈现波动中上升的趋势，对于抗精神病药物的需求有增长。

从细分种类药品的比例变化趋势上，二氮䓬与去氧二氮䓬类需求比例有较明显的增长，吲哚衍生物略有增长，而其他多种抗精神病药需求比例均有下降，如丁酰苯衍生物与苯酰胺类等。这说明，二氮䓬与去氧二氮䓬类在逐渐侵蚀其他多种抗精神病药物的需求市场份额。

从 DDD 变化的绝对值来看，有较大 DDD 用量的二氮䓬与去氧二氮䓬类有较明显的增长，

而其他种类的抗精神病药物基本保持稳定或增长不大。

（二）抗精神病药费用增长因素分析

从金额的增长来看，抗精神病药从2006年到2010年的相对金额增长率为183%，高于样本药品的平均费用增长水平，仅次于抗哮喘药排在各治疗类别的第二位，其因素分析结果见表18-10。

表18-10　抗精神病药费用增长因素分析

年度	2006	2007	2008	2009	2010
季度	1	1	1	1	1
总费用（亿元）	0.41	0.53	0.73	0.87	1.17
总DDD用量（万DDD）	683.78	799.76	893.18	934.93	1197.31
费用指数	1.00	1.29	1.76	2.11	2.83
价格因素	1.00	0.97	1.00	1.00	1.04
用量因素	1.00	1.17	1.31	1.37	1.75
结构因素	1.00	1.14	1.35	1.55	1.56
产品层次结构因素	1.00	1.01	0.97	0.95	0.92
药品层次结构因素	1.00	1.06	1.20	1.29	1.34
化学层次结构因素	1.00	1.07	1.17	1.26	1.26

从分析数据中可以看出，抗精神病药费用增长的最主要驱动因素为用量因素，其次为结构因素，价格因素多年间都对费用增长的作用不显著。从DDD用量来看，2010年1季度相比2006年同期，用量增长75%。药品价格水平变化不明显，2010年1季度的定基价格指数为1.04。抗精神病药2010年1季度的结构因素指数1.56，对费用增长起到了显著的促进作用。

具体分析各结构层次，可以看出，抗精神病药的药品层次结构因素对费用增长贡献最大，化学层次结构对费用增长的作用也很明显，产品层次对费用增长则起到了抑制作用。

从化学层次结构来看，抗精神病药的化学分类较多，其中DDD市场份额最大的为二氮䓬与去氧二氮䓬类以及其他抗精神病药，且两者的DDD市场份额在不断增长，除这两类药品外，吲哚衍生物类药品在2006年3季度上市后DDD市场份额也显著增加。有特点的是，上述提到的三种药品是抗精神病药领域平均日费用最高的三种药品，以2010年1季度数据为例，其平均日费用分别为15.62元、11.54元和20.93元。而其他所有类别的抗精神病药，同期平均日费用均不到3元，很多甚至不到1元。因此，二氮䓬与去氧二氮䓬类及其他抗精神病药市场份额的增加，以及吲哚衍生物类药品上市带来的化学层次结构变化是化学层次结构因素对总费用增长起推动作用的主因。

从药品层次结构因素看，从2006年1季度到2010年1季度的分析区间内，二氮䓬与去氧二氮䓬类中最主要的变化是奥氮平市场份额的上升和氯氮平市场份额的下降。在统计期内，奥氮平DDD用量增长了5.14倍，而氯氮平仅增长了32%，从平均日费用上看，以2010年1季度为例，奥氮平28.16元，而氯氮平仅为0.42元。同样的情况也发生在其他抗精神病药中，平均日费用13.95元的利培酮DDD用量增长率94%，而平均日费用8.87的氟哌噻吨/美利曲辛DDD用量仅增加62%。其中尤以奥氮平对氯氮平的市场份额替代表现最为典型，这种现象导致药品层次结构因素成为诸结构因素中推动费用增长的主因。

在产品层次，研究显示行业总集中度CR_4有明显下降，而CR_8则相对稳定，证明市场份额前8位中的仿制品企业产品对在市场份额上领先的原研制企业产生了较强的竞争，这也解释了产品层次仿制药品对总费用的节省作用。

第三节　小结与讨论

一、结构层次指数的特点

经过对有完整DDD用量信息的各药品类别进行分析后，可以看出，除了全身用抗感染药物外，在各个治疗类别中，DDD用量的增长都是药品费用增长的最主要因素。而产品层次的平均日费用基本都是对总费用增长起抑制作用或者至少不起明显推动作用的，以2010年1季度相对于2006年1季度的报告期因素指数列表，如表18-11所示。

表18-11　2010年1季度相对2006年1季度各因素指数

治疗类别	费用指数	价格因素	用量因素	结构因素	产品层次结构因素	药品层次结构因素	化学层次结构因素
调节胃酸紊乱用药	2.68	1.01	1.89	1.40	1.03	1.02	1.34
抗哮喘药	4.01	1.38	1.94	1.50	1.04	1.42	1.02
肾素－血管紧张素类降压药	2.49	0.91	2.27	1.21	0.97	1.03	1.21
降血脂药	2.69	0.87	2.45	1.26	1.05	1.12	1.08
全身抗感染药	2.16	0.84	1.23	2.09	1.27	1.48	1.12
免疫抑制剂	1.78	0.98	1.77	1.03	0.98	0.99	1.06
免疫刺激剂	2.28	0.98	1.29	1.79	0.89	2.00	1.00
抗抑郁药	2.09	0.92	2.05	1.10	1.01	1.02	1.07
抗精神病药	2.83	1.04	1.75	1.56	0.92	1.34	1.26

如表18-11所示，各类药品，结构因素都是对费用增长有正向推动作用，但在结构因素的各个层次表现的不一样。我们看到化学层次结构因素和药品层次结构因素基本都是对药品费用起正向推动作用的。由于当前ATC分类体系中，小类层次与真正意义上的化学层次还存在一定差异，尤其是很多药品通用名都被归入“其他”类，以及不同治疗类别的药品被归入同一个小类，这导致化学层次结构指数和药品层次结构指数在解释上存在一定的交叉。但是，总体来看，化学层次结构因素与药品层次结构因素都反映了更昂贵的药品新技术对总费用上涨的推动作用。一般而言，随着药品的生命周期进程，更早上市的药品在进入产品成熟

期后价格都会逐步下降，而新上市产品在成长期往往采用撇脂定价策略，制定相对传统品种更高昂的价格，因此，各个治疗类别中的新产品，一般都要高于传统产品的价格，虽然这种新技术可能是更昂贵的新化学类别，也可能是同治疗类别中一种新的通用名，但这种相对昂贵的新技术挤占传统产品市场份额所带来的费用上涨效应都包含在药品层次结构与化学层次结构中，因此，也可以用药品层次结构指数与化学层次结构指数的乘积代表“药品新技术更替效应指数”。与此相对的，我们看各治疗类别产品层次指数则对费用增长既有正向作用也有负向作用。产品层次结构影响指数的数学意义是同化学类别同通用名不同厂家的产品间相互替代的效应，一般而言，同通用名药品中，原研药品和品牌药品的价格相对较高，而仿制品的价格相对较低，仿制药品使用的 DDD 份额越高则对总费用增长的抑制作用越强，故而也可称该结构因素指数为“仿制品替代效应指数”。由于指数的数值解释以 1 为分界点，大于 1 为推动总用，小于 1 为抑制作用，因此对指数进行对数转化可以更清晰地看出不同指数对总费用的影响方向。

图 18-1 中横坐标为仿制药品替代效应指数的对数值，纵坐标为技术革新效应指数的对数值。坐标第一象限中的五种药品类型属于仿制药品替代作用未能抑制品牌药品市场份额增长的类型，第二象限的四种药品属于仿制药品替代作用起到了抑制总费用增长的效果，九种药品中全身用抗感染药比较特殊，属于两方面数值都很高的类型，免疫抑制剂和抗精神病药位于第二象限且远离纵坐标轴，属于技术革新指数高同时仿制药品替代作用也很强的类型。

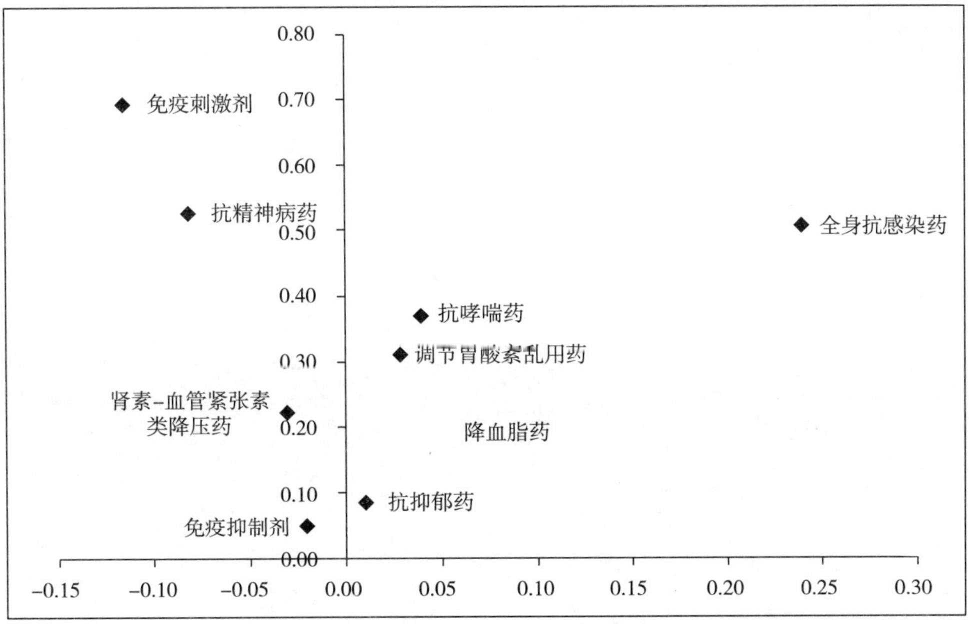

图 18-1 仿制药品替代指数与技术革新指数对数分析

二、市场集中度与仿制药品替代效应的关系

讨论市场集中度与仿制药品替代效应指数的关系，我们可以看出，一般而言，市场集中度下降，仿制药品替代效应指数的数值也下降，而如果市场集中度变化平稳，则仿制药品替代效

应指数也变化不大。其中比较特殊的是全身抗感染类药品，该类别市场集中度大幅下降而仿制药品替代效应指数反而上升，究其原因，笔者发现，这是由于全身抗感染类药品的传统领先企业与其他类别不同造成的。在其他八个治疗类别中，药品的市场份额领先企业都是进口原研制药生产企业，而在全身抗感染药治疗类别中，领先的企业是国内仿制药品企业，在这里，市场集中度的下降并不能如其他治疗类别一样反映仿制药品产品与原研制品牌产品的竞争程度，而是反映了传统优势仿制药品企业市场份额的流失。分析具体药品 DDD 用量结构，我们也发现了全身用抗感染类药品进口品牌原研制产品使用份额上升的情况。因此，应用市场集中度信息反映市场产品结构使用情况时，必须明确市场现状和领先企业的产品信息，才能得出合理的解释结论。

第十九章　广东省医疗机构用药结构与药品费用关系的指数体系分析

摘　要

背景及目的：药品费用增长合理性的评价是药品费用研究面临的重要问题也是热点问题。但是国内对于药品费用与用药结构关系的定性描述有一些，而定量研究很少，因此本研究的目的在于，描述医疗机构用药费用的增长趋势，从金额结构和使用结构两个方面分别分析医院药品费用增长过程中用药结构变化的趋势与特点，找到推动中国医院用药费用增长的用药结构因素，并验证对医院用药费用进行金额结构和使用结构分析的各类分析方法的适用性。

研究内容及方法：采用广东省药品集中招标采购的药品购销数据，使用该数据的优点是可以反映广东省全省的总体药品数据，具有很强的省内代表性。选取了数据库中434家医疗机构在2007～2011年5年间的药品采购数据，提取样本药品中“头孢菌素类抗生素”“抗高血压病药”和“抗酸及治溃疡病药”这三个依治疗类别分类的子样本进行用药结构与药品费用关系研究。方法学上，本文通过采用DDD计算药品平均价格定义结构影响指数的方法，借鉴Morgan分层拆解建立指数体系的思路，构建了一种新的以药品DDD单位为基础，分层分析用药结构对药品费用影响的指数体系，使用这一改良过的模型反映样本医院样本药品用药结构变化对药品费用变化的作用。最终，根据用药结构变化与药品费用增长的关系，提出相关政策建议。

研究结果：本研究对三种治疗类别药品化学类别结构变化、通用名结构变化、给药途径结构变化、剂型结构变化、生产厂家结构变化与药品费用的关系进行了分析，得出其预测的结果。

讨论及分析：研究结果表明我国药品费用从总体上呈现指数增长的特征，增长速度明显过快，分析其金额构成结构，发现创新药物市场份额的上涨趋势明显，但是药品市场的集中度变化不大；从垄断程度上看，药品市场在不同层次上表现出不同的垄断程度特征，且品种间差异很大；运用指数体系方法分析药品费用增长原因，发现我国当前药品DDD用量增长是推动药品费用上涨的最主要因素，而药品价格水平的下降对费用增长起到了一定的抑制作用；分析我国用药结构与药品费用的关系，发现通用名药品替代并未能明显起到降低药品费用的作用，而由于技术更新带来的药品使用更新换代对药品费用的增长正起到越来越大的作用。

第一节　数据收集与处理

一、数据来源

本研究采用广东省药品集中招标采购的药品购销数据，使用该数据的优点是可以反映广东全省的总体药品数据，具有很强的省内代表性。研究需要调研的数据包括年份、季度、次亚类分类、小类分类、ATC码、药品通用名称、企业名称、药品采购金额、DDD进货量共9个条目信息。

研究中药品分类和用量统计采用世界卫生组织推荐的ATC/DDD系统，ATC/DDD系统指解剖－治疗－化学（anatomical therapeutic chemical，ATC）及限定日剂量（defined daily dose，DDD）。ATC系统是根据药物作用器官或系统、药物的化学、药理学和治疗学特性将药物区分为5个不同的级别，第一级是根据治疗学分类，包括14大类，第二级是在治疗学分类的基础上根据药理学区分的亚类，第三级和第四级再根据化学分类，第五级根据化学物质分类。每个药品都有自己独特的ATC系统7位编码，一般来讲，一个药品的前3位码可以确定药品的治疗领域，而前5位码可以确定药品所属的化学类别。本研究中对于药品层次的划分也以此为依据。以前3位码区分药品治疗类别，以前5位码区分药品的化学类别，从而进行分类分析与计算。

二、样本医院的确定

根据初步的数据调研，广东省药品集中招标采购数据库中的数据全部来自于参加网上集中招标采购的省内医院，由于多方面的因素影响，每年参与网上集中招标采购的医院数目并不相同，甚至变异性较大。在数据预调研中，课题组提取了2007～2011年的医疗机构信息，发现广东省药品集中招标采购数据库的数据源医疗机构数在年度间变化较大，详细结果见表19-1。

表19-1　2007～2011年样本医院数变化

年份	2007	2008	2009	2010	2011
机构数	616	483	468	750	827

由表19-1中的数据可以看出，数据库中数据源医疗机构数在2011年达到峰值827家，而在2009年只有468家，如果年度间样本不一致，则只能获得混合横截面数据，在应用分析方法方面受到较大限制，因此课题组研究后决定采用固定医疗机构样本的方式提取面板数据进行统计分析，经筛选后发现，数据库中有434家医疗机构在2007～2011这5年间都有药品采购数据，进一步检查，434家医疗机构的数据质量都较高，可以作为样本使用。

三、样本药品的选取

根据ATC系统，化学药品在组织器官层次分为14个大类，在治疗层次分为94个亚类，由于每个组织器官层次包含的药品种类过多，且往往涵盖多种完全不相同的治疗类别，因此从治疗意义上讲，样本药品的筛选基于94个亚类的划分，也即ATC编码前3位相同的原则。

而广东省集中招标采购数据库中对药品也有治疗分类条目，在预调研中，课题组提取了有完整数据记录的药品类别信息进行分析，共得到43个治疗类别，其具体分类信息及2007~2011年的总采购金额数据见表19-2。

表19-2　广东省2007~2011年各药品总采购金额

类别	采购金额（元）	百分比（%）
β-内酰胺酶抑制剂	8118.00	0.00
氨基糖苷类抗生素	369 571 230.11	1.33
大环内酯类抗生素	1 161 289 142.10	4.17
调节血脂药	670 423 270.15	2.41
多肽类抗生素	105 424 523.33	0.38
防治心绞痛药	1 154 102 678.26	4.14
肝病辅助药	298 527 112.90	1.07
健胃助消化药	110 010 183.52	0.39
抗癫痫及抗惊厥药	60 633 693.61	0.22
抗高血压病药	2 045 011 254.28	7.34
抗焦虑药	25 922 696.02	0.09
抗精神病药	452 586 403.71	1.62
抗生素类抗感染药物	455 694 738.34	1.63
抗酸及治溃疡病药	1 919 640 404.63	6.89
抗心律失常药	317 909 388.12	1.14
抗休克血管活性药	219 323 289.08	0.79
抗抑郁躁狂药	416 196 813.95	1.49
抗震颤麻痹药	88 963 183.42	0.32
利胆药	52 043 701.86	0.19
利福霉素类抗生素	3 016 563.14	0.01
林可胺类抗生素	950 937 065.32	3.41
脑代谢调节药	225 609 861.04	0.81
其他抗生素类抗感染药	536 696 173.05	1.93
其他神经系统用药	607 094 179.67	2.18
其他消化系统用药	257 613 041.46	0.92
其他循环系统用药	1 265 769 268.61	4.54
强心药	16 035 409.19	0.06

续　表

类别	采购金额（元）	百分比（%）
青霉素类抗生素	1 833 723 958.41	6.58
神经系统用药物	160 497 308.53	0.58
食欲抑制药及其他减肥药	394 402.50	0.00
四环素类抗生素	68 003 828.92	0.24
头孢菌素类抗生素	10 565 458 437.52	37.90
胃肠解痉药	92 519 569.00	0.33
酰胺醇类抗生素	14 705 640.41	0.05
消化系统用药物	221 411 635.01	0.79
泻药、止泻药	139 411 874.68	0.50
循环系统用药物	312 411 564.35	1.12
镇静、催眠药	46 582 724.08	0.17
止吐、催吐药	254 152 722.59	0.91
治痔药	62 982 449.47	0.23
中枢兴奋药	99 869 128.52	0.36
周围血管扩张药	158 614 071.91	0.57
作用于自主神经系统药	58 569 150.52	0.21
总计	27 875 361 853.26	100.00

从表19-2可以看出，43个治疗类别中，“头孢菌素类抗生素”“抗高血压病药”和“抗酸及治溃疡病药”分列前三位，考虑的研究周期和工作量的可行性，课题组研究决定提取样本药品中这三个依治疗类别分类的子样本进行用药结构与药品费用关系研究。

四、指数分析的数据处理

（一）规划数据结构

本研究的数据以财物年划分药品销售数量，药品通用名以WHO在线数据库的英文通用名为准，剂型主要区分口服、注射和其他。

药品分类不仅是选择样本药品的基础，还关系到指数的灵敏度。药品分类可以参考WHO的ATC编码及《新编药物学》进行，将药品按照解剖治疗学分为大类、亚类，在亚类下再按照化学组分次亚类，次亚类下是不同活性成分的药品，同一种药品下还可以继续按照不同给药途径、不同剂型、不同生产企业继续分类。对药品进行分类后才能按类别抽样。

本研究结合全国医药经济信息网数据的情况，采用4级分类法，即分大类（如全身用抗感染药物、心血管系统用药，等）、亚类、次亚类及药品四个分类层次。考虑到同一活性成分不同给药途径的药品DDD值不同，所以在第四层次中区分给药途径，即对相同活性成分不同给药途径的药品分配不同的药品编码（例如，对注射用阿莫西林和口服阿莫西林给予2个药品编码）。

（二）数据处理

在药品价格指数编制中，有四种处理药品数量单位的办法：①以最小零售包装为单位；②以每毫克有效成分的含量为单位；③以每粒、每片、每 5ml 液体制剂为单位；④以限定日剂量（DDD）为单位。

从采集数据的角度看，由于同种药品有多种包装规格，报告期和基期各厂家生产的同种药品的包装规格不一定一致，所以在大样本的统计中，用药品零售包装为单位会对药品数量和价格信息采集造成很大困难。

后三种办法在计算药品价格指数中都是可行的，但相比起来，DDD 将各种药品的量都转化为可使用的天数（DDDs），使不同药品之间能够比较，用 DDDs 计算的权重更有经济意义。因此本研究用 DDDs 表示药品消费量，DDDc 表示每单位 DDD 药品的价格（=药品销售金额/DDDs）。

为了更好地应用指数及指数体系因素分析的方法对数据进行统计分析，每种药品每年的购进量（DDDs）及价格（DDDc）可以采用以下公式分别计算：

$$\text{药品用量 } Q\text{（DDDs）}=\frac{\text{某种药品年度采购量（mg）}}{\text{该药品的限定日剂量（DDD/mg）}}$$

$$\text{药品价格 } P\text{（DDDc）}=\frac{\text{某种药品的年销售金额（元）}}{\text{该药品的 DDDs 值（天）}}$$

采用指数体系处理数据后，最终数据的目标结构见表 19-3。

表 19-3　指数体系分析数据样表

药品分类		药品费用（2010）	△% 2006～2010			
大类	次亚类		费用	消费量	价格	结构
全身用抗感染药						
β 内酰胺类						
喹诺酮类						
大环内酯类						
…………						

由于药品有自然的更新换代，所以个别代表规格药品在限定的研究年度内有缺失价格信息情况。药品价格缺失可以通过以下办法解决：①采用上市时价格；②采用退市时的市场价格；③采用其他药品的价格指数序列推算出的价格；④将其价格设定为 0。

现实中，我们很难取得某药品的保留价格，设为 0 没有经济意义且夸大了价格变化，用其他药品计算的价格指数序列推算相对科学但较耗时。本研究在计算时拟根据数据缺失的不同情况分别采用①、②两种方法，即将新药上市之前年份的价格设为等于它第一年在市场上销售的价格，退出市场的药品退出市场后的价格设为等于它在市场上最后一次销售的年份的价格。这也是国外药品价格指数研究中通行的处理缺价药品办法。

第二节 研究方法与技术路线

一、分层结构影响指数体系的构建

研究表明，用药结构与药品费用的关系是分为不同层次的。对于治疗同一疾病的药品，首先可分为治疗同种疾病不同化学类别的使用结构，以及相同化学类别不同通用名、相同通用名不同给药途径、相同给药途径不同剂型和相同剂型不同厂家产品的使用结构。对于这些层次结构变化与药品费用变化之间的关系，可以采用指数体系方法进行分析。

在现有的药品费用指数体系分析方法中，“A · M”指数体系需要的数据相对简单可得，但其结构因素是将各个层次的结构影响混杂而成，得到了一个总体的各层次药品结构变化的累积影响。而 Morgan 指数体系虽然可以分层探讨各个层次的结构影响问题，但需要处方级的数据，目前的研究很难获取相关数据。

综合考虑，拟采用 DDD 计算药品平均价格定义结构影响指数的方法，借鉴 Morgan 分层拆解建立指数体系的思路，构建了一种新的以药品 DDD 单位为基础，分层分析用药结构对药品费用影响的指数体系，其公式表达如下：

药品费用变化指数

=单纯价格因素 * 单纯用量因素 * 化学类别结构因素

* 通用名结构因素 * 给药途径结构因素 * 剂型结构因素

* 厂家结构因素

转化为指数计算公式其表示形式为：

$$\frac{\Sigma P_1 Q_1}{\Sigma P_0 Q_0} = \frac{\Sigma P_{P1} Q_{P0}}{\Sigma P_{P0} Q_{P0}} \times \frac{\Sigma Q_{P1}}{\Sigma Q_{P0}} \times \frac{\dfrac{\Sigma P_{C1} Q_{C1}}{\Sigma Q_{C1}}}{\dfrac{\Sigma P_{C1} Q_{C0}}{\Sigma Q_{C0}}} \times \left(\frac{\dfrac{\Sigma P_{D1} Q_{D1}}{\Sigma Q_{D1}}}{\dfrac{\Sigma P_{D1} Q_{D0}}{\Sigma Q_{D0}}} \Big/ \frac{\dfrac{\Sigma P_{C1} Q_{C1}}{\Sigma Q_{C1}}}{\dfrac{\Sigma P_{C1} Q_{C0}}{\Sigma Q_{C0}}} \right) \times \left(\frac{\dfrac{\Sigma P_{R1} Q_{R1}}{\Sigma Q_{R1}}}{\dfrac{\Sigma P_{R1} Q_{R0}}{\Sigma Q_{R0}}} \Big/ \frac{\dfrac{\Sigma P_{D1} Q_{D1}}{\Sigma Q_{D1}}}{\dfrac{\Sigma P_{D1} Q_{D0}}{\Sigma Q_{D0}}} \right)$$

$$\times \left(\frac{\dfrac{\Sigma P_{F1} Q_{F1}}{\Sigma Q_{F1}}}{\dfrac{\Sigma P_{F1} Q_{F0}}{\Sigma Q_{F0}}} \Big/ \frac{\dfrac{\Sigma P_{R1} Q_{R1}}{\Sigma Q_{R1}}}{\dfrac{\Sigma P_{R1} Q_{R0}}{\Sigma Q_{R0}}} \right) \times \left(\frac{\dfrac{\Sigma P_{M1} Q_{M1}}{\Sigma Q_{M1}}}{\dfrac{\Sigma P_{M1} Q_{M0}}{\Sigma Q_{M0}}} \Big/ \frac{\dfrac{\Sigma P_{F1} Q_{F1}}{\Sigma Q_{F1}}}{\dfrac{\Sigma P_{F1} Q_{F0}}{\Sigma Q_{F0}}} \right)$$

公式中的角标 C 指化学（chemistry）层次，即相同化学类别归类；角标 D 指药品（drug）通用名层次；角标 R 指给药途径（road）层次；角标 F 指剂型（form）层次；角标 M 指厂家（manufacturer）层次，即具体到某厂家的具体产品。根据 ATC 编码体系，有相同 ATC 码的，归为同一通用名层次，ATC 码前 5 位相同的，归为一个化学层次。公式中的总量指数、价格指数、总物量指数与“A · M”指数体系的解释相同。

1. 化学类别结构指数 I_C，用来定量不同化学类别药品的使用结构变化对总费用变化的影响：

$$I_C = \frac{\dfrac{\Sigma P_{C1} Q_{C1}}{\Sigma Q_{C1}}}{\dfrac{\Sigma P_{C1} Q_{C0}}{\Sigma Q_{C0}}}$$

2. 药品结构指数 I_D，用来定量剔除了化学类别因素单纯由药品通用名使用结构变化对总费用的影响：

$$I_D = \frac{\dfrac{\Sigma P_{D1} Q_{D1}}{\Sigma Q_{D1}}}{\dfrac{\Sigma P_{D1} Q_{D0}}{\Sigma Q_{D0}}} \Big/ \frac{\dfrac{\Sigma P_{C1} Q_{C1}}{\Sigma Q_{C1}}}{\dfrac{\Sigma P_{C1} Q_{C0}}{\Sigma Q_{C0}}}$$

3. 给药途径结构指数 I_P，用来定量同通用名药品单纯由于不同给药途径间（尤其是注射和口服给药之间）药品使用结构变化对总费用的影响：

$$I_R = \frac{\dfrac{\Sigma P_{R1} Q_{R1}}{\Sigma Q_{R1}}}{\dfrac{\Sigma P_{R1} Q_{R0}}{\Sigma Q_{R0}}} \Big/ \frac{\dfrac{\Sigma P_{D1} Q_{D1}}{\Sigma Q_{D1}}}{\dfrac{\Sigma P_{D1} Q_{D0}}{\Sigma Q_{D0}}}$$

4. 剂型结构指数 I_F，用来定量同通用名同种给药途径药品单纯由于不同剂型（例如缓释片与普通片、大容量注射液与冻干粉之间）使用结构变化对总费用的影响：

$$I_F = \frac{\dfrac{\Sigma P_{F1} Q_{F1}}{\Sigma Q_{F1}}}{\dfrac{\Sigma P_{F1} Q_{F0}}{\Sigma Q_{F0}}} \Big/ \frac{\dfrac{\Sigma P_{R1} Q_{R1}}{\Sigma Q_{R1}}}{\dfrac{\Sigma P_{R1} Q_{R0}}{\Sigma Q_{R0}}}$$

5. 厂家结构指数 I_M，用来定量同通用名同种剂型药品单纯由于不同生产厂家间药品使用结构变化对总费用的影响：

$$I_M = \frac{\dfrac{\Sigma P_{M1} Q_{M1}}{\Sigma Q_{M1}}}{\dfrac{\Sigma P_{M1} Q_{M0}}{\Sigma Q_{M0}}} \Big/ \frac{\dfrac{\Sigma P_{F1} Q_{F1}}{\Sigma Q_{F1}}}{\dfrac{\Sigma P_{F1} Q_{F0}}{\Sigma Q_{F0}}}$$

二、研究技术路线

在方法学上，本研究拟采用文献调研的方法首先对药品费用与用药结构关系研究的国内外文献进行综述，随后总结药品费用增长与用药结构关系的有关理论与相关因素，进而对我国医院药品费用增长中的用药结构问题进行分析。

为了定量反映医疗机构药品使用结构的变化情况，拟采用改良的药品费用指数体系分析模型，反映样本医院样本药品用药结构变化对药品费用变化的作用。最终，根据用药结构变化与药品费用增长的关系，提出相关政策建议。

本研究的技术路线如图 19-1 所示。

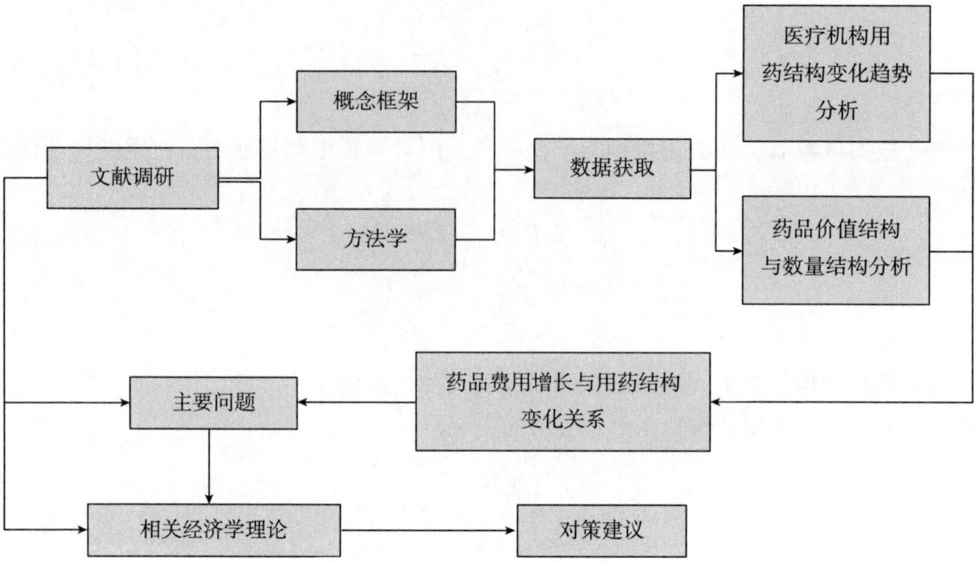

图 19-1 本研究的技术路线

第三节 研究过程及结果

一、头孢菌素类药品结构与费用关系分析

（一）头孢菌素类药品概况

头孢菌素是样本药品各类别中金额使用量最大的品种，其用量占到了样本总金额的37.90%，明显高于其他药品类别。头孢菌素类药品的ATC编码前四位为J01D，依ATC第5位码作为分类依据，共分以下4类：

J01DB，第一代头孢菌素

J01DC，第二代头孢菌素

J01DD，第三代头孢菌素

J01DE，第四代头孢菌素

该类药品共包含ATC编码42个，涵盖剂型14种，对应生产企业268家。434家样本医院的年度总采购费用和DDD采购量见表19-4和图19-2。

表 19-4 434 家样本医院头孢菌素类药品的年度总采购费用和 DDD 用量

年度	2007	2008	2009	2010	2011
总费用（亿元）	10.32	6.75	24.85	29.11	26.59
总 DDD 用量（万）	3557.31	1971.55	6987.78	7923.10	7815.78

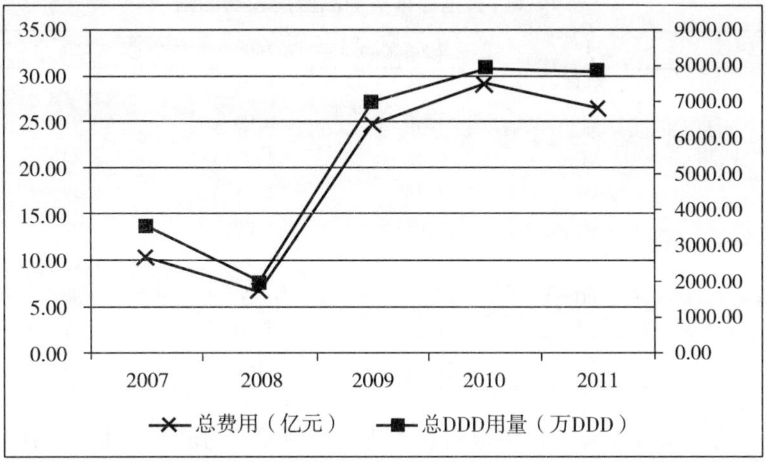

图 19-2　434 家样本医院头孢菌素类药品的年度总采购费用和 DDD 用量

从总体情况来看，该类药品在 2008 年总采购费用和 DDD 采购量上都有明显下降，在 2009 年反弹后又呈平缓下降趋势，药品费用增长的程度略低于 DDD 采购量增长的幅度，意味着药品的加权平均价格（DDDc）有所下降。

进一步计算分析该类药品的拉式价格指数，如表 19-5、图 19-3 所示。

表 19-5　434 家样本医院头孢菌素类药品的拉式价格指数

	2007	2008	2009	2010	2011
拉式价格指数	1.00	1.00	0.99	0.91	0.88

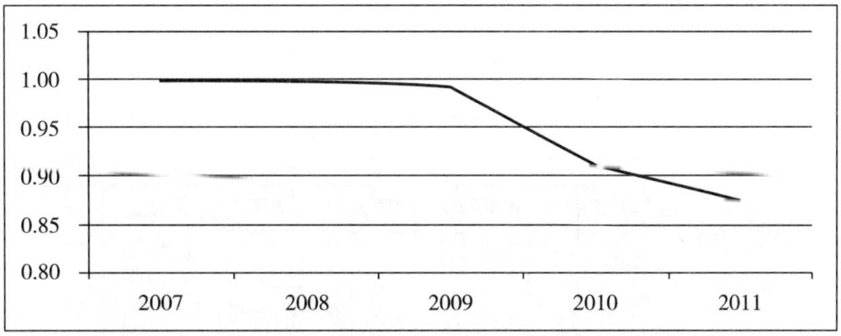

图 19-3　434 家样本医院头孢菌素类药品的拉式价格指数

可见，该类药品的采购价格指数自 2007 年起逐年下降，从 2009 年起下降幅度明显加剧。一方面头孢菌素类药品的价格水平显著下降，另一方面其采购量并未显著高于其采购金额，这种现象显示该类药品的用药结构变化对总费用增长起到了推动作用。

应用指数体系因素分析法对头孢菌素类药品的费用增长因素进行计算，得到结果见表 19-6。

表 19-6　头孢菌素类药品费用增长因素

年份	2007	2008	2009	2010	2011
费用指数	1.00	0.65	2.41	2.82	2.58
价格因素	1.00	1.00	0.99	0.91	0.88
用量因素	1.00	0.55	1.96	2.23	2.20
总体结构因素	1.00	1.18	1.24	1.39	1.34
化学层次结构	1.00	1.01	1.00	0.99	0.96
通用名层次结构	1.00	1.12	1.16	1.23	1.21
给药途径层次结构	1.00	1.00	1.00	1.00	1.00
剂型层次结构	1.00	1.00	1.00	1.01	1.01
厂家层次结构	1.00	1.05	1.08	1.13	1.14

由表 19-6 中的数据可以看出，头孢菌素类药品费用增长的最主要因素是用量的增长，价格因素对总费用起到了一定的抑制作用。在用药结构方面，化学层次结构的变化对总费用增长起到了一定的抑制作用；给药途径与剂型结构变化对费用增长影响不大；厂家和通用名结构对费用增长有较大的促进作用。

（二）头孢菌素类药品化学类别结构变化与费用关系

头孢菌素在本研究中被分为四个化学类别，分别是 J01DB，第一代头孢菌素；J01DC，第二代头孢菌素；J01DD，第三代头孢菌素；J01DE，第四代头孢菌素。各类头孢菌素的 DDD 采购结构如表 19-7、图 19-4 所示。

表 19-7　各类头孢菌素的 DDD 采购结构

化学类别	2007	2008	2009	2010	2011
第一代头孢菌素	29.39%	23.21%	21.33%	19.65%	16.11%
第二代头孢菌素	38.00%	44.02%	47.70%	49.12%	54.19%
第三代头孢菌素	31.57%	32.11%	30.48%	30.82%	29.47%
第四代头孢菌素	1.04%	0.66%	0.49%	0.41%	0.23%

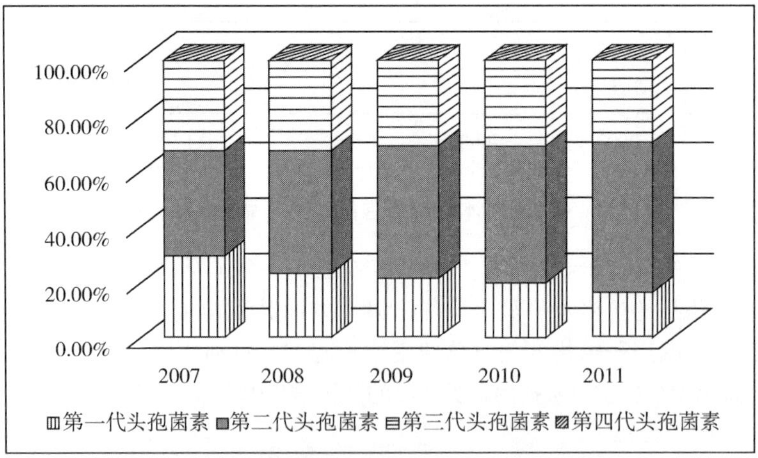

图 19-4　各类头孢菌素的 DDD 采购结构

从表 19-7 可以看出，医疗机构对价格相对较高的第三、第四代头孢采购比例明显减少，而对第二代头孢的采购比例有较大幅度的增加。

根据药品费用的指数体系分析结果，这种化学类别的变化对于总费用增长起到了抑制作用，其直接原因就在于第三、四代头孢菌素使用比例的下降。随着抗生素分级管理办法的逐步推行，更多的第三、四代头孢菌素被限制使用，这种化学类别层次的抑制作用有可能会更加明显。

（三）头孢菌素类药品通用名结构变化与费用关系

在各类头孢菌素中，第一代头孢菌素的用药结构变化在研究的 5 年间表现最为明显，其结构变化如表 19-8 所示。

表 19-8　第一代头孢菌素在 2007～2011 年用药结构变化

ATC	通用名	2007（%）	2008（%）	2009（%）	2010（%）	2011（%）	2011 年* 平均价格
J01DB01	头孢氨苄	20.74	13.82	13.79	11.51	10.95	4.16
J01DB03	头孢噻吩	0.57	0.73	0.91	0.54	0.34	44.24
J01DB04	头孢唑林	9.17	5.06	5.98	5.55	4.24	14.81
	五水头孢唑林	2.14	4.01	4.96	5.38	6.97	140.04
J01DB05	头孢羟氨苄	7.79	10.29	15.18	17.85	15.65	7.93
J01DB09	头孢拉定	45.55	46.69	38.45	37.31	40.11	2.79
J01DB12	头孢替唑	5.31	7.39	7.96	8.36	8.24	84.05
J01DB50	头孢氨苄甲氧苄啶	1.18	1.27	0.89	0.50	0.30	10.08
J01DB51	头孢羟氨苄甲氧苄啶	2.83	3.81	3.12	2.84	1.91	9.72
J01DB52	头孢硫脒	4.72	6.92	8.76	10.17	11.28	112.44

注：*. 表中“2011 年平均价格”单位为：元/DDD，下同

从表中可以直观看出，第一代头孢菌素中 DDD 价格最昂贵的品种五水头孢唑林与头孢硫脒的市场份额都大幅度上升，同时 DDD 价格最低的头孢拉定与头孢氨苄的市场份额则有较为明显的下降，结合通用名层次 1.21 的结构因素指数值，可以看出这种市场结构的变化有使得总体药品费用上涨的作用。

采用模拟运算的方法，分别计算十种一代头孢菌素药品市场份额变化对一代头孢菌素类药品总费用变化影响的程度，如表 19-9 所示。

表 19-9　一代头孢菌素药品市场份额变化对一代头孢菌素类药品总费用变化影响程度

ATC	通用名	2007（%）	2011（%）	市场份额变化趋势	市场份额变化对费用的影响
J01DB01	头孢氨苄	20.74	10.95	↓	1.106
J01DB03	头孢噻吩	0.57	0.34	↑	0.999
J01DB04	头孢唑林	9.17	4.24	↓	1.029

续　表

ATC	通用名	2007（%）	2011（%）	市场份额变化趋势	市场份额变化对费用的影响
	五水头孢唑林	2.14	6.97	↑	1.201
J01DB05	头孢羟氨苄	7.79	15.65	↑	0.934
J01DB09	头孢拉定	45.55	40.11	↓	1.091
J01DB12	头孢替唑	5.31	8.24	↑	1.051
J01DB50	头孢氨苄甲氧苄啶	1.18	0.30	↓	1.006
J01DB51	头孢羟氨苄甲氧苄啶	2.83	1.91	↓	1.007
J01DB52	头孢硫脒	4.72	11.28	↑	1.214

从表19-9数据可以看出，对于一代头孢菌素而言，份额变化对总费用增长促进作用最显著的三种药品是头孢硫脒、五水头孢唑林和头孢氨苄；份额变化对总费用增长起到抑制作用的两个品种是头孢羟氨苄和头孢噻吩。

（四）头孢菌素类药品的给药途径结构变化与费用关系

头孢菌素类药品给药途径层次的结构指数为1.00，显示该层次的结构变化对总费用基本没有影响，分析其原因主要是由于头孢菌素类药品的给药途径特点决定的。

如表19-10所示，所有头孢菌素类药品的通用名中，只有头孢拉定同时包含口服和注射两种给药途径，其他品种都只有一种给药途径，这种药品通用名与给药途径的一一对应关系使得给药途径层次的结构变化与通用名层次趋同，故而失去了独立分析的价值，体现在指数值上也是1.00的无影响结果。

表19-10　头孢菌素类药品的给药途径

通用名	ATC	给药途径
头孢氨苄	J01DB01	口服
头孢氨苄甲氧苄啶	J01DB50	口服
头孢拉定	J01DB09	口服
		注射
头孢硫脒	J01DB52	注射
头孢羟氨苄	J01DB05	口服
头孢羟氨苄甲氧苄啶	J01DB51	口服
头孢噻吩	J01DB03	注射
头孢替唑	J01DB12	注射
头孢唑林	J01DB04	注射
五水头孢唑林	J01DB04	注射
复方头孢克洛	J01DC50	口服
头孢丙烯	J01DC10	口服

续　表

通用名	ATC	给药途径
头孢呋辛	J01DC02	注射
头孢呋辛酯	J01DC02	口服
头孢克洛	J01DC04	口服
头孢美唑	J01DC54	注射
头孢孟多	J01DC03	注射
头孢米诺	J01DC51	注射
头孢尼西	J01DC06	注射
头孢哌酮钠舒巴坦钠	J01DC52	注射
头孢特仑新戊酯	J01DC53	口服
头孢替安	J01DC07	注射
头孢西丁	J01DC01	注射
拉氧头孢	J01DD06	注射
头孢泊肟酯（头孢泊肟）	J01DD13	口服
头孢地尼	J01DD15	口服
头孢地嗪	J01DD09	注射
头孢甲肟	J01DD05	注射
头孢克肟	J01DD08	口服
头孢哌酮	J01DD12	注射
头孢哌酮他唑巴坦	J01DD62	注射
头孢匹胺钠	J01DD11	注射
头孢曲松	J01DD04	注射
头孢曲松/他唑巴坦	J01DD04	注射
头孢曲松钠他唑巴坦	J01DD04	注射
头孢噻肟	J01DD01	注射
头孢噻肟钠/舒巴坦钠	J01DD63	注射
头孢他啶	J01DD02	注射
头孢他美酯	J01DD10	口服
头孢妥仑匹酯	J01DD16	口服
头孢唑肟	J01DD07	注射
头孢吡肟	J01DE01	注射
头孢匹罗	J01DE02	注射
头孢噻利	J01DE30	注射

（五）头孢菌素类药品剂型结构变化与费用关系

头孢菌素类药品的剂型层次指数在2011年为1.03，显示剂型结构的变化对总费用增长起到了微略的推动作用，具体分析，发现此类别多种药品的剂型变化较为复杂，且变化规律不明显，以剂型分类较多且总体市场份额较大的头孢克洛口服剂型为例。

从表19-11中很难直观看出具体份额变化的特征，课题组进一步采用模拟运算的方式计算各剂型变化对头孢克洛口服给药途径总体费用变化的影响，如表19-12所示。

表19-11　2007～2011年头孢克洛各剂型市场份额变化

剂型	2007（%）	2008（%）	2009（%）	2010（%）	2011（%）	2011年市场价格
薄膜衣片	6.57	6.73	6.03	5.64	6.90	7.58
分散片	31.66	34.91	35.19	39.06	44.43	10.64
干混悬剂	15.50	11.23	12.35	12.16	14.07	9.21
缓释胶囊	3.03	4.60	5.31	5.97	5.84	14.87
缓释片	23.91	25.09	26.15	24.57	19.44	14.18
胶囊剂	10.61	10.09	9.20	8.87	5.77	10.98
咀嚼片	3.56	3.00	2.04	1.77	0.91	12.79
颗粒剂	3.91	3.71	2.99	1.49	2.51	9.20
泡腾片	1.00	0.54	0.61	0.38	0.03	14.20
普通片	0.24	0.09	0.14	0.09	0.11	8.37

表19-12　2007和2011年头孢克洛各剂型市场份额变化

剂型	2007（%）	2011（%）	市场份额变化趋势	市场份额变化对费用的影响
薄膜衣片	6.57	6.90	↑	0.999
分散片	31.66	44.43	↑	0.989
干混悬剂	15.50	14.07	↓	1.003
缓释胶囊	3.03	5.84	↑	1.010
缓释片	23.91	19.44	↓	0.985
胶囊剂	10.61	5.77	↓	1.001
咀嚼片	3.56	0.91	↓	0.996
颗粒剂	3.91	2.51	↓	1.003
泡腾片	1.00	0.03	↓	0.997
普通片	0.24	0.11	↓	1.000

从表19-12可以看出，头孢克洛口服给药途径的各个剂型的结构变化对费用的影响都不大，相对而言，分散片市场份额的大幅上升和缓释片市场份额的大幅下降对费用增长产生的抑制作用；而缓释胶囊剂市场份额的上升则对总费用的上涨起到了一定的推动作用。

（六）头孢菌素类药品生产厂家结构变化与费用关系

头孢菌素类药品的厂家结构层次指数达到了1.14，是仅次于通用名层次指数的第二高结构指数，表明同种药品不同厂家间的使用结构变化对总费用的影响很大。以金额份额较大的头孢曲松注射剂为例（隐去厂家具体名称，改以编号代替）（表19-13）。

表19-13 头孢曲松注射用无菌粉末（粉针）厂家市场结构

厂家	2007（%）	2008（%）	2009（%）	2010（%）	2011（%）	2011年市场价格
A01	0.00	0.00	0.00	0.10	0.25	3.72
A02	1.52	0.00	0.00	0.00	0.00	–
A03	6.38	39.79	25.84	17.84	8.09	3.76
A04	5.44	0.00	0.00	0.00	0.00	–
A05	0.12	0.00	0.00	0.00	0.00	–
A06	1.05	1.18	0.80	4.18	3.91	12.88
A07	0.03	0.00	0.00	0.00	0.00	–
A08	0.00	0.00	0.00	0.00	0.05	3.76
A09	14.85	5.19	7.48	6.09	5.23	3.60
A10	0.00	0.00	0.00	0.10	0.00	–
A11	9.55	4.28	3.12	0.74	0.63	8.33
A12	0.77	0.00	0.00	0.18	0.21	3.74
A13	0.69	0.40	0.76	0.15	0.00	–
A14	0.00	0.00	0.00	0.00	0.00	–
A15	1.45	0.34	0.02	0.00	0.00	–
A16	2.21	2.10	3.67	5.56	7.48	3.60
A17	1.00	0.05	0.00	0.01	0.29	9.14
A18	0.21	0.00	0.00	0.00	0.00	–
A19	0.01	0.00	0.00	0.00	0.00	–
A20	4.97	0.32	0.45	0.03	0.00	–
A21	10.32	5.04	5.77	0.00	0.00	–
A22	0.22	0.26	0.17	0.00	0.00	–
A23	0.03	0.14	0.05	0.36	0.75	3.56
A24	38.53	40.67	51.02	63.51	71.56	71.58
A25	0.00	0.00	0.00	0.00	0.00	–
A26	0.05	0.18	0.41	0.00	0.00	–
A27	0.00	0.00	0.00	0.74	0.97	10.09
A28	0.02	0.04	0.04	0.00	0.00	–
A29	0.59	0.03	0.39	0.39	0.59	4.50

从表19-13中可以明显看出，头孢曲松注射用无菌粉末（粉针）的29家供货企业中，2011年售价最高的A24号企业的DDD市场份额显著增加，到2011年已经达到了71.56，这必然给这一分类子市场带来强烈的结构性费用上涨。

与头孢曲松注射用无菌粉末（粉针）类似，溶媒结晶剂的厂家市场结构也是价格最高的B16号企业的DDD市场份额大幅增加（表19-14）。横向比较后，在其他头孢菌素抗生素种类中也发现了部分原研制或暂不执行差比价厂家的相对高价药品市场份额显著增加，这已成为药品费用结构性上涨的诸因素中不可忽视的一个重要因素。

表19-14　头孢曲松注射用无菌粉末（溶媒结晶）厂家市场结构

厂家	2007（%）	2008（%）	2009（%）	2010（%）	2011（%）	2011年市场价格
B01	0.36	0.00	0.00	0.05	0.00	-
B02	0.74	0.00	0.00	0.03	0.01	3.26
B03	1.45	0.00	0.00	0.00	0.00	0.00
B04	6.49	13.45	22.48	18.40	20.95	12.64
B05	11.34	0.00	0.00	0.00	0.00	-
B06	6.56	21.85	9.50	4.40	3.32	3.47
B07	0.00	0.00	0.00	1.12	0.47	4.11
B08	1.04	0.00	0.00	2.24	3.24	3.60
B09	0.09	0.02	0.00	0.00	0.31	6.53
B10	4.21	4.03	3.77	2.86	2.71	3.76
B11	0.43	0.00	0.00	0.00	0.00	-
B12	3.11	0.81	0.73	0.00	0.00	-
B13	0.07	0.91	1.37	4.32	5.94	3.78
B14	2.89	0.00	0.00	0.00	0.00	-
B15	2.60	5.06	5.08	21.05	10.91	9.33
B16	13.96	17.57	24.19	24.11	30.39	121.23
B17	2.02	0.73	0.55	0.00	0.00	0.00
B18	0.58	1.06	1.95	0.00	0.00	-
B19	0.07	0.00	0.00	0.00	0.00	-
B20	0.00	7.27	0.90	0.00	0.00	-
B21	24.62	2.97	2.13	1.63	0.25	4.44
B22	0.33	0.32	0.84	1.32	1.14	2.86
B23	0.10	0.00	0.00	0.00	0.00	-
B24	1.92	3.48	0.14	13.26	14.50	6.61
B25	15.01	20.47	22.92	4.64	5.87	11.57
B26	0.00	0.00	3.46	0.57	0.00	-

总体而言，对于头孢菌素类药物，对药品费用影响最大的结构性因素为通用名结构变化和厂家结构变化，其中五水头孢唑林和头孢硫脒两个通用名以及各通用名下原研制和暂不执行差比价厂家的产品市场份额增加对于总费用上涨起到了较强的推动作用。

二、抗高血压类药品结构与费用关系分析

（一）抗高血压类药品概况

抗高血压药物是样本药品中使用金额较大的品种，而且是金额增幅最大的品种之一。该类药品主要对应 ATC 编码的 C 大类。课题组在核对药品类别与编码信息时发现，在广东省药品集中招标采购数据库中被归类为“抗高血压药”的品种中，有部分品种并非以高血压治疗作为主适应证的，具体包括：

C02A001 地巴唑，其滴眼剂主要用于治疗假性近视。

D11AX01 米诺地尔，其外用溶液的主适应证为脱发。

N02CX02 可乐定，贴剂的适应证为儿童发声与多种运动联合抽动障碍。

N07BC04 洛非西定，临床上主要用于减轻或解除阿片类药物的戒断综合征。

S01EC01 乙酰唑胺，主要用于治疗水肿和青光眼。

剔除以上品种后，共提取抗高血压药品数据 1784 条，包含 ATC 编码 58 个，剂型 15 种，涵盖药品生产企业 313 家。434 家样本医院的年度总采购费用和 DDD 采购量如表 19-15、图 19-5 所示。

表 19-15 2007 ~ 2011 年抗高血压药总采购费用和 DDD 用量

	2007	2008	2009	2010	2011
总费用（亿元）	1.46	1.15	4.18	5.13	6.15
总 DDD 用量（亿 DDD）	0.60	0.44	1.54	1.83	2.17

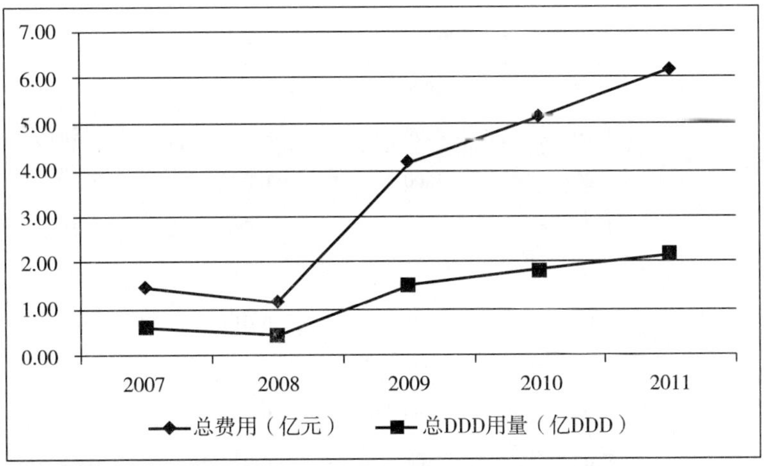

图 19-5 2007 ~ 2011 年抗高血压药总采购费用和 DDD 用量

从表 19-15、图 19-5 中可以看出，抗高血压类药品的总采购费用和 DDD 采购量在 2008 年后都有大幅度增长，进一步分析该类药品的拉式价格指数，如表 19-16、图 19-6 所示。

表 19-16　2007～2011 年抗高血压药拉式价格指数

	2007	2008	2009	2010	2011
拉式价格指数	1.00	1.00	1.00	0.97	0.94

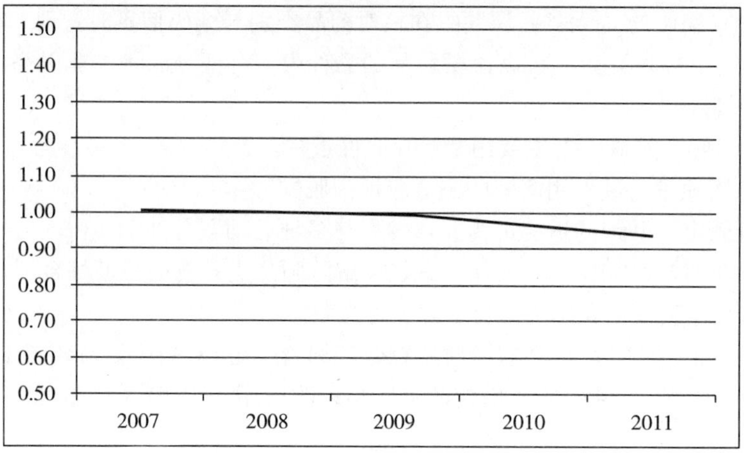

图 19-6　2007～2011 年抗高血压药拉式价格指数

抗高血压类药物的价格在 2009 年后也有所下降，但降幅并不明显，与头孢类抗感染药物类似，抗高血压药物的采购费用增幅也明显大于用量的增幅，这表示对于抗高血压类药物而言，用药结构的变化对费用增长起到了促进作用。

应用指数体系因素分析法对抗高血压类药品的费用增长因素进行计算，得到结果见表 19-17。

表 19-17　2007～2011 年抗高血压药费用增长因素

年份	2007	2008	2009	2010	2011
费用指数	1.00	0.79	2.85	3.51	4.20
价格因素	1.00	1.00	1.00	0.97	0.94
用量因素	1.00	0.74	2.56	3.04	3.61
总体结构因素	1.00	1.07	1.12	1.19	1.24
化学层次结构	1.00	1.01	1.01	1.00	1.00
通用名层次结构	1.00	1.08	1.12	1.17	1.21
给药途径层次结构	1.00	1.00	1.00	1.01	1.01
剂型层次结构	1.00	1.01	1.02	1.03	1.04
厂家层次结构	1.00	0.97	0.97	0.97	0.97

由表 19-17 数据可以看出，抗高血压类药品费用增长的最主要因素是用量的增长，价格因

素变化很小，总体上对总费用起到了一定的抑制作用。在用药结构方面，通用名层次结构的变化对总费用增长起到了明显的推动作用；化学层次、给药途径层次和剂型层次对费用增长影响不大；厂家层次结构变化对费用增长有一定的抑制作用。

（二）抗高血压类药品化学类别结构变化与费用关系

抗高血压药物化学类别结构指数在2011年为1.00，5年间基本没有变化，具体分析各类别的结构，如表19-18所示。

表19-18 2007～2011年各类别抗高血压药物化学类别结构市场结构（%）

年份	2007	2008	2009	2010	2011
强心剂	0.71	0.88	0.88	0.92	0.90
抗高血压药物	3.38	3.02	2.15	1.67	1.46
利尿剂	5.08	4.82	3.64	3.21	3.01
外周血管扩张剂	0.02	0.01	0.01	0.00	0.00
Beta受体阻断剂	0.13	0.11	0.13	0.15	0.11
钙通道阻滞剂	36.03	35.38	35.60	36.31	37.18
肾素-血管紧张素系统用药	53.73	54.92	56.82	56.97	56.55
泌尿科用药	0.93	0.87	0.77	0.77	0.79

从表19-18可以看出，抗高血压类药物的DDD市场结构总体变化不大，尤其是市场份额最大的钙通道阻滞剂和肾素-血管紧张素系统用药，其市场份额5年间变化很小，这种总体化学分类市场份额的稳定使得化学层次结构指数一直保持在1.00左右。

（三）抗高血压类药品通用名结构变化与费用关系

抗高血压药物通用名结构指数在2011年为1.21，是各个结构层次变化中最高的，显示同化学类别不同通用名间的使用结构变化对抗高血压类药品的总费用增长起到了最大的推动作用。具体分析各个化学类别的情况，重点分析市场份额最大的钙通道拮抗剂和肾素-血管紧张素系统用药，结果如表19-19、表19-20所示。

表19-19 钙通道拮抗剂通用名市场结构

ATC	通用名	2007（%）	2008（%）	2009（%）	2010（%）	2011（%）	2011年平均价格
C08CA01	氨氯地平	50.65	58.39	60.11	62.30	68.73	2.58
C08CA02	非洛地平	26.07	25.44	25.31	25.82	21.03	2.90
C08CA04	尼卡地平	0.06	0.06	0.03	0.02	0.02	64.11
C08CA07	尼索地平	0.15	0.13	0.11	0.05	0.03	3.64
C08CA08	尼群地平	20.63	13.17	11.44	8.26	6.31	0.20
C08CA09	拉西地平	2.07	1.91	2.00	2.29	2.15	2.41
C08CA13	乐卡地平	0.08	0.24	0.34	0.25	0.19	4.61

续 表

ATC	通用名	2007（%）	2008（%）	2009（%）	2010（%）	2011（%）	2011年平均价格
C08CA14	西尼地平	0.06	0.45	0.48	0.65	0.56	3.00
C08CA15	贝尼地平	0.23	0.21	0.13	0.06	0.11	4.07
C08CA50	氨氯地平阿托伐他汀钙	0.00	0.00	0.05	0.29	0.88	8.51
C08CX50	阿折地平	0.00	0.00	0.00	0.00	0.00	0.00

表19-20 肾素－血管紧张素系统用药通用名市场结构

ATC	通用名	2007（%）	2008（%）	2009（%）	2010（%）	2011（%）	2011年平均价格
C09AA01	卡托普利	16.50	10.83	8.03	6.64	5.24	0.23
C09AA02	依那普利	9.11	8.21	8.37	6.26	5.70	1.08
C09AA03	赖诺普利	0.94	0.66	0.77	0.58	0.47	1.62
C09AA04	培哚普利	4.26	4.56	4.86	4.59	4.41	3.42
C09AA05	雷米普利	1.61	1.70	1.41	1.30	1.24	2.44
C09AA07	贝那普利	13.52	11.15	10.69	9.66	8.79	2.27
C09AA08	西拉普利	0.11	0.00	0.00	0.00	0.00	-
C09AA09	福辛普利	3.43	2.51	2.35	2.15	1.70	4.37
C09AA16	咪达普利	0.18	0.12	0.12	0.13	0.11	2.88
C09AA51	依那普利叶酸	0.00	0.00	0.01	0.20	0.32	3.25
C09BA01	复方卡托普利	0.42	0.25	0.17	0.12	0.07	0.16
C09BA04	培哚普利吲达帕胺	0.01	0.02	0.01	0.14	0.27	3.27
C09BA50	复方依那普利	0.20	0.09	0.09	0.04	0.04	5.88
	依那普利氢氯噻嗪	0.00	0.00	0.00	0.01	0.01	11.33
C09BA51	贝那普利氢氯噻嗪	0.00	0.00	0.00	0.02	0.01	3.99
C09BA52	赖诺普利氢氯噻嗪	0.00	0.00	0.00	0.00	0.00	0.00
C09CA01	氯沙坦	3.33	3.09	3.48	4.57	5.33	4.42
C09CA03	缬沙坦	11.16	13.69	15.24	17.46	18.95	3.61
C09CA04	厄贝沙坦	25.07	28.67	28.20	27.09	26.81	3.01
C09CA06	坎地沙坦酯	2.45	3.68	4.01	4.60	5.02	3.86
C09CA07	替米沙坦	6.61	9.74	10.75	12.25	12.57	1.89
C09CA08	奥美沙坦酯	0.00	0.00	0.00	0.00	0.05	6.81
C09DA01	氯沙坦钾氢氯噻嗪	0.90	0.79	1.26	1.83	2.28	6.91
C09DA03	缬沙坦氢氯噻嗪	0.17	0.23	0.18	0.38	0.62	4.95

由于涉及品种较多，市场结构变化也较为复杂，课题组采用模拟运算方式，测算各通用名药品市场结构变化对各治疗类别药品费用的影响，如表19-21、表19-22所示。

表19-21 钙通道拮抗剂通用名药品市场份额变化对费用的影响

ATC	通用名	2007（%）	2011（%）	市场份额变化趋势	市场份额变化对费用的影响
C08CA01	氨氯地平	50.65	68.73	↑	1.004
C08CA02	非洛地平	26.07	21.03	↓	0.992
C08CA04	尼卡地平	0.06	0.02	↓	0.990
C08CA07	尼索地平	0.15	0.03	↓	1.000
C08CA08	尼群地平	20.63	6.31	↓	1.164
C08CA09	拉西地平	2.07	2.15	↑	1.000
C08CA13	乐卡地平	0.08	0.19	↓	1.001
C08CA14	西尼地平	0.06	0.56	↑	1.001
C08CA15	贝尼地平	0.23	0.11	↓	0.999
C08CA50	氨氯地平阿托伐他汀钙	0.00	0.88	↑	1.021
C08CX50	阿折地平	0.00	0.00	–	1.000

表19-22 肾素－血管紧张素系统用药市场份额变化对费用的影响

ATC	通用名	2007（%）	2011（%）	市场份额变化趋势	市场份额变化对费用的影响
C09AA01	卡托普利	16.50	5.24	↓	1.123
C09AA02	依那普利	9.11	5.70	↓	1.023
C09AA03	赖诺普利	0.94	0.47	↓	1.002
C09AA04	培哚普利	4.26	4.41	↑	1.000
C09AA05	雷米普利	1.61	1.24	↓	1.001
C09AA07	贝那普利	13.52	8.79	↓	1.012
C09AA08	西拉普利	0.11	0.00	↓	1.001
C09AA09	福辛普利	3.43	1.70	↓	0.991
C09AA16	咪达普利	0.18	0.11	↓	1.000
C09AA51	依那普利叶酸	0.00	0.32	↓	1.000
C09BA01	复方卡托普利	0.42	0.07	↓	1.003
C09BA04	培哚普利吲达帕胺	0.01	0.27	↑	1.000
C09BA50	复方依那普利	0.20	0.04	↓	0.998
	依那普利氢氯噻嗪	0.00	0.01	↓	1.000
C09BA51	贝那普利氢氯噻嗪	0.00	0.01	↓	1.000
C09BA52	赖诺普利氢氯噻嗪	0.00	0.00	↓	1.000

续 表

ATC	通用名	2007（%）	2011（%）	市场份额变化趋势	市场份额变化对费用的影响
C09CA01	氯沙坦	3.33	5.33	↑	1.011
C09CA03	缬沙坦	11.16	18.95	↑	1.024
C09CA04	厄贝沙坦	25.07	26.81	↑	1.001
C09CA06	坎地沙坦酯	2.45	5.02	↑	1.009
C09CA07	替米沙坦	6.61	12.57	↑	0.977
C09CA08	奥美沙坦酯	0.00	0.05	↑	1.001
C09DA01	氯沙坦钾氢氯噻嗪	0.90	2.28	↑	1.020
C09DA03	缬沙坦氢氯噻嗪	0.17	0.62	↑	1.003

从模拟运算结果可以较为明显地看出，对于钙通道拮抗剂而言，尼群地平2007～2011年市场份额的大幅下降是造成该类药品费用结构性上涨的最主要因素。从DDD价格可以看出，尼群地平的平均DDD价格是钙通道阻滞剂中最低的。

对于肾素－血管紧张素系统用药，传统ACEI卡托普利的市场份额大幅下降是造成该类药品费用结构性上涨的最主要因素。同样，卡托普利的平均DDD价格也是同类药品中最低的。与此同时，价格相对较高的ARB类药品市场份额则有了较大幅度的增加。

综合来看，传统低价通用名药物的市场份额下降可以解释通用名层次结构变化对费用增长产生明显推动作用的分析结果。

（四）抗高血压类药品给药途径结构变化与费用关系

抗高血压类药的通用名与给药途径关联性也很强，只有五种药品同时兼具口服和注射两种给药途径，分别是C02CA06乌拉地尔，C02KA52汉防己甲素，C03CA04托拉塞米，C07AG01拉贝洛尔和C08CA04尼卡地平。分别分析其给药途径变化情况，如表19-23所示。

表19-23 五种抗高血压药2007～2011年的不同给药途径对费用的影响

通用名	给药途径	2007（%）	2008（%）	2009（%）	2010（%）	2011（%）	2011年平均价格
乌拉地尔	口服	76.83	67.98	67.73	60.08	59.46	4.24
	注射	23.17	32.02	32.27	39.92	40.54	74.74
汉防己甲素	口服	0.00	0.00	72.41	99.82	98.93	25.11
	注射	100.00	100.00	27.59	0.18	1.07	36.55
托拉塞米	口服	75.10	72.00	66.49	69.82	68.94	3.61
	注射	24.90	28.00	33.51	30.18	31.06	32.25
拉贝洛尔	口服	97.60	96.85	97.30	96.78	98.43	5.71
	注射	2.40	3.15	2.70	3.22	1.57	537.47
尼卡地平	口服	94.08	96.94	94.91	89.38	90.35	3.80
	注射	5.92	3.06	5.09	10.62	9.65	628.51

无一例外的，上述五类药品注射给药途径的平均DDD价格都高于口服给药途径，除汉防己甲素以外，其他四种药品的给药途径价差都非常巨大，注射剂型使用比例的增加必然带来总费用的上涨。从2007～2011年的市场份额变化情况来看，乌拉地尔、托拉塞米和尼卡地平的注射类剂型使用比例都有明显上升，是药品总费用的推动因素，汉防己甲素在统计的5年间发生了市场份额从注射剂向口服制剂的全面转移，而拉贝洛尔的两种给药途径市场份额变化相对较小。总体上看，注射剂使用比例的增加推动了总费用的上涨。

（五）抗高血压类药品剂型结构变化与费用关系

抗高血压类药品的剂型结构指数在2011年仅为1.04，也不是主要的影响因素，以总体DDD市场份额居于前三位的氨氯地平、厄贝沙坦和缬沙坦为例，分析其剂型市场份额如表19-24～表19-26。

表19-24　氨氯地平各剂型市场结构

	2007（%）	2008（%）	2009（%）	2010（%）	2011（%）	2011年平均价格
分散片	2.44	4.28	3.26	4.36	5.29	2.69
胶囊剂	9.39	11.96	10.35	7.97	8.11	2.08
普通片	88.17	83.76	86.40	87.66	86.61	2.62

表19-25　厄贝沙坦分剂型市场结构

	2007（%）	2008（%）	2009（%）	2010（%）	2011（%）	2011年平均价格
分散片	0.88	1.56	2.04	2.29	3.20	3.97
胶囊剂	32.03	36.61	32.04	35.10	34.49	2.47
普通片	67.08	61.83	65.92	62.61	62.31	3.25

表19-26　缬沙坦分剂型市场结构

	2007（%）	2008（%）	2009（%）	2010（%）	2011（%）	2011年平均价格
分散片	15.33	18.39	23.03	26.66	30.63	3.47
胶囊剂	84.67	81.61	76.97	73.34	69.37	3.67

由表19-24～表19-26可以看出，市场销售额较大的两种抗高血压药品氨氯地平和厄贝沙坦的DDD平均价格在不同剂型间的差异并不大，而且剂型市场份额在5年间都保持了相对稳定。缬沙坦虽然剂型市场份额变化较大，但剂型间DDD平均价格差异极小，这种市场份额变化对于总费用变化的影响也很小。从案例分析结果来看，市场份额相对稳定和剂型间价格差异小是造成剂型层次结构变化对总费用增长贡献不大的两个主要因素。

（六）抗高血压类药品厂家结构变化与费用关系

抗高血压类药品的厂家结构指数在2011年为0.97，是诸结构因素中唯一对总费用增长起到抑制作用的结构变化因素。为了解释这一现象，仍然需要采用案例分析的方式，以总体DDD市场份额居于前三位的氨氯地平、厄贝沙坦和缬沙坦为例，分析其相对市场份额最大的剂型中厂家结构变化情况，如表19-27～表19-29所示。

表 19-27 氨氯地平普通片厂家市场结构

企业代码	2007（%）	2008（%）	2009（%）	2010（%）	2011（%）	2011 年平均价格
A01	35.52	37.61	34.26	34.54	34.59	1.11
A02	0.00	0.03	0.04	0.00	0.14	1.11
A03	0.00	0.00	0.00	0.00	0.00	0.00
A04	0.00	0.00	0.00	0.00	0.05	0.91
A05	3.47	1.93	2.45	2.87	3.03	1.20
A06	0.00	0.00	0.00	0.00	0.04	1.11
A07	0.00	0.00	0.00	0.00	0.00	0.91
A08	38.06	33.41	33.28	30.98	30.01	4.78
A09	0.05	0.00	0.00	0.00	0.00	0.00
A10	0.30	0.05	0.02	0.19	0.20	1.09
A11	0.00	0.00	0.00	0.20	0.12	1.08
A12	10.63	13.56	16.58	19.35	19.27	3.02
A13	0.01	0.30	0.35	0.00	0.00	0.00
A14	0.00	0.00	0.00	0.00	0.06	1.01
A15	0.00	0.05	0.00	0.15	0.16	1.10
A16	0.00	0.00	0.00	0.74	1.19	2.06
A17	2.76	3.07	1.87	1.48	1.15	1.22
A18	6.72	4.70	5.13	2.65	2.09	2.22
A19	0.40	0.12	0.21	0.37	0.32	0.89
A20	1.38	2.76	4.21	4.94	5.26	1.12
A21	0.69	2.41	1.60	1.53	2.32	1.11

表 19-28 厄贝沙坦普通片厂家市场结构

企业代码	2007（%）	2008（%）	2009（%）	2010（%）	2011	2011 年平均价格
B01	0.02	0.06	0.07	0.14	0.28	2.80
B02	47.77	38.62	37.99	43.51	43.17	4.64
B03	42.03	51.32	53.55	44.69	44.58	2.14
B04	0.00	0.00	0.00	0.00	0.01	3.02
B05	0.00	0.03	0.18	2.27	1.52	2.40
B06	1.45	1.90	1.43	1.84	2.02	2.45
B07	2.20	3.65	3.71	3.03	3.48	2.41
B08	0.00	0.00	0.00	0.00	0.00	0.00
B09	6.54	4.42	3.07	4.53	4.94	2.45

表 19-29　缬沙坦胶囊剂厂家市场结构

企业代码	2007（%）	2008（%）	2009（%）	2010（%）	2011（%）	2011 年平均价格
C01	0.00	0.47	0.14	0.00	0.00	0.00
C02	56.27	48.15	48.63	44.96	44.16	5.73
C03	12.56	19.22	17.01	18.38	21.12	2.03
C04	0.00	0.00	0.11	0.36	0.66	2.86
C05	7.89	7.33	9.28	11.91	8.93	1.84
C06	15.04	16.60	16.71	16.58	17.27	2.11
C07	8.23	8.22	8.12	7.74	7.62	2.09
C08	0.00	0.00	0.00	0.07	0.23	2.43

观察表 19-27 ~ 表 19-29，发现市场结构变化较为复杂，课题组进一步采用模拟运算方式，测算各通用名剂型子市场中不同厂家市场份额的变化对药品费用的影响，如表 19-30 ~ 19-32 所示。

表 19-30　氨氯地平普通片厂家市场份额变化对费用的影响

企业代码	2007（%）	2011（%）	市场份额变化趋势	市场份额变化对费用的影响
A01	35.52	34.59	↓	1.008
A02	0.00	0.14	↑	0.999
A03	0.00	0.00	–	1.000
A04	0.00	0.05	↑	1.000
A05	3.47	3.03	↓	1.002
A06	0.00	0.04	↑	1.000
A07	0.00	0.00	–	1.000
A08	38.06	30.01	↓	0.913
A09	0.05	0.00	↓	1.000
A10	0.30	0.20	↓	1.001
A11	0.00	0.12	↓	0.999
A12	10.63	19.27	↑	1.017
A13	0.01	0.00	↓	1.000
A14	0.00	0.06	↑	1.000
A15	0.00	0.16	↑	0.999
A16	0.00	1.19	↑	0.997
A17	2.76	1.15	↓	1.009
A18	6.72	2.09	↓	1.007
A19	0.40	0.32	↓	1.001
A20	1.38	5.26	↑	0.977
A21	0.69	2.32	↑	0.991

表 19-31　厄贝沙坦普通片厂家市场份额变化对费用的影响

企业代码	2007（%）	2011（%）	市场份额变化趋势	市场份额变化对费用的影响
B01	0.02	0.28	↑	1.000
B02	47.77	43.17	↓	0.967
B03	42.03	44.58	↑	0.984
B04	0.00	0.01	↑	1.000
B05	0.00	1.52	↑	0.996
B06	1.45	2.02	↑	0.999
B07	2.20	3.48	↑	0.997
B08	0.00	0.00	–	1.000
B09	6.54	4.94	↓	1.004

表 19-32　缬沙坦胶囊剂厂家市场份额变化对费用的影响

企业代码	2007（%）	2011（%）	市场份额变化趋势	市场份额变化对费用的影响
C01	0.00	0.00	–	1.000
C02	56.27	44.16	↓	0.892
C03	12.56	21.12	↑	0.954
C04	0.00	0.66	↑	0.999
C05	7.89	8.93	↑	0.994
C06	15.04	17.27	↑	0.989
C07	8.23	7.62	↓	1.003
C08	0.00	0.23	↑	0.999

对于氨氯地平普通片而言，价格最高的 A08 号企业产品的市场份额下降对该类药品的总费用增长起到了最为显著的抑制作用，同样的情况也发生在厄贝沙坦普通片和缬沙坦胶囊剂市场中，B02 号和 C02 号企业的产品价格也是同类产品中最高的，其市场份额的下降也对总费用增长起到了显著的抑制作用。综合而言，在抗高血压药物的部分分类子市场中，高价原研制药品的市场份额下降和低价仿制品市场份额的上升对总费用的增长起到了综合抑制作用。

三、抗酸及治疗溃疡类药品结构与费用关系分析

（一）抗酸及治疗溃疡类药品概况

抗酸及治疗溃疡类药品在统计区间内无论金额总量还是增长速度都是排名前列的产品，在 ATC3 分类上以 A02 类为主，也包括部分属于 A03、A07、A16、D02 的品种。由于缺少规格信

息等问题，剔除样本药品4种，分别是：

A02BX12 次硝酸铋

A02BX57 复方西咪替丁

A03ED51 复方溴丙胺太林铝镁

A02BX63 格隆溴铵

对于A02A043 枸橼酸铋钾/替硝唑/克拉霉素，由于是三种药品混装的包装规格，在折算其DDD时根据三种药品2∶1∶1的装量比例进行了加权平均。

筛选后的抗酸及治疗溃疡类样本药品共包括ATC5分类16个，下含56个ATC编码，共计有剂型24种，生产企业374家。434家样本医院的年度总采购费用和DDD采购量如表19-33、图19-7所示。

表19-33　2007～2011年434家样本医院的抗酸及治疗溃疡类药品的年度总采购费用和DDD用量

	2007	2008	2009	2010	2011
总费用（亿元）	1.77	1.26	4.32	4.87	5.75
总DDD用量（亿DDD）	0.32	0.20	0.64	0.73	0.87

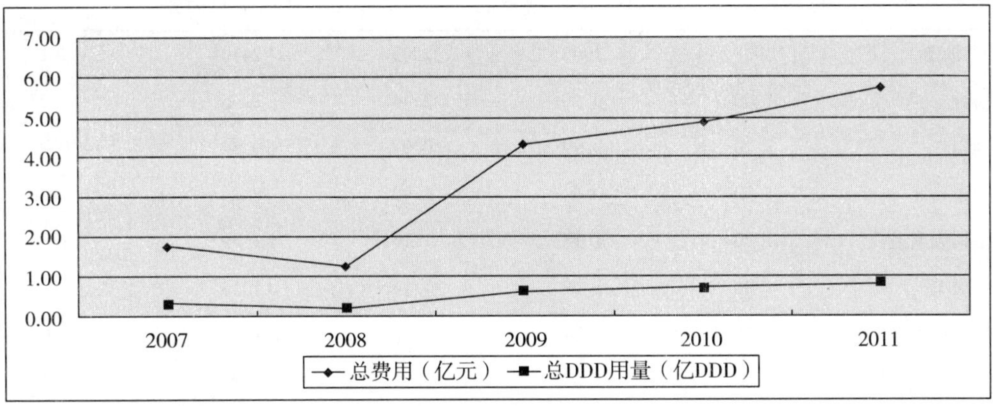

图19-7　2007～2011年434家样本医院的抗酸及治疗溃疡类药品的年度总采购费用和DDD用量

从表19-33、图19-7可以看出，抗酸及治疗溃疡类药品的总采购费用和DDD采购量在2008年后都有大幅度增长，进一步分析该类药品的拉式价格指数，如表19-34、图19-8所示。

表19-34　2007～2011年抗酸及治疗溃疡类药品的拉式价格指数

	2007	2008	2009	2010	2011
拉式价格指数	1.00	0.99	0.97	0.87	0.85

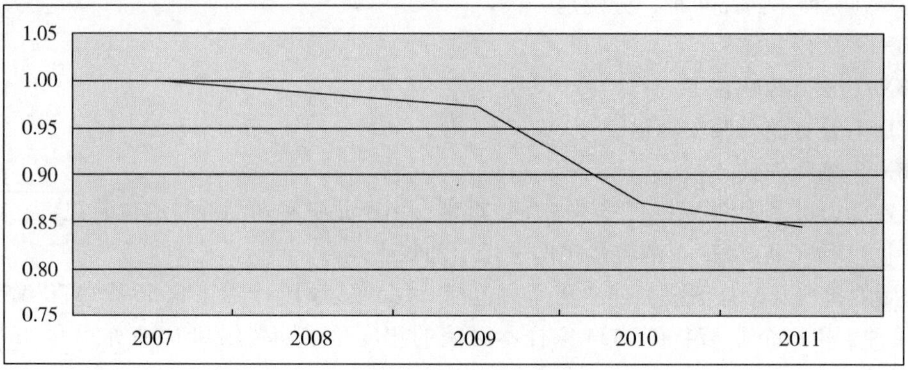

图 19-8　2007～2011 年抗酸及治疗溃疡类药品的拉式价格指数

从表 19-34、图 19-8 可以看出，抗酸及治疗溃疡类药品在 2009 年之后价格水平下降显著，与此同时，2007～2011 年该类药品总采购费用的增长幅度又显著高于 DDD 采购量的增长速度。应用指数体系因素分析法对抗酸及治疗溃疡类药品的费用增长因素进行计算，得到结果如表 19-35 所示。

表 19-35　2007～2011 年抗酸及治疗溃疡类药品的费用增长因素

年份	2007	2008	2009	2010	2011
费用指数	1.00	0.71	2.44	2.75	3.25
价格因素	1.00	0.99	0.97	0.87	0.85
用量因素	1.00	0.61	1.99	2.26	2.68
总体结构因素	1.00	1.18	1.26	1.39	1.43
化学层次结构	1.00	1.09	1.14	1.18	1.23
通用名层次结构	1.00	1.04	1.05	1.05	1.05
给药途径层次结构	1.00	1.09	1.11	1.15	1.16
剂型层次结构	1.00	1.01	1.01	1.02	1.03
厂家层次结构	1.00	0.94	0.94	0.96	0.93

由表中数据可以看出，抗酸及治疗溃疡类药品费用增长的最主要因素也是用量的增长。价格因素自 2010 年起有较大变化，对总费用增长起到了抑制作用。在用药结构方面，化学层次和给药途径层次结构的变化对总费用增长起到了明显的推动作用；通用名层次和剂型层次对费用增长影响不大；厂家层次结构变化对费用增长有较为明显的抑制作用。

（二）抗酸及治疗溃疡类药品化学类别结构变化与费用关系

抗酸及治疗溃疡类药品的化学层次结构指数在 2011 年高达 1.23，说明化学层次的结构因素对总费用增长贡献极大。根据 ATC5 分类，样本药品的不同化学类别市场结构变化如表 19-36 所示。

表 19-36　2007～2011 年抗酸及治疗溃疡类药品不同化学类别市场结构变化（%）

年份	2007	2008	2009	2010	2011
其他抗酸复方制剂及未分类药物	6.19	5.84	4.70	5.52	5.00
镁化合物	0.00	0.00	0.00	0.00	0.00
铝化合物	7.17	6.95	7.62	5.54	5.29
钙化合物	0.00	0.00	0.00	0.00	0.01
镁铝钙复合化合物	3.08	3.16	3.28	3.22	3.04
其他抗酸化合物	0.09	0.04	0.01	0.00	0.00
其他治疗消化性溃疡的复方制剂及未分类药物	2.62	2.32	2.58	2.54	2.49
H_2-受体阻断剂	29.90	23.45	20.97	18.24	16.09
前列腺素	0.00	0.52	0.52	0.49	0.44
质子泵抑制剂	47.82	54.76	57.72	61.79	64.98
其他治疗消化性溃疡和胃食管反流病药物	3.00	2.76	2.33	2.24	2.10
抗黏结剂	0.00	0.00	0.00	0.00	0.00
不可逆型质子泵抑制剂	0.00	0.01	0.03	0.04	0.15
氨基水杨酸及其类似药物	0.13	0.17	0.19	0.23	0.28
各种消化道和代谢产物	0.00	0.00	0.00	0.03	0.00
复方抗黏结剂	0.00	0.01	0.06	0.12	0.13

样本药品的 16 种分类在 2007～2011 年最重要的结构变化体现为市场份额最大的两种药品 H_2 受体阻断剂和质子泵抑制剂市场份额的增减。在样本数据展示的 5 年间，传统廉价的 H_2 受体阻断剂市场份额从 29.90% 锐减至 16.09%，而平均价格较高的质子泵抑制剂市场份额则从 47.82% 快速增长至 64.98%，这种传统廉价药品和新兴较贵药品间市场份额大幅度的此消彼长促进了药品费用的增长。

（三）抗酸及治疗溃疡类药品通用名结构变化与费用关系

与化学类别间市场份额变化引起的大幅度费用变化不同，抗酸及治疗溃疡类药品在同化学类别内部各个通用名之间的结构变化在 2011 年反映出的结构指数仅为 1.05。重点分析 H_2-受体拮抗剂和质子泵抑制剂的通用名市场结构变化，如表 19-37、表 19-38 所示。

表 19-37　H_2-受体拮抗剂通用名市场结构

ATC	通用名	2007（%）	2008（%）	2009（%）	2010（%）	2011（%）	2011 年平均价格
A02BA01	西咪替丁	24.47	23.86	23.64	24.33	24.37	1.07
A02BA02	雷尼替丁	42.79	42.59	42.10	41.01	39.29	0.25
A02BA03	法莫替丁	26.42	27.69	27.91	29.22	31.05	1.16
A02BA04	尼扎替丁	0.05	0.12	0.19	0.29	0.35	12.29
A02BA07	复方雷尼替丁	3.96	3.58	3.76	3.82	3.36	6.10
	枸橼酸铋雷尼替丁	2.30	2.15	2.38	1.26	1.43	9.08
A02BA08	拉呋替丁	0.00	0.02	0.02	0.06	0.16	15.32

表 19-38　质子泵抑制剂通用名市场结构

ATC	通用名	2007（%）	2008（%）	2009（%）	2010（%）	2011（%）	2011 年平均价格
A02BC01	奥美拉唑	54.90	48.86	48.17	47.97	49.97	6.41
A02BC02	泮托拉唑	18.12	21.47	20.90	21.53	20.21	10.44
A02BC03	兰索拉唑	13.08	13.76	14.30	14.43	14.20	7.89
A02BC04	雷贝拉唑钠	9.49	10.67	11.13	11.41	12.56	9.88
A02BC05	埃索美拉唑	4.41	5.23	5.50	4.66	3.06	20.41

进一步采用模拟运算的方式计算各通用名药品市场份额变化对该类别市场的影响，如表 19-39、19-40 所示。

表 19-39　H_2-受体拮抗剂通用名药品市场份额变化对费用的影响

ATC	通用名	2007（%）	2011（%）	市场份额变化趋势	市场份额变化对费用的影响
A02BA01	西咪替丁	24.47	24.37	–	1.000
A02BA02	雷尼替丁	42.79	39.29	↓	1.047
A02BA03	法莫替丁	26.42	31.05	↑	1.002
A02BA04	尼扎替丁	0.05	0.35	↑	1.030
A02BA07	复方雷尼替丁	3.96	3.36	↓	0.973
	枸橼酸铋雷尼替丁	2.30	1.43	↓	0.941
A02BA08	拉呋替丁	0.00	0.16	↑	1.021

表 19-40　质子泵抑制剂通用名药品市场份额变化对费用的影响

ATC	通用名	2007（%）	2011（%）	市场份额变化趋势	市场份额变化对费用的影响
A02BC01	奥美拉唑	54.90	49.97	↓	1.023
A02BC02	泮托拉唑	18.12	20.21	↑	1.007
A02BC03	兰索拉唑	13.08	14.20	↑	0.999
A02BC04	雷贝拉唑钠	9.49	12.56	↑	1.007
A02BC05	埃索美拉唑	4.41	3.06	↓	0.980

从模拟运算结果可以直观看出，两种复方雷尼替丁市场份额的下降对于 H_2-受体阻断剂费用的上涨起到了抑制作用，同时，最为廉价的单方雷尼替丁市场份额的下降则促进了费用的上涨。对于质子泵抑制剂子市场而言，奥美拉唑 DDD 市场份额的下降促进了总费用的上涨，而埃索美拉唑市场份额的下降对费用上涨起到了显著的抑制作用。

（四）抗酸及治疗溃疡类药品给药途径结构变化与费用关系

给药途径层次结构变化是除化学层次外对总费用增长贡献最大的一个构成因素，其在 2011 年的结构指数为 1.16。观察数据发现，抗酸及治疗溃疡类药品中同时存在注射和口服两种给药途径的药品仅有 7 种，分别是西咪替丁、雷尼替丁、法莫替丁、奥美拉唑、泮托拉唑、兰索拉唑和埃索美拉唑，具体分析这七种药品的给药途径结构变化情况，如表 19-41 所示。

表 19-41　2007～2011 年七种抗酸及治疗溃疡类药品给药途径结构变化与费用关系

通用名	给药途径	2007（%）	2008（%）	2009（%）	2010（%）	2011（%）	2011 年平均价格
西咪替丁	口服	94.73	79.76	79.84	79.47	82.30	0.30
	注射	5.27	20.24	20.16	20.53	17.70	4.63
雷尼替丁	口服	96.51	96.22	96.71	97.03	97.21	0.20
	注射	3.49	3.78	3.29	2.97	2.79	2.02
法莫替丁	口服	92.86	94.30	95.08	95.98	97.96	0.99
	注射	7.14	5.70	4.92	4.02	2.04	9.23
奥美拉唑	口服	84.35	80.28	78.43	75.98	78.03	1.92
	注射	15.65	19.72	21.57	24.02	21.97	22.37
泮托拉唑	口服	82.18	75.23	73.38	70.81	71.31	5.92
	注射	17.82	24.77	26.62	29.19	28.69	21.70
兰索拉唑	口服	100.00	100.00	100.00	99.42	97.27	5.62
	注射	0.00	0.00	0.00	0.58	2.73	89.00
埃索美拉唑	口服	100.00	99.81	99.60	98.93	94.50	16.12
	注射	0.00	0.19	0.40	1.07	5.50	94.18

由表 19-39 数据可以看出，这七类药品注射途径的 DDD 平均价格均高于口服途径，同时，除雷尼替丁和法莫替丁外，其他五类药品的注射给药途径市场份额都有较快的增长。从总体看，相对 DDD 价格较高的注射给药途径市场份额的增长促进了总体药品费用水平的上涨。

（五）抗酸及治疗溃疡类药品剂型结构变化与费用关系

抗酸及治疗溃疡类药品剂型结构变化也对药品费用的增长起到了一定的推动作用，2011 年的结构影响指数为 1.03。选取总体市场份额处于前列的奥美拉唑、泮托拉唑和雷尼替丁作为案例，探讨剂型结构变化的影响，如表 19-42～表 19-44 所示。

表 19-42　奥美拉唑分剂型市场结构

给药途径	剂型	2007（%）	2008（%）	2009（%）	2010（%）	2011（%）	2011 年平均价格
口服	肠溶胶囊	37.40	34.04	33.73	17.25	15.73	0.51
	肠溶片	55.94	56.34	53.33	63.44	63.21	2.37
	肠溶微丸胶囊	0.00	6.21	8.33	16.15	18.14	1.68
	胶囊剂	6.66	3.40	4.60	3.17	2.92	1.11
注射	注射用无菌粉末（冻干粉针）	100.00	99.96	99.96	98.49	98.27	22.67
	注射用无菌粉末（粉针）	0.00	0.04	0.04	1.51	1.73	5.09

表 19-43 泮托拉唑分剂型市场结构

给药途径	剂型	2007（%）	2008（%）	2009（%）	2010（%）	2011（%）	2011 年平均价格
口服	肠溶胶囊	33.86	35.28	38.04	40.12	42.76	6.30
	肠溶片	66.14	62.56	58.51	55.14	52.31	5.45
	肠溶微丸胶囊	0.00	2.16	3.44	4.74	4.93	7.50
注射	注射用无菌粉末（冻干粉针）	97.03	100.00	100.00	100.00	100.00	21.70
	注射用无菌粉末（粉针）	2.97	0.00	0.00	0.00	0.00	-

表 19-44 雷尼替丁分剂型市场结构

给药途径	剂型	2007（%）	2008（%）	2009（%）	2010（%）	2011（%）	2011 年平均价格
口服	薄膜衣片	0.61	0.51	0.35	1.96	2.32	0.31
	胶囊剂	97.48	98.90	99.00	97.36	97.64	0.20
	泡腾片	1.53	0.28	0.09	0.09	0.03	3.65
	普通片	0.00	0.32	0.56	0.58	0.01	0.30
	糖衣片	0.37	0.00	0.00	0.00	0.00	0.00
注射	大容量注射液	0.29	0.17	0.36	0.24	0.20	21.55
	小容量注射液	99.71	99.83	99.64	99.76	99.80	1.98

从表 19-42 ~ 表 19-44 数据可以看出，抗酸及治疗溃疡类药品的剂型市场结构变化较为复杂，对于奥美拉唑口服剂型而言，平均价格最高的胶囊剂和最低的肠溶胶囊市场份额均下降，结构变化对总费用的影响部分抵消。泮托拉唑口服剂型虽然结构变化较为明显，但各剂型间价差较小，因此结构变化对总费用的影响也不大。雷尼替丁口服剂型市场结构一直比较稳定，胶囊剂长期保持97%以上的市场份额，对总费用增长也几乎无影响。三种药品的注射剂型同样是优势/劣势品种表现明显，市场份额长期稳定。

（六）抗酸及治疗溃疡类药品厂家结构变化与费用关系

抗酸及治疗溃疡类药品的厂家结构指数在 2011 年为 0.93，显示其对总费用增长起到抑制作用。为了解释这一现象，仍然以奥美拉唑、泮托拉唑和雷尼替丁各自用量最大的剂型为例，分析其厂家市场份额结构变化情况，如表 19-45 ~ 表 19-47 所示。

表 19-45 奥美拉唑肠溶片厂家市场结构

企业代码	2007（%）	2008（%）	2009（%）	2010（%）	2011（%）	2011 年平均价格
A01	7.77	8.45	8.37	6.19	5.35	11.65
A02	1.13	0.00	0.00	0.00	0.00	0.00
A03	0.00	2.35	2.88	3.32	4.24	0.89
A04	0.37	1.32	1.10	0.00	0.00	0.00

续 表

企业代码	2007（%）	2008（%）	2009（%）	2010（%）	2011（%）	2011 年平均价格
A05	6.86	6.57	6.70	8.84	9.59	1.65
A06	23.60	19.85	19.94	0.00	0.00	0.00
A07	0.00	0.00	0.00	23.53	25.11	1.88
A08	15.51	16.12	15.70	13.25	10.52	3.62
A09	15.56	17.94	17.40	7.63	8.06	1.02
A10	6.17	5.95	5.95	4.34	4.02	1.01
A11	0.00	2.81	5.37	0.00	0.00	0.00
A12	23.02	13.84	10.01	7.50	5.15	0.99
A13	0.00	4.81	6.58	25.41	27.95	1.89

表 19-46 泮托拉唑注射用无菌粉末（冻干粉针）厂家市场结构

企业代码	2007（%）	2008（%）	2009（%）	2010（%）	2011（%）	2011 年平均价格
B01	0.00	0.04	0.73	0.37	0.29	14.89
B02	6.90	14.92	11.83	11.97	8.16	16.55
B03	0.58	0.69	0.91	0.00	0.00	–
B04	0.00	0.00	0.02	0.71	0.87	13.50
B05	21.06	10.97	8.65	4.29	3.98	118.65
B06	0.00	0.19	0.20	0.00	0.00	–
B07	0.00	0.00	0.00	0.25	0.19	14.68
B08	0.00	0.00	0.00	0.08	0.00	0.00
B09	0.00	0.00	0.00	0.02	0.12	14.68
B10	0.00	0.00	0.00	0.20	0.35	14.50
B11	0.16	0.03	0.10	0.00	0.00	–
B12	0.54	1.10	1.39	0.87	0.89	15.95
B13	0.99	1.56	1.40	0.70	0.53	14.75
B14	0.03	0.40	1.73	2.17	2.22	17.50
B15	0.00	0.27	0.99	8.17	8.47	17.90
B16	0.00	0.00	0.00	0.09	0.07	13.90
B17	0.00	2.97	8.10	10.15	10.46	15.97
B18	0.00	0.06	0.61	0.65	0.55	14.97
B19	0.00	0.00	0.00	2.70	0.93	15.21
B20	0.00	0.00	0.00	0.57	0.79	12.67
B21	0.00	0.00	0.00	0.09	0.10	14.65
B22	0.00	0.00	0.00	0.00	0.08	13.89

续 表

企业代码	2007（%）	2008（%）	2009（%）	2010（%）	2011（%）	2011 年平均价格
B23	0.00	1.55	7.99	0.00	0.00	–
B24	7.24	3.86	5.20	2.44	4.35	21.25
B25	0.01	0.85	0.91	0.91	1.38	15.99
B26	0.00	0.00	0.00	0.02	0.00	–
B27	5.74	3.29	2.67	1.83	1.71	16.21
B28	5.26	10.36	11.09	10.64	10.63	18.30
B29	0.91	2.29	4.26	0.00	0.00	–
B30	0.00	0.59	3.87	0.13	1.30	17.07
B31	0.00	0.00	0.00	0.34	0.81	17.50
B32	0.00	0.00	0.00	0.00	0.00	–
B33	0.99	0.00	0.00	0.00	0.00	–
B34	0.00	0.12	0.23	0.17	0.14	14.28
B35	0.00	0.00	0.00	2.15	2.20	14.00
B36	0.02	0.00	0.00	0.00	0.00	–
B37	4.97	2.95	3.45	2.66	2.27	14.69
B38	7.58	11.23	11.54	13.21	14.71	18.99
B39	4.33	1.66	1.44	1.07	0.77	16.60
B40	1.11	3.15	3.18	1.17	1.10	17.49
B41	0.00	0.00	0.00	1.28	1.55	16.77
B42	6.55	6.16	4.24	5.91	6.16	17.00
B43	3.75	0.55	0.82	0.00	0.00	–
B44	0.00	0.08	0.23	0.05	0.39	11.21
B45	0.00	0.00	0.00	0.03	0.02	14.46
B46	18.16	15.84	0.34	0.00	0.00	–
B47	0.00	0.00	0.00	0.00	0.00	–
B48	3.12	2.24	1.89	3.10	2.71	18.04
B49	0.00	0.00	0.00	8.87	8.73	21.30

表 19-47 雷尼替丁胶囊剂厂家市场结构

企业代码	2007（%）	2008（%）	2009（%）	2010（%）	2011（%）	2011 年平均价格
C01	22.21	30.76	31.25	27.90	26.48	0.34
C02	0.32	0.00	0.00	0.00	0.00	–
C03	0.87	0.64	0.67	0.00	0.00	–
C04	1.90	1.97	1.57	2.55	2.88	0.12
C05	1.44	1.53	0.36	0.59	0.51	0.14

续　表

企业代码	2007（%）	2008（%）	2009（%）	2010（%）	2011（%）	2011 年平均价格
C06	1.10	0.00	0.00	0.09	0.00	–
C07	5.11	4.74	4.94	0.00	0.00	–
C08	24.68	23.92	25.34	33.17	33.22	0.14
C09	0.00	0.00	0.00	8.27	8.93	0.16
C10	0.50	0.22	0.00	0.00	0.00	–
C11	0.00	0.00	0.00	2.37	0.62	0.16
C12	3.98	2.26	1.28	0.00	0.00	–
C13	0.08	0.00	0.00	0.00	0.00	–
C14	8.49	11.16	10.06	0.00	0.00	–
C15	0.00	0.00	0.00	0.67	0.49	0.09
C16	1.38	0.00	0.00	0.00	0.00	–
C17	1.82	1.86	0.47	2.32	2.76	0.15
C18	0.08	0.00	0.00	0.00	0.00	–
C19	0.00	0.00	0.00	0.01	0.06	0.12
C20	0.08	0.00	0.00	0.00	0.00	–
C21	1.77	1.56	1.52	0.00	0.00	–
C22	2.47	0.18	0.30	0.00	0.00	–
C23	0.57	0.17	0.09	0.00	0.00	–
C24	0.74	0.52	0.63	0.00	0.00	–
C25	0.76	0.00	0.00	0.57	0.58	0.13
C26	0.04	0.00	0.00	0.00	0.00	–
C27	0.04	0.00	0.00	0.00	0.00	–
C28	5.69	5.73	8.69	10.29	12.34	0.13
C29	0.97	0.00	0.00	0.00	0.00	–
C30	1.30	2.72	3.08	0.00	0.00	–
C31	0.68	0.00	0.00	0.07	0.00	0.13
C32	0.00	0.00	0.00	0.00	0.53	0.14
C33	1.70	0.00	0.00	0.00	0.00	–
C34	4.40	8.18	7.66	7.34	7.75	0.15
C35	0.31	0.00	0.00	0.07	0.18	0.13
C36	2.49	1.85	1.91	3.55	2.45	0.16
C37	1.57	0.00	0.00	0.00	0.00	–
C38	0.00	0.00	0.00	0.01	0.01	0.10
C39	0.44	0.06	0.18	0.16	0.21	0.15

观察表19-45~表19-47，发现市场结构变化较为复杂，课题组进一步采用模拟运算方式，测算各各通用名剂型子市场中不同厂家市场份额的变化对药品费用的影响，如表19-48~表19-50所示。

表19-48 奥美拉唑肠溶片厂家市场份额变化对费用的影响

企业代码	2007（%）	2011（%）	市场份额变化趋势	市场份额变化对费用的影响
A01	7.77	5.35	↓	0.909
A02	1.13	0.00	↓	1.011
A03	0.00	4.24	↑	0.973
A04	0.37	0.00	↓	1.004
A05	6.86	9.59	↑	0.991
A06	23.60	0.00	↓	1.309
A07	0.00	25.11	↑	0.935
A08	15.51	10.52	↓	0.972
A09	15.56	8.06	↓	1.049
A10	6.17	4.02	↓	1.013
A11	0.00	0.00	–	1.000
A12	23.02	5.15	↓	1.124
A13	0.00	27.95	↑	0.926

表19-49 泮托拉唑注射用无菌粉末（冻干粉针）厂家市场份额变化对费用的影响

企业代码	2007（%）	2011（%）	市场份额变化趋势	市场份额变化对费用的影响
B01	0.00	0.29	↑	0.999
B02	6.90	8.16	↑	0.997
B03	0.58	0.00	↓	1.006
B04	0.00	0.87	↑	0.997
B05	21.06	3.98	↓	0.557
B06	0.00	0.00	–	1.000
B07	0.00	0.19	↑	0.999
B08	0.00	0.00	–	1.000
B09	0.00	0.12	↑	1.000
B10	0.00	0.35	↑	0.999
B11	0.16	0.00	↓	1.002
B12	0.54	0.89	↑	0.999
B13	0.99	0.53	↓	1.001
B14	0.03	2.22	↑	0.996
B15	0.00	8.47	↑	0.984

续 表

企业代码	2007（%）	2011（%）	市场份额变化趋势	市场份额变化对费用的影响
B16	0.00	0.07	↑	1.000
B17	0.00	10.46	↑	0.970
B18	0.00	0.55	↑	0.998
B19	0.00	0.93	↑	0.997
B20	0.00	0.79	↑	0.997
B21	0.00	0.10	↑	1.000
B22	0.00	0.08	↑	1.000
B23	0.00	0.00	–	1.000
B24	7.24	4.35	↓	1.001
B25	0.01	1.38	↑	0.996
B26	0.00	0.00	–	1.000
B27	5.74	1.71	↓	1.010
B28	5.26	10.63	↑	0.991
B29	0.91	0.00	↓	1.009
B30	0.00	1.30	↑	0.997
B31	0.00	0.81	↑	0.998
B32	0.00	0.00	–	1.000
B33	0.99	0.00	↓	1.010
B34	0.00	0.14	↑	1.000
B35	0.00	2.20	↑	0.992
B36	0.02	0.00	↓	1.000
B37	4.97	2.27	↓	1.009
B38	7.58	14.71	↑	0.990
B39	4.33	0.77	↓	1.009
B40	1.11	1.10	↓	1.000
B41	0.00	1.55	↑	0.996
B42	6.55	6.16	↓	1.001
B43	3.75	0.00	↓	1.039
B44	0.00	0.39	↑	0.998
B45	0.00	0.02	↑	1.000
B46	18.16	0.00	↓	1.222
B47	0.00	0.00	–	1.000
B48	3.12	2.71	↓	1.001
B49	0.00	8.73	↑	0.998

表 19-50 雷尼替丁胶囊剂厂家市场份额变化对费用的影响

企业代码	2007（%）	2011（%）	市场份额变化趋势	市场份额变化对费用的影响
C01	22. 21	26. 48	↑	1. 045
C02	0. 32	0. 00	↓	1. 003
C03	0. 87	0. 00	↓	1. 009
C04	1. 90	2. 88	↑	0. 996
C05	1. 44	0. 51	↓	1. 003
C06	1. 10	0. 00	↓	1. 011
C07	5. 11	0. 00	↓	1. 054
C08	24. 68	33. 22	↑	0. 967
C09	0. 00	8. 93	↑	0. 982
C10	0. 50	0. 00	↓	1. 005
C11	0. 00	0. 62	↑	0. 999
C12	3. 98	0. 00	↓	1. 041
C13	0. 08	0. 00	↓	1. 001
C19	0. 00	0. 06	↑	1. 000
C20	0. 08	0. 00	↓	1. 001
C21	1. 77	0. 00	↓	1. 018
C22	2. 47	0. 00	↓	1. 025
C23	0. 57	0. 00	↓	1. 006
C24	0. 74	0. 00	↓	1. 007
C25	0. 76	0. 58	↓	1. 001
C26	0. 04	0. 00	↓	1. 000
C27	0. 04	0. 00	↓	1. 000
C28	5. 69	12. 34	↑	0. 975
C29	0. 97	0. 00	↓	1. 010
C30	1. 30	0. 00	↓	1. 013
C31	0. 68	0. 00	↓	1. 002
C32	0. 00	0. 53	↑	0. 998
C33	1. 70	0. 00	↓	1. 017
C34	4. 40	7. 75	↑	0. 992
C35	0. 31	0. 18	↓	1. 000
C36	2. 49	2. 45	↓	1. 000
C37	1. 57	0. 00	↓	1. 016
C38	0. 00	0. 01	↑	1. 000
C39	0. 44	0. 21	↓	1. 000

对于奥美拉唑肠溶片而言，价格最高的A01号企业产品的市场份额下降对该类药品的总费用增长起到了最为显著的抑制作用，而相对低价A06号和A12号企业药品市场份额的下降，尤其是A06号企业产品的退市推动了该类药品费用的结构性上涨。对于泮托拉唑注射用无菌粉末（冻干粉针），情况则较为鲜明，价格明显高于其他同类产品的B05号企业市场份额的大幅下降明显降低了药品费用的期望增长。雷尼替丁胶囊剂的市场结构变化相对复杂，一个显著的特征是市场份额最大的三个药品中都在5年间进一步扩大了市场份额，整市场的集中度上升，其中C01号企业的产品价格相对较高，其市场份额的上升是该类药品费用的结构性上涨因素，C08和C28两个企业的产品价格相对低廉，这两种药品的市场份额增长抵消了C01带来的结构性上涨趋势。综合而言，在抗酸及治疗溃疡病药物的几个主要分类子市场中，高价原研制药品的市场份额下降和低价仿制品市场份额的上升对总费用的增长起到了综合抑制作用，也有个别子市场出现了高价原研制药品市场份额上升的情况。

第四节　研究结论及建议

一、广东省医疗机构药品费用增长的构成因素

（一）用量的增长是费用增长的最主要因素

采用分层指数体系分析样本医院样本药物的购药数据，发现在统计区间内，各个治疗类别药品的最主要上涨因素是DDD用量的增长，由于数据的限制，本研究中不能进一步区分这种用量上涨中就诊人次增加和处方量增加等因素的比重，但是，这种DDD用量的上涨还是可以反映样本医院样本治疗类别药品真实需求的增加。DDD用量的增加一方面反映了更多的患者药品需求被满足，另一方面也隐含了大处方和药物滥用的隐患。对DDD用量增长需要采集处方级别的数据进行更为深入的分析。

（二）价格水平的下降一定程度上抑制了费用上涨

通过药品价格指数分析，笔者发现，在样本医院样本治疗类别中，药品价格普遍对药品费用上涨产生了抑制作用。由于我国政府对药品价格的直接管理及药品集中招标采购制度中对价格的重视，我国医院药品购进价格呈逐年下降趋势，可以说，在统计期内，药品价格的下降对药品费用的增长起到了明显的抑制作用，在抗感染用药领域这一点表现得尤为明显。

（三）药品的更新换代成为费用增长的重要结构性因素

通过分析样本医院样本药物的购药数据，笔者发现，各治疗类别中不同治疗小类的药品市场份额变化明显，而且呈现相似的特征。一方面，传统治疗小类的相对市场份额普遍呈下降趋势，而另一方面，相对较为新型的治疗小类药品市场份额都呈显著增长趋势。特别是创新程度较高，暂时无法归入传统类别而被归为“其他”类的药物，在各个治疗类别中都呈现市场份额增长的趋势。可以说，创新药物是拉动医院药品费用快速增长的重要因素。

通过分层结构指数分析，笔者将“药品层次结构指数”与“化学层次结构指数”合并为

"药品新技术更替效应指数"，在各个药品治疗类别中，这个指数都显著大于1，表现出对药品费用极强的推动作用，这一点与药品价值结构分析的结果相一致。而这一指数相比价值结构分析的结果，更加直观地体现了相对高价的新药在DDD水平上对传统药物的替代对总费用的影响水平。

（四）仿制药品替代现状未能发挥对费用的结构性抑制作用

一般而言，通用名药物替代能够对药品费用增长起到抑制作用，但是本研究显示，产品层次的药物替代在大多数治疗类别并未能够显著降低药品费用，反映在"仿制品替代效应指数"上，9个类别中有5个类别大于1，这种现象反映了当前我国仿制药品对同通用名的原研制药品竞争不足。由于我国当前的药品招标与定价体系中，原研制药物与仿制药品都是有政策区别对待，因此导致仿制药品之间竞争激烈而原研制药品受到的竞争较小。如果要更好地利用仿制药品竞争抑制药品费用增长，一方面需要进一步加强仿制药品的生产质量和知名度，另一方面也需要在招标和定价环节上建立仿制药品对原研药品的竞争关系，从而发挥仿制药品或通用名药品应当起到的作用。

二、对医疗机构药品费用增长的规制策略建议

（一）运用合理的经济规制抑制药品费用增长

如前文所述，垄断行业的经济规制方法中最常用的有两种，分别为收益率规制与价格上限规制。在我国的具体表现为医院药品加价规制和药品最高零售限价规制。

1. 改革当前的医院药品加成制度 对于医院药品15%固定加价率的规制策略，从规制经济学理论看，这种对医院药品实行的"一刀切"的收益率规制是有着明显的局限性的，一方面，被规制对象缺乏节约成本的动力，收益率规制对于医院而言完全没有节约成本的动力，由于收入与成本直接相关，医院可以有保证地收回其所有的药品购入成本，这样，医院的药品销售利润与成本正相关，在一定程度上鼓励医院更多地使用成本，即购入并售出更多的药品。另一方面，成本不透明会使得被规制对象的实际收益大于或小于其预期的合理收益，如我国医院在实际经营中，由于各种明暗回扣的存在，其购进药品的真实成本往往对于监管部门而言是未知的，这同时也为"公正报酬率"的判定带来了困难。

从实际情况看，新中国成立初期，我国政府为保证广大人民群众享有医疗保证，实行低价格政策。但是，1954年政府担心供给医院的资金不足，于是就出台了医院药品价格加成政策，并在全国医院实施。直至20世纪80年代，政府对公立医院的财政补助逐年增加。但是，以1984年作为断点，政府开始减少对公立医院的补助，并开始逐步实行药品加成销售政策。药品加成销售的收入，已经作为医院的主要运营和收入来源。现阶段，我国医疗机构药品价格采取"顺加作价"政策，要求县及县以上非营利性医疗机构销售价格应严格控制在15%以内，中药饮片价格可以定制在25%以内。顺加作价的利润作为医院"以药补医"的费用，对医院的运营成本不足部分进行补偿。

根据中国卫生统计年鉴数据分析，医院药品加成收入为医院带来了利润。统计年鉴数据显示，医院总收入的50%~70%均是源自药品加成收入，这一部分收入维持了医院的正常运作，在补偿了医疗服务和药事成本后，尚有余额。

然而，在当前"以药补医"机制下的"药品加成"制度尚存诸多弊端。因此需要对当前的

医院药品销售固定加成机制进行改革。

笔者的研究表明，采用“差别差率”的模式，可以有效缓解医院对于高价药品使用的偏好。在经过研究测算后，笔者提出设立合理的“差别差率”制度来作为医院药品加成向“零差率”过度的有效手段。本文的第三部分将就这一问题进行深入研究与分析。

2. 改进当前的药品最高零售限价体系　从定价范围上，国际上关于政府定价范围的划分主要有两种方式：一种是按处方药和非处方药来划分，另一种是按纳入医疗保险报销范围来确定。我国基本医疗保险制度还比较薄弱，医生和医院的行为缺少有效规范和约束，由于药品的广泛替代性，药品价格中的问题必然在自费处方药品上充分反映，由此增加患者的不合理费用负担。此外，对于政府定价药品降价幅度大的，不少流通企业和医疗机构又转而经营没有降价或不属于政府定价的替代药品。政府对少数药品定价，难以对全社会药品价格起到有效调控的作用。因此，我国应将所有处方药列入政府定价范围，而非处方药通过竞争由企业自主确定价格。

从定价程序上，政府定价过程要更加透明，在政府价格主管部门主导下，让医药工商企业代表、消费者代表、保险机构等有关部门都参与到药品价格制定过程中。充分利用论证会、听证会等方式增加药品定价的透明度，形成相互制衡的约束机制和信息沟通机制。价格制定的方法应更加科学，要由简单地按成本定价转向按药品“效价比”定价，借鉴药物经济学研究成果，从按生产成本加合理利润的定价公式过渡到依据治疗总费用的节约程度来定价，从而实现降低药品总费用的目标。

从定价办法上，需要进一步完善药品分类定价办法。为鼓励创新和技术进步，按照国际惯例，只对处于中国产品发明专利保护期内（或中国行政保护期内）的药品在价格上给予政策优惠。西药专利包括化合物专利和有效药物成分组合专利。以药物化合物为活性组分的药物制剂的发明（剂型专利）、药物化合物或制剂的制备方法的发明（方法、工艺专利）、包装专利等不同存在形式的专利除外。专利药品价格根据药品临床疗效的明显改进和创新程度对期间费用率、销售利润率实行分档控制，并与仿制药品保持合理比价。在中国专利保护期内的国外专利药品应主要参考中国周边发展中国家实际销售价格定价；中国专利综合考虑成本、市场、同类产品国际市场价格定价。获得产品专利保护的中药可在其专利保护期内，维持相对较高的价格水平，并以临床疗效的比较作为制定较高价格水平的重要依据。对属于产品专利中的中药化合物、有效部位和组合物三种类别，在定价中区别对待。而中成药方法专利的定价应在明确其技术特殊性之后，适当提高其价格水平，但应低于获得产品专利的中药。

对于原研药品和仿制药品，要缩小内外资企业生产的同类药品在价格上的差距。逐步取消对过了专利保护期的原研药品价格实行的优惠政策，现阶段应逐步规范和缩小原研药品与统一定价品种之间的价格差异，最终实行同样的定价政策。对仿制药品的价格，应借鉴法国政府的做法，对仿制药品实行后上市价格从低定价制度，抑制低水平重复建设。此外，对于临床治疗不可缺少的进口药品，可参照与我国经济发展水平接近国家的市场价格定价，同时根据药品的安全性、有效性和经济性原则加强监督管理。

（二）从用药结构问题看差比价规制应用范围的扩展

药品差比价规则，就是在同种药品的不同剂型和规格之间，选择一个剂型规格为代表品，其他剂型和规格与代表品之间规定出不同的差价系数或比价系数。这种差价和比价系数关系简称为差比价规则。

规范政府定价行为，减少政府定价的随意性和自由裁量权，提高政府制定药品价格的时效性和透明度，抑制企业不规范变换剂型规格等行为，促进企业公平竞争。

差比价规则适用于价格主管部门制定药品最高零售价格。不适用于企业根据竞争情况和交易条件不同而确定的实际交易价格。

药品差比价关系是综合考虑各种相关因素确定的。考虑的主要因素为：生产同种药品不同剂型规格的平均生产成本、生产技术水平难易程度、临床应用效果、患者使用方便程度、治疗费用等。

药品差比价规则在一定程度上应用了药物经济学的思想，比较药品不同剂型规格的成本与效果。为了便于比较治疗效果，药品差比价只在同种药品的相同给药途径中不同剂型和规格建立差比价关系。例如，对口服制剂中的各种具体剂型建立差比价关系。对注射剂类中的具体剂型建立差比价关系。但在口服和注射剂之间，目前还没有建立明确的差比价关系。

药品差比价规则建立了常用的剂型之间的差价比价关系，从结构层次分析角度看，这种规则有很大潜力抑制药品结构替代对总费用增长的推动作用。为了发挥差比价规则的这种潜力，当前的规则还需要一系列的调整与改革。

首先就是要建立同品种不同给药途径之间的联系。建立药品研发、生产、销售、使用的信息监测平台，根据信息平台提供的信息，扩大《规则》适用的药品差比价关系范围。如，将含片、泡腾片、缓控释口服剂型等纳入口服剂型的比价规则中。建立口服剂型、注射剂型和外用剂型间的差比价关系，以及外用剂型之间的差比价关系。

对注射剂中有性状和含量变化的，要先计算含量变化再计算性状变化。对注射剂设置最低保护价格，避免过小规格价格过低，无法使企业生产。

选择药品代表品及其价格合理性，对于该种药品系列剂型规格价格会产生很大影响。药品差比价执行以来，价格部门为降低药品价格，在选择代表品时一般是按照有利于降低价格的原则确定的。但长期使用这种方法会带来较多问题，损害产业健康发展。

建议从临床需要出发，组织药剂师对各种药品遴选出最合理的、最需要的剂型规格，价格部门集中精力合理制订这些代表品的价格。再通过差比价规则计算其他药品价格。保证临床用药和产业的合理发展。

差比价政策是中国率先制定，用以管理、规范药品价格的新政策，在实施初期我们已经看到它的成效。比价关系不合理不仅在药品领域存在，在医疗服务领域同样也存在价格关系不协调的情况，可以通过对药品差比价关系的进一步探讨，也将差比价的管理思路引用到医疗服务价格的制定和调整当中，进一步推动中国医疗服务领域价格方面的科学管理。

（三）推进基本药物制度抑制药品费用上涨

20 世纪 70 年代，为解决必需药品短缺等问题，世界卫生组织（WHO）于 1975 年开始提出基本药物概念（essencial drugs，后改称为 essencial medicines），建议各国，特别是发展中国家建立国家基本药物政策，以保障公众能以低廉的价格获得基本医疗的必需药物。1977 年，在 WHO 的第 615 号技术报告中，基本药物被正式定义为：“能够满足大部分人口卫生保健需要，人们健康需要中最重要的、最基本的、必要的、不可缺少的药品”。在国家药物政策综合框架中，基本药物政策是一项重要内容，涉及框架的各个部分。以基本药物可及性为例，必须通过药物的合理选择、可支付的价格、可持久的资金供应和可靠的卫生与供应系统共同实现。基本药物政策作为国家药物政策的核心内容，已经被全球很多国家不同层次的医疗卫生机构所接受。

我国政府1979年就开始积极参与WHO基本药物行动计划，同年4月，卫生部、原国家医药管理总局组织有关医药工作者成立了“国家基本药物遴选小组”。我国亦自1982年开始制订了《国家基本药物目录》，已经修订了5次。2009年9月，我国开始执行新版的《国家基本药物目录（基层医疗卫生机构配备使用部分）》（2009版），共遴选相对安全、有效、价格合理的基本药物307种。

从结构分析的角度看，基本药物在同类别药品中的费用相对低廉，因此，基本药物使用比例的上升必然能够从结构上对总费用上涨起到抑制作用。

（四）应用药物经济学手段抑制药品费用不合理上涨

药物经济学（pharmacoeconomics）是经济学方法在药物治疗评价上的应用。药物经济学应用经济学的研究手段，结合流行病学、决策学、生物统计学等分析不同药物治疗方案、药物治疗方案与其他方案（如手术治疗），以及不同医疗或社会服务项目（如社会养老与家庭照顾等）的成本－效益或效果或效用，评价其经济学价值的差别。药物经济学研究的方法包括最小成本分析（cost-minilazation analysis，CMA），成本－效益分析（cost-benefit analysis，CBA）成本－效果分析（cost-effectiveness analysis，CEA）和成本－效用分析（cost-utility analysis，CUA）。药物经济学研究通过对药物治疗的成本和药物治疗的结果两方面进行鉴别、测量和比较，确定最佳的药物治疗方案，最大限度地合理利用现有的药物资源，节省和控制药品费用。

如果说狭义的药物经济学是指某种药品或某几种药品的经济性比较，那么从宏观角度，提高医院的总体用药经济性则是另一种经济学视角。如应用费用总量控制的方法，可以促使医院优化用药结构。我国医保系统已经在进行这方面的尝试。

（五）发挥临床药师作用，促进合理用药

分析药品费用增长的合理因素与不合理因素可以看出，无论是药品用量增长中的不合理因素如大处方、药物滥用，还是用药结构变化中的不合理高价药物替代，本质上都是一种不合理用药行为。因此，通过发展医院药学服务，发挥临床药师在促进合理用药方面的作用，可以在一定程度上实现抑制药品费用不合理增长的目的。

一方面，临床药师提供的药学服务能更客观地从患者的实际需要出发，评价药物的疗效、安全性和经济性，实现在不降低药物疗效和安全的前提下，切实降低医药费用。尤其是由于避免了由处方权带来的经济利益关系，使用药的合理性可以大幅度提高。另一方面，临床药师提供的医院药学服务还能够减少药物不良反应（ADRs）的发生，降低不必要的药品费用，减少药源性基本，在一定程度上抑制药品消费需求。此外，临床药师的药学服务还可以提高患者用药依从性，减少药品浪费。总体而言，临床药师与医院药学服务可以通过促进合理用药，对控制医院药品费用起到积极的作用。

参考文献

[1] 戴浩森. 名词解释：仿制药、非专利药、通用名药物、授权式非专利药 [J]. 临床药物治疗杂志，2006，(05)：22.

[2] 马克思. 资本论（第1卷）[M]. 第2版. 北京：人民出版社，2004：122.

[3] 闵宗陶，崔建军，邓戬. 价值价格理论的历史溯源及其启示 [J]. 河北经贸大学学报，2003，(05)：1-7.

[4] 伍世安，杨林枫. 西方价格理论的发展 [J]. 当代财经，1992，(07)：13-17 +27.

[5] 张凤，何传启. 创新的内涵、外延和经济学意义 [J]. 世界科技研究与发展，2002，(03)：55-62.

[6] 孔祥俊. WTO知识产权协定及其国内适用 [M]. 北京：法律出版社，2002：19.

[7] 王德章. 价格学 [M]. 北京：中国人民大学出版社，2008：75.

[8] 熊彼特. 经济发展理论 [M]. 北京：商务印书馆：143-170.

[9] Hughes J W，Moore M J，Snyder E A. "Napsterizing" Pharmaceuticals：Access，Innovation，and Consumer Welfare [R]. National Bureau of Economic Research，2002.

[10] 王玉洵，朱佩慧. 浅析2012年版全国医疗服务价格项目规范 [J]. 中国医疗保险，2012，(07)：24-25.

[11] 褚金花，于保荣. 我国医疗服务价格管理体制研究综述 [J]. 中国卫生经济，2010，(04)：64-66.

[12] 吕馥蓉. 完善医疗服务价格政府管制的研究 [D]. 华南理工大学，2013.

[13] 余奕卉. 广东省取消药品加成后医疗服务价格调整专题研究 [D]. 电子科技大学，2012.

[14] 黄向红. 关于构建药品价格管理长效机制的思考 [J]. 市场经济与价格，2012，(11)：19-20.

[15] 陈峰. 我国医疗服务价格规制研究 [D]. 南京中医药大学，2011.

[16] 曹阳，邵明立. 我国药品价格管理体系的问题与优化研究——基于国际比较的视角 [J]. 南京社会科学，2010，(06)：31-36.

[17] 黄俊勇. 我国药品价格管理研究 [D]. 成都中医药大学，2010.

[18] Gress S，Niebuhr D，May U，et al. Reform of prescription drug reimbursement and pricing in the German social health insurance market：a comparison of three scenarios [J]. Pharmacoeconomics，2007，25 (6)：443.

[19] Paris V，Docteur E. Pharmaceutical pricing and reimbursement policies in GermanyNo. 39 [R]. Organisation for Economic Co-operation and Development. 2008.

[20] Busse R，Schreyögg J，Henke KD. Regulation of pharmaceutical markets in Germany：improving

efficiency and controlling expenditures [J]. International Journal of Health Planning and Management. 2005：20（4）：329-349.

[21] 林明珠，杜安琇．法国药品价格政策与管理制度［R]. 台湾中央健康保健局．1998

[22] Paris V. Pharmaceutical regulation in France 1980- 2003 [J]. International Journal of Health Planning and Management. 2005；20（4）：307-328.

[23] Grandfils N. Drug price setting and regulation in France [J]. IRDES institute for research and information in health economics, Working Papers：DT16, 2008, 25 pp, 2008：25.

[24] Garattini L, Cornago D, De Compadri P. Pricing and reimbursement of in-patent drugs in seven European countries：A comparative analysis [J]. Health Policy, 2007, 82（3）：330.

[25] 刘见祥，黄文鸿，曾千芳，等．韩国及日本药品支付制度考察［R]. 台湾行政院．2005.

[26] Riku J. Current situation for generic drugs in Japan [J]. Journal of Generic Medicines, 2005, 2（3）：219.

[27] Chen Y, Schweitzer SO. Issues in Drug Pricing, Reimbursement, and Access in China with References to Other Asia-Pacific Region [J]. Value in Health, 2008, 11：S124.

[28] 程馨，谢启瑞．全民健保药品政策与药品费用的经济分析［M]. 经设法制论丛．2005, 35：1-42.

[29] Boyle S. The UK health care system. Eurohealth [R]. London School of Economics and Political Science. 2008

[30] Collier J. The Pharmaceutical Price Regulation Scheme [J]. BMJ. 2007, 334：435 - 436.

[31] Morgan S, Kozyrskyj A, Metge C, et al. Pharmaceuticals：therapeutic interchange and pricing policies [J]. Manitoba：Manitoba Centre for Health Policy. 2003：15.

[32] 茅雯辉，刘桦，陈文，等．澳大利亚药品定价体系及对我国的启示［J]. 中国卫生资源，2012, 15（5）：427.

[33] Henry DA, Hill SR, Harris A. Drug prices and value for money-The Australian Pharmaceutical Benefits Scheme [J]. Jama-J Am Med Assoc, 2005, 294（20）：2630.

[34] Sweeny K. Key Aspects of the Australian Pharmaceutical Benefits Scheme No. 35 [R]. Pharmaceutical Industry Project Working Paper Serie. 2007.

[35] Paris V, Docteur E. Pharmaceutical Pricing and Reimbursement Policies in Canada [R]. OECD, 2006

[36] 刘宝．加拿大药品费用及药品价格管理介绍［J]. 中国药房，2009, 20（4）.

[37] Menon D. Pharmaceutical Cost Control In Canada：Does It Work? [J]. Health Affair, 2001, 20（3）：92.

[38] ISPOR Global Health Care Systems Road Map. Canada Reimbursement Process [R]. 2007

[39] Kim C. Health technology assessment in South Korea [J]. Int J Technol Assess, 2009, 25（S1）：219.

[40] Chung WJ, Kim HJ. Interest groups´influence over drug pricing policy reform in South Korea [J]. Yonsei Med J, 2005, 46（3）：321.

[41] Kim HJ, Ruger JP. Pharmaceutical Reform In South Korea And The Lessons It Provides [J]. Health Affair, 2008, 27 (4): w260.

[42] Navarro RP. Managed care pharmacy practice [M]. Jones & Bartlett Publishers: 2005.

[43] Atlas RF. The role of PBMs in implementing the Medicare prescription drug benefit [J]. Health Affairs. 2004, 23: 283 - 283.

[44] Donald B. Marron. Prescription Drug Pricing in the Private Sector [R]. Congressional Budget Office. 2007.

[45] Tag H, Rubinstein E. AMCP Guide to Pharmaceutical Payment Methods [J]. Journal of Managed Care Pharmacy. 2009: 15 (6).

[46] 倪钎，史录文. 药品价格指数编制方法探讨 [J]. 中国卫生经济，2011，(06): 78-81.

[47] 张仁伟，胡善联. 国际药品价格比较研究 [J]. 中国卫生经济，2001，(02): 26-28.

[48] Productivity Commission.. International pharmaceutical price differences (No. 0107004) [R]. EconWPA, 2001.

[49] Danzon P M, Kim J D. International price comparisons for pharmaceuticals [J]. Pharmacoeconomics, 1998, 14 (1): 115-128.

[50] Carolyn Mc. Pricing of Breast Cancer Drugs on Long Island: Breast Cancer Victims Face Discriminatory Prices [R]. Minority Staff Special Investigations Division Committee on Government eform U. S. House of Representatives, 2000.

[51] Committee on Government Reform and Oversight U. S. House of Representatives. Breast Cancer Drugs Are More Expensice on long Island than in Foreign Countries [R]. 1999.

[52] Committee on Government Reform and Oversight U. S. House of Representatives. Prescription Drugs Are More Expensive in Rep. Waxman's Congressional District in California than in Canada, Europe, and Japan [R]. 2000.

[53] 北京市卫生局. 2012 年北京市基本药物集中采购公告 [EB/OL]. [2014-04-30] http://www.bjmbc.org.cn/upload/mbc_ ann/ann_ 447321.pdf [Z]. 2012.

[54] 王贤吉，付晨，金春林，等. 医药分开的内涵与实现途径探讨 [J]. 中国卫生政策研究，2013，(01): 36-39.

[55] 魏俊丽，杜琨，孙晶晶，赵冠宏. 北京市某医院实施按病种分组付费（DRGs）标准化管理初探 [J]. 中国医院，2014，(02): 37-39.

[56] 周瑞，金昌晓，乔杰，等. 从北京市 DRGs 试点看医保费用支付方式改革方向选择 [J]. 中国医院管理，2013，(03): 1-3.

[57] 徐小炮，尹爱田，王利燕. 美国 DRGs 支付制度对我国医疗支付方式改革的启示 [J]. 中国卫生经济，2007，(03): 76-78.

[58] 朱士俊，鲍玉荣. 医疗费用支付方式改革—DRGs 简介 [J]. 中华医院管理杂志，2006，(10): 664-665.

[59] 刘华，孙利华. 北京市医疗卫生机构药品采购存在的问题与对策 [J]. 中国药房，2013，(05): 398-400.

[60] 洪兰，贡庆，叶桦. 我国各省基本药物招标采购制度中药品价格控制策略的比较 [J]. 中国药房，2013，(44)：4148-4150.

[61] 孟庆跃，成刚，孙晓杰. 药品价格政策对药品费用控制的影响研究 [J]. 中国卫生经济，2004，(04)：50-52.

[62] 李范，赵玉虹，何欢. 我国 DRGs 研究的文献计量分析 [J]. 中国病案，2013，(02)：65-66.

[63] 李冬宁，刘春娜，刘鹏. DRGs 预付费机制在我国社会医疗保险费用管理制度中的作用分析 [J]. 中国社会医学杂志，2013，(01)：8-10.

[64] 吴蓉蓉. 我国现行医疗服务价格的分析研究 [D]. 南京中医药大学，2009.

[65] 李凤芝. 我国医疗服务价格改革与发展策略研究 [D]. 天津大学，2004.

[66] 陈峰. 我国医疗服务价格规制研究 [D]. 南京中医药大学，2011.

[67] 广东省物价局. 广东省药品价格“三控”管理政策调研报告 [G]. 2011.

[68] 广东省物价局公益事业价格管理处. 公益处五年来主要亮点工作及明年工作思考 [C]. 2012.

[69] 广东省物价局. 2012 年医药价格工作情况 [G]. 2012.

[70] 广东医药价格协会. 药品平价商店建设研究结题报告. 2013.

[71] 梁云，邵蓉. 美国仿制药管理的法制历程及其对我国的启示 [J]. 食品与药品，2006，8 (9)：67-69.

[72] 戴浩森. 名词解释：仿制药、非专利药、通用名药物、授权式非专利药 [J]. 临床药物治疗杂志，2006，4 (5).

[73] 陈鲁原，戴伦等. 单片复方制剂对中国高血压患者血压管理的重要意义 [J]. 中华高血压杂志. 2011，6 (19)：508-512.

[74] 徐彦民. 用药分清复方与复合 [J]. 医药养生保健报. 2006，7 (4)：1.

[75] WHO. Guidelines for registration of fixed-dose combination medicinal products [S]. 2005，No. 929.

[76] FDA. Guidance for Industry Nonclinical Safety Evaluation of Drug Combinations [S]. 2005.

[77] EMA. Guidance on the non-clinical development of fixed combinations of medicinal products [S]. 2008.

[78] FDA，Co-development of Two or More Un-marketed Investigational Drugs for Use in Combination [S]. 2010.

[79] Yusuf S. Two decades of progress in preventing vascular disease [J]. Lancet. 2002，360 (9326)：2-3.

[80] Wald N J，Law M R. A strategy to reduce cardiovascular disease by more than 80% [J]. BMJ. 2003，326 (7404)：1419.

[81] 黄世杰. 治疗心血管病复方制剂开发中的药学问题 [J]. 国际药学研究杂志. 2009，4 (36)：151-153.

[82] 陈可冀，蒋跃绒. 多效药片 (polypill) 的临床应用与中成药的研发 [J]. 中国中西医结

合杂志，2009，8（29）：677-679.
[83] 光红梅，胡晓敏.ICH/FDA/EMA/WHO复方制剂非临床试验指导原则比较［J］. 中国新药杂志，2012，21（20）：2356-2403.
[84] 蔡继明. 从狭义价值论到广义价值论［M］. 上海：上海人民出版社.2009.
[85] 白暴力. 新古典市场价格理论的缺陷与马克思市场价格理论基础的构建（下篇）［J］. 当代经济研究.2004（3）：8.
[86] 汪建坤. 五种价格理论及其比较分析［J］. 数量经济技术经济研究.2001（1）：91.
[87] 刘洋，管晓东，史录文. 我国药品价格水平国际比较研究［J］. 中国药房.2012，25（48）：4537-4539.
[88] 林威，赵振东，杨志广等. 药品价值评估指标体系的建立［J］. 中国药房.2013，24（1）：7-10.
[89] 中国价格协会，复旦大学公共卫生学院等. 全球视野下药品价格管理政策研究［M］：2011.
[90] 高军. 药品参考定价及其他药品定价政策作用［J］. 中国循证医学杂志.2008，8（12）：1032-1033.
[91] 宋燕，胡元佳，卞鹰等. 药品技术价值与经济价值的相关性分析［J］. 中国药房.2011（13）：1153.
[92] 陆瑜，陈振飞. 药品的社会特性及其使用价值和价值［J］. 解放军药学学报，2006（2）：156.
[93] 陆瑜. 药品的价值构成及交换价值研究［J］. 中国药房，2011（16）：1459.
[94] 孙利华. 提高药物经济性的途径与方法——价值工程的应用［J］. 中国药物经济学，2007（6）：91.
[95] 李利军，胡晋红，王卓等. 药品不良反应严重程度分级评分标准的制定及药品不良反应严重度指数的应用［J］. 药学服务与研究，2008（1）：9.
[96] 傅文军，应晓华. 试析药物经济学在我国药品定价中的应用——引入按疗效定价的思考［J］. 价格理论与实践，2008（02）.
[97] 谷昌彦，韩少良. 新的药物毒副反应判定标准：NCI-CTC20版本［J］. 日本医学介绍，2001（11）：483.
[98] Tebbi CK. Treatment compliance in childhood and adolescence［J］. Cancer，1993，71（S10）：3441.
[99] Renzi C，Picardi A，Abeni D. Association of dissatisfaction with care and psychiatric morbidity with poor treatment compliance［J］. Arch Dermatol，2002，138（3）：337.
[100] 易红，肖朝晖，袁浩宇. 用DDDs分析2007年我院抗生素应用［J］. 现代预防医学，2009（6）：1190.
[101] 杜栋，庞庆华，吴炎. 现代综合评价方法与案例精选（第二版）［M］：清华大学出版社，2008.
[102] 吕纪生. 专利制度与技术创新［J］. 厦门科技.2000，（6）：10.

[103] 吴晶. 国际药品定价理论与实践对我国药品定价的启示 [J]. 中国药房. 2007, 18 (7).
[104] 龚时薇, 潘威. 加拿大药品费用控制管理体系的启示 [J]. 中国卫生经. 2006, 25 (280): 51-55.
[105] 叶露, 胡善联. 药品价格及其管理政策的英国经验启示 [J]. 中国药房. 2005, 16 (9): 675-677.
[106] 卢凤霞. 药品价格管理国际比较分析 (上) [J]. 价格理论与实践. 2002, 6: 34-35.
[107] 郭莹, 严明, 郭晶等. 西方发达国家药品价格管理模式比较 [J]. 中国药房. 2005, 16 (1): 6-9.
[108] 陈欣, 余翔. 专利药品"反公地悲剧"探析. [J] 科研管理. 2007, 28 (6): 150-153.
[109] 刘宝. 加拿大药品费用及药品价格管理介绍 [J]. 中国药房. 2009, 20 (4): 244-247.
[110] 李丹, 马爱霞. 浅析四国专利药品价格管理模式 [J]. 西北药学杂志. 2009, 1 (24): 71-73.
[111] 龚向光, 胡善联. 澳大利亚药物经济学评价指南介绍 [J]. 卫生经济研究. 2002, 6: 21-23.
[112] 孙斌, 马爱霞. 澳大利亚药品定价和报销政策及对我国的启示 [J]. 上海医药. 2008, 29 (7): 311-313.
[113] 卢凤霞. 药品价格管理国际比较分析 (下) [J]. 价格理论与实践. 2002 (7): 36-38.
[114] 吴可, 万劼, 赵振东等. 药学服务补偿模式研究 [J]. 中国药学杂志. 2010, 19 (45): 1516-1518.
[115] 徐国祥. 统计指数理论及应用 [M]. 中国统计出版社, 2004.
[116] 韩晟, 史录文. 北京样本医院全身用抗感染药品费用研究 [C] // 中国药学会药事管理专业委员会年会暨"国家药物政策与药品管理法修订研究"论坛论文. 2009.
[117] 倪钎, 韩晟, 乔杰, 等. 北京市样本医院1996~2005年全身用抗菌药品采购价格趋势研究 [J]. 中国药事, 2007, 21 (10): 801-804.
[118] 徐国祥. 指数理论及指数体系研究 [M] 北京, 中国统计出版社, 2004.
[119] 倪钎. 药品价格指数编制方法探讨. 中国药事 [J], 2007, (21), 801-804
[120] Nello Martini. The Use of Medicines in Italy [M]. 2005
[121] J. Rovira, R. Tremosa, A. Gilabert, et al. The Role of Prices in Drug Expenditure Analysis. HEPAC [J]. 2001, 2: 142-149.
[122] Mrazek M. F., Comparative Approaches to Pharmaceutical Price Regulation in the European Union [J], Croatian Medical Journal, 2002, 43 (4): 453-461.
[123] Griliches Z, Cockburn I. Generic and new goods in pharmaceutical price indexes. [J]. 1994, Am Econ Rev 5: 1213 - 1232.
[124] Ulf-G Gerdtham, Magnus Johannesson, Bo Gunnarsson, et al. Price Indices of Drugs and the Swithing to New Drugs. Pharmacoeconomics [J]. 1997, 13 (1 Pt 1): 71-80.
[125] 韩晟, 史录文. 药品费用影响因素的指数体系方法研究 [J]. 中国药物经济学, 2008 (6): 64-69.

[126] 王玉梅，陈云红．回归分析在药品费用预测中的应用［J］．中国药房，1994（4）：21-22.

[127] 何志高，陈浩，张钧．试论药品费用控制与药物经济学研究［J］．药学实践杂志，1997（3）：131-136.

[128] BalanceR.，PoganyJ.，ForstnerH. The world Pharmaceutical Industries：A International Perspective on Innovation，Competition and Poliey. Prepared for Unite Nations Industrial Development Organization［M］. 1992.

[129] CHERNEW ME，SMITH DG，KIRKING DM，et al. Decom-posing pharmaceutical cost growth in different types of healthplans［J］. Am J Manag Care，2001，7（7）：667-673.

[130] ADDIS A，MAGRINI N. New approaches to analyzing prescri-ption data and to transfer pharmacoepidemiological andevidence-based reports to prescribers［J］. Pharmacoepidemiol Drug Saf，2002，11（8）：721-726.

[131] GERDTHAM UG，LUNDIN D. Why did drug spending increaseduring the 1990s：decomposition based on Swedish data［J］. Pharmacoeconomics，2004，22（1）：29-42.

[132] MORGAN SG. Productivity measurement in a pharmaceutical sub-sector：the real cost of treating hypertension［R］. Vancouver，British Columbia：UBC Centre for Health Services and PolicyResearch，2001：4-11.

[133] MORGAN SG. Drug spending in Canada：recent trends and cau-ses［J］. Med Care，2004，42（7）：635-642.

[134] MORGAN SG，AGNEW J，BARER ML. Seniors'prescriptiondrug cost inflation and cost containment：evidence from BritishColumbia［J］. Health Policy，2004，68（3）：299-307.

[135] 韩晟，卢静，冯柳，等．我国公立医院药品销售实行差别差率的可行性分析［J］．中国药房，2011，2（17）：1543-1546.

[136] 季树忠，傅文军．差别差率顺加作价医药价改迈出实质性一步——浙江省推行药品顺加作价的实践探索［J］．价格理论与实践，2004（8）：9-10.

[137] 韩晟，王天晟，管晓东，等．2007—2011年广东省抗酸及治疗溃疡药物用药结构与药品费用关系分析［J］．中国新药杂志，2013（20）：2358-2364.

[138] 岳宁，吴晶．药品费用影响因素的指数分析方法［C］// 中国药学大会暨中国药师周．2009.

[139] 李晗，管晓东，许立平，等．我国某省原研药与仿制药价格差异与市场份额实证研究［J］．中国新药杂志，2012（24）：33-36+54.